推动贸易高质量发展

王晓红◎著

中国言实出版社

图书在版编目（CIP）数据

推动贸易高质量发展 / 王晓红著 . --北京：中国
言实出版社，2022.10
　　ISBN 978 - 7 - 5171 - 4229 - 4

　　Ⅰ. ①推… Ⅱ. ①王… Ⅲ. ①贸易发展 - 中国 - 文集
Ⅳ. ①F722. 9 - 53

中国版本图书馆 CIP 数据核字（2022）第 193960 号

推动贸易高质量发展

责任编辑：史会美　　张天杨
责任校对：王建玲

出版发行：中国言实出版社
　　　　地　　址：北京市朝阳区北苑路 180 号加利大厦 5 号楼 105 室
　　　　邮　　编：100101
　　　　编辑部：北京市海淀区花园路 6 号院 B 座 6 层
　　　　邮　　编：100088
　　　　电　　话：010 - 64924853（总编室）　　010 - 64924716（发行部）
　　　　网　　址：www. zgyscbs. cn　电子邮箱：zgyscbs@ 263. net

经　　销：新华书店
印　　刷：北京虎彩文化传播有限公司
版　　次：2023 年 1 月第 1 版　　2023 年 1 月第 1 次印刷
规　　格：710 毫米×1000 毫米　1/16　37.5 印张
字　　数：618 千字

定　　价：98.00 元
书　　号：ISBN 978 - 7 - 5171 - 4229 - 4

目 录

对外贸易篇

服务外包篇

数字贸易篇

对外贸易篇

积极发展加工贸易　着力推进升级转型

改革开放 30 年来，加工贸易已经成为我国对外贸易的主要方式和开放型经济的重要组成部分。在促进经济增长、扩大就业、外贸增长、利用外资、技术进步，以及提高制造业国际竞争力，推动国内产业结构升级，促进企业国际化发展，加速农村劳动力转移和城乡一体化等诸多方面都发挥了积极重要作用。实践证明，加工贸易符合我国现阶段基本国情，今后较长时期内仍将是我国参与国际分工的主要形式。因此，客观、正确地认识加工贸易在我国经济社会发展中的地位和作用，消除认识上的误区，有效调整发展战略，不仅有利于应对当前国际金融危机中出现的国际市场萎缩、外贸外资下降、就业压力加大等不利因素，而且有利于长期推动外贸结构调整，提高开放型经济水平。

一、我国加工贸易发展的现状、特点及作用

（一）我国加工贸易发展现状及主要特点

1. 规模不断扩大。1980—2008 年期间，我国加工贸易进出口总额由 16.7 亿美元上升到 10536 亿美元，增长约 631 倍；年均增长 25.9%，高出同期外贸总体增速 10%—15%；占外贸进出口总额比重 1980 年仅为 4.4%，1991—2008 年始终保持在 40%—54% 之间，2008 年受国际金融危机影响仍占 41.1%；加工贸易企业数超过 9 万家。

2. 投资主体以外资企业为主。在跨国公司全球战略布局以及我国利用外资战略推动下，我国加工贸易投资主体已经由以最初的东南沿海国内企业为主转变成以外资企业为主。2008 年外资占加工贸易企业总数达 80%；进出口额 8906.1 亿美元，占 84.5%，比 1990 年提高约 56%。

3. 贸易方式以进料加工为主。我国加工贸易逐步由最初的来料加工为主

转变为进料加工为主，进料加工进出口占加工贸易比重由 1980 年的 20% 上升到 2008 年的约 80%；2008 年进料加工进出口金额达 8532.4 亿美元，相当于来料加工的 4.3 倍，标志着加工贸易附加值不断提高。

4. 区域分布以沿海地区为主。2008 年东部沿海 10 省市加工贸易进出口额为 1.02 万亿美元，占全国总量的 97%。随着加工贸易向中西部地区转移战略的实施，2008 年中西部地区加工贸易进出口额分别为 179.5 亿美元和 119.7 亿美元，增长 18.6% 和 30.5%；其中四川、江西、湖南、重庆出口均大幅增长，分别为 70.9%、60.6%、49.5% 和 41.2%。

5. 国际市场以美国、欧盟和亚洲地区为主。目前我国加工贸易的主要出口地区为美国、欧盟、日本和中国香港，合计占 73.4%，其中对中国香港出口主要是转口到前面三大市场；进口主要地区为韩国、东盟、日本和中国台湾，合计占 62.7%。基本形成从东亚进口上游料件，在内地完成生产环节，销往欧美的格局。

（二）加工贸易转型升级趋势及对经济发展的主要作用

1. 产品结构由传统劳动密集型产品向机电产品、高新技术产品升级。1991 年前，我国加工贸易出口中劳动密集型产品占 70%—80%，2008 年机电产品占 78.9%，出口额 4501.4 亿美元；高新技术产品占 45.3%，出口额 2584.7 亿美元。据统计，2007 年我国出口计算机产品的 96.7%、笔记本电脑的 99.9%、移动电话的 94.6%、数码相机的 95.3%、彩色电视机的 94.3%，都是通过加工贸易方式实现的。苏州工业园出口的机电产品和高新技术产品 90% 以上是以加工贸易方式完成的，在 IC、TFT—LCD、汽车及航空零部件等领域形成了具有国际竞争力的高新技术产业集群，万元 GDP 能耗、万元 GDP 的 COD 和 SO_2 排放量仅为全国平均水平的 1/18、1/40。成都出口加工区已初步形成了由 IC 设计、晶圆制造、封装测试及配套项目组成的较完整的集成电路产业链，从事集成电路生产、封装、测试的加工贸易企业占入区企业总数的 50% 以上，2008 年进出口货值占全区进出口额的 90%。2008 年在遭受地震灾害和全球金融危机的双重影响下实现进出口总额 47.5 亿美元，同比增长 101.3%。

2. 深加工结转产业链不断延长，增值率逐步提高。深加工结转是衡量加工贸易国内增值、产业带动能力的一个重要指标。据海关统计，2007 年加工贸易深加工结转进出口总额达 2000 亿美元，同比增长 15.3%，占加工贸易进出口总额的 20.1%，平均结转 2—3 道。加工贸易国内增值率显著提高。1989 年、1998 年和 2008 年分别提高到 20.7%、52.4% 和 78.4%。进料加工的国内配套值由 1993 年的 41.6 亿美元上升到 2008 年的 1 万亿元以上。广东省 70% 以上的加工贸易企业有深加工结转业务，2008 年深加工结转金额达 1280.9 亿美元，增长 7.9%，占全省加工贸易进出口额的 30%，加工贸易出口带动国内配套产业的产值超过 5500 亿元。

3. 产业带动作用十分明显。深加工结转带动国内零部件配套能力、国内采购率提高，产业链由简单组装加工逐步向两端延伸。广东 80% 以上的手机部件、91% 的打印机部件、90% 以上的计算机部件、100% 的彩电部件都可以在珠三角地区内实现配套，形成了较完善的加工产业链和产业集群。重庆摩托车加工贸易带动当地相关配套企业 400 家左右。加工贸易还不断向研发、营销、物流等服务环节延伸。截至 2008 年年底，跨国公司在华设立研发中心超过 1200 家，地区总部近 40 家。苏州工业园到 2008 年已设立研发机构 128 家，2007 年园区有 48 家生产企业更新备案各类技术合同共计 1.1 亿美元，这些研发机构和引进技术主要为加工贸易企业服务。成都出口加工区带动了工程、物流、货运、外贸代理、后勤服务等相关服务业发展，为区内配套的相关企业达 600 多家。

4. 提升国内企业自主创新能力。发展加工贸易对于引进核心关键技术，提高自主创新能力，掌握国际标准，形成自主知识产权和自主品牌发挥了重要作用。广东通过吸收外资发展加工贸易，引进先进技术设备累计 1311 万台（套）；引进技术 52845 项，其中核心关键技术 4676 项。一批国内企业从 OEM 向 ODM 和 OBM 发展，涌现出华为、中兴、美的、格力、TCL、格兰仕等一批具有自主知识产权、自有品牌和国际竞争力的跨国企业集团，共获得名牌称号 629 个。深圳一批"三来一补"企业，通过与外资共同合作技术研发逐步发展拥有自主知识产权；通过为外资企业提供配套零配件逐步发展到主要零部件、关键零部件和整机的加工制造；通过利用外商销售渠道扩大一般贸易出口。此外，有些加工贸易企业中方投资者通过购买合资企业外方股权，形成自主设计研发和自有品牌，最终成为内资控股的高科技企业。

5. 扩大就业，培养了产业工人和技术人才。加工贸易成为我国解决就业的主要渠道。目前加工贸易企业直接就业 4000 万人，据估算，整个外贸行业带动相关就业近 2 亿人。由于我国加工贸易主要分布在劳动密集型生产环节，尤其为大量农民工提供了就业岗位。据统计，一些鞋业、服装、食品等加工贸易企业 80% 以上来自农民工。截至 2008 年，广东省加工贸易吸纳就业 1600 多万人，其中技术熟练工人、工程技术和企管人员、普通工人分别占 66.7%、13.66%、19.64%。广东清远市万邦鞋业集团 13000 员工，90% 是农民工，企业设立的全球新产品研发中心 90% 是本土技术人员。重庆加工贸易及关联企业就业在 3 万人以上，很多农民工利用在加工贸易企业工作时所学到的知识技能返乡创业。台州加工贸易就业超过 10 万人，为船舶制造等行业培育了国际化技术和管理人才。由于加工贸易企业培训状况较好，为我国培养了大批适应国际化竞争的技术与管理人才。有关调查表明，加工贸易企业中有 85.4% 提供了国内培训，21.3% 提供了国外培训，完全没有培训的只占 8.9%。

二、金融危机对我国加工贸易的主要影响及现存问题

（一）金融危机对我国加工贸易的主要影响

美国金融危机爆发以来，由于发达国家市场急剧萎缩，国际能源、原材料等大宗商品价格大幅波动，贸易保护主义重新抬头等复杂多变的国际形势，加之国内人民币升值、出口退税下降、人力成本和环境成本上升、融资难等不利因素的影响，我国加工贸易遭到历史性重创。2008 年加工贸易出口 6752 亿美元，增长 9.3%，回落 11.7%；进口 3784 亿美元，增长 2.7%，回落 19.9%，均低于整体贸易增长水平。2009 年 1—9 月份加工贸易出口 4085.1 亿美元，同比下降 19.7%，进口 2243 亿美元，同比下降 23.9%。

1. 企业面临严峻的生存压力，经营困难。相当一部分企业面临订单下降、资金断流、坏账增加、开工不足等困难。第一，出口订单明显下降。调查表明，广东加工贸易企业较 2008 年同期相比，出口订单普遍下降 20%—30%，纺织行业尤其明显。江苏多数企业反映国外订单数量明显低于 2008 年同期，企业大订单、长线订单明显减少，船舶工业新增订单大幅度减少，部分重点电子企业订单减少 50%。订单下降的原因除出口市场下降之外，还有两个重要原因：一方面是加工贸易向劳动力成本更低的印度、越南等周边国家转移，

致使订单外流；另一方面则是国内企业为抢夺订单，竞相压价。第二，融资难度增大。部分加工贸易企业资金链断裂，无法在国内融资，只能通过母公司在境外融资，而国外银行普遍收紧银根，严格限制贷款。第三，经营风险加大。金融危机导致客户恶意拖欠拒付货款，违约毁单等现象增加。出口美国的平均收汇原来周期为 2 个月，现在需要 3 个月以上。不少企业表示，对于资信情况不明，存在较大收汇风险的新客户不敢贸然签单。第四，内销信心不足。其原因：一是加工贸易企业普遍缺乏内销经验，缺乏自主品牌和国内销售网络；二是国家对加工贸易内销严格限制，缺乏相应的鼓励和指导性政策，加工贸易企业内销申请程序环节较多，海关、工商税务、质检、知识产权等部门缺乏配套政策；三是国内市场诚信环境较差，货款回收难度较大所导致。

2. 就业受到严重冲击。农民工成为这次金融危机受到就业冲击最早、规模最大的群体。由于金融危机导致珠三角、长三角大量劳动密集型加工贸易企业倒闭，产生了农民工返乡潮。广东 2008 年 1—9 月倒闭的 1.5 万户中小企业，主要分布在服装、纺织、电子元件、塑料制品等加工制造业。随着金融危机的影响逐步向服务业、高新技术产业等行业渗透，尤其是跨国公司和高技术出口企业的大量裁员，使大学生等知识群体的就业受到不同程度冲击。

3. 一些外资企业开始转移。由于国内各种要素成本上升、政策多变，以及东南亚等周边国家投资环境不断改善，劳动力成本等比较优势上升，一些外资企业开始考虑外迁。昆山市 2009 年 1—4 月新批三资项目 129 个，注册外资 16.2 亿美元，同比分别下降 35.2% 、12.3% 。

(二) 现存的主要问题

金融危机对加工贸易的冲击既反映出长期以来存在的结构问题，也反映政策层面的问题。主要体现在以下方面：

1. 加工贸易总体上处于国际产业链低端。我国加工贸易大部分还停留在"贴牌生产"，部分高技术、深加工产品的出口也存在加工过程短暂、增值不高的问题，核心技术、设计、关键零部件、品牌等被跨国公司控制。目前我国生产每部手机售价的 20% 、计算机售价的 30% 、数控机床售价的 20%—40% 支付给国外专利持有者。虽然机电产品、高新技术产品出口比重很高，但企业并没有成为科技成果的最大吸纳者、创新人才和经费的主要投入者、知识产权的主要拥有者。因此，缺乏自主研发能力，自主营销渠道和网络、产品附加值低，是导致加工贸易企业缺乏国际竞争力的主要原因。

2. 区域布局不平衡，中西部转移困难较大。尽管近年来我国加工贸易战略在向中西部、欠发达地区转移，但区域发展不平衡仍然没有改变。除东部和中西部的差别外，地区内的差别也很大。广东加工贸易企业约90%集中在珠三角，江苏省则主要集中在苏南。由于传统加工贸易主要是劳动密集型产业，土地、能源、环境消耗大，特别是近年来，由于这些地区土地、劳动力等要素价格不断上升，加工贸易遭遇困境，急需向外转移。但由于中西部、欠发达地区的基础设施较差、产业配套能力不足、运输成本高、物流效率低、经营环境较差，许多地区尚不具备承接条件。

3. 本地企业参与程度不高。目前，内资企业加工贸易进出口额占比仅16%，业务规模较小，整体实力弱，创新能力、国际开拓能力不强。而外资企业作为我国加工贸易的主导按照自身需求制定战略目标，将影响我国加工贸易转型升级的方向和进程。

4. 加工贸易增值率仍然偏低。加工贸易的主要原材料依靠进口，很多高新科技产品仅从国内采购一些低价值的辅助材料和包装材料，国内配套和采购比重还较低。2005年和2007年苏州工业园进口原材料和零部件占出口产品价值的平均比重分别为78.5%和73%；增值率分别为6.5%和12%。

5. 外资外贸政策滞后，缺乏稳定性和连续性。国家前一时期调整加工贸易目录、出口退税政策以及人民币升值等因素对出口企业产生了较大影响。2008年江苏好孩子集团因此损失17000万元，广东清远万邦鞋业集团仅人民币升值就给企业造成每月600万元的损失。此外，在货物通关上，国内"一地多检"影响了流通效率。

6. 出口加工区出现的新问题始终没有相应的政策解决。据苏州工业园等地反映，一是开展维修业务难度大。金融危机后，一些外资企业由于关闭了国外工厂将业务迁至我国，需要国内企业承接原国外厂家产品的维修业务。此外，许多加工贸易企业客户也较多要求提供售后维修服务，但目前政策只限于维修自产产品，导致这部分订单流失。二是研发中心进口所需设备、原料没有保税政策，影响了跨国公司研发中心落户，企业不愿加大研发中心投入。三是进料加工、来料加工以及深加工结转的有关政策有待协调。目前，来料加工企业增加设备投资部分由客户提供，部分自主购买，由于进、来料加工仍然实行差别税收政策，导致来料加工企业从国内配料越多越吃亏，影响了外资企业国内采购。随着高新技术产品上下游企业之间的分工越来越细，加工贸易的深加工结转环节也越来越多，由于海关、国税等部门对深加工结转的政策、规定不一致，各地在实际执行中也不统一，企业为了避免深加工结转的麻烦，就会选择先出口再进口，影响了国内增值。四是区外委托加工难以开展。出口加工区内企业在产能有余的情况下，希望能够承接区外企业委托的加工业务，而海关没有相关操作规定。五是不少中小型企业在首次申办加工贸易手册时，海关要求缴纳相当于手册备案金额全额税款的风险担保金，增加了企业负担。

三、积极发展加工贸易，着力促进转型升级的政策建议

（一）加工贸易面临的形势

1. 发展加工贸易符合我国人口多、区域发展不平衡的基本国情。我国人口多、就业压力大，尤其是技术人力资本占少数，体力劳动者占绝大多数。我国城镇每年将新增劳动力 1000 万人左右，还有 1.5 亿—2 亿农村剩余劳动力需要转移。有专家估计，劳动力比较优势还将持续 15—20 年。目前，我国人口平均受教育水平在 10 年左右，大学生仅占人口总数的 6%，农村劳动力文盲半文盲占11%左右。这一基本国情决定了以加工贸易为主的劳动密集型产业不仅是吸纳就业的主要渠道，也是我们参与国际分工的主要比较优势。尤其是在许多劳动力资源丰富的欠发达地区发展加工贸易，既解决了当地就业，又加快了城乡一体化进程。

进一步优化外资外贸布局，增强中西部地区外贸发展活力，也是缩小东部与中西部地区经济、文化、社会差距，实现区域协调发展的重要途径之一。从产业升级和产业转移的要求来看，目前东部沿海城市普遍土地资源约束加剧，技术人力资本丰富，各种创新要素集聚，产业结构需要向服务化、集约化、创新化、高端化发展；而大多数中西部地区土地、劳动力资源丰裕，承接东部地区加工贸易转移有较好的条件。

2. 加工贸易已经具备参与国际竞争的条件。目前，我国经济总量列世界第 3 位，制造业列第 3 位，国际贸易列第 3 位，实际利用外商直接投资列第 6

位，对外直接投资列第 13 位，外汇储备列第 1 位，已经成为名副其实的开放型经济大国。制造业基本形成了门类齐全、产业链相对完整的产业体系。纺织、服装、家电、机械、汽车、钢铁等传统产业已经具有较强国际竞争优势，产业配套能力居世界前列；计算机、集成电路、通信设备、生物医药、铁路车辆、航空航天等先进制造业自主创新能力显著增强；软件、研发、设计、金融、物流等服务业也在成长壮大。此外，国内基础设施不断完善，投资体制环境不断优化。这些都为未来我国加工贸易更好地参与国际竞争打下了坚实基础。

3. 加工贸易符合国际产业发展规律。从国外经验看，首先，我国加工贸易所占比重并不高。世界制成品贸易绝大部分都是加工贸易为主导。按照我国统计范围，韩国加工贸易出口占比超过 85%，菲律宾占 50%，马来西亚电子、电器产品加工贸易出口占 60%，日本、欧盟等以制成品出口为主的国家加工贸易比重都较高。其次，各国加工贸易基本都经过了由劳动密集型产业起步，逐步向资本密集、技术密集型产业转型升级的过程。日本加工贸易从 20 世纪 70 年代下半期开始，逐步向技术含量和附加值高的产品（如波音飞机）等发展。韩国 20 世纪 60 年代初起步于纺织、成衣、制鞋和木材加工等行业，进入 70 年代后重点集中到钢铁、造船、汽车、电子、石油化工、金属加工和橡胶行业。

4. 与发达国家相比，还存在着较大差距。一是发达国家加工贸易以技术、资本密集型产品为主，主要集中于深加工、高附加值产品的加工，产业链条长。二是附加值高，跨国公司在生产外包加工过程中产品研发和市场营销通常都掌握在自己手中。三是加工贸易一般都由国内企业主导，日、韩主要由本国企业以贸易方式获取订单和进口料件，利用本国生产能力加工装配出口。

5. 未来我国加工贸易面临的国际形势将更加复杂和严峻。一是金融危机使以美国为首的发达国家经济遭到重创，世界经济增长、贸易投资增长速度放缓。二是危机可能引发全球制造业格局调整。发达经济体开始反思和重新审视实体经济和虚拟经济的关系，更加重视制造业的振兴发展，可能减少制造业向我国转移。三是贸易保护主义升温。自 2008 年 11 月以来，已有多个国家通过提高进口关税、进口管制、反倾销等措施限制进口。我国是贸易保护主义的最大受害者，目前已经占全球反倾销案件的 44%、反补贴案件的 75%。在涉及人民币汇率、劳工标准、知识产权、产业政策等领域的摩擦也可能增加。四是来自周边国家的竞争压力加大。目前东南亚等国家的投资环境不断改善，劳动力成本低，与我国形成竞争。

（二）推进加工贸易转型升级的政策建议

积极推动加工贸易转型升级，不仅是应对当前金融危机的迫切需要，也是转变经济发展方式的必然选择。应坚持在稳定发展基础上优化结构的原则，做到既立足现实又谋求长远，进一步发挥比较优势，不断延伸产业链，减少对外资依赖，实现自主发展，提升国际竞争力。同时，大力促进加工贸易向中西部地区转移，实现合理的区域布局。

1. 增强自主创新能力，充分利用金融危机倒逼机制推动加工贸易结构调整和升级。自主创新能力是实现加工贸易转型升级的根本保证。当前金融危机充分证明，企业的创新能力强，抵御风险的能力就强。为此，一是加快产业战略转型。使加工贸易逐步向生物工程、航空航天、新材料、新能源及节能、资源环境等高新技术产业发展，促进产业化和国产化；下决心淘汰一批产能落后、污染严重的化工、造纸、印染等传统加工贸易企业。二是制定有关支持加工贸易升级的配套政策。尤其要把加工贸易转型升级与服务业发展、服务业引进外资等政策结合起来。鼓励设立研发中心、区域总部、物流中心、销售中心、检测维修中心等，对为加工贸易配套的研发、设计、物流等内外资企业，可从信贷、税收、工商等方面加以扶持，使加工贸易的价值链环节和增值活动更多地向国内延伸，同时营造出自己的生产网络体系，逐步从OEM 向 ODM、OBM 发展，从根本上改变"研发、销售"两端在外的局面。三是出台加工贸易转型升级企业标准。对于符合标准的企业，从税收、通关、物流等各层面予以优惠和扶持。四是减少政策指导的盲目性。产业结构升级是在我国人力资本、技术等要素条件相适应的情况下，实现由低级向高级的演进。加工贸易的形态是由加工方的产业配套条件、经济技术发展水平、国际分工地位以及加工企业的国际化经营能力共同决定的。因此，实行加工贸易转型升级不能只凭愿望，更不能"拔苗助长"。尤其是我国就业压力大，产业升级应遵循高、中、低并存的扩展型轨迹，随着要素禀赋和比较优势的动态变化，逐步形成新的产业结构。五是设立加工贸易转型升级专项基金。广东省设立了 10 亿元的加工贸易转型升级专项资金，主要用于扶持加工贸易企业研发创新、创立自主品牌、设立地区总部、稳定就业、扩大内销以及扶持来料加工企业不停产转型，收到了较好效果。

2. 把加工贸易转移与促进区域经济协调发展、城乡一体化发展统筹考虑，积极推进加工贸易向中西部欠发达地区转移。一是进一步优化中西部地区的基础设施建设和投资环境，增强承接加工贸易转移的能力。加强中西部城市交通运输、通信、水电等基础设施及城市环境建设投资力度；逐步增加中西部出口加工区的数量，提高产业配套能力；建设中西部综合性物流园区，降低物流成本。二是继续实行地区差别政策，对中西部地区在出口退税、加工贸易产业目录调整、进口料件免税等方面实行优惠政策，适当放宽准入条件。应考虑对深加工结转的上游企业给予退税政策，提高当地配套能力。三是加强试点工作。2007 年 10 月，商务部确定新乡、焦作、太原、合肥、芜湖、南昌、赣州、武汉、郴州 9 座中部城市为"加工贸易梯度转移重点承接地"，应及时总结经验，不断扩展。

3. 着力提高国内中小企业、民营企业参与程度，推动加工贸易以外资企业为主向以本土企业为主转变。国内中小企业和民营企业是吸纳就业的主要渠道。因此，一要在融资、信贷、外汇、保险等政策上给予大力扶持，尤其是鼓励中小企业通过为外资企业配套，逐步增加国内零部件和原材料采购比重，扩大企业规模，增强技术溢出效应。二要加强各种公共服务平台建设。建立加工贸易信息服务系统，金融担保、研发设计、专业咨询、教育培训、物流和供应链、国际展览等服务体系，为中小企业接单创造条件。

4. 进一步提高加工贸易的国内增值率和产业配套率。应逐步弱化来料加工的海关优惠政策，不断提高进料加工比重。可依据国内产业配套条件，实行境外来料非全额海关优惠办法，促进从国内采购料件。对于加工贸易出口产品中所使用的国产料件，在出口退税方面可视同进口料件予以保税，以促进加工贸易中间投入品的国产化。根据国内产业配套率的高低来细化出口退税率的差别，实行鼓励提高国内产业配套率的退税政策。

5. 鼓励加工贸易企业开拓国内市场，实现内外贸一体化。一是出台鼓励加工贸易企业内销指导政策，放开对内销限制，简化程序，修订内销征税、审批业务相关规定，将内销审批制改为目录管理制，加工贸易企业为出口而获得的质检报告在国内应同样适用，加快推进内销便利化。二是建设加工贸易商品市场体系。以建设一批专营加工贸易商品的市场为载体，建立起物流和营销的新渠道，引导国内流通企业采购加工贸易产品。通过举办"加工贸易产品内销博览会"等方式，为产品进入国内市场提供展示和服务平台。三是为加工贸易企业内销产品提供资金支持。鼓励金融机构积极开拓内销融资业务，政府为其提供担保。

6. 积极调整加工贸易政策，保持稳定性、连续性和协调性。许多国家为支持加工贸易企业发展制定了相应的税收减免、出口退税、外汇支持、融资支持等优惠政策。2008年商务部和海关总署先后发布了第97号、第120号、第121号公告，暂停执行《加工贸易限制类商品目录》，对海关管理A类和B类企业暂停银行保证金台账"实转"，实行"空转"管理，同时对加工贸易限制类和禁止类目录进行大幅度调整，收到了较好的效果。苏州工业园2009年征收"实转"保证金降幅约77%，减轻了企业资金周转压力。

为了减少金融危机给加工贸易带来的过大冲击。一是保持人民币的相对稳定性，减少企业汇率风险。二是加强税收政策支持。应将纺织品出口退税率调到17%以保持出口竞争力，对加工贸易项目外商提供的不作价设备进口应继续实行免税政策。三是加大出口信用保险力度。减少中小企业由于担心国际市场的不确定性而造成的主要接短单、小单，而不敢接大单、长单的状况，促使企业稳定客户资源。四是地方可通过补贴和奖励的方式支持出口企业。五是尽快制定有关维修业务的管理办法。允许出口加工区开展非禁止类产品的翻新业务，对维修产品不设原产地限制，对于禁止类目录产品的维修、翻新业务制定相应的管理办法。六是根据国际形势发展、国内产业发展、环境保护等方面的需要，完善加工贸易商品分类管理办法，动态调整加工贸易禁止类和限制类目录。

7. 为加工贸易企业提供高效的监管模式和服务。各有关部门应加强沟通与协作，针对加工贸易发展中出现的新问题，不断创新监管理念，完善监管方法，提高服务水平。一要优化口岸服务，全面推广"大通关"经验，提高通关效率。二要充分运用信息化手段，积极探索更加便捷有效的监管模式。三要不断完善园区生产性服务体系建设。我国工业园区生产性服务业发展滞后，保税物流配套方面尚处于较低水平。广东目前有30个产业转移园区都不具备保税物流功能，影响了物流效率。

（原载《国际贸易》2010年第1期）

关于浙江省促进外贸发展方式转变的调查

日前，中国产业发展促进会调研组就促进外贸发展方式转变问题对浙江省进行了调研。

一、浙江省外贸发展的基本状况

（一）外贸增长基本恢复到金融危机前的水平

今年1—5月，浙江省实现进出口总额947.5亿美元，同比增长41.4%，占全国总量的8.6%。其中出口655.4亿美元，增长37.1%，高于全国平均水平3.9个百分点，出口规模创2008年10月以来新高；进口292.1亿美元，增长51.9%。

（二）出口商品结构和市场结构进一步优化

浙江省出口基本呈现出机电产品、高新技术产品快速增长，传统劳动密集型产品稳步增长的态势。1—5月，全省机电产品、高新技术产品、纺织、服装出口同比分别增长46.8%、56.6%、31.9%和13.7%。1—5月，浙江的欧、美、日传统市场分别增长36.2%、23.3%和13.3%，新兴市场（除欧、美、日、中国香港外）增长44.6%。

（三）出口主体以民营企业为主

1—5月，浙江省有出口实绩企业3.5万多家，其中民营企业2.6万多家，占74.3%，出口额占56.5%，民营企业已经成为浙江省外贸的主力军。

（四）贸易方式以一般贸易为主

1—5月，浙江省一般贸易出口额516.7亿美元，进口196亿美元，占

75.2%；加工贸易出口额 130.1 亿美元，进口 64.7 亿美元，占 20.6%。目前，温州、台州、绍兴、宁波、杭州一般贸易出口分别占全市出口总量的90%、89.4%、89%、75.4% 和 75.2%。

二、浙江促进外贸发展方式转变的主要经验

（一）大力实施出口品牌战略

浙江省通过加大对出口品牌的宣传、推广和奖励力度，加大知识产权保护力度，支持企业收购国际品牌、引导企业注册境外商标、帮助企业开展国际认证、支持品牌企业参展促销等措施，鼓励企业以品牌开拓国际市场。力争用 3 年时间，培育 400 个"浙江出口名牌"，品牌产品出口比重每年提高一个百分点，到"十二五"末期力争达到 25%。

宁波在全国率先实施了重点展位品牌进入制。目前，宁波企业的境外注册商标数超过 5000 件，拥有 20 个"商务部重点培育和发展的出口名牌"、70个"浙江出口名牌"、170 个"宁波市出口名牌"，出口品牌已经成为支撑宁波出口发展的强劲动力。杭州拥有市级以上出口品牌企业 87 家。绍兴、温州、义乌拥有"浙江出口名牌"的数量也分别达 48 个、23 个和 6 个。

（二）加强公共服务平台建设提高自主创新能力

浙江省利用多年来形成的块状经济、特色产业集群优势推动国家级、省级出口基地建设，着力培育一批出口产品设计研发中心、质量认证中心、新产品交易中心、信息发布中心等公共服务平台，提高了企业自主创新能力。杭州引导企业与大专院校、科研院所合作，为中小外贸企业搭建研发平台，温州乐清、瑞安分别荣获"中国低压电器出口基地"和"中国汽车零部件出口基地"称号。

（三）支持企业开拓国际市场渠道

浙江省投入 3.5 亿元支持资金，帮助中小企业开拓国际市场。

1. 帮助企业构建海外营销渠道。浙江省加快建设境外营销总部、专卖店、贸易代表处，推动省重点商品市场到境外开设分市场和产品配送中心。计划

用3年时间，新建1000个境外营销机构，重点支持100家骨干企业在主要出口国家建立区域营销中心，使境外营销网络带动的出口占总量的30%以上。

2. 加快建立海外贸易中心。浙江加快在匈牙利、印度尼西亚、中国台湾、中国澳门、日本等地区的海外贸易中心建设，整合研发、营销接单、物流配送等服务功能，提高出口产品附加值。如，绍兴利用全省这一平台组织15家企业抱团入驻印度尼西亚浙江直销中心。

3. 搭建国际会展平台。金融危机以来，浙江省不仅支持企业抱团出展，而且加强了在美国、日本、迪拜、南非、印度等地的自主展会。目前，浙江参展企业占全国的20%。宁波还推出境外参展补贴制度，义乌进口商品馆已有55个国家和地区的近3万种商品进场交易。

（四）完善贸易摩擦预警体系建设

通过加快建设一批外贸预警示范点，及时收集和发布有关国际贸易摩擦信息，出台应对工作预案，加强应诉指导，同时，做好重点案件的应对协调工作，切实维护出口企业利益。目前，绍兴建成了8个省级预警示范点，涵盖纺织、照明等主导出口产业。成立了全市防范和应对贸易摩擦工作领导小组，对涉案金额或企业数占全省50%、单个涉案金额居全省前5位或重要出口产品受影响的反倾销案件，在组织机构、经费等方面给予强化保障。

（五）加强外贸服务环境建设

1. 加快完善外贸运行监测体系建设。全省建成了30个区域监测点，定期监测1500家重点出口企业和1000家重点商贸流通企业运行状况，开展外贸综合景气指数的发布，分析走势、把准趋势，及时为企业提供宏观指导服务。

2. 修订全省开发区综合考核评价办法。通过科学的考评体系引导促进开发区加快转型升级。共设置38项指标，其中质量、效益合占50%，规模占30%，增速占20%。在质量指标中，涉及高新产业、科技投入、研发创新、品牌专利类指标就有6项；在效益指标中，涉及产业集聚、用地集约、节能减排类指标就有8项。

3. 加强企业出口信用保险、担保等服务。2009年杭州出口信用保险直接拉动出口增长10.6%。绍兴已经实施出口信用保险全覆盖。绍兴积极探索对中小出口企业实行部分保障、风险共担的投资模式，政府与担保公司和商业银行开展"担保优惠"活动，对政府推荐的外贸企业可获得担保费率40%的优惠。宁波建设了外贸孵化器，为中小外贸企业提供政策咨询、信息服务和外贸代理，开展出口保单托管贷款服务，率先建立了进出口网上交易会平台。

（六）积极推动企业海外直接投资

浙江通过推动企业海外投资有效地应对贸易摩擦，促进了外贸发展方式转型。目前，浙江对外投资企业达4207家，投资额45.25亿美元。企业数量列在全国第一位；民营企业比重超过80%。

目前，浙江重点推进一批境外生产基地、研发中心和资源合作开发项目。加快推进境外经贸合作区建设，推动轻工、纺织、机械等传统行业进行集群式投资。力争3年内，在巩固非洲、东南亚、俄罗斯、美国等7个境外经贸合作区建设的基础上，重点在东欧、中南美洲新增5—10个境外经贸合作区。

同时，鼓励优势企业通过国际并购获取技术、品牌、销售网络和资源渠道，重点在机械、纺织、轻工等优势领域推进一批并购项目。今年3月28日，吉利汽车以18亿美元成功收购沃尔沃汽车公司100%的股权及相关资产（包括知识产权），提升了品牌、技术、管理与运营水平，为自主品牌加速全球化扩张提供了示范。

此外，以海外工程承包带动设备和产品出口。支持工程企业与成套设备制造企业、设计研究院构建战略联盟，优先推动一批总承包项目、成套设备项目联合拓展国际市场。

三、存在的困难与问题

调研反映，目前外贸出现恢复性增长受三方面因素影响：上年基数低；受原材料上涨、劳动力成本上涨等成本因素推动的出口产品价格增长；受国外客商库存补货、原材料上涨预期、人民币升值预期影响带来的订单增加。由于金融危机持续、欧洲债务危机、人民币升值、成本上升等因素的叠加效应，下半年外贸走势依然不容乐观。

（一）国际市场不确定因素增多

外需市场短期内难以明显恢复仍是影响出口的重要因素。目前，世界各主要经济体经济复苏仍具有不确定性，欧盟美国失业率仍居高不下，欧洲债务危机发生，导致企业不敢接长单。欧盟是浙江的主要出口市场，占杭州出口总量的 25%；占绍兴出口总量的 20%，欧洲债务危机将使企业出口面临冲击。台州出口已呈现下降趋势，二季度增幅为 24%，金额低于一季度，企业一般为一个季度的短期订单。

（二）人民币汇率升值压力

人民币升值幅度是许多企业目前最关注的问题。企业签订出口长单必然受到汇率的影响和牵制。今年以来，台州宝利特公司仅欧元汇率损失 1000 多万元。绍兴以美元为结算货币的出口产品超过九成，将直接受到冲击。杭州市纺织服装、家具、部分机电产品等劳动密集型企业利润只有 3%—5%。

（三）成本上涨挤压企业利润空间

企业反映，原材料价格、劳动力成本、运输成本上涨过快，节能减排导致成本上升，信贷收紧导致财务成本压力加大，都导致产品综合成本上涨。1—5月，杭州原材料、燃料、动力购进价格上涨 11.7%，比工业品出厂价格涨幅高出 7 个百分点。据对全市 258 家企业调查显示，与去年相比有 75% 的企业利润持平或下降，其中 37.6% 利润下降。中策橡胶反映，2009 年四季度至今，天然橡胶价格一度逼近历史高位，每吨上涨 45%，顺丁胶每吨上涨 39%，从而推动普通轿车乘用胎成本增加 15%，卡车及工程用轮胎成本增加 25%—30%。1—5月绍兴 2423 类产品出口数量同比增长 42.4%，但价格同比下降 3.8%。

（四）国际贸易摩擦多发

1—5 月，浙江企业共遭遇国际贸易摩擦案件 21 起，主要行业有：纺织、钢铁制品、造纸、电子等。今年上半年，杭州遭遇国际贸易摩擦案件 8 起，涉案企业 85 家，涉案金额 6176 万美元，仅 6 月份就涉及 4686 万美元。产品涉及玻璃纤维网格、瓷砖、三聚氰胺、聚酯短纤、数据卡、橡胶助剂、铝挤压材、半导体冷热箱等。

（五）出口结构仍以低端产品为主

调研反映，目前出口产品仍以低端为主，技术含量低、附加值低、议价能力差，主要依靠价格竞争，这是导致大量贸易摩擦的主要原因。温州出口产品主要集中在皮鞋、服装、箱包、眼镜、打火机、汽车摩托车配件等低端小商品，虽然主要是一般贸易，但由于缺乏品牌，缺乏新材料开发，缺乏引领潮流的设计，获利仍然微薄，每双皮鞋出口平均利润在 10 元左右。杭州自主品牌出口仅占 12% 左右。宁波申洲集团为阿迪和耐克等品牌加工针织制衣，仅得到 10% 的加工费。温州金帝鞋业为德国企业贴牌，一件皮鞋的离岸价通常在 4—7 美元，离岸利润为 10%—15%，而国外售价通常高出 3—4 倍。

（六）出口企业仍以中小企业为主

目前，缺少龙头大企业带动成为制约外贸发展的重要因素。据调查，杭州市有进出口企业 6504 家，其中出口额在 1000 万美元以上的 442 家，占 6.64%，超亿美元的企业只有 18 家。台州出口企业 3170 家，出口 1000 万美元以上的仅有 87 家，占 2.7%，出口超亿美元企业有 1 家。

四、政策措施建议

（一）保持外贸政策的连续性和稳定性，进一步优化外贸发展的政策环境

1. 继续保持劳动密集型产品的出口退税率稳定。纺织品、服装、鞋等劳动密集型企业仍然是我国解决就业的主要渠道，也是我国最具比较优势的产业。目前，这类企业面临的国际市场风险和国内成本上涨压力日益加大，生存十分困难，如果下调出口退税势必雪上加霜。据绍兴市反映，如果下调纺织品出口退税 2 个百分点，将直接影响当地 4134 家纺织出口企业。

2. 继续保持人民币汇率相对稳定。尤其是要防止人民币升值幅度过大给企业造成的损失。

3. 进一步完善出口退税分担机制。目前出口退税由中央和地方负担比例为 92.5:7.5，造成地方财政负担过重。2008 年浙江出口退税 934.6 亿元，其中地方财政承担 50 亿元，影响了地方政府扩大出口的积极性。建议考虑出口退税由中央财政全额负担。

4. 完善贸易摩擦预警监测体系。要发挥进出口商会、行业协会、驻外机构等组织作用，在国外信息搜集、贸易风险预测、组织应诉等方面为企业提

供条件。

5. 完善出口信用保险制度。金融危机将导致部分国家和地区信用恶化，势必增加外贸企业收汇结算风险，因此，应积极为企业提供出口信用保险。

（二）加大对外贸转型升级的政策支持力度

1. 加快各类公共服务平台建设。无论是产品开发创新还是建立国际营销渠道，都存在成本高、投入大、风险大的问题，一般中小企业通常不具备条件。因此，政府要加大经费投入和政策支持，尤其要支持产业集群设立各种研发设计、电子商务、信息服务、融资、营销、物流、展览等公共服务平台，为企业创新和开拓国际市场创造条件。要加快国家设计中心、科技兴贸基地等平台的认定工作。

2. 加强出口品牌建设。建立健全出口品牌扶持体系，支持企业开展境外商标注册、国际认证等工作，加强知识产权保护力度。恢复部级出口名牌的认定工作，增强外贸企业争创自主出口品牌的积极性。加大中国产品在国外的宣传力度，建议国家从财政资金拿出一定费用在国外做广告，推广中国品牌。对外贸企业进行自主研发设计、建设营销体系、品牌推广、参展等费用政府应给予一定的税收优惠和资金补贴。

3. 大力支持企业海外直接投资。推动企业海外投资不仅是有效解决国际贸易摩擦、释放过剩产能的需要，也是提高我国企业国际竞争力，培育跨国公司的必然选择。为此，应作为"十二五"时期国家开放战略的重点。尤其要加大民营企业海外投资的政策支持力度，民营企业在资源、能源以及劳动密集型产业等领域都具有投资优势。要放松外汇限制，改革目前外汇审批周期长，程序多的问题，对民营企业到海外收购给予资金支持。

4. 发挥龙头企业的资源整合能力和带动力。具备一定规模和转型升级能力的大企业要实现核心能力从制造向服务转型，把核心业务从代工制造转向供应链管理、研发设计、建立海外营销渠道、创建自主品牌等服务能力上，把制造环节进行外包，以行业领军企业为龙头，整合上下游企业，带动配套企业转型升级。

（原载《中国经贸导刊》2010 年第 16 期）

金融危机后我国贸易出口
结构变化及竞争力分析

改革开放以来，我国对外贸易战略取得了举世瞩目的成绩，已经从一个封闭、半封闭的贸易小国成为世界对外贸易规模最大、国际竞争力较强的经济体。体现在贸易出口方面，出口商品总量显著增长，出口商品结构明显优化，贸易方式不断改善，服务贸易成长迅速，但也存在着诸多问题。尤其是金融危机之后，在国际环境和形势发生了重大变化和转折的新形势下，正确认识看待我国贸易出口的优势与不足，及时调整出口战略，对于促进出口的平稳健康发展，不断提高我国贸易竞争力具有重要作用。

一、我国贸易出口的基本现状

（一）货物出口快速增长，总量居世界第一位

总体上看，我国贸易出口规模呈现快速增长态势，占全球比重逐年提高。在1978—2011年期间，货物贸易出口总额从97.5亿美元增长到18986亿美元，增长了近200倍，占全球总量比重从0.8%上升到10.5%，全球排序从第34位跃升到第1位（表1、图1）。金融危机以来，我国出口仍然保持了较好的态势，在2009—2011年期间，连续三年保持了全球第一的水平，反映出经过改革开放30多年的发展，我国对外贸易已经具备了较强的国际竞争力。

表1 1978—2011 年我国出口商品的世界贸易排位   单位：亿美元、%

年　份	出口总额	占全球比重	在全球排序
1978	97.5	0.80	34
1985	273.5	1.40	17
1990	620.9	1.80	15
1995	1487.7	3.10	11
1998	1837.1	3.50	9
1999	1949.3	3.60	9
2000	2492.1	3.90	7
2001	2661.5	4.30	6
2002	3255.7	5.10	5
2003	4383.7	5.90	4
2004	5933.7	6.50	3
2005	7620.0	7.30	3
2006	9689.0	8.00	3
2007	12180.2	8.80	2
2008	14306.9	8.90	2
2009	12016.1	9.60	1
2010	15779.3	10.36	1
2011	18986.0	10.50	1

数据来源：商务部、《中国对外经济贸易统计年鉴》

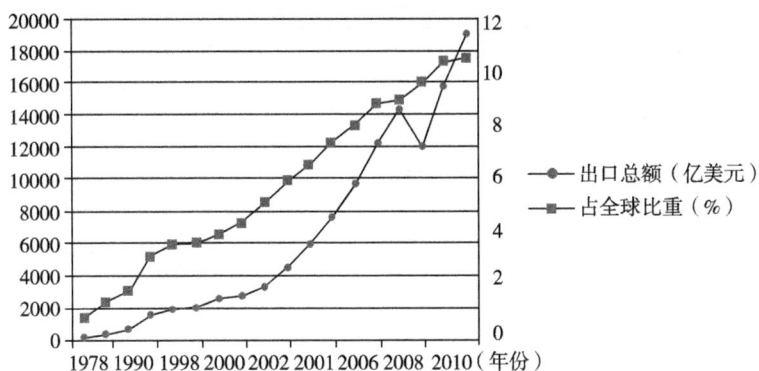

图1 我国商品出口总额及占全球比重

数据来源：同上

（二）出口商品结构不断优化，机电产品和高技术产品占主导地位

从出口商品结构来看，在 1978—2011 年期间，我国初级产品出口占比从 53.5% 下降到 2010 年的 5.2%；工业制成品出口占比从 46.5% 上升到 2010 年的 94.8%；机电产品出口占比从 1985 年的 6.1% 上升到 2011 年的 57.2%；高新技术产品出口从 1995 年的 6.8% 上升到 2011 年的 28.9%（表2、图2）。金融危机以后，我国出口商品结构仍然呈现不断优化趋势，机电产品和高技术产品在出口商品中逐步占主导地位。在 2009—2011 年期间，机电产品占比分别达到 59.3%、59.2% 和 57.2%；高新技术产品占比分别达到 31.4%、31.2% 和 28.9%。

表2　1978—2011 年我国出口商品结构　　　　单位：亿美元、%

年　份	初级产品		工业制成品		机电产品		高新技术产品	
	比重	出口额	比重	出口额	比重	出口额	比重	出口额
1978	53.5	52.2	46.5	45.3	—	—	—	—
1985	50.5	138.1	49.5	135.4	6.1	16.7	—	—
1995	14.4	214.2	85.6	1273.5	29.5	438.9	6.8	101.2
2000	10.2	254.2	89.8	2237.9	36.2	902.1	14.9	371.3
2005	6.4	487.7	93.6	7132.3	56.0	4267.2	28.6	2179.3
2006	5.5	532.9	94.5	9156.1	60.0	5813.4	30.7	2974.5
2007	5.1	621.2	94.9	11559.0	57.6	7015.8	28.6	3483.5
2008	5.4	772.6	94.6	13534.3	57.5	8226.5	29.0	4149.0
2009	5.3	636.9	94.7	11379.2	59.3	7125.5	31.4	3773.0
2010	5.2	820.5	94.8	14958.8	59.2	9341.3	31.2	4923.1
2011	—	742.8*	—	13179.89*	57.2	10860.0	28.9	5486.9

数据来源：中国海关统计

* 为 2011 年 1—9 月数据

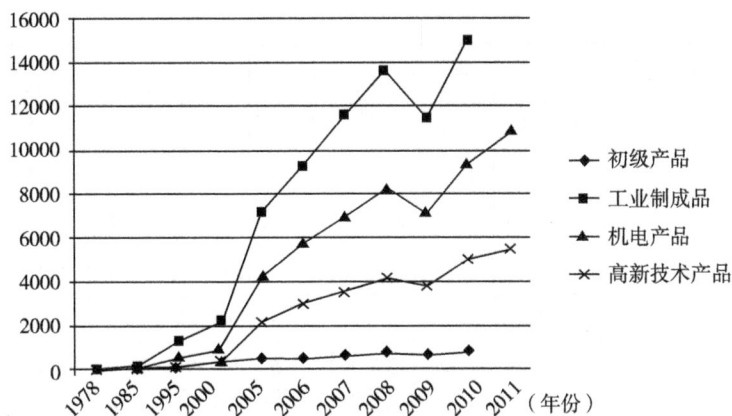

图2 我国出口商品结构的出口额（亿美元）

数据来源：同上

从工业制成品出口细分来看，在1980—2010年期间，轻纺、橡胶、矿冶等劳动密集和资源密集型商品出口占比从44.4%下降到16.7%，机械及运输设备占比从9.4%上升到52.1%。金融危机以后，在2008—2010年期间，轻纺、橡胶、矿冶等出口占比分别为19.4%、16.2%、16.7%；机械及运输设备出口占比分别达到49.8%、51.9%、52.1%的水平，说明机械、装备制造等资本密集型产品在我国工业制成品出口中逐步形成了主导地位（表3）。

表3 1980—2011年工业制成品出口商品结构　　单位：亿美元、%

年　份	化学品及有关产品		轻纺、橡胶、矿冶及其制品产品		机械及运输设备		杂项制品		未分类的其他商品	
	出口额	比重	出口额	比重	出口额	比重	出口额	比重	出口额	比重
1980	11.20	12.4	39.99	44.4	8.43	9.4	28.36	31.5	2.07	2.3
1985	13.58	10.0	44.93	33.2	7.72	5.7	34.86	25.8	34.13	25.3
1990	37.30	8.0	125.76	27.2	55.88	12.1	126.86	27.5	116.25	25.2
1991	38.18	6.8	144.56	26.0	71.49	12.8	166.20	29.9	136.55	24.5
1992	43.48	6.4	161.35	23.7	132.19	19.5	342.34	50.4	—	—
1993	46.23	6.2	163.92	21.8	152.82	20.4	387.81	51.6	—	—

续表

年 份	化学品及有关产品		轻纺、橡胶、矿冶及其制品产品		机械及运输设备		杂项制品		未分类的其他商品	
	出口额	比重	出口额	比重	出口额	比重	出口额	比重	出口额	比重
1994	62.36	6.2	232.18	22.9	218.95	21.6	499.37	49.3	0.12	0.0
1995	90.94	7.1	322.40	25.3	314.07	24.7	545.48	42.9	0.06	0.0
1996	88.77	6.9	284.98	22.0	353.12	27.4	564.24	43.7	0.12	0.0
1997	102.27	6.4	344.32	21.7	437.09	27.5	704.67	44.4	0.04	0.0
1998	103.21	6.3	324.77	19.9	502.17	30.8	702.00	43.0	0.05	0.0
1999	103.73	5.9	332.62	19.0	588.36	33.7	725.10	41.4	0.09	0.0
2000	120.98	5.4	425.46	19.0	826.00	36.9	862.78	38.6	2.21	0.1
2001	133.52	5.6	438.13	18.3	949.01	39.6	871.10	36.3	5.84	0.2
2002	153.25	5.2	529.55	17.8	1269.76	42.7	1011.53	34.0	6.48	0.3
2003	195.81	4.9	690.18	17.1	1877.73	46.6	1260.88	31.3	9.56	0.1
2004	263.60	4.8	1006.46	18.2	2682.60	48.5	1563.98	28.3	11.12	0.2
2005	357.72	5.0	1291.21	18.1	3522.34	49.4	1941.83	27.2	16.06	0.3
2006	445.30	4.9	1748.16	19.0	4563.43	49.8	2380.14	26.0	23.15	0.3
2007	603.24	5.2	2198.77	19.0	5770.45	49.9	2968.44	25.7	21.76	0.2
2008	793.46	5.9	2623.91	19.4	6733.29	49.8	3359.59	24.8	17.10	0.1
2009	620.17	5.5	1848.16	16.2	5902.74	51.9	2997.47	26.3	16.29	0.1
2010	875.72	5.9	2491.08	16.7	7802.69	52.1	3776.52	25.2	14.68	0.1

数据来源：《中国统计年鉴》

表4　2005—2011年部分机电产品出口商品结构　　单位：亿美元、%

年 份	手持无线电话及其零件		彩色电视		集成电路		摩托车及有动力装置的脚踏车	
	出口额	比重	出口额	比重	出口额	比重	出口额	比重
2005	316.25	7.4	58.51	1.4	137.41	3.2	24.18	0.5
2006	465.92	8.0	88.05	1.5	202.81	3.5	31.96	0.5
2007	518.29	7.4	90.08	1.3	235.35	3.4	38.28	0.4

续表

年 份	手持无线电话及其零件		彩色电视		集成电路		摩托车及有动力装置的脚踏车	
	出口额	比重	出口额	比重	出口额	比重	出口额	比重
2008	565.27	6.9	105.53	1.3	243.22	3.0	48.10	0.6
2009	556.04	7.8	107.41	1.5	233.03	3.3	30.59	0.4
2010	685.03	7.3	148.33	1.6	292.45	3.1	43.91	0.5
2011	906.97	8.4	136.67	1.3	325.66	3.0	58.22	0.5

年 份	自动数据处理设备及其部件		电动机及发电机		家具及其零件		灯具、照明装置及零件	
	出口额	比重	出口额	比重	出口额	比重	出口额	比重
2005	762.99	17.9	34.07	0.8	135.02	3.2	53.91	1.3
2006	930.18	16.0	43.71	0.8	171.29	3.0	63.15	1.1
2007	1237.74	17.6	56.19	0.8	221.49	3.2	77.18	1.1
2008	1350.19	16.4	65.98	0.8	269.11	3.3	92.42	1.1
2009	1223.16	17.2	52.45	0.7	253.24	3.6	75.62	1.1
2010	1639.53	17.6	73.05	0.8	329.87	3.5	101.09	1.1
2011	1762.85	16.2	87.91	0.8	379.42	3.5	126.46	1.2

数据来源：中国海关

表5 2005—2010 年高新技术产品出口商品结构 单位：亿美元、%

年 份	计算机与通信技术		电子技术		光电技术		计算机集成制造技术		生命科学技术	
	出口额	比重	出口额	比重	出口额	比重	出口额	比重	出口额	比重
2005	1771.20	81.10	244.80	11.20	71.80	3.30	20.80	0.952	45.60	2.10
2006	2814.51	79.90	360.04	12.80	70.70	2.50	28.62	1.000	63.42	2.30
2007	2796.09	80.40	456.69	13.10	34.99	1.00	49.33	1.400	89.17	2.60
2008	3084.50	74.22	554.02	13.33	245.91	5.92	63.45	1.530	133.94	3.22
2009	2830.12	75.08	505.28	13.41	209.27	5.55	50.96	1.350	110.59	2.93
2010	3560.20	72.30	774.70	15.70	286.30	5.80	77.20	1.600	138.70	2.80

年　份	航空航天技术		材料技术		生物技术		其他技术			
	出口额	比重	出口额	比重	出口额	比重	出口额	比重		
2005	14.10	0.646	8.60	0.396	2.70	0.123	2.90	0.134		
2006	24.36	0.900	12.72	0.500	2.56	0.100	3.10	0.100		
2007	25.18	0.700	21.23	0.600	2.65	0.100	2.85	0.100		
2008	32.13	0.770	36.21	0.870	2.63	0.060	3.26	0.080		
2009	26.84	0.710	29.63	0.790	2.96	0.080	3.65	0.100		
2010	34.90	0.700	44.20	0.900	3.60	0.100	4.20	0.100		

数据来源：中国海关、中国科技部

从部分技术含量较高的机电产品来看，出口也显示了稳定增长的势头。2011年，手持无线电话及其零部件出口额906.97亿美元，相当于2005年的2.9倍，占机电产品的8.4%；彩色电视出口额136.67亿美元，相当于2005年的2.3倍；集成电路出口额325.66亿美元，相当于2005年的2.4倍；自动数据处理设备及其部件出口额1762.85亿美元，相当于2005年的2.3倍；电动机及发电机的出口额87.91亿美元，相当于2005年的2.6倍。

从高新技术产品出口细分来看，在2005—2010年期间，计算机与通信技术出口额从1771.2亿美元增长到3560.2亿美元，比重平均占77%左右；电子技术、光电技术占比也逐步提高，出口额分别由244.8亿美元和71.8亿美元增长到774.7亿美元和286.3亿美元，占比由11.2%和3.3%提高到15.7%和5.8%；计算机集成制造技术、生命科学技术、航空航天技术、材料技术、生物技术等领域出口所占比重也稳步提高。相比于2005年，2010年计算机与通信技术出口额增长2倍；电子技术增长3.16倍；光电技术增长3.98倍；计算机集成制造技术增长3.71倍；生命科学技术增长3.04倍；航空航天技术增长2.47倍；材料技术增长5.14倍；生物技术增长1.3倍。其中材料技术增长最快。

（三）贸易方式逐步优化，一般贸易逐步占主导地位

从我国贸易出口方式来看，在2000—2011年期间，一般贸易占比由42.2%上升到48.3%，加工贸易占比由55.2%下降到44%。金融危机以后，

由于加工贸易受到严重冲击，一般贸易已经占主导地位。在2009—2011年期间，一般贸易占比分别为44%、45.7%和48.3%，加工贸易占比分别为48.8%、46.9%和44%（表6、图3）。2011年，我国一般贸易进出口19245.9亿美元，增长29.2%，占进出口总量的52.8%，其中出口9170.2亿美元，增长27.3%，高出同期出口整体增速7个百分点，一般贸易项下逆差903.5亿美元，扩大85.8%；加工贸易出口8353.9亿美元，增长12.9%，进口4697.9亿美元，增长12.5%，加工贸易项下顺差为3656.3亿美元，扩大13.4%。可以反映出，我国贸易方式的不断优化，促进了贸易平衡。

表6　1985—2011年我国贸易方式构成　　　　单位：亿美元、%

年　份	一般贸易		加工贸易		其他贸易	
	出口额	比重	出口额	比重	出口额	比重
1985	237.4	86.8	33.1	12.1	3.0	1.1
1990	354.5	57.1	253.9	40.9	12.5	2.0
1995	714.1	48.0	736.4	49.5	37.2	2.5
2000	1051.7	42.2	1375.6	55.2	64.8	2.6
2001	1117.8	42.0	1474.5	55.4	69.2	2.6
2002	1360.9	41.8	1800.4	55.3	94.4	2.9
2003	1819.2	41.5	2419.8	55.2	144.7	3.3
2004	2438.8	41.1	3281.3	55.3	213.6	3.6
2005	3154.7	41.4	4168.1	54.7	297.2	3.9
2006	4166.3	43.0	5106.1	52.7	416.6	4.3
2007	5383.6	44.2	6175.4	50.7	621.2	5.1
2008	6624.0	46.3	6752.9	47.2	930.0	6.5
2009	5287.1	44.0	5863.9	48.8	865.1	7.2
2010	7211.1	45.7	7400.5	46.9	1167.7	7.4
2011	9170.2	48.3	8353.9	44.0	1461.9	7.7

数据来源：中国海关

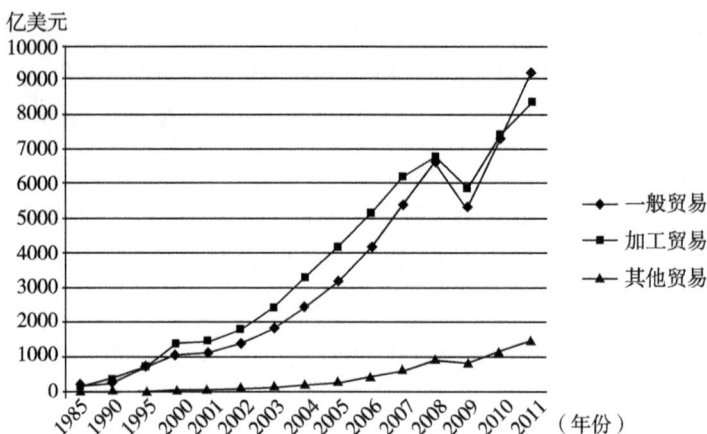

图 3　1985—2011 年我国出口贸易方式比重构成

（四）出口市场结构呈现多元化趋势，东盟地区增长强劲

从出口的主要国家和地区来看，美国、欧盟、中国香港、日本是我国传统的出口市场。金融危机以来，美国、欧盟、日本三大市场出现明显萎缩，东盟市场逐步上升到第 4 位（表 7）。在 2009—2011 年期间，我国向欧盟地区出口分别为 2362 亿美元、3112.2 亿美元、2111.9 亿美元，占比分别为 19.7%、19.7%、11.2%；向美国出口分别为 2208 亿美元、2833 亿美元、3244.9 亿美元，占比分别为 18.4%、17.9%、17.1%；向中国香港地区出口分别为 1662 亿美元、2183.2 亿美元、2680.3 亿美元，占比分别为 13.8%、13.8%、14.1%；向东盟出口分别为 1063 亿美元、1318.6 亿美元、1927.7 亿美元，占比分别为 8.8%、8.4%、10.2%；向日本出口分别为 979.1 亿美元、1210.6 亿美元、1483 亿美元，占比分别为 8.2%、7.7%、7.8%。可以看出，亚洲地区等新兴市场正在成为我国的主要出口市场。

表 7　2005—2011 年我国对各国家（地区）出口数额前十位　单位：亿美元

	2005 年		2006 年		2007 年		2008 年		2009 年		2010 年		2011 年	
	国家（地区）	数额	国家（地区）	数额	国家（地区）	数额	国家（地区）	数额	国家（地区）	数额	国家（地区）	数额	国家（地区）	数额
1	美国	1629.0	美国	2035.0	欧盟	2452.0	欧盟	2932.0	欧盟	2362.0	欧盟	3112.2	美国	3244.9

续表

	2005 年		2006 年		2007 年		2008 年		2009 年		2010 年		2011 年	
	国家(地区)	数额	国家(地区)	数额	国家(地区)	数额	国家(地区)	数额	国家(地区)	数额	国家(地区)	数额	国家(地区)	数额
2	欧盟	1437.0	欧盟	1820.0	美国	2327.0	美国	2523.0	美国	2208.0	美国	2833.0	中国香港	2680.3
3	中国香港	1245.0	中国香港	1554.0	中国香港	1844.0	中国香港	1907.0	中国香港	1662.0	中国香港	2183.2	欧盟	2111.9
4	日本	839.9	日本	916.4	日本	1021.0	日本	1161.0	东盟	1063.0	东盟	1318.6	东盟	1927.7
5	东盟	553.7	东盟	713.1	东盟	941.5	东盟	1143.0	日本	979.1	日本	1210.6	日本	1483.0
6	韩国	351.1	韩国	445.3	韩国	561.4	韩国	739.5	韩国	536.8	韩国	687.7	韩国	829.2
7	德国	325.3	德国	403.2	德国	487.2	德国	591.7	德国	499.2	德国	680.5	德国	764.3
8	荷兰	258.8	荷兰	308.6	荷兰	414.1	荷兰	459.1	荷兰	366.8	荷兰	497.1	荷兰	595.0
9	英国	189.8	英国	241.6	英国	316.6	英国	360.7	英国	312.8	印度	409.2	印度	505.4
10	新加坡	166.3	新加坡	231.9	新加坡	296.4	俄罗斯	330.1	新加坡	300.7	英国	387.7	英国	441.3

数据来源：中国海关、商务部

从我国出口前 5 位地区（美国、欧盟、中国香港、日本和东盟）的总量来看，在 2005—2011 年期间呈现下降趋势。五个地区的出口总额分别为 2005 年 5705.4 亿美元、2006 年 7037.9 亿美元、2007 年 8585.3 亿美元、2008 年 9666.4 亿美元、2009 年 8274.2 亿美元、2010 年 10658 亿美元、2011 年 11448 亿美元，分别占我国出口总额的 74.9%、72.6%、70.4%、67.6%、68.9%、67.5%、60.3%。从我国对美国、欧盟、日本的出口来看，2005 年三个地区占我国出口总额的 51.3%，2011 年降到 36% 的历史最低位。2010 年印度首次进入我国出口前 10 位的国家（列第 9 位），金额为 409.2 亿美元，2011 年为 505.4 亿美元，占出口总额的 2.66%，具有较大增长潜力。这反映出金融危机以后，我国出口市场集中度过高的状况有明显改善，尤其是对欧、美、日三大主要出口市场的依存度在逐步降低，新兴经济体呈现上升趋势。

（五）服务贸易出口规模扩大，新兴服务业出口增长迅速

随着服务全球化的深入发展，国际服务业加速转移，以及国内服务业开

放水平的不断提高，我国服务贸易的国际竞争力明显增强。2010年，在全球前30位服务贸易出口国中，我国列第4位，占全球服务出口的4.6%，增速列第1位。在2005—2010年期间，我国服务贸易出口总额由739.1亿美元提高到1702.5亿美元，增长了2.3倍；服务贸易增速由19.1%提高到32.4%；世界排位由第9位提高到第4位。

金融危机以来，服务贸易增长的态势明显，尤其是计算机信息服务、金融、保险、咨询等新兴服务业领域比重不断提高。2009年，我国服务出口下降了12.2%，其中受影响最大的是电影和音像服务（-76.7%），但保险服务、金融服务、计算机与信息服务、咨询服务和广告宣传服务都有不同程度的增长，其中，金融服务出口增长38.7%。2010年，金融服务出口增长204.6%，专有权利使用费和特许费增长93.4%，说明新兴服务业的出口竞争力已经明显提高。

表8　2010年世界服务贸易出口排名

排名	出口国家（地区）	金额（亿美元）	比重（%）	增长率（%）
1	美国	5150	14.1	8
2	德国	2300	6.3	2
3	英国	2270	6.2	0
4	中国	1700	4.6	32
5	法国	1400	3.8	-1
6	日本	1380	3.8	9
7	西班牙	1210	3.3	-1
8	新加坡	1120	3.0	20
9	荷兰	1100	3.0	0
10	印度	1100	3.0	—

数据来源：商务部《2011中国服务贸易统计》

二、我国贸易出口存在的主要问题

不容否认，长期以来，我国出口仍然是粗放型增长，主要依靠土地等自然资源要素投入，依靠农村劳动力无限供给所带来的低成本劳动力优势，以资源能源消耗、环境污染为代价，贸易出口结构调整问题长期没有得到解决，大而不强的问题仍然突出，主要体现在以下方面。

（一）出口商品价值链仍集中在加工制造环节

由于长期以来以加工贸易为主的模式，导致我国出口商品以加工生产环节为主，缺乏自主品牌、技术含量低、附加值低、竞争力差的问题仍很突出。我国有 170 种产品产量居世界第 1 位，其中彩电产量占全球的 1/3，洗衣机占 1/4，电冰箱占 1/6，照相机占 1/2，手机占 1/2。钢铁、家电、服装纺织、手机通信等产品的出口额居世界前列，笔记本电脑、变流器变压器及电感器、电子游戏机、录像机、集装箱、扬声器、空调、蓄电池等产品的国际市场占有率都处于世界前列，但几乎没有世界品牌，主要是代工方式，处于"微笑曲线"底部，在世界贸易利益分配中获得较少份额。

目前，我国出口竞争优势仍集中在劳动密集型、资本密集型产品上，技术密集型产品与发达国家仍存在着较大差距，出口产品普遍存在档次低、质量差、研发设计能力不足问题。多数机电产品缺乏核心技术；多数纺织服装、箱包、食品加工等劳动密集型产品出口主要通过贴牌生产；钢铁、焦炭、陶瓷、皮革等行业仍存在资源消耗大、环境污染严重等问题；多数高新技术产品出口主要是加工组装。

表9　2005—2010我国服务贸易出口分项目表　　单位：亿美元、%

年　份	2005			2006			2007		
	金额	比上年增长	占比	金额	比上年增长	占比	金额	比上年增长	占比
总计	739.1	19.1	100.0	914.2	23.7	100.0	1216.5	33.1	100.0
运输	154.3	27.8	20.9	210.2	36.2	23.0	313.2	49.1	25.7
旅游	293.0	13.8	39.6	339.5	15.9	37.1	372.3	9.7	30.6
通信服务	4.9	10.2	0.7	7.4	52.1	0.8	11.7	59.2	1.0
建筑服务	25.9	76.7	3.5	27.5	6.2	3.0	53.8	95.3	4.4
保险服务	5.5	44.3	0.7	5.5	-0.3	0.6	9.0	64.9	0.7

续表

年　份	2005			2006			2007		
	金额	比上年增长	占比	金额	比上年增长	占比	金额	比上年增长	占比
金融服务	1.5	54.6	0.2	1.5	−0.2	0.2	2.3	59.0	0.2
计算机信息服务	18.4	12.4	2.5	29.6	60.7	3.2	43.4	46.9	3.6
专有权利使用费和特权费	1.6	−33.4	0.2	2.1	30.2	0.2	3.4	67.1	0.3
咨询	53.2	68.8	7.2	78.3	47.2	8.6	115.8	47.8	9.5
广告宣传	10.8	26.8	1.5	14.5	34.3	1.6	19.1	32.3	1.6
电影音像	1.3	226.5	0.2	1.4	2.3	0.1	3.2	130.9	0.3
其他	168.8	5.9	22.8	196.9	16.6	21.5	269.1	36.7	22.1

年　份	2008			2009			2010		
	金额	比上年增长	占比	金额	比上年增长	占比	金额	比上年增长	占比
总计	1464.5	20.4	100.0	1286.0	−12.2	100.0	1702.5	32.4	100.0
运输	384.2	22.6	26.2	235.7	−38.7	18.3	342.1	45.2	20.1
旅游	408.4	9.7	27.9	396.8	−2.9	30.9	458.1	15.5	26.9
通信服务	15.7	33.7	1.1	12.0	−23.7	0.9	12.2	1.8	0.7
建筑服务	103.3	92.1	7.1	94.6	−8.4	7.4	144.9	53.2	8.5
保险服务	13.8	53.0	0.9	16.0	15.4	1.2	17.3	8.2	1.0
金融服务	3.2	36.7	0.2	4.4	38.7	0.3	13.3	204.6	0.8
计算机信息服务	62.5	43.9	4.3	65.1	4.2	5.1	92.6	42.1	5.4
专有权利使用费和特许费	5.7	66.7	0.4	4.3	−24.8	0.3	8.3	93.4	0.5
咨询	181.4	56.7	12.4	186.2	2.7	14.5	227.7	22.3	13.4
广告宣传	22.0	15.0	1.5	23.1	5.0	1.8	28.9	24.8	1.7
电影音像	4.2	32.2	0.3	1.0	−76.7	0.1	1.2	26.4	0.1
其他	260.1	−3.4	17.8	246.9	−5.1	19.2	355.9	44.1	20.9

数据来源：商务部《2011 中国服务贸易统计》

（二）加工贸易面临转型升级问题仍较为突出

首先，我国加工贸易多数还停留在"贴牌生产"阶段，存在着加工过程短、产业链短、本土企业配套不足、增值率不高等问题。缺乏自主研发能力、自主营销渠道和网络是导致加工贸易企业缺乏国际竞争力的主要原因。核心技术、产品设计、软件支持、关键零部件配套、关键设备和模具、品牌等基本被跨国公司所控制。我国生产每部手机售价的20%、计算机售价的30%、数控机床售价的20%—40%支付给国外专利持有者。虽然机电产品、高新技术产品出口比重很高，但企业并没有成为科技成果的最大吸纳者、创新人才和经费的主要投入者、知识产权的主要拥有者。

其次，本地企业参与程度不高。目前，内资企业加工贸易进出口额占比仅为16%，业务规模较小，整体实力弱，创新能力、国际开拓能力不强。外资企业作为我国加工贸易的主导按照自身需求制定战略目标，将影响我国加工贸易转型升级的方向和进程，也使技术外溢效应、产业带动效应大打折扣。

再次，加工贸易增值率仍然偏低。加工贸易的主要原材料依靠进口，很多高新科技产品仅从国内采购一些低价值的辅助材料和包装材料，国内配套和采购比重还较低。2005年、2007年苏州工业园进口原材料和零部件占出口产品价值的平均比重分别为78.5%和73%；增值率分别为6.5%和12%。

此外，随着我国劳动力成本的不断上升，劳动力无限供给的优势逐步丧失，加工贸易企业未来将面临严重的用工荒问题。金融危机之后，我国珠三角、长三角地区许多加工贸易企业因此陷入破产的境地。

（三）出口市场集中度仍然较高

近年来，亚非拉等新兴市场地位逐步上升，但我国出口市场主要是美国、欧盟、日本等发达经济体的基本格局仍然没有改变。金融危机以后，这些发达国家都遭遇了严重的经济衰退，经济增长乏力，美国金融危机影响仍在持续，欧盟债务危机一直在蔓延，日本地震海啸的自然灾害也使本国经济增长缓慢。发达国家经济体纷纷出现失业率高、主权债务危机严重、产业结构调整等问题，这些因素都使我国出口遭到外部市场萎缩的严峻挑战。

（四）服务出口仍以传统服务业为主

我国服务贸易起步晚，基础薄弱，尤其是新兴服务业、高技术服务业规模仍然很小。2010 年，全球前 30 位服务贸易出口国，我国排名第 4 位，占全球服务出口的 4.6%，居前三位的美国占 14.1%、德国占 6.4%、英国占 6.2%。2010 年，服务贸易额仅占我国贸易出口总额的 10.1%，而世界服务贸易所占份额的平均水平为 19%，高出我国近 9 个百分点。美国服务贸易出口额占出口总额的 21.3%，日本为 16.8%，欧盟为 22.1%，印度为 30.4%。从结构来看，我国的服务贸易还是以劳动密集型的运输和建筑为主，运输、旅游服务出口一直占据 50% 左右。金融服务、计算机和信息服务等知识密集型、技术密集型的高附加值服务业还处在较低发展水平。通信服务、金融服务、专有权利使用费和特许费、电影音像服务出口占比不足 5%。

（五）贸易摩擦仍然处于高发期

金融危机之后，发达国家的贸易保护主义愈演愈烈，主要表现为制定各种高于国际标准的技术标准和环保指标，设置各种技术贸易壁垒、绿色贸易壁垒。在 2008—2011 年期间，我国遭遇的各种贸易摩擦频繁发生（表 10、表 11），涉及行业多、产品种类多、国家多。

2009 年是最高的一年，我国遭遇贸易摩擦 103 起，涉案金额 120 亿美元，分别相当于 2005 年的 1.6 倍和 5.7 倍。美国、欧盟等出于维护本国利益的目的，频繁启动反倾销、反补贴、技术壁垒和绿色壁垒等一切可能的手段限制打压我国进口商品。2009 年，美国出台了有关玩具的强制性标准、若干节能标准、木地板甲醛排放标准，同时加强了对食品的风险防范，对我国机电行业、食品及木材加工业的影响较大。欧盟制定能源消耗和产品安全等方面的一系列技术标准，这些法规包括能耗产品环保设计指令实施细则、玩具安全指令、REACH 法规、木材及木制产品新规则等，涉及我国机电、纺织、原材料等相关行业。日本颁布了多项技术性法规及卫生与植物卫生措施，涉及食品、药品、玩具、化学用品等行业。澳大利亚上调了货物清关费用及检验检疫费用，还颁布了多项技术性贸易措施及卫生措施，涉及木制品及机电产品；加拿大颁布了《纺织品标签和广告条例》，给我国服装出口造成一定的影响；其木制品包装材料新规定，对于我国仅提供植物检疫证书货物的木质包装将不再接受，只有加贴国际植物保护公约组织（IPPC）标志是唯一有效的认证方式；还有其他的相应新出台的法律法规，涉及我国的纺织、木制品加工、机电产品等行业。

除发达国家外，新兴经济体的贸易摩擦也不断发生。阿根廷对我国发起18起反倾销调查，涉案产品有鞋类产品、多功能食品加工机、高强度木地板、不锈钢刀具、钢轮毂产品、电扇、轮胎等；印度采取了较多针对中国进口产品的禁令及限制措施，包括多次对我国奶制品、玩具产品实施进口禁令、限制我国电力设备进口等，2009年，印度成为对我国发起贸易救济调查最多的国家，主要涉及机电和纺织行业。

表10　2005年、2008—2011年我国遭遇贸易摩擦数目及数额

年　份	数目（起）	金额（亿美元）
2005	63	21
2008	93	61
2009	103	120
2010	64	70
2011	69	59

数据来源：中国商务部

表11　2005年、2008—2011年我国遭遇贸易摩擦的
主要国家（地区）及相关行业

年　份	主要国家（地区）	主要相关行业
2005	美国、欧盟、土耳其	轻工、纺织、机电
2008	美国、欧盟、印度、加拿大、澳大利亚	化工、金属制品、机电、纺织
2009	美国、欧盟、印度、澳大利亚、南非、阿根廷、墨西哥、土耳其、加拿大	轻工、化工、机电、纺织、冶金、金属制品、木制品加工、农业
2010	美国、欧盟、印度、澳大利亚、南非、阿根廷、墨西哥、土耳其、加拿大	轻工、化工、机电、纺织、冶金、金属制品
2011	美国、欧盟、阿根廷、墨西哥、巴西、土耳其、印度、澳大利亚	轻工、化工、机电、纺织、冶金、金属制品

三、对策建议

综上所述，应根据我国贸易出口结构发生的新变化、新特点，针对金融危机之后全球经济环境的新变化，全球产业结构调整的新趋势，适时调整我国出口战略。抓住机遇，优化出口结构，增强出口商品竞争力。

第一，提高自主创新能力，加快创建自主品牌。应增加企业研发设计、品牌宣传等方面的投入，尤其要加强品牌的海外宣传；加快构建国际销售网络渠道，构建完整的海外营销网络体系。第二，大力发展服务贸易，尤其要加快培育新兴服务贸易和高技术服务贸易，积极发展服务外包产业，推动服务出口。第三，加快培育新兴市场，实施市场多元化战略。尤其要注重东盟自贸区建设，积极开拓金砖国家等新兴经济体市场，逐步拓展拉美、非洲等欠发达地区市场。第四，积极鼓励企业海外投资，带动国内商品和服务出口。通过支持我国企业海外直接投资，构建海外生产网络和服务体系，带动国内零部件行业，金融、商贸、广告宣传、信息、咨询等服务业走出去。第五，保持出口政策的稳定性与连续性。扩大内需和扩大外需是并行不悖的两个轮子，共同支撑着经济增长。我国出口行业带动就业广泛，产业链长，对整个国民经济影响大。尤其是在当前国际环境不景气的形势下，要保持政策的连续性和稳定性，帮助出口企业渡过难关，实现平稳转型。

（原载《国际贸易》2012 年第 7 期）

当前我国外贸形势分析及对策建议[*]

　　2015 年以来，受全球经济增长低迷，尤其是欧美日等发达经济体复苏缓慢，以及国际大宗商品价格下跌、人民币升值等因素的影响，我国外贸呈现明显下滑态势，面临着严峻挑战。目前，我国外贸已经进入一个由高增长转向中低速增长新的拐点时期，正确认识我国外贸形势的新变化、新特点，促进外贸稳定发展，对于我国经济实现"两个中高"①、稳定就业都将产生重大影响。应继续加快深化外贸体制改革，积极拓展国际经贸合作市场空间，尤其要注重通过实施创新驱动战略加快外贸转型升级和提质增效，重塑产业与贸易竞争新优势，推动产业链和价值链由中低端向中高端攀升。

一、当前我国外贸形势的主要特点

　　（一）从总体上看，全国外贸增速下滑，出口增长微弱、进口降幅较大、贸易顺差急剧扩大

　　2015 年 1—4 月，我国实现进出口 12225.1 亿美元，同比下降 7.6%。其中，出口 6901.6 亿美元，同比增长 1.6%；进口 5323.5 亿美元，同比下降 17.3%；贸易顺差 1578.1 亿美元，增长 337.4%。今年受进口商品价格大幅下降、部分重要产品进口数量减少的影响，一季度进口降幅创 2009 年以来同期新高。从表 1、图 1 可以看出，自 2012 年之后，我国外贸进出口开始告别两位数的高增长，进入中低速增长阶段。反映出未来时期经济增长的主要动力将来自于内需市场。

---

　　* 本文为中国国际经济交流中心基金课题《新形势下我国对外经贸合作前景及政策研究》阶段性成果。

　　① "两个中高"即：保持经济中高速增长，推动产业迈向中高端水平。

表1　2006—2015年一季度我国进出口情况　　　单位：亿美元、%

年　份	进出口		出口		进口		差额
	总额	增速	总额	增速	总额	增速	
2006	17604.39	23.8	9689.78	27.2	7914.61	19.9	1775.08
2007	21765.72	23.6	12204.56	26.0	9561.16	20.8	2643.40
2008	25632.60	17.8	14306.93	17.3	11325.67	18.5	2981.26
2009	22075.35	-13.9	12016.12	-16.0	10059.23	-11.2	1956.89
2010	29740.01	34.7	15777.54	31.3	13962.47	38.8	1815.07
2011	36418.64	22.5	18983.81	20.3	17434.84	24.9	1548.97
2012	38671.19	6.2	20487.14	7.9	18184.05	4.3	2303.09
2013	41603.08	7.6	22100.19	7.9	19502.89	7.3	2597.30
·2014	43030.37	3.4	23427.47	6.1	19602.90	0.4	3824.56
2015Q1	9041.66	-6.3	5139.33	4.7	3902.33	-17.6	1236.99

资料来源：中国海关统计数据（下同）

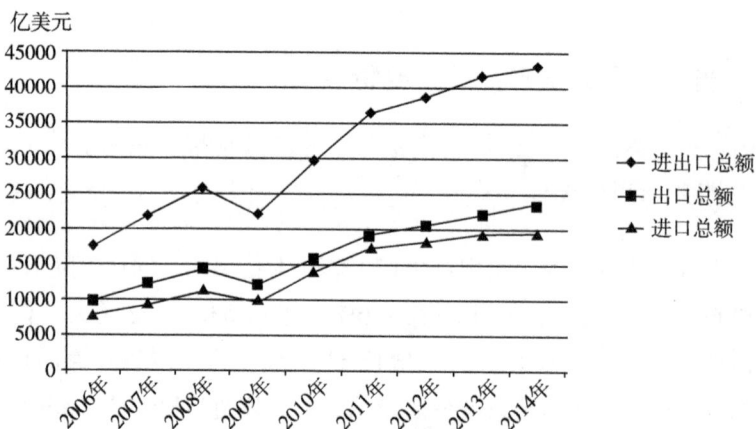

图1　2006—2014年我国进出口增长

（二）从贸易商品结构上看，机电产品出口好于劳动密集型产品，主要大宗商品进口价格持续下跌

2015年1—4月，我国机电产品出口3997.2亿美元，占出口总额57.9%，

同比增长3.6%。其中，船舶、金属加工机床等装备制造产品出口增长26.1%，说明我国机械装备制造出口竞争力显著增强；纺织服装等七大类劳动密集型产品出口1365.5亿美元，占出口总额19.8%，同比增长0.7%。大宗商品进口价格全面下跌。2015年1—4月，原油、铁矿砂、成品油、液化石油气、大豆、铜矿砂和铜材进口价格分别下跌47.7%、45.4%、38.4%、23.5%、21.0%、15.9%和13.1%；高新技术产品进口1646.6亿美元，同比下降0.9%。

从表2、图2、图3可以看出，在2010—2014年我国出口商品结构中，初级产品出口占总量比重分别为5.2%、5.3%、4.9%、4.9%、4.8%，有所下降；工业制成品出口占总量比重一直稳定在95%左右。在工业制成品中，机械及运输设备在出口总量中占比分别为49%、48%、47%、47%、46%，有所下降；杂项制品占比分别为24%、24%、26%、26%、27%，有所增长；按原料分类的制成品占比分别为16%、17%、16%、16%、17%，化学品及有关产品占比分别为6%、6%、5.5%、5.4%、5.7%，两项基本比较稳定。

表2　2010—2015年一季度我国出口商品结构　　　单位：亿美元

年份 商品类别	2010	2011	2012	2013	2014	2015Q1
初级产品	817.17	1005.52	1005.81	1072.83	1127.05	236.48
食品及活动物	411.53	504.97	520.80	557.29	589.18	129.10
饮料及烟类	19.06	22.76	25.90	26.08	28.83	5.49
非食用原料	116.02	149.78	143.41	145.70	158.28	35.55
矿物燃料、润滑油 　及有关原料	267.00	322.76	310.26	337.92	344.53	64.83
动、植物油脂及蜡	3.56	5.26	5.45	5.84	6.23	1.50
工业制成品	14962.16	17980.48	19483.54	21027.36	22300.41	4902.85
化学品及有关产品	875.87	1147.87	1136.29	1196.59	1345.93	318.08
按原料分类的制成品	2491.51	3196.00	3331.68	3606.53	4003.75	923.27
机械及运输设备	7803.30	9019.12	9644.22	10392.46	10706.32	2405.98
杂项制品	3776.80	4594.10	5357.18	5814.48	6221.74	1249.74
未分类的其他商品	14.68	23.39	14.17	17.29	22.67	5.78

亿美元

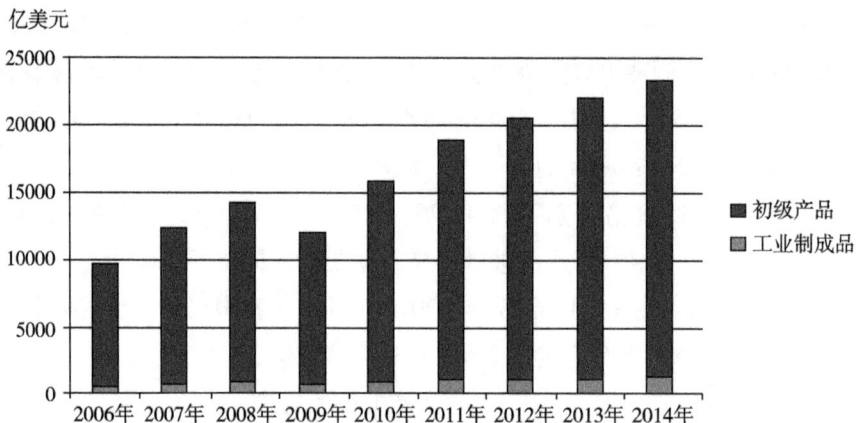

图2　2006—2014年我国初级产品和工业制成品出口增长

亿美元

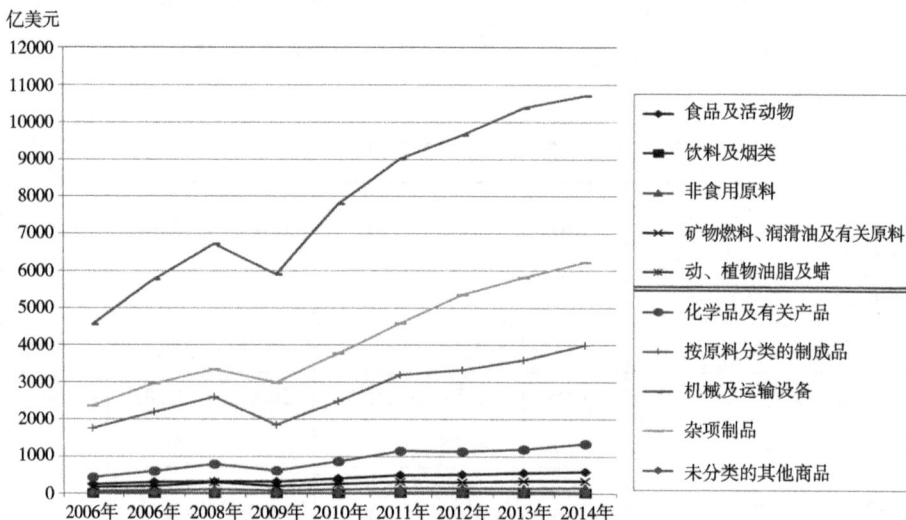

图3　2006—2014年我国主要商品出口增长

　　目前，我国进口产品仍以工业制成品为主，初级产品比重较低。从表3、图4、图5可以看出，在2010—2014年我国进口商品结构中，初级产品进口占总量比重分别为31%、35%、35%、34%、33%；工业制成品进口占总量比重分别为69%、65%、65%、66%、67%，其中机械及运输设备进口占总量比重分别为39%、36%、36%、36%、37%。

表3 2010—2015年一季度我国进口商品结构 单位：亿美元

年份 商品类别	2010	2011	2012	2013	2014	2015Q1
初级产品	4325.56	6043.76	6346.05	6576.01	6474.40	1162.89
食品及活动物	215.66	287.65	352.62	416.99	468.23	116.45
饮料及烟类	24.29	36.85	44.03	45.10	52.18	11.34
非食用原料	2111.18	2852.55	2696.15	2861.43	2701.11	519.22
矿物燃料、润滑油及有关原料	1887.04	2755.60	3127.97	3149.06	3167.95	501.18
动、植物油脂及蜡	87.40	111.11	125.27	103.42	84.93	14.70
工业制成品	9622.72	11390.82	11832.21	12926.87	13128.50	2739.44
化学品及有关产品	1496.36	1811.44	1792.69	1902.98	1933.74	408.23
按原料分类的制成品	1311.13	1503.28	1459.00	1482.92	1724.18	309.49
机械及运输设备	5495.61	6303.88	6527.50	7103.50	7244.51	1540.66
杂项制品	1135.26	1277.09	1365.29	1390.11	1398.43	307.41
未分类的其他商品	184.37	495.13	687.74	1047.36	827.64	173.66

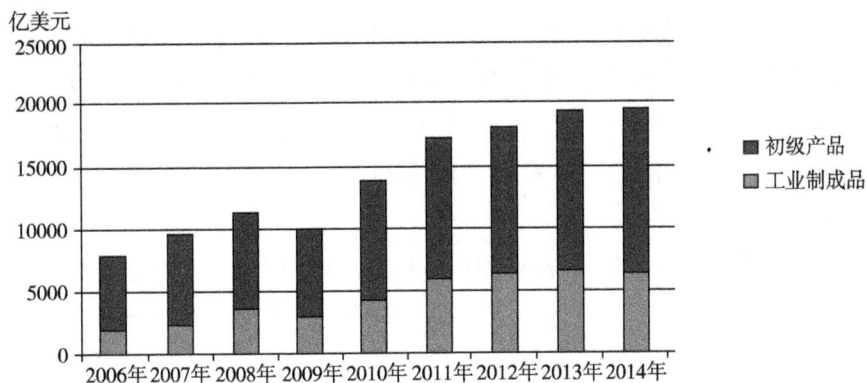

图4 2006—2014年我国初级产品和工业制成品进口增长

亿美元

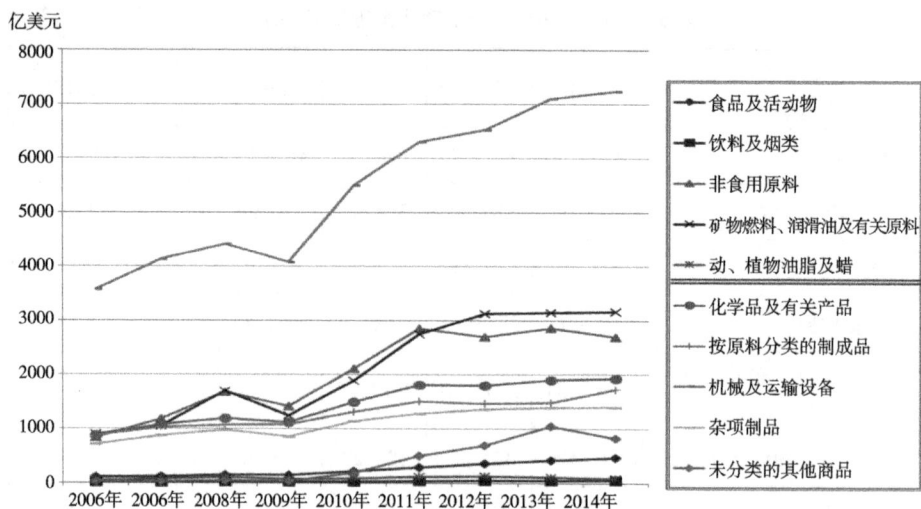

图5 2006—2014年我国主要商品进口增长

（三）从贸易国别（地区）结构上看，亚洲地区和新兴市场出口增长好于美欧日传统市场，主要资源国家（地区）进口呈现下降态势

2015年1—4月，我国对韩国、东盟、印度、中国台湾、南非、澳大利亚出口额分别为323亿美元、887.6亿美元、177.8亿美元、133.4亿美元、52亿美元、120.2亿美元，分别增长0.8%、12.9%、15.4%、5.6%、18.4%和5.9%；对美国、欧盟出口额分别为1221.9亿美元、1091.5亿美元，分别增长9%、-1%；对日本、中国香港、俄罗斯出口额分别为440.1亿美元、896.9亿美元、93.7亿美元，分别下降12.2%、10%和35.6%。2015年1—4月，自南非、巴西、俄罗斯和澳大利亚进口分别下降46%、33.5%、30.1%和28.4%。

目前，我国出口市场以亚洲地区为主，东盟、拉美、非洲等新兴市场规模不断扩大，美、欧、日三大传统市场的地位逐步下降。2010—2014年，我国对亚洲地区出口占总量比重分别为46%、47%、49%、51%、51%，其中，对东盟出口占总量比重分别为8.8%、9%、10%、11%、11.6%；对日本出口占总量比重分别为7.7%、7.8%、7.4%、6.8%、6.4%；对韩国出口占总量比重分别为4.3%、4.4%、4.3%、4.1%、4.3%；对欧盟出口占总量比重分别为19.7%、18.7%、16.3%、15.3%、15.8%；对北美地区出口占总量比重分别为 19%、18%、19%、18%、18%，其中对美国出口占总量比重分别为 18%、17%、17%、17%、17%；对拉美地区出口占总量比重分别为 5.8%、6.4%、6.6%、6%、5.8%；对非洲地区出口占总量比重分别为 3.8%、3.9%、4.2%、4.2%、4.5%（表4、图6、图7）。

表4 2010—2015 年一季度我国出口国别（地区）　　　　单位：亿美元

年份 国别（地区）	2010	2011	2012	2013	2014	2015Q1
亚洲	7320.66	8991.42	10069.63	11347.06	11886.36	2566.13
日本	1210.61	1482.98	1516.43	1502.75	1494.42	328.55
韩国	687.71	829.24	876.81	911.76	1003.40	238.42
中国香港	2183.17	2680.25	3235.27	3847.92	3631.91	650.39
中国台湾	296.77	351.12	367.79	406.44	462.85	95.01
东盟	1382.07	1700.83	2042.72	2440.70	2720.71	677.89
新加坡	323.48	355.70	407.52	458.64	489.15	130.60
非洲	599.58	730.99	853.20	928.09	1061.47	252.41
欧洲	3552.04	4136.16	3964.24	4057.75	4388.69	925.88
欧盟	3112.35	3560.20	3339.89	3389.85	3708.84	824.76
英国	387.71	441.25	462.99	509.49	571.43	130.45
德国	680.47	764.35	692.18	673.48	727.12	163.85
法国	276.54	299.97	269.00	267.19	287.08	63.71
意大利	311.41	336.98	256.57	257.56	287.58	64.60
荷兰	497.06	595.00	589.04	603.17	649.31	138.83
俄罗斯	296.13	389.04	440.58	495.95	536.78	70.62
拉丁美洲	918.21	1217.31	1352.17	1342.71	1362.35	312.37
北美洲	3058.61	3501.17	3801.30	3978.38	4262.78	968.42
加拿大	222.17	252.68	281.26	292.19	300.06	70.35
美国	2833.04	3244.93	3517.96	3684.27	3960.82	897.17
大洋洲	330.23	408.95	448.80	446.20	465.82	114.11
澳大利亚	272.26	339.10	377.40	375.60	391.54	88.92

亿美元

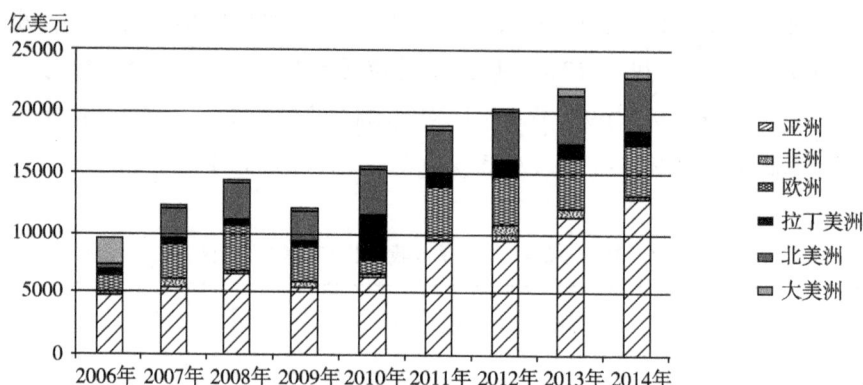

图6 2006—2014年我国出口市场占比

亿美元

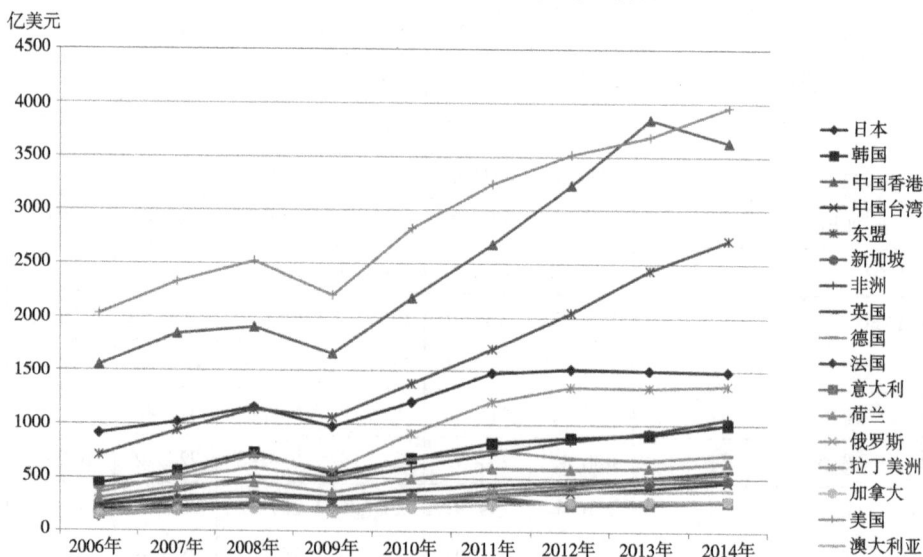

图7 2006—2014年我国出口主要国家和地区增长

目前，亚洲作为我国的主要进口市场总体呈现下滑趋势，其中日本下滑明显，东盟和韩国市场呈现快速增长态势；欧盟和美国作为主要经济体仍具增长空间；非洲和拉丁美洲等新兴市场都具有增长潜力。2010—2014年，我国从亚洲地区进口占总量比重分别为60%、58%、57%、56%、55%，其中，从日本进口占总量比重分别为13%、11%、9.8%、8.3%、8.3%，从韩国进口占总量比重分别为10%、9.3%、9.3%、9.4%、9.7%，从东盟进口占总量比重分别为11%、11%、10.7%、10%、10.6%，从欧盟进口占总量比重分别为12%、12%、11.6%、11%、12.5%，从北美地区进口占总量比重分别为8.4%、8.3%、8.6%、9.1%、9.4%，其中从美国进口占总量比重分别为7.3%、7%、7.3%、7.8%、8.1%；从拉美地区进口占总量比重分别为6.5%、6.9%、7%、6.5%、6.5%；从非洲地区进口占总量比重分别为4.8%、5.3%、6.2%、6%、6%（表5、图8、图9）。

表5　2010—2015年一季度我国进口国别（地区）　　　单位：亿美元

国别（地区）＼年份	2010	2011	2012	2013	2014	2015Q1
亚洲	8346.10	10038.87	10379.67	10901.70	10855.75	2179.53
日本	1767.07	1945.91	1778.09	1622.78	1629.97	332.39
韩国	1384.00	1627.09	1686.48	1830.73	1901.52	407.31
中国香港	122.58	154.99	179.60	162.15	129.03	19.92
中国台湾	1156.94	1249.20	1321.84	1566.37	1520.30	324.93
东盟	1545.69	1927.71	1958.21	1995.40	2083.22	417.98
新加坡	247.10	279.12	285.24	300.50	308.26	68.43
非洲	669.52	932.21	1131.71	1174.29	1157.37	165.08
欧洲	2178.94	2871.93	2866.36	3241.91	3362.91	707.12
欧盟	1684.77	2111.93	2120.55	2200.55	2442.55	505.01
英国	113.04	145.60	168.07	190.91	237.29	44.68
德国	743.41	927.16	919.12	942.04	1050.40	214.98
法国	171.44	220.80	241.22	231.13	270.89	55.02
意大利	140.11	175.86	160.68	175.78	192.86	40.15
荷兰	64.77	86.53	87.05	98.31	93.51	21.06
俄罗斯	258.36	403.46	441.01	396.18	416.07	73.50
拉丁美洲	912.47	1197.54	1260.26	1273.00	1272.27	205.30
北美洲	1169.79	1443.83	1561.90	1778.66	1843.14	420.53
加拿大	148.87	221.81	232.46	252.19	252.14	55.27
美国	1020.38	1221.54	1328.86	1525.75	1590.36	365.09
大洋洲	657.59	889.79	916.07	1085.61	1096.00	219.86
澳大利亚	608.66	827.23	845.61	988.18	977.51	192.97

亿美元

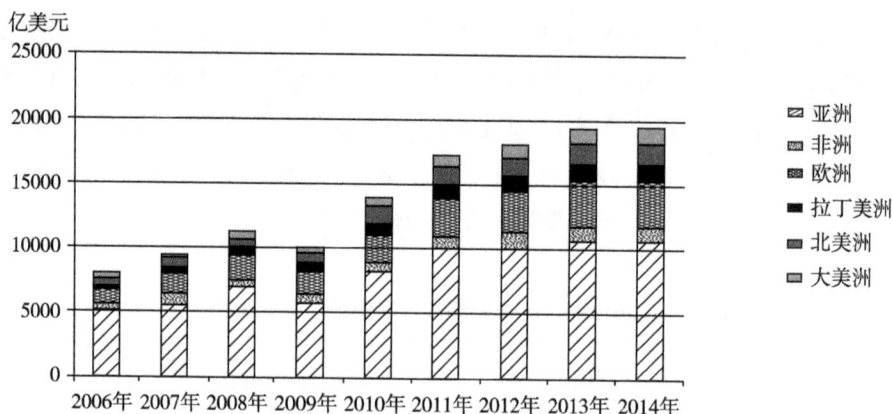

图8　2006—2014 年我国进口市场占比

亿美元

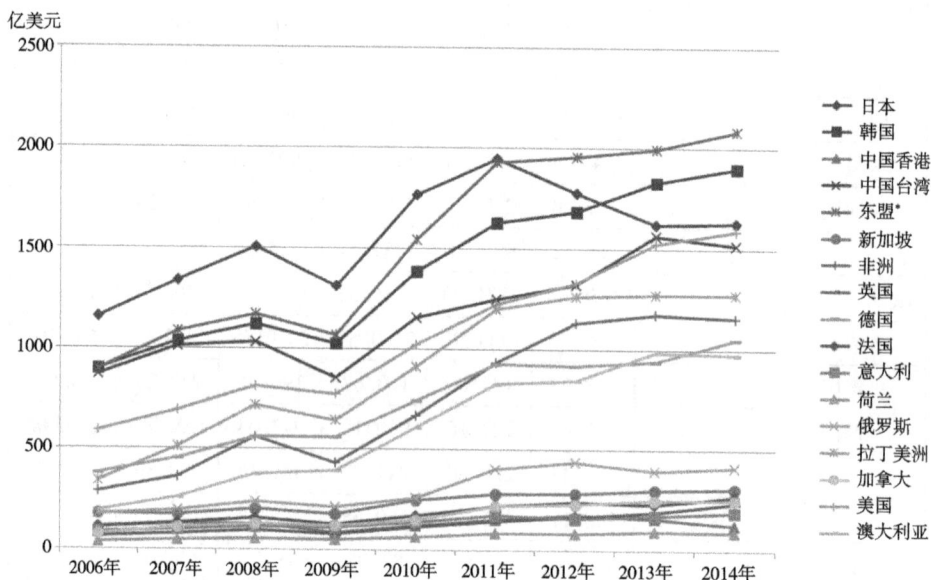

图9　2006—2014 年我国进口主要国家和地区增长

（四）从贸易方式上看，一般贸易出口增长好于加工贸易

2015 年 1—4 月，我国一般贸易进出口 6751.2 亿美元，出口和进口分别占 53.9% 和 56.9%，其中出口增长 7.3%，进口下降 20.7%；加工贸易进出口 3848.9 亿美元，出口和进口分别占 35.5% 和 26.2%，分别下降 6.9% 和

8.9%；其他贸易进出口 1625 亿美元，出口和进口分别增长 5.5% 和 −17.2%。近年来，加工贸易转型升级取得明显成效，一般贸易比重逐年上升，贸易方式明显优化。2010—2014 年，我国一般贸易占出口总量比重分别为 46%、48%、48%、49%、51%，加工贸易占出口总量比重分别为 47%、44%、42%、39%、38%（表6、图10）。

表6　2010—2015 年一季度我国不同贸易方式出口额　　单位：亿美元

年　份	2010	2011	2012	2013	2014	2015Q1
一般贸易	7207.33	9171.24	9880.07	10875.31	12036.8	2776.4
加工贸易	7403.34	8354.16	8627.79	8608.16	8843.6	1820.1
其他	1168.65	1460.60	1979.96	2616.72	2547.1	542.9

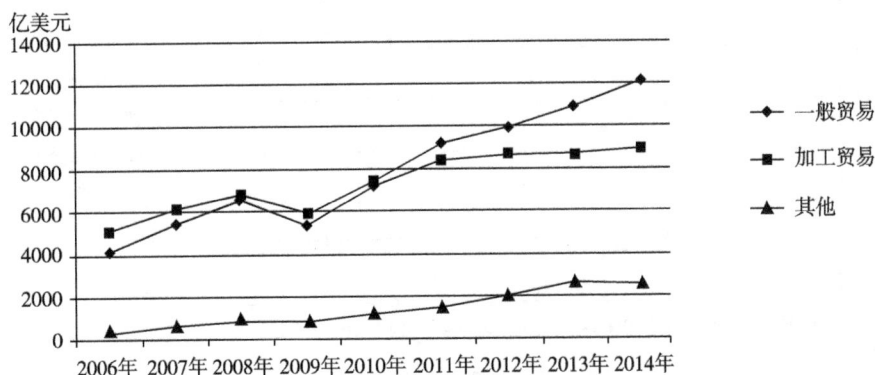

图10　2006—2014 年我国不同贸易方式出口增长

（五）从贸易企业结构上看，民营企业成为拉动出口增长的主力

2015 年 1—4 月，我国民营企业进出口 4259.2 亿美元，出口和进口分别占比 43% 和 24.2%，同比分别增长 6.9% 和 −30.3%，出口贡献率为 177%；外资企业进出口 5838.9 亿美元，分别占出口和进口的 45.9% 和 50.2%，出口和进口分别下降 2.3% 和 6.2%；国有企业进出口 2126.7 亿美元，分别占出口和进口的 11.1% 和 25.6%，出口和进口分别下降 1.2% 和 21.6%。

从表7、图11 可以看出，近年来，我国企业出口结构已经发生重大变化。

2010—2014年，国有企业占出口总量比重分别为15%、14%、13%、11%、11%，外资企业占出口总量比重分别为55%、52%、50%、47%、46%；民营企业出口快速增长，2013年和2014年占出口总量比重分别为39%和41%。

表7 2010—2015年一季度我国不同所有制企业出口额 单位：亿美元

年 份	2010	2011	2012	2013	2014	2015Q1
国有企业	2343.60	2672.22	2562.83	2489.86	2564.94	571.40
外商投资企业	8623.06	9953.30	10227.49	10442.62	10747.34	2347.61
私营企业	—	—	—	8633.37	9546.71	2096.89
其他	—	—	—	534.35	568.47	123.44

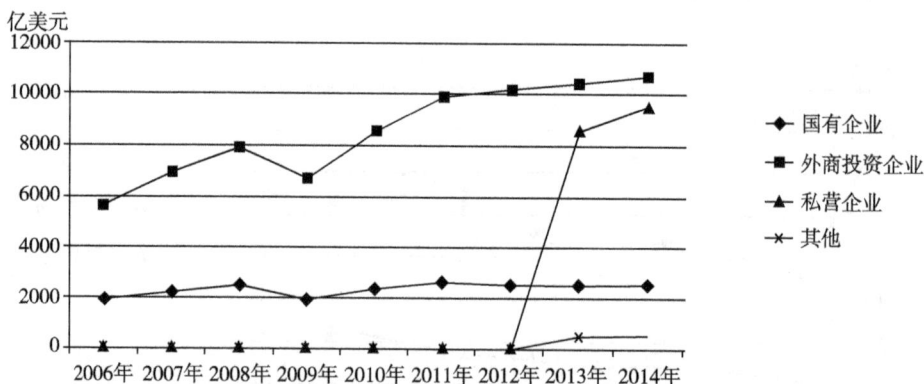

图11 2006—2014年我国不同所有制企业出口增长

（六）从国内区域结构上看，中西部地区出口贡献度明显提高

我国中西部开放水平进一步提高，外贸潜力不断释放。2015年1—4月，中西部地区进出口1866.4亿美元，占全国进出口总额的15.3%，出口增长4.3%，对全国出口增量贡献达45%；东部地区进出口10358.7亿美元，下降8.6%。其中，2015年一季度，青海出口增长2.3倍，湖南出口增长82.8%，山西、河南、湖北、广西、重庆、云南、陕西等地区出口增长也超过20%（表8、图12）。

表8　2008—2015年一季度我国出口分省（区、市）　　单位：万美元

年份	2008	2009	2010	2011	2012	2013	2014	2015Q1
全国	142854571	120166392	157793225	189859984	204893476	221001909	234274655	51393258
北京	5745424	4838402	5545661	5902502	5965035	6324622	6234791	1285548
天津	4204293	2989327	3751728	4449792	4831432	4902478	5259657	1309825
河北	2402913	1569173	2257003	2858157	2960384	3096268	3571342	805267
山西	924474	283836	470930	542823	701620	799650	894222	221557
内蒙古	357953	231552	333485	468723	397070	409475	639419	117122
辽宁	4205456	3344148	4311978	5104050	5795032	6454057	5875924	1217914
吉林	477159	313155	447640	499848	598270	675701	577772	118375
黑龙江	1657359	1007614	1628176	1767264	1443614	1623159	1734041	228186
上海	16920838	14187770	18072413	20969033	20674437	20419686	21016331	4668405
江苏	23803625	19924278	27054996	31262305	32853789	32885683	34186844	7524884
浙江	15429443	13301538	18047980	21636041	22456888	24879195	27335364	6107974
安徽	1135271	888732	1241597	1708390	2675228	2825638	3149309	622600
福建	5698588	5332901	7149662	9284251	9783591	10650364	11345747	2552271
江西	768567	736354	1341603	2188121	2511054	2816971	3203807	911567
山东	9307672	7950234	10424695	12578809	12873174	13449911	14474545	3078601
河南	1071386	734648	1053447	1924040	2967788	3599206	3938370	1014817
湖北	1159209	997840	1444158	1953477	1940060	2283768	2664580	536566
湖南	840950	549192	795630	989747	1259965	1482083	2002348	526574
广东	40409677	35895607	45319865	53194187	57413613	63640373	64622226	13299243
广西	734832	837590	960283	1245805	1546841	1869499	2433004	678216
海南	158691	130865	232033	254154	314314	370635	441674	88180
重庆	572182	428008	748875	1983813	3857043	4679749	6340918	1824032
四川	1310796	1415167	1884504	2904596	3846351	4195160	4485006	1165339

续表

年 份	2008	2009	2010	2011	2012	2013	2014	2015Q1
贵州	190101	135656	191965	298531	495227	688583	939739	87526
云南	498590	451404	760568	947277	1001785	1595851	1880161	458000
西藏	70720	37541	77103	118285	335502	326905	210086	31206
陕西	540689	398536	620740	701085	865208	1022408	1392926	351141
甘肃	160122	73547	163863	215866	357378	467877	533135	214089
青海	41875	25099	46630	66183	72984	84726	112833	28754
宁夏	125791	74294	117034	159945	164116	255246	430281	66292
新疆	1929925	1082325	1296981	1682886	1934687	2226980	2348255	253190

注：东部地区包括北京、天津、河北、上海、江苏、浙江、福建、山东、广东、海南10个省（市）；中部地区包括山西、安徽、江西、河南、湖北、湖南6个省；西部地区包括内蒙古、广西、重庆、四川、贵州、云南、西藏、陕西、甘肃、青海、宁夏、新疆12个省（区、市）；东北地区包括辽宁、吉林、黑龙江3个省

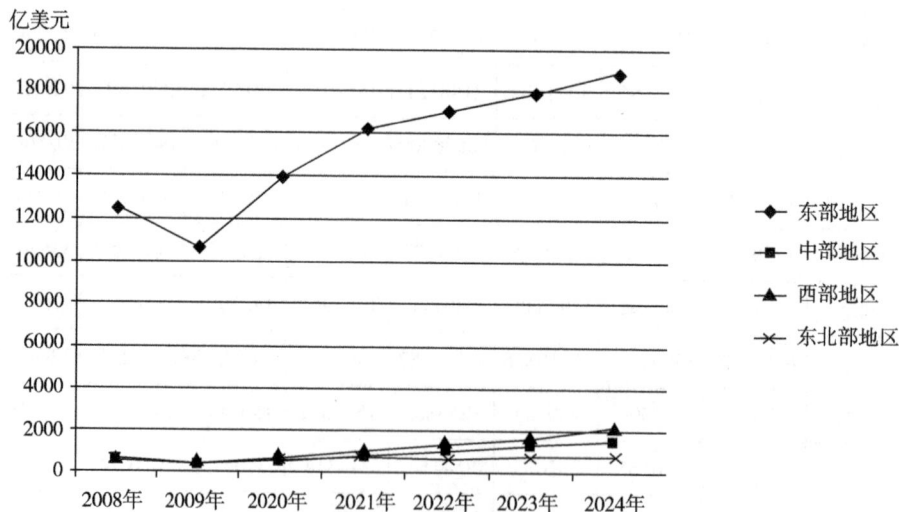

图12　2008—2014年我国东、中、西及东北部出口增长

（七）服务贸易保持快速增长，尤其是高端服务贸易、服务外包规模持续扩大，服务贸易逆差继续扩大

2014 年我国服务进出口总额 6043.4 亿美元，比 2013 年增长 12.6%，高于全球 4.7% 的平均水平；其中，服务出口额和进口额全球占比分别为 4.6% 和 8.1%，位居第 5 位和第 2 位，服务贸易逆差扩大至 1599.3 亿美元。2015 年一季度，服务进出口总额 1495.4 亿美元，增长 10.6%，其中服务出口 549.4 亿美元，增长 10.5%，进口 946 亿美元，增长 10.6%；旅游服务进出口总额为 657.4 亿美元，占总量比重 44%，居首位；知识产权使用费出口实现 1.5 倍的高增长，文化和娱乐服务出口增幅达 89.5%，保险和养老金服务、计算机服务出口增幅分别为 25% 和 17.4%；服务贸易逆差 396.6 亿美元，其中旅游和运输服务为逆差主要来源，专业管理和咨询服务、计算机和信息服务均实现顺差。2015 年一季度"长江经济带"地区服务进出口总额 614 亿美元，占全国总量的 41.1%。2015 年 1—4 月，我国服务外包完成执行金额 246 亿美元，增长 12%；其中，离岸服务外包执行金额 163.5 亿美元，增长 10.1%（图 13、图 14）。

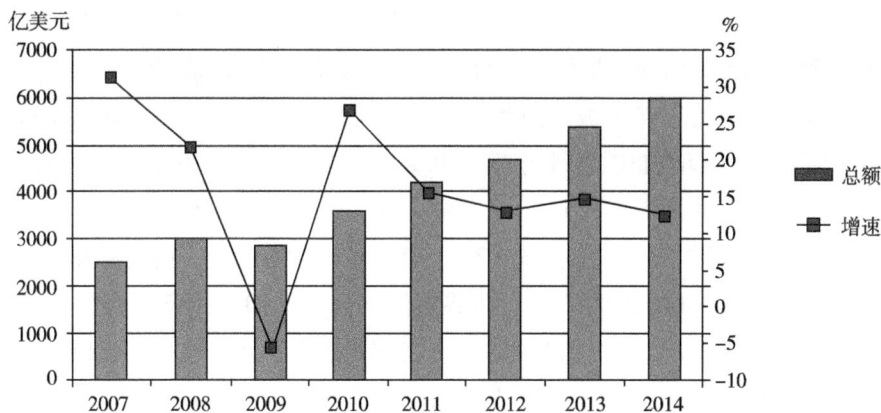

图 13　2007—2014 年我国服务进出口总额及增速

数据来源：商务部

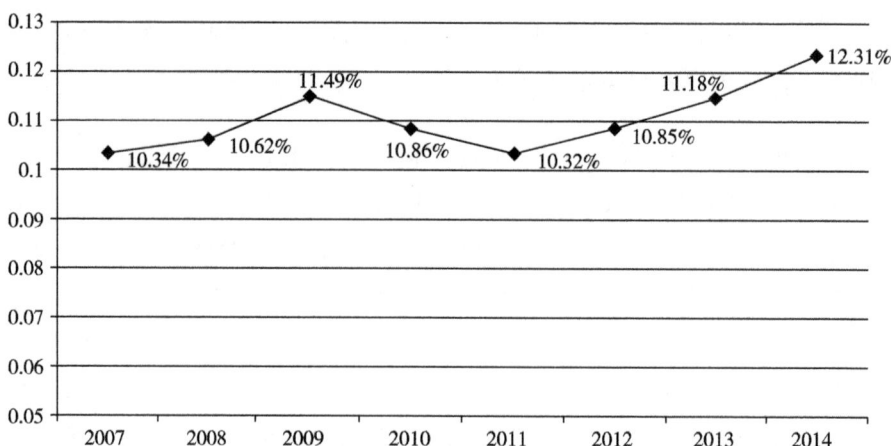

图 14　2007—2014 年我国服务贸易对外贸易总额比重

数据来源：商务部

二、当前我国外贸发展面临的国际环境

2015 年我国外贸发展仍将面临外部环境的严峻挑战。从总体趋势上看，世界经济仍处于金融危机后的深度调整阶段，全球经济增长低迷仍将持续，市场需求不振，石油等大宗商品价格仍将继续下跌，发达国家贸易保护主义依然强烈，地缘政治动荡加剧，形势更加错综复杂，外部风险有可能增多。

一是外需市场仍然不振。国际货币基金组织（IMF）预计，2015 年世界经济增长 3.5%，增速比 2014 年提高 0.1 个百分点；主要发达经济体美国、欧元区、日本将分别增长 3.1%、1.5%、1.0%；主要新兴经济体印度、俄罗斯、巴西将分别增长 7.5%、−3.8%、−1.0%。各国消费、投资需求普遍不振，导致国际贸易增长仍然乏力。世界贸易组织（WTO）预计，2015 年全球贸易量将增长 3.3%；其中，发达国家、发展中国家和新兴经济体出口增长分别为 3.2% 和 3.6%，发达国家、发展中国家和新兴经济体进口增长分别为 3.2% 和 3.7%。

二是高端产业出口面临发达国家的竞争压力。随着新技术革命和新产业革命的蓬勃发展，美欧日等发达国家和地区在信息技术、新能源、新材料、智能制造等高技术产品和服务领域快速发展，继续推动高技术产品和服务出口。过去 5 年间，美国和欧盟出口额年均增长分别为 9% 和 8.2%。特别是智能制造装备将成为未来高端制造的国际竞争焦点，德国确立了"工业 4.0 战略"、日本政府通过了"机器人新战略"、美国发布了"实现 21 世纪智能制造"都说明了这一点，各国传统产业升级、新兴产业发展都将带来智能制造装备的大量市场需求。其次，电子信息产业升级也为发达国家创造了更为广阔的市场。传统消费电子产品正在向网络智能化发展，设备与服务相互交融，"互联网＋"概念产品，包括支持物联网的硬件设备、家居数字化和智能化设备、可穿戴设备、3D 设备、交互和超高清电子产品等市场前景广阔。国际数据公司（IDC）预计，2015 年全球 PC 出货量将下滑 4.9%，智能手机及其他移动设备成为下一代计算平台；在大数据、机器人、智能汽车、新一代智能家电推动下，超级计算、大型存储、传感器等将是新的增长点。高纳德公司（Gartner）预计，2015 年全球半导体营销收入将达 3580 亿美元，与物联网有关的处理、传感及通信半导体市场增长 36.2%。

三是中低端产业面临周边低成本国家的竞争压力。由于我国生产要素成本全面上升，周边国家的劳动力、土地等要素成本比我国低廉，引资政策优惠，承接加工制造业转移速度加快，促进了出口快速增长。过去 5 年间，印度和东盟出口额年均增长分别为 14.2% 和 9.8%，一些在华跨国公司逐步向周边越南等发展中国家转移。

四是国际大宗商品价格下跌将继续影响进出口。2015 年全球石油市场供应过剩压力难以缓解。截至 2015 年 3 月末，纽约、伦敦两地油价比 2014 年高点已下跌一半以上。根据国际能源署（IEA）预测，世界石油库存将在 2015 年中期达到峰值，下半年有望企稳并于 2016 年小幅回升。英国商品研究局（CRU）编制的钢材价格指数显示，到 2015 年 4 月初，全球钢价指数同比跌幅扩大至 16.8%，其中北美、欧洲、亚洲比上年同期分别下跌 22.4%、6.7% 和 20.5%。铁矿石市场 2014 年价格跌幅高达 47%，2015 年以来价格继续下跌。

五是贸易保护主义依然严重。一些区域自贸协定形成规则壁垒，对协定外的国家形成产品和服务出口歧视。据 WTO 统计，截至 2014 年 10 月，二十国集团（G20）实施贸易限制措施 962 件，比一年前增长 12.4%。据英国智库经济政策研究中心（CEPR）监测，全球贸易保护主义措施中超过 1/4 对中国出口产生影响。由美主导的"跨太平洋伙伴关系协定"（TPP）核心是制定新规则，涵盖了货物贸易、农业、纺织品与服装、跨境服务贸易、金融服务、电信、投资、国有企业、劳工、环境、政府采购、知识产权、电子商务、跨领域事项、原产地规则、海关程序、动植物卫生检验检疫措施、技术性贸易壁垒、贸易救济措施、能力建设、法律事项等内容。该战略通过创建"内部市场"达到"去中国化"目的。TPP 内部市场和供应链规模达到 27 万亿美元，约占全球经济总量近四成，占世界贸易总量近 1/3。

六是人民币升值影响中国出口产品的竞争力。2014 年人民币实际有效汇率升值 6.4%，2015 年一季度又升值 4.2%。

但是，世界经贸仍具增长潜力，对我国也将产生有利影响。一是"一带一路"沿线国家及印度等周边发展中国家，正在大力开展基础设施建设，积极吸引外资；同时，美国、欧盟等发达经济体也开始有向好的表现，对扩大我国外贸出口具有积极作用。二是机电产品出口市场将呈扩大趋势。新兴经济体的基础设施建设，将扩大工程机械、交通运输设备、通信设备、电力设备、农业机械等市场需求，推动我国机电产品出口。三是全球贸易投资正在向新兴产业领域转移。2015 年一季度国际并购交易活跃，交易总额同比上升 21%，其中以医药、能源、科技、媒体、通信等新兴领域表现突出，有利于我国扩大战略性新兴产业贸易。

三、对策建议

上述分析可以看出，虽然外贸增速明显下降，但结构在不断优化，说明近年来我国外贸战略和政策调整已见成效，外贸的基本面仍然是向好的。从国际方面看，随着美欧经济继续复苏，新兴经济体加快发展，有利因素仍然存在。随着国内产业结构调整和创新驱动战略的实施，制造业国际竞争力增强，服务业持续发展，海外直接投资进入加速期，都将为外贸出口增长提供新的动力。尤其是自贸区战略、"一带一路"倡议实施，将为外贸发展提供新的增长空间。为此，我们必须正确地认识和看待当前外贸增速变化。一方面国际经济大环境短期内难以改变；另一方面我国贸易规模已列世界第一，过去的高增长难以重现，中低速增长将成为新常态。应坚持深化外贸体制改革与产业创新发展相结合、扩大外需与扩大内需相结合、长期战略与短期战略相结合的原则，推动我国外贸从规模速度增长向质量效益提升转变。

第一，实施市场多元化战略，通过构建全球自贸区网络、实施"一带一路"等拓展国际经贸合作空间。一要稳固美国、欧盟市场。一方面要通过加快商谈中美自贸区、中美双边投资协定（BIT），重点消除高技术产品和服务壁垒，扩大双边进出口；另一方面应充分挖掘欧盟市场潜力，重点扩大高端装备、高技术产品和服务贸易。二要利用"一带一路""孟中印缅"及"中巴"经济走廊建设等，大力开拓东盟、韩国、印度等亚洲市场，积极拓展东欧市场。亚洲是我国贸易的主要市场，今年一季度亚洲地区占我国出口和进口总量的50%和56%。实施"一带一路"倡议以来，我国对沿线国家贸易量快速增长。2014年我国与沿线国家货物贸易额达1.12万亿美元，占比26%；预计未来10年将突破2.5万亿美元。2014年我国承接沿线国家服务外包执行金额98.4亿美元，增长36.3%，其中承接东南亚国家服务外包执行金额53.8亿美元，增长58.3%；2015年一季度承接沿线国家服务外包合同金额和执行金额分别为33.3亿美元和20.1亿美元，同比分别增长30%和8.1%。我国企业已经对沿线47个国家进行了直接投资。应加快拓展沿线国家的贸易增长空间，尽快同沿线国家和地区商建自贸区，消除贸易投资壁垒，提高贸易便利化水平，依托边境经济合作区、跨境经济合作区、境外经贸合作区等合作平台，扩大贸易投资规模。尤其是通过互联互通、基础设施投资、产能合作等，带动我国大型成套设备、高端装备制造、零部件、核电、高铁等产品出口，以及金融、交通运输、研发设计、信息技术服务、文化创意等服务出口。三要扩大自贸区网络，逐步拓展非洲、拉美等新兴市场。

第二，实施创新驱动战略，增强产业国际竞争力，提升全球价值链分工地位。我国制造业大国地位为外贸出口奠定了坚实基础，产业体系、出口产业链、基础设施不断完善，装备制造、高新技术产业、现代服务业快速发展，应着力提高企业创新能力，全面提升传统产业、战略性新兴产业的国际竞争力。尤其要发挥创新设计对改造提升传统产业的作用，提高钢铁冶金、纺织服装、家用电器、汽车、消费电子、金属制品、机械等传统产业的创新设计能力，实现从出口规模向质量、品牌、高附加值的转变；提升高端装备制造、轨道交通、飞机、新能源、新材料等战略性新兴产业的关键技术研发、系统集成、服务模式创新能力，扩大出口规模。通过推动"两化融合""互联网+行动计划""中国制造2025"等重大战略，营造"大众创业万众创新"的环境，释放产业创新活力，培育外贸企业的技术、品牌、质量和服务等新的竞争优势。

第三，加快推动加工贸易转型升级、落地生根。加工贸易为我国新一轮吸引高端服务业外资、延伸外资产业链布局奠定了有利基础。国内经济技术开发区、高新区等产业合作平台改革开放以来通过积极吸引跨国公司加工制造企业，不仅形成了开放型经济的基础，而且与跨国公司形成了长期的合作关系，应利用跨国公司上一轮投资制造业的基础开展二次招商，重点引进跨国公司研发设计、财务结算、物流等相关服务机构。与此同时，扩大国内上下游配套企业规模，从而形成外资在我国的全产业链布局。据苏州工业园调研，由于飞利浦、三星等加工制造企业落户园区，近年来园区管委会开展二次招商，相继吸引了这些企业的研发中心、共享服务中心等服务机构落户园区，有力带动了园区加工贸易转型升级。

第四，大力发展服务贸易，积极承接国际服务外包。我国服务贸易增长潜力大，特别是服务外包、跨境电子商务、网络物流等互联网新兴服务业态的兴起，降低了中小企业出口门槛和成本，为扩大服务出口提供了技术条件。应继续加大对服务贸易的政策支持，发挥示范城市、示范园区的带动作用，重点提高软件、信息技术、电子商务、金融保险、现代物流、文化创意、设计咨询等高端服务出口能力，积极扩大旅游、交通运输等传统服务出口规模，培育具有国际竞争力的跨国服务企业。同时，扩大研发设计、节能环保、信息技术、咨询、教育、医疗、金融等高端服务进口。

第五，发挥海外直接投资对出口的带动作用。国际经验证明，通过海外直接投资能够有效避开贸易壁垒带动出口。我国海外投资已经进入加速期。2015年1—4月，我国累计实现非金融类对外直接投资349.7亿美元，增长36.1%，遍布146个国家和地区；其中，对欧盟投资增长487%，对东盟和美国投资增速分别达62%和33.5%。截至2015年4月底，我国累计实现非金融类对外直接投资6813亿美元。应在鼓励制造业、农业、服务业海外投资的同时，带动各类机械、装备、零部件等相关产品出口，以及金融保险、研发设计、科技咨询、信息技术、现代物流等服务出口。

第六，实施积极的扩大进口战略。一是扩大消费品进口规模，尤其要扩大婴儿用品、老人用品、日用消费品、奢侈品等进口，解决长期以来国人境外采购问题，满足人民生活需要。二是抓住当前国际大宗商品价格下跌时机，继续扩大矿产资源、石油等产品进口，完善国家储备体系，支持企业建立商业储备。三是抓住国际农产品价格下跌时机，适度扩大农产品进口，利用进口调节的同时，减少国内粮食、水果等农副产品的化肥使用量，提高农产品绿色安全标准，节约水和土地资源。四是鼓励高技术产品和服务、先进技术装备、关键零部件等进口。优化进口环节管理，提高进口贸易便利化水平。

第七，加快外贸管理体制改革，优化外贸发展环境，加速发展模式创新。近年来，国家在扩大企业外贸自主权、通关便利化、放宽外资准入、完善金融服务等方面不断出台政策，使外贸企业经营环境得到一定改善。尤其是通过设立上海、广东、天津、福建自由贸易试验区为外贸体制机制创新提供了动力。但必须看到，我国外贸管理体制、管理方式仍然严重滞后，既不能适应外贸快速发展的要求，也不能适应网络信息时代和新产业革命的要求。如，外贸企业融资难融资贵、出口退税慢、通关效率低等长期存在的问题得不到解决，多数企业反映成本上升过快、税负过重，对跨境电商等互联网新业态贸易缺乏规范管理、制度顶层设计等，都严重制约了我国外贸企业发展和商业模式创新。为此，一要加快通关便利化、贸易便利化、简化行政审批程序等方面的改革，通过探索"负面清单""通关一体化""一站式办公"等管理方式，提高政府服务效率。二要加快外贸金融创新，尤其要注重利用互联网金融、众筹等新的融资模式，降低中小外贸企业融资成本，解决融资难问题。三要鼓励企业创新贸易方式。互联网的发展带来了全球贸易方式、管理方式、商业模式、服务模式的快速创新，为拓宽贸易增长空间提供了难得机遇，要使企业树立"买全球、卖全球"的理念，充分利用大数据、云计算、物联网、移动互联网等新一代信息技术平台开拓国际市场。四要加强金融保险、数据信息、法律咨询等服务平台建设，为外贸企业提供相应的服务支撑，有效解决贸易摩擦。五要建立跨境电子商务等互联网新业态贸易的规范管理和统计体系。近年来，跨境电商的贸易量迅速增长，由于在税收、统计等制度设计上不完善，产生的漏税、漏统等问题比较严重，应尽快制定有关政策措施加以完善。

（原载《全球化》2015 年第 7 期）

我国外贸"十二五"发展回顾及
"十三五"趋势分析

进入 2015 年以来，由于受全球经济增长低迷，欧美日等发达经济体复苏缓慢，以及国际大宗商品价格下跌、人民币升值等因素的影响，我国外贸呈现前所未有的下滑态势，面临着严峻挑战。由此表明，"十三五"时期，我国外贸发展环境面临着重大变化，已经进入由高速增长向中低速增长转变、由注重总量规模向结构转型升级转变、由要素驱动向创新驱动转变的新时期。正确认识、客观分析和科学判断我国外贸发展阶段以及当前外贸形势的新变化、新特点，对于促进外贸稳定发展、扩大就业，推动我国经济实现"两个中高"，实现由贸易大国迈向贸易强国的目标具有重要战略意义。

一、改革开放以来我国外贸发展的主要阶段

改革开放以来，我国外贸取得了举世瞩目的成就。货物贸易进出口总额、出口额和进口额分别由 1978 年的 206.4 亿美元、97.5 亿美元和 108.9 亿美元增加到 2015 年的 39586.4 亿美元、22765.7 亿美元和 16820.7 亿美元，年均增速分别为 15.3%、15.9% 和 14.6%。外贸差额由 1978 年 11.4 亿美元的逆差增加转变为 2015 年 5945 亿美元的顺差；自 1994 年以来，我国已连续 22 年保持外贸顺差。我国货物贸易出口和进口占全球份额已经从 1978 年的 0.75% 和 1% 分别上升至 2014 年的 12.3% 和 10.3%。截至 2014 年，我国已连续 5 年成为全球货物贸易第一出口大国和第二进口大国，并从 2013 年起连续 3 年成为世界第一货物贸易大国，也是首个货物贸易总额超过 4 万亿美元的国家。纵观改革开放以来我国外贸发展历程，主要分为三个阶段。

第一阶段（1978—1993 年）：外贸体制改革探索取得初步成效，外贸迅速成长时期。这期间我国外贸战略主要呈现出"进口替代"与"出口导向"

相结合发展的特征。围绕这一战略，以外贸经营与管理体制改革为重要抓手，逐步释放市场活力，充分调动生产企业、外贸企业、管理部门和行业商会的积极性，有力推动了外贸发展。1978—1993 年，从贸易规模上来看，我国货物贸易进出口额、出口额和进口额分别由 206.4 亿美元、97.5 亿美元和 108.9 亿美元增长到 1957 亿美元、917.4 亿美元和 1039.6 亿美元，均增长 8 倍，年均增长 16%。货物贸易结构开始逐渐优化，工业制成品和加工贸易开始成为我国首要的出口产品和贸易方式。1981 年工业制成品出口额首次超过初级产品出口额，成为我国主要的出口产品，1993 年加工贸易出口比重首次超过一般贸易。从贸易地位上来看，我国进出口总额在全球的排名由第 32 位上升到第 15 位。

第二阶段（1994—2005 年）：外贸体制改革继续深化，全球贸易大国地位逐步确立时期。这一时期是我国对外开放与改革的逐步深化阶段，围绕"建立社会主义市场经济体制"的改革目标，我国对财政、税收、金融、外贸和外汇体制进行了一系列改革，双重汇率并轨、人民币经常项目下可兑换以及关税与非关税措施的降低与削减等一系列改革措施的实施，使我国初步建立了以市场经济为基础，充分发挥汇率、关税、金融等政策工具的外贸管理和调控体系。同时，随着加入 WTO 并积极履行各项承诺与义务，我国外贸政策体系已逐步与国际接轨。1994—2005 年，在大力吸引外资和发展加工贸易的同时，在以质取胜、科技兴贸、市场多元化和走出去等一系列转变外贸增长方式措施的推动下，我国外贸获得了"量质齐升"的快速发展。从贸易规模上来看，我国货物贸易进出口额、出口额和进口额分别由 1994 年的 2366.2 亿美元、1210.1 亿美元和 1156.2 亿美元增长到 2005 年的 14221.2 亿美元、7620 亿美元和 6601.2 亿美元，年均增长分别为 17.7%、18.2% 和 17.1%。对外贸易差额开始持续保持顺差，顺差规模从 53.9 亿美元增加到 1018.8 亿美元，增长 18 倍，年均增长 30.6%；货物贸易结构进一步优化，2003 年资本密集型产品出口占比首次超过劳动密集型产品，成为我国主要的出口产品。加工贸易和外商投资企业继续保持我国外贸方式和主体的首要地位，所占比重均保持在 50% 以上；从贸易地位上来看，我国出口额在全球的排名由第 14 位上升到第 3 位。

第三阶段（2006 年至今）：我国外贸增速变化和结构变化的转折时期。一方面，外贸增速进入换挡期，2012 年开始由两位数的高速增长转向个位数的中低速增长；另一方面，外贸结构调整进入加速期，开始由贸易大国向贸易强国推动。金融危机后，在全球增长持续低迷、外部市场急剧萎缩、美日欧三大传统贸易伙伴陷入长周期经济衰退的背景下，我国围绕构建开放型经济新体制和推动贸易强国的战略目标，开始加快外贸发展方式转变，以提高国际市场竞争能力和参与国际规则制定能力、优化贸易结构和促进协调发展为重要抓手。在外贸政策上，通过调整汇率政策、关税政策、产业政策等一系列宏观政策，优化出口企业环境。通过大力推动加工贸易转型升级、发展服务贸易与服务外包、坚持出口与进口并重战略、实施出口市场多元化战略和自贸区战略等，有力地推动了外贸平衡发展与结构整体优化，加快了外贸发展方式转变，使我国在国际分工体系中的地位得到显著提升，外贸市场空间得到拓展。

2006—2015 年，我国货物贸易进出口额、出口额和进口额分别由 17606.9 亿美元、9690.7 亿美元和 7916.1 亿美元增长到 39586.4 亿美元、22765.7 亿美元和 16820.7 亿美元，年均增速分别为 9.4%、10% 和 8.7%；贸易顺差规模从 2006 年的 1774.6 亿美元增加到 2015 年的 5945 亿美元，年均增长 14.4%。受金融危机影响，外贸顺差规模和增速自 2009 年开始连续 3 年出现下降，并于 2012 年开始呈现快速增长，年均增长 37%；货物贸易结构也发生了根本性的变化，以计算机和通信技术为代表的高新技术产品出口比重不断扩大。2013 年高新技术产品出口占我国货物贸易出口总额和工业制成品出口的比重分别为 30% 和 51%，2011 年一般贸易超过加工贸易成为我国主要的贸易方式，2014 年民营企业超过外商投资企业成为我国外贸出口的主体。从贸易地位上来看，我国已成为全球第一货物贸易大国、第一出口大国和第二进口大国。

二、"十二五"时期我国外贸发展的主要特点

(一)贸易规模持续扩大，增速明显放缓

从进出口规模上看，"十二五"时期我国进出口总额比"十一五"时期进一步扩大，但增速明显放缓，年均增速降至 5% 以下，从而结束了我国外贸长期保持两位数增长的局面。2015 年我国货物贸易进出口总额由 2010 年的

29727.6 亿美元上升到 39586.4 亿美元，增长 33.2%，但年均增速由"十一五"时期的 11% 下降至 1.7%；其中出口额从 15779.3 亿美元增长到 22765.7 亿美元，增长 44.3%，年均增速由"十一五"时期的 10.2% 下降至 3.7%；进口额从 13948.3 亿美元增长到 16820.7 亿美元，增长 20.6%，年均增速由"十一五"时期的 12% 下降至 3%。从贸易顺差规模来看，"十二五"时期贸易顺差规模由"十一五"时期的下降转为增长态势，贸易不平衡有所加剧。"十二五"时期我国外贸顺差规模由 2010 年的 1831 亿美元上升到 2015 年的 5945 亿美元，增长 224.7%，年均增速为 39.9%，远远高于"十一五"时期年均 0.8% 的增速。

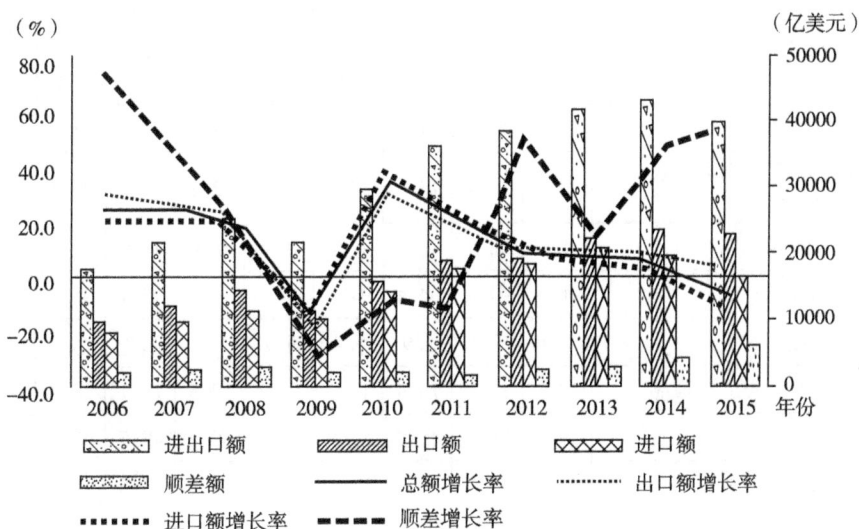

图 1　2006—2015 年我国外贸发展总体情况

数据来源：商务部

（二）工业制成品仍居进出口主导地位，贸易商品结构进一步优化

从贸易商品结构来看，"十二五"时期我国出口商品中，初级产品占比仍保持"十一五"时期以来继续下降的趋势，初级产品出口结构也呈现明显优化趋势，工业制成品占比则继续保持上升趋势。2014 年初级产品出口占比由 2010 年的 5.2% 下降至 4.8%；而工业制成品出口占比则由 94.8% 上升至 95.2%。在初级产品出口中，食品及主要供食用的活动物占比最高，由 2010

年的50.4%上升至2014年的52.3%；矿物燃料、润滑油及有关原料占比位居第2，由32.7%下降至30.6%；在工业制成品出口中，机械及运输设备虽由2010年的52.2%下降至2014年的48%，但占比仍最高；杂项制品和按原料分类的制成品占比依次位居其后，分别由2010年的25.2%和16.7%上升至2014年的27.9%和18%。

表1 2006—2014年我国外贸商品出口增长 单位:%

年份 商品类别	2006	2007	2008	2009	2010	2011	2012	2013	2014
初级产品	5.5	5.0	5.4	5.3	5.2	5.3	4.9	4.9	4.8
食品及活动物	48.6	50.0	42.1	51.7	50.4	50.2	51.8	51.9	52.3
饮料及烟类	2.3	2.3	2.0	2.6	2.3	2.3	2.6	2.4	2.6
非食用原料	14.9	14.9	14.6	12.9	14.2	14.9	14.3	13.6	14.0
矿物燃料、润滑油及有关原料	33.6	32.4	40.6	32.3	32.7	32.1	30.8	31.5	30.6
动、植物油脂及蜡	0.7	0.5	0.7	0.5	0.4	0.5	0.5	0.5	0.6
工业制成品	94.5	94.8	94.4	94.8	94.8	94.7	95.1	95.1	95.2
化学品及有关产品	4.9	5.2	5.9	5.4	5.9	6.4	5.8	5.7	6.0
按原料分类的制成品	19.1	19.0	19.4	16.2	16.7	17.8	17.1	17.2	18.0
机械及运输设备	49.8	49.9	49.9	51.9	52.2	50.2	49.5	49.4	48.0
杂项制品	26.0	25.7	24.8	26.3	25.2	25.6	27.5	27.7	27.9
未分类的其他商品	0.3	0.2	0.1	0.1	0.1	0.1	0.1	0.1	0.1

数据来源：商务部

"十二五"时期我国进口商品继续保持以工业制成品进口为主的特征。工业制成品进口仍居主导地位但呈不断下降趋势，占比由2010年的68.9%下降至2014年的67%；初级产品进口也呈略微下降趋势，2014年占比为33%，高于2010年的31%，但低于2011年的34.7%。在工业制成品进口中，机械及运输设备占比最高，2011—2014年基本稳定在55%左右，较2010年的57.1%继续下降；化学品及有关制品、按原料分类的制成品和杂项制品进口占比依次位居其后，分别由2010年的15.6%、13.6%和11.8%下降至2014

年的 14.7%、13.1% 和 10.7%。在初级产品进口中，矿物燃料、润滑油及有关原料占比基本呈上升趋势，由"十一五"期末的 43.6% 上升至 2014 年的 48.9%；非实用原料占比位居第二，且由"十一五"时期的基本增长变为下降趋势，由 2010 年的 48.8% 降为 2014 年的 41.3%；食品及主要供食用的活动物占比位居第三且呈增长态势，由 2010 年的 5% 上升至 2014 年的 7.2%。

（三）一般贸易出口超过加工贸易，成为主要贸易方式

从贸易方式上看，"十二五"时期一般贸易和其他贸易方式出口占比逐步增长，加工贸易占比不断下降。自 2011 年开始，一般贸易额出口已经超过加工贸易额成为我国出口最主要的贸易方式，占比由 2010 年的 45.7% 增加到 2014 年的 51.4%；加工贸易出口占比由 2010 年的 46.9% 下降到 2014 年的 37.7%。

（四）出口企业多元化发展，民营企业成为外贸出口的重要力量

从出口企业主体来看，"十二五"时期国有企业和外资企业出口占比不断下降，私营企业出口占比快速上升。民营企业出口占比由 2010 年的 30.5% 增加到 2014 年的 43.2%，而国有企业和外资企业出口占比分别由 2010 年的 14.9% 和 54.7% 下降到 2014 年的 10.9% 和 45.9%。

（五）新兴市场加速成长，市场多元化格局基本形成

从出口市场结构来看，"十二五"时期我国出口市场格局呈现出亚洲主导地位更加巩固，东盟、拉美、非洲等新兴市场继续扩大，欧美日三大传统市场地位逐步下降的态势。亚洲占我国出口市场比重由 2010 年的 46.4% 上升到 2014 年的 50.7%，其中东盟占比由 2010 年的 8.8% 上升到 2014 年的 11.6%，而日本则由 2010 年的 7.7% 下降到 2014 年的 6.4%；新兴市场中，非洲占比由 2010 年的 3.8% 上升到 2014 年的 4.5%，拉美占比由 2010 年的 5.8% 上升至 2013 年的 6.1%；而欧盟、美国占比则分别由 2010 年的 19.7% 和 18% 下降至 2014 年的 15.8% 和 16.9%。

从进口市场结构来看，"十二五"时期我国进口市场多元化特征更趋明显。亚洲市场的主导地位有所减弱，欧美传统市场和新兴市场仍具增长空间和潜力。我国对亚洲市场进口占比由 2010 年的 66.4% 降至 2014 年的 55.4%，其中对日本和中国台湾地区进口占比下滑最为明显，由 2010 年的 20.9% 降至

2014 年的 16.1%；对美国和欧盟两大传统市场进口占比由 2010 年的 19.4%
上升至 2014 年的 20.6%；对非洲和拉美新兴市场进口占比由 2010 年的
11.3% 上升至 2014 年的 12.4%。此外，对澳大利亚进口仍继续保持快速增
长，由 2010 年的 4.4% 上升至 2014 年的 5%。

（六）中西部外贸增长超过东部地区，成为新的增长极

从区域分布来看，"十二五"时期呈现出东部进出口增速低于全国水平，
中西部增速大大高于东部和全国平均水平的特点。中西部地区成为拉动我国
外贸的新增长极，尤其是西部表现更为突出。东部地区出口和进口占比分别
由 2010 年的 90.7% 和 92.1% 下降至 2014 年的 84% 和 89%，而中部地区占比
分别由 2010 年的 5.5% 和 4.8% 上升至 2014 年的 8% 和 6.3%，西部地区占比
分别由 2010 年的 3.7% 和 3.1% 上升至 2014 年的 8% 和 4.7%。

表 2 2006—2014 年我国外贸商品进口增长　　　　　　　　　单位：%

年份 \ 商品类别	2006	2007	2008	2009	2010	2011	2012	2013	2014
初级产品	23.6	25.4	32.0	28.7	31.0	34.7	34.9	33.7	33.0
食品及活动物	5.3	4.7	3.9	5.1	5.0	4.8	5.6	6.3	7.2
饮料及烟类	0.6	0.6	0.5	0.7	0.6	0.6	0.7	0.7	0.8
非食用原料	44.4	48.5	46.1	48.7	48.8	47.2	42.5	43.5	41.7
矿物燃料、润滑油及有关原料	47.6	43.1	46.6	42.9	43.6	45.6	49.3	47.9	48.9
动、植物油脂及蜡	2.1	3.0	2.9	2.6	2.0	1.8	2.0	1.6	1.3
工业制成品	76.4	74.6	68.0	71.2	68.9	65.3	65.1	66.3	67.0
化学品及有关产品	14.4	15.1	15.5	15.7	15.6	15.9	15.2	14.7	14.7
按原料分类的制成品	14.4	14.4	13.9	15.0	13.6	13.2	12.3	11.5	13.1
机械及运输设备	59.1	57.9	57.4	57.0	57.1	55.3	55.2	55.0	55.2
杂项制品	11.8	12.3	12.7	11.9	11.8	11.2	11.5	10.8	10.7
未分类的其他商品	0.3	0.3	0.6	0.5	1.9	4.3	5.8	8.1	6.3

数据来源：商务部

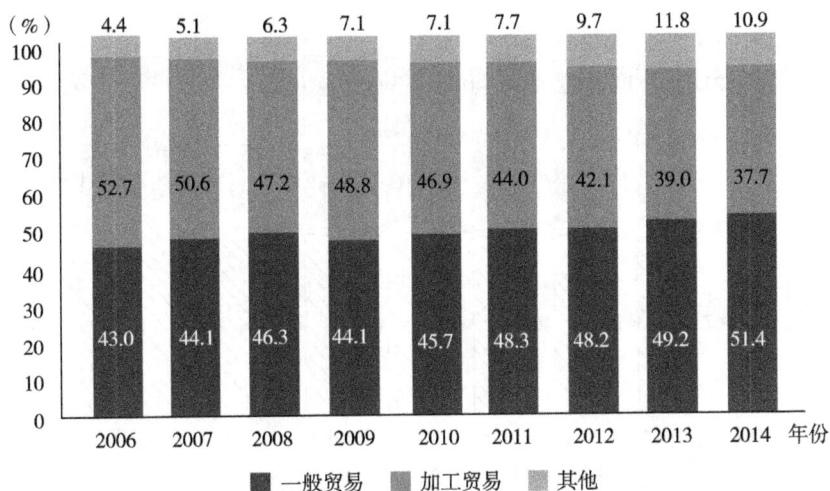

图 2 2006—2014 年我国出口贸易方式变化

数据来源：商务部

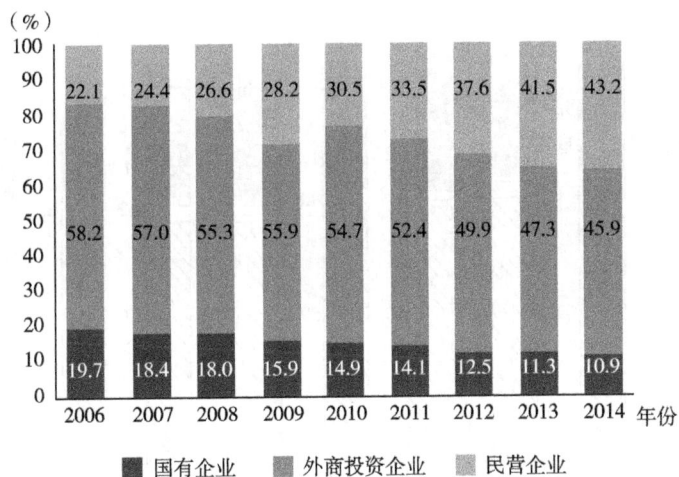

图 3 2006—2014 年我国出口企业性质变化情况

数据来源：商务部

（%）

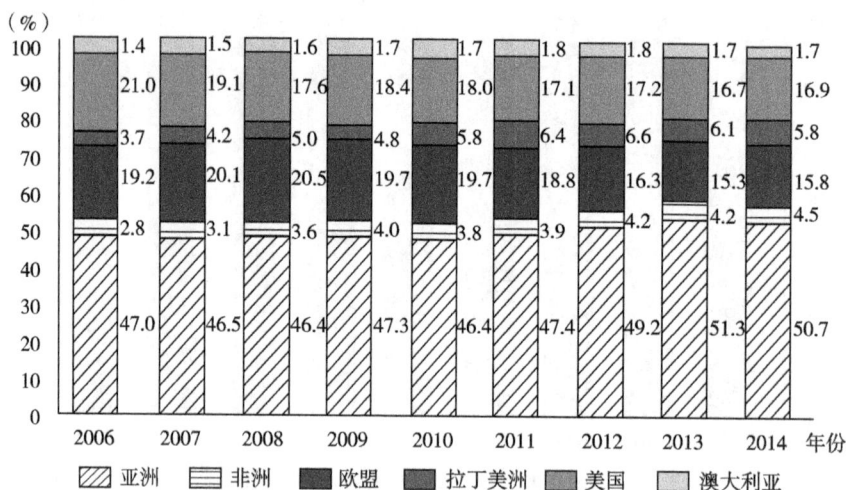

图4 2006—2014年我国出口市场区域变化

数据来源：商务部

（%）

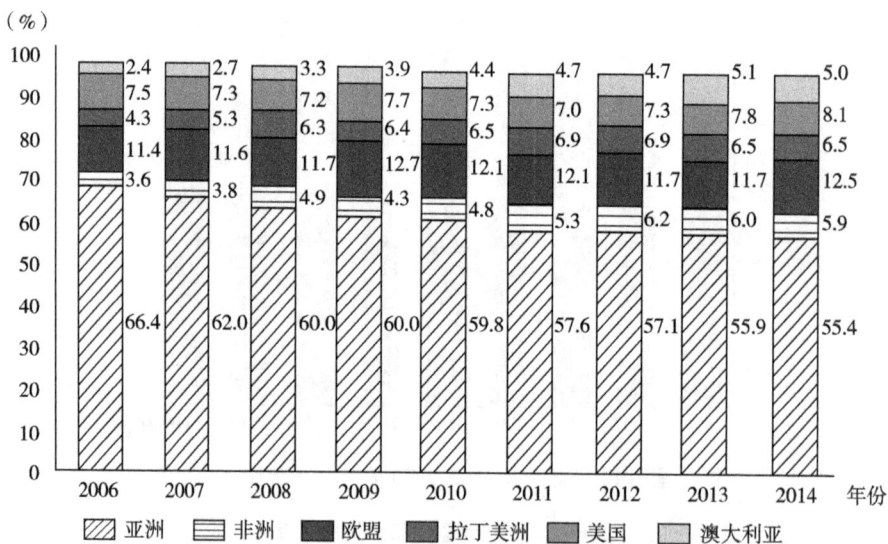

图5 2006—2014年我国进口市场区域分布变化情况

数据来源：商务部

"十二五"以来，东部地区出口和进口增速分别由2010年的29.8%和38%下降至2014年的4.2%和﹣0.7%，低于全国进出口的增速水平；而中部地区出口和进口的增速分别由 2010 年的 52.5% 和 49.4% 下降至 2014 年的 13.9% 和 7.1%，西部地区增速分别由 2010 年的 43.3% 和 46% 下降至 2014 年的 20.1% 和 18.8%，中西部地区进出口增速水平均高于东部和全国水平，尤其是西部地区遥遥领先。

由于我国东部地区人力、土地等要素成本急剧上升，促使大量加工贸易向要素成本较低的中西部地区转移，自实施西部大开发战略、中部崛起战略以来，我国中西部地区交通、通信、环境等基础设施明显改善，利用外资政策环境进一步优化，为外向型经济发展创造了有利条件。随着 "一带一路" 倡议的实施，中西部地区的各类口岸、经贸合作区、产业园区等载体将更为完善，与 "一带一路" 沿线国家相连接的港口、铁路、公路等设施加快互联互通，开放优势将进一步突出，也将为外贸出口带来更大的增长空间。

（七）贸易摩擦加剧，形式更加多样化

受全球经济持续增长乏力和国际市场需求低迷不振的影响，全球贸易增速连续低于经济增速，全球贸易保护主义在金融危机后并没有出现明显降温的迹象，全球贸易摩擦频发。"十二五" 时期我国遭受贸易摩擦更加频繁。据 WTO 统计，2011 年至 2015 年我国货物贸易遭遇其他国家（地区）发起的因非关税措施引起的贸易摩擦共 488 起，其中反倾销和反补贴案件 428 起，卫生与植物卫生措施（SPS）58 起，数量限制 2 起。与 "十一五" 时期相比，不仅反倾销、反补贴案件的数量增加了 13 起，而且还出现了其他形式的贸易保护措施，尤其是 SPS 案件发生较为集中。具体来看，南非、埃及、印度、澳大利亚、土耳其、美国、墨西哥、阿根廷、巴西，一直是对我国发起非关税措施调查较为频繁的国家。

（八）服务贸易快速发展，逆差规模持续扩大

"十二五" 时期我国服务贸易进出口规模继续保持快速增长，服务贸易出口额由 2010 年的 1714.9 亿美元增长到 2015 年的 2881.9 亿美元，年均增速由 "十一五" 时期的 10.8% 上升到 11.8%；进口额由 2010 年的 2335.1 亿美元增长到 2015 年的 4248.1 亿美元，年均增速由 "十一五" 时期的 17.7% 下降到 15.5%。自 2009 年出现贸易逆差以来，逆差规模由 "十一五" 期末的 225.2 亿美元快速增长到 2015 年的 1366.2 亿美元，增长 5.7 倍。

（％）

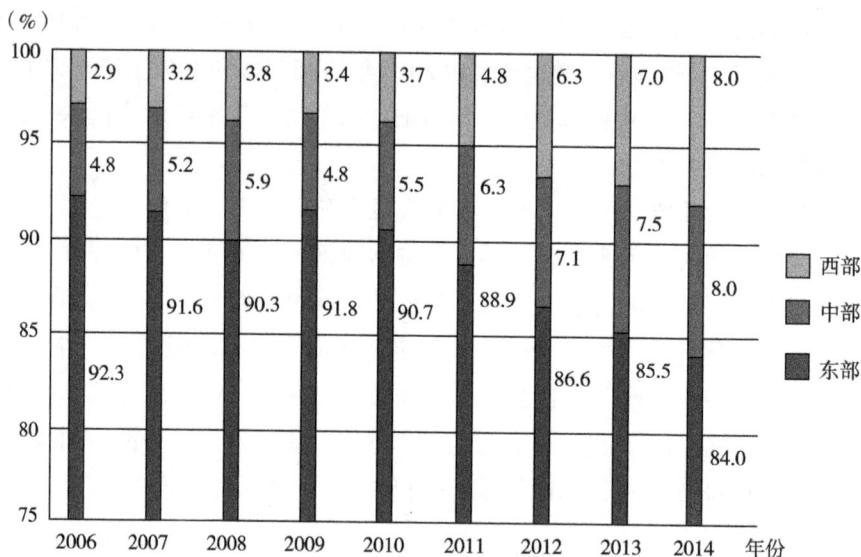

图 6　2006—2014 年东中西部地区出口占比变化

数据来源：商务部

（％）

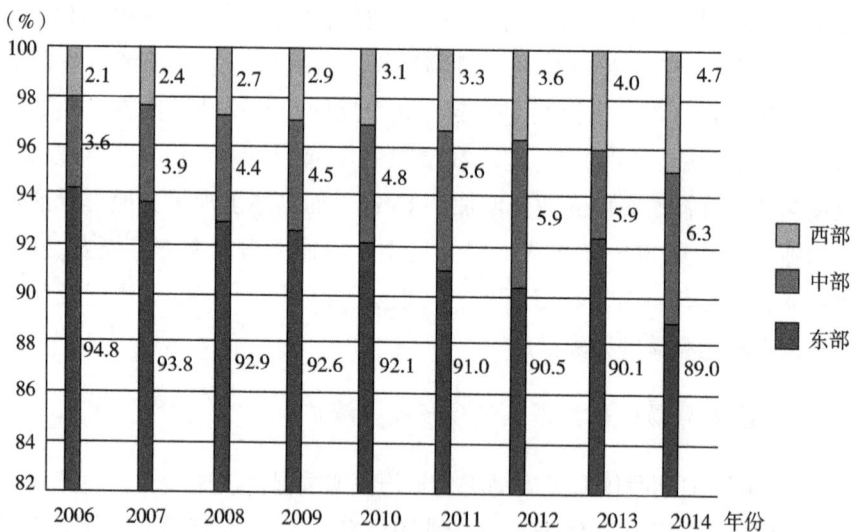

图 7　2006—2014 年东中西部地区进口占比变化

数据来源：商务部

从服务贸易出口部门结构来看，"十二五"时期服务贸易结构持续优化，呈现出传统服务贸易比重下降，新兴服务贸易比重上升态势。与货物相关的服务、运输、旅游三类传统服务部门出口占比分别由 2010 年的 10.7%、19.9% 和 26.7% 下降到 2014 年的 9.8%、16.4% 和 24.4%；而通信、计算机与信息服务、金融、保险等新兴服务出口占比由 2010 年的 42.6% 上升到 49.4%。其中研发、专业与管理咨询服务和通信、计算机与信息服务占比最高且增幅最大，分别由 2010 年的 25.2% 和 6.1% 上升到 29.5% 和 8.6%；保险与养老服务、金融服务出口占比保持小幅上升，分别由 2010 年的 1% 和 0.8% 上升到 2% 和 1.9%。而建筑服务、专利使用费等服务出口占比呈现小幅下降，分别由 2010 年的 8.5% 和 0.5% 下降到 2014 年的 6.6% 和 0.3%。

从服务贸易进口部门结构来看，"十二五"时期与货物相关的服务、运输、旅游三类传统服务部门进口整体占比上升更加明显，由 2010 年的 61.2% 上升到 2014 年的 68.2%。其中旅游服务进口占比由 28.3% 上升到 43%，运输服务进口占比由 32.6% 下降至 25.1%；通信、计算机与信息服务、金融、保险等新兴服务进口占比则持续全面下降，由 2010 年的 38.8% 下降到 2014 年的 31.8%。其中研发、专业与管理咨询服务和保险与养老服务占比最高且降幅最大，分别由 2010 年的 17.7% 和 8.1% 下降到 2014 年的 13.9% 和 5.9%。

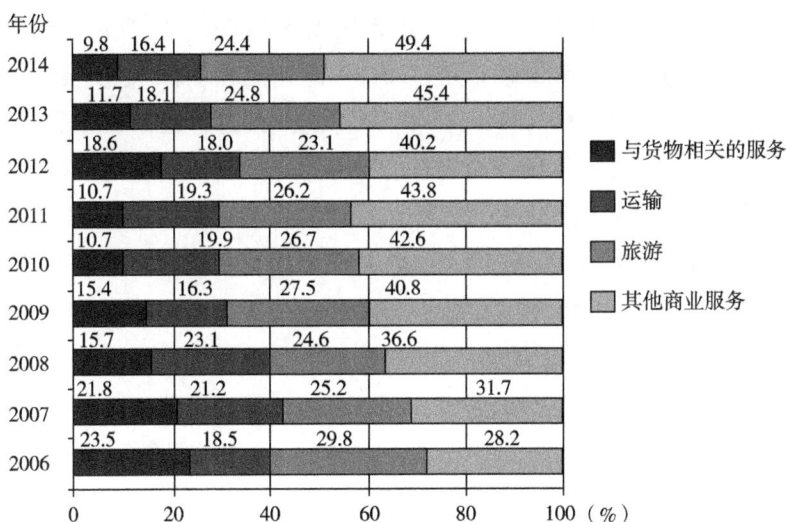

图 8 2006—2014 年服务贸易出口结构变化

数据来源：UNCTAD 数据库（BPM6）

年份

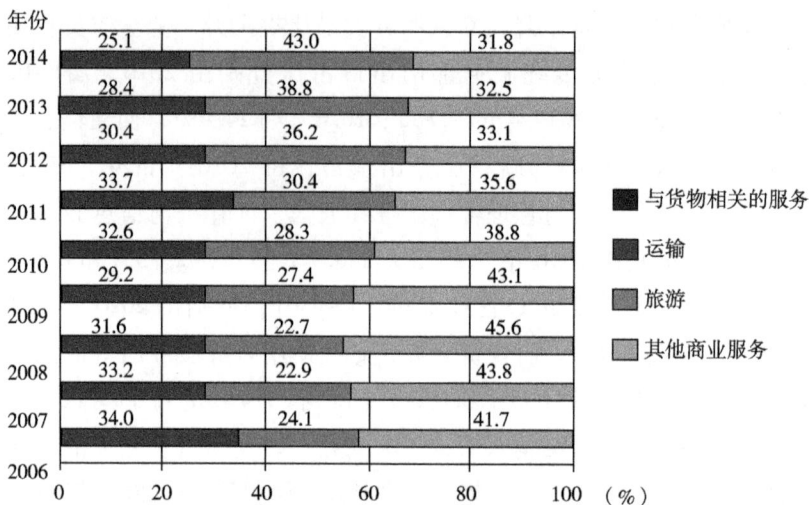

图9　2006—2014年服务贸易进口结构变化

数据来源：UNCTAD 数据库（BPM6）

　　从服务贸易差额的部门结构来看，"十二五"时期与货物相关的服务、研发、专业与管理咨询服务、建筑服务以及通信、计算机和信息服务四个部门继续保持贸易顺差，而且顺差额整体呈不断增长的趋势，分别由2010年的176.8亿美元、88.5亿美元、94.2亿美元和63.7亿美元增加至2014年的222.3亿美元、155.2亿美元、104.9亿美元和94.2亿美元，增长幅度依次为25.7%、75.3%、11.3%和47.9%；旅游、运输、专利使用费、保险与养老、个人文化休闲及金融服务继续保持贸易逆差，且规模不断扩大，分别由2010年的90.66亿美元、290.46亿美元、122.1亿美元、140.27亿美元、2.47亿美元、0.56亿美元增加至2014年的1079.46亿美元、579.15亿美元、219.37亿美元、178.8亿美元、6.99亿美元和4.09亿美元，增幅依次为1090.7%、99.4%、79.7%、27.5%、181.8%和628.6%。

表3　2006—2014年我国服务差额结构　　　　　　　　单位：亿美元

年份 贸易差额	2006	2007	2008	2009	2010	2011	2012	2013	2014
贸易差额	128.1	172.2	69.7	-150.5	-225.2	-541.5	-659.0	-1235.3	-1501.0
与货物贸易相关的服务	265.8	319.5	259.2	218.0	176.8	189.9	393.5	232.5	222.3
运输	-133.5	-119.5	-119.1	-230.1	-290.5	-448.7	-469.5	-566.8	-579.2
旅游	96.3	74.5	46.9	-40.3	-90.7	-241.2	-519.5	-769.1	-1079.5
其他服务	-100.4	-102.2	-117.3	-98.1	—20.8	-41.4	-63.5	-131.9	-64.6
建筑服务	7.0	24.7	59.7	36.0	94.2	110.0	86.3	67.7	104.9
保险与养老服务	-82.8	-97.6	-113.6	-97.1	-140.3	-167.2	-172.7	-181.0	-178.8
金融服务	-7.5	-3.3	-2.5	-2.9	-0.6	1.0	-0.4	-5.1	-4.1
专利使用费和特许费	-64.3	-78.5	-97.5	-106.4	-122.1	-139.6	-167.0	-201.5	-219.4
通信、计算机和信息服务	11.9	22.3	31.5	32.7	63.7	88.7	107.6	94.7	94.2
其他商业服务	34.3	31.6	6.1	40.2	88.5	71.6	87.7	99.1	155.2
个人文化和休闲服务	0.2	1.6	1.6	-1.8	-2.5	-2.8	-4.4	-6.4 -	7.0
政府服务	0.7	-3.0	-2.5	1.1	-1.9	-3.1	-0.5	0.4	-9.7

数据来源：UNCTAD 数据库 （BPM6）

三、"十三五"时期我国外贸增长规模的预测

为预测"十三五"期间我国贸易增长趋势，我们选用差分整合移动平均自回归模型（ARIMA）：将我国每年进出口总额视为随着时间的推移而形成的一个随机时间序列，通过对该时间序列贸易额的随机性和平稳性等因素的分析，达到利用过去及现在的交易额信息来预测未来进出口贸易发展的目的。

通过 ARIMA 模型可粗略估计，未来 5 年我国进出口总额将在 26 万亿元

人民币到 42 万亿元人民币（按现价汇率折算在 3.98 万亿美元到 6.43 万亿美元）之间波动。预计 2016 年进出口总额将在 27 万亿元人民币到 30 万亿元人民币（按现价汇率折算在 4.13 万亿美元到 4.59 万亿美元）之间，至 2020年., 进出口总额可达到 35 万亿元人民币左右（按现价汇率折算约为 5.36 万亿美元），其中出口额有望在 5 年内增至 19 万亿元人民币（按照现价汇率折算大约为 2.91 万亿美元）。

四、"十三五"时期加快我国外贸发展的思路

（一）充分认识我国外贸发展环境

一方面，"十三五"时期我国外贸将继续面临下行压力。从国际环境来看，全球经济将持续低迷增长，美国、日本、欧盟等发达经济体仍处于缓慢复苏过程中；以 TPP 为代表的新一代高标准自贸区，在推动区域贸易投资自由化的同时，也加剧了全球范围内的贸易保护主义；由于发达国家在新一轮技术革命和产业革命中仍保持优势地位，在信息技术、生物技术、新材料、新能源、智能制造等领域具有领先优势，我国在新兴产业领域出口中将面临强大竞争压力。此外，由于我国要素成本上升导致加工贸易向周边国家转移也将制约外贸增长。从国内环境来看，国内经济进入新常态，将继续面临较大下行压力，经济增速整体放缓，结构调整任务艰巨，就业压力日益凸显，经济增长新动能的转换仍未形成。

另一方面，也应该看到有利因素仍然存在。从国际环境来看，随着我国自贸区战略的广泛实施，外贸市场空间将得到进一步拓展；尤其是"一带一路"倡议的实施，将带动我国与沿线发展中国家、新兴经济体贸易加速增长；此外，以美国为首的发达经济体也继续复苏，市场有望增长。从国内环境来看，随着创新驱动发展战略的实施，推动产业结构加速调整，制造业、服务业、新兴产业的国际竞争力不断增强，都将进一步夯实外贸出口增长的产业基础，我国外贸转型升级步伐加快，结构不断优化，基本面仍会持续向好。此外，我国海外直接投资进入加速期将有效带动货物贸易和服务贸易出口。

为此，我们必须正确认识当前外贸增速变化，顺应国际经济大环境的改变，适应外贸中低速增长的新常态，坚持深化外贸体制改革与产业创新发展结合，扩大外需与扩大内需相结合，稳定传统市场与拓展新兴市场相结合，

长期战略与短期战略相结合的原则，尤其要注重通过实施创新驱动战略加快外贸转型升级和提质增效，重塑产业与贸易竞争新优势，推动外贸实施优质优价、优进优出战略，推动外贸从规模速度增长向质量效益提升转变，实现价值链由中低端向中高端攀升。

（二）通过实施全球自贸区战略、"一带一路"倡议拓展贸易市场空间

实施市场多元化战略，既要保持传统市场的稳定，又要积极开拓新兴市场，这是"十三五"时期保持我国外贸稳定发展的关键所在。通过实施"一带一路"，构建全球自贸区网络体系，提高自贸区的利用效率，是拓展国际经贸合作空间的重要途径。目前我国在建的自贸区20个，涉及32个国家和地区，其中已签署自贸协定12个，涉及20个国家和地区，这些自贸区为推动我国与相关区域贸易自由化创造了有利条件。"一带一路"目前共涉及孟中印缅、中巴、中蒙俄、新亚欧大陆桥、中国—中亚—西亚、中国—中南半岛六大经济走廊建设，这些廊道建设将为构建沿线自贸区、经贸合作区等奠定有利基础。

（1）积极稳固扩大美国、欧盟传统市场。应加快商谈中美BIT、BITT和中美自贸区建设，重点围绕构建高标准贸易规则，积极消除高技术产品、知识产权、绿色壁垒等，扩大双边货物和服务进出口。充分挖掘欧盟市场潜力，加快构建中欧自贸区和中欧BIT谈判进程，推动"中东欧16国+欧盟+中国"等合作平台建设，通过互联互通构建亚欧大市场，拓展亚欧经济一体化空间。重点扩大高端装备制造、高技术产品、节能环保、信息技术等货物和服务贸易进出口。

（2）利用"一带一路"拓展沿线新兴市场。实施"一带一路"倡议以来，我国与沿线国家经贸合作快速发展。2015年我国与沿线60个国家对外承包工程新签合同金额926.4亿美元，占比44.1%；承接沿线国家服务外包执行金额121.5亿美元，增长23.4%；其中承接东南亚国家服务外包执行金额63.2亿美元，增长17.3%。应尽快同沿线国家和地区商建自贸区，消除贸易投资壁垒，提高贸易便利化水平，依托边境经济合作区、跨境经济合作区、境外经贸合作区等合作平台扩大贸易投资规模。尤其是通过互联互通、基础设施投资、产能合作等，带动我国大型成套设备、高端装备制造、零部件、核电、高铁等产品出口，以及金融、交通运输、研发设计、信息技术服务、

文化创意等服务出口。

（3）巩固亚洲主体市场地位。亚洲地区占我国出口市场一半以上份额，其中东盟市场约占12%，增速最快、增长潜力较大，应通过积极打造东盟自贸区升级版，通过产能合作等方式提升贸易层次和转型升级能力。加快中韩自贸区、中日韩自贸区建设，构建东亚统一的自由贸易市场，进一步密切与韩国在制造业、生产性服务业等领域的务实合作，带动对韩出口，同时稳定对日出口的下降态势。

（4）利用沿线六大经济走廊构建经贸网络。大力开拓东南亚、南亚、中亚、西亚、东北亚及东欧市场。通过基础设施互联互通与产能合作，重点构建我国与印度、缅甸、孟加拉、尼泊尔、巴基斯坦、蒙古等国的制造业、农业贸易投资体系，扩大与新加坡、菲律宾、印度尼西亚、泰国等国的服务贸易，深化与俄罗斯、白俄罗斯、哈萨克斯坦等区域经贸合作。

（5）逐步拓展非洲、拉美、大洋洲等自贸区网络，加强矿产资源等进口，保持扩大贸易增长态势。

（三）加快供给侧结构性改革，提升出口竞争力，推动全球价值链迈向中高端

1. 大力实施创新驱动战略，全面提高产业国际竞争力。以提高企业创新设计和研发能力为重点，提高全要素生产率，改变过去依赖低人力成本和土地、资源能源过度消耗的粗放生产方式，提高出口产品和服务的质量和附加值。通过大数据、云计算、物联网、移动互联网等信息技术大力发展服务型制造，提高我国制造业的智能化、网络化、数字化水平，实现智能制造和绿色低碳制造，在新一轮产业革命中获得主动权和主导权。尤其要发挥创新设计改造提升传统产业的作用，推动钢铁冶金、纺织服装、家电、汽车、消费电子、金属制品、机械等传统行业从规模扩张向质量、品牌、高附加值的转变；提升高端装备制造、轨道交通、大飞机、新能源、新材料等战略性新兴产业的关键技术研发、系统集成和服务模式创新能力，扩大出口规模效益。通过推动"互联网+""中国制造2025"以及大众创业万众创新等重大战略，不断释放产业创新活力，推动技术创新、业态创新和管理创新，培育外贸企业的技术、品牌、质量和服务等新的竞争优势。

2. 延伸加工贸易服务价值链，推动转型升级。"十二五"以来，通过实施加工贸易转型升级战略，促使一批加工贸易企业向一般贸易企业发展，加工贸易比重逐年下降，成为我国外贸结构优化升级的重要标志。应该看到，加工贸易企业为进一步延伸外资服务价值链在我国布局，形成全产业链发展格局奠定了有利基础，也为我国吸引高端服务业外资，高效配置全球服务业资源创造了有利条件。应充分发挥各地经开区、高新区等产业合作平台的作用，积极利用上一轮引进加工制造企业所形成的开放型经济基础以及与跨国公司形成的长期合作关系开展二次招商，重点引进跨国公司研发设计、财务结算、物流及供应链管理、数据中心、共享服务等相关服务机构，促使加工贸易企业向服务型制造企业转型，同时扩大国内上下游配套企业规模，形成上下游产业联动、内外资企业联动的发展新格局。

3. 发挥"互联网＋"作用，创新发展服务贸易。提高服务贸易发展质量是推动我国全球价值链迈向中高端的关键所在，也是积极应对高标准国际贸易规则挑战的重点。近年来，研发、软件与信息技术、现代物流等新兴服务业出口增速加快，企业承接国际服务外包快速增长，随着网络物流、跨境电商、网络金融以及众包、众筹等互联网新兴业态的兴起，降低了中小企业出口门槛和成本，为扩大服务出口创造了有利条件。应继续加大对服务贸易的政策支持，扩大服务外包示范城市、示范园区范围，尤其要利用互联网优势不断创新服务模式，重点提高软件与信息技术、电子商务、金融保险、现代物流、文化创意、研发设计、专业咨询、教育医疗等高端服务出口能力，加强电子商务、网络物流与旅游、交通运输等传统服务业融合，扩大出口规模，培育具有国际竞争力的跨国服务企业。

（四）有效发挥投资带动和进口替代作用

1. 通过海外直接投资带动出口。海外直接投资是规避贸易壁垒，化解国际贸易模式的重要路径。2015 年我国已经成为全球第二大对外投资国，实现非金融类对外直接投资 1180.2 亿美元，投资对象国（地区）达 155 个，境外投资企业 6532 家。"十三五"时期，我国海外投资进入加速期和投资净流出时期。应积极利用"一带一路"倡议，在鼓励制造业、农业、服务业海外投资的同时，带动各类机械、装备、零部件等相关产品出口，以及金融保险、研发设计、科技咨询、信息技术、现代物流等服务出口。

2. 继续实施扩大进口战略，调整进口结构。一是根据国内消费需要扩大消费品进口，尤其要扩大婴儿用品、老人用品、日用消费品、奢侈品等进口，解决长期以来境外购物问题。二是抓住近期国际大宗商品价格下跌时机，扩大矿产资源、石油等进口，完善国家储备体系，支持企业建立商业储备。三是适度扩大农产品进口，以有效保证农田休耕制度，促进提高国内农产品绿色安全标准，节约水和土地资源。四是鼓励高技术产品和服务、先进技术装备、关键零部件等进口。应通过简化进口环节管理、平行进口等措施，提高进口贸易便利化水平。

（五）积极应对新一轮国际贸易规则，深化外贸管理体制改革

1. 进一步优化外贸环境，创新发展模式。近年来，我国通过出台扩大企业外贸自主权、通关便利化、放宽外资准入、完善金融服务等一系列政策，尤其是通过负面清单加准入前国民待遇的体制改革优化了营商环境，通过设立上海、广东、天津、福建自贸试验区为外贸体制机制创新探索经验。但我国外贸管理体制、管理方式仍显滞后，不适应外贸快速发展及网络信息时代新产业革命的要求。外贸企业融资难融资贵、出口退税慢、通关效率低等问题仍没有彻底解决；对跨境电商等互联网新兴业态贸易缺乏规范管理、税收制度、统计体系等。此外，企业成本上升过快、税负过重都严重制约了外贸企业发展和商业模式创新。

为此，一要加快通关便利化、简化行政审批程序等改革，积极推行"通关一体化""一站式办公""单一窗口"等管理模式，提高政府服务效率和贸易便利化水平。二要加快解决融资难问题，尤其要注重利用互联网金融、众筹等新的融资模式，降低中小外贸企业融资成本。三要鼓励企业创新贸易方式。互联网的发展带来了全球贸易方式、管理方式、商业模式、服务模式的快速创新，为拓宽贸易增长空间提供了难得机遇。要使企业树立"买全球、卖全球"的理念，充分利用大数据、云计算、物联网、移动互联网等新一代信息技术平台开拓国际市场。四要加强金融保险、数据信息、法律咨询等服务平台建设，为外贸企业提供相应的服务支撑，有效解决贸易摩擦。五要建立跨境电商等互联网新业态贸易的规范管理和统计体系，解决漏税、漏统等问题。

2. 积极应对新一轮国际贸易规则标准的挑战。应该说，以 TPP、TTIP 和 TISA 等为代表的新一代国际贸易规则是把双刃剑，一方面给我们带来严重制约，另一方面也为供给侧结构性改革提供了方向和动力。为此，一要加强前瞻性、对策性研究，密切观察当前国际贸易谈判和区域贸易协定的发展态势；二要积极推进 RCEP 等由我国主导的自贸区谈判，通过构建高标准自贸区，促进现有自贸区升级，在新一轮贸易规则中发挥主导权；三要深化国内改革，加快建立与国际新规则相适应的体制机制和法律法规，尤其要在降低市场准入门槛、营造公平竞争环境、深化国企改革、知识产权保护、绿色环境保护、用工制度等方面加快改革步伐。

（原载《国际贸易》2016 年第 3 期）

全球服务贸易形势分析及展望

一、全球服务贸易发展的现状及主要特征

（一）全球服务贸易增速强劲，对世界贸易贡献率逐年上升

金融危机以来，全球服务贸易虽然呈现起伏跌宕的态势，但总体优于货物贸易增长，成为拉动世界贸易增长的引擎。2009—2016 年期间全球服务贸易出口年平均增长率为 4.55%，高出货物贸易出口 1.07 个百分点。据世界贸易组织（WTO，BPM6）统计，2016 年全球服务出口规模 4.8 万亿美元，相当于 2005 年的 1.8 倍；增速 0.38%，较上年相比有所回升；尤其是在当年全球货物出口 −3.24% 和全球贸易出口 −2.42% 的增速情况下一枝独秀，成为世界贸易增长的推动力。2017 年第一、第二季度服务出口同比增长分别达 2.81% 和 3.33%，仍保持小幅增长态势。服务贸易占世界贸易总量的比重稳步上升，对国际贸易贡献度日益提高。2005—2013 年期间服务贸易占全球贸易的比重大致在 19%—20%，2014—2016 年期间占比逐年扩大，分别达到 21.09%、22.51% 和 23.16%（表 1），2017 年第一、第二季度占比保持在 22% 左右。随着制造业和服务业加速融合，技术知识密集型服务成为影响国际分工和贸易利益分配的关键因素，制造业跨国公司纷纷向综合服务提供商转型。服务贸易与投资合作的广度和深度不断拓展，目前服务业投资占全球直接投资存量的比重已经超过 60%，其中服务业跨境并购占比超过 50%。

表1 2005—2016年全球服务、货物出口及贸易出口情况

单位：十亿美元、%

年 份	全球服务出口		全球货物出口		全球贸易出口		服务贸易在全球贸易中的占比
	出口额	增速	出口额	增速	出口额	增速	
2005	2597	—	10509	—	13106	—	19.82
2006	2932	12.87	12131	15.43	15063	14.93	19.46
2007	3510	19.74	14023	15.60	17533	16.40	20.02
2008	3948	12.47	16160	15.24	20108	14.68	19.63
2009	3521	−10.82	12555	−22.31	16076	−20.05	21.90
2010	3847	9.26	15301	21.87	19148	19.11	20.09
2011	4328	12.50	18338	19.85	22666	18.37	19.09
2012	4451	2.85	18496	0.86	22947	1.24	19.40
2013	4743	6.56	18952	2.47	23695	3.26	20.02
2014	5078	7.06	19005	0.28	24083	1.64	21.09
2015	4790	−5.68	16489	−13.24	21277	−11.65	22.51
2016	4808	0.38	15955	−3.24	20763	−2.42	23.16

资料来源：根据WTO网站的International Trade Statistics（BPM6）资料整理

（二）服务贸易结构总体优化，高科技和新兴服务贸易快速发展

1. 传统服务贸易增速起伏跌宕且份额略有下降。2016年全球传统服务贸易基本扭转了2015年负增长的困境，出现回升或微弱增长。2016年全球运输服务出口额8525.5亿美元，同比增速为−4.28%，较上年相比降幅收窄；占全部服务贸易出口比重的17.73%，较上年下降0.86个百分点。全球经济复苏乏力仍是导致运输服务出口持续下降的主要原因，其中2016年海洋货物运输下降了13%。2017年第一、第二季度运输服务出口增速分别达4.7%、6.6%，出现了回升势头，反映出全球经济复苏加快的趋势。2016年与货物有关的服务出口额1660.1亿美元，同比增速2.39%，较上年相比实现小幅增长；占全部服务贸易出口比重的3.45%，较上年下降0.08%。其中制造服务出口额851.4亿美元，占比1.77%，较上年下降0.05%。同时，科技含量较

高的维修与保养服务出口额 808.7 亿美元，同比增长 8.77%，较上年提高 7.6 个百分点。2016 年全球旅游服务出口额 12054.8 亿美元，同比增速 1.76%，较上年实现由负转正；占全部服务出口的比重为 25.07%，较上年增长 0.34%。2017 年第一、第二季度旅游出口增速分别达 3.3%、6.3%，保持持续上升态势。

2. 新兴服务贸易和技术服务贸易快速发展。从表 2 可以看出，由建筑、保险与养老、金融、知识产权、信息技术服务、文化娱乐和商务服务等构成的其他商业服务贸易已经占主导地位且份额连年扩大，2014 年、2015 年和 2016 年占总量比重分别为 52.75%、53.3% 和 53.74%。2016 年其他商业服务贸易出口额 25836.4 亿美元，同比增速 1.2%，较上年相比已经由负转正。其中，其他商务服务出口额 10932.7 亿美元，占总量的 22.74%，其次是电信、计算机与信息服务，金融服务和知识产权使用费，服务出口额分别为 4930.5 亿美元、4202.7 亿美元和 3140.6 亿美元，占比分别为 10.25%、8.74% 和 6.53%。这反映出知识密集型服务贸易逐步占主导地位，服务贸易的价值链不断向高端延伸的特征越来越鲜明。信息技术服务贸易成为全球服务贸易增长的主要引擎。2016 年电信、计算机和信息服务出口同比增长 4.52%，较上年明显回升，占全球服务贸易比重提高 0.4%。

3. 服务贸易的信息化和数字化水平快速提高。随着数字经济蓬勃发展，互联网、大数据、云计算、移动互联网、人工智能等新技术广泛应用，以信息技术为主导的技术服务贸易、数字贸易正成为新的增长点。根据 2017 年 1 月美国国会研究服务局（Congressional Research Service）发布的《数字贸易与美国的贸易政策》报告，2005—2014 年全球数据流量增长了 45 倍，2016 年全球涉及互联网的经济为 4.2 万亿美元。2016 年金融、保险等服务业纷纷加大信息技术投入和应用，旅游、运输、建筑等传统服务业与互联网、大数据、人工智能等加速融合。数字贸易呈现大规模发展，目前跨境交易服务有一半以上已经实现数字化。数字化使服务贸易的交易成本降低，交易领域更加丰富，全球区域范围大大拓展，为服务贸易增长带来了巨大空间。

4. 服务贸易总体呈现恢复性增长态势。从表 2 来看，2016 年建筑服务出口额 877.3 亿美元，同比增速为 −8.71%，较上年降幅有所收窄；文化娱乐服务出口额 453.4 亿美元，同比增长 2.77%；保险与养老服务出口额 1215.9 亿美元，同比增速为 2.09%，较上年均有大幅回升。2016 年其他商务服务出口同比增长 2.64%，知识产权使用费出口同比增长 1.14%，较上年均有所回升。

表2　2014—2016 年全球服务贸易出口分类统计　单位：十亿美元、%

年　份	2014			2015			2016		
	出口额	占比	增速	出口额	占比	增速	出口额	占比	增速
一、与货物有关的服务	169.13	3.33	2.30	161.32	3.37	-4.62	166.01	3.45	2.91
（一）制造服务	95.67	1.88	-5.21	86.97	1.82	-9.09	85.14	1.77	-2.10
（二）维修与保养服务	73.47	1.45	14.08	74.35	1.55	1.20	80.87	1.68	8.77
二、运输	989.62	19.49	5.43	890.63	18.59	-10.00	852.55	17.73	-4.28
三、旅游	1240.67	24.43	4.01	1184.68	24.73	-4.51	1205.48	25.07	1.76
四、其他商业服务	2678.71	52.75	9.50	2553.03	53.30	-4.69	2583.64	53.74	1.20
（一）建筑	109.14	2.15	12.39	96.10	2.01	-11.95	87.73	1.82	-8.71
（二）保险与养老服务	136.79	2.69	8.07	119.10	2.49	-12.93	121.59	2.53	2.09
（三）金融服务	455.38	8.97	8.55	437.45	9.13	-3.94	420.27	8.74	-3.93
（四）知识产权使用费	311.99	6.14	7.02	310.52	6.48	-0.47	314.06	6.53	1.14
（五）电信、计算机与信息服务	493.32	9.71	11.88	471.72	9.85	-4.38	493.05	10.25	4.52
（六）其他商务服务	1113.35	21.92	9.76	1065.13	22.24	-4.33	1093.27	22.74	2.64
（七）个人、文化、娱乐服务	50.96	1.00	0.08	44.12	0.92	-13.42	45.34	0.94	2.77

资料来源：根据 WTO 网站的 International Trade Statistics（BPM6）资料整理

（三）全球服务贸易发展的区域不平衡问题较为突出

1. 从区域结构来看，全球服务贸易主要集中在欧洲、亚洲、北美三大地区。2016 年这三大板块的服务出口和进口分别占全球总额比重的 89.5% 和 85.45%。其中，欧洲服务出口额 22499.4 亿美元，占 46.8%；进口额 19820.3 亿美元，占 42.22%。亚洲服务出口额 12151.7 亿美元，占 25.28%；进口额 14202.4 亿美元，占 30.26%。北美服务出口额 8376.6 亿美元，占 17.42%；进口额 6089.9 亿美元，占 12.97%。中东地区服务出口额 1788.9 亿美元，占 3.72%；进口额 2665.7 亿美元，占 5.68%。非洲服务出口额 902.9 亿美元，占 1.88%；进口额 1353.6 亿美元，占 2.89%（表3）。

表3 全球服务贸易各地区和主要国家的进出口情况

单位：十亿美元、%

地区或国家	出口				进口			
	2010 年	占比	2016 年	占比	2010 年	占比	2016 年	占比
全球	3847.05	100.00	4807.69	100.00	3699.30	100.00	4694.09	100.00
北美	635.42	16.52	837.66	17.42	498.04	13.46	608.99	12.97
加拿大	75.30	1.96	79.75	1.66	97.24	2.63	96.47	2.06
美国	543.55	14.13	732.55	15.23	377.35	10.20	481.96	10.27
南、中美洲及加勒比	117.88	3.06	144.06	3.00	143.35	3.88	166.02	3.54
巴西	29.27	0.76	32.57	0.68	57.81	1.56	61.45	1.31
欧洲	1888.47	49.09	2249.94	46.80	1627.07	43.98	1982.03	42.22
欧盟（28）	1704.72	44.31	2045.03	42.54	1484.16	40.12	1807.54	38.51
独联体	85.60	2.23	91.68	1.91	111.29	3.01	114.88	2.45
俄罗斯	48.64	1.26	49.68	1.03	73.23	1.98	72.87	15.59
非洲	90.12	2.34	90.29	1.88	140.93	3.81	135.36	2.89
摩洛哥	14.33	0.37	14.68	0.31	5.66	0.15	7.36	0.16

地区或国家	出口				进口			
	2010 年	占比	2016 年	占比	2010 年	占比	2016 年	占比
南非	15.68	0.41	13.97	0.29	19.16	0.52	14.55	0.31
中东	105.11	2.73	178.89	3.72	192.63	5.21	266.57	5.68
以色列	25.36	0.66	38.89	0.81	18.54	0.50	23.49	0.50
沙特阿拉伯	10.35	0.27	15.27	0.32	51.00	1.38	50.97	1.09
亚洲	924.45	24.03	1215.17	25.28	986.00	26.65	1420.24	30.26
澳大利亚	45.84	1.19	53.18	1.11	50.77	1.37	55.49	1.18
中国	177.38	4.61	207.28	4.31	192.25	5.20	449.83	9.58
印度	116.58	3.03	161.25	3.35	114.23	3.09	133.03	2.83
日本	131.83	3.43	168.73	3.51	162.92	4.40	182.69	3.89
新加坡	100.58	2.61	149.36	3.11	101.02	2.73	155.36	3.31

资料来源：WTO, International Trade Statistics

注：WTO 统计贸易额时将澳大利亚、新西兰两国并入亚洲

2. 发达经济体继续占主导地位，保持服务贸易顺差趋势。发达国家凭借科技创新能力、经济实力的领先优势，在服务贸易高端价值链中占据优势地位，成为服务贸易主要输出国。欧盟是欧洲服务贸易进出口的主要地区。2016 年欧盟（28）集团的服务出口和进口分别占全球比重的 42.54% 和 38.51%。虽然近年来份额有所下降，但仍占据主导地位，且一直保持顺差。美国是北美地区主要的服务贸易进出口国，2016 年服务出口和进口分别占全球比重的 15.23% 和 10.27%，服务贸易也一直保持顺差状态。

3. 亚洲成为全球服务贸易增速最快的地区，中国成为主要增长动力。中国对全球服务贸易贡献度逐年提高。2016 年中国服务贸易总额 5.35 万亿元人民币，居世界第 2 位，同比增长 14.2%；其中服务出口额 2072.8 亿美元，占全球比重的 4.31%；进口额 4498.3 亿美元，占 9.58%，长期以来一直处于贸易逆差。2016 年中国新兴服务业出口占总出口比重达 56.3%，维护和维修、广告、金融等高附加值服务出口快速增长，增幅分别达 54%、48%、45%。随着数字技术的广泛运用，服务贸易的外包化、数字化趋势明显增强，目前新兴服务出口的 70% 通过服务外包方式完成，服务出口可数字化的比重达

40%。2016年中国前五大服务贸易伙伴为中国香港、美国、中国澳门、日本、韩国，占服务进出口比重合计达55.7%。随着"一带一路"建设不断推进，我国对沿线国家服务贸易的潜力逐步释放，2016年我国与"一带一路"沿线国家服务贸易总额达818亿美元，占比12.4%，其中服务出口占比超过1/5。2017年1—8月中国服务贸易进出口总额30561.9亿元，同比增长9.8%。其中服务出口9266.9亿元，同比增长4.4%；服务进口21295亿元，同比增长12.2%。新兴服务贸易成为拉动服务贸易增长的动力。2017年1—8月新兴服务业进出口额9270.5亿元，同比增长10.6%；其中新兴服务业出口额4582.3亿元，同比增长8.5%，占总出口比重达49.5%，较2012年提高13个百分点，电信、计算机和信息服务增长25.7%。

日本、新加坡、印度在全球服务贸易中各具优势。2016年日本服务出口额1687.3亿美元、进口额1826.9亿美元，分别占全球比重的3.51%和3.89%，占亚洲的13.89%和12.86%；新加坡服务出口额1493.6亿美元、进口额1553.6亿美元，分别占全球比重的3.11%和3.31%；印度服务出口额1612.5亿美元、进口额1330.3亿美元，分别占全球服务业比重的比较优势也存在较大差距。其中，新加坡、中国香港在金融服务出口方面具有优势，韩国、新加坡在知识产权相关服务出口方面具有优势，印度则在ICT服务出口方面占优势。

（四）全球服务贸易政策发生显著变化

1. 在服务贸易自由化方面。目前世界正处于新型全球化和逆全球化交替发展时期，贸易促进政策和贸易限制措施并行发展，但总体上看，贸易促进政策高于限制措施，反映出贸易自由化仍是大势所趋。近年来，各种区域经济合作或双边自由贸易协定都增强了对服务贸易的关注度，各国政府根据实际情况陆续出台了相关服务贸易促进措施。2009—2016年G20国家每月出台的贸易促进政策都高于限制政策，其中2016年G20国家平均每月出台贸易促进措施6项，贸易限制措施5项，相当一部分是针对服务贸易的。服务贸易促进措施主要涉及通过商业存在和自然人流动来影响服务供给，也涉及金融服务和通信部门。2016年9月至2017年5月G20共出台了30项服务贸易促进措施，其中涉及金融服务7项、航空运输服务8项、ICTs7项、其他服务部门8项。为了优化服务贸易环境，有些G20成员国对影响服务业的外国投资政策进行了修改，如通过加强自然人流动影响扩大供给；有些成员国在与电子交易和数据相关的通信领域采取新的措施等。但各国出于自身利益考虑，也同时出台了相应的贸易限制措施。

2. 在服务贸易壁垒方面。服务贸易的保护主义主要表现为国内法规限制性规定，如资格资质要求、参股比例限制、经营范围和地域要求、行政管理的复杂度及透明度，等等，因此服务贸易壁垒更加隐蔽。在跨境交易、境外消费、商业存在、自然人流动四类贸易模式上均可受到政策和规则的影响。尽管各国在放松服务贸易管制方面取得一些进展，但各种管制仍在阻碍服务贸易增长和创新。例如，以国家安全为借口的限制、针对商业存在和自然人的限制、行业限制等壁垒措施仍普遍存在。金融危机之后服务贸易保护主义倾向有所增强。例如，有些国家出台"购买本地服务"，对外国服务提供者进入本国市场和服务活动设置障碍、减少服务外包、对本国服务出口实行隐性补贴，等等。数字贸易发展也将出现新的贸易壁垒，给贸易政策带来新的挑战。除了关税壁垒之外，数字贸易壁垒还包括本地化要求、跨境数据流量限制、知识产权侵权、独特标准或繁重的测试、网络过滤或阻断、网络犯罪曝光、国家主导的商业秘密盗窃等。

二、美国、欧盟和印度的服务贸易发展状况

（一）美国服务贸易发展状况

美国服务贸易一直处于全球领先地位。从增速上看，美国服务贸易一直好于货物贸易。2010—2016 年美国服务出口和进口分别平均增长 5% 和 4%，而货物贸易出口和进口平均增长 2%。近两年美国服务贸易呈现下滑态势，2015 年出口增长 1%，2016 年几乎为零；但进口分别增长 2% 和 3%。而 2015 年、2016 年美国的货物贸易出口增速分别为 -7% 和 -3%；进口增速分别为 -4% 和 -3%。2017 年第一、第二季度美国服务贸易出现大幅反弹，服务出口增速均达 4%，进口分别增长 5% 和 6%。

从服务贸易结构来看，美国以知识密集型服务业和新兴服务业占主导地位。2016 年美国其他商业服务出口、进口分别为 4146 亿美元、2545.6 亿美元，顺差达 1600.4 亿美元；从增速看，2010—2016 年其他商业服务出口和进

口平均增速为 4% 和 3%。旅游、运输服务是美国传统服务贸易的主体。2016年运输、旅游出口分别是 846.3 亿美元、2068.4 亿美元，分别占美国服务贸易出口总额的 11.6% 和 28.2%；两项进口额分别是 971.8 亿美元、1215.3 亿美元，占总量的 20.2% 和 25.2%。2016 年美国运输服务贸易较上年增速下降，其中出口增速 -3%，进口增速为零。2010—2016 年旅游出口和进口平均增速达 7% 和 6%，但 2016 年出口增速下滑为 1%，较上年下降了 6 个百分点；进口增速为 8%，较上年增长 1 个百分点。与货物有关的服务贸易占美国服务贸易的比重很小，2016 年出口和进口分别占 3.6% 和 1.8%，其中出口增速达 10%，较上年增长 1 个百分点；进口增速为 -3%，较上年大幅下滑。2017 年第一、第二季度美国服务贸易出现反弹，其中运输服务出口分别增长 2.5% 和 1.1%；旅游服务出口分别增长 0.5% 和 4.6%；其他商业服务出口分别增长 5.4% 和 3.9%；与货物有关的服务出口增速分别高达 14.3% 和 13.8%，说明美国制造业振兴战略及促进实体经济发展等一系列措施正在发挥积极作用。

从服务贸易市场来看，美国主要集中在发达国家，但近年来对新兴市场国家的重视程度不断提高。2015 年美国服务出口对象国主要是欧盟（占30.9%）、加拿大（占 7.7%）、中国（占 6.6%）、日本（占 6%）、墨西哥（占 4.3%）；服务进口来源国主要是欧盟（占 35.3%）、加拿大（占 6.1%）、日本（占 5.6%）、百慕大（占 5.4%）、印度（占 5.3%）等。欧盟是美国最大的贸易伙伴，邻国加拿大是其首要服务贸易伙伴，日本是其重要的对象国与来源国，印度是其服务进口的重要来源国，中国则是其服务出口的主要对象国。

美国数字贸易处于全球领先地位。据美国国际贸易委员会测算，2014 年数字化服务占美国服务贸易的一半以上。美国率先提出了数字贸易的定义，并利用其主导的经贸谈判推出数字贸易规则，以维护在全球数字贸易领域的利益。2017 年 1 月美国国会研究服务局发布的《数字贸易与美国的贸易政策》报告指出，数字贸易在全球贸易和经济中的地位越来越突出，但多边贸易协定未能适应数字经济的复杂性，美国国会应在塑造全球数字贸易政策方面发挥重要作用。这一报告体现了美国在数字贸易规则制定中的话语权和主导权。

（二）欧盟服务贸易发展状况

金融危机以来，欧盟（28）服务贸易一直保持稳健发展态势。其中2014年出口额和进口额分别达22388亿美元、18974亿美元，位于历史最高水平。2016年服务贸易出口额20450亿美元、进口额18075亿美元，同比分别增长0.7%和2.5%，较上年均实现回升。2017年第一、第二季度欧盟服务贸易出口持续增长分别达2.2%和4.5%。欧盟服务贸易以欧盟内成员国之间的贸易为主，欧盟内出口和进口分别占欧盟总量的55%和58%。2016年欧盟内服务贸易出口额1.13万亿美元、进口额1.04万亿美元，欧盟外服务贸易出口额0.92万亿美元、进口额0.77万亿美元（表4）。

表4 2008—2017年第二季度欧盟（28）服务贸易进出口情况

单位：十亿美元、%

年　份（季度）	出口					进口				
	总额		欧盟内		欧盟外	总额		欧盟内		欧盟外
	贸易额	增速	贸易额	占比	贸易额	贸易额	增速	贸易额	占比	贸易额
2008	1877	—	1090	58	788	1686	—	1000	59	685
2009	1636	-12.9	944	58	692	1471	-12.8	875	60	595
2010	1705	4.2	961	56	744	1484	0.9	883	59	601
2011	1924	12.9	1080	56	845	1639	10.5	980	60	659
2012	1921	-0.2	1050	55	869	1629	-0.6	970	60	659
2013	2077	8.2	1130	54	946	1763	8.2	1050	60	713
2014	2239	7.8	1220	54	1020	1897	7.6	1110	59	790
2015	2032	-9.3	1120	55	914	1764	-7.0	1010	57	755
2016	2045	0.7	1130	55	917	1808	2.5	1040	58	772
2017Q1	470	2.2	258	55	212	419	2.2	240	57	179
2017Q2	540	4.5	302	56	238	459	-0.1	267	58	192

资料来源：根据WTO网站的International Trade Statistics（BPM6）资料整理

从服务贸易结构来看，2016年运输和旅游业合计占出口的35%和进口的

37%。2016 年其他商业服务中出口和进口达 12440 亿美元和 10820 亿美元，分别占总量的 61% 和 60%。欧盟服务贸易一直保持顺差，各类服务贸易发展比较均衡。在四大类中，2016 年其他商业服务贸易顺差最大达 1620 亿美元；其中电信计算机与信息服务的顺差 1180 亿美元，金融服务顺差 960 亿美元。欧盟服务贸易逆差主要来源于知识产权使用费，2016 年该项逆差 700 亿美元。2017 年第一、第二季度欧盟服务贸易继续保持顺差，其中其他商业服务顺差最大，分别达 380 亿美元和 460 亿美元（表 5）。

表 5　2008—2017 年第二季度欧盟（28）服务贸易结构　单位：十亿美元

年　份 （季度）	与制造有关的服务			运输			旅游			其他商业服务		
	出口	进口	差额	出口	进口	差额	出口	进口	差额	出口	进口	差额
2008	68	37	31	412	385	27	406	392	14	991	873	118
2009	60	31	29	320	296	24	351	336	15	905	808	97
2010	64	28	36	359	324	35	345	327	18	936	806	130
2011	71	33	38	395	352	43	389	357	32	1069	897	172
2012	71	36	35	383	340	43	378	342	36	1088	911	177
2013	81	53	28	400	359	41	408	362	46	1188	989	199
2014	84	55	29	416	372	44	425	385	40	1314	1085	229
2015	75	52	23	362	331	31	372	336	36	1223	1046	177
2016	76	52	24	349	324	25	376	349	27	1244	1082	162
2017Q1	20	16	4	85	78	7	69	67	2	296	258	38
2017Q2	20	15	5	94	82	12	105	88	17	320	274	46

资料来源：根据 WTO 网站的 International Trade Statistics（BPM6）资料整理

从贸易市场结构来看，2016 年欧盟服务贸易出口主要伙伴国前 5 位分别为美国（占 27%）、瑞士（占 14%）、中国（占 5%）、日本（占 4%）、俄罗斯（占 3%）；进口主要伙伴国也依次是上述 5 个国家，欧盟服务贸易顺差也主要来自这几个贸易伙伴，其中与瑞士贸易盈余最大。商业存在是欧盟服务贸易最主要的方式。2013 年欧盟服务出口有 69% 是通过商业存在方式开展的，说明欧盟服务业对外投资十分活跃，有利于绕过东道国在服务贸易上的法律和政策限制；其次是跨境交付，占 21% ；境外消费与自然人流动分别占 6% 和 5% 。

英国脱欧事件将对于欧盟服务贸易产生较大冲击。2016 年英国服务出口额 3230 亿美元，占欧盟总出口的 15.8% 。英国的服务贸易伙伴主要来自欧盟内部，与欧盟内其他成员国的出口和进口占其总出口和进口的 37% 和 50.8% 。2016 年英国服务贸易持续下降，出口和进口降幅分别达 5% 和 6% ，其中英国脱欧事件逐步发酵是重要因素。在欧盟一体化进程中，为了消除各成员国服务管制的差异，欧盟作出了巨大努力使成员国的贸易政策趋同。2006 年欧盟出台了《服务指令》，旨在把欧盟内部服务市场建设成为真正的统一市场，但目前欧盟内部服务市场依然存在较多壁垒。英国脱欧事件凸显欧盟一体化进程中面临的困境，使欧盟的自由贸易进程放缓，也将重新规划欧洲的自由贸易，形成英国、欧盟、中东欧三足鼎立的贸易发展格局。

（三）印度服务贸易发展状况

印度服务贸易近年来一直保持顺差并继续扩大，以软件与信息技术为主导的新兴服务贸易占主导地位。2016 年印度服务贸易出口、进口分别是 1612.5 亿美元、1330.3 亿美元，顺差 282.2 亿美元。印度服务贸易顺差主要来源于电信、计算机与信息服务（ICTs），2016 年 IC－Ts 出口达 553.2 亿美元，占服务出口的 34.31% ；进口 47.7 亿美元，占服务进口的 3.59% 。印度传统服务贸易以运输、旅游为主。2016 年运输、旅游服务出口分别占总量的 9.4% 和 13.9% ，进口分别占总量的 36% 和 12.3% ，运输服务是逆差的主要来源（表6）。

表6　2016 年印度服务贸易结构　　　　单位：十亿美元、%

	与货物有关的服务		运输		旅游		其他商业服务	
	贸易额	占比	贸易额	占比	贸易额	占比	贸易额	占比
服务贸易出口	0.27	0.16	15.19	9.42	22.43	13.91	123.37	76.51
服务贸易进口	0.38	0.29	47.95	36.04	16.37	12.31	68.33	51.36

	ICTs		其他商务服务		金融服务		其他	
	贸易额	占比	贸易额	占比	贸易额	占比	贸易额	占比
其他商业服务出口	55.32	44.84	53.20	43.12	5.08	4.12	9.77	7.92
其他商业服务进口	4.77	6.98	32.75	47.93	5.02	7.35	25.79	37.74

资料来源：根据 WTO 网站 International Trade Statistics 数据整理得到

以软件外包为主的服务出口构成了印度对外经济的主要方式。自 20 世纪末以来，印度企业承接国际软件外包推动软件与信息服务业的规模扩大和技术创新发展。印度 IT 服务业收入占比接近发达国家水平，远远领先于其他新兴经济体，未来全球外包市场规模的增长仍有利于印度服务出口。印度在服务外包产业离岸优势评价体系指标（语言、政府支持、劳动力、IT 基础设施、教育体系、成本、政治经济环境、文化兼容性、全球化和法制化水平以及数据和 IP 安全性）中优势明显，就综合条件而言，具有长期比较优势。

三、全球服务贸易发展的主要趋势

（一）全球服务贸易发展的机遇与挑战

1. 技术创新和产业变革是推动全球服务贸易发展的主要因素。全球经济复苏继续稳固，新技术革命和新产业革命深入发展，技术创新和结构调整速度加快，有利于扩大服务贸易规模，推动服务贸易向创新化、数字化、智能化、平台化和高端化发展。

一是全球经济持续复苏、新旧动能加速转换。从 IMF 测算来看，2016 年、2017 年、2018 年世界经济增长率分别为 3.2%、3.5%、3.6%；世界贸易量增长率分别为 2.3%、4.0%、3.9%，其中发达国家增长率分别为 2.1%、3.5%、3.2%，发展中国家增长率分别为 2.5%、3.6%、4.3%。可以看出，复苏的态势逐渐稳固。二是网络经济、数字经济、平台经济等快速发展。互联网、物联网、移动互联网、大数据、云计算、人工智能、区块链等网络技术和数字技术的广泛应用，将促进传统服务业创新变革和转型升级，不断催生新兴服务业态，为全球服务贸易的规模增长及商业模式创新变革提供强大的技术支撑和发展动力。服务智能化、移动互联化、消费需求全球化的特征，都为服务贸易发展注入新的动力。三是服务型制造趋势加速发展。全球制造业正在向以智能化、数字化、服务化、绿色化为特征的新型制造业转变，全球价值链不断向服务环节拓展，技术创新、业务流程创新、商业模式创新、管理方式创新将成为全球价值链增长的主要源泉，这一趋势为扩大全球服务市场需求提供了空间。制造服务化的程度不仅决定了一国参与国际分工地位、产业控制力和竞争力，同时也决定其在全球服务贸易中的地位。在发达国家中，产品制造环节增加值不到产品价格的40%，60%以上的增加值产生于服务环节。一方面是制造投入的服务化，涵盖了研发、市场调研、广告、物流、信息咨询等方面；另一方面是产出的服务化，涵盖了销售服务、维修保养、金融租赁、保险等方面。这一趋势将加速服务外包化发展。四是新技术革命加速发展。随着人工智能、新能源、新材料、生物技术等新技术蓬勃发展，将进一步扩大高技术服务贸易的规模。

2. 新兴经济体成为拉动服务贸易增长的主要引擎。新兴经济体在全球服务贸易中正在发挥越来越大的作用。中、印是全球离岸外包的前两大目的地，东南亚、中东欧在承接国际服务外包上也具有明显优势和良好增长态势。汇丰集团最新发布的《全球贸易展望》调查报告中预测，到2030年全球服务出口额预计将增长到12.4万亿美元，服务贸易占全球贸易总额的比重将达到25%。中国服务出口规模将达到8180亿美元，并将成为全球最大的服务进口国，拥有13.4%的全球份额，领先于美国（占7.7%）和德国（占5.8%）。同时，随着新兴经济体的产业结构加速调整，服务市场规模不断扩大，服务业对外开放程度逐步提高，尤其是中国大幅度开放金融、教育、文化娱乐、医疗、育幼养老、专业服务、电子商务等服务业，放宽外资准入限制，为发达国家服务业进入中国市场提供了有利条件。

3. 新兴服务贸易将发挥主要拉动作用。技术创新成为引领全球经济发展的第一动力，从而促进了服务产品和服务模式更加多样化、个性化，价值链不断向高端发展，全球服务贸易结构由劳动密集型为主导的传统服务业向知识技术密集型为主导的现代服务业转变。随着云计算、大数据、物联网、3D打印、区块链、人工智能、VR/AR/MR等数字技术发展，带来了新的产品、流程和商业模式，新兴服务贸易将成为引领服务贸易增长的主要动力。软件与信息技术、跨境电商、供应链管理、金融、保险、咨询、文化创意、知识产权、医疗健康等领域的服务贸易将不断扩大需求,交通运输、旅游等传统服务贸易通过与"互联网＋"融合将不断推动业态创新。

4. 逆全球化将增强贸易保护主义倾向。以美为首的发达国家成为贸易保护主义的主要国家,除关税壁垒、禁令和配额等传统贸易保护手段之外,紧急贸易救助、政府补贴及本地化要求等新型贸易保护手段和措施层出不穷。此外,英国脱欧等黑天鹅事件将持续发酵,这些不确定性风险将给全球经济复苏和服务贸易增长带来新的不稳定因素。随着数字贸易快速发展,发达国家纷纷制定数字贸易政策,也将产生新的贸易壁垒。

(二)服务贸易的区域不平衡发展格局加剧

由于各国创新能力和服务业发展的不平衡性导致服务贸易竞争力相差悬殊,因此,服务贸易地区不平衡性将可能伴随发达国家在新一轮规则中的话语权优势有所加剧。发达国家将继续占主导地位并保持顺差,欧盟、美国、日本在软件与信息技术、金融保险、知识产权等新兴领域及运输、旅游等传统领域仍具绝对优势。据 IDC 预测,美国 2015—2020 年软件市场的预期复合年均增长率为 7.6%,2020 年美国软件市场规模将达 1394 亿美元。当然,随着中国、印度、巴西、墨西哥、菲律宾等新兴经济体和发展中经济体承接服务外包能力迅速提高,发展中国家在全球服务贸易中的地位不断上升,金砖国家的表现尤其引人注目,世界服务贸易格局正在发生变化。

(三)服务贸易成为世界贸易政策关注的焦点

随着世界新一轮产业结构调整和贸易自由化进程的继续推进,服务贸易在各国经济中的地位不断上升。各国纷纷制定服务贸易发展战略,欧美等发达国家通过各种多双边谈判要求各国开放服务贸易市场以扩大服务出口,WTO、自由贸易协定等全球和区域性经济合作谈判都将服务贸易作为主要焦点。因此,世界服务贸易的利益格局将在各方博弈中得到重塑。各国为顺应这一趋势也将不断调整国内经济政策。一方面积极推动服务贸易的自由化,削减本国服务贸易壁垒;另一方面也通过各种隐性方式提高贸易保护门槛。

（四）数字化时代服务贸易创新不断加快

从服务贸易模式发展趋势来看，第三方支付、移动支付、云端交付等新兴交付方式逐渐成为主流。基于 SaaS（软件即服务）、PaaS（平台即服务）、IaaS（基础架构即服务）的云平台服务能够有效降低交易成本和服务成本，减少中间环节和信息不对称风险等。据 IDC 预计，到 2019 年全球近 50% 的公司将把 100% 的内部应用和基础设施业务转移到云计算环境中，到 2020 年全球信息、通信和技术（ICT）市场 40% 份额是由第三平台带来的。互联网、大数据平台将推动单一发包模式向众包模式发展，众包平台通过一对多的方式将提高全球服务贸易的总体规模。从目前欧洲市场来看，一些大型企业已经不再通过长期协议把重要业务发包给单一的服务供应商，而是根据不同环境、业务类型把业务分解后发包给一些规模相对小，在某个行业领域更加专业的服务供应商。

（五）全球服务外包市场加快发展

服务外包作为服务贸易的主要方式，规模将不断扩大，并不断推动全球价值链向高端攀升。据 IDC 预测，到 2018 年全球服务外包总规模达到 15238.8 亿美元，相当于 2012 年的 1.3 倍；其中 ITO、BPO、R&D 市场规模将分别达 7918.2 亿美元、4292.3 亿美元、3028.3 亿美元，相当于 2012 年的 1.2 倍、1.4 倍、1.5 倍，预计到 2020 年全球潜在的服务外包市场需求将达到 1.65 万亿—1.8 万亿美元。到 2018 年全球离岸服务外包总规模达到 3542.5 亿美元，相当于 2012 年的 2.5 倍；其中 ITO、BPO、R&D 市场规模将分别达到 1630 亿美元、850 亿美元、1062.5 亿美元，分别相当于 2012 年的 2.2 倍、2.7 倍、3 倍。预计到 2020 年全球离岸外包规模约 4500 亿美元，2016—2021 年的年复合增长率达到 13.7%。发包企业更注重利用外包实现业务转型和构建核心能力，因而促进接包企业向解决方案、系统集成、综合服务提供商转型，推动服务外包向高技术含量、高附加值领域发展。

（原载《国际贸易》2018 年第 1 期）

推动服务贸易高质量发展的政策建议[*]

中共十九大报告提出了建设贸易强国的目标。服务贸易是贸易强国的重要支撑，是形成面向全球贸易、投融资、生产、服务网络的关键环节，在推动全球价值链迈向中高端水平中发挥着重要的作用。近年来，我国政府通过不断创新服务贸易体制机制，完善服务贸易政策促进体系，积极改善营商环境，有力推动了服务贸易发展。当前，全球数字经济和数字贸易快速发展，服务贸易规则也在发生重构，机遇与挑战并存，我们应在继续保持服务贸易快速增长的同时，着力优化贸易结构，促进数字经济时代的技术创新和服务模式创新，推动服务贸易向高质量发展。

一、我国服务贸易发展现状及主要特点

（一）服务贸易国际地位不断提升，成为对外贸易发展的新动力

从加入 WTO 起，中国服务贸易进入快速发展时期，总体呈上升趋势，在国际贸易中占比逐渐扩大。我国服务贸易发展大致经历了 3 个主要阶段。第一阶段为加入世贸组织（WTO）之前（2001 年），这一时期由于服务业开放程度低，服务贸易规模很小。第二阶段为 2001—2008 年，加入 WTO 开启了我国服务贸易快速发展的进程。入世促使我国服务业的不断开放，同时也促使服务贸易规模迅速增长。第三阶段为 2009 年至今。与金融危机前相比，我国服务贸易增速进入趋缓阶段，但规模实力明显增强。2017 年，中国服务进出口同比增长 5.1%，规模连续 4 年保持全球第 2 位；其中，出口 2281 亿美元，进口 4676 亿美元，出口增速 8.9%，比进口高 5.5 个百分点，是 2011 年以来出口增速最高的一年，也是 7 年来服务出口增速首次高于进口，体现出

---

* 本文为商务部课题：《中国服务贸易发展报告 2018》的研究成果。

服务贸易整体竞争力进一步增强，贸易逆差 2395 亿美元。

从区域分布看，东部地区仍是主力，中西部地区增速明显。2017 年，东部沿海 11 个省市服务进出口合计 5920 亿美元，占全国比重 85.9%；其中，上海、北京和广东服务进出口额分别为 1511.9 亿美元、1434.3 亿美元和 1231.4 亿美元，居全国前 3 位。中西部地区服务进出口 974 亿美元，增长 6.2%，高出全国增速 1.1 个百分点，其中出口增速高达 23.5%。

与世界及主要服务贸易国家相比。从增速看，2010—2017 年年均增速前 5 位的国家分别是中国、新加坡、以色列、印度和美国。中国服务贸易年均增速达 9.4%，位居前列。这一期间，全球服务贸易年均增速 4.6%，欧盟服务贸易年均增速 3.8%。从服务贸易占比看，2017 年欧盟经济体服务贸易总额占全球的 40.1%，较 2010 年下降 2.2 个百分点；美国服务贸易占全球的 12.4%，较 2010 年扩大 0.2 个百分点；中国占全球服务贸易比重达 6.7%，较 2010 年扩大了 1.8 个百分点。

（二）传统服务贸易仍占主导地位，占比略有下降

以旅游、运输、建筑为主的传统服务贸易仍是中国服务贸易的主体。2017 年，上述 3 项传统服务进出口额共计 4561.2 亿美元，占服务贸易比重达 65.6%，较上年下降 1.1 个百分点。运输服务进出口额 1300.5 亿美元，较上年增长 13.7 个百分点。其中，出口 371.0 亿美元，同比增长 9.6%；进口 929.5 亿美元，同比增长 15.3%，贸易逆差 558.4 亿美元。受全球经济复苏和货物贸易增长拉动影响，运输服务特别是海运业务增长明显。其中，海运服务进出口额 823.2 亿美元，同比增长 15.7%。其中，出口 231.2 亿美元，同比增长 9.0%；进口 592.1 亿美元，同比增长 18.5%，贸易逆差 360.9 亿美元。

2017 年，旅游服务进出口 2935.9 亿美元，较上年下降 3.92 个百分点。其中，出口 388 亿美元，进口 2547.9 亿美元，较上年分别下降 12.7% 和 2.4%，贸易逆差 2159.9 亿美元，占中国服务贸易逆差总额的 90.2%。

建筑服务是中国传统服务贸易中的大项。2017 年，中国建筑服务贸易总额 324.9 亿美元，占服务贸易比重 4.7%，贸易顺差 153.6 亿美元。

（三）新兴服务贸易领域快速发展，成为拉动服务贸易增长的主要动力

近年来，以金融、知识产权使用费、信息技术、个人文化娱乐和其他商业服务为代表的新兴领域表现出快速增长态势。2017 年，中国新兴服务进出口 2162 亿美元，增长 9.3%，高于整体增速 4.2 个百分点，占比提升至 31.1%。其中，其他商业服务，电信、计算机与信息服务，知识产权使用费服务是三大主要领域。

2017 年，其他商业服务进出口总额 1043.9 亿美元，占服务贸易总量比重达 15.0%，贸易顺差 186.8 亿美元。其中，技术相关服务进出口额 264.3 亿美元，同比增长 13.1%；出口额和进口额分别达 149.1 亿美元和 115.1 亿美元，同比增速分别为 28.0% 和 -1.7%。研发成果转让费及委托研发进出口额 136.6 亿美元，较上年增长 8.3 个百分点；出口额 79.7 亿美元，同比增长 16.0 个百分点；进口额 57 亿美元，同比下降 0.9 个百分点。专业管理和咨询服务进出口额 473 亿美元，较上年增长 3.7 个百分点；出口额 311.2 亿美元，同比增长 2.6%；进口额 161.8 亿美元，同比增长 5.9%。电信、计算机与信息服务进出口额 469.4 亿美元，同比增长 20.1%；其中，出口额和进口额分别达 277.7 亿美元和 191.8 亿美元，同比增长 4.7% 和 52.5%，实现顺差 85.9 亿美元，该项顺差主要来自计算机与信息技术服务。计算机与信息技术服务出口、进口分别达 259.9 亿美元和 173.7 亿美元，同比增长分别达 3.9% 和 55.7%，实现顺差 86.1 亿美元，体现出中国在信息技术服务领域国际竞争力不断增强，同时也反映出随着中国制造业和服务业的数字化、信息化快速发展，对于国际市场的需求不断扩大。此外，电信服务出口、进口分别达 17.8 亿美元和 18 亿美元，同比增长 17.6% 和 26.9%，逆差 0.21 亿美元。知识产权使用费进出口额 333.4 亿美元，同比增长 32.6%；其中，出口额和进口额分别达 47.6 亿美元和 285.7 亿美元，同比分别增长 310.1% 和 19.2%，贸易逆差 238.1 亿美元。与 2016 年相比，在规模、增速方面均有明显提升。

（四）文化贸易加快发展，特色化和专业化优势突出

中国文化服务进出口额达 293.9 亿美元，增长 14.4%，出口额和进口额分别为 61.7 亿美元和 232.2 亿美元，同比增速分别为 -3.9% 和 20.5%，贸易逆差 170.5 亿美元。

从主要领域来看，广告服务贸易规模最大。2017 年，广告服务出口额和进口额分别为 40.6 亿美元和 24.1 亿美元，同比增速分别为 - 13.2% 和 10.5%，贸易顺差 16.5 亿美元；其余依次为会展服务、文化和娱乐、研发成果使用费、视听及相关产品许可费。其中，研发成果使用费出口额 6.5 亿美元，增速最高达 68.7%。越来越多的中国出版、影视、艺术等文化企业"走出去"，通过弘扬中华传统文化，讲好中国故事、传播中国声音，推动了文化服务贸易的发展。

（五）技术贸易不断扩大，美欧仍是主要贸易伙伴

2017 年，中国技术贸易保持平稳发展，技术进出口合同金额 556.7 亿美元，增长 4.4%；中国企业共签订技术出口合同 9346 份，合同金额 228.4 亿美元，技术费出口额 214.8 亿美元；签订技术进口合同 7361 份，合同金额 328.3 亿美元，技术费进口额 319 亿美元。2017 年，中国技术出口目的地前 10 位合同额共计 165 亿美元，占比 72.3%，依次分别为美国、中国香港、新加坡、德国、瑞典、日本、瑞士、荷兰、芬兰、韩国；中国技术进口来源地前 10 位的合同额共计 285 亿美元，占比 86.8%，依次分别为美国、日本、德国、韩国、瑞典、中国台湾、英国、中国香港、瑞士、荷兰。美国仍是中国最主要的技术贸易伙伴。2017 年，中国对美国的技术出口额和进口额分别达 51.0 亿美元和 108.0 亿美元，分别占中国技术出口额、进口总额的 22.3% 和 32.9%。

（六）"一带一路"服务贸易市场不断拓展

随着"一带一路"建设务实推进，中国与相关国家的经贸交流不断加强，人员往来更加便利，促进了文化、旅行、技术等服务贸易合作。2017 年，中国与"一带一路"沿线国家服务进出口 977 亿美元，其中出口额和进口额分别为 308 亿美元和 669 亿美元，贸易逆差 360 亿美元；服务进出口额前 10 位的国家分别是新加坡、泰国、俄罗斯、马来西亚、越南、阿联酋、印度尼西亚、印度、沙特阿拉伯、土耳其。

（七）国际服务外包加快发展，成为新兴服务贸易发展的主要方式

2017 年，中国服务外包产业在向高技术含量、高附加值业务拓展中迈出

了坚实步伐，成为新常态下外贸转型升级的有力支撑。云计算、大数据、人工智能等新技术正在推动服务外包交付模式变革和数字化转型升级。2017 年，中国共签订服务外包合同金额 1807.5 亿美元，同比增长 25.1%；完成服务外包执行金额 1261.4 亿美元，同比增长 18.5%。其中，离岸服务外包合同金额、执行金额分别为 1112.1 亿美元和 796.7 亿美元，同比分别增长 16.7%、13.2%，增速领先于服务出口增速。据初步统计，70% 以上的新兴服务贸易是通过服务外包方式实现的。

中国服务外包产业结构进一步优化，特别是 KPO 快速上升，体现了价值链不断向高端跃升的趋势。从三大类业务发展来看，2017 年信息技术外包（ITO）、业务流程外包（BPO）、知识流程外包（KPO）离岸执行额分别为 364.2 亿美元、129.3 亿美元、303.3 亿美元，同比分别增长 10.2%、10.9%、18%。KPO 增速最快，主要原因是知识产权外包服务、管理咨询服务、数据分析服务、工业设计外包及医药研发服务发展较快。2017 年 ITO、BPO、KPO 三大领域执行额分别为 618.5 亿美元、235.7 亿美元、407.2 亿美元，占比由 2016 年的 53∶16∶31 调整为 49∶19∶32。2017 年，中国企业承接离岸 IT 解决方案业务、电子商务平台服务分别同比增长 367.1% 和 226.4%。

（八）数字经济与制造业、服务业加速渗透融合，服务贸易模式不断创新

数字经济引领的新一轮产业变革带来全球产业链、供应链和价值链深度整合，服务业和制造业深度融合，数字经济、共享经济、平台经济等新业态和新模式加快发展，特别是云计算、大数据的发展加快了服务跨境交付方式变革。数字经济的快速发展有力带动了相关领域服务贸易，云计算、大数据、人工智能等新技术已经在服务贸易企业中广泛应用，成为推动服务模式创新和转型升级的主要技术支撑。2017 年，数据分析、电子商务平台、互联网营销推广、供应链管理等服务新业态、新模式快速发展，执行额同比分别增长 55.4%、44%、40.6% 和 17.8%。淘宝、天猫等跨境电商平台降低了消费者的搜寻成本，推动了境外消费；微信支付、支付宝等移动支付逐步拓展国际市场；以携程网为代表的旅游互联网平台推动了境外旅游发展；共享单车正在输出新的商业模式等。这些都正在成为服务贸易的新增长点。

（九）服务贸易政策促进体系更加完善，体制机制创新加快

通过构建开放型经济新体制，不断完善服务贸易顶层设计、推进各类试点试验平台建设，进一步推动了体制机制创新，优化了服务贸易发展环境。一是扎实推进服务贸易创新发展试点。15 个试点地区在管理体制、促进机制、政策体系、监管模式等方面先行先试，结合不同地域特色、不同发展阶段探索服务贸易发展新的路径，并形成了 29 项在全国可复制推广的经验。试点地区引领作用不断增强，2017 年 15 个试点地区服务进出口额合计 3600.9 亿美元，进出口、出口和进口分别同比增长 6.0%、7.3% 和 5%。二是加强各类服务贸易平台和载体建设。2017 年，商务部印发了《中国服务外包示范城市综合评价办法》《服务外包示范城市动态调整暂行办法》，继续优化服务外包示范城市建设。上海等 11 个自由贸易试验区不断扩大服务业开放的先行先试探索，通过实行负面清单加准入前国民待遇的管理模式，深化放管服改革，优化营商环境，进一步增强了对服务业外商直接投资的吸引力。同时，发挥中国（北京）国际服务贸易交易会、中国（上海）国际技术进出口交易会、中国国际软件和信息服务交易会、中国国际服装服饰博览会等国际展会平台的作用，启动了国家文化出口基地建设。三是不断完善服务贸易统计体系。2017 年，中国首次编制和发布了附属机构服务贸易统计（FATS）数据，成为少数能够同时发布服务进出口数据和 FATS 数据的国家之一。同时，建立了服务贸易统计监测管理信息系统，开展重点监测企业服务贸易统计直报。

二、我国服务贸易发展面临的机遇与存在问题

（一）服务贸易发展面临的机遇

1. "互联网＋"与制造业、服务业加速融合带动服务贸易发展。新一轮产业变革带来全球产业链、供应链、价值链深度整合，服务业和制造业深度融合，带动生产性服务贸易的发展。3D 打印、大数据、云计算等新技术不断涌现，数字经济、共享经济、平台经济等新产业、新模式加快发展。尤其是云计算、大数据的发展引发了交易方式的变革，不断创造出新兴服务贸易业

态。我国数字经济的快速崛起有力地带动了相关领域服务贸易发展。我国服务出口数字化的比重已达40%。云计算、大数据、人工智能等新技术已经在服务贸易企业中广泛应用，成为推动服务交付模式创新和产业升级的主要技术支撑。

2. 国内服务贸易发展环境不断优化。首先，服务业在我国经济中的主导地位日益提升，为服务贸易发展提供了产业基础，提升了我国服务贸易整体竞争力；反过来，服务贸易的发展又进一步促进服务业国际竞争力的提升。其次，绿色经济理念为服务贸易发展提供了新的空间。发展绿色经济日渐成为各国经济发展的共识，也将成为国际合作与竞争的焦点。具有低能耗、低污染、高附加值特点的服务外包是发展绿色经济的重要抓手，已成为中国绿色经济的新增长极。最后，简政放权和结构性减税为服务贸易发展注入新的活力。减少行政审批事项、负面清单管理等政府改革和创新管理，切实推进服务贸易便利化。"营改增"等结构性减税措施降低服务贸易企业的运行成本，提高企业的技术创新能力。

3. "一带一路"为服务贸易发展提供新平台。"一带一路"沿线工程投资项目可以为我国运输、旅游、建筑、工程承包等传统服务贸易带来新的利润增长点。"十三五"期间我国将为沿线国家输送1.5亿人次游客、2000亿美元旅游消费，将吸引沿线国家和地区8500万人次游客来华旅游，拉动旅游消费约为1100亿美元。到2020年我国将实现与"一带一路"沿线国家和地区文化交流规模达3万人次。我国与"一带一路"沿线国家开展服务贸易具有天然优势，可以在服务业国际分工中占据主动，获得更高服务贸易收益。"一带一路"沿线新兴经济体所需要的技术、金融、管理、人才等方面的服务支持为我国服务贸易提供了市场机会。此外，"一带一路"建设也将为我国在服务贸易国际规则制定中提高话语权。

（二）我国服务贸易发展存在的主要问题

一是服务贸易发展不平衡、不充分问题仍较突出。与发达国家相比，中国服务贸易发展仍然滞后。服务贸易在对外贸易中占比明显低于世界平均水平。服务贸易与货物贸易发展不平衡、服务进出口不平衡、行业发展不平衡、区域发展不平衡、市场结构不平衡等问题仍较突出。

二是新兴服务领域出口规模有待进一步扩大。中国在新兴服务领域仍是主要进口国。从全球服务贸易发展的趋势来看，保险、金融、知识产权、信息技术服务、文化娱乐和其他商业服务等技术密集型、知识密集型、高附加值的新兴服务贸易已经占据主导地位。但中国在这些领域的服务出口发展还相对滞后。以专利技术为例，2017 年专利技术出口合同 193 份，合同金额 3.1 亿美元，专利技术进口合同 544 份，合同金额 43.1 亿美元，反映出在高技术、关键服务领域对国外的依赖性较强。

三是人才短缺问题成为长期制约服务贸易发展的重要因素。从全球服务贸易发展趋势看，服务贸易正处于向技术密集型、知识密集型升级的时期。中国服务贸易的人才培养尚不能充分满足发展的需要。特别是在软件与信息技术服务、文化创意、教育、专业服务等新兴服务领域，缺乏专业化、国际化、高端化人才，已经成为制约服务贸易企业向全球价值链高端发展的瓶颈。从人才结构上看，东部经济发达城市人才相对集中，中西部则人才短缺比较严重，这也是导致东中西部服务贸易发展不均衡的关键因素。

四是服务贸易企业的综合竞争力有待提升。企业技术创新和服务模式创新能力较薄弱，研发经费投入不足，企业运营难以摆脱传统模式，难以更好地适应数字经济快速发展的形势变化。中小服务贸易企业的品牌、技术、信用等核心竞争力还有待提升。同时，多数企业还面临着人力成本持续上涨、汇率波动风险、整体盈利能力较低等问题的挑战。

五是管理协调机制还有待加强。服务贸易涉及诸多服务行业，由于职能管理分散，服务贸易发展政策协调难度较大，在统计、监管协作等方面的协调机制还亟待加强。

三、推动服务贸易高质量发展的政策建议

当前，全球经济仍处于长周期低速增长区间，逆全球化思潮、贸易保护主义以及各国政府更迭、金融动荡等不利因素仍将持续，但世界多极化、经济全球化、贸易自由化的大势不可逆转。中国数字经济蓬勃发展、制造业与服务业加速融合，为服务贸易持续增长提供了市场需求。同时，服务业的主导地位日益提升，预计未来几年，服务业占国内生产总值（GDP）比重每年大致提高一个百分点左右，将为提升中国服务贸易竞争力奠定牢固的产业基础。应围绕建设贸易强国的战略目标，坚持创新驱动发展战略引领，大力推

动供给侧结构性改革，进一步深化体制改革和扩大服务业开放，坚持"引进来"与"走出去"相结合，不断拓展服务贸易发展空间，探索和创新符合新时代发展要求的中国服务贸易管理体制、开放路径、促进体系、监管体系，推动中国服务与中国制造共同构成中国开放型经济的竞争新优势。

（一）推动服务贸易技术创新、业态创新和模式创新

鼓励支持服务贸易企业增加研发设计投入，提高核心关键技术的创新能力和掌控能力，力争在某些领域抢占全球制高点。特别是要把握智能制造引领全球制造业变革的新机遇，在软件、芯片等关键领域提高自主知识产权、自主品牌、自主标准的创建能力。推动服务贸易数字化进程，大力发展共享经济和平台经济，积极培育跨境电商、外贸综合服务、市场采购贸易等新兴贸易业态，推动以云计算、大数据、人工智能为技术支撑的跨境交付模式创新，推动"服务＋"整体出口战略，培育具有国际竞争力的综合服务提供商，提高全球价值链增值空间。

（二）继续提高服务业开放质量和水平

进一步放宽教育、文化创意、医疗、育幼养老、专业咨询、商贸物流、信息技术、研发设计等领域外资准入和政策限制，加强金融开放的监管服务体系建设，推动新兴服务贸易发展。推动法治化、国际化、便利化的营商环境。促进外资企业专业技术人员往来便利化措施，注重对宜居宜业、知识产权保护等软环境建设。坚持引资与引智、引技相结合，建立多个渠道、多种方式吸引国际化高端技术管理人才的机制。

（三）以共建"一带一路"为统领，优化服务贸易全球布局

"一带一路"沿线国家多处于工业化和信息化起步时期，对于传统服务业和新兴服务业都有强大需求。中国与"一带一路"相关国家开展服务贸易可以在服务业国际分工中深化合作、实现互利共赢。同时，加强与"一带一路"国家的互联互通、产能合作和装备合作，也为中国服务贸易带来了新的市场空间。应积极承接"一带一路"沿线国家和地区的服务外包，支持有条件的服务贸易企业"走出去"扩大商机，在信息技术服务、研发设计、技术服务、咨询服务、商贸物流、文化创意、教育培训等新兴服务

领域加快拓展市场，不断扩大运输、旅行、建筑等传统服务市场。打造"一带一路"的"中国服务"品牌标识，构建发达国家与发展中国家双轮驱动的全球服务市场布局。

（四）进一步完善服务贸易管理体制和统计体系

建立健全服务贸易跨部门协调机制、增强发展合力。不断完善人才、科技、财税、统计、法律等政策体系，促进贸易政策、投资政策和产业政策相互衔接、共同促进。继续深化放管服改革，促进服务贸易便利化。加强减税降费措施，切实降低企业成本。不断创新事中事后监管方式。加强信息共享、监管互认、执法互助等机制化建设，建立健全服务贸易企业信用体系，完善与国际通行规则相衔接的服务贸易监管体系。不断完善服务贸易统计体系，着力健全服务贸易重点监测企业制度，加强统计直报系统建设，强化统计分析功能。

（五）继续完善服务贸易试点示范平台建设

进一步优化平台发展布局，提升发展质量和改革创新空间。在已有的 17 个服务贸易创新发展试点、31 个服务外包示范城市、11 个软件出口（创新）基地城市等基础上，继续建设若干个特色服务出口基地，形成"一试点、一示范、多基地"的格局。积极复制推广自由贸易试验区、服务贸易创新发展试点、服务外包示范城市等在推动服务贸易发展方面的新经验、新模式。推动粤港澳大湾区建设，加快《关于建立更紧密经贸关系的安排》（CEPA）项下服务贸易开放进程。把发展服务贸易作为推动海南自贸试验区建设的重要内容，打造一流营商环境，使之成为旅游、医疗健康、养老、研发、教育等服务贸易的新增长点。继续深化北京扩大服务业开放综合试点，发挥北京市服务业基础雄厚、人才密集、国际化程度高等优势，积极对接国际高标准贸易规则，服务京津冀协同发展战略，打造具有国际竞争新优势的服务贸易高地。

（六）加快构建我国的数字贸易规则和标准体系

目前，无论是美国、欧盟、日本等发达国家地区，还是印度等发展中国家，都在加紧制定相关的数字贸易规则。数字贸易发展也将出现新的贸易壁垒，除关税壁垒之外，还包括本地化要求、跨境数据流量限制、知识产权侵权、独特标准等。这些都要求我们加强研究，积极应对数字贸易规则的挑战，加快既构建与国际标准相衔接，又符合我国实际的数字贸易政策体系、标准体系。

（原载《开放导报》2018 年第 4 期）

以制度型开放推动服务贸易高质量发展

服务贸易是贸易高质量发展的重要标志，也是推动经济高质量发展的关键环节。而深化服务贸易发展创新试点，则是推动服务贸易高质量发展的重要抓手。自 2016 年开展服务贸易创新试点以来，我国在完善服务贸易管理体制、推动服务贸易便利化、培育外贸新业态新模式等方面，通过先行先试不断进行制度探索和政策创新，并取得了积极成效，形成了一批在全国复制推广的新经验和新做法。2019 年，17 个服务贸易创新试点地区的服务进出口额占全国的比重已超过 75%，成为我国服务贸易发展的主要区域。

2020 年 8 月，商务部出台了《全面深化服务贸易创新发展试点总体方案》（以下简称《方案》），将新一轮服务贸易创新试点地区扩至 28 个。《方案》顺应了服务贸易数字化发展的新趋势和新特点，针对长期以来制约我国服务贸易发展的主要瓶颈，提出了八大试点任务和 122 项具体措施。试点任务突出以制度型开放和创新驱动为引领，重点加强在服务业开放、服务贸易便利化、优化营商环境、促进新业态和新模式发展等方面的探索。本文将从 5 个方面对《方案》展开详细解读。

深化服务贸易管理体制改革

《方案》提出，要通过深化"放管服"改革，形成职能更加优化、权责更加一致、统筹更加有力、服务更加到位的服务行业与贸易管理体制。其目的是进一步扩大试点地区的制度性探索空间，激发改革创新的积极性，提高政府的服务效能。由于服务贸易涉及行业多、管理部门多、协调难度大，相互协调、形成政策合力就显得尤为重要。因此，《方案》在顶层设计层面注重强化部门配合协同机制，重点强调了国务院服务贸易发展部际联席会议对服务贸易扩大开放、政策创新、贸易促进、信息共享、监管协调等方面的统筹协调作用。在试点层面，则更加强调简政放权和服务职能。一是取消了不必要的审批事项，如取消保险公司高管任职资格的事前审批、探索取消拍卖许可等。二是下放审批权限，如进一步下放港澳地区投资设立旅行社权限、下放外籍人员子女学校的审批权。三是简化流程，如简化外资旅行社审批流程、缩短审批时限。四是提升管理服务效能，如促进国际贸易"单一窗口"由货物贸易拓展涵盖到服务贸易领域、逐步覆盖国际贸易管理全链条。

扩大服务业对外开放

当前，大幅消除各种关税和非关税壁垒、促进服务业开放和数据跨境自由流动，已经成为全球高标准自贸区的重要特征。因此，扩大服务业开放是建设更高水平开放型经济新体制的着力点。长期以来，我国服务业开放滞后，尤其是知识密集型服务业对外资准入限制性壁垒过高，给服务贸易和服务业的创新发展带来了不利影响。鉴此，试点任务提出，要坚持要素型开放与制度型开放相结合、开放与监管相协调、准入前与准入后相衔接，从制度层面和重点领域持续发力提升开放水平。

一是在技术贸易、会展、金融、教育、物流等领域继续放宽外资市场准入。如在技术贸易领域，扩大技术进出口经营者资格的范围；在会展领域，允许外国机构独立举办冠名"中国""中华""国家"等字样以外的涉外经济技术展；在运输服务领域，分类简化航空公司开辟至"一带一路"航权开放国家和地区的国际航线的经营许可审批手续，支持具备条件的国家和地区开通第五航权航线，允许外资在境内经营无船承运，允许特定条件下租用外籍船舶从事临时运输；在金融领域，允许外资金融机构在具备条件的试点地区设立投资管理机构、开展人民币经营业务，设立证券公司、基金管理公司和期货公司，支持设立外资专业健康保险机构；在教育服务领域，支持建设国际教育创新试验区等。

二是放宽执业资格限制和推动执业资格互认。长期以来，执业资格限制和自然人跨境流动不便利，是制约医疗健康、专业咨询、知识产权等知识密集型服务贸易发展的重要障碍。尤其是港澳与内地的执业资格不能互认，不仅影响港澳地区的专业技术人员为内地提供服务，也影响了港澳与内地的一体化发展。鉴此，《方案》针对上述问题推出了多项改革措施。如符合条件的港澳医师可按程序取得内地医师资格，开展与港澳专业服务资质互认试点等。这些措施将解决港澳地区的专业技术人员到内地执业问题。此外，《方案》还提出将允许境外人才参加职称评审和执业。

提升贸易便利化水平

促进要素跨境自由流动是提升贸易便利化水平的重点。试点任务围绕构建促进技术、资金、人员、数据等服务要素跨境流动的营商环境，推出了一系列举措。

一是强化知识产权保护机制。《方案》提出，要率先形成对标国际的知识产权发展与保护制度框架，引入国际高水平知识产权服务资源，加强知识产权公共服务资源及产品供给。具体措施包括：开展外国专利代理机构在华设立常驻代表机构试点、开展知识产权信息专业检索及分析、建设知识产权专业数据库等。

二是稳步推进人民币国际化。人民币国际化是我国金融开放和金融安全的重要组成部分。对此，《方案》提出将开展人民币在服务贸易领域跨境使用试点，推动以人民币结算，建立人民币跨境贸易融资和再融资服务体系，支持设立人民币跨境贸易融资平台，支持境外投资者以人民币进行直接投资，设立人民币海外投贷基金等一系列具体措施。

三是完善外籍人才流动管理政策。服务贸易的竞争首先是人才竞争。坚持引资与引智相结合，"聚天下英才为我所用"，是提升我国自主创新能力和服务贸易国际竞争力的重中之重。在外国人入境、过境免签证政策方面，《方案》提出将为境外人员旅游就医提供出入境和停居留便利，推进来华就医签证便利化，推动我国中医药服务出口；为内地与港澳联合举办"一展两地"或"一展多地"的跨境会展办理多次入境有效签证。上述自然人流动的便利措施，有利于促进旅行、会展等服务贸易的发展。在吸引外国高科技人才方面，为打造吸引海外人才的良好环境，《方案》在海外人才就业创业、证件办理、社会保障、出入境服务、子女入学、出入境便利、资质互认等方面推出了一系列利好政策。尤其是针对粤港澳大湾区、京津冀、长三角区域等试点地区，《方案》在为引进的外籍高端人才提供签证和停居留便利、职业资质互认等方面，均提出了具体的便利化措施，为三大经济圈建设世界级城市群提供了重要的人才支撑。

四是加快推动数据安全自由流动。随着数字经济时代的到来，数据已经成为核心战略资源。全球数字贸易的快速发展，使跨境数据的自由流动、网络数据的安全、数据知识产权的保护、个人隐私保护等内容，已经成为国际经贸规则重构和竞争的焦点。加快探索构建数字贸易规则，已经成为当务之急，也是我国提高开放创新水平的迫切需要。为此，《方案》从提升互联网资讯开放水平、加强网络数据安全保护、探索跨境数据流动分类监管模式、开展数据跨境传输安全管理试点、优化数字化营商环境等方面，提出了一系列举措。

此外，《方案》还致力于探索科技资源流动便利化。在推动科技人员往来畅通、财政科研资金跨境使用、科研仪器设备通关便利、大型科学设施和科技资源共用共享等方面，提出了探索促进科技要素流动的措施。相关举措对于推动我国数字经济发展、积极参与全球数字技术竞争、推动数字经济时代的开放合作创新，都具有重要意义。

推动新业态、新模式发展壮大

随着数字经济的强势崛起，服务贸易新业态、新模式不断涌现。数字化转型为促进服务贸易规模增长和结构优化提供了有力支撑，同时也成为推动新旧动能转换的重要动力。试点任务指出，要努力形成有助于服务贸易业态创新的发展模式和路径。一方面，要利用数字赋能来扩大文化、体育、版权交易等服务贸易领域的增长空间，如支持在粤港澳大湾区、京津冀、长三角试点地区创立艺术创研中心，设立国家版权创新发展基地，打造全国版权展会授权交易体系，推动体育消费创新等；另一方面，要推动数字技术的发展与应用，如发展基于工业互联网的大数据采集、存储、处理、分析、挖掘和交易等跨境服务，探索数据服务于采集、脱敏、应用、交易、监管等的规则和标准，推动数据资产商品化和证券化、大数据交易新模式及数据交易安全和数字人民币的试点等。

加强服务贸易合作

建立以多边和双边合作为基本框架的服务贸易国际合作体系，是我国加强开放合作创新，共同探索服务贸易和数字贸易规则，开拓国际市场新空间的重要选择。试点任务强调，要通过建立国内外市场有机联动的促进体系，面向全球配置资源，拓展市场发展新空间。《方案》提出：一要积极拓展多边和双边服务贸易合作，将服务贸易纳入多边、双边工商合作机制。二要推动服务贸易平台建设，通过各类园区及境外经贸合作区等平台推动服务企业开拓国际市场。园区是开展服务贸易国际合作的重要平台，不仅要在国内如京津冀、长三角、粤港澳大湾区加强建设区域性公共服务平台，还要加强国际服务贸易合作园区建设，集中精力打造中日、中韩、中俄、中新、中英、中德等服务贸易合作示范园区，为我国与上述重点国家的机制化合作进行先行先试探索。三要加强与"一带一路"相关国家和地区的服务贸易合作。重点在文化、专业服务、金融保险、知识产权、电子商务、交通运输等领域加强重大项目合作。如打造丝绸之路影视桥、"电视中国剧场"品牌、法律服务中心和商事仲裁中心等。要通过这些举措促进"一带一路"沿线国家和地区的工业化、信息化和服务化进程，深化以民心相通为基础的"五通"，以共商共建共享为基本原则的多边治理模式，助力高质量"一带一路"共建及其可持续发展。

优化服务贸易的政策促进体系

服务贸易在因数字技术的提升而不断向前发展的同时，也对建立系统性、机制化、全覆盖的政策体系提出了更高要求。因此，《方案》提出要以加强财政金融支持、完善事中事后监管、健全统计制度为重点，不断优化服务贸易的政策促进体系。

一是针对部分服务贸易企业存在的融资难等问题，在财政金融支持方面加大力度。如发挥好服务贸易创新发展引导基金的作用，规范并引导针对小微服务贸易企业的融资担保机制，创新知识产权金融服务，扩大知识产权质押融资，降低中小微服务贸易企业的融资成本等。

二是探索符合服务贸易发展特点的监管方式，实现监管的职权规范、系统优化和效能提升，重点在技术贸易、数字贸易等重点领域补短板、强弱项，建立和优化监管制度。如完善技术进出口监测体系，对涉及关键技术、平台安全、数据安全、个人隐私安全的数字技术领域加强综合监管，完善与创新创业相适应的包容审慎的监管方式，激发创新、创业、创造的积极性。

三是健全服务贸易统计体系。完善的统计制度和科学的统计方法是实现服务贸易高质量发展的重要保障。建立科学的、标准可与国际接轨的统计方法，切实提升统计的全面性、准确性和及时性，有利于更好地指导服务贸易发展，评估服务贸易在国民经济中的地位，进而提高我国在全球服务贸易中的话语权和影响力。为此，试点任务强调，要建立与国际接轨的科学统计方法，优化统计监测系统工作机制，建立全口径统计方法和高质量发展指标体系。

当前，我国已进入服务经济时代，大力发展服务贸易不仅与我国经济发展阶段的资源要素禀赋相匹配，更重要的是，推动服务贸易创新发展，还有助于实现外贸增长的动力变革、效率变革和质量变革。发挥好服务贸易在稳外贸、稳外资、稳就业、稳供应链的重要作用，对于实现国际国内相互促进的双循环新发展格局意义重大。展望"十四五"，我国将迎来服务贸易大发展、大繁荣的历史新机遇。大数据、云计算、区块链、人工智能等数字技术有望得到快速发展，5G网络技术与工业互联网、物联网的加速融合，则会进一步加速推动新旧动能的转换，扩大服务贸易范围，催生更多的服务贸易新业态、新模式。为此，要加快推动我国贸易结构向货物贸易与服务贸易并重发展，有效改善贸易发展的不平衡、不充分的状况。

在此背景下，《方案》着眼于推动更高水平开放、更深层次改革、更宽领域发展，力求通过新一轮试点，形成更多可复制推广的成果，为我国对接高水平的国际经贸规则标准进行压力测试和积累经验，进而为推动我国服务贸易高质量发展提供示范。新一轮试点方案的发布，将为新时期我国服务贸易的不断创新并逐步形成以知识密集型为主导的服务贸易结构，提供有力的制度保障，必将推动我国服务贸易高质量发展迈上新台阶。

（原载《中国外汇》2020年第20期）

"十四五"服务贸易高质量发展思路[*]

　　服务贸易是贸易高质量发展的重要标志，也是推动产业迈向全球价值链中高端的关键环节。随着数字经济驱动的服务全球化和创新全球化深入发展，服务贸易在各国开放型经济中的战略地位越来越显著，已经成为贸易战略竞争、贸易规则竞争、贸易利益竞争的核心，也是重塑未来全球贸易新版图的关键因素。"十四五"时期我国贸易发展面临的环境将更加严峻，逆全球化思潮导致的保护主义加剧、贸易摩擦可能增多，货物贸易面临更大压力。国内经济增长与成本、能源、资源、环境的矛盾加剧导致劳动密集型产业加快转移，转方式、调结构、促创新与稳就业、稳外贸、稳外资的任务更加艰巨。为此，这要求我们把服务贸易摆在优先位置，扬优势、补短板、强弱项，使服务贸易成为引领外贸转型升级和创新发展的主要动力，成为推动经济高质量发展和国际分工迈向全球价值链中高端的重要引擎。

一、"十三五"时期我国服务贸易发展现状

　　"十三五"以来，我国通过不断深化服务贸易供给侧结构性改革，完善政策促进体系，发挥服务贸易创新发展试点的示范作用，尤其是促进服务贸易自由化和便利化等措施，进一步优化营商环境，服务贸易实现稳步增长，结构持续优化，国际竞争力不断增强，企业自主创新能力和国际化经营水平显著提升，对外贸转型升级和服务业国际化发展的带动作用更加突出，在稳外贸、稳外资、稳投资、稳就业中发挥了重要促进作用。但总体看，服务贸易仍是外贸的短板和弱项。与发达国家相比，我国服务贸易存在"三低一大"的特点，即：服务贸易占对外贸易比重低、数字化水平低、知识密集型服务

　　* 本文为国家发改委委托课题《"十四五"时期我国服务业发展总体思路研究》研究成果（课题组长：江小涓，全国人大常委、清华大学公共管理学院院长）。

贸易比重低，服务贸易逆差大。服务贸易发展不平衡、不充分矛盾突出，服务业开放不足仍是主要制约因素。

（一）取得的主要成就

1. 服务贸易竞争力不断提升，世界服务贸易大国地位继续稳固。2016—2018 年我国服务贸易年均增速 9.4%，高于同期全球 7.3% 的水平，其中出口和进口平均增速分别为 12.8% 和 7.8%，出口增速明显高于进口增速，表明竞争力显著增强；2018 年服务贸易占外贸总额的比重为 14.6%，较"十二五"末提高 4 个百分点。2019 年我国服务贸易额 7850 亿美元，同比下降 1.4%，较 2015 年增长 20.0%。其中出口额 2836 亿美元，同比增长 4.5%；进口额 5014 亿美元，同比下降 4.5%（图 1）。我国已经成为推动全球服务贸易增长的重要动力。截至 2019 年，服务贸易规模连续 6 年保持世界第二位。我国已是世界服务贸易第二大进口国和第五大出口国，服务贸易占全球比重由 2011 年的 5.2% 上升至 2018 年的 7%（图 2），其中出口占比 4.6%，进口占比 9.4%。2011—2018 年我国服务贸易年均增速 8.4%，高于全球平均水平 4.2 个百分点。

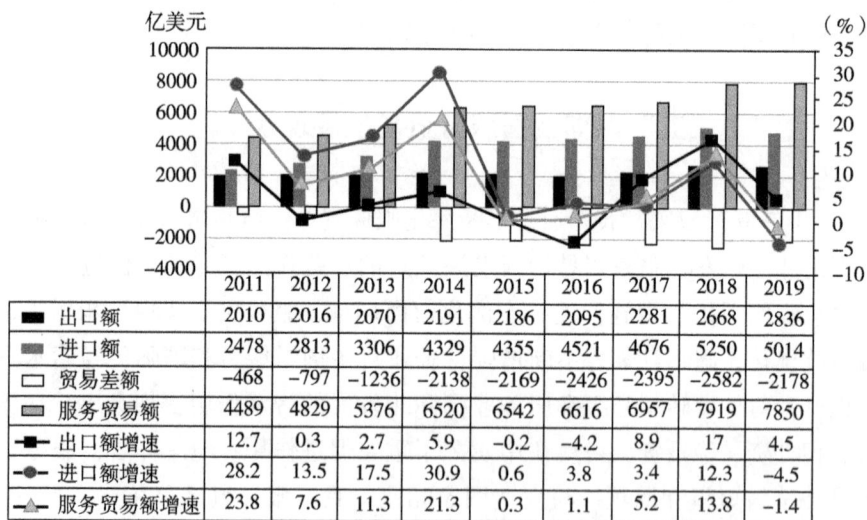

	2011	2012	2013	2014	2015	2016	2017	2018	2019
■ 出口额	2010	2016	2070	2191	2186	2095	2281	2668	2836
▨ 进口额	2478	2813	3306	4329	4355	4521	4676	5250	5014
▢ 贸易差额	−468	−797	−1236	−2138	−2169	−2426	−2395	−2582	−2178
▨ 服务贸易额	4489	4829	5376	6520	6542	6616	6957	7919	7850
■ 出口额增速	12.7	0.3	2.7	5.9	−0.2	−4.2	8.9	17	4.5
● 进口额增速	28.2	13.5	17.5	30.9	0.6	3.8	3.4	12.3	−4.5
△ 服务贸易额增速	23.8	7.6	11.3	21.3	0.3	1.1	5.2	13.8	−1.4

图 1 2011—2019 年我国服务贸易发展情况

资料来源：商务部

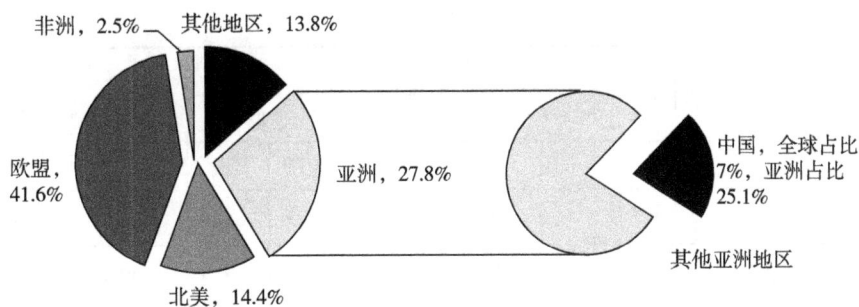

图2　2018年全球服务贸易占比

资料来源：WTO，International Trade Statistics

2. 服务贸易结构持续优化，知识密集型服务贸易①成为主要增长动力。旅行、运输、建筑三大传统领域在我国服务贸易中曾一直占主导地位，"十三五"期间占比有所下降，2019年贸易额4738.1亿美元，占比60.4%，下降3.4个百分点（表1）。数字经济蓬勃发展、创新驱动战略深入推进、制造业与服务业加速融合及信息技术竞争力不断提升，有力带动了保险、金融、电信、计算机和信息服务、知识产权使用费等知识密集型服务业加速发展。2019年我国知识密集型服务贸易额2722亿美元，同比增长6.2%，占服务贸易比重达34.7%，较上年上升2.3个百分点。

表1　2019年我国服务分项进出口情况　　　　　单位：亿美元、%

服务类别	进出口		出口		进口		贸易差额	贸易额占比
	金额	同比	金额	同比	金额	同比		
总额	7850.0	−1.4	2836.0	4.5	5014.0	−4.5	−2178.0	100.0
运输	1509.1	0.2	460.3	8.8	1048.7	−3.2	−588.4	19.2
旅行	2856.1	−9.7	345.1	−12.5	2511.0	−9.3	−2165.9	36.4

① 知识密集型服务贸易指金融服务、保险服务、知识产权使用费、电信计算机和信息服务、个人文化和娱乐服务、其他商业服务等领域。

续表

服务类别	进出口		出口		进口		贸易差额	贸易额占比
	金额	同比	金额	同比	金额	同比		
建筑	372.9	6.0	280.0	5.3	92.9	8.0	187.1	4.8
保险服务	155.5	−7.4	47.8	−2.9	107.8	−9.3	−60.0	2.0
金融服务	63.8	13.8	39.1	12.3	24.7	16.4	14.4	0.8
电信、计算机和信息服务	807.6	14.0	538.6	14.5	269.0	13.2	269.6	10.3
知识产权使用费	410.3	−0.3	66.5	19.6	343.8	−3.4	−277.2	5.2
个人、文化和娱乐服务	52.8	14.5	12.0	−1.3	40.8	20.2	−28.8	0.7
维护和维修服务	138.4	42.5	101.8	41.8	36.6	44.2	65.2	1.8
加工服务	198.9	−10.8	195.8	−11.2	3.1	18.4	192.7	2.5
其他商业服务	1232.0	5.1	733.5	4.9	498.5	5.4	235.1	15.7
政府服务	52.6	−15.5	15.4	−12.0	37.2	−16.8	−21.8	0.7

数据来源：商务部

3. 离岸服务外包量质齐升，成为生产性服务出口的主要方式。我国连续多年位列全球第二大接包国，占全球离岸服务外包总量的33%左右。"十三五"以来服务外包产业继续保持两位数增长，对服务贸易增长的贡献显著提升。2019年我国承接离岸服务外包执行额968.9亿美元，占服务贸易比重12.3%，较2015年提高2.4个百分点，占服务出口比重34.2%，成为推动服务贸易发展的新引擎和新动能（图3）。随着企业创新能力和服务能力不断提升，服务外包呈现向价值链高端攀升趋势。研发设计、数据分析和挖掘、整体解决方案、系统设计服务等高附加值业务出口规模扩大。2019年我国企业承接离岸信息技术外包（ITO）、业务流程外包（BPO）和知识流程外包（KTO）执行额分别为426.8亿美元、175.5亿美元和366.6亿美元，占比分别为44.1%、18.1%和37.8%，其中工程技术服务、检验检测、医药和生物技术研发服务、工业设计等领域分别增长10.7%、17.5%、13%和12.8%。

亿美元　　　　　　　　　　　　　　　　　　　　　　　　（%）

	2011	2012	2013	2014	2015	2016	2017	2018	2019
服务外包执行额	323.9	465.7	638.5	813.4	966.9	1064.6	1261.4	1450.3	1580.8
离岸外包执行额	238.3	336.4	454.1	559.2	646.4	704.1	796.7	886.5	968.9
服务外包增速	63.6	43.8	37.1	27.4	18.9	10.1	18.5	15.0	9.0
离岸外包增速	64.9	41.2	35.0	23.1	15.6	16.4	13.2	11.3	9.3

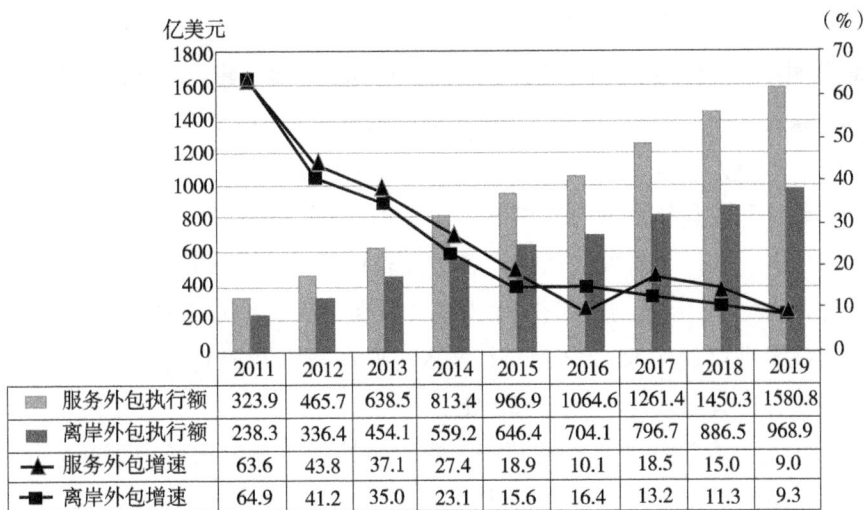

图3　2011—2019年我国承接服务外包和离岸外包情况

资料来源：商务部

4. 文化服务贸易高速增长，技术贸易稳步发展。2018年我国文化服务进出口总额346.3亿美元，增长17.8%，占文化贸易总额的25.3%。其中文化服务出口比上年提升22.1个百分点。处于核心层的文化和娱乐服务、著作权等研发成果使用费、视听及相关产品许可费3项服务出口增长21.4%，高出整体增速3.2个百分点，占比25.7%（图4）。

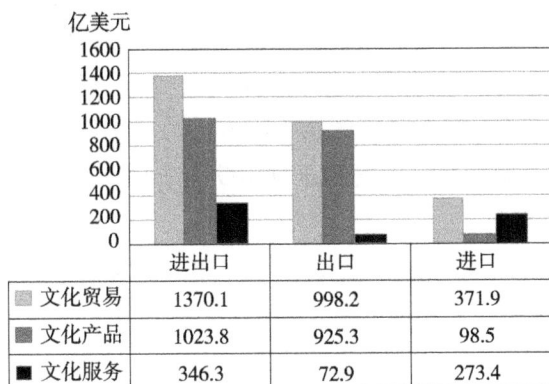

亿美元

	进出口	出口	进口
文化贸易	1370.1	998.2	371.9
文化产品	1023.8	925.3	98.5
文化服务	346.3	72.9	273.4

图4　2018年我国文化贸易情况

资料来源：商务部

技术贸易在增强企业创新能力、推动产业升级、培育经济增长新动能等方面发挥着重要作用。我国与全球130多个国家和地区建立了技术贸易联系，发达国家仍是主要贸易伙伴国。2018年技术贸易额614.5亿美元，同比增长10.3%。其中，技术出口额283.1亿美元，技术咨询、技术服务、专有技术、计算机软件和专利技术4类出口方式占比87.3%。技术出口的行业主要包括计算机服务、软件、研发、通信设备、计算机及其他电子设备制造和专业技术服务，占比62.1%。技术进口额331.4亿美元，其中技术费占比97%，制造业占技术进口额的85.3%，专有技术、专利技术和成套设备、关键设备、生产线4种进口方式合计占比82.9%。

5. 跨境电商等新业态加快成长，数字贸易成为新的增长引擎。近年来，我国数字贸易呈现增长快速、领域广泛、国际化发展水平不断提升态势。跨境电商规模位居世界前列，2019年跨境电商零售额同比增长38.3%。社交媒体和搜索引擎加速拓展海外市场。云服务成为新增长点，2018年我国与云计算相关的运营服务收入同比增长21.4%，在信息技术服务中占30%[1]。公共云服务商规模和实力仅次于美国，居世界第二位。数字内容服务出口迅速扩大，2011—2018年自主研发的网络游戏海外市场销售收入从3.6亿美元增至95.9亿美元，8年间增长27倍。跨境电子支付大幅增长，据中国支付清算协会数据，2017年我国第三方支付机构跨境互联网支付总额近3200亿元，同比增长70.9%。据《2019年中国移动支付行业分析报告》分析，预计今后数年跨境支付的规模将保持年50%以上增速[2]。微信跨境支付应用已超过49个国家和地区，2018年跨境支付月均交易金额同比增长400%。卫星导航定位与位置服务快速发展，2018年我国北斗卫星定位导航系统开始提供全球服务，对卫星导航定位和位置服务产业的核心产值贡献率达80%。目前，我国企业的卫星导航定位产品和服务已遍布全球100多个国家，应用于"一带一路"沿线30多个国家和地区。

6. 全球市场格局日趋多元化，"一带一路"市场新空间不断拓展。我国已经与全球200多个国家和地区建立了服务贸易往来。2018年服务出口额排

---

① 工业和信息化部运行监测协调局：《2018年软件和信息技术服务业统计公报解读》，2019年2月1日。

② 观研网。

名前 10 位的国家和地区占服务出口总额的 67.5%，较 2015 年下降 7.1 个百分点①；进口额排名前 10 位的国家和地区占服务进口总额的 73.3%（表2）。2018 年我国与"一带一路"沿线国家和地区的服务贸易额 1217 亿美元，占比 15.4%。沿线国家数字鸿沟巨大为我国信息技术服务出口带来了新市场，2012—2018 年我国对沿线国家和地区软件出口执行金额由 26.9 亿美元增至 69.7 亿美元。目前，我国已经签订了《中国—中东欧国家服务贸易合作倡议》《金砖国家服务贸易合作路线图》，并同 14 个国家建立了服务贸易双边合作机制。

表 2　2018 年我国服务贸易全球市场结构　　　单位：亿美元

排　名	出口目的地	出口额	进口来源地	进口额
1	中国香港	616.4	中国香港	1022.6
2	美国	384.1	美国	869.1
3	新加坡	152.6	日本	381.6
4	日本	132.6	爱尔兰	302.9
5	爱尔兰	132.3	澳大利亚	260.4
6	韩国	113.6	德国	232.9
7	英国	87.1	加拿大	229.4
8	德国	85.5	英国	223.9
9	中国台湾	54.0	韩国	168.2
10	瑞士	43.9	俄罗斯	157.7

资料来源：商务部服贸司

7. 服务业利用外资稳步扩大，外资结构呈现高端化发展趋势。我国已经形成以服务业为主导的外商投资结构。2018 年实际利用外资额 1349.7 亿美元，其中服务业实际利用外资额 918.5 亿美元，占比 68.1%；2019 年我国实际利用外资额 1381 亿美元，其中服务业实际利用外资 1001 亿美元，占比 72%。2016—2019 年 7 月我国服务业利用外资 3261.6 亿美元，占同期利用外

---

① 2015 年排名前十位的出口国家和地区占比 74.6%。

资总额的 69.3%，新设外商投资企业 127090 家，占同期外资企业设立数的 85.8%。其中，房地产、租赁和商业服务、信息技术服务、批发零售、金融、科学研究、技术服务和地质勘查六大行业，占服务业实际吸收外资额和新设外资企业数均达 87%（表3）。2016—2018 年信息技术服务业在高技术服务业利用外资中占比保持在 60%—80%，占绝对优势。2019 年 1—8 月高技术服务业利用外资同比增长 53%，占比 17.5%。

表3 2016—2019 年 7 月我国主要行业累计实际利用外资情况　　单位：亿美元

产业行业名称	实际外资金额（亿美元）			新设立企业数（家）		
	金额	占比	排名	累计	占比	排名
总计	4708.1	100.0%	—	144216	100.0%	—
农、林、牧、渔业	41.4	0.9%	—	2295	1.5%	—
第二产业（工业）	1553.7	33.0%	—	22237	15.0%	—
制造业	1329.8	28.2%	1	18328	12.40%	1
建筑业	70.2	1.5%	3	2688	1.80%	2
电力、燃气及水的生产和供应业	120.5	2.6%	2	1108	0.70%	3
采矿业	33.2	0.7%	4	113	0.10%	4
第三产业（服务业）	3261.6	69.3%	—	127090	85.8%	—
房地产业	714.2	15.2%	1	2613	1.8%	6
租赁和商业服务业	634.4	13.5%	2	21624	15.0%	2
信息传输、计算机服务和软件业	491.0	10.4%	3	14039	9.7%	4
批发和零售业	423.9	9.0%	4	51540	35.7%	1
金融业	309.0	6.6%	5	7143	5.0%	5
科学研究、技术服务和地质勘查业	268.8	5.7%	6	14088	9.8%	3
交通运输、仓储和邮政业	183.2	3.9%	7	1966	1.4%	8
住宿和餐饮业	20.8	0.4%	8	2553	1.8%	7
居民服务和其他服务业	17.7	0.4%	9	1262	0.9%	10

续表

产业行业名称	实际外资金额（亿美元）			新设立企业数（家）		
	金额	占比	排名	累计	占比	排名
文化体育和娱乐业	17.3	0.4%	10	1961	1.4%	9
水利、环境和公共设施管理业	16.9	0.4%	11	462	0.3%	12
卫生、社会保障和社会福利业	10.2	0.2%	12	321	0.2%	13
教育	4.6	0.1%	13	685	0.5%	11
公共管理和社会组织	0.3	0.0%	14	8	0.0%	14

数据来源：商务部外资司

8. 服务业对外投资保持主体地位，生产性服务业投资成为主要增长动力。2018 年我国对外直接投资额 1430.4 亿美元，流向服务业 1084.2 亿美元，占比 75.8%。其中，租赁和商务服务、批发与零售、金融三大领域合计 847.3 亿美元，占比 78.2%；其次是信息传输/软件和信息技术服务业、交通运输/仓储和邮政业，占比分别为 5.2% 和 4.8%（表 4、图 5）。生产性服务业投资占主体地位，反映出我国对外投资正在由资源获取型向构建全球供应链和价值链体系转变，说明服务贸易的商业存在取得积极进展。

表 4　2011—2018 年我国服务业对外直接投资情况　　　单位：万美元

行业/年份	2011	2012	2013	2014	2015	2016	2017	2018
我国对外直接投资总额	7465404	8780353	10784371	12311986	14566715	19614943	15828830	14303731
服务业对外直接投资总额	4884556	5895024	6898091	8979082	10598608	15395489	12110303	10841816
批发与零售业	1032412	1304854	1464682	1829071	1921785	2089417	2631102	1223791
交通运输/仓储和邮政业	256392	298814	330723	417472	272682	167881	546792	516057

续表

行业/年份	2011	2012	2013	2014	2015	2016	2017	2018
住宿和餐饮业	11693	13663	8216	24474	72319	162549	−18509	135396
信息传输/软件和信息技术服务业	77646	124014	140088	316965	682037	1866022	443024	563187
金融业	607050	1007084	1510532	1591782	2424553	1491809	1878544	2171720
房地产业	197442	201813	395251	660457	778656	1524674	679506	306600
租赁和商务服务业	2559726	2674080	2705617	3683060	3625788	6578157	5427321	5077813
科学研究和技术服务业	70658	147850	179221	166879	334540	423806	239065	380199
水利/环境和公共设施管理业	25529	3357	14489	55139	136773	84705	21892	17863
居民服务/修理和其他服务业	32863	89040	112918	165175	159948	542429	186526	222822
教育	2008	10283	3566	1355	6229	28452	13372	57302
卫生和社会工作	639	538	1703	15338	8387	48719	35267	52480
文化/体育和娱乐业	10498	19634	31085	51915	174751	386869	26401	116586
公共管理/社会保障和社会组织	—	—	—	—	160	—	—	—

数据来源：商务部

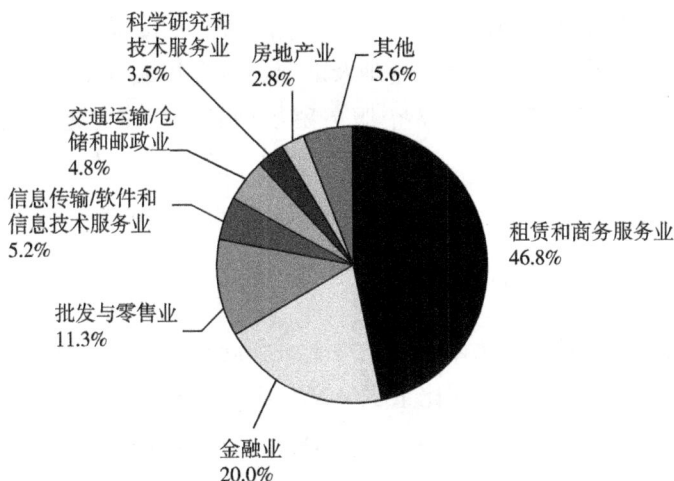

图5　2018年服务业对外直接投资占比

9. 不断推动服务贸易政策创新，试点示范带动作用突出。我国不断完善服务贸易政策促进体系，营造有利于服务贸易创新发展的制度环境。一是优化政策框架。2019年完成了《服务出口重点领域指导目录》《鼓励进口服务目录》《服务外包产业重点发展领域指导目录》等文件修订工作。二是不断完善知识产权保护体系。积极推进专利法、商标法修改，大幅提高违法成本①，同时推动与世界知识产权组织、WTO等国际组织及"一带一路"沿线国家和地区的知识产权合作。三是推动自然人流动便利化。2019年8月1日颁布实施《外国人永久居留证件便利化改革方案》，大幅降低外国人居留门槛。四是放宽金融领域外资市场准入限制。2018年4月取消银行和金融资产管理公司外资股比限制，放宽证券公司、基金管理公司、期货公司、人身险公司外资股比上限至51%，放开外资保险经纪公司经营范围。2019年5月银保监会推出12条开放措施，取消外国金融机构来华设立或参股相关金融机构的总资产、经营年限等要求，放宽外资金融机构业务经营范围等。五是加大减税降费力度，降低企业成本，目前已经对12种服务出口实行零税率政策。

试点示范区是推动服务贸易创新发展的主要载体，我国通过设立18个自

───────────

① 2019年4月23日全国人大常委会审议通过了《中华人民共和国商标法修正案》，将恶意侵犯商标专用权的赔偿额由一倍以上三倍以下提高到一倍以上五倍以下，并将法定赔偿额的上限从三百万元提高到五百万元。

贸试验区、17 个服务贸易创新试点、31 个服务外包示范城市、35 个跨境电商综合试验区、13 个国家文化出口基地及北京服务业扩大开放综合试点等扎实推进服务贸易发展。2018 年 17 个服务贸易创新发展试点地区服务贸易额39870.1 亿元，占比 76.7%，高于全国增速 5.1 个百分点。31 个服务外包示范城市承接离岸服务外包执行额 748.7 亿美元，占全国比重的 87.7%。

（二）存在的主要问题

1. 服务贸易整体竞争力不足，发展不平衡问题突出。一是服务贸易与货物贸易发展不平衡，货物贸易比重明显高于服务贸易。我国服务贸易在对外贸易中占比一直低于世界平均水平。2018 年我国服务贸易占外贸总额比重14.6%，低于 22.3% 的世界平均水平，而货物贸易占外贸总额比重 85.4%，高于 77.7% 的世界平均水平。二是服务进出口不平衡，出口竞争力弱。2018年我国服务贸易逆差额曾达 2582 亿美元，居世界首位，占全球服务贸易逆差的 41%。三是区域发展不平衡，中西部地区发展严重不足。2018 年东部地区占全国服务贸易总额的比重为 86.6%，中西部地区仅占 13.4%。全国服务贸易排名前 10 位的省市中东部沿海有 8 个，服务进出口合计 6690.7 亿美元，占全国比重 84.5%。四是国际市场结构不平衡，集中度较高。2018 年我国服务出口和进口前 5 位国家和地区分别占比 53.1% 和 54%（表 2）。

2. 知识密集型服务贸易占比较低，传统服务贸易竞争力较弱。从全球服务贸易结构看，知识产权使用费、信息技术服务、文化娱乐、养老、保险、金融、技术服务、其他商务服务等知识密集型服务出口占比 50% 以上，美国、英国达 60% 以上，远远高于我国 34.7% 的水平。2019 年我国支付知识产权使用费 343.8 亿美元，反映出在高技术和关键领域对国外依赖性较强。旅行、交通运输两大传统领域长期呈现大规模逆差，其中旅行是我国服务贸易第一大领域，2019 年逆差额 2165.9 亿美元，占同期服务贸易逆差额的 99.4%。

3. 服务贸易与数字技术、货物贸易、对外投资的协同性不够，影响了服务贸易扩大规模和转型升级。一是数字技术对服务贸易的支撑力和融合性不够。我国可数字化服务贸易占比仅为 32.3%。根据联合国贸发会数据，2018年我国数字交付的服务出口额占比 49.3%，低于世界 50.2% 的平均水平，更低于德、印、日、美等国 58%、64.6%、55.2%、56.3% 的水平。二是货物贸易对服务贸易的带动性不够。专家测算，我国货物进出口达 4 万多亿美元，仅与货物贸易相配套的物流、金融、保险 3 项服务每年就可产生 2000 亿美元的服务贸易额，但目前上述 3 项服务出口总额仅为 500 多亿美元。三是服务业对制造业境外投资的支持作用不够，影响了服务业"走出去"。许多制造企业在境外投资中缺乏技术、法律、金融、物流、营销等生产性服务的跟进，尤其是在"一带一路"产能合作中，境外企业由于缺乏国内金融服务造成融资困难。

4. 多数服务贸易企业创新能力薄弱，数字化转型任务艰巨。我国服务贸易的技术、品牌等核心竞争力有待提升。由于多数企业面临人力成本持续上涨、整体盈利能力下降等压力，研发经费投入不足，影响了技术创新、业态创新和服务模式创新。数字化能力建设是服务贸易企业面临的主要挑战，埃森哲 2018 年发布的《中国企业数字转型指数》报告显示，我国企业在数字化转型进程中仅有 7% 突破业务转型困境。

二、"十四五"时期我国服务贸易发展的国际国内环境

"十四五"时期，我国服务贸易发展既蕴含机遇又充满挑战。从国际环境看，互联网数字技术将大大提升服务可贸易性，推动服务业态和模式创新，新兴经济体和发展中国家不断崛起将继续扩大全球服务市场需求，但受世界经济增长持续乏力，金融危机风险上升，逆全球化思潮导致保护主义不断增强，高标准的国际经贸规则正在形成等因素影响，服务贸易和数字贸易壁垒可能增多。从国内环境看，我国经济有望保持中高速增长，以服务经济为主导的产业结构继续稳固，完整的制造业体系将继续扩大生产性服务业市场，人才优势明显，消费市场日益强大，企业自主创新能力和国际化水平提升，都为提高服务贸易竞争力创造了有利条件。同时，传统优势继续减弱，迫切要求我们转变外贸发展方式，通过技术创新和制度型开放，形成新的增长动能。

（一）国际环境面临的主要机遇与挑战

1. 主要机遇

第一，服务全球化深入发展，服务贸易成为国际贸易中最具活力的组成部分。服务业继续在全球跨国投资中占主导地位。2018 年全球跨境并购

8157.3 亿美元，其中第三产业 4694.3 亿美元，占比 57.5%；绿地投资 9806.7 亿美元，其中第三产业 4734.6 亿美元，占比 48.3%[①]。2018 年全球服务出口额 57700 万亿美元，同比增长 7.7%，在外贸中占比较 2010 年提高 2 个百分点以上。WTO 发布的《2019 年世界贸易报告》指出，由于数字技术带来的远程交易量增加及相关贸易成本降低，服务在全球贸易中所占份额未来 20 年将继续快速增长，尤其是发展中国家潜力巨大。2005—2017 年发展中国家在世界服务贸易中的份额增长超过 10 个百分点，分别占世界服务出口额和进口额的 25% 和 34.4%。如果发展中国家普遍采用数字技术，到 2040 年在世界服务贸易中的份额将增加约 15%。

第二，新一轮科技革命和产业变革将重塑全球产业生态，为全球服务贸易发展奠定了产业基础。以信息技术、生物技术、新能源技术为主导的第四次工业革命成为促进全球产业、投资、贸易和经济增长的三大动力源，正在引发以绿色、智能、共享为特征的群体性技术革命和产业创新，重塑国际生产方式、消费方式和分工格局。数字技术带动服务业生产效率和全球化水平显著提高，规模经济和范围经济极为显著[②]，为带动新兴产业发展和传统产业升级注入新动力，制造服务化、服务数字化成为产业发展的新特征，产业发展融合化、生产方式智能化、组织方式平台化、技术创新开放化成为重要趋势。

第三，网络数字技术为贸易发展增添新动力，推动服务贸易和数字贸易空前发展。信息技术正在推动国际贸易方式创新、优势转化和效率提高，服务贸易范围不断拓展、交付模式不断创新，尤其是催生了数字贸易新形态。2018 年全球新兴服务贸易占服务贸易比重达 53.8%，其中信息技术、物流服务、商务服务、专业服务、知识产权等领域成为增长的重要动力，说明国际贸易正从劳动力主导的传统比较优势向创新主导的技术比较优势转换。目前，全球 50% 以上的服务贸易已经实现数字化，超过 12% 的跨境货物贸易通过数字化平台实现。据埃森哲测算，2016—2020 年全球跨境电商 B2C 将保持 27% 的年均增速[③]。到 2030 年电子商务可能刺激 1.3 万亿—2.1 万亿美元的增量贸

---

① 《世界投资报告 2019》。

② 江小涓. 高度联通社会中的资源重组与服务业增长 [J]. 经济研究，2017，52（03）.

③ 埃森哲咨询公司、阿里研究院联合发布《2020 年全球跨境电商 B2C 市场展望报告》。

易，使制成品贸易增加6%—10%①。

第四，新兴经济体和发展中国家成为全球经济增长动力和主要消费市场，将进一步扩大服务业需求。目前，新兴经济体和发展中国家对世界经济增长的贡献率达80%，经济总量占比近40%②。根据IMF的数据计算，2018年E11的GDP增长率约为5.1%。预计到2030年发展中国家将占全球消费总量的50%以上③，成为未来全球商品、服务、金融、人员、数据等流动的重要参与者。到2020年，印度、东南亚、拉美三大电商市场都将达到千亿美元规模④。这一趋势为扩大世界服务消费市场提供了新空间。

第五，数字贸易发展将重构国际贸易竞争格局和规则，为我国赢得新一轮国际规则制定的话语权提供机遇。贸易竞争，其实质是规则标准的竞争。数字贸易已经成为当前自贸协定谈判和WTO改革的主要内容。由于各国数字经济发展不平衡导致规则差异较大，尤其在跨境数据流动、数据本地化、市场准入、隐私保护、消费者权益维护、知识产权保护、法律责任、内容检查等方面各有诉求，国家间监管互认困难，因此迫切需要建立统一的规则体系。美欧发达经济体试图把握全球数字贸易规则制定的主导权。我国作为世界数字经济和数字贸易大国，有条件在构建数字贸易规则标准方面发挥引导力。

2. 主要挑战

第一，世界经济持续长周期低速增长，贸易投资增速继续减缓。受全球经济增速减缓、需求持续减弱、贸易摩擦升级、金融市场波动等因素影响，尤其是美国奉行单边主义和贸易保护主义给全球贸易增长带来挑战，2019年10月，WTO将2020年全球贸易增长预期由3%下调至2.7%。据今年1月联合国发布的《全球经济形势和2020年展望》估计，2019年全球贸易增长率为0.3%，创2008年金融危机以来的新低。贸易壁垒增加将扰乱全球供应链，影响新技术传播的速度，可能导致全球生产率下降和福利减少。据联合国贸发会数据，2019年全球外国直接投资（FDI）总额1.39万亿美元，较上年继

---

① 麦肯锡.《转型中的全球化：贸易和价值链的未来》，2019年1月22日.

② 习近平.顺应时代潮流 实现共同发展——在金砖国家工商论坛上的讲话［J］.中华人民共和国国务院公报，2018（22）.

③ 据麦肯锡预测，预计到2030年发展中国家将占全球消费总量的50%以上，中国以外的发展中国家将占全球消费量的35%。

④ statistica.［DB/OL］2018 https：//www.statista.com/.

续下降 1%，全球 FDI 已连续 4 年下降①。

第二，服务贸易市场竞争加剧，国际经贸规则加速变革。从发达经济体层面看，美国、欧盟、日本等发达经济体为保持新兴服务业的先发优势，加速在全球范围内构建行业技术标准和贸易规则，确立其垄断地位。同时为了扩大就业、支持新技术发展，在服务业岗位向外转移及服务进口等方面也有更严格的限制措施。从发展中国家层面看，印度经过持续积累，在信息技术外包等方面已经具备规模、技术和人才等显著优势，菲律宾、越南、南非、墨西哥等国凭借成本优势不断吸引离岸服务外包。以"三零"② 基本框架主导的高标准自由贸易协定正在推动新一轮国际经贸规则变革，其总体趋势是，大幅消除关税壁垒、减少各种非关税壁垒和政府补贴，规则措施由"边境"向"边境内"转移，涉及市场准入、技术标准、环境保护、竞争中立、知识产权保护、争端解决机制、监管一致性等方面的规则标准成为各类 FTA 的主要议题。2018 年以来签署的 USMCA、CPTPP、EPA 等自贸协定都体现了这些特点。

第三，保护主义导致贸易投资摩擦加剧，针对我国的限制性措施增多。美国单边主义采取不断加征关税、非关税壁垒、投资限制等措施导致贸易投资摩擦频发，严重扰乱了全球价值链体系。此外，美欧发达经济体在贸易、投资、创新、产业等方面不断制定新的规则标准，其中许多限制措施均针对中国，尤其是以国家安全审查为由限制准入的领域不断扩大，涉及国防、航空、电信、金融、制造业等。

第四，中美博弈具有长期性、复杂性和艰巨性，美国对我国全面遏制的势头已经显现。由于美国对华战略由"竞争伙伴"向"竞争对手"转变，在挑起贸易摩擦的同时，开始在投资、金融、科技、安全、人文等多领域、全方位进行围堵，其实质体现了中美两种制度的长期博弈。除贸易摩擦外，还可能出现金融摩擦、技术封锁等。此次中美贸易摩擦对人民币汇率稳定、国内资本市场、投资者信心等都产生一定影响，尤其是对于我国产业链布局、供应链体系和价值链发展带来一定冲击。

---

① 联合国贸发会议 2020 年 1 月 20 日发布《全球投资趋势监测报告》。报告还显示，全球外国直接投资（FDI）2018 年比 2017 年下降 6%，2017 年比 2016 年下降 21.9%，2016 年比 2015 年下降 5.4%。

② 零关税、零壁垒、零补贴。

（二）国内的主要优势与制约因素

1. 主要优势

第一，产业综合优势明显，为服务贸易发展奠定了产业基础。从产业结构来看，我国已经进入服务经济时代，2019年，一二三产业增加值占GDP的比重分别为7.1%、39.0%和53.9%，其中，第三产业对经济增长的贡献率达到59.6%。同时，我国具有完整的制造业体系，为各类生产性服务业发展提供了广阔市场。从价值链升级来看，越来越多的中间品生产、研发设计在国内进行，知识密集型行业竞争优势上升。从新经济成长来看，2018年我国数字经济规模达31万亿元，居世界第2位，互联网经济占GDP比重6.9%，超过世界平均水平[1]。2019年新一代信息技术产业增速为9.5%。我国在数字技术与传统产业融合方面有得天独厚优势，为参与数字经济时代全球价值链重构提供了弯道超车机遇。

第二，知识型人才规模大、结构丰富多元，为服务贸易向高端发展提供了保障。目前我国科研人员总数达419万，居世界第1位。2019年毕业大学生834万人，高等教育在学总规模3833万人，其中在学博士38.95万人、在学硕士234.17万人，居世界第1位。截至2018年海外留学生回国约365万人，这些群体构成国际化人才的重要来源。

第三，网络基础设施居世界先进水平，为服务贸易发展提供了强大技术支撑。我国互联网、物联网、无线宽带、移动终端、超级计算等技术和设施水平已位居世界前列，5G等重要技术领域和互联网商业模式世界领先。我国已经建成全球规模最大的信息通信网络，4G基站数量占全球50%以上，已经开通5G基站11.3万个。截至2019年6月互联网普及率达61.2%、光纤入户达90%以上、手机网民规模达8.47亿、网络视频用户规模达7.59亿、搜索引擎用户规模达6.95亿[2]。目前我国国际光缆已通达70多个国家和地区，基本建成面向新欧亚大陆桥、中亚、俄蒙、东南亚和南亚等全球重点国家的信息高速通道。

---

[1] 汕头大学国际互联网研究院、互联网实验室、中国与全球化智库（CCG）2016年联合发布《G20国家互联网发展研究报告》。
[2] 中国互联网络信息中心（CNNIC）第44次《中国互联网络发展状况统计报告》。

第四，自主创新能力和企业国际竞争力迈上新台阶，为提升服务贸易价值链水平奠定了基础。我国已经跻身世界创新大国行列。在世界知识产权组织公布的 2019 年全球创新指数排名中，我国列第 14 位。我国发明专利申请量多年居世界第 1 位，2019 年发明专利授权 45.3 万件、实用新型专利授权 158.2 万件、外观设计专利授权 55.7 万件。2018 年 R&D 经费支出 19657 亿元，占 GDP 的 2.18%，居世界第 2 位，全球占比 13.5%。我国企业经过长期国际化经营实践，已经涌现出一批世界级企业，将在构建全球价值链中发挥龙头作用。2019 年《财富》公布的 500 强企业我国共 129 家列世界第 1 位，其中服务企业 30 家。由世界品牌实验室（World Brand Lab）发布的《2019 年世界品牌 500 强》企业中，我国有 40 家，列全球第 5 位①，其中服务企业 17 家。

第五，庞大的中产阶级群体和消费结构升级，为吸引服务业跨国投资提供了巨大市场。我国正在成为全球最大的消费市场，中等收入群体超过 3 亿人，居世界第 1 位。2019 年我国社会消费品零售总额达 41.2 万亿元，预计 2020 年将超过美国②。尤其是消费结构升级对于文化、娱乐、医疗、教育、健康、养老等服务消费大量增加，对全球优质服务进口产生了巨大需求。

2. 主要制约因素

第一，高端服务业开放不足，严重制约了知识密集型服务贸易发展。2016 年 OECD 公布了 62 个主要经济体的外资准入限制性指数，我国服务业高居第 2 位。目前金融、文化、体育、娱乐、教育、医疗健康、研发等服务业吸收外资水平较低，主要原因是市场准入限制。据世界银行测算，我国服务贸易的政策友好度总体得分 63.4，低于发达经济体和发展中经济体的平均水平，其中跨境提供、商业存在、自然人流动的指数分别为 60.78、62.73、25，不仅低于发达经济体的平均水平（79.6、79.7、40.7），也低于发展中经济体的平均水平（67、70.1、38.8）。目前外资金融资产仅占我国金融总资产的 1.8%。在医疗教育方面，许多外资医疗、教育机构由于受到独资限制难以落地，导致国外优质的医疗、教育资源难以进入我国，大量国内消费者转向海

---

① 美国企业 208 个、英国 44 个、法国 43 个、日本 42 个。
② 据美国国家统计局发布数据，2018 年美国社会消费品零售总额 6.04 万亿美元，同比增长 5%。

外就医、留学。在研发服务方面，由于受数据跨境流动的限制，外资研发机构无法查阅国外网站及数据库等，影响了进入我国发展的意愿。在文化领域方面，外商投资影视制作、电影院、表演团体、经纪人公司等也受到限制。此外，资质不能互认也是影响研发、设计、咨询等服务贸易发展的重要因素。

第二，综合实力与发达国家仍有较大差距，将制约服务贸易国际竞争力。我国与美国的差距体现在效率、创新、科技、教育、贸易、金融、营商环境等诸多方面。我国制造业、服务业的劳动生产率分别为美国的 9.2% 和 8%。美国人均教育经费、全球百强大学数量均为我国的 8 倍，营商环境全球排名高于我国 23 位。我国 R&D 投入强度分别比美国、日本、德国低 0.5 个、1.6 个、0.7 个百分点。尤其是核心关键技术受制于人，严重影响了我国服务贸易的核心竞争优势及谈判话语权。

第三，综合成本大幅上升及高端专业人才缺口较大，对承接国际服务外包和价值链高端业务带来不利影响。我国过去 10 年劳动力成本年均提高约 12%，土地使用成本、融资成本分别是美国的 9 倍和 2.4 倍，电价是美国的 3 倍，税收成本高出美国 35%，从而加速了服务外包业务转移到更低成本的国家和地区。目前在信息技术、金融、研发、设计、养老、专业服务、文化创意等新兴服务领域普遍存在人才短缺问题。由于服务外包企业科技研发人才不足，影响了承接整体解决方案、系统集成等高端业务。2018 年《中国 ICT 人才生态白皮书》显示[①]，预计 2020 年新一代信息技术人才缺口达 760 多万人，其中大数据人才需求 260 万人、云计算 210 万人、物联网 200 万人、人工智能 220 万人。

第四，跨部门的协调机制仍是难点，事中事后监管亟待创新。服务贸易涉及诸多行业，政策协调难度较大，在服务业开放、监管等方面都受到不同程度制约。目前的监管水平还不能适应对外开放和数字经济发展的要求。全链条、全流程、全覆盖的监管体系尚不完善，尤其在优化审批流程、监管信息共享等方面政策创新不足，多头管理比较突出。随着跨境电商、保税物流、保税维修等新兴服务贸易发展，监管的相关法律法规亟待完善。

---

① 由信息技术工科产学研联盟、中国软件行业协会、华为共同发布。

三、"十四五"时期我国服务贸易高质量发展思路

"十四五"应以提升服务贸易发展质量和国际竞争力为目标,"促增长、调结构、减逆差",不断夯实发展基础、创新体制机制、完善政策促进体系,大力培育服务贸易企业的技术、标准、品牌、质量、市场网络等核心竞争优势,进一步扩大服务业开放领域,优化服务贸易发展区域布局,拓展服务贸易国际市场空间,促进全面、平衡、协调发展。按照这一总体思路,确定我国服务贸易的发展目标和重点领域。

（一）总体目标

一是服务贸易竞争力明显增强,数字化水平显著提升。力争我国服务贸易增速继续保持世界前列,服务贸易占外贸比重持续上升。预计"十四五"时期服务贸易的平均增速为 6.5% 左右,到 2025 年我国服务贸易总额达 1.2 万亿美元,占外贸比重超过 16%[1]。力争服务出口能力明显增强,逆差有所下降。促进数字技术与服务贸易融合发展,提升服务贸易的网络化、数字化、智能化水平。

二是服务贸易结构继续优化,知识密集型服务贸易比重明显提高。积极扩大信息技术、其他商业服务、金融、保险、研发设计、技术、文化、知识产权等知识密集型服务出口规模。优化服务进口结构,扩大金融、研发、技术、教育、医疗、文化、育幼养老等外资商业存在,满足国内技术创新、产业结构升级和消费结构升级的需要。通过提升服务质量、数字化水平、行业标准等,增强旅行、交通运输、建筑等传统服务出口能力。

三是服务贸易创新能力继续增强,规则、标准、品牌竞争力明显提升。以技术创新为引领,全方位推进业态创新、服务模式创新、管理创新,提高服务附加值含量和增值水平。着力培育一批拥有自主知识产权、自主品牌的服务贸易企业,提升服务企业境外投资效益和市场开拓能力。推动技术进口方式和来源地多元化。积极参与数字贸易相关国际规则标准制定,把握主动

---

[1] 　根据商务部发布的 1982—2018 年我国对外贸易总额、服务贸易额年度数据,由中国国际经济交流中心战略部副研究员梅冠群测算。

权和话语权。

四是服务贸易区域发展更加协调，中西部服务贸易比重逐步提升。根据区位优势、资源禀赋和产业特色，构建东中西部分工合作、优势互补、协同发展的产业链、供应链和价值链体系，形成以区域中心城市为核心、以城市圈和城市群为单元的空间发展格局。科学引导要素资源向中西部集聚。

五是服务贸易发展环境持续优化，法治化、市场化、国际化的营商环境不断完善。围绕促进贸易投资自由化和便利化，深化服务贸易管理体制改革，推动以竞争政策为基础的规则体系建设，促进资金、技术、人员、信息、数据等要素跨境自由流动，为吸引全球优质服务资源要素创造有利条件。不断完善服务体系建设，营造亲清政商环境，形成市场公平竞争、政策公开透明、政务清正廉洁、市场运行高效的发展环境。

六是有机统筹服务业开放与安全，不断完善风险防控体系。树立总体安全观，坚持底线思维，在扩大服务业开放中切实维护我国政治安全、经济安全、金融安全、网络安全、信息安全、数据安全等。健全服务业开放的安全保障体系、风险防控体系、评估体系和预警机制。健全国家安全审查、反垄断审查、国家技术安全清单管理、不可靠实体清单等制度。增强贸易摩擦风险应对能力。

（二）重点发展领域

1. 优先发展的领域

电信、计算机和信息服务。提升信息技术服务业的技术创新能力，在芯片、操作系统等关键技术方面有所突破，促进信息技术与制造业、服务业的融合发展，推动信息技术服务外包向平台化、数字化、智能化发展，扩大软件、集成电路、运营维护、解决方案等服务出口。加强与国际组织在信息技术应用解决方案、商业模式创新的评比和认证方面的合作。加强软件出口基地建设，提高集聚能力。推动向"一带一路"沿线国家发包，带动境外培训业务。

其他商业服务。大力发展研发、设计、咨询、检验检测、供应链管理、人力资源、培训等生产性服务贸易，积极承接国际服务外包扩大出口规模。继续扩大研发设计服务进口，提高制造业创新能力和增值水平。提高会计、法律、展览等商务服务对品牌塑造、境外投资等服务能力，提高会计服务国际知名度和认可度，培育一批具有较强国际竞争力的涉外会计、法律服务机构；培育品牌展会，打造具有国际竞争力的龙头会展企业。

金融保险服务。完善金融机构海外布局，为企业"走出去"提供多元化、综合化服务，帮助企业参与海外并购和重大项目建设。鼓励金融机构和企业协同开展绿地投资、并购投资、股权投资等多种方式的境外投资。扩大微信、支付宝等数字金融在跨境支付中的应用。提高离岸金融、贸易结算等业务规模。同时，提升金融业外资开放水平，增加外资银行机构经营范围。鼓励具有较强经营管理能力的保险公司"走出去"，扩大我国保险业商业存在规模，增强对境外投资和贸易出口的保障能力。

2. 优化提升的领域

运输服务。构建高效跨境物流综合运输体系，提升物流运输服务的网络化、数字化、智能化水平，加快智能化多式联运、智慧港口等建设，提升港口分工协作水平。推动海运企业规模化、专业化经营，拓展现代化海运系统服务网络。完善国际航线网络布局，优化配置我国航线、空域、机场等资源，增加航空枢纽港的辐射能力，鼓励有条件的航空公司加快全球布局。鼓励电商、快递、物流龙头企业建设境外仓储物流配送中心。推动与相关国家的运输便利化安排和大通关协作。

旅行服务。提升国内旅游服务品质，优化旅游产品结构、完善配套服务，建立服务质量标准化体系，培育国际旅游服务品牌，提升对境外游客的吸引力，简化签证手续，提高便利化水平。规范中外合作办学管理、提升质量，支持国内教育机构开发具有国际竞争优势的项目，鼓励国内教育机构境外办学，提升中华文化影响力。推动国际医疗、康养、旅游一体化发展，建设一批康养旅游示范基地，打造一批医疗服务知名品牌，推进中医药服务标准的国际化。积极发展远程医疗、远程教育。

建筑服务。实施工程建设标准化战略，推动建筑工程承包转型升级，提升全球服务水平，增强国际市场竞争力。鼓励建筑规划设计、工程设计、施工建设、运营维护等建营一体化服务输出，提升建筑工程承包质量效益。

维护和维修服务。大力发展保税维修业务，扩大业务经营范围，增强航空、船舶、大型机械等高附加值产品维护和维修的竞争力。促进服务创新，加强专业人才培养。加大保税维修政策支持力度，完善海关、税收等配套措施。培育具有国际竞争力的大型维修企业，鼓励"走出去"积极开拓海外市场。

3. 积极培育的领域

文化服务。支持文化企业面向国际市场，创作开发体现中华优秀文化、展示当代中国形象的文化产品和服务。鼓励各类文化企业通过新设、收购、合作等多种方式开展境外投资合作，推动文化艺术、广播影视、新闻出版、教育等承载中华文化核心价值的服务出口，培育中华特色文化贸易优势，提升中华文化国际影响力。

技术贸易服务。扩大技术出口规模，鼓励企业将先进和成熟技术推向"一带一路"市场。健全技术进口促进体系，支持企业引进消化吸收再创新，发挥企业和市场机制作用，广泛开展与欧盟、美国、日本、以色列、俄罗斯等经济体的技术交流合作，拓宽世界先进技术的进口渠道。

知识产权服务。发挥我国创新大国优势积极推动知识产权出口，实施海外专利布局。支持知识产权服务机构赴境外开设分支机构，为境内外企业提供高品质、全方位、专业化服务。

四、"十四五"时期推动服务贸易高质量发展的政策建议

以服务优先完善促进政策和顶层设计，把深化服务业开放作为构建更高水平开放型经济新体制的关键环节，继续推动服务业在更大范围、更宽领域、更深层次的开放，深化服务业体制改革和机制创新，进一步提升服务业"引进来"与"走出去"的质量效益，完善服务贸易国际合作机制，增强参与国际规则制定方面的引导力和话语权。

（一）以制度型开放为引领，深化服务业体制机制创新

一是强化竞争政策基础性地位，形成统一开放的市场环境。切实发挥市场在服务业资源配置中的决定性作用，全面实行准入前国民待遇加负面清单管理制度，推动国企混合所有制改革，切实保障民企、外资等各类主体公平参与市场竞争，提高服务业发展活力，尤其是营造新兴服务业发展的市场环境。二是继续扩大服务业对外开放，大幅消减影响服务贸易发展的壁垒。提高服务业开放水平有利于增强与美国、欧盟、日本等发达经济体合作，提高吸收全球服务业先进要素的水平，减少贸易摩擦。尤其要继续放宽医疗、文

化、教育、增值电信、金融、研发设计等知识密集型服务业的准入和其他限制性措施，促进服务贸易价值链升级。三是促进自然人流动便利化。推动与发达国家在相关领域的标准互认和职业资质互认，扩大与相关国家在旅游、留学、医疗、商务、科技、文化交流等领域互免签证。四是继续深化"放管服"改革。建设政策稳定、透明、可预期，服务高效便捷的营商环境。降低服务企业税费、融资和用能等经营成本，加大出口退税力度，加强服务业引导资金、产业基金的带动作用，引导社会资本更多投向新经济领域。

（二）提升服务业对外投资质量和综合效益

支持企业构建全球服务网络，引导企业在境外开展设计咨询、系统集成、运营维护、检测维修等增值服务，建立境外分销、售后服务基地和全球维修体系。加强境外经贸合作区的服务配套能力建设，完善研发、设计、物流、金融、教育、培训、商贸网点等各类生产性和生活性服务配套。健全服务企业境外投资的服务保障、投资促进、风险预警防范等机制。鼓励银行、保险机构为服务企业境外投资提供相应的融资方式和保险产品，发展海外投资保险、再保险、中长期保险等业务，支持发展对外投资合作保险业务。健全政府、行业协会、境外使领馆等共同支撑的信息服务平台，系统收集相关国家的政治动向、经济政策、法律法规等信息。完善投资争端解决的法律援助机制。完善中小服务企业对外投资的融资和信用担保体系。完善技术服务人员境外工作期间的社会保障、国外收入避免重复缴税等政策。

（三）切实发挥服务业利用外资在经济高质量发展中的作用

鼓励外资参与数字强国、网络强国、智慧社会、智慧城市等建设，引导外资"普遍服务"[①]，在中西部、农村等服务资源稀缺地区及公共服务、社会服务等领域增加投资。引导跨国公司加工贸易企业更多在我国设立区域总部、研发设计中心、供应链管理中心、结算中心、数据中心、物流分拨中心等服务机构。切实发挥外资在技术创新、业态创新、模式创新方面的带动作用。鼓励外资扩大技术进口，采用合资、参股、并购等方式与国内企业、科研机构等共建研发中心、共同制定和应用推广国际标准，针对关键共性技术、前

---

① 江小涓. 新中国对外开放 70 年［M］. 北京：人民出版社，2019.

沿技术、颠覆性技术等加强合作。要认真落实《中华人民共和国外商投资法》，营造内外资企业一视同仁的法治环境，完善知识产权保护的执法环境。同时，完善国家安全审查制度和事中事后监管体系。严格对外资的市场监管、质量监管和安全监管，加强外资信用体系建设。建立涵盖服务全过程监管、统计监测分析、信用综合评价等事中事后综合监管体系。建立大数据监管服务平台。

(四) 完善服务贸易促进政策体系

健全各部门的统筹协调机制，打破部门分割和条块利益，构建系统性、全覆盖、机制化的服务贸易促进政策框架，重点在税收、财政、便利化、金融、国际市场开拓和统计监测 6 个方面取得突破。推动服务出口增值税零税率制度并扩大零税率范围，针对不同行业实行免税或免抵退税制度。加大对服务外包、技术、文化、中医药等服务出口的财政支持，发挥服务贸易创新发展引导基金作用，帮助企业参加国际展会、海外媒体宣传等。完善与服务贸易相适应的口岸通关模式和海关监管模式，推动特定区域和产品的全过程保税，建设服务贸易"电子口岸"。拓宽服务贸易企业的融资渠道，扩大人民币计价和结算。鼓励保险公司针对服务贸易企业的风险特点有针对性地开发保险产品，提高服务贸易企业出口信用保险覆盖面。设立服务贸易境外市场开拓资金支持企业海外并购，在购汇、法律、税务等方面给予协助。健全服务贸易统计体系，完善统计标准的科学性、统计制度的法律保障，确保"应统尽统"，全面实现服务贸易统计直报工作。

(五) 加强服务贸易国际合作

以"一带一路"为重点不断深化多双边合作，增进与重点国别、地区和国际组织的合作，建立全方位、多层次的服务贸易开放合作体系。一是充分利用京交会、进博会、上交会等平台举办论坛和推介活动，推动行业组织和企业间务实合作，在信息数据交换、企业对接洽谈等方面充实合作内容。二是以主要服务贸易伙伴为基础，结合重要外交活动，加强服务贸易交流合作，推动形成服务贸易国际合作新布局。三是以提升合作水平为重点，完善与我国前十大服务贸易伙伴的合作机制，持续推动我国与金砖国家、上合组织、中东欧"17 + 1"等的合作。四是根据国家战略需要选择具有独特合作优势的国家，在我国进口需求大的服务领域建立新的服务贸易合作机制。

（六）在数字贸易国际规则制定中把握主导权和话语权

我国是数字经济和数字贸易大国，为参与数字贸易国际规则制定创造了有利条件。要顺应全球数字经济发展大势，在推动跨境数据流动、减少数据本地化限制、提升互联网资讯开放水平、完善数字知识产权保护和个人隐私保护、建立争端解决机制、加强网络数据安全保护、积极应对数字贸易壁垒等方面加强探索，在国际规则标准制定方面发挥引导力。同时，利用跨境电商的先发优势率先建立跨境电商规则标准体系。在跨境电子认证、跨境支付、网上消费者权益保护、跨境电商征税、规范跨境电商经营，以及在线通关、商检、服务、监管等方面提出"中国方案"。

参考文献

［1］江小涓．新中国对外开放 70 年［M］．北京：人民出版社，2019．

［2］江小涓．高度联通社会中的资源重组与服务业增长［J］．经济研究，2017，52（03）．

［3］江小涓，罗立彬．网络时代的服务全球化——新引擎、加速度和大国竞争力［J］．中国社会科学，2019（02）．

［4］王晓红，朱福林，柯建飞．服务外包：推动中国服务业开放新引擎［M］．广州：广东经济出版社，2019．

［5］王晓红，谢兰兰．我国数字贸易与软件出口的发展及展望［J］．开放导报，2019（05）．

（原载《开放导报》2020 年第 2 期）

"十四五"时期推动我国服务贸易创新发展的主要思路

　　服务贸易是一国服务业国际竞争力的重要标志,是服务全球化时代影响贸易利益分配的关键因素,也是构建国内大循环为主体、国际国内双循环相互促进新发展格局的关键环节。尤其是信息通信技术、研发设计、知识产权、金融、交通运输等生产性服务进出口和知识密集型服务进出口,将对提升我国产品质量、优化产品结构、推动产业升级、提升全球价值链分工层次产生关键性作用,在畅通国内国际双循环中发挥不可替代的作用。当前,我国已经进入服务经济发展阶段,大力发展服务贸易,使之与我国的发展阶段相适应、资源要素禀赋相匹配,对于确保"六稳",维护我国产业链、供应链和创新链安全稳定,促进国际收支平衡,都具有重大战略意义。

　　"十四五"时期,我国将迎来数字经济强势崛起的空前机遇,同时也将面临国际环境更趋复杂严峻的重大挑战。新冠肺炎疫情冲击导致全球经济、贸易和投资深度衰退,倒逼全球产业链、供应链、创新链加速重构。经济全球化遭遇逆风导致保护主义加剧,中美博弈的长期性和不确定性将导致贸易摩擦常态化,使货物贸易"降顺差"面临更大压力。与此同时,国内要素成本上升和资源环境压力正加速劳动密集型产业向外转移。这些重大变化,要求我们把服务贸易摆在贸易高质量发展的优先位置,把深化服务业开放作为建设更高水平开放型经济新体制的关键领域和重要突破口。推动服务贸易创新发展实现外贸增长的动力变革、效率变革和质量变革,为构建新发展格局提供优质的服务要素供给和强有力的技术创新支撑。

一、服务贸易成为带动我国外贸转型升级的重要引擎

　　"十三五"以来,我国通过深化服务贸易供给侧结构性改革,不断扩大服

务业对外开放，提高服务贸易自由化和便利化水平，加快完善政策促进体系，并注重发挥创新试点的带动作用，营造了有利于服务贸易创新发展的环境。服务贸易结构不断优化，数字化水平明显提高，国际竞争力显著增强，对外贸转型升级的引领作用日益突出。

（一）我国已成为全球服务贸易增长的重要动力

"十三五"以来，我国服务贸易取得快速稳健发展。2016—2018 年服务贸易年均增速 9.4%，高于世界同期 7.3% 的水平，其中出口和进口平均增速分别为 12.8% 和 7.8%。截至 2019 年，我国服务贸易总额连续 6 年居世界第 2 位，服务贸易的全球占比由 2011 年的 5.2% 上升至 2019 年的 7%，成为世界服务第五大出口国和第二大进口国，其中出口额和进口额的全球占比分别为 4.6% 和 9.4%。2019 年我国服务贸易总额 54152.5 亿元，同比增长 2.8%。其中，出口额 19564 亿元，同比增长 8.9%；进口额 34588.9 亿元，同比下降 0.4%，逆差 15024.9 亿元，同比下降 10.5 个百分点；服务贸易占外贸总额的比重达 14.6%，较"十二五"末提高 4 个百分点。商务部研究院发布的《全球服务贸易发展指数报告 2020》指出，"十三五"时期我国服务贸易国际地位和国际竞争力稳步提升，服务贸易综合竞争力居发展中国家首位。报告显示，2017—2019 年中国服务贸易发展指数排名连续 3 年保持在全球第 20 位，在发展中国家中排名第 1 位。

2020 年受新冠肺炎疫情因素影响，我国服务进出口总额 45642.7 亿元，同比下降 15.7%；其中服务出口 19356.7 亿元，下降 1.1%；进口 26286 亿元，下降 24%；服务贸易逆差 6929.3 亿元，下降了 53.9%，同比减少 8095.6 亿元。可以看出，在全球疫情大流行的冲击面前，我国服务进出口增速降幅逐季收窄趋稳，服务出口明显好于进口，贸易逆差减少，说明我国服务业的国际竞争新优势正在由传统服务业主导向数字经济引领的新动能转换，服务业竞争力不断增强。

（二）知识密集型服务贸易成为拉动增长的主要引擎

随着我国数字经济蓬勃发展，制造业与服务业加速融合，推动了信息通信技术、研发设计、金融保险、知识产权使用费等知识密集型服务贸易的发展。2019 年我国知识密集型服务贸易额 18777.7 亿元，同比增长 10.8%，占比达34.7%；其中出口额9916.8亿元，占比达50.7%。旅行、运输、建筑三大传统领域服务贸易额3285.3亿元，占比为60.4%，较上年下降3.4个百分点。2020年知识密集型服务贸易占比提高，体现出我国服务贸易较强的韧性和贸易数字化的巨大潜力。全球疫情之后，各国采取"封城封国"等限制措施，导致人流受阻、物流供应链不畅，加上贸易保护主义、逆全球化思潮日趋严重等多重因素影响，旅行、交通运输等传统服务贸易遭遇严重冲击。与此同时，疫情推动了全球数字经济强势崛起，以知识密集型为主的可数字化交付服务贸易逆势上扬，成为我国服务贸易增长和结构优化的强劲动力。2020年我国旅行服务进出口下降48.3%，这是导致服务贸易下降的主要因素，如果剔除旅行服务，我国服务进出口增长2.9%，其中出口增长6%。与此同时，知识密集型服务进出口同比增长8.3%，占服务进出口总额的比重达44.5%，提升9.9个百分点；出口增长较快的领域是知识产权使用费、电信计算机和信息服务、保险服务，反映出这3个领域国际竞争力不断增强；进口增长较快的领域是金融服务、电信计算机和信息服务，由此说明国内企业转型升级对于金融、信息技术服务的国际市场需求不断扩大。

（三）服务外包成为生产性服务出口的主要方式

大数据、云计算、人工智能、区块链等新一代信息技术蓬勃发展，数字技术与垂直行业加速融合渗透，尤其是疫情推动了数字经济强势崛起，全球离岸服务外包将迎来新一轮大发展。同时，我国数字基础设施加快发展，知识密集型人才队伍规模巨大，营商环境不断优化，尤其是知识产权保护力度加大，为吸引跨国公司知识密集型服务业转移创造了有利的营商环境。长期以来，我国一直是仅次于印度的全球离岸服务外包第二大目的地。"十三五"时期，我国离岸服务外包在全球离岸服务外包总量的占比为33%左右，2013—2018年我国离岸服务外包年均增长14.3%，对服务出口增长的贡献率达70.8%；2016—2020年我国离岸服务外包执行额从704.1亿美元增至1057.8亿美元，年均增长达10.7%。2020年受新冠肺炎疫情冲击，服务贸易整体下滑，而服务外包却逆势增长9.2%，带动服务出口提升3.8个百分点。服务外包成为吸纳大学生就业的重要产业，截至2019年，吸纳就业人员1172万人，其中大学以上学历占2/3。

随着企业创新能力和服务能力的提升，我国服务外包价值链不断攀升。

尤其是研发、工业设计、数据分析和挖掘、整体解决方案等高附加值服务外包规模不断扩大。"十三五"时期呈现出信息技术外包（ITO）占比下降、业务流程外包（BPO）基本稳定、知识流程外包（KPO）持续上升态势。2016—2020 年，ITO、BPO、KPO 三大领域占比分别从 46.9%、16.6%、36.5% 逐步调整为 43.9%、16.1%、40.0%。2020 年 KPO 和 ITO 离岸执行额分别为 2921.4 亿元和 3204.1 亿元，同比分别增长 17.9% 和 10.7%；BPO 离岸执行额 1176.5 亿元，同比下降 0.6%。由此可见，知识流程外包业务比重逐步增大，持续推动了服务外包产业结构优化。尤其是新冠肺炎疫情激发了世界各国对数字技术、数字内容、医药和生物技术研发服务等领域的强大需求。我国在新兴数字化服务领域以及生物医药研发、检验检测等生产性服务领域已具备一定比较优势，为企业开展国际合作奠定了重要基础。2020 年，数字化程度较高的网络与信息安全服务、人工智能服务、信息技术解决方案服务、集成电路和电子电路设计服务离岸执行额同比分别增长 311.0%、241.3%、68.7%、41.0%；知识密集型知识产权服务、管理咨询服务、设计服务离岸执行额同比分别增长 96.8%、64.7%、64.0%；此外，医疗设备维修维护服务、医药和生物技术研发服务离岸执行额同比分别增长 97.0%、25.0%。

（四）深化服务贸易创新发展试点成为推动服务贸易体制创新的重要抓手

"十三五"以来，我国不断营造有利于服务贸易创新发展的体制环境。2019 年完成了《服务出口重点领域指导目录》《鼓励进口服务目录》《服务外包产业重点发展领域指导目录》等文件修订工作。不断完善知识产权保护体系，积极推进专利法、商标法修改，大幅提高违法成本，同时推动与世界知识产权组织、WTO 等国际组织及"一带一路"沿线国家和地区的知识产权合作。尤其是推动了服务业开放不断迈出新步伐。如，放宽金融领域外资市场准入限制，2019 年 5 月银保监会推出 12 条开放措施，取消外国金融机构来华设立或参股相关金融机构的总资产、经营年限等要求，放宽外资金融机构业务经营范围等；2019 年 8 月 1 日颁布实施《外国人永久居留证件便利化改革方案》，推动自然人流动便利化，大幅降低外国人居留门槛。

深化服务贸易创新发展试点，以推动服务业开放、促进服务贸易自由化便利化为重点，为我国服务贸易高质量发展提供重要体制保障，也是推动规则、规制、管理、标准等制度型开放，建设更高水平开放型经济新体制的着力点。自 2016 年我国开展服务贸易创新发展试点以来，在完善服务贸易管理体制、推动服务贸易便利化、培育外贸新业态新模式等方面先行先试，不断进行制度探索和政策创新，并取得了积极成效。2019 年，17 个服务贸易创新发展试点地区服务进出口额占全国比重超过 75%，成为我国服务贸易增长的主要区域。2020 年 8 月，我国新一轮服务贸易创新发展试点扩至 28 个。根据《国务院关于同意全面深化服务贸易创新发展试点的批复》（国函〔2020〕111 号），2020 年 8 月商务部出台了《全面深化服务贸易创新发展试点总体方案》，提出了八大试点任务和 122 项具体举措。试点任务突出以制度型开放和创新驱动为引领，着眼于推动更高水平开放、更深层次改革、更宽领域发展，重点在进一步扩大服务业开放、推动服务贸易便利化、优化营商环境、促进新业态和新模式发展等方面加强探索，旨在通过新一轮试点形成更多可复制推广的成果，从而为对接高水平国际经贸规则标准进行压力测试并积累经验，为推动全国服务贸易高质量发展提供示范。长期以来，由于我国知识密集型服务业对外资准入的限制性壁垒过高，对服务贸易和服务业创新发展造成了一定影响，而且导致国际贸易摩擦增多。为此，试点任务提出要从制度层面和重点领域持续发力，提升对外开放水平。如，在技术贸易、会展、金融、教育、物流等领域继续放宽外资市场准入；放宽执业资格限制和推动执业资格互认；优化外国人入境、过境免签证政策；完善吸引外国高科技人才的管理制度；加快推动数据安全自由流动等。

二、"十四五"时期推动服务贸易创新发展的主要思路

"十四五"时期是我国服务贸易高质量发展的重要战略机遇期。全球新冠肺炎疫情大流行将带来全球数字经济的新一轮发展机遇。我国大力实施新基建，不断完善网络数字基础设施，以 5G、大数据、云计算、人工智能、区块链为代表的新一代网络数字技术蓬勃发展，从而为服务可贸易、可数字化提供了技术条件，将催生更多服务贸易新业态和新模式。同时，我国制造业体系完备、服务业日益壮大、知识型人力资本规模居世界前列，为服务贸易发展奠定了产业基础。为此，要立足新发展阶段、贯彻新发展理念、构建新发展格局，以自主创新为引领，以制度型开放为动力，以促出口、调结构、减

逆差为导向，进一步夯实服务贸易发展基础、创新体制机制，通过不断优化服务贸易结构、完善区域发展布局、拓展国际市场新空间，促进服务贸易更加全面、平衡、协调发展。

（一）强化创新驱动战略，培育国际竞争新优势

立足开放合作创新，加快培育技术、品牌、标准、市场网络等参与国际竞争的新优势，提高服务增值水平，着力培育一批拥有自主知识产权、自主品牌、自主渠道、主导行业标准的服务贸易领军企业，不断提高全球价值链分工水平，在稳定产业链和供应链、布局创新链中发挥主导作用。

第一，以技术创新为引领，提高业态创新、模式创新和管理创新能力。一方面要强化核心关键技术自主创新。要坚持市场导向、企业主体地位，发挥产业技术联盟的协同创新机制，加大财税政策优惠力度，鼓励企业增加研发投入，提高原始创新能力。在"卡脖子"技术上要发挥新型举国体制优势，"集中力量办大事"，强化国家战略科技力量，充分发挥大院、大所、大企业的作用，加强重大项目攻关，突破核心关键技术瓶颈。尤其要注重依托行业龙头企业，搭建广泛集聚全球创新资源的开放平台，形成由研发者、生产者、投资者、消费者共同推动的创新链。另一方面要继续发挥技术进口对创新的促进作用。我国作为世界超大规模市场，具有吸引和培育全球各类新技术的强大优势，而欧盟等发达国家市场狭小，将发达国家的新技术与我国市场紧密结合是互利共赢的技术合作，因此"市场换技术"仍有较大空间。同时，我国在通信技术等领域已经具有世界领先技术，在技术层面与发达国家逐步由垂直分工演变成水平分工，因此"技术换技术"空间越来越宽广。这些都为吸收世界先进技术拓宽了渠道，要积极推动技术进口方式、来源多元化，采取参股、合资、合作等多种方式吸收全球先进技术资源。

第二，强化服务贸易企业核心能力建设。通过兼并重组等方式，形成一批具有技术、品牌、标准、渠道等综合优势的龙头企业，提升组织运营国际化水平和全球供应链的主导能力，培育一批具有提供整体解决方案能力和全球交付能力的大型服务供应商，引导大企业带动中小企业融入全球产业链、供应链、创新链体系。鼓励中小企业向"专精特新"发展，针对垂直行业和细分领域做精做优，提升参与全球价值链分工的能力。顺应数字产业化和产业数字化的发展趋势，推动服务贸易企业数字化转型，形成以数据为核心、

平台为支撑、传统服务与新兴业态融合发展的新模式。

第三，强化服务贸易品牌建设。利用中国国际服务贸易交易会、中国国际进口博览会等国际展会打造中国服务贸易整体品牌。选择一批交付质量好、服务水平高、技术能力强的服务提供商作为标志，提升"中国服务"品牌的美誉度和全球影响力。强化企业品牌管理，鼓励利用数字化营销等手段在国际市场推广品牌，开展商标和专利境外注册。

第四，强化服务标准化体系建设。增强数字贸易国际标准制定的主导权，在对接国际标准的同时，在电商、移动支付、5G、智慧城市、电子竞技等具有优势的数字服务领域率先制定国际领先标准。推动设计、检验检测、咨询、维修等生产性服务贸易的标准体系建设。利用我国大市场优势，力争在面向全球采购服务的同时，形成由我国主导的服务采购和评价标准。

（二）实施"服务出口倍增"和"数字赋能行动"，着力扩大知识密集型服务出口

完善数字技术与产业、贸易的融合渗透机制，提高服务数字化水平。扩大信息通信技术、其他商业服务、研发设计、金融保险、文化、技术、知识产权等知识密集型服务出口规模，提升旅行、运输、建筑、维护维修等传统服务的科技含量、服务品质及数字化、标准化、规范化水平，增强出口能力。

第一，推动国际服务外包转型升级。促进互联网、物联网、工业互联网、云计算、大数据、人工智能、区块链等信息技术与服务外包有机融合，推动服务外包交易模式、交付模式和服务模式创新，提高承接高附加值业务和提供系统解决方案的能力，重点发展信息技术、研发设计、供应链管理、技术服务、商务服务、检验检测等生产性服务外包。支持利用网络数字技术提供软件开发、系统集成、运营维护、技术支持、远程监测诊断等新的服务模式。发展云外包、众包等新模式。

第二，加快发展数字贸易新业态和新模式。扩大软件、社交媒体、通信、云计算、大数据、人工智能、区块链、卫星定位、搜索引擎、物联网等数字信息技术服务出口，增强数字教育、数字医疗、数字金融、数字娱乐、数字学习、数字传媒、数字出版等数字内容服务的出口能力，积极发展远程医疗、远程教育、远程维修等新业态，大力发展跨境电商平台，带动货物贸易增长。

完善数字贸易治理体系和监管机制。

第三，完善数字基础设施建设。扩大移动互联网、云计算、大数据、物联网等新一代信息技术的广泛应用，加快 5G、人工智能、工业互联网的商业化应用。实施"西数东送、西算东送"计划，利用中西部地区土地、电力等资源优势加大 5G 网络、大型数据中心建设的力度，既为中西部地区发展服务贸易提供技术保障，又能够通过长途高速网络为东部地区提供服务。

（三）增强协同发展能力，提高服务贸易综合效益

促进服务贸易与产业、货物贸易、利用外资、对外投资协同并进，有利于扩大服务贸易总体规模和综合效益，也有利于提升我国开放型经济的整体质量和综合竞争力。

第一，促进服务贸易与产业协同发展。服务业和制造业为服务贸易提供产业基础和市场空间。要夯实生产性服务业和生活性服务业发展基础，依托国内强大的消费市场，提升旅行、教育、文化、养老、医疗健康等服务贸易质量。发挥制造大国优势，扩大与制造业相关的研发设计、信息技术、技术贸易、物流、维护维修、品牌营销等生产性服务贸易，增强对提升制造业的创新能力、服务型制造能力和全球价值链升级的支撑作用。

第二，促进服务贸易与货物贸易协同发展。发挥我国货物贸易规模优势对服务贸易的拉动作用，带动与货物贸易相关的金融保险、贸易结算、跨境物流、电子商务、供应链管理等服务贸易，提升国际贸易价值链整体增值水平。发挥大数据、云计算、人工智能、区块链等数字技术对货物贸易的支撑作用，提升货物贸易效率，扩大数字贸易规模。

第三，促进服务贸易与利用外资协同发展。充分利用我国的人才、产业、环境等综合优势，提高吸引知识密集型服务业外资水平。积极引进跨国公司区域总部、研发中心、结算中心、数据中心、物流分拨中心等机构，利用外资搭载的新技术、新业态、新模式及领军人才、先进管理理念、国际渠道等推动开放合作创新，满足产业结构升级的需要。扩大金融保险、医疗健康、文化教育、育幼养老等领域的外资规模，满足人民群众日益增长的消费升级需求。

第四，促进服务贸易与对外投资协同发展。通过制造业对外投资带动信息通信技术、金融保险、商贸物流、研发设计、跨境电商、广告营销、专业

服务等生产性服务走出去，扩大境外商业存在规模，为制造业境外生产提供系统服务和支撑能力，输出我国技术、标准和品牌。提升服务企业境外投资效益和市场开拓能力，鼓励有条件的制造企业在海外设立研发中心、物流中心、共享中心、交付中心等机构。

（四）完善区域发展布局，促进区域服务贸易发展更加协调

形成以区域中心城市为核心、以城市圈和城市群为单元的服务贸易空间发展格局，立足区位优势、资源禀赋和产业特色，构建东中西部分工合作、优势互补、协同发展的产业链、供应链和价值链体系，要科学引导要素资源向中西部集聚，逐步提升中西部地区服务贸易发展水平。

第一，以京津冀、长三角、珠三角为核心引领全国服务贸易发展。依托京津冀协同发展、长三角区域一体化发展、粤港澳大湾区建设等区域重大战略，推动东部地区服务贸易转型升级。发挥北京扩大服务业开放综合试点的优势，打造全国服务贸易的重要增长极。发挥长三角城市群的组合优势，打造具有世界影响力的服务贸易城市群。深化粤港澳在信息通信技术、文化创意、工业设计、高等教育、医疗健康、商务服务等领域合作，促进大湾区经济更紧密融合。

第二，把发展服务贸易作为提升中西部开放型经济水平的重要引擎。中西部中心城市网络数字技术设施具有较好的基础，人力资源丰富且性价比高，发展服务贸易具有很大潜力，要在政策扶持、试点示范平台数量等方面给予支持。提高"一带一路"建设对中西部的带动力，通过中欧班列、陆海新通道等建设国际物流枢纽，支持边境城市发展文化、旅游、物流等服务贸易，发挥区域中心城市的辐射作用，形成若干增长极。

（五）以"一带一路"为引领，促进传统市场和新兴市场共同发展

我国与发达国家在产业、技术和市场方面具有互补优势，加强服务贸易合作仍有较大空间。"一带一路"沿线国家和地区多数处于工业化和信息化起步期，为我国输出技术、标准、服务开辟了广阔市场，应积极促进市场深度融合、互利共赢，形成发达国家与发展中国家市场双向拓展的空间布局。

第一，稳固欧盟、美国、日本等发达经济体市场。要继续扩大承接美欧日服务外包，推动在金融保险、信息技术、研发设计、专业服务、节能环保、

环境服务等生产性服务领域的双向投资，推动技术贸易、文化贸易和数字贸易合作，着力扩大技术贸易空间；扩大教育、医疗健康、中医药、大数据等社会服务和公共服务领域合作；加强职业资质互认、规则标准互认等体系建设，共同商讨数字贸易规则标准的制定。以《中欧投资协定》（以下简称《协定》）的正式签署为契机，推动高水平对外开放和高标准国际经贸规则建设，按照《协定》要求推动服务业全面开放，尤其是在金融、数字经济、互联网、云计算、医疗、教育、文化等领域放宽市场准入，吸引欧盟发达国家知识密集型服务业投资，同时加强服务贸易规则标准制定方面的合作，深化中欧服务业发展对接与务实合作。与此同时，积极推进中欧自贸区谈判、中英自贸协定谈判、中日韩自贸区谈判等进程，扩大我国与发达国家服务贸易合作空间。要重点加强与日本在工业设计、节能环保、运输、技术、文化、数字经济等领域的合作，加强与韩国在工业设计、游戏动漫、影视娱乐等领域的合作。同时，要通过进一步扩大中美双边服务业开放增进市场深度融合，加强在金融保险、技术贸易、信息技术、研发、旅行等领域的合作。

第二，稳步拓展"一带一路"新兴市场。以国际产能合作为依托，带动建筑工程承包、信息技术、工业设计、金融、物流、节能环保等服务业走出去。鼓励企业在沿线重点国家建立仓储物流基地、分拨中心，加快金融网络布局，为境外企业贸易结算和投融资提供便利。建设"数字丝路"，推动信息技术、电子商务等企业赴沿线国家投资，进行服务外包合作，扩大通信、互联网、物联网等技术标准的推广应用。发展"丝路电商"推动普惠贸易，构建代表发展中国家话语权的数字贸易规则。打造"健康丝路""文化丝路"，扩大医疗健康、教育培训、文化创意、旅行等服务贸易。扩大与"一带一路"沿线重点国家和地区签订服务贸易合作协议，依托沿线自贸区深化服务贸易合作，加强面向东盟、中东欧、非洲等地的服务业投资，深化与俄罗斯、以色列、印度等国家在信息技术、技术贸易等领域务实合作。

（六）以推动制度型开放为重点，优化服务贸易发展环境

围绕提高服务贸易自由化和便利化水平，推动规则、规制、标准、管理等制度型开放，对接高标准国际经贸规则深化服务业改革，推动法治化、市场化、国际化的营商环境建设，为吸引集聚全球服务业优质资源要素创造有利条件。

第一，积极消减影响服务贸易发展的壁垒。继续放宽医疗、文化、教育、增值电信、金融、研发、数据中心等知识密集型服务业的准入和其他限制性措施，促进服务贸易价值链升级。推动与发达国家在相关领域的标准互认和职业资质互认，扩大与相关国家在旅游、留学、医疗、商务、科技、文化交流等领域互免签证，促进自然人流动便利化。

第二，推动以竞争政策为基础的规则体系建设。打造竞争公平、政策透明、清正廉洁、运行高效的营商环境。完善准入前国民待遇加负面清单管理制度，打破行业垄断，推动国企混合所有制改革，切实保障各类主体平等参与市场竞争，激发服务业发展活力，尤其要营造新兴服务业发展的市场环境。同时，加强知识产权保护执法建设，降低服务企业税费、融资和用能等经营成本，加大出口退税力度，发挥服务业引导资金、产业基金等带动作用，引导社会资本更多投向新兴服务领域。

第三，积极参与数字贸易国际规则制定。数字贸易规则已经成为未来国际贸易规则竞争的焦点。我国数字经济和数字贸易规模位居世界前列，这有利于我国在参与国际规则制定方面发挥引导力和话语权。要在保障国家网络数据安全底线的前提下推动数据跨境自由流动，减少数据本地化限制，完善数据确权、数据安全评级、数字知识产权保护、个人隐私保护等措施，加强网络数字安全国际合作。

参考文献

［1］王晓红，费娇艳，谢兰兰．"十四五"服务贸易高质量发展思路［J］．开放导报，2020（02）．

［2］王晓红，郭霞．以制度型开放推动服务贸易高质量发展［J］．中国外汇，2020（19）．

（原载《发展研究》2021年第5期）

论我国技术贸易的发展创新

技术贸易可以有效组合利用全球先进技术提高创新效率，降低自主研发成本和创新风险，是发展中国家实现技术创新和产业跨越发展的重要途径，也始终贯穿在我国对外开放、自主创新和产业发展的整个过程。新中国成立初期，我国以技术引进战略为核心建立起完整的工业化体系。改革开放以来，我国积极融入全球产业链、供应链和创新链，尤其是通过大规模技术引进及消化吸收，创新能力大幅跃升，并获得了部分领域的关键核心技术，显著提升了产业竞争力和贸易竞争力，实现了从技术落后国家进入世界创新大国的历史性跨越。技术贸易在推动产业结构升级、扩大企业技术积累、增强自主创新能力、培育经济新动能等方面发挥了重要作用，成为建设创新型国家的推进器和加速器。但与发达国家相比，我国技术水平仍有较大差距，尤其是在核心关键技术领域的自主创新能力比较薄弱，实施技术贸易战略仍然十分重要。当前，新一轮科技革命和产业革命日新月异，开放创新合作已经成为全球技术创新发展的必然趋势。因此，继续发挥技术贸易对于自主创新的促进作用，不断提高技术引进质量和扩大技术出口规模，对于提升技术创新能力、促进产业升级和服务贸易发展，从而推动经济高质量发展，都具有十分重要意义。

一、我国技术贸易发展的主要阶段

从我国技术贸易的实践看，技术贸易发展历程大致分为以下 4 个阶段。

（一）新中国以技术引进为主导的起步发展时期（1949—1978 年）

新中国成立初期，我国在大规模引进成套技术设备的基础上建立起完整的工业化体系和技术体系。这一阶段的技术引进经历了"高潮—低潮—高潮"

波澜起伏的发展历程。第一个高潮期是 1949—1959 年。新中国成立之初由于西方国家的全方位封锁，我国技术引进渠道主要来自苏联和东欧社会主义国家，其中"一五"时期引进"156 项工程"遍布工业部门特别是重工业①。1950—1959 年我国共进口 415 项成套设备，其中 304 项来自苏联②，引进的成套设备主要集中于机电、电力、冶金和煤炭等领域。1960—1971 年中苏关系恶化之后技术引进进入低潮，1962—1966 年我国仅与日、英、法、意、德及部分东欧国家签订技术引进合同 80 多项，用汇 3 亿美元。引进的成套设备约占外汇额的 90%，涉及石油、化工、冶金、矿山、电子、精密机械、纺织机械等。1966—1971 年受"文革"影响我国基本停止了技术引进。1972—1978 年技术引进迎来了新一轮高潮。我国开始主要从西方国家引进技术，1973 年确定了 26 个大型项目约 43 亿美元③，即"四三方案"引进计划，技术引进范围扩大到冶金、钢铁、煤炭、石油、化工、机械、水利、轻工等领域，其中化肥、化纤和烷基苯项目占全部投资额的 63.84%。这一时期，世界先进技术、工艺、设备和先进管理理念、方法一起被引入国内市场和产业体系，对我国建立自主完备的工业化体系发挥了基础性作用。

（二）"以市场换技术"战略为主导的大规模技术引进时期（1978—2000 年）

改革开放改变了我国计划经济时代的技术引进路线和格局，为组合全球技术资源提供了广阔天地。特别是 20 世纪 80 年代初期形成的"以市场换技术"战略④使我国技术引进进入一个由利用外资驱动的历史新阶段。通过大规模、多方式利用外资引进先进技术和创新要素，实现了制造业创新能力的全面提升，并为形成国家自主创新体系奠定了基础。此外，国内企业层面开展"技工贸""贸工技"等结合也取得了积极成效。这一阶段的技术引进呈现以下主要特点。

---

① 江小涓.《新中国对外开放 70 年》[M].北京：人民出版社，2019，第 2 页.

② 《新中国技术引进的历史检视》，http://www.dswxyjy.org.cn/n1/2019/1226/c219022 – 31524339. Html.

③ 其后又陆续追加了一批项目，总金额达到 51.4 亿美元。

④ 1983 年 3 月 16 日国务院批转国家经委、对外经贸部《关于进一步办好中外合资经营企业的报告》提出，为了把更多外资吸引进来，必须进一步适当放宽政策。特别是对于一些国家急需的可以取得现代新技术的重要合营项目，要给予较多的优惠，必要时还可以让出一部分国内市场。特别是在引进对我国经济技术发展具有重要作用、而外商以其他方式又不肯转让的技术秘密和生产诀窍方面，有着不可取代的特殊作用。

一是技术引进规模快速扩大，且主要集中于发达国家。这一时期的技术引进规模从1979年的24.85亿美元增长至2000年的181.76亿美元，扩大6.3倍。技术引进来源国主要集中于美日欧发达经济体。早期以引进日本技术为主，1979年自日本的技术引进额约占60%。1990年日本"一股独大"的局面被打破，排名前5位的美国、德国、加拿大、日本和意大利分别占引进额的25.33%、10.43%、8.1%、7.21%和4.82%，合计占55.89%，到2000年，前5位来源地日本、美国、德国、瑞典和中国香港合计占65.64%。技术贸易逆差不断扩大，最高年份1996年达105.6亿美元，相当于1985年的3.3倍，其中设备是逆差的主要来源（图1、表1）。

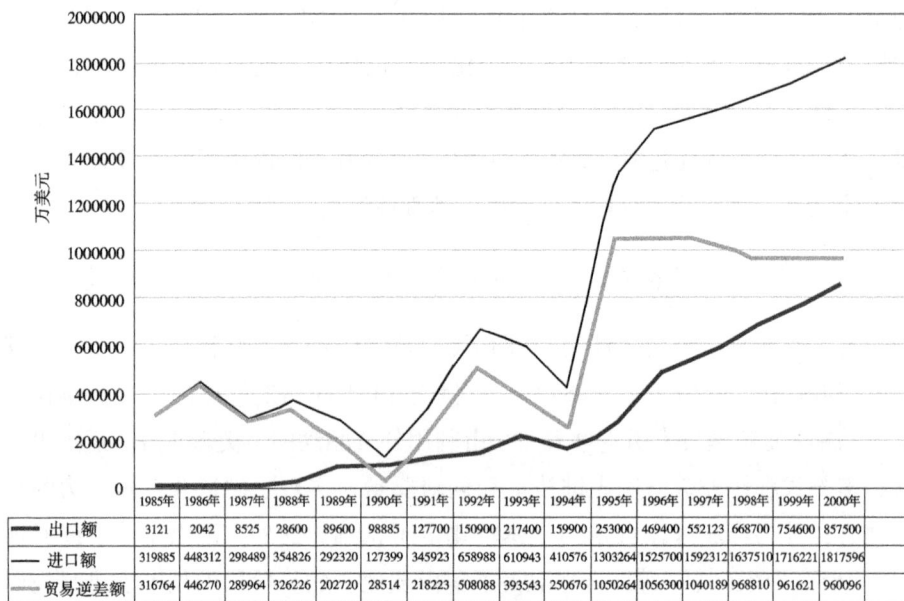

	1985年	1986年	1987年	1988年	1989年	1990年	1991年	1992年	1993年	1994年	1995年	1996年	1997年	1998年	1999年	2000年
出口额	3121	2042	8525	28600	89600	98885	127700	150900	217400	159900	253000	469400	552123	668700	754600	857500
进口额	319885	448312	298489	354826	292320	127399	345923	658988	610943	410576	1303264	1525700	1592312	1637510	1716221	1817596
贸易逆差额	316764	446270	289964	326226	202720	28514	218223	508088	393543	250676	1050264	1056300	1040189	968810	961621	960096

图1　1985—2000年我国技术贸易发展

数据来源：历年《中国科技统计年鉴》

表1　1979—2000年主要来源地的技术引进　　　单位：万美元

年份/国家 （地区）	合计	美国	日本	德国	意大利	瑞典	苏联/ 俄罗斯	中国 香港	韩国
1979	248485	1833	147766	35011	—	2000	—	231	—

年份/国家 （地区）	合计	美国	日本	德国	意大利	瑞典	苏联/ 俄罗斯	中国 香港	韩国
1985	319854	71077	63818	87346	14464	3698	164	2185	—
1987	29	67345	70612	28862	21282	2053	3169	1660	—
1989	292320	14438	20347	42990	68708	3448	46801	1626	—
1990	127399	32268	9183	13287	6144	2322	504	2034	—
1991	345923	13509	26928	26486	35331	1790	137355	1997	—
1992	658988	143164	137606	73260	144382	996	24535	7564	1703
1993	610943	50654	174557	74789	92222	1130	38270	4170	30430
1994	410575	59406	76911	123199	31142	10515	356	13418	8376
1995	1303264	227187	224862	189207	97673	21038	75899	58648	10264
1996	1525700	213000	240400	490700	47000	32600	117700	92200	15000
1997	1592312	181627	339058	158431	60081	65285	107754	53244	86635
1998	1637510	300030	208831	235117	37019	92657	192147	74641	27158
1999	1716221	334154	194399	274956	27573	227170	7836	90724	78794
2000	1817596	316266	337771	279807	114031	135308	35916	124178	57798

数据来源：历年《中国科技统计年鉴》，1990年后苏联改为俄罗斯

二是技术引进由以硬件设备为主，逐步向软性化发展。这一时期我国主要依靠进口国外生产线和设备来提高生产技术水平，成套设备和关键设备占比基本保持在70%以上，最高年份1979年达97.65%，且技术含量不断提高。根据原国家计委相关单位对4302项主要成套设备和关键设备的技术引进合同分析，1979—1990年以技术为主的合同项目数占比由36.2%提高至43.1%，合同金额占比由1.5%提高至39.6%[①]。1995年之前的成套设备引进规模大大高于关键设备，到1999年关键设备引进额超过了成套设备，说明引进技术的资金效率提升，也反映出我国设备国产化水平提高对一般设备进口需求下降

---

① 王钦：《新中国工业技术引进与创新六十年》，第三届中俄社会科学论坛。

（表 2）。此外，技术引进开始由"硬"向"软"转变，1979 年技术许可、技术咨询与技术服务占技术引进的比重仅为 2.26%，到 1999 年两项合计已经达到 26.5%，加上技术转让 3 项合计占比高达 45.18%[①]。

表 2　1979—1999 年按方式划分的技术引进　　　　　　单位：万美元

年　份	总计	成套和关键设备		技术许可	技术咨询和技术服务		合作生产	合资技术许可	合资技术设备入股	独资技术许可
		成套设备	关键设备	金额	技术咨询	技术服务	金额	金额	金额	金额
1979	248485	242647		2064	3554		220	—	—	—
1982	36232	24599		2777	7877		915	—	—	—
1985	319855	243762		24176	2248		49669	—	—	—
1986	448312	352108		42024	24836		13640	—	—	—
1987	298489	209733		35087	2619		50994	—	—	—
1988	354826	301928		47658	4175		1005	—	—	—
1989	292320	271534		14845	4463		658	—	—	—
1990	127399	49765		22636	795		53822	—	—	—
1991	345923	257035	33317	47808	410		—	—	—	—
1992	658988	430778	39298	60370	3105		—	—	—	—
1993	610943	511169	26391	44821	1716		—	—	—	—
1994	410576	351870	10624	38991	2210		—	—	—	—
1995	1303264	908890	215885	147404	11154		—	—	—	—
1996	1525700	662600	581200	167500	5200		—	—	—	—
1997	1592312	783392	584868	95645	24088	14766	2286	1493	3892	6167
1998	1637510	543024	580944	111027	7705	81067	529	36481	318	12233
1999	1716221	265498	426747	154244	59431	241070	27665	162091	—	38291

数据来源：历年《中国科技统计年鉴》，—表示未做统计

① 技术转让数据 1997 年首次进入统计，1997—1999 年分别为 75715 万美元、259727 万美元和 320621 万美元。

三是利用外资对技术引进作用突出，带动我国制造业水平快速提升。20世纪90年代以来，外资主要集中于通信设备和计算机、交通运输设备、电气机械及器材等资金技术密集型制造业，促进了产业结构和出口商品结构升级[①]。到1999年合作生产、合资技术许可、合资技术设备入股、独资技术许可等方式的技术引进占比达13.29%（表2）。对外借款、国际租赁等其他利用外资方式在技术引进中也具有重要作用。1979—1991年我国对外借款489.34亿美元，占利用外资的50%左右，诸多项目是以技术改造和成套设备与关键设备引进方式进行的。如，1991年国家统借外资项目中有86项是直接引进设备，涉及汽车制造、化工、食品加工、纺织、通信、基础设施建设等领域[②]。通过大规模的技术引进，我国制造业特别是消费类产品制造在较短时期达到了同期世界先进水平。以电冰箱行业为例，截至1988年全国755万台电冰箱产量中技术引进的国家定点厂产量占80%以上[③]。1991—1999年机械电子行业和轻纺行业占技术引进额的比重由9.56%和2.60%分别提高至39.16%和12.80%[④]（表3）。

表3　1991—1999年按行业划分的技术引进　　　　单位：万美元

行业/年份	1991	1992	1993	1994	1995	1996	1997	1998	1999
合计	401690	635016	539667	271046	1088955	957600	5232611	1330958	1600512
能源	154708	146396	113780	68117	359296	136100	4044778	287260	176995
机械电子	38417	190938	54561	24753	396497	233100	299389	349855	626763
石化化工	112083	204521	260003	60481	110372	306800	219978	84839	124137
冶金有色	85557	60216	70909	72572	128209	135600	206334	51109	28137
交通运输	—	—	—	—	—	—	181110	414896	303497
农林业	—	—	—	—	—	—	107392	—	14474

---

① 江小涓. 新中国对外开放70年［M］. 北京：人民出版社，2019.

② 赵晋平.《利用外资与中国经济增长》［M］. 北京：人民出版社，2001.

③ 江小涓等.《全球化中的科技自愿重组与中国产业技术竞争力提升》［M］. 北京：中国社会科学出版社，2004.

④ 由于1990年之前年份对行业统计的统计标准与1991年以后不同，无法进行比较，因此仅比较1991—1999年的变化。

续表

行业/年份	1991	1992	1993	1994	1995	1996	1997	1998	1999
轻纺业	10456	32842	35538	40450	47291	102200	60087	101821	204907
城建建材	469	103	4876	4673	47290	43800	59327	25166	78668
航天航空	—	—	—	—	—	—	37937	16012	42934
其他	—	—	—	—	—	—	16279	—	—

数据来源：历年《中国科技统计年鉴》，—表示未做统计

四是技术出口起步发展，设备出口的成效开始显现。1986年国务院确定外经贸部和国家科委作为技术出口管理部门，1990年出台《技术出口管理暂行办法》，1990—2000年我国技术出口额由9.89亿美元增至85.75亿美元，增长7.7倍。这一时期以成套设备出口为主，且技术含量不断提高。技术出口由中小型成套设备逐步向大型成套设备发展，由少数领域向多领域发展。1999年成套设备和大型设备出口占全部技术出口额的58.87%，最高年份1994年占比高达93.06%（表4）。我国的技术能力尤其契合了亚洲发展中国家的经济发展需求，出口市场主要集中于伊朗、巴基斯坦、印度尼西亚、马来西亚和中国香港等国家和地区。

表4　1991—2000年按方式划分的技术出口　　　　单位：万美元

行业/年份	1991	1992	1993	1994	1995	1996	1997	1998	1999	2000
合计	127700	150900	217400	159900	253000	469400	552123	668700	754600	857500
成套设备	116000	132900	197500	148800	217400	191300	163155	226100	238400	216000
大型设备	—	—	—	—	—	—	204459	188300	205800	115000
关键设备	—	2900	1200	—	20600	5200	18354	—	—	—
高技术产品	—	—	—	—	—	—	122324	234800	289000	500000
合作生产	—	—	—	—	500	—	16	—	—	—
技术服务	4900	3600	12000	7100	7600	14500	25297	—	21400	21000
技术许可	1600	10900	4300	3600	1700	—	495	—	—	1200
其他	—	—	—	—	—	—	18022	—	—	4300

数据来源：历年《中国科技统计年鉴》，—表示未做统计

（三）第三阶段：以知识产权进口为主的结构升级时期（2001—2013 年）

加入 WTO 之后，我国开始全面融入世界经济体系，为开展技术贸易提供了广阔平台。同时，我国不断完善知识产权保护体系，为扩大专利、专有技术等知识产权进口提供了有利环境。这一时期我国的技术引进在保持规模和增速的同时，层次不断提高，呈现以下特点。

一是技术引进规模保持高速增长。巨大的出口市场和产业升级的内在要求都进一步促进我国技术引进加快发展。2001—2013 年技术引进额由 90.91亿美元提高到 433.64 亿美元，规模扩大 3.8 倍，年均增速达 13.91%。2012年达到峰值，合同数和金额分别为 12988 项和 442.74 万美元（表 5、图 2）。

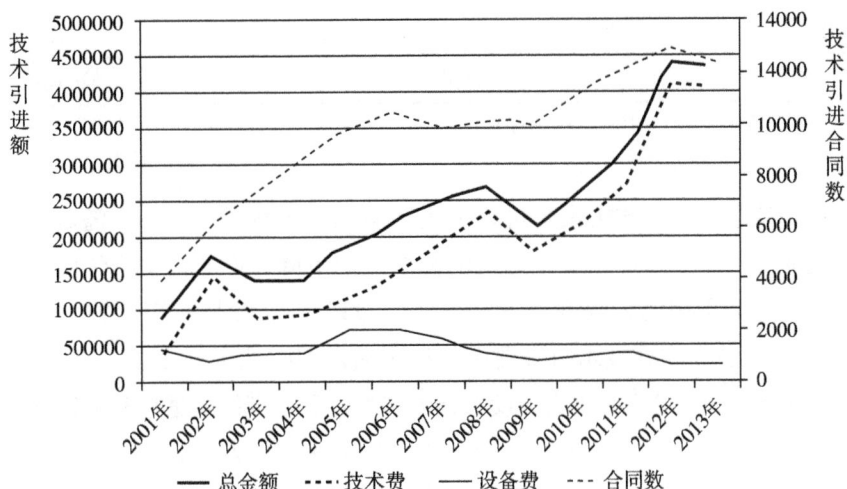

图 2　2001—2013 年我国技术引进情况（单位：万美元、项）

数据来源：历年《中国科技统计年鉴》，其中 2000 年的技术费和设备费为根据前后临近年份的估计数

表 5　2001—2013 年我国技术引进情况　　　　　　单位：项、万美元

年　份	合同数	总金额	技术费	设备费
2001	3900	909090	439493	469597
2002	6072	1738920	1437197	301723

续表

年　份	合同数	总金额	技术费	设备费
2003	7130	1345121	951127	393994
2004	8605	1385558	962528	423145
2005	9901	1904303	1182654	721658
2006	10538	2202323	1475616	726707
2007	9773	2541535	1940610	600924
2008	10170	2713347	2354718	358630
2009	9964	2157179	1860788	296391
2010	11253	2563557	2184667	378889
2011	12196	3207610	2790670	416940
2012	12988	4427370	4169095	258275
2013	12448	4336413	4109437	226976

数据来源：历年《中国科技统计年鉴》

二是技术引进方式由设备进口为主转向知识产权进口为主。随着我国设备制造能力的提升，对于设备进口的需求继续下降，产业结构升级的要求推动了技术引进层次明显提升，主要表现在知识产权等技术使用费迅速增长。自2002年起技术费在技术引进费中的比重超过50%并持续提高，到2013年这一比重高达94.77%，而成套设备、关键设备和生产线的进口额占比到2013年已经下降至1.68%；以专利、专有技术和商标许可为主的知识产权进口占比由2001年的19.84%提高到2013年的52.7%，大量的知识产权进口降低了企业的研发成本和风险，使企业以较快速度增加技术积累，为自主研发奠定了技术基础（表6、图2）。

表6　2001—2013年按方式划分的技术引进　　　　单位：万美元

年份/方式	合计	专利技术	专有技术	技术咨询和技术服务	计算机软件	商标许可	合资生产、合作生产等	成套设备、关键设备、生产线等	其他方式
2001	909090	48176	127688	213694	65201	4471	62289	335775	51796

续表

年份/方式	合计	专利技术	专有技术	技术咨询和技术服务	计算机软件	商标许可	合资生产、合作生产等	成套设备、关键设备、生产线等	其他方式
2002	1738920	583160	491383	273951	123731	7898	51499	185359	21938
2003	1345121	132545	443311	354408	39011	11241	12731	296610	55263
2004	1385558	102633	413003	346073	25415	25673	11496	378430	82835
2005	1904303	127838	509533	472845	43251	27181	172294	533312	18050
2006	2202323	139843	727674	518024	66534	9140	429471	286859	24777
2007	2541535	168332	859432	649374	87400	17170	85820	663192	10815
2008	2713347	176618	1265197	793769	86013	13833	94237	210788	72892
2009	2157179	182091	956279	660323	108805	14226	61865	150036	23555
2010	2563557	190128	941134	747461	229583	42225	82230	271623	59173
2011	3215881	256454	1194080	1153034	297350	32392	80237	91485	110848
2012	4427370	677786	1610356	1426071	269335	54552	136557	147058	105655
2013	4336413	636910	1605382	1334317	308885	43310	201107	72940	133562

数据来源：历年《中国科技统计年鉴》

三是为我国成为世界制造业中心奠定了雄厚技术基础。2001—2013 年制造业技术引进额占比从 61.70% 提高到 78.84%，技术引进对制造业的技术进步和生产效率提升具有显著的正向促进效应，以信息通信技术为代表的高新技术产业实现了跨越式发展，以冶金、化工、纺织为代表的传统产业技术改造成效显著，具备自主设计生产能力的重大技术装备产业体系基本形成①。

（四）技术进口与出口趋于平衡发展的新时期（2014 年至今）

2014 年以来，我国技术贸易呈现进口与出口规模差距明显缩小，发展更趋均衡的态势。2014—2019 年技术出口额由 284.25 亿美元增至 321.37 亿美元，年均增速 2.49%；进口额由 310.59 亿美元增至 352.01 亿美元，年均增

---

① 商务部例行新闻发布会，2010 年 12 月 15 日 ［EB/OL］. http：//www. mofcom. gov. cn/article/fbhfn/fbh2010/201012/20101207308489. shtml.

速 2.54%，远低于上一时期总金额技术费设备费合同数 13.91% 的增速。贸易逆差大幅收窄，由 2013 年的 233.27 亿美元大幅下降到 2019 年的 30.64 亿美元（图 3）。技术出口的大幅增长表明在长期技术引进和自主创新的交互作用下，我国与发达国家的技术差距明显缩小，尤其是一些产业领域的技术创新能力大幅提升，企业技术输出能力不断增强。如，近年来，我国信息通信技术企业与跨国公司的专利交叉授权越来越多，其前提条件是企业在相同技术水平层面上，产生相互的技术需求。其次，国际服务外包规模不断扩大且价值链不断升级。技术进口增速明显放缓则是双重因素的作用。一方面，随着我国技术研发能力不断提升，自主知识产权技术的数量越来越多，对引进的新技术层次不断提高，一般性、低水平、重复引进等现象较改革开放初期大为减少。另一方面，近年来，美国在"技术脱钩论"的影响下，加强对我国的技术封锁和技术引进限制，美欧等发达经济体对我国企业跨国并购也采取了更严格的限制措施，导致我国企业技术引进的障碍和壁垒增高，也是非常重要的因素。

二、"十三五"以来我国技术贸易发展的特征与问题

"十三五"以来，我国深入实施创新驱动战略，技术贸易稳步发展、结构不断优化，技术贸易规模持续扩大，贸易伙伴遍及世界各地，贸易方式更加多样化，民营企业的市场主体地位不断上升。但是，我国技术贸易市场尤其是核心技术进口高度依赖发达国家，知识产权出口规模小，区域技术引进不平衡等短板仍然突出。

（一）"十三五"以来我国技术贸易发展的主要特征

1. 技术出口增长强劲，进口增速平稳。2016—2019 年我国技术贸易额由 542.28 亿美元提高至 673.38 亿美元的历史最高水平，年均增速 7.48%，其中出口增速 11%，进口增速 4.63%。2019 年的贸易规模、出口规模和进口规模分别是 2011 年的 1.88 倍、12.58 倍和 1.05 倍。由于出口规模增长迅速，技术贸易逆差由 2016 年的 72.28 亿美元降至 30.64 亿美元（图 3）。

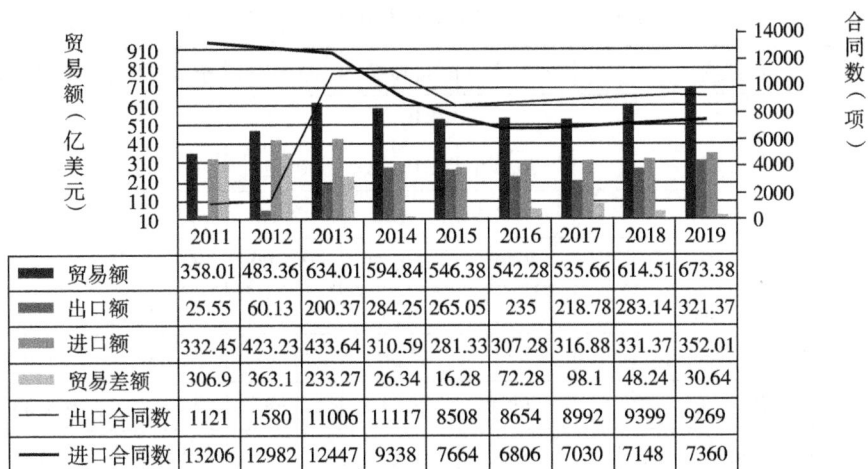

图 3　2011—2019 年我国技术贸易发展情况

	2011	2012	2013	2014	2015	2016	2017	2018	2019
贸易额	358.01	483.36	634.01	594.84	546.38	542.28	535.66	614.51	673.38
出口额	25.55	60.13	200.37	284.25	265.05	235	218.78	283.14	321.37
进口额	332.45	423.23	433.64	310.59	281.33	307.28	316.88	331.37	352.01
贸易差额	306.9	363.1	233.27	26.34	16.28	72.28	98.1	48.24	30.64
出口合同数	1121	1580	11006	11117	8508	8654	8992	9399	9269
进口合同数	13206	12982	12447	9338	7664	6806	7030	7148	7360

数据来源：商务部服贸司

2. 技术进口"软性化"，知识产权进口成为主要方式。我国技术引进方式从"硬"向"软"转变，标志着技术进口"含金量"不断提升。2017—2019 年我国技术费占技术进口额比重分别为 97.44%、97.23% 和 89.30%；其中，知识产权（专利技术、专有技术和商标许可）进口在技术进口额中占主导地位，占比分别为 65.63%、68.46% 和 60.32%；其次是技术咨询和技术服务，占比分别为 21.05%、16.19% 和 29.07%；再次是计算机软件，占比分别为 7.24%、10.98% 和 2.27%（表 7）。从实践角度看，并购是近年来我国企业获取关键核心技术的重要路线。在技术研发长周期、高风险、高投入及核心技术引进存在困难等情况下，海外并购可以有效规避国外技术壁垒，使企业短期内掌握核心技术，形成较强的技术实力和创新能力。晨哨并购的统计显示，近年来获取技术标的是我国企业海外并购最重要的目标。2018 年我国企业在制造业、TMT（科技、媒体和电信业）及医疗健康等行业的海外先进技术并购数占比分别为 15.85%、15.65% 和 10.98%。

表7 2017—2019年技术引进方式构成　　单位：项、亿美元、%

合同类别	合同数	进口额	技术费	金额占比	同比增速
2017 年					
合计	7030	316.88	308.78	100.00	3.13
专利技术	519	42.25	42.16	13.33	41.96
专有技术	2076	160.72	159.00	50.72	−2.25
其他方式	190	3.89	3.81	1.23	15.59
合资生产、合作生产	67	13.41	13.40	4.23	−3.94
商标许可	99	5.01	4.84	1.58	165.43
成套设备、关键设备、生产线	48	1.96	0.41	0.62	−52.37
技术咨询、技术服务	3765	66.70	62.22	21.05	−20.80
计算机软件	266	22.95	22.92	7.24	312.49
2018 年					
合计	7148	331.37	322.19	100.00	4.57
专利技术	461	63.65	62.38	19.21	50.66
专有技术	1871	157.50	154.53	47.53	−2.00
其他方式	233	7.47	6.79	2.25	92.33
合资生产、合作生产	53	3.87	3.77	1.17	−71.17
商标许可	92	5.72	5.68	1.73	14.19
成套设备、关键设备、生产线	36	3.12	1.53	0.94	59.53
技术咨询、技术服务	4115	53.66	51.52	16.19	−19.55
计算机软件	287	36.39	36.00	10.98	58.54
2019 年					
合计	7360	352.01	314.34	100.00	6.24
专利技术	469	43.55	43.38	12.37	−31.55
专有技术	1905	164.58	162.90	46.75	4.50
其他方式	269	20.71	18.87	5.88	177.12
合资生产、合作生产	67	2.79	2.79	0.79	−27.75
商标许可	97	4.19	4.19	1.19	−26.71

续表

合同类别	合同数	进口额	技术费	金额占比	同比增速
成套设备、关键设备、生产线	60	4.09	0.61	1.16	31.25
技术咨询、技术服务	4243	102.34	71.87	29.07	90.71
计算机软件	250	9.75	9.73	2.77	−73.19

数据来源：商务部服贸司

3. 技术出口以技术咨询和技术服务为主，是技术贸易的主要顺差来源。2017—2019 年技术咨询和技术服务在技术出口额中的比重分别为 68.20%、62.85% 和 69.33%，其次是计算机软件出口，占比分别为 16.23%、8.82% 和 7.42%。技术咨询和技术服务是技术贸易最大的顺差项，2017—2019 年顺差额分别为 82.51 亿美元、124.28 亿美元和 120.47 亿美元；其次是计算机软件出口，2019 年顺差额为 14.11 亿美元，表明我国通过承接国际软件和信息技术外包出口竞争力不断上升，尤其是人工智能、大数据、移动互联和云计算等新一代信息技术发展，正在推动信息技术服务外包企业加快转型升级，规模实力不断增强（表 8）。

表 8 2017—2019 年按方式划分的技术出口　　单位：项、亿美元、%

合同类别	合同数	进口额	技术费	金额占比	同比增速
2017 年					
合计	8992	218.78	205.68	100.00	−6.90
专利	179	2.87	2.33	1.31	−54.90
专有技术	450	22.64	22.55	10.35	48.38
技术咨询和技术服务	3905	149.21	137.37	68.2	−12.84
计算机软件	3717	35.51	35.14	16.23	8.51
商标许可	2	0.01	0.00	0.00	20.57
合资生产、合作生产等	62	1.24	1.24	0.57	−17.23
成套设备、关键设备、生产线等	1	0.05	0.00	0.02	330.02
其他方式	676	7.25	7.05	3.31	−8.82

续表

合同类别	合同数	进口额	技术费	金额占比	同比增速
2018 年					
合计	9399	283.14	251.61	100.00	29.42
专利	234	17.08	17.05	6.03	495.93
专有技术	411	27.06	26.47	9.56	19.50
技术咨询和技术服务	4682	177.94	150.68	62.85	19.26
计算机软件	3309	24.97	24.77	8.82	-29.69
商标许可	5	0.02	0.02	0.01	182.66
合资生产、合作生产等	106	0.63	0.61	0.22	-49.19
成套设备、关键设备、生产线等	2	0.51	0.06	0.18	870.86
其他方式	650	34.93	31.95	12.34	381.74
2019 年					
合计	9269	321.37	256.17	100.00	14.64
专利	335	13.30	13.27	4.14	-22.10
专有技术	360	23.18	21.83	7.21	-14.33
技术咨询和技术服务	4960	222.81	176.91	69.33	25.21
计算机软件	2874	23.86	22.81	7.42	-4.45
商标许可	0.00	0.00	0.00	0.00	-100.00
合资生产、合作生产等	163	0.93	0.93	0.29	47.33
成套设备、关键设备、生产线等	5	0.04	0.02	0.01	-91.86
其他方式	572	37.25	20.40	11.59	16.02

数据来源：商务部服贸司

4. 技术贸易市场主体仍以外资企业为主，内资企业呈上升态势。外资企业一直在我国技术贸易中占绝对主导地位。2017—2019 年外资企业在技术进口额中占比分别为 69.10%、72.02% 和 53.10%，在技术出口额中占比分别为 70.29%、60.53% 和 58.75%。说明外资企业仍然是我国技术贸易的主要支撑和技术创新的重要推动力，其技术外溢效应仍然对我国技术创新能力产生重要影响，也说明我国日益优化的营商环境对于外资高技术企业具有较强吸引

力。同时，内资企业的技术贸易份额占比逐步上升，说明我国技术贸易的内
生动力不断增强。2019 年国有企业、集体企业、民营企业在技术进口额中的
比重共计为 38.25%，较 2017 年的 24.71% 提高 13.54 个百分点；在技术出口
额中的比重共计为 37.19%，较 2017 年的 24.81% 提高 12.38 个百分点。且
2018 年内资企业的研发强度为 1.3%，高于外资的 0.3 个百分点，说明内资企
业的创新能力不断提升带动了技术出口增长。

值得关注的是，民营企业仅次于外资企业成为我国技术贸易的重要市场
主体。从技术进口看，近年来民企通过开展跨国并购、购买专利技术、加强
与国外企业和机构开展技术合作等多种方式不断加大技术引进力度，2017—
2019 年民营企业技术引进额占比分别为 16.72%、15.92% 和 17.67%，反映
出民营企业通过技术引进实现技术升级具有显著效果。从技术出口看，民营
企业已经超过国有企业，2017—2019 年在技术出口额中民营企业占比分别为
15.50%、16.78% 和 15.35%。技术引进促进了民企加大研发投入，2018 年民
营企业研发人员全时当量和研发经费内部支出均占我国各类型规上工业企业
的 1/3，显示出越来越强的消化吸收创新能力，逐渐缩小与跨国公司和国企的
技术差距（表 9、表 10）。

表 9　2017—2019 年我国各类企业技术进口　单位：项、亿美元、%

企业性质	合同数	合同金额	金额占比	同比增速
2017 年				
合计	7030	316.88	100.00	3.13
国有企业	931	24.93	7.87	−1.14
集体企业	42	0.39	0.12	15.59
外商投资企业	3658	218.95	69.10	15.82
民营企业	1239	52.97	16.72	−21.79
其他	1160	19.63	6.20	−21.30
2018 年				
合计	7148	331.37	100.00	4.57
国有企业	925	19.64	5.93	−21.25
集体企业	53	0.28	0.09	−27.95

续表

企业性质	合同数	合同金额	金额占比	同比增速
外商投资企业	3459	238.67	72.02	9.01
民营企业	1364	52.75	15.92	−0.41
其他	1347	20.04	6.05	2.04
2019 年				
合计	7360	352.01	100.00	6.24
国有企业	1061	71.90	20.43	266.76
集体企业	54	0.51	0.15	80.60
外商投资企业	3257	186.92	53.10	−21.68
民营企业	1531	62.21	17.67	17.94
其他	1457	30.46	8.65	52.04

数据来源：商务部服贸司

表10 2017—2019 年我国各类企业技术出口 单位：项、亿美元、%

企业性质	合同数	合同金额	技术费	金额占比	同比增速
2017 年					
合计	8992	218.78	205.68	100.00	−6.90
国有企业	200	20.34	8.81	9.30	−59.48
集体企业	8	0.02	0.00	0.01	272.01
外商投资企业	5674	153.79	153.41	70.29	2.76
民营企业	2626	33.92	33.21	15.50	24.43
其他	484	10.71	10.25	4.90	35.96
2018 年					
合计	9399	283.14	251.61	100.00	29.42
国有企业	226	31.87	8.49	11.26	56.66
集体企业	6	0.07	0.07	0.03	275.13
外商投资企业	5852	171.40	169.58	60.53	11.45
民营企业	2767	47.50	44.05	16.78	40.03
其他	548	32.30	29.41	11.41	201.53

续表

企业性质	合同数	合同金额	技术费	金额占比	同比增速
2019 年					
合计	9269	321.37	256.17	100.00	14.64
国有企业	205	70.11	11.96	21.82	120.00
集体企业	4	0.06	0.06	0.02	-14.54
外商投资企业	5453	188.79	186.73	58.75	11.99
民营企业	3046	49.33	45.31	15.35	3.87
其他	561	13.07	12.10	4.07	-59.53

数据来源：商务部服贸司

5. 技术贸易市场主要集中于发达国家和地区，美国仍是我国第一大贸易伙伴。我国目前与全球 130 多个国家建立了技术贸易联系[1]，但高度集中于美欧日发达经济体且保持基本稳定。2019 年我国前十大技术进口来源地分别为美国、日本、德国、俄罗斯、瑞典、韩国、瑞士、中国香港、中国台湾、意大利，占我国技术进口额的比重高达 87.28%，占我国技术进口额的比重高达 87.28%，其中来自美国、日本和德国的技术引进额合计占比达 56.15%。2019 年前十大技术出口目的地分别是美国、中国香港、阿联酋、日本、德国、瑞典、孟加拉国、新加坡、韩国和英属维尔京群岛，以上 10 个国家和地区占我国技术出口额的比重达 71.30%。美国一直是我国第一大技术进口来源国和出口目的国，2017—2019 年我国对美技术进口额占比分别为 33.57%、34.74%、24.03%，对美技术出口额占比分别为 22.22%、30.83%、17.62%，2019 年受贸易摩擦影响双边技术进出口均出现大幅下滑。值得关注的是，"一带一路"沿线逐步成为我国技术出口的重要新兴市场。2019 年我国技术出口前十大目的地中，阿联酋、孟加拉国、新加坡均属于沿线国家。

需要强调的是，美欧日三大经济体在我国技术进口与出口市场出现高度重合的现象。一方面说明我国不断缩小与发达经济体的技术差距，技术分工由垂直分工逐步向水平分工发展，比如，我国信息技术企业与发达国家跨国

---

[1] 王炳南于 2018 年"第六届中国（上海）国际技术进出口交易会"开幕论坛的讲话［EB/OL］. https://www.sohu.com/a/228815046_123753.

公司之间越来越多出现专利交叉授权现象就印证了这一点。同时还应该看到，我国与发达国家间的技术贸易活动仍基于比较优势，我国从发达国家进口的主要是核心技术和知识产权，出口则主要是技术咨询与服务等非核心技术，如专业技术、软件和计算机服务等外包业务，在技术先进性和附加值上都存在明显差距（表11、表12）。如，中国是全球第四大知识产权进口国。2018年我国对美支付的知识产权使用费占当年对外知识产权使用费的1/4，占美国当年知识产权使用费收入的1/6。2011—2018年我国对美国支付的知识产权使用费从34.6亿美元提高至86.4亿美元，年均增速达13.97%。

表11　2017—2019年我国前十大技术进口国家/地区构成

单位：项、亿美元、%

序号	国家/地区	合同数	合同金额	技术费	设备费	金额占比
2017年						
全部合计		7030	316.88	308.78	6.82	100.00
前十大国家/地区合计		5705	277.08	269.87	6.03	87.44
1	美国	1191	106.38	104.70	1.14	33.57
2	日本	1815	62.03	61.02	0.69	19.58
3	德国	899	41.81	40.86	0.90	13.19
4	韩国	514	18.14	17.99	0.14	5.72
5	瑞典	74	11.71	11.71	0.00	3.70
6	中国台湾	330	9.59	6.66	2.91	3.02
7	英国	202	7.47	7.40	0.07	2.36
8	中国香港	432	7.32	7.27	0.02	2.31
9	瑞士	88	6.72	6.38	0.15	2.12
10	法国	160	5.91	5.88	0.01	1.86
2018年						
全部合计		7148	331.37	322.19	5.04	100.00
前十大国家/地区合计		5345	294.42	288.28	3.16	88.85
1	美国	1241	115.12	113.72	0.50	34.74

续表

序号	国家/地区	合同数	合同金额	技术费	设备费	金额占比
2	日本	1741	61.74	60.33	0.91	18.63
3	德国	762	35.90	34.56	1.20	10.83
4	瑞士	83	23.22	22.84	0.12	7.01
5	韩国	480	19.03	18.84	0.08	5.74
6	瑞典	119	10.38	10.21	0.17	3.13
7	英国	226	9.48	8.43	0.00	2.86
8	芬兰	24	6.97	6.97	0.00	2.10
9	法国	174	6.63	6.47	0.15	2.00
10	中国香港	495	5.94	5.89	0.03	1.79
2019 年						
全部合计		7360	352.01	314.34	37.45	100.00
前十大国家/地区合计		5607	307.22	270.48	36.65	87.28
1	美国	1309	84.58	84.43	0.14	24.03
2	日本	1594	66.24	63.24	2.98	18.82
3	德国	910	46.82	42.71	4.06	13.30
4	俄罗斯	20	34.56	5.89	28.66	9.82
5	瑞典	148	22.85	22.85	0.00	6.49
6	韩国	441	18.60	18.60	0.01	5.29
7	瑞士	87	11.76	11.51	0.25	3.34
8	中国香港	522	8.85	8.65	0.19	2.51
9	中国台湾	423	6.88	6.82	0.06	1.96
10	意大利	153	6.08	5.78	0.29	1.73

数据来源：商务部服贸司

表12 2017—2019年我国前十大技术出口国家/地区构成

单位：项、亿美元、%

序号	国家/地区	合同数	合同金额	技术费	设备费	金额占比
2017 年						
全部合计		8992	218.78	205.68	11.50	100.00
前十大国家/地区合计		6684	157.44	150.47	6.57	71.96
1	美国	1161	48.62	48.53	0.07	22.22
2	中国香港	961	21.58	21.35	0.02	9.86
3	德国	259	18.30	18.24	0.02	8.36
4	日本	3871	16.05	15.83	0.12	7.34
5	新加坡	197	15.70	15.66	0.03	7.18
6	瑞典	39	12.68	12.68	0.00	5.80
7	瑞士	72	6.86	6.82	0.00	3.14
8	巴基斯坦	24	6.51	0.22	6.30	2.98
9	荷兰	93	6.00	6.00	0.00	2.74
10	芬兰	7	5.13	5.13	0.00	2.35
2018 年						
全部合计		9399	283.14	251.61	25.90	100.00
前十大国家/地区合计		7041	210.05	197.68	9.09	30.83
1	美国	1134	87.29	87.06	0.17	13.63
2	中国香港	1166	38.60	37.72	0.14	6.40
3	新加坡	268	18.11	18.07	0.03	5.75
4	日本	4053	16.28	16.21	0.01	3.85
5	德国	279	10.90	10.79	0.03	3.56
6	比利时	9	10.07	10.07	0.00	2.92
7	芬兰	16	8.27	8.27	0.00	2.60
8	瑞士	85	7.37	7.21	0.02	2.36
9	伊朗	11	6.69	0.60	3.91	2.29

续表

序号	国家/地区	合同数	合同金额	技术费	设备费	金额占比
10	巴基斯坦	20	6.48	1.69	4.79	0.02
2019 年						
全部合计		9269	321.37	256.17	47.80	100.00
前十大国家/地区合计		7206	229.15	178.42	38.04	71.3
1	美国	1239	56.62	56.12	0.20	17.62
2	中国香港	1190	42.07	39.02	2.81	13.09
3	阿拉伯联合酋长国	34	24.36	3.27	21.09	7.58
4	日本	3937	20.76	20.61	0.02	6.46
5	德国	278	19.03	18.86	0.10	5.92
6	瑞典	34	16.24	16.23	0.00	5.05
7	孟加拉国	4	14.45	0.17	9.04	4.50
8	新加坡	264	14.28	13.60	0.28	4.44
9	韩国	188	10.84	9.85	0.98	3.37
10	英属维尔京群岛	38	10.52	0.69	3.51	3.27

数据来源：商务部服贸司

6. 技术进口以制造业为主，技术出口以服务业为主。从技术进口看，交通运输设备，通信设备、计算机及其他电子设备，化学原料及化学制品，通用设备，专用设备，电气机械及器材和医药等制造业是我国技术进口的主要行业。2017—2019 年在前十大技术进口行业中制造业分别占 8 席，制造业技术进口额合计占比分别为 78.28%、76.97% 和 63.85%，说明国外技术仍是我国制造业获取先进技术、实现技术升级的重要来源。从技术出口看，服务业占主导地位。2017—2019 年在前十大技术出口行业中，包含了专业技术、软件、研发、计算机服务等服务领域，这四个领域的技术出口额合计占比分别为 51.72%、53.68% 和 53.25%，说明以国际服务外包为主的服务出口是技术出口的主要来源。此外，技术出口主要涉及通信设备、计算机及其他电子设备，医药，化学原料及化学制品，专用设备和交通运输设备等制造领域，2017—2019 年制造业技术出口额合计占比分别为 33.61%、17.80% 和 23.78%，表明这些领域通过技术进口提升了创新能力，带动了技术出口发展（表13、表14）。

表13 2017—2019 年按行业划分的技术进口 单位：项、亿美元、%

行　业	合同数	合同金额	技术费	金额占比
2017 年				
全部合计	7030	316.8800	308.7770	100.00
前十大行业合计	4871	260.6900	255.9148	82.27
交通运输设备制造业	1493	96.0819	95.6797	30.32
通信设备、计算机及其他电子设备制造业	895	92.7650	89.6254	29.27
化学原料及化学制品制造业	380	17.6438	16.7395	5.57
通用设备制造业	298	12.0657	12.0270	3.81
专用设备制造业	334	10.6733	10.5190	3.37
电气机械及器材制造业	274	9.2916	9.2053	2.93
其他行业	194	6.4398	6.4252	2.03
房地产业	812	6.2255	6.2112	1.96
医药制造业	124	5.4646	5.4520	1.72
工艺品及其他制造业	67	4.0389	4.0305	1.27
2018 年				
全部合计	7148	331.3749	322.1890	100.00
前十大行业合计	4238	270.4845	265.2660	81.62
交通运输设备制造业	1504	95.3856	95.0092	28.78
通信设备、计算机及其他电子设备制造业	754	87.4330	86.8530	26.38
化学原料及化学制品制造业	335	17.7976	15.6211	5.37
食品制造业	26	17.1695	17.1695	5.18
专用设备制造业	387	11.8394	11.5990	3.57
医药制造业	201	9.0651	8.6792	2.74
通用设备制造业	404	8.6913	8.5655	2.62
软件业	230	7.8625	7.3035	2.37
电气机械及器材制造业	184	7.6709	6.9420	2.31
计算机服务业	213	7.5697	7.5241	2.28

续表

行　业	合同数	合同金额	技术费	金额占比
2019 年				
全部合计	7360	352.01	314.34	100.00
前十大行业合计	4405	278.29	246.93	79.06
交通运输设备制造业	1564	97.93	97.88	27.82
通信设备、计算机及其他电子设备制造业	777	54.12	53.88	15.38
电力、热力的生产和供应业	56	35.42	6.70	10.06
化学原料及化学制品制造业	350	19.85	19.30	5.64
专用设备制造业	387	18.38	18.30	5.22
通用设备制造业	386	12.87	12.78	3.66
医药制造业	187	11.58	11.57	3.29
电气机械及器材制造业	220	10.00	8.42	2.84
软件业	274	9.51	9.48	2.70
计算机服务业	204	8.63	8.62	2.45

数据来源：商务部服贸司

表 14　2017—2019 年按行业划分的技术出口　　单位：项、亿美元、%

行　业	合同数	合同金额	技术费	金额占比
2017 年				
全部合计	8992	218.7608	205.6612	100.00
前十大行业合计	8209	194.2250	186.5722	88.78
通信设备、计算机及其他电子设备制造业	1269	46.7087	45.7765	21.40
软件业	3428	37.5400	37.1815	17.16
研究与试验发展	239	29.1791	29.1790	13.34
专业技术服务业	965	24.2570	18.6730	11.09
计算机服务业	1463	22.1624	22.1061	10.13
医药制造业	301	9.0416	9.0329	4.13
化学原料及化学制品制造业	94	8.2961	8.2337	3.79
其他行业	102	7.5578	7.2795	3.45

续表

行　业	合同数	合同金额	技术费	金额占比
专用设备制造业	271	5.6929	5.5827	2.60
通用设备制造业	77	3.7894	3.5274	1.73
2018 年				
全部合计	9399	283.1364	251.6073	100.00
前十大行业合计	8164	233.5793	216.6609	82.50
计算机服务业	1468	49.8050	49.5088	17.60
软件业	3458	46.8467	46.6776	16.55
研究与试验发展	277	31.5360	30.9598	11.14
通信设备、计算机及其他电子设备制造业	1047	23.8406	23.0207	8.42
专业技术服务业	1314	23.7859	23.4024	8.40
医药制造业	378	14.9196	14.9067	5.27
石油和天然气开采业	39	12.6397	12.0518	4.46
通用设备制造业	59	11.6353	11.6343	4.11
电力、热力的生产和供应业	27	9.9776	2.1125	3.52
其他服务业	97	8.5929	2.3864	3.03
2019 年				
全部合计	9269	321.3725	256.1665	100.00
前十大行业合计	8231	292.3801	231.8778	90.98
专业技术服务业	1388	54.0488	32.1716	16.80
软件业	3140	53.5688	53.4409	16.67
通信设备、计算机及其他电子设备制造业	885	45.2453	45.0038	14.08
研究与试验发展	310	36.0604	36.0152	11.22
电力、热力的生产和供应业	19	31.4759	1.3985	9.79
计算机服务业	1544	27.4596	27.2737	8.54
医药制造业	475	14.8096	14.7683	4.61
其他行业	170	13.3312	5.6289	4.15
交通运输设备制造业	110	8.5435	8.4219	2.66
专用设备制造业	190	7.8370	7.7551	2.44

数据来源：商务部服贸司

7. 技术型对外投资和利用外资双向发展，综合应用国内外技术市场和资源的能力增强。在对外投资方面，建立海外研发机构和科技园是我国企业融入全球创新链，通过开放创新组合全球人才、技术、信息等要素的重要渠道，越来越多的企业以寻求技术资源为目的进行跨国并购或设立海外研发机构快速掌握核心关键技术。据统计，截至 2017 年仅高新区企业就设立了 994 家境外研发机构。比如，在海外设立研发中心和生产研发基地已经成为我国汽车企业全球化发展的重要组成部分。在利用外资方面，我国外资市场准入政策放宽和国内营商环境的持续改善，促进了高技术外资保持高速增长。2019 年我国高技术服务业吸收外资增长 44.3%，其中信息传输、软件和信息技术服务，科学研究和技术服务业吸收外资分别增长 29.4% 和 68.4%。跨国公司在我国的研发投入不断增长，目前跨国公司在华投资地区总部和研发中心超过2000 家，其中国家认定的外资研发中心 1800 多家。

（二）我国技术贸易发展存在的主要问题

1. 核心技术高度依赖发达国家导致经贸摩擦频发。近两年来，美国等发达国家不断以知识产权保护、维护国家安全等为由对我国进行技术封锁，且不断发起知识产权贸易摩擦，尤其增加了我国引进核心关键技术和前沿技术的困难和成本。在中美经贸摩擦中，被美国列入出口管制实体清单的中国高科技企业和机构范围不断扩大，同时加强对我国高新技术产品进口加征关税等限制性措施。如，新一代信息技术、新能源汽车、航空产品、高铁装备、高性能医疗器械、生物医药、新材料、农机装备和工业机器人等。此外，对我国企业在美国并购高技术企业设置越来越多的障碍。2020 年 2 月美国正式生效了两项改革外国投资国家安全审查制度的法规[1]，严控关键技术知识产权流失。日本也正在考虑高新技术出口的管制范围，将人工智能和机器人当中使用的下一代技术作为限制重点。

2. 知识产权出口规模与我国创新大国地位极不匹配。我国已经跻身世界知识产权大国行列。截至 2019 年国内[2]发明专利拥有量 186.2 万件，每万人

---

[1] 新生效的两项法规是《2018 年外国投资风险审查现代化法案》的配套法规，主要涉及两个领域：一是关键技术、关键基础设施和个人敏感信息；二是房地产交易。

[2] 不含中国港澳台地区。

口发明专利拥有量 13.3 件。据世界知识产权组织（WIPO）统计，2019 年我国已连续 9 年列全球专利申请量首位，且国际专利申请量首次超过美国居全球首位，但外围专利多、核心专利少的状况导致我国知识产权出口不仅规模小，反而要对外支付高额知识产权使用费。2017—2019 年我国知识产权出口占技术出口额的比重分别为 11.56%、15.60% 和 11.35%，同期知识产权进口占技术进口额的比重分别为 65.63%、68.46% 和 60.32%，贸易逆差额分别高达 182.46 亿美元、182.71 亿美元和 175.84 亿美元，成为技术贸易逆差的最大来源。一方面说明发达经济体仍占据全球技术创新的主导地位，另一方面也反映出我国对于知识产权出口还未引起足够重视。

3. 技术引进的区域分布严重不平衡。我国区域技术贸易水平的差异与经济发展水平呈正向关系。由于东部地区经济发展水平高，高新技术产业优势明显，技术贸易也占绝对优势。2018 年东、中、西部和东北地区技术进口额占比分别为 64.53%、8.79%、19.40% 和 7.28%（图 4）。技术引进在空间分布上的不平衡性意味着东部与中、西部在新技术获取、消化吸收和产业化应用等方面的差距，势必造成区域间技术创新差距进一步扩大，从而影响中、西部承接产业转移和自主创新能力。

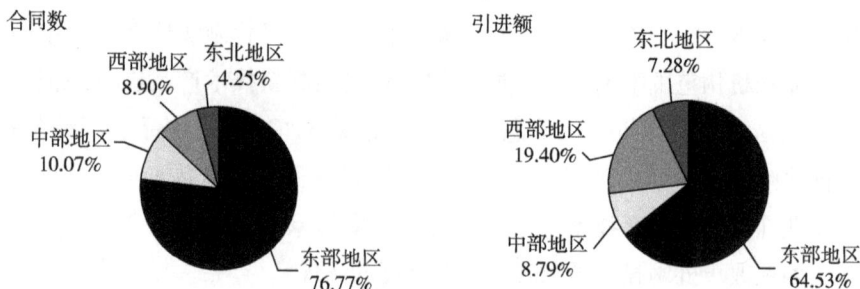

图 4　2018 年我国技术引进的区域分布

注：根据《2019 年中国科技统计年鉴》绘制

4. 内资企业技术引进和消化吸收再创新仍有较大提升空间。内资企业技术引进一直低于外资企业。2017—2019 年内资企业[①]技术引进额占比分别为

---

① 包括除外商投资企业和港澳台企业以外的其他企业类型。

30.9%、27.98% 和 46.9%。这一情形可能带来一定负面影响。如，一些外资企业出于维护和巩固市场竞争地位的考虑对技术进行控制，仅在公司内部转移，从而降低技术外溢效应。同时，内资企业对引进技术的消化吸收和再创新能力也低于外资企业 1 倍左右。在 2018 年，规上工业企业的平均研发投入支出中，内资企业为 310.61 万元、外资企业为 623.13 万元；平均研发人员全时当量，内资企业为 7.04 人/年，外资企业为 13.42 人/年。因此，内资企业应加大技术引进力度，同时通过增加研发投入、提高研发效率加速技术转化提升创新能力。

三、技术贸易促进我国技术创新能力和产业竞争力提升

我国企业的实践可以证实技术贸易与技术创新和产业竞争力之间的相互促进关系。企业通过引进技术具备了模仿创新的基础，为在较短时间内实现消化吸收再创新通常加大研发投入，在研发中积累了技术存量，提升了技术创新能力。同时，新技术也加剧了国内市场竞争，刺激未进行技术引进的企业加大研发投入，带动行业整体技术能力提升，从而促进产业升级和竞争力提升。

（一）技术贸易促进我国技术创新能力提升

2019 年 7 月世界知识产权组织（WIPO）发布的《2019 年全球创新指数报告》显示，我国在 129 个经济体中排名第 14 位，是中等收入经济体中唯一进入前 30 位的国家，在专利、工业品外观设计、商标数量及高技术出口、创意产品出口等方面体现出卓越的创新实力。2019 年我国的国际专利申请量增长 11% 达 58990 件，超过美国首次位居第一[①]，且我国创新投入水平远低于美国、德国、英国、芬兰、以色列等高收入经济体，这与引进消化吸收再创新的方式有密切关系。这里依据 2017—2019 年我国技术进口前十大行业进行分析，其中包括 8 类制造业（表 13）。可以看出，无论是传统制造业还是新兴产业都具有一致性的动态创新路径，即：技术引进→研发投入增加→技术水平提高→创新能力提升。

---

① 2020 年 4 月 WIPO 公布的 2019 年国际专利申请量数据。

1. 企业技术进口对于研发投入增长具有明显正向效应。从 2012—2018 年的研发经费支出可以发现，这 8 类制造业总体保持逐年稳步增长。2014 年之后 8 类制造业的研发经费支出均超过 100 亿元。2018 年除食品制造业外，其他 7 类制造业的研发经费均超过 400 亿元，排前两位的依次是通信设备、计算机及其他电子设备制造业，电气机械和器材制造业，研发经费支出分别达 2279.9 亿元和 1320.1 亿元，占当年全部制造业研发经费支出的 18.2% 和 10.6%。2012—2018 年 8 类制造业的研发经费投入强度普遍增长，说明通过引进技术直接或间接地刺激了企业开展技术创新。在 8 类制造业中，2018 年企业研发经费投入强度排前两位的依次是交通运输设备和专用设备制造业，分别达 3.38% 和 2.43%，较 2012 年分别提高 1.2 个百分点和 0.95 个百分点。2018 年除食品制造业外，其他 7 类制造业的研发经费投入水平均超过当年规上工业企业和全部制造业的平均水平（表 15、表 16）。

表 15　我国技术引进前 8 类制造业 2012—2018 年研发经费支出　单位：亿元

年份/行业	制造业合计	通信设备、计算机及其他电子设备制造业	电气机械和器材制造业	运输设备制造业	医药制造业	化学原料和化学制品制造业	通用设备制造业	专用设备制造业	食品制造业
2012	6850.5	1064.8	704.3	342.8	283.3	554.7	472.0	425.0	86.9
2013	7959.8	1252.5	815.4	372.1	347.7	660.4	547.9	512.3	98.5
2014	8890.9	1392.5	922.9	426.1	390.3	746.5	620.6	540.9	112.7
2015	9650.0	1611.7	1012.7	435.9	441.5	794.5	632.6	567.1	135.4
2016	10580.3	1811.0	1102.4	459.6	488.5	840.7	665.7	577.1	152.8
2017	11624.7	2002.8	1242.4	428.8	534.2	912.5	696.8	636.9	148.1
2018	12498.0	2279.9	1320.1	400.8	580.9	899.9	735.6	725.8	161.0

数据来源：历年《中国科技统计年鉴》

表 16　2012—2018 年我国技术引进前 8 类制造业研发经费投入强度　　单位:%

行业/年份	2012	2013	2014	2015	2016	2017	2018
规上工业企业	0.77	0.80	0.84	0.90	0.94	1.06	1.23
制造业	0.85	0.88	0.91	0.97	1.01	1.14	1.38
通信设备、计算机及其他电子设备制造业	1.51	1.59	1.63	1.76	1.82	1.88	2.12
电气机械和器材制造业	1.29	1.32	1.38	1.46	1.50	1.73	2.04
运输设备制造业	2.18	2.41	2.40	2.30	2.38	2.53	3.38
专用设备制造业	1.48	1.57	1.55	1.58	1.54	1.78	2.43
通用设备制造业	1.24	1.26	1.32	1.35	1.38	1.53	1.92
医药制造业	1.63	1.69	1.67	1.72	1.73	1.97	2.39
化学原料和化学制品制造业	0.82	0.86	0.90	0.95	0.96	1.11	1.25
食品制造业	0.55	0.53	0.55	0.62	0.64	0.67	0.88

数据来源：历年《全国科技经费统计公报》，2018 年制造业和食品制造业的数值根据国家统计局数据计算而得

2. 企业技术引进对于促进发明专利增长具有明显正向效应。发明专利是衡量技术创新能力的核心指标。2012—2018 年 8 类制造行业的有效发明专利数量均呈现明显增长，其中有效发明专利数量最多的是通信设备、计算机及其他电子设备制造业，其次是电气机械和器材制造业，2012—2018 年二者合计发明专利数量占规上工业企业的比重一直稳定在 40% 左右。2018 年 8 类制造业的有效发明专利数量均大幅增加，其中通信设备、计算机及其他电子设备制造业 300369 件、电气机械及器材制造业 136014 件、专用设备制造业 97839 件，分别是 2012 年的 3.6 倍、4.3 倍和 4.5 倍；通用设备制造业 78732 件、化学原料及化学制品制造业 61451 件、医药制造业 45766 件，分别是 2012 年的 3.4 倍、3.7 倍和 3 倍；运输设备制造业 33164 件、食品制造业 10906 件，分别是 2012 年的 5 倍和 4.6 倍（表 17）。

表17 2012—2018 年我国技术进口前 8 类制造行业有效发明专利数　　单位：件

行业/年份	2012	2013	2014	2015	2016	2017	2018
规上工业企业合计	277196	335401	448885	573765	769847	933990	1094200
通信设备、计算机及其他电子设备	83589	97994	126488	170387	227365	274170	300369
电气机械和器材制造业	31346	38601	51467	63837	85028	109179	136014
运输设备制造业	6682	9461	12236	17961	21990	29490	33164
专用设备制造业	21785	28145	39555	49732	67163	81588	97839
通用设备制造业	22984	23994	33014	40413	55508	65982	78732
化学原料及化学制品制造业	16777	22005	29433	37649	48805	54262	61451
医药制造业	15058	19558	24799	31259	37463	41673	45766
食品制造业	2375	3105	4411	6431	7863	9344	10906

数据来源：历年《中国统计年鉴》

从运输设备、医药和食品 3 个传统制造领域看。2001 年以来，3 类制造业的专利申请和授权量快速增长。其中，发明专利申请量分别从 2001 年的 917 件、4060 件、984 件增至 2019 年的 69516 件、69785 件、39215 件；3 类制造业发明专利授权量 2001 年均为 0，到 2019 年分别增至 20427 件、21072 件和 5716 件，2002—2019 年的平均增速分别为 65.2%、41.6%、33%。2019 年运输设备制造业的发明专利授权量相当于 2010 年的 4.7 倍、2002 年的 5106.8 倍；医药制造业的发明专利授权量相当于 2010 年的 2.1 倍、2002 年的 369.7 倍；食品制造业的发明专利授权量相当于 2010 年的 2.3 倍、2002 年的 127 倍。由此可见，3 类传统制造业领域通过技术引进成功实现了消化吸收，自主创新能力大幅提升。

从电信、广播电视卫星传输服务和计算机软件两个信息技术服务领域看。2001—2019 年电信、广播电视卫星传输服务业的发明专利申请量由 1176 件增至 23620 件，年均增速为 18.1%；发明专利授权量由 0 件增长至 11521 件，2002—2019 年的平均增速达 73.3%，2019 年的发明专利授权量相当于 2010 年的 1.7 倍、2002 年的 11521 倍。2001—2019 年我国计算机软件著作权登记数量增长迅速，2001 年仅为 6948 件，2010 年为 8.19 万件，2019 年增至 148.44 万件，2001—2019 年的平均增速达 34.7%。2019 年的登记数量相当于

2010 年的 18.1 倍、2001 年的 213.7 倍（表 18）。

表 18　我国运输设备、医药、食品制造业及电信、广电卫星
传输服务业的发明专利数量与软件著作权登记量　　　　单位：件

年度	运输设备制造发明专利申请量	运输设备制造发明专利授权量	医药制造发明专利申请量	医药制造发明专利授权量	食品制造发明专利申请量	食品制造发明专利授权量	电信、广播电视卫星传输服务发明专利申请量	电信、广播电视卫星传输服务发明专利授权量	软件著作权登记量
2001	917	0	4060	0	984	0	1176	0	6948
2002	1471	4	9613	57	1677	45	2459	1	8909
2003	2107	236	9113	932	2350	340	3972	257	13655
2004	2724	612	9905	3248	2353	697	5610	1656	14451
2005	5057	913	18173	4603	4078	1143	8501	2116	18275
2006	5298	1538	19121	6461	3950	1514	11964	2520	21495
2007	6601	2180	23016	7010	5514	1537	15308	3207	24518
2008	7931	3490	23238	7017	6805	1544	20199	6281	45700
2009	10465	4453	26060	8385	8615	1962	13437	7637	67912
2010	10825	4335	27412	9951	10236	2472	9623	6658	81966
2011	12414	5337	30367	14860	11425	3961	9178	7775	109342
2012	20074	7247	38810	19135	17759	7900	10635	9050	139228
2013	22931	7704	44646	21223	22274	9172	10304	5952	164349
2014	28238	7334	56959	21401	33080	7480	11632	6011	218783
2015	34483	13737	72448	21329	43122	8767	12317	6625	292360
2016	39137	20234	75441	20786	47237	8378	14913	7181	407774
2017	49865	20467	77150	15792	54486	5205	19709	7500	745387
2018	69195	19543	77170	18391	51012	5962	22953	9305	1104839
2019	69516	20427	69785	21072	39215	5716	23620	11521	1484448

数据来源：发明专利申请及授权量来源于 INCOPAT 专利数据库，主要依据《国际专利分类与国民经济行业分类参照关系表（2018）》的分类方法进行检索分类。计算机软件著作权登记来源于中国版权保护中心和国家版权局

3. 企业技术引进对促进海外专利增长具有明显正向效应。从食品化学、医药和计算机技术行业看，2003—2018 年 3 个行业的海外专利授权量均大幅增长，分别由 2003 年的 4 件、37 件、27 件增加至 2018 年的 87 件、764 件、3553 件，3 个行业的年均增速分别为 22.8%、22.4%、38.4%。其中，2018年计算机技术的海外专利授权量相当于 2010 年的 7 倍、2003 年的 131.6 倍；食品化学技术的海外专利授权量相当于 2010 年的 8.7 倍、2003 年的 21.8 倍；医药技术的海外专利授权量相当于 2010 年的 4.6 倍、2003 年的 20.6 倍（图 5）。

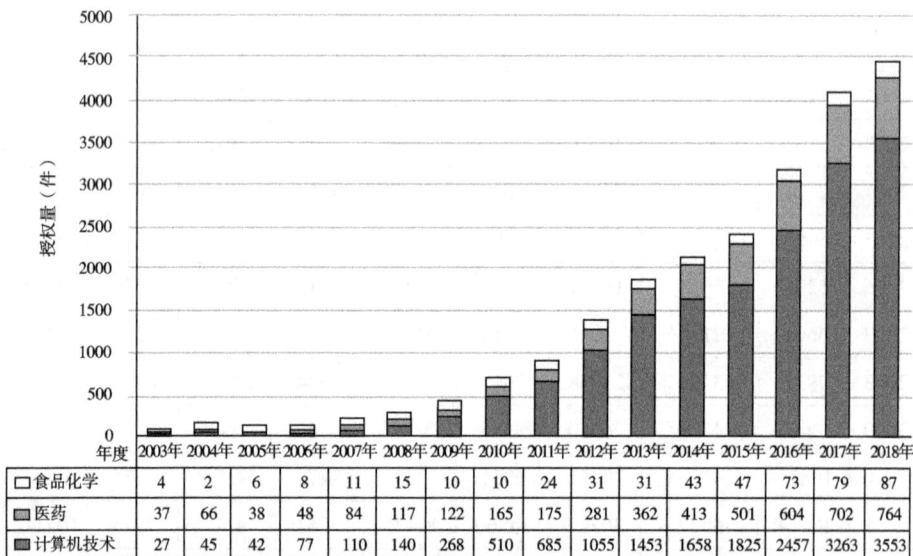

年度	2003年	2004年	2005年	2006年	2007年	2008年	2009年	2010年	2011年	2012年	2013年	2014年	2015年	2016年	2017年	2018年
□食品化学	4	2	6	8	11	15	10	10	24	31	31	43	47	73	79	87
▨医药	37	66	38	48	84	117	122	165	175	281	362	413	501	604	702	764
▩计算机技术	27	45	42	77	110	140	268	510	685	1055	1453	1658	1825	2457	3263	3553

图 5 我国计算机、医药和食品化学技术海外专利授权量年度变化
数据来源：WIPO；数据提取时间：2020 年 4 月 17 日

从数字通信行业看，2000—2010 年我国数字通信行业的海外专利授权量从 1 件增至 475 件，年均增速为 85.2%，但绝对数与美国（4368 件）、日本（2747 件）、韩国（1437 件）、法国（853 件）、德国（921 件）、瑞典（887件）相比，处于明显弱势。自 2011 年起，我国数字通信行业的专利授权量规模显著增加。2011—2018 年我国海外专利授权量年均增长率为 33.8%，而同期法国、德国、日本、韩国、瑞典、美国授权量的年均增长率分别是 5.4%、5%、4.8%、15.8%、15.8%、8.2%。2018 年我国数字通信行业海外专利授权量为 5148 件，相当于 2010 年的 10.8 倍，已经超过法国（1400 件）、德国（1225 件）、日本（4517 件）、韩国（4867 件）、瑞典（2843 件），仅次于美国（8943 件）（图6）。

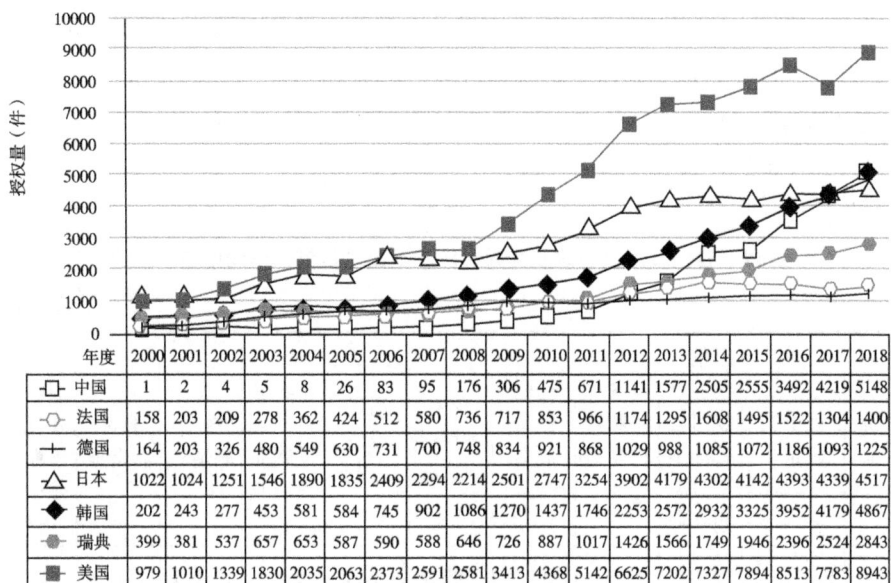

年度	2000	2001	2002	2003	2004	2005	2006	2007	2008	2009	2010	2011	2012	2013	2014	2015	2016	2017	2018
中国	1	2	4	5	8	26	83	95	176	306	475	671	1141	1577	2505	2555	3492	4219	5148
法国	158	203	209	278	362	424	512	580	736	717	853	966	1174	1295	1608	1495	1522	1304	1400
德国	164	203	326	480	549	630	731	700	748	834	921	868	1029	988	1085	1072	1186	1093	1225
日本	1022	1024	1251	1546	1890	1835	2409	2294	2214	2501	2747	3254	3902	4179	4302	4142	4393	4339	4517
韩国	202	243	277	453	581	584	745	902	1086	1270	1437	1746	2253	2572	2932	3325	3952	4179	4867
瑞典	399	381	537	657	653	587	590	588	646	726	887	1017	1426	1566	1749	1946	2396	2524	2843
美国	979	1010	1339	1830	2035	2063	2373	2591	2581	3413	4368	5142	6625	7202	7327	7894	8513	7783	8943

图6 数字通信行业主要国家海外专利授权量年度变化

数据来源：WIPO，数据提取时间：2020 年 4 月 5 日

（二）技术贸易促进产业出口竞争力提升

1. 技术引进促进了产品出口规模增长。从技术引进前十大行业中的 8 类制造行业看，根据国家统计局数据计算，2003—2019 年 8 类制造行业出口交货值合计占规上工业企业出口交货值的比重从 51% 增加到 70%。2003—2019 年我国规上工业企业出口交货值年均增速为 9.82%，而 8 类制造行业中，除运输设备制造业（4.88%）、化学原料和化学制品制造业（9.81%）外，其余 6 类制造行业的出口交货值年均增速均高于平均水平，依次为专用设备制造业（15.65%）、通信设备、计算机及其他电子设备制造业（12.71%）、通用设备制造业（12.52%）、电气机械和器材制造业（11.69%）、医药制造业（10.18%）、食品制造业（9.92%）。从出口交货值看，2019 年通信设备、计

算机及其他电子设备制造业（56053.8 亿元），电气机械和器材制造业（11439.0 亿元）和通用设备制造业（5477.5 亿元）位列前 3 位，分别相当于 2011 年的 1.5 倍、1.2 倍、1.4 倍，相当于 2003 年的 6.8 倍、5.9 倍、6.6 倍；专用设备制造业（3460.9 亿元）、化学原料和化学制品制造业（3802.0 亿元），分别相当于 2011 年的 1.5 倍、1.1 倍，相当于 2003 年的 10.2 倍、4.5 倍；运输设备制造业（2004.8 亿元）、医药制造业（1416.3 亿元）、食品制造业（1098.0 亿元）分别相当于 2011 年的 0.3 倍、1.4 倍、1.3 倍，相当于 2003 年的 2.1 倍、4.7 倍、4.5 倍（表 19）。

表 19　我国技术进口前 8 类制造行业出口交货值、年均增速及占比

单位：亿元、%

年份/行业	规上工业企业	通信设备、计算机及其他电子设备制造业	电气机械和器材制造业	运输设备制造业	专用设备制造业	通用设备制造业	化学原料和化学制品制造业	医药制造业	食品制造业	8 类制造行业在规上工业企业中的占比
2003	26941.75	8260.9	1949.9	935.7	338.0	829.2	851.0	300.3	241.9	51
2004	40484.17	13752.2	3154.5	1352.6	604.0	1389.3	1251.1	343.4	330.4	55
2005	47741.19	16164.2	3728.0	1865.8	750.9	1717.9	1557.8	439.3	404.3	56
2006	60559.65	21606.5	4616.2	2708.3	1108.3	2165.2	1895.4	538.7	479.5	58
2007	73393.39	26260.2	5892.4	3778.5	1417.3	2833.9	2442.7	639.4	558.8	60
2008	82498.38	29179.5	6855.7	5088.7	1891.3	3450.1	2843.9	746.7	654.0	61
2009	72051.75	27224.0	6070.3	4771.9	1534.1	2736.3	2264.7	747.2	632.3	64
2010	89910.12	34250.3	7982.7	5938.8	1994.8	3286.2	3103.3	948.6	744.5	65
2011	99612.37	37469.1	9477.9	6813.8	2321.2	3832.8	3603.4	1030.5	864.9	66
2012	106610.16	42454.7	9125.0	3636.7	2826.8	4782.1	3693.5	1164.9	955.8	64

续表

年份/行业	规上工业企业	通信设备、计算机及其他电子设备制造	电气机械和器材制造业	运输设备制造业	专用设备制造业	通用设备制造业	化学原料和化学制品制造业	医药制造业	食品制造业	8类制造行业在规上工业企业中的占比
2013	112824.03	44915.70	9376.50	3443.20	2994.30	4969.80	3984.60	1184.20	1042.70	64
2014	118414.25	46165.10	9883.00	3511.10	3228.70	5173.80	4386.00	1312.30	1040.20	63
2015	116013.09	45899.70	9915.80	3627.30	2931.00	4908.60	4185.80	1342.00	1120.50	64
2016	117842.74	47081.30	10092.20	3408.00	3024.40	4931.00	4333.60	1460.40	1114.50	64
2017	128947.00	51055.80	10245.90	2383.80	3193.20	5021.30	4566.20	1522.80	1179.00	61
2018	125421.00	55468.30	10617.70	2001.10	3331.40	5245.30	4429.40	1459.40	1034.60	67
2019	120651.00	56053.80	11439.00	2004.80	3460.90	5477.50	3802.0	1416.30	1098.00	70
年均增速	9.82	12.71	11.69	4.88	15.65	12.52	9.81	10.18	9.92	

数据来源：国家统计局

2. 技术引进促进高新技术产品出口增长。从我国高技术产品贸易看，2001—2019 年高技术产品的进口与出口规模大体保持同步增长态势，从 2004 年开始出口额超过进口额，2019 年高技术产品出口额达 7307.5 亿美元，相当于 2010 年的 1.5 倍，相当于 2001 年的 15.7 倍。高技术产品的出口与进口之间存在"同频共振"效应。即，高技术产品的出口/进口的比值越高，表明进口对出口的带动效应越大。2005 年以来，我国高技术产品出口/进口的比值均在 1.10 以上，在 2008 年、2009 年和 2014 年曾达到 1.20，2019 年为 1.15。其中计算机与通信技术领域的高技术产品出口/进口比值最高，由 2005 年的 2.94 增加到 2019 年的 4.02（图 7、图 8）。

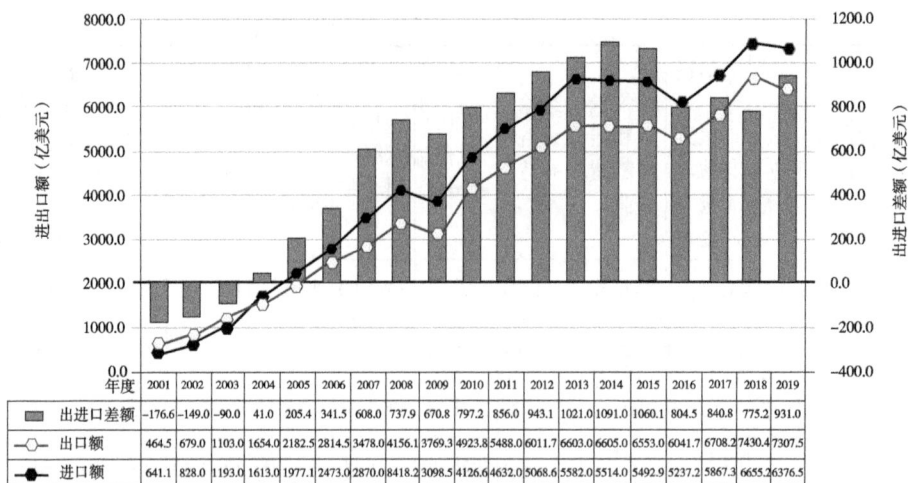

图7 我国高技术产品进出口额年度变化

数据来源：国家统计局

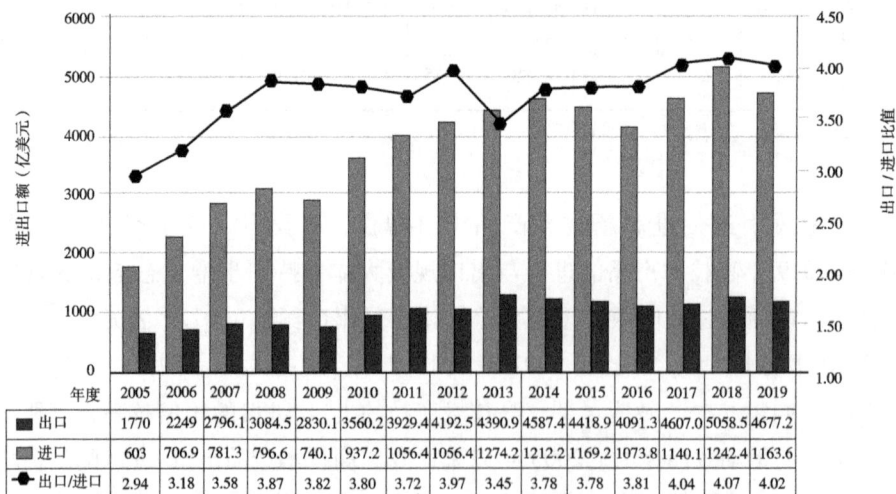

图8 计算机与通信技术产品进出口额及出口/进口比值

数据来源：海关总署

从电子及通信设备、医药制造业的主营业务收入和新产品出口看。技术引进推动了产业规模和出口竞争力的提升。2000—2018年我国电子及通信设备、医药制造业技术引进费累计分别为1217.7亿元和95.3亿元。2000—2018

年我国电子及通信设备制造业、医药制造业主营业务收入分别由 5871.2 亿元、1627.5 亿元增至 98634.0 亿元、23918.0 亿元，年均增速分别为 17%、16.1%；新产品出口销售收入分别由 399.0 亿元、15.2 亿元增至 15230.0 亿元、487.2 亿元，年均增速分别为 22.4%、21.2%。2018 年的电子及通信设备制造业主营业务收入分别相当于 2010 年的 2.7 倍、2000 年的 16.8 倍；医药制造业主营业务收入相当于 2010 年的 1.7 倍、2000 年的 14.7 倍。2018 年的电子及通信设备制造业新产品出口销售收入分别相当于 2010 年的 3.6 倍、2000 年的 38.2 倍；医药制造业新产品出口销售收入分别相当于 2010 年的 2.7 倍，2000 年的 32.1 倍（表 20）。目前我国已经成为全球消费电子产品制造中心，其中手机、计算机均占全球总产量的 90% 以上，2018 年通信系统设备制造业收入同比增长 14.6%，比全球增速高 15.7 个百分点，集成电路销售额同比增长 20.7%，比全球增速高 4.8 个百分点。

表 20　电子及通信设备制造业和医药制造业技术引进、主营业务、新产品出口销售收入

单位：亿元

年份/行业	电子及通信设备制造业			医药制造业		
	技术引进经费支出	主营业务收入	新产品出口销售收入	技术引进经费支出	主营业务收入	新产品出口销售收入
2000	30.6	5871.2	399.0	4.5	1627.5	15.2
2001	53.6	6723.6	424.1	4.9	1924.4	16.7
2002	58.5	7658.7	513.6	6.6	2280.0	27.2
2003	59.5	9927.1	737.6	7.4	2750.7	38.2
2004	100.0	13819.1	1818.4	5.8	3033.0	53.4
2005	66.5	16646.3	1380.9	3.6	4019.8	71.1
2006	60.5	21068.9	1485.4	3.2	4718.8	74.1
2007	104.4	24823.6	2931.9	3.0	5967.1	140.7
2008	71.8	27409.9	3626.5	4.5	7402.3	146.3
2009	49.8	28465.5	3569.1	5.6	9087.0	170.2
2010	47.5	35984.4	4184.4	4.8	14417.3	182.7
2011	54.0	43206.3	4700.3	6.2	14484.4	242.4

年份/行业	电子及通信设备制造业			医药制造业		
	技术引进经费支出	主营业务收入	新产品出口销售收入	技术引进经费支出	主营业务收入	新产品出口销售收入
2012	58.1	52799.1	5728.6	5.6	17337.7	293.4
2013	39.2	60633.9	7898.5	5.8	20484.2	316.8
2014	45.4	67584.2	9839.9	4.4	23350.3	319.4
2015	61.4	78309.9	12327.0	5.9	25729.5	372.6
2016	88.6	87304.7	13824.7	4.7	28206.1	489.7
2017	52.3	93452.0	14954.4	4.4	27117.0	499.6
2018	116.0	98634.0	15230.0	4.4	23918.0	487.2

数据来源：历年《中国科技统计年鉴》

四、我国技术贸易的发展前景

随着我国不断扩大对外开放，自主创新能力持续增强，技术贸易的发展前景越来越广阔。

（一）技术创新能力增强与产业升级的要求将促进技术贸易量质齐升

从创新投入看，我国研发投入强度已从 1996 年的 0.6% 提高到 2019 年的 2.2%，虽仍低于美国、日本、德国等技术贸易强国，但高于英国、意大利等发达国家及欧盟平均水平。从创新产出看，我国国际科技论文总量和被引次数居世界第二，发明专利申请量和授权量居世界首位。许多新技术、新材料、核心零部件、重大装备从无到有，在战略性新兴产业与前沿技术领域实现了一系列重大突破，如高铁装备、3D 打印、人工智能、量子计算等技术。近年来，以新一代信息技术、新能源、新材料、生命科学为代表的新一轮科技革命和产业变革在全球蓬勃兴起，其中云计算、大数据、物联网、移动互联网、人工智能、区块链、虚拟现实、量子计算、5G 等数字技术成为技术创新和产业转化最活跃的领域，这些新技术的成熟和大规模产业化应用将不断催生新产品、新模式和新业态，推动制造业与服务业加速融合，对我国产业结构和价值链升级产生深刻影响。尤其是经济新动能加速成长将促进技术进出口规模继续扩大，技术进口的质量和层次不断提升，并促进技术出口加快发展。

（二）"市场换技术"与"技术换技术"双轮驱动将扩大技术进口空间

一方面，"市场换技术"空间越来越广阔。我国具有世界超大规模市场优势将为世界各国先进技术提供产业化、规模化的空间，有能力孵化培育全球新技术，为"市场换技术"提供了基础条件。此次全球新冠肺炎疫情冲击导致国际市场大幅萎缩，加速全球产业链和供应链布局的本土化、区域化趋势。为此，党中央根据我国发展阶段和国际环境的重大变化，提出了国内大循环为主、国内国际双循环相互促进的新发展格局。在双循环新发展格局下，内需持续释放与层次提升将放大国内市场优势，成为技术进口增长的重要依托。2019 年我国社会消费品零售总额 41.2 万亿元，居民人均可支配收入 30733 元，消费倾向高达 70%，中产阶层规模 3 亿人左右。2019 年我国消费对经济增长的贡献率为 57.8%，远低于发达国家 80% 以上的水平，意味着消费仍有增长潜力。另一方面，"技术换技术"潜力越来越大。过去由于我国技术落后，主要使用发达国家先进技术，在技术分工层面与发达国家形成明显的垂直分工关系。随着我国已经成为技术创新大国，技术规模实力显著增强，已经拥有一批国际先进技术和一批高新技术企业，并在一些领域形成国际领先技术，与发达国家的技术分工格局不断向水平分工方向发展，从而为专利交叉授权等新的技术进口模式奠定了基础。

（三）开放合作创新加快发展将促进技术进口方式更趋多元化

随着新科技革命迅猛发展，技术复杂度越来越高，全球创新已经进入高强度研发时代，技术创新网络化日趋明显，开放合作创新成为发展大势。随着我国产业升级进程加快，对高精尖技术的需求将进一步提高，技术要素全球配置方式也将更加多元化。近年来，我国越来越多的科技企业通过跨国并购、跨国战略联盟、境外设立研发中心、开展合资合作、相互交叉持股等方式获取关键核心技术和共同研发世界前沿技术。但是，随着美国、欧盟等发达经济体对外资技术并购的严格审查制度，我国企业通过国际并购获取先进技术的难度将加大，可能更加依赖于其他开放合作创新的模式。此外，科研领军人才的流动成为技术要素流动的重要载体，将成为未来我国技术引进的重要模式。随着我国技术创新环境日益优化，科技人员跨国流动性显著提升，在先进技术引进中发挥越来越重要的作用。

（四）科技全球化格局变化将促进我国技术市场来源更趋多元化

一方面，科技全球化格局正在发生深刻变化。虽然发达国家跨国公司继续保持技术领先优势，但随着新兴经济体和发展中国家不断扩大对外开放、加速技术积累，推进全球技术创新日趋活跃，科技创新全球化呈现发达国家和发展中国家并行发展的新特征，全球技术力量对比悄然变化，创新活动的新版图渐趋形成。2019 年全球创新前 50 位国家中新兴经济体和发展中国家有11 个。未来 20 年随着新兴经济体和发展中国家群体性崛起，技术创新能力不断增强，我国技术进口来源将有更多元的渠道。另一方面，美国对我国的技术封锁和围堵已经成为战略竞争的核心内容，也促使我国与欧盟、日本、以色列等技术先进经济体开展创新合作。分层次来看，2019 年欧盟取代美国成为我国技术进口第一大来源地，占比超过 30%，日本占比接近 19%，两者合计占技术进口的半壁江山，未来可能继续扩大。其次，以色列在生命科学、移动通信及互联网、科技金融、人工智能与机器人、自动化、工业应用、清洁能源等方面具有全球领先技术，与我开展技术合作的空间很大。最后，在加强与俄罗斯等金砖国家技术合作的过程中，我国引进先进适用技术的潜力较大。如，俄罗斯在军工、核电、航天、人工智能及基础研究等方面均保持国际先进水平，且双边友好关系为技术创新合作提供了有利环境。2019 年我国与俄罗斯技术进口合同金额增长近 18 倍，从 2018 年第 19 位跃居第 4 大技术进口来源地。

（五）"一带一路"沿线国家将成为技术出口的新兴市场

"一带一路"沿线多数是发展中国家，为我国提供了广阔的技术出口市场。随着我国不断加强与沿线各国的互联互通，我国与沿线国家技术贸易额也将不断增长。2019 年我国对沿线国家技术出口合同额达 77.1 亿美元，同比增长 41.8%，超过技术出口整体增幅 27.2 个百分点，其中 2019 年，我国对阿联酋技术出口合同金额达 24.4 亿美元，同比增长 33 倍，跃居技术出口第三大目的地，对孟加拉国技术出口 14.5 亿美元，同比增长 2.1 倍。可以预见，"一带一路"沿线国家将成为我国技术出口的重要新兴市场。目前我国对沿线国家技术出口的主要领域集中在农业、纺织、船舶、汽车等传统产业领域。未来技术出口的领域将进一步扩大，特别是信息通信技术、电子设备、服务外包等优势领域将成为技术出口的重要领域。

五、推动我国技术贸易高质量发展的政策建议

当前，数字技术正在引领科技全球化深入发展，技术要素跨境流动的壁垒降低，新技术成果大量涌现，全球技术贸易空间更加广阔。发展开放合作的技术贸易仍是我国提升技术创新能力、促进产业结构升级的必然选择，也是突破核心关键技术瓶颈的重要途径。要坚持新型举国体制优势的自主研发与积极有为的技术引进战略相结合，"扬优势、补短板、造备胎"，促进我国自主创新能力再上新台阶。

（一）以产业链、供应链、价值链为依托布局创新链，构建互利共赢的开放创新合作体系

在全球产业紧密关联、技术高度复杂的开放型经济背景下，任何国家都难以实现封闭式创新，全球产业链和供应链的相互依存关系是开放合作创新的重要基础和前提。如，2020 年 5 月美国商务部允许美国公司与华为合作制定 5G 网络标准，在客观上形成双赢局面。由于华为在 5G 产业链中的地位和影响力，美国企业无法绕过华为参与 5G 标准制定，美国政府对华为的打压制裁实际上制约了本国企业参与 5G 标准制定，因此不得不放松本国企业与华为在标准制定的合作。而对华为来说，美国参与 5G 标准制定能够给国际标准带来更大价值，如果不合作将对 5G 标准造成伤害，也对华为不利。随着我国技术积累和自主研发能力增强，技术引进将更多侧重前沿性技术，随着大国博弈加剧技术竞争和封锁，直接购买的难度系数越来越大。为此，要以产业链和供应链为依托，探索与欧盟、美国、日本、英国等发达经济体的技术合作新机制，从引进—模仿—学习的单向传统模式向共创、共享、共赢的双向交互创新模式转变。此外，要积极扩大与各国的技术贸易合作。如，在 FTA 谈判中增加技术贸易的内容，签订双边技术合作框架，在技术研发、技术转让或许可、技术咨询和服务等方面开展深入合作。

（二）发挥知识产权大国优势，提升知识产权贸易水平

加强知识产权出口不仅能够扩大服务出口规模，同时能够有效带动产品出口。据测算，发达国家每向外转移1亿美元的专利技术可以带动约50亿美元的成套设备及附属产品销售。为此，一要大力增强知识产权出口。要注重培育从知识产权创造、运用转化、运营服务到知识产权保护的全价值链服务。随着技术贸易"软性化"趋势，各国的技术竞争越来越体现在知识产权竞争上，我国应注重使用专利扩大知识产权出口市场，促进技术出口结构升级。鼓励技术出口企业重视知识产权竞争力的培育、科学评估知识产权价值等，实现创新、产业升级和知识产权管理互动发展，大力培育具有自主知识产权的品牌企业，扩大专利、专有技术等知识产权出口规模。鼓励企业建立专利网加快海外知识产权布局，完善海外知识产权保护机构，为企业海外专利获权、维权提供便利，帮助企业应对海外知识产权风险。二要加强知识产权保护，优化技术转移环境。我国已经建立起较完善的知识产权保护法律法规，应不断完善预警、监管及执法体系，及时回应技术合作国家和在华跨国公司关切，对侵权违法行为依法予以最严厉的打击，切实维护外资企业的知识产权利益。完善与美国、欧盟、日本等主要贸易伙伴的知识产权合作机制，加强知识产权仲裁、争端解决等合作。三要倡导有条件的企业与跨国公司使用专利交叉授权。与竞争对手签署专利交叉授权，有利于整合技术优势，也有利于消除在开拓国际市场中的知识产权障碍，避免侵权诉讼纠纷，减少交易成本。

（三）大力吸引海外领军人才，促进全球先进技术转移

海外领军人才是技术转移的关键要素，要鼓励各地政府加大吸引留学人员回国和海外高级人才来华工作力度，并就如何支持留学、鼓励回国、来去自由的方针做出具体安排。通过科研经费补贴、工资薪酬、个税减让、股票期权激励等多种方式，吸引海外高精尖技术人才，在住房安置、子女上学、户籍、出入境便利等方面加大政策支持力度，为他们安居乐业创造良好的条件。将人才引进与事业发展有机结合，人才不仅能引得来、更要留得住，让他们创新有空间、创业有平台、发展有天地，造就一批站在世界科技前沿的海外领军人才队伍。

（四）进一步完善技术贸易平台，加强政策支撑体系建设

以服贸会、进博会、高交会等重大国际展会为依托，为企业提供更多技术贸易和国际技术合作交流的机会。探索在北京、上海、深圳、西安、南宁等自贸试验区设立技术贸易市场。对企业研发投入加大补贴和税收优惠，并提供更加便捷的资格认证及申请流程。加大对技术出口企业的支持力度，降低融资成本和担保要求，对于助力国内企业海外布局提供成熟软件方案和技术支持的软件项目予以奖励，并支持其产品研发和本地化应用。在服务贸易创新发展引导基金中划拨专门资金用于支持技术贸易发展，鼓励地方政府设立技术贸易配套资金。

（五）顺应全球技术贸易规则变革趋势，积极参与国际技术贸易规则标准建设

一要积极研究多双边贸易体制和区域性技术贸易协议的最新进展和趋势。在 WTO 中倡导"发展"主题，反对各种形式的保护主义。同时，应避免西方国家在数字技术方面形成规则制定圈将我国排斥在外。如，我国与美国、欧盟的数字治理模式各不相同，且 3 种模式之间存在着强烈的地缘战略与模式对抗，难以统一和兼容，需要建立对话机制。二要倡导技术贸易相关国际标准制定的中性原则，不受各国政治因素影响，使国际标准得到广泛一致的支持并保持其强大生命力。三要建立以企业为主体、相关组织协同参与的机制，推动我国具有优势、特色技术标准成为国际标准。以"一带一路"沿线国家为重点深化标准化合作，推进我国与沿线国家的标准互认，提高技术贸易规则的话语权。四要重视技术贸易谈判人才的培养，尤其是精通技术贸易国际规则、涉外技术贸易诉讼与谈判的专业人才，鼓励其到相关国际组织参与国际规则和标准制定。

（六）深化技术贸易管理体制改革，夯实产学研用相结合的技术创新体系

加快政府管理职能转变，在技术创新的制度供给方面更加注重市场机制作用，注重创新要素的市场化配置，注重发挥各类企业的主体作用。畅通企

业与高校、科研机构、用户的协同创新机制，推动大中小微企业的创新链协同发展，完善各类技术交流合作平台，加强各类产业创新联盟建设。

参考文献

［1］江小涓．新中国对外开放 70 年［M］．北京：人民出版社，2019.

［2］江小涓等．全球化中的科技自愿重组与中国产业技术竞争力提升［M］．北京：中国社会科学出版社，2004.

［3］江小涓．中国的外资经济对增长、结构升级和竞争力的贡献［J］．中国社会科学，2002，（06）.

［4］赵晋平．利用外资与中国经济增长［M］．北京：人民出版社，2001.

［5］王晓红，朱福林，柯建飞．服务外包：推动中国服务业开放新引擎［M］．广州：广东经济出版社，2019.

［6］王丹莉．新中国技术引进的历史检视［J］．中共党史研究，2019，（07）.

［7］韩秀成，王淇．知识产权：国际贸易的核心要素——中美经贸摩擦的启示［J］．中国科学院院刊，2019，34（08）.

（原载《开放导报》2021 年第 1 期）

服务外包篇

全球设计离岸外包的主要特征及趋势分析

设计是企业核心业务的重要组成部分，长期以来，跨国公司为了保持核心能力通常将设计保留在母公司。然而，进入 21 世纪以来，设计服务离岸外包已经成为新一轮服务业离岸外包的重点行业之一。有关资料表明，美国产业的离岸外包大致经历了 4 个阶段：20 世纪 70 年代，美国开始装配、测试工序的离岸外包，80 年代、90 年代晶片和部分系统设计工作随之离岸，接踵而来的是软件和商业过程（BPO）离岸外包，专家推测下一个离岸波将是工程设计。

美国教授 Jon Kolko 曾说过：大部分传统的图解和工业设计已经达到了商业化水平，而且大部分设计师将很快发现自己必须适应职业中已经发生并且持续的离岸。可以看出，设计离岸外包已经成为全球服务业离岸外包的重要组成部分，也是跨国公司在高端服务业实现全球化资源配置的重要战略。

一、全球设计离岸外包迅速发展

目前，关于设计离岸外包的情况虽然没有确切的统计，但是，大量的相关数据分析表明，进入 21 世纪以来，全球设计离岸外包规模在迅速扩大。2002 年全球有 350 亿美元的数据处理和软件设计业务离岸外包，到 2008 年每年将增长 30%—40%。据 iSuppli 公司预测，2005 年全球手机产量达到 7 亿部，20% 由原始设计制造商（ODM）瓜分；在数码相机、MP3 播放器、PDA 领域，ODM 所占市场份额分别达到 30%、65%、70%。美国技术预测公司分析，到 2007 年全球 ODM 企业销售额将接近 1200 亿美元，相当于 2000 年（300 亿元）的 4 倍；到 2010 年中国台湾 ODM 市场规模将达到 1010 亿美元。设计师已经成为离岸意愿较高的行业，2005 年美国设计与艺术离岸外包项目只有 6000 个，到 2015 年这个数字达到 30000 个，相当于 2005 年的 5 倍（表1）。美国信息产业学会研究发现，企业认为，按职业划分，程序员、软件工程师最可能进行离岸转移（67%），其次是网络设计者（37%）及网络开发人员（30%）；按工作性质划分，程序设计、软件开发人员（35%）和技术支持人员（29%）最可能进行离岸转移。

二、设计离岸外包成为企业实施国际化战略的重要手段

在全球经济一体化过程中，由于产品市场由国内向国际市场发展，消费群体由较单一的国内消费群体向多国消费群体发展，国际市场呈现出竞争加剧，产品生命周期缩短，不同国家、地区消费者需求多元化的特征，这些因素对企业新产品开发速度、形式及质量要求提出更高的要求，因此，设计作为企业进入国际市场的关键环节作用越来越重要。企业的设计服务需求越来越旺盛导致设计外包市场更加充满活力，主要表现在 3 个方面。

一是设计外包渗透到各个不同的行业。近年来，从芯片、电子消费品、汽车等工业产品到大型工程、建筑设计等诸多不同产品领域都有不同规模地发生离岸外包。在电子产业，美国除外包芯片设计外还外包了许多其他设计能力。从手机行业来看，诺基亚、三星、摩托罗拉等全球领先的制造商设计外包达到20%。目前，中国手机制造商都采用了不同程度的设计外包，少则20%，多则100%。

二是不同规模的企业都在使用设计外包。不仅大企业外包设计，小企业也同样将设计作为外包战略的重要部分。艾睿电子工程部主管 Theron Mackley 认为，过去只有那些拥有多个项目的大公司才会考虑外包部分设计，而现在规模较小的客户也有外包需求，至少外包部分设计。美国 EETimes 和 Electronics Supply & Manufacturing 曾对 303 名电子消费品企业的管理人员（1/3 来自大型公司）进行问卷调查发现，有 40% 表示将电路设计外包，61% 将结构设计外包。

三是外包业务链条从非核心设计业务发展到核心设计业务。近年来，越来越多的企业外包核心设计业务。从汽车行业来看，核心设计外包已经成为该行业外包的最新发展趋势，过去，欧美跨国公司外包汽车设计业务只涉及一些简单的工作，如分析碰撞试验结果，利用电脑 3D 分析产品瑕疵等辅助性工作。但是，近年来，越来越多的汽车制造商和一级零部件供应商开始把全部设计和开发工作外包。

上述现象的产生主要来自以下 3 个方面。

第一，设计外包成为企业降低创新成本，提高国际竞争力的重要手段。例如，在汽车行业的全球市场竞争中，对于发达国家制造商而言，必须面对双重压力，即产品质量的不断提高和价格的相对下降，这要求企业在加速创新的同时降低成本。也就是说，一方面他们要不断开发出满足消费者需求的功能强大、多样化以及环保、节能、安全等标准的新产品；另一方面又要应对大量厂商的价格竞争，因此，跨国公司不仅要从成本较低的地区进行零部件采购，也要加速向发展中国家外包设计，以便多快好省地缩短设计周期，降低创新成本。

第二，核心设计外包成为企业强化核心竞争力的重要手段。核心设计是产品核心竞争力的最关键部分，一些企业通常不具备相应的设计能力，为了借助外部资源构建核心能力通常采取核心设计业务外包方式，然后购买知识产权的做法。如，中国奇瑞公司开发的旗云轿车，把整车设计拆成若干部分，分包给德国和意大利的 4 家国际设计公司，通过核心设计业务的外包不仅解决了自身研发能力、设计资源不足问题，缩短了研发周期，而且构建了核心能力。

第三，设计外包成为企业节约人力资源，创建国际品牌的重要手段。这些企业大多是中小企业，设计对于鞋业、服装业的品牌发展、专业经营以及开拓国际市场具有至关重要的影响，但这些小企业通常不具备国际化的设计团队，也难以承受高级设计团队带来的高额人力成本，因此，越来越多的企业实施外包设计战略。根据一项对中国温州鞋业和服装企业的问卷调查，40家企业中已有30%的中小企业采用设计外包方式，45%的服装企业采取了设计外包的方式，并且在这些企业中，60%企业外包设计不足 5 年。

三、以设计资源协作为基础的分包协作成为主要方式

（一）全球技术创新加速成为设计分包协作的主要动因

随着全球知识经济迅速发展，新技术、新材料不断产生，一个公司越来越难以拥有全部知识的设计团队，尤其在一些尖端科技领域，更多地需要全球化的设计团队协作完成。例如，在目前电子信息产品中，数字电视设计之

所以需要外包，是因为数字电视较传统电视加入了更多的软件和中间件，这些不同技术单纯依靠企业自身的研发团队很难在短期之间完成。又如，在航空航天领域，设计、工程、制造之间的联系越来越紧密，利用精密设计和工程技术工具要求越来越高，这些都是一个独立企业难以完成的。这就迫使生产制造商整合全球设计资源，依托专业设计公司优势，将部分设计或核心设计外包给专业设计公司。目前，设计分包协作越来越多，已经渗透到不同的领域和不同规模的公司。如，美国洛克希德—马丁协同设计的联合攻击战斗机，涉及数以千计来自美国和海外的工程师、设计师。1999 年，Dual Beam 显微镜在 Peabody MA 和荷兰 Eindhoven 两个设计团队之间分包，其原因是，他们不能在二者中的任何一个地方雇用足够的工程设计人才。目前，许多跨国公司加强了设计资源的全球协作。通用汽车公司拥有一个全球的数据库和最好的一流设计作品库，这些作品可以被提取和修改以适应世界各地市场需求，最小化不必要的重新设计工作，该公司员工在全球不同地区可以看到同样的制图，即使他们的语言文化或技术背景不同，都可以通过模拟或可视化进行交流。

（二）设计公司专业化优势成为设计分包协作的基础

制造商之所以加强与专业设计公司的分包协作，其主要原因有 5 个：一是设计公司专业性强。专业设计公司往往在某个领域有很强的设计实力，许多小型专业设计公司往往处于领先地位，这是大型制造商无法比拟的优势。二是行业经验丰富。由于专注某一领域，这些公司通常积累了该领域丰富的经验，设计能力超过一些大公司。三是创新速度快。由于设计公司创新周期普遍较制造商快，成熟的设计公司从接受到完成定单的速度一般快于制造商自己设计，而且质量可靠。四是帮助制造商提高对市场的快速反应能力。由于设计公司承担着从产品市场调研到开发、营销全过程的工作，往往对市场信息掌握更加全面。因此，委托设计公司可以增强市场信息反馈速度，提高企业的市场反应能力。五是解决制造商高端设计人才匮乏和人才储备压力造成的人力成本过高问题。一些制造商，尤其是中小企业往往无力承担支付长期供养一个专业设计团队的高额成本。

近年来，全球主要的计算机公司，如戴尔、苹果、索尼已经成功地外包了设计。如，摩托罗拉把设计的业务外包给了中国台湾公司 BenQ Corp；Nokia CDMA 的设计工作由中国德信无线负责设计。这些设计公司拥有手机完整设计方案，多数还能提供无线模块、手机软件系统、平台和应用软件的整合业务。因此，只要国际大厂商列出产品要求，设计公司即可在最短的时间内交付成品。意大利宾尼法利纳设计公司执行长 Andrea Pininfarina 认为，与国际大公司的合作使我们了解多数汽车公司希望专注于研发共享平台及零部件的核心业务，而愿意将设计不同衍生车型的任务外包给设计公司，以加快他们推出新产品的速度。宝马（BMW）汽车公司为了缩短新车设计生产过程，不仅将设计外包给奥地利 Magna Steyr 公司，同时将生产技术研发也与该公司合作进行。Magna Steyr 公司具有 500 名设计师的规模，其中设计的 SUV 车型 X3 从决策到量产仅用了 28 个月，成为 BMW 汽车公司历史上最快设计的记录。波音公司为了重新定位公司的核心业务，外包了大部分新型 Dreamliner 787 飞机的设计制造，并委托设计机翼。

许多拥有自己设计团队的企业也采用分包协作方式。如服装企业美国 GAP、DINY 以及意大利贝纳通公司等都拥有自己的设计师团队，但是，为了保证产品风格和流行元素的多元化，以适应不同国别地区的文化时尚特点，这些公司通常是由本公司的核心设计团队确定每年新产品的主题风格，然后在全球范围内选择设计工作公司进行分包，共同完成产品设计。如，GAP 在进入欧洲市场时，将部分设计委托意大利雷拜尔设计集团，由于产品销售意大利市场，当地化设计在保持 GAP 原有风格基础上，注入当地消费者认同的流行元素，为该品牌进入意大利市场创造了条件。又如，一些企业把部分系列设计委托给有实力的 ODM 企业进行延伸化的设计，以降低成本，从而实现在设计、生产、加工的一体化，以实现对市场的快速反应。

（三）设计分包协作推动了专业设计公司成长

由设计分包协作导致的专业化分工更加细化，为专业设计公司发展创造了有利空间。一是迅速扩大规模。许多设计公司由小变大、由弱变强，成为世界规模的专业设计公司和行业领军企业。例如，1980 年 IBM 在进军 PC 领域时将操作系统和芯片的设计开发外包给微软和英特尔，使这两家微小的创业公司成长为跨国公司。二是充分参与产业分工。由于外包的专业化分工不断细化，使设计公司（Design House）的运作形式更加多样化，产业链不断延伸，不同规模、专业的设计公司都可以在产业链上找到自己生存的空间。如手机设计行业，有的"一包到底"，即用户给出一个产品创意，由设计公司完成从设计、测试、样片甚至生产的全过程；也有的只完成产品设计的某个环节，一个很小的设计公司也有生存的空间。三是促进专业化程度提高。由于设计分工的精细化发展，如有的公司专做方案设计，有的专做版图设计，有的专做电路图设计，等等，必然导致公司在这一项目上具有更强的比较优势和竞争优势。设计分包协作对于扩大设计产业的整体规模和专业化水平具有积极作用，尤其是发展中国家设计产业处于起步阶段，充分利用跨国公司设计分包资源，利于企业做大规模。

四、发达国家在设计离岸外包中占据优势地位

目前发达国家仍然在高端设计中仍占主导地位。汽车、计算机、机械的核心设计仍以发达国家为主。如，美国在集成电路工艺设计、制造设备的芯片设计、电子设计自动化（EDA）等领域占主导地位。英国、意大利在汽车设计中占主导地位。2005 年英国本土汽车制造产量为 180 万辆，虽然大多是跨国公司生产，但汽车设计多数出自英国设计公司和设计师，几乎所有汽车业巨头都在英国培训设计人才。意大利汽车设计公司仍然在全球占统治地位。如宾尼法利纳（Pinifarina）公司，承接福特汽车以及中国、巴西等国家的汽车设计，年营业额可达 7 亿美元。该公司 30% 以上的外包业务收入来自中国市场。意大利设计师 Giorgetto Giugiaro 于 1968 年创立 Italdesign，30 年中设计汽车超过 120 款，其中 70 余款属于量产车。目前，全球约有 4000 万辆汽车出于 Giorgetto Giugiaro 之手，例如，雪佛兰 Spark、韩国大宇等。目前，中国汽车公司已经成为欧洲汽车设计公司的主要客户群。2000 年宾尼法利纳为哈飞设计的多用途车中意问世后，2003 年又为该公司设计了"哈飞宝路""哈飞赛豹 3 系""哈飞赛豹 5 系"等。沈阳金杯、重庆长安、重庆昌河等汽车公司也纷纷委托意大利设计公司开发各种车型的汽车。

发达国家在高端设计领域中处于绝对优势地位，这决定了发达国家在全球设计产业中的主体和控制地位。一方面，全球设计服务市场的份额主要为发达国家所瓜分。目前，全球设计服务业的主要出口国仍然是英国、美国、意大利、德国、芬兰等发达国家。2006 年英国专业设计公司营业收入为 43 亿英镑、海外收入 8 亿英镑，日本、韩国、法国设计业营业额分别为 90 亿美

元、45 亿美元、30 亿欧元。另一方面，设计离岸对发达国家就业没有明显影响，2005 年，美国设计离岸项目仅为 300 万个，远远低于美国 1997 年年底行业的正常失业数量。

五、设计离岸外包将继续向发展中国家转移

根据 Eetimes 判断，到 2010 年全球半导体市场离岸将整体下降 30%，而亚太地区市场将增长 35%。2005 年 1 月，EETimes 对芯片设计离岸外包进行调查显示，认为设计离岸外包最受欢迎的目的地依次是美国、中国内地、中国台湾、印度，这 4 个地区占总数的 80%，其他国家和地区占 20%，外包设计师、工程师需求较大的环节为逻辑验证占 62% 和结构设计占 37%。而 EETimes 的另一项调查发现，有 21% 的设计工作外包到中国，24% 外包到印度。越来越多的美国设计公司离岸，美国 Verisilicon 公司几乎所有员工都在上海；而另一家美国设计公司的 350 名雇员，只有 40 人在美国，其余都在印度。2006 年 7 月，美国晶片设计雇用的大量电子工程师都愿意去中国和印度工作。从这些调查结果来看，中国和印度已经成为跨国公司设计外包的理想目的地。以中国、印度为首的发展中国家之所以成为跨国公司离岸外包的转移重点，主要基于以下 3 个方面的原因。

第一，突出的设计成本优势。越来越多的美国人认为，现在芯片设计最廉价、最快、最好的方案就是外包到中国或者印度。2004 年 7 月美国的一项研究显示，设计工程工作被转移到印度、中国等低成本国家的海外设计中心，主要原因是降低劳动力成本，如在印度组建超大规模集成电路设计的公司。从设计人力成本优势来看，一个美国工程师的月收入为 4000 美元，相当于印度（700 美元）的近 6 倍，相当于中国（500 美元）的 8 倍。印度纺织设计之所以成为跨国公司离岸转移的主要目的地，首先是印度的设计成本仅相当于美国的 1/10；其次是印度具备良好的基础设施、丰富的技术人员，以及良好的原材料供应。许多美国汽车制造商将印度作为外包汽车设计的首选目的地，认为，"从训练成本中可以节约 10%—30%"。如果印度的工作花费 100 万美元，同样的工作在美国可能要花费至少 3 倍的成本。目前，汽车开发周期已经从 10 年前的 5 年减少到 10 个月，大部分美国设计师对超时工作有较高控诉率，因此，把设计制图给工资只相当于美国设计师一小部分国家的其他设计

师，对于美国汽车制造商不仅大大节省成本，而且避免了劳资纠纷。

第二，高素质的设计服务人才。设计是知识密集型的创意产业，与制造业外包相比，对于专业化人才的需求更为重要，而发展中国家的设计人才较高素质和较低工资水平的结合，恰恰为跨国公司设计离岸外包提供了技术人才条件。随着发展中国家市场经济的不断成熟，消费水平大幅度提高，以及国际贸易的迅速发展，带动设计产业迅速发展，设计产业规模不断扩大，设计师队伍不断扩大，设计水平不断提高，与国际先进水平的差距不断缩小。2003 年美国 TSMC 公司总裁 Ed Ross 认为，中国台湾和中国内地已经成为设计行业的温床，这些地区的一些设计机构已经非常成熟。目前，中国各种设计类院校 300 多所，每年毕业学生数万人，规模已经超过了美国等发达国家。印度设计市场的人才数量也在不断增加。Bruce Nussbaum 分析认为，"美国企业看看印度设计咨询公司的数量就可以知道有大量工作机会。每年有数百名训练有素的设计师从印度国家设计学院毕业。印度有广泛的制造业基础设施市场，在这里可以找到许多美国、欧洲和日本的设计公司，比如 Elephant Design 和 Lopez 都做得很好，因此，设计外包给印度将有巨大的市场"。印度塔塔技术中心（Tata Technologies）首席运营官杰弗里·塞奇说："2006 年年底，我们打算招聘 200 名有经验的设计工程师，去了印度 3 个城市，结果发现每个城市都有 1000 名以上符合条件的应征者"。中国、印度、巴西的产品设计获得了很多国际大奖，说明这些国家已经具备了承接设计外包的技术人才条件。

第三，知识产权保护制度不断完善。近年来，随着发展中国家对外开放水平不断提高，吸引外资的环境得到很大改善，尤其是不断完善知识产权保护的法律法规，这使跨国公司在设计离岸外包过程中知识产权纠纷减少，如印度在承接跨国公司设计外包中几乎没有发生过知识产权纠纷。近年来，中国的知识产权保护法律法规也不断完善。目前，中国已经形成了有《中华人民共和国著作权法实施条例》《计算机软件保护条例》《著作权集体管理条例》《信息网络传播权保护条例》等一套较完善的著作权相关法律法规体系，有效地保护了原创作品的知识产权。近年来，中国打击侵犯知识产权犯罪的力度不断加大。2006 年，中国各级版权行政管理部门共受理案件 10559 件，结案 10344 件，结案率为 98%。共收缴各类盗版品 7300 余万件，其中查缴的盗版图书 1800 余万册，盗版期刊 110 余万册，盗版音像制品 4800 万盘，盗版电子出版物 201 万余盘，盗版软件 379 万余张，其他各类盗版品 24 万余件。

六、ODM 逐步成为专业设计公司发展的主要趋势

设计离岸外包促进了原始设计制造商（ODM）的极大发展，逐步成为设计外包企业的主要运作模式。与单纯的设计服务相比，ODM 在产业链的完整性上具有明显优势，它通常包括从产品概念设计到小批量生产的整个过程，因此，更能满足客户特定的需求。对于设计公司而言，ODM 设计产业链向制造环节延伸，增长了利润空间，这是设计公司发展到一定规模后通常采用的运作模式。

目前，全球 ODM 市场规模的扩大主要来自两个方面，一方面是许多原始设备制造商（OEM）不断成熟，开始逐步升级为 ODM，如 Flextronics、Cellon、Quanta、Wipro 等。中国台湾地区一些企业经历了 OEM 阶段后，取得了较成熟的设计创新能力，希望通过 ODM 在产品设计市场取得更高利润，如中国台湾广达电脑通过 ODM 销售收入已经超过 100 亿美元。另一方面，随着专业设计公司承接外包业务规模不断扩大，产业链继续向制造业延伸，企业可通过 ODM 获取制造环节的利润。许多优秀的设计公司都采用这种方式。如，英特尔公司除独立完成芯片的设计、测试、封装和制造外，还推出了新型的一站式芯片转包业务，为芯片设计厂商提供从概念到成品的全流程管理，使芯片设计厂商能够迅速、低成本地将产品推向市场，这一"英特尔微电子服务"业务主要以该公司芯片设计和项目管理的经验为基础，申请这项服务的公司只需向英特尔提交芯片的设计方案或概念，成品即可在几个月内面市。一些成熟的手机设计公司也已经深度介入了包括采购、生产的整个产业链的前后工序，如中国德信无线等。

七、发展趋势与前景

综上所述，全球设计离岸外包取得了快速发展，向发展中国家转移的趋势十分明显，全球设计资源共享的程度在提高，设计公司参与产业分工的程度在加深。大量的数据显示，全球服务外包每年 30%—40% 的速度增长。全球 1000 强的企业中，仍然有 70% 的企业尚未将任何业务外包到成本较低的国

家。这为发展中国家提供了重大的机遇，只要发展中国家使自己成为有吸引力的目的国，则可从中获利。毫无疑问，这一趋势为中国设计产业承接跨国公司外包业务提供巨大的市场机会，这将为中国提升设计服务水平，缩小与发达国家的差距提供有利条件。

（原载《国际贸易》2007 年第 11 期）

实现服务外包产业的跨越发展与整体提升

国际服务外包是我国"十二五"时期着力发展的战略性新兴服务业，具有科技含量高、附加值高、增长空间大、吸纳大学生就业能力强、国际化程度高、资源消耗低、环境污染少等特点。加快发展国际服务外包对于解决城市大学生就业，提高知识型人才素质，提升服务业质量和对外开放水平，加快服务贸易发展和优化外资外贸结构，尤其是对于提升生产性服务业竞争力，支撑制造业发展，带动我国产业结构转型升级，加快经济发展方式转变具有重要战略意义。

一、我国国际服务外包的发展现状

进入 21 世纪以来，我国国际服务外包取得快速发展，成为服务贸易增长的新引擎和提高开放型经济水平的重要突破口。主要呈现出以下特点。

1. 总量增长迅速，产业初具规模。2009 年我国承接服务外包协议金额达 200.1 亿美元，同比增长 185.6%，执行金额 138.4 亿美元。其中离岸外包协议金额 147.7 亿美元，同比增长 153.9%，执行金额 100.9 亿美元，同比增长 151.9%。据统计，2001—2005 年，我国离岸软件外包服务市场年复合增长率达到 52.1%；2006—2011 年预计达 38%。2009 年我国软件外包服务出口 24 亿美元，同比增长 15%。截至 2009 年底，全国服务外包企业从业人数 154.72 万人，其中拥有专科以上学历的员工数量为 116.45 万人，占从业人员总量的 75%。2009 年新增就业人员 71.1 万人，其中新增大学生就业 49 万人。截至 2009 年，全国共有服务外包企业 8945 家，其中 2009 年新增 4175 家。

2. 发包方以美、日和中国香港为主要来源地。2009 年来自三地业务量约占总量的 50% 以上。2009 年美、日和中国香港合同执行金额分别为 28.1 亿美元、20.6 亿美元和 9 亿美元，占比分别为 27.8%、20.4% 和 8.9%。此外，欧洲也呈上升趋势，2009 年，来自荷兰、英国、德国的业务量分别为 2.6%、2.3% 和 2.3%。2008 年，我国软件业离岸外包业务中，来自日本、美国和欧洲的业务分别为 61.7%、20.6% 和 5.5%，三地发包量占我国软件离岸外包总量的 87.8%。

3. 服务外包产业结构以信息技术外包（ITO）为基础逐步向业务流程外包（BPO）和知识流程外包（KPO）扩展。2009 年离岸服务外包市场 ITO、BPO 和 KPO 合同签约金额分别为 88.9 亿美元、34.6 亿美元和 24.2 亿美元，分别占 60.2%、23.4% 和 16.4%。我国 ITO 的具体业务类型主要包括软件产品开发、软件测试、应用系统开发和全球化服务等，BPO 业务主要包括物流采购、金融财会、客户服务、人力资源管理与培训等领域，以研发、设计、为代表的 KPO 在迅速增长。

4. 服务外包优势企业开始显现，民营和外资成为主要力量。2008 年，占全国企业总数 3% 的服务外包承接商签约的国际服务外包合同金额占全国总额的 60%；前 5 名企业合同签约金额占前 100 名企业总额的 25.4%；全年合同签约金额超过 5000 万美元的企业达到 16 家，产业集中度逐步提高。东软集团、浙大网新、海辉软件、大连华信、中国软件、博彦、文思创新、软通动力等已经逐步成为具有较强竞争力的软件外包企业。我国服务外包企业以民营和外商独资为主。其中，民营企业占 52.2%，合资企业占 12.4%，外商独资企业占 30.5%，国有企业占 4.9%，反映出产业市场活力旺盛。

5. 服务外包区域分布主要集中在东部沿海地区，以长三角为主。目前，长三角、环渤海、珠三角和中西部地区分别占全国总量的 64.7%、22.1%、4.7% 和 8.5%。长三角地区具有明显优势，基本形成了以上海、南京、苏州、杭州、无锡 5 个示范城市为主要聚集区，辐射带动周边地区发展的格局。

6. 服务外包示范城市聚集效应、带动效应和辐射效应明显。北京、天津、济南、上海、南京、苏州、无锡、杭州、武汉、重庆、成都、西安、合肥、南昌、长沙、深圳、广州、哈尔滨、大连、大庆、厦门这 21 个全国服务外包示范城市已经走在前列，为提升我国整体服务外包水平较好地发挥了作用。截至 2009 年年末，21 个示范城市企业数达 7013 家，占全国的 78.36%；合同签约金额 305.16 亿元，占全国的 87.39%；其中 2009 年为 148.83 亿美元，占全国的 94.91%。2009 年获得资格认证的企业数量达 3678 个，占全国的 79.82%，其中获得六项国际资格认证的占全国的 77.54%。示范城市占全国服务外包业务规模比重超过 80%，其中以离岸业务为主。2009 年示范城市离岸市场签约金额占 73.92%，在岸占 26.08%。

二、主要发展趋势

"十二五"时期，国际服务外包产业在我国具有广阔的增长空间。

1. 从整体趋势来看，"十二五"时期，中国国际服务外包发展规模将继续扩大，全球份额快速提高。尤其是 BPO、KPO 等业务外包规模将迅速扩大；产业价值链从中低端向高端攀升；发包方将呈现出美国、亚洲、欧洲市场多元化趋势；承接外包业务从以在岸跨国公司为主向离岸业务发展；服务外包企业结构将从以外资为主向内资企业转变。

2. 从全球化趋势来看，全球服务外包市场潜力仍然巨大。虽然我们遭遇了全球金融危机，外需市场萎缩，但服务全球化的趋势并没有改变。据麦肯锡研究，全球财富 1000 强中 95% 以上的企业已经制定了服务外包战略，到 2010 年，全球服务外包市场规模将达到 6000 亿美元以上。据联合国贸发会议预测，未来几年全球的服务外包市场每年将以 30%—40% 的速度增长。

3. 从接包地区来看，接包市场多元化的趋势将使我国优势更加突出。当前，全球服务外包市场主要集中在北美、西欧和日本，美国是全球服务外包的首发地和最大客户，约占外包支出的 2/3，欧洲和日本约占 1/3。中国、印度、澳大利亚、加拿大、爱尔兰都是主要的承接地。目前，印度仍是主要的接包国家，占全球 ITO 与 BPO 市场份额的 40% 以上。但是，跨国公司出于自身经济安全和分散风险的考虑，已经开始重视对中国、马来西亚、菲律宾、俄罗斯、墨西哥、巴西、罗马尼亚以及非洲等其他发展中国家的发包。相比之下，我国的优势更加明显。

4. 从服务外包产业价值链来看，知识密集的高端环节机会将增加。从近年业务市场变化来看，ITO 规模将继续扩大，BPO、KPO 都将快速增长。2004—2009 年，全球 ITO 市场年均复合增长率为 6.9%，BPO 市场年均复合增长率达到 9.1%。2008 年全球 IT 服务外包总量达 2159.52 亿美元，同比增长 9.3%。目前全球软件产值约 1/3 需要通过外包来完成。IDC 公司预测，2010 年全球软件外包市场规模将达到 1000 亿美元。2008 年 BPO 规模达到 2173.87 亿美元，同比增长 7.6%，包括人力资源、采购、财务与会计、客户关怀、培训等。

未来时期，全球 BPO 市场将高于 ITO 的增速。KPO 市场年均复合增长率在 46%
左右，从 2003 年的 12 亿美元增长到 2010 年的 170 亿美元。

KPO 和 BPO 市场快速增长主要有两方面原因。一方面，金融危机后，随
着新技术新产业的不断涌现，如，云计算、物联网技术的运用，新能源、新
材料、低碳经济等新兴产业发展，将衍生出各类服务外包领域。另一方面，
随着全球专业化分工的进一步深化，传统产业服务业和制造业的分离，也将
产生大量的 BPO 项目。如，金融、物流采购、研发设计、法律财会、管理和
咨询、人力资源服务、建筑服务、旅游等都蕴含着大量的外包机会。近年来，
跨国公司高端服务业转移大量发生。2006 年，通用汽车计划在未来 5 年内外
包 150 亿美元的信息技术业务，包括汽车设计、制造支持系统以及全球供应
链管理等。跨国公司在中国设立的研发中心已经达到 1000 多家。

5. 从内需市场来看，国内服务外包需求将持续增长。跨国公司在中国投
资不断增长将释放出大量服务外包业务，延伸出各种离岸业务；随着企业降
低成本而引致的专业分工细化，我国制造业体系内置的服务业分离将释放出
各种 ITO、BPO 和 KPO 外包；同时，我国政府服务外包市场规模也在释放。

6. 从供给层面来看，我国在基础设施优势、人才优势、制度优势等方面
都将更加突出。我国具有丰富的知识人才资源、知识结构多元化，有条件承
接中高端服务外包业务。2009 年，我国在校大学生 2144.7 万人，相当于 2005
年的 1.4 倍，相当于美国（1748.7 万人）的 1.2 倍，印度（1700 万人）的
1.3 倍。随着服务外包企业国际渠道的不断拓宽，技术水平提高，离岸业务将
进一步加速增长。此外，随着中央和地方政府的重视，知识产权保护、信息
安全保护、财税政策等法律法规的不断完善，服务外包的发展环境将进一步
改善。预计到 2015 年，我国占全球服务外包市场份额将达到 5% 以上。

三、存在的主要问题

应该看到，中国国际服务外包仍处于发展初期，存在着诸多问题。主要
表现在以下方面。

1. 产业整体竞争力较弱。一是服务外包企业规模普遍较小、组织管理不
成熟。2009 年全国服务外包企业人员平均规模为 172 人，大部分仍是 100 人
以下的小规模企业，万人以上的企业只有 5 家。2008 年我国前 20 强软件外包

企业平均出口额为 4130 万美元, 平均外包额 5491 万美元, 平均人数为 1510 人。而印度过万人的软件外包企业就有 20 多家, Infosys 已经超过 10 万人。我国软件外包行业利润率平均只有 10% 左右, 而印度则高达 40% 左右。目前我国排名前 30 的软件公司中, 仅有 20% 的企业获得了 CMM4 或 5 级认证。我国外包企业年人均创造的收入只有 1 万—2 万美元, 而印度则达到 5 万美元。二是服务外包产业价值链主要集中在中低端, 研究表明, 2010 年全球 KPO 外包的 70% 在印度, 仅有 30% 在我国和其他发展中国家。三是由于缺乏服务外包品牌, 我国企业承接高端外包业务能力不强, 缺乏直接从欧美发包商手中接单的能力。据调查, 海外直接接包比率在 50%—75% 的企业占 31%。服务外包企业仍然以承接在岸为主, 离岸规模小。

2. 区域发展不平衡。服务外包产业主要聚集在东部沿海地区, 中西部内陆地区发展缓慢; 主要聚集在一二线城市, 中小城市发展缓慢等。东部沿海城市, 长三角和环渤海地区由于具备国际化程度较高、基础设施建设完善、人才密集、交通通讯发达、产业基础雄厚、服务业基础较好等优势, 在发展国际服务外包上起步早, 在企业数量、规模、发展速度和集聚效应等方面已经形成了明显优势。而多数中西部地区由于国际化程度低、基础设施较差、产业基础薄弱、人才匮乏等不利因素发展国际服务外包较为艰难, 这种趋势将不利于中西部地区产业优化升级, 扩大东中西部地区差距, 影响区域协调发展。

3. 缺乏科学规划和综合引导。由此, 产业趋同化问题较为突出, 恶性竞争逐步显现。各地区在发展服务外包行业导向、招商引资对象方面普遍存在同质化现象。一些城市没有根据自己的特点进行准确定位, 存在涵盖领域过宽、特色不够鲜明、重点不突出的问题, 影响了品牌效应和产业集聚效应, 不仅很难发挥城市的资源禀赋优势, 而且容易导致恶性竞争, 影响了城市之间的合作共赢。此外, 在外包行业发展上, 主要侧重于软件信息技术, 对其他行业缺乏规划。

4. 服务外包人才匮乏。目前我国软件外包人才缺口为 30 万人, 且正以每年 20% 的速度递增; 未来 5 年中, 我国发展离岸服务外包行业将面临 34 万合格人才的缺口。服务外包企业人才数量不足、人才结构性供给缺口明显、人才质量差距较大、人才适应性较差等问题较为严重, 尤其是能够熟练掌握和运用英语的专业性人才比较缺乏, 复合型中高端人才和适用性技术人才短缺,已经成为制约我国服务外包产业的突出瓶颈。以软件产业为例，高端的软件构架师、系统设计师以及底部的软件蓝领都严重短缺，而中端的系统工程师则相对过剩，影响了我国承接离岸软件外包业务和自主创新的能力。根据Gartner研究，我国从业人员的交流能力和工作技能低于印度、爱尔兰和俄罗斯等国家。此外，我国服务外包人才培养机制尚未有效建立，也不利于产业的可持续发展。

5. 产业服务体系不健全，法律法规不够完善。公共服务平台建设欠缺，行业协会等中介组织发育不完善，还没有建立与国际接轨的服务外包技术标准体系和统计指标体系。由于行业协会和产业联盟缺乏影响力，我国难以在国际上推介外包企业，树立服务外包品牌；无法形成统一的行业标准，使外包提供商服务标准、服务水平参差不齐；在承接离岸业务时，不利于抱团获得海外订单。有企业反映，我国知识产权保护力度不足和信息安全环境较差是制约国外客户进一步扩大在我国业务的重要原因。由于国际服务外包是知识密集型行业，因此跨国公司在考虑发包时，对知识产权保护格外重视。目前，我国的盗版软件、山寨版产品等都影响了离岸服务外包发展。

6. 税收负担过重。我国服务外包企业纳税以营业税为主，存在多环节征收问题，虽然对符合条件的国际服务外包企业收入免征营业税，但服务产品出口前在国内流转的环节越多税收越多。据我国专家朱晓明的研究，目前我国服务业税负高于制造业，存在增值税和营业税并存等重复征税问题。一家制造业企业的公司内部呼叫中心营业税为零，增值税可抵扣；而一家专业外包企业呼叫中心则需交纳营业税，且增值税不可抵扣。此外，企业所得税、营业税存在税负偏高问题，这些都增加了服务外包企业负担，削弱了企业竞争力。

四、"十二五"时期发展国际服务外包的思路

"十二五"时期将是中国国际服务外包产业实现跨越发展、整体提升，创造国际竞争新优势的关键时期。应转变观念，切实提高对服务外包产业的认识，加强科学规划、合理布局。力争实现量的扩张和质的提升。

1. 培育世界级服务外包企业和服务外包品牌。要支持服务外包企业通过国际并购、战略性重组等方式扩大规模，培育一批具有国际影响力的服务外包企业，以大企业为龙头，通过分包、转包等方式，带动上下游中小企业发

展。中央财政应增加投入，用于国外广告投入，支持企业海外参展等活动，加大海外宣传力度，帮助企业提高品牌知名度和美誉度，打造中国服务外包品牌；要继续加强对服务外包企业的财政、税收政策优惠力度。

2. 加快发展一批高端服务外包产业集群。从未来全球服务外包转移的主要趋势，以及我国服务外包产业的要素禀赋、产业基础和国家鼓励产业发展方向来判断，"十二五"时期应加快发展以下服务外包领域。在 ITO 业务中，应着力发展软件信息技术、软件系统开发、云计算、物联网等领域；在 BPO 业务中，应着力发展金融服务外包、物流服务外包、商务服务外包（主要包括企业管理、法律咨询、广告、会展、客户服务、财会服务、人力资源服务）等领域；在 KPO 业务中，应着力发展研发、工业设计等科技服务外包，动漫、游戏、演出、影视等文化创意服务外包，建筑设计、工程咨询服务等建筑服务外包。在发展思路上，应以 ITO 为基础积极向其他行业延伸；以服务外包龙头企业引领带动中小配套企业发展；以本土企业为重点积极推进服务外包企业结构调整；以美日欧市场为主体积极开拓新兴市场，推进发包市场多元化。应加快服务外包产业的聚集发展和规模发展。国家有关部门应积极做好国家服务外包示范园区的认定工作。除继续抓好软件服务外包园区外，还应做好其他各类特色服务外包示范园区的认定工作，加快形成一批高端服务外包产业集群。

3. 促进国际服务外包区域协调发展，应进一步优化区域布局。具体思路如下。

（1）以东部沿海城市为重点向中西部内陆地区积极推进。要发挥长三角、环渤海、珠三角的高端聚集优势，提升中国服务外包的国际竞争力，力争引领全球服务外包发展潮流，对全国服务外包产业形成强大的辐射带动效应。首先要发挥北京、上海、深圳、大连、南京、杭州、天津等中心城市的接包能力优势、服务业聚集优势、高端人才聚集优势、国际化优势，以及服务外包企业聚集度高、产业规模效应强、总部经济集中等先发优势，打造具有国际竞争力的服务外包产业聚集区。着力吸引总部功能和高端服务外包产业，提升全球接单能力。着力打造国际化的金融中心、港口物流中心、研发设计中心、信息和会展中心、文化创意中心、票据结算和商务营运中心、采购中心和国际技术交易中心等。发展国际服务外包改善我国在全球生产网络中的布局，提升全球价值链中的分工位置，提高生产性服务业水平。

同时，要充分发挥中西部地区、东北等老工业基地的人才资源、土地资源等各类要素成本优势，大力发展国际服务外包产业。中西部高校科研院所相对集中的城市要率先发展。尤其要发挥武汉、西安、成都、重庆、南昌、合肥、哈尔滨、长春等城市的要素优势和产业优势，带动中西部地区服务外包的整体发展，成为我国内陆地区的开放型经济高地。要加大中西部地区基础设施建设投资，加大财政税收优惠力度，放宽服务外包企业资质认定标准，以增强这些地区承接国际服务外包的能力，扩大服务外包规模。要根据不同地区的基础特点，在现有高新技术区、保税物流区和科技园区等基础上，大力发展科技研发、信息、文化创意、专业服务、物流运输、商务服务、科技服务等服务外包，力争建设面向全球的服务交付中心。

（2）以一二线城市为重点向三线城市积极推进。从实践发展情况看，三线城市在人力成本、生活成本，以及土地、能源、资源等要素价格方面普遍低于一二线城市，许多三线城市已经与大城市之间形成了垂直分工关系，一二线城市接单、三线城市交付模式已经初现端倪。应统筹考虑一二三线城市的分工关系，对不同层级城市确定不同的功能定位，调动各方面的资源形成发展合力，促进城市间合理布局，形成良性互动的城市分工体系，充分利用大城市的接单优势，国际资源和网络优势向中小城市进行转包和分包。积极探索一二线城市接单、三线城市交付模式。

（3）以示范城市为核心带动周边城市协调发展。21 个示范城市已经具备了良好的发展基础，基本形成了特色产业，积累了行业经验，形成了较强的示范带动效应，成为我国服务外包产业增长的主要动力。应进一步增强示范城市的辐射带动能力，利用示范城市已经形成的产业聚集效应，努力扩大中小城市国际服务外包产业覆盖范围，使服务外包产业链向周边地区延伸。在政策上，要继续发挥示范城市的先行先试优势，为全国推广普及提供经验。在发展模式上，要积极探索示范城市共建等横向发展模式；探索重点行业—产业集群—重点企业，部、省、市共建示范园区等纵向发展模式。

（4）在区域布局上，要积极构建以区域中心城市、示范城市为主体，发挥潜力城市的骨干作用，辐射带动周边地区发展，有序分工、差异化发展的服务外包城市集群和服务外包产业带。

在东部地区，长三角地区要力争形成以上海、南京、杭州、苏州、无锡为主体，包括宁波、绍兴、温州、常州、南通等潜力城市，辐射带动周边地区发展的格局；环渤海地区要力争形成以北京、大连、天津、济南为主体，包括沈阳、青岛、东营、威海、烟台、石家庄等潜力城市，辐射带动周边地区发展的格局；珠三角地区要力争形成以深圳、广州为主体，包括佛山、珠海、东莞等潜力城市，辐射带动周边地区发展的格局；海西和海南地区要力争形成以厦门为主体，包括福州、海口、三亚等潜力城市，辐射带动周边地区发展的格局。中部地区要力争形成以武汉、合肥、哈尔滨、南昌、长沙、大庆为主体，包括长春、郑州、太原等潜力城市，辐射带动周边地区发展的格局。西部地区要力争形成以西安、成都、重庆为主体，包括兰州、南宁、昆明、贵阳、呼和浩特等潜力城市，带动周边地区发展的格局。

（5）服务外包发展与当地产业基础相结合。国际服务外包产业涉及领域多，要选择符合地区资源禀赋优势的重点行业聚焦发展，在更大的区域范围内考量自身的战略定位与重点产业导向，着眼于增强当地产业结构的整体竞争力，使服务外包产业和当地制造业、服务业之间紧密协作，形成联动，互为支撑，互为促进，推动制造业与服务业融合发展。

4. 积极培育国际服务外包人才。强大的服务外包人才队伍是产业发展的前提条件。为此，一要加快改革高校教育模式，鼓励面向市场需求，培养适应性人才；二要加强产学研合作，鼓励通过在企业、园区建立学生实习基地等方式，培养和提高学生社会实践能力，适应企业需求；三要加强企业在岗培训，提高服务人才整体素质和能力，国家应给予一定财政补贴；四要建立社会培训体系，大力发展中介培训服务机构，发挥网络媒体等远程教育作用，国家应给予相应的资金补贴和税收优惠；五要加强国家服务外包人才培训基地建设，可由商务部协同国家发改委、劳动人事部等有关部委，选择有条件的国际培训服务机构进行认定，为企业培训各类高级服务外包技术和管理专业人才；六要创新各种人才激励机制和环境，为积极吸引海外高端服务外包技术和管理人才创造条件。

5. 打造国际服务外包公共服务平台。服务外包企业以中小企业为主，目前普遍存在融资难、缺乏接包信息渠道、缺乏知识产权保护、研发经费投入不足等问题，严重影响了服务外包企业的自主创新能力和做大做强。为此，应加强服务外包园区各种信息服务、融资担保服务、研发设计服务、知识产权服务、市场交易服务、会展服务等各种公共服务平台建设。政府应加强引导，加大财政投入力度和减免税政策力度。采取政府直接投资，鼓励龙头企业、大专院校、科研机构、民营企业、外资等各类主体投资建设。商务部应认定一批国家服务外包示范公共服务平台，带动全国平台建设与发展。

6. 促进国际国内服务外包联动发展。目前，国内服务业由于内置于制造企业，造成专业化程度低，影响了服务业规模和质量，因此，鼓励企业、政府将服务业务外包出去，成为推动服务专业化，提高服务品质，促进国内服务业发展的重要抓手。离岸与在岸服务外包具有互补优势。积极鼓励企业承接跨国公司在岸业务，将有利于企业延伸和拓宽境外业务渠道，为承接国际服务外包创造条件；同时，发挥国际服务外包企业利用国际人才、技术、标准、渠道等优势承接在岸业务，将国际服务外包产业链向国内延伸，有利于提升国内服务业质量。我国尚处于服务外包发展初期，应适当降低国际服务外包企业认定中离岸业务比例，尤其是对于国际化程度较低的地区要实行差别政策，这将有利于促进离岸与在岸服务外包互动发展。

7. 建立与国际接轨的服务外包技术标准和统计体系。要加强对服务外包技术标准的制定和修订工作，积极借鉴发达国家经验，寻找差距；增加国家财政对技术标准研究和制定工作的经费投入；建立以服务外包龙头企业为骨干的技术标准决策体系；完善产品认证制度，与国外权威认证机构建立互认机制；根据国外不同市场、不同类型客户的具体需求，建立企业内部标准管理体系，如金融业软件外包业务的信息安全标准等。引导企业熟悉国外客户的技术标准，并结合自身能力灵活应对客户的技术标准需求。同时，建立中国服务外包统计体系，解决目前由于统计体系缺失，给行业研究、政府决策、企业决策所带来的困难。

8. "引进来"和"走出去"相结合。我们一方面要继续加大吸引服务业外资力度，尤其要鼓励外资软件信息、研发、设计、金融、物流采购、咨询等服务业的转移，充分利用跨国公司的渠道和产业链扩大国际服务外包规模，带动本土服务外包企业成长。另一方面，更要支持鼓励本土服务外包企业走出去承接国际服务业务，开拓国际市场，国家应在外汇审批、税收返还、企业审批等方面予以支持。

（原载《国际贸易》2010 年第 10 期）

全球服务外包发展现状及最新趋势

离岸外包是企业充分利用国外资源和企业外部资源进行产业转移，实现全球资源优化配置的一种形式。其主要形式为跨国公司利用发展中国家的低成本优势，将生产和服务外包到发展中国家。与外商直接投资（FDI）相比，离岸外包更具有降低成本、强化核心能力、扩大经济规模等优势，越来越多的跨国公司将离岸外包作为国际化的重要战略选择。离岸外包兴起于制造业，但进入本世纪以来，随着服务业全球化的趋势日益增强，离岸服务外包已经成为经济全球化的主要载体，新一轮全球产业结构调整和国际产业转移的主要推动因素。由于发展中国家的技术水平、人才素质、信息服务能力、基础设施环境等要素水平不断提高，同时，与发达国家相比，保持了各类要素价格的低成本优势，大量的服务业从发达国家离岸外包给发展中国家。因此，承接新一轮跨国公司服务外包成为发展中国家利用外资，扩大服务贸易，参与经济全球化的新途径。

一、全球离岸服务外包发展的现状

进入 21 世纪以来，全球服务外包市场潜力巨大，离岸服务外包产业规模持续扩大，已经成为推动全球服务贸易增长的主要动力和全球跨国直接投资增长的主要引擎。

（一）全球服务外包市场发展迅速

2009 年，全球服务外包市场虽然受金融危机影响经历了近 5 年来的最低增长，但仍然保持了较大增长规模，全球服务外包总量为 8099.1 亿美元，相当于 2006 年（6662.9 亿美元）的 1.2 倍。其中，IT 服务支出为 5885 亿美元，业务服务支出为 2214.1 亿美元，分别相当于 2006 年的 1.2 倍（图 1）。

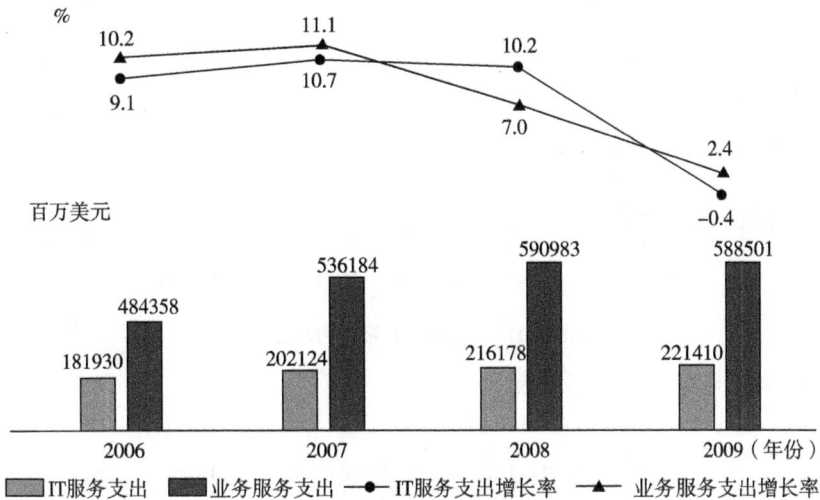

图 1　2006—2009 年全球服务外包市场规模和增长率

数据来源：国际数据公司（IDC）

1. 全球服务外包以 ITO 为主导。全球信息技术服务外包（ITO）保持了稳定、长期增长的态势。2009 年，ITO 占全球服务外包总量的 60%。据联合国贸发会（UNCTAD）统计，1990 年 IT 服务外包市场为 90 亿美元，2002 年达到 1200 亿美元，是 1990 年的 13 倍。从地域分布来看，北美和西欧等发达经济体 IT 服务支出约占全球总量的 83%，美洲地区约占 42%，欧洲、中东、非洲地区（EMEA）占 42%，亚太地区占 16.1%。从业务类型来看，全球 IT 外包支出在 IT 服务总体市场中占最大份额，达到 39.9%；项目型服务、支持与培训分别达到 2041 亿美元和 1496 亿美元。从前景来看，据 IDC 预测，到 2013 年，全球 IT 服务支出将达到 6946.4 亿美元，相当于 2009 年的 1.2 倍（图 2、表 1）。

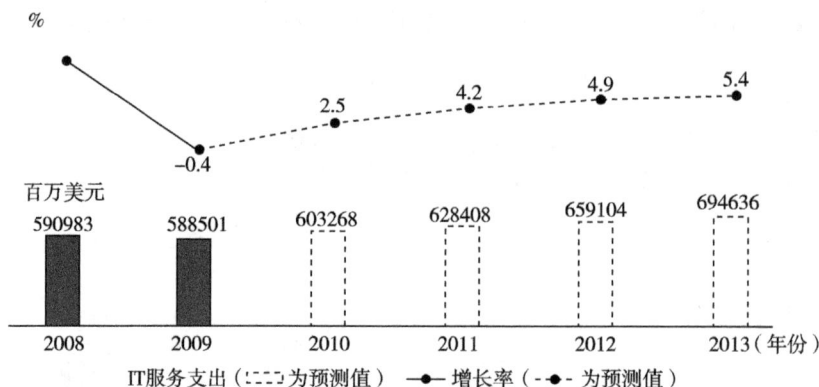

图2 2008—2013年全球IT服务市场规模和增长率

数据来源：国际数据公司（IDC）

表1 2009—2013年全球IT服务细分市场规模　　单位：百万美元

年份 项目	2009	2010	2011	2012	2013
IT外包	234806	245324	258593	274127	292182
项目型服务	204099	206993	214188	223974	235616
支持与培训	149596	150951	155627	161003	166838
总计	588501	603268	628408	659104	694636

数据来源：国际数据公司（IDC）

2. BPO市场规模迅速扩大。随着服务业市场专业化不断细分，服务提供商业务领域不断拓展，以及云计算、物联网等新技术的应用，都带来了业务流程外包（BPO）的快速增长。

从地域分布来看，2009年，美洲市场与西欧发达经济体支出约占全球的85%，其中，美洲市场占54.8%，欧洲、中东、非洲占30.3%，亚太地区占14.9%。2009年，亚太地区业务服务支出为330亿美元，增长率达到7%，是增长最快的市场。从业务类型来看，客户关怀服务达到586.8亿美元，占52.3%，其余分别为财务与会计服务（258.8亿美元）、人力资源服务（183.5亿美元）、培训服务（67.7亿美元）、采购服务（25亿美元）。从前景来看，据 IDC 预测，到 2013 年，全球业务服务市场支出将达到 2814.3 亿美元，相当于 2009 年的 2.5 倍（图 3、表 2）。

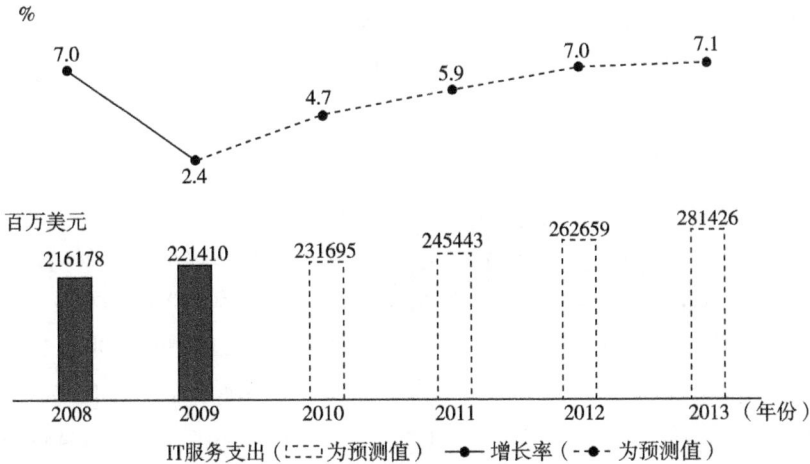

图 3　2008—2013 年全球业务服务市场规模

数据来源：国际数据公司（IDC）

表 2　2009—2013 年全球 BPO 细分市场规模　单位：百万美元

年份 项目	2009	2010	2011	2012	2013
人力资源	18351	19314	20670	22283	24222
采购	2500	2787	3134	3521	3943
财务与会计	25878	27484	29484	32001	34463
客户关怀	58684	62237	66330	70835	76839
培训	6770	6973	7372	7869	8226
合计	112183	118795	127054	136509	147693

数据来源：国际数据公司（IDC）

（二）全球离岸服务外包市场持续扩大

据麦肯锡预测，全球离岸服务外包市场将从目前的 800 亿美元增长到约

5000 亿美元。其中，IT 服务、业务流程、工程服务分别为 2400 亿美元、1500 亿美元、1200 亿美元。目前，在 5000 亿美元的潜在市场中，仅有 12% 实现了离岸，到 2012 年，潜在市场中将有 32% 实现离岸，市场规模将达 1600 亿美元。到 2020 年，潜在市场需求将达到 1.65 万亿—1.8 万亿美元，其中，中国、印度、巴西和俄罗斯新增 4500 亿—5000 亿美元（图 4）。

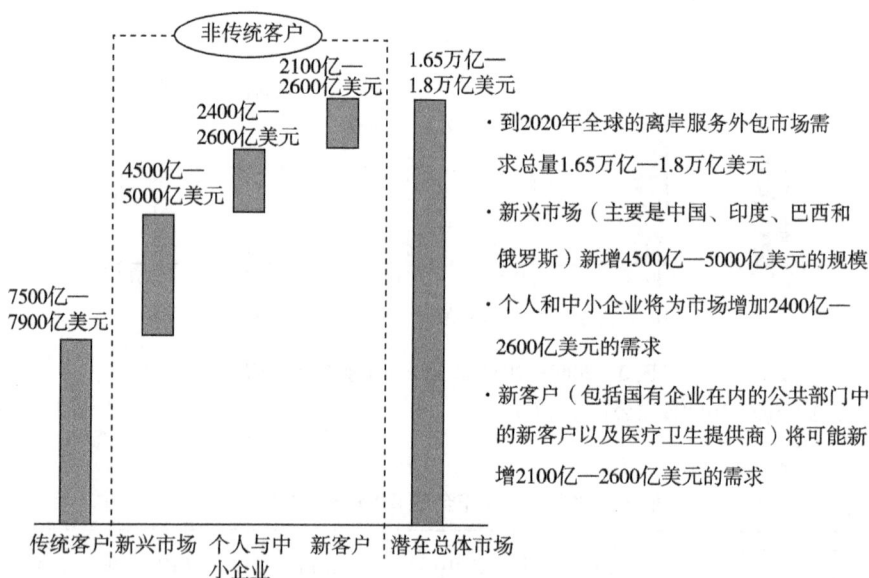

图 4　2020 年全球离岸服务外包市场预测
资料来源：麦肯锡（IDC）

1. ITO 在全球离岸市场中仍占据主导。从业务类型来看，2009 年，全球信息技术服务、业务流程服务、设计研发服务分别占市场份额的 75%、13.3% 和 11.7%。2009 年，全球离岸 IT 服务外包市场规模为 315.3 亿美元。其中，应用软件定制开发、系统集成、应用管理外包分别为 80 亿美元、63.3 亿美元、51.5 亿美元。从增长空间来看，到 2013 年，全球 ITO 离岸市场规模将达 418.5 亿美元，相当于 2009 年的 1.3 倍（表 3）。

表3　2009—2013年全球离岸IT服务外包市场规模　　单位：百万美元

年份 项目	2009	2010	2011	2012	2013
IT咨询	1353.5	1402.1	1473.6	1572.5	1695.9
系统集成	6332.2	6558.0	7064.1	7678.4	8431.1
基础设施管理外包	2410.3	2725.0	3157.4	3694.1	4452.7
应用管理外包	5145.8	5631.3	6267.3	7054.3	8069.3
应用软件定制开发	7997.5	8084.4	8432.5	8691.5	9136.4
其他	8289.5	8567.2	8956.3	9452.8	10068.2
合计	31528.8	32968.0	35351.2	38143.6	41853.6
增长率（％）	1.7	4.6	7.2	7.9	9.7

数据来源：国际数据公司（IDC）

2. 全球离岸服务外包逐步向BPO和KPO拓展。目前，虽然全球BPO离岸市场较小，但2007—2012年复合增长率将达到25.1%，高于离岸ITO（18.8%）的复合增长率。据联合国贸发会预测，KPO的市场规模以46%的复合年增长率，从2003年的12亿美元增长到2010年的170亿美元。

近年来，随着全球产业结构调整速度加快、国际分工日益细化，服务外包产业链正加速向上下游两端延伸，尤其是向上游的研发设计环节、下游的售后服务环节延伸，业务类型逐渐由基础信息技术层面的外包业务向较高层次的流程外包业务拓展。服务外包几乎涵盖了IT、金融、通信、研发、设计、企业管理、人力资源、咨询、文化创意等各个领域。尤其是高技术含量、高附加值环节所占比例逐渐提高。据美国商务部统计，2003年美国呼叫中心及数据输入工作外包773亿美元，比2002年增加了近800万美元。Harris Interactive 2005年调查表明，大约有29%的亚洲企业大部分或全部的供应链管理进行了外包，欧洲和美国则有27%的企业外包了供应链管理业务。在制造业设计研发方面，全球潜在离岸规模为1200亿美元左右，仅有150亿美元左右实现离岸，2010年离岸规模超过200亿美元。以市场研究、整体解决方案、金融研究、数据挖掘、设计开发等为主的高端外包活动在全球开始兴起和发展。

（三）全球服务外包发包方以发达国家为主

目前，全球服务外包发包市场仍主要集中在美国、西欧和日韩三大市场。2007 年，三大市场分别占比为 66%、18% 和 4.9%。2009 年来自三大市场份额分别占 64.7%、17.9% 和 5.6%（图 5）。从离岸方式来看，美国主要选择印度、中国、菲律宾等国家，这些地区虽然空间距离较远，但成本低、人力资源丰富。欧洲、日本则以近岸外包为主要特征，主要选择空间距离较近、文化相近的区域。欧盟侧重于东欧、俄罗斯等国家，日本外包业务的 40% 以上是在中国市场。

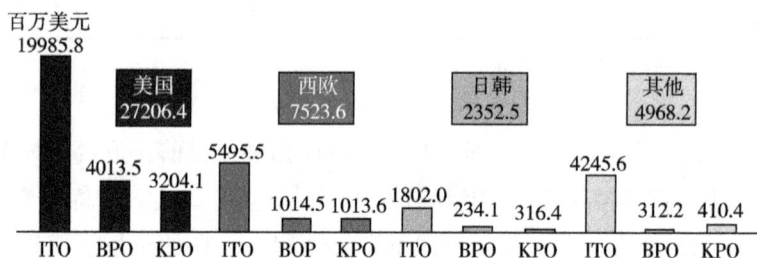

图 5　2009 年全球离岸服务外包转移方市场规模和区域分布

数据来源：国际数据公司（IDC）

（四）全球服务外包承接方以发展中国家为主

目前，全球承接离岸服务外包主要来自亚洲、拉美和东欧 3 个地区。

从三大接包地区来看，亚洲是全球承接离岸外包最多的地区，约占全球份额的 45%。但由于成本、文化、区位、语言、技术能力等因素影响，不同地区的接包特色、接包优势也逐步显现。拉美地区主要承接美国与西班牙语系国家的外包业务；东欧地区主要凭借与发包方地域接近的优势，承接面向西欧国家的外包业务；亚洲地区正逐步发展成为面向全球的离岸服务外包目的地。

从承接国家来看，印度、中国、菲律宾、爱尔兰、俄罗斯、巴西等国家由于具有成熟度高、交付能力强、人力资源丰富、成本较低等优势，成为世界离岸服务外包的主要承接国家。与此同时，中东和非洲国家，如：埃及、约旦、突尼斯等，由于教育水平不断提高，劳动力成本较低，逐步成为重要的承接地，越来越多的欧美和亚洲公司选择在这些国家设立地区或全球中心（表4）。

表4 部分承接国家优势的比较

优 势	代表地区
BPO 客服中心行业	埃及、突尼斯、摩洛哥、毛里求斯、加纳和南非
与西欧市场的紧密联系	斯洛伐克、罗马尼亚、俄罗斯、乌克兰
西班牙语相关的技能服务	墨西哥
ERP 支持和维护	巴西
分享服务	哥斯达黎加

资料来源：Garnter《全球前30位离岸外包目的地》及其他公开资料整理

印度仍然是离岸服务外包最大的承接国家。长期以来，印度凭借其在语言、IT 专业人才规模、长期积累的国际渠道、服务外包质量，以及国家产业政策支持等方面的优势，占全球 ITO 与 BPO 市场 40% 以上的份额。2010 年全球 KPO 的 70% 转移在印度，30% 左右转移在中国和其他发展中国家。在全球20 大 ITO、BPO 供应商中，有 7 家是印度公司。根据 McKinsey-NASSCOM 联合发表的报告，2010 年，印度 BPO 总值增加到 1500 亿美元，ITO 总值增加到1500 亿美元。但是，近年来，由于印度开始出现人才供给能力减弱、招募成本和难度上升等问题，跨国公司出于自身经济安全和分散风险的考虑，开始重视对中国、马来西亚、菲律宾、俄罗斯、墨西哥、巴西、罗马尼亚以及非洲等其他发展中国家发包。

二、全球离岸服务外包的主要趋势

（一）全球服务外包市场仍有巨大增长空间

1. 离岸服务外包成为企业国际化的主要选择。企业国际化是全球服务外包发展的主要推动力。据 Gartner 公司调查，2002 年仅有 1% 的美国企业愿意将部分业务离岸外包，到 2004 年，愿意选择离岸外包的公司已经增加到 50%以上；欧洲前 500 强公司中有近 50%的企业计划将更多的服务业务离岸外包。1996 年，美国销售额 5000 万美元以上的大公司中有 25%选择了外包，2000 年销售额 1000 万—5000 万美元的中小企业也很快加入外包行列，到 2004 年年底，美国年收入超过 1 亿美元的公司中有 40%选择离岸外包，约有 1/20 的 IT 职位转移到海外。美国 Forrester Research Inc. 预测，2000 年以来，美国大约离岸 40 万个服务业工作岗位，到 2015 年，美国将有 330 万白领工作岗位和 1360 万美元的工资转移到海外。Deloitte 预测，2008 年西欧将外包 73 万个金融和 IT 服务的工作岗位，日本外包 40 万个左右。

2. 全球离岸服务外包市场呈现增长态势。根据 Booz Allen 的研究，2008 年全球工程服务支出为 8860 亿美元，仅有 100 亿—150 亿美元被离岸外包，主要集中在加拿大、中国、墨西哥和东欧。2020 年市场规模将达到 1 万亿美元，将有 25%—30%离岸。2008 年，制造业服务外包合同总额增长 80.5%，为 222 亿美元；电信业随着 3G 网络的大规模建设，网络运营维护专业化分工加强，以及市场开放度提高，电信业服务外包合同总额增长 59.3%，为 215 亿美元；金融业服务外包合同总额为 110 亿美元。

3. 传统发包市场继续释放。金融危机所带来的全球经济低迷，虽然导致了发包企业数量减少，但总体增长的趋势并没有发生变化。根据 Hackett Group Inc. 对 200 家跨国公司的调查显示，企业计划外包的技术类职位比例由 2008 年的 15.4%增加到 2010 年的 25.5%。根据 Equa Terra 对 200 多家 IT 外包服务供应商的调查显示，金融危机后，欧美国家四成以上的企业为了降低成本，减少对软硬件开发的投资，加大了对业务的外包力度。其中，欧洲 IT 企业的外包需求比美国企业更大，64%的欧盟受访企业认为外包需求会增加。

4. 新兴发包市场增长加速。近年来，在信息技术全球化和经济全球化的推动和影响下，亚太、中欧、中东、非洲、拉美等发展中国家市场 IT 服务消费额已经占全球的 15.4%，这些新兴市场的服务外包发展势头较快。从 2008 年的 IT 服务消费增长率来看，中欧、中东和非洲地区增长 14.7%，拉美地区增长 10%，亚太地区（除日本外）增长超过 10%。2009 年年初，塔塔咨询将公司东欧、中东、非洲和拉美的 4 个业务部门合并为新兴市场部，拓展这些新兴市场业务。

5. 国际并购快速发展将推动全球服务外包规模化发展。近年来，服务外包行业的国际大型并购案增加。2008 年，印度企业并购数量为 98 起，并购金额 34 亿美元。HCL 以 6.58 亿美元收购 Axon，TCS 和 WiprO 分别以 5 亿元和 1.3 亿美元购买花旗的 BPO 和技术部门。这些大型国际并购使服务外包企业快速形成了自己的离岸机构，提高了离岸承接能力和业务拓展能力，同时，也加速了全球服务外包的规模化发展。

（二）接包市场综合优势和多元化趋势明显

1. 离岸服务外包向发展中国家转移成为必然趋势。发展中国家以其诸多优势促使发达国家服务业离岸外包。LOCOmonitor 调查了 25 个公司 2002—2003 年在发展中国家和转型经济体建立呼叫中心的原因，其中，24 个公司选择低成本因素，23 个公司选择能够获得熟练劳动力，13 个公司选择语言技能因素，5 个公司选择技术通信设施因素，3 个公司则选择规章制度或商业环境。

综合上述结果可以看出，主要原因来自 3 个方面。首先是低成本优势是服务外包向发展中国家转移的最重要原因，其次是发展中国家劳动力素质的提高，再次是发展中国家的投资环境日益改善对发达国家的吸引力不断增强。如：呼叫中心劳动力成本在发达国家占总成本的 50%—70%，但外包到印度，劳动力成本比英国低 80%—90%，除去设施、培训、管理等相关成本，在印度设立呼叫中心节约费用为 30%—40%。又如：越南开发软件成本比美国低九成，仅为在印度开发软件所需成本的 1/3—1/7，而且越南 IT 业较低的费用可以留住主要雇员，低消耗地维持项目团队，从而保持客户的延续性与熟悉程度。

除成本优势外，由于承接服务外包可以带来就业增加、产业结构提升、技术溢出效应等，许多发展中国家不断制定和完善服务外包政策与法规，加强信息安全和知识产权保护，改善通信、电力等技术设施，加大服务外包教育培训力度，使承接服务外包的综合优势日益明显。由于跨国公司在降低成本的前提下，同样保持了服务质量，向发展中国家离岸服务外包的趋势将持续。

2. 接包国家的综合优势将成为吸引离岸业务的主要优势。2007 年，科尔尼全球离岸服务目的地指数（TM1）研究发现，单纯地依靠低成本竞争已经不足以吸引离岸业务。维持未来长期竞争力的关键，还在于依靠改善人员技能、业务环境、监管环境、商业环境、基础设施投资等要素。

近年来，主要接包国家都存在不同程度的成本上升。中国和印度平均薪酬成本分别上升约30%和20%，但两国的人才优势、基础设施优势、业务环境优势、体制优势、政策优势等方面弥补了成本优势的下降，在全球离岸服务外包中依然保持优势地位。此外，菲律宾工资提高约30%，但在财会、人力资源管理、薪资管理、后勤保障等服务外包方面能力提升；巴西工资上升，但大学生增长快、IT行业优势突出，导致业务流程外包、SAP和其他数据服务业务规模快速拓展；智利由于商业环境、税收结构等因素十分有利，实现了服务外包增长；迪拜发展离岸服务主要凭借宽松的税收、投资和居住政策；埃及则拥有在中东地区最庞大的人才资源，吸引越来越多的跨国公司设立外包中心。南非、以色列、土耳其等国家，由于政治环境和基础设施有所改善，也开始逐步吸引离岸外包业务。

表5　2007年科尔尼全球离岸服务目的地指数

排名	国家	财务吸引力	人员和技能可得性	商业环境	总分
1	印度	3.22	2.34	1.44	7.00
2	中国	2.93	2.25	1.38	6.56
3	马来西亚	2.84	1.26	2.02	6.12
4	泰国	3.19	1.21	1.62	6.02
5	巴西	2.64	1.78	1.47	5.89
6	印度尼西亚	3.29	1.47	1.06	5.82
7	智利	2.65	1.18	1.93	5.76
8	菲律宾	3.26	1.23	1.26	5.75
9	保加利亚	3.16	1.04	1.56	5.75
10	墨西哥	2.63	1.49	1.61	5.73
11	新加坡	1.65	1.51	2.53	5.68

排名	国家	财务吸引力	人员和技能可得性	商业环境	总分
12	斯洛文尼亚	2.79	1.04	1.79	5.62
13	埃及	3.22	1.14	1.25	5.61
14	约旦	3.09	0.98	1.54	5.60
15	爱沙尼亚	2.44	0.96	2.20	5.60
16	捷克共和国	2.43	1.10	2.05	5.57
17	拉脱维亚	2.64	0.91	2.00	5.56
18	波兰	2.59	1.17	1.79	5.54
19	越南	3.33	0.99	1.22	5.54
20	阿联酋	2.73	0.86	1.92	5.51

资料来源：科尔尼公司

注：3 大类别的权重分配为 40∶30∶30，财务吸引力的分值为 0 分到 4 分，人员和技能可得性以及商业环境的分值为 0 分到 3 分

3. 接包市场多元化格局趋势明显。据科尔尼公司研究，目前有更多国家进入接包市场。全球有 70 多个国家和地区出台了促进服务外包产业发展的政策。中国、印度、爱尔兰、以色列、东欧国家、地区等已将服务外包产业作为国家发展的重要部分。同时，一些发达国家的欠发达地区为促进就业和本地经济发展，也出台相关政策以促进产业发展。例如，美国爱达荷州、印第安纳州也开始通过承接服务外包来促进本地就业与经济发展。

（三）离岸服务外包价值链由低端向高端发展

1. 离岸服务外包产业链向高端发展。与上一轮的玩具、内衣、机电加工产品等劳动密集型产业转移相比，新一轮的离岸服务外包具有知识密集、附加值高的特征。从行业来看，软件信息技术服务、金融服务、通信服务、生物技术服务、制造业服务、医疗服务、公共服务、文化创意服务等都是服务外包的主要领域。从生产环节来看，企业从外包简单的制造加工环节，发展

到外包研发、设计、金融、供应链管理、物流等核心业务环节，外包主要集中在产业价值链的高端环节。有关数据统计，低端外包服务全球业务收入从2003年的77亿美元增长到2010年的398亿美元，年增长率为26%；而高端外包服务全球业务收入从2003年的12亿美元增长到2010年的170亿美元，年增长率为46%。目前，美国离岸服务外包中有50%以上是技术密集型行业，到2015年这个比例将达到70%。

2. 知识流程（KPO）离岸趋势成为显著特征。KPO是跨国公司将业务流程的高端离岸外包到低工资国家。与BPO相比，KPO是通过提供业务专业知识使企业获得高附加值。由于新技术的迅速发展带来的社会专业化分工日益细化，一个企业往往难以做到各个环节的技术全面，知识化流程越来越多地外包。例如，数据研究、市场分析、研发设计、律师服务、知识产权研究、决策支持系统等。

尤其值得关注的是，在知识流程业务中，企业核心关键业务的离岸外包在大量发生，如设计服务。以半导体产业为例。20世纪90年代半导体供应商开始将封装和测试环节外包，随着集成度的提高使制造设备的成本支出增长，半导体器件供应商又将前端制造工序外包，只保留设计环节，以便牢牢掌握核心技术。2000年以后，半导体市场开发成本不断上升，许多厂商设计开发费用随着销售收入的下降而减少。于是，位于产业链最高端的设计环节也开始外包。2004年EETimes发布一项调查结果显示，调查对象为北美年均销售额23亿美元的半导体供应商，其中36%的供应商有设计外包；设计外包大多采用芯片设计外包，其中后端芯片级设计外包占45%，前端芯片级设计外包占35%；设计外包80%依靠专业设计公司完成，这些设计公司以小规模为主，其中5人以下的约占33%；项目平均时间从18个月缩短到12个月。美国TCX公司董事长Rakesh Kumar认为，美国电子行业外包的包装、装配和测试业务，营业额已经达到了行业总量比重的20%、50%和100%，芯片设计也将部分或全部外包。这反映出芯片设计外包业务已经成为发展趋势。

3. 跨国公司高端服务业转移加速。近年来，跨国公司高端服务环节向发展中国家转移的现象大量发生。飞利浦公司向中国转移了手机生产环节后，又将手机研发、设计全部外包给中国电子（CMC）。2005年12月，美国摩根大通银行、英特尔、微软相继在研发和处理复杂衍生品交易等高附加值领域向印度等国家转移7500个工作岗位。2006年，通用汽车计划在未来5年内外包 150 亿美元的信息技术业务，包括汽车设计、制造支持系统以及全球供应链管理等。印度塔塔技术中心组建 2000 多名设计人员的团队承接汽车设计外包业务。

跨国公司高端服务业转移的加速，推动了全球服务外包价值链向高端发展。其主要原因有 3 个方面：一是产业转移的需要。跨国公司在上一轮的制造业转移中，在东道国产生了大量的服务需求，由此推动高端服务业的积极跟进。二是获取全球创新资源的需要。目前，跨国公司离岸外包的目的已经不仅仅是降低人力成本，而是充分利用各国人才和创新要素，向开发新产品、新业务、新技术等综合能力转变。三是发展中国家技术积累增强，教育水平提高，高素质人才增加，已经具备了承接跨国公司高端服务业转移的能力。

（四）企业外包动因由成本驱动向构建核心能力转变

企业外包业务的动因除降低成本之外，更多地是为增强核心竞争力，这是新一轮离岸服务外包的重要特点，正是这一驱动使企业不断地外包自己不擅长的业务，专注于自己的擅长业务。外包对企业核心能力的强化主要体现在构建核心技术、突出核心业务、改善体制弊端等方面。

1. 全球技术创新加快要求企业组合全球资源构建核心能力。由于全球技术创新速度加快，新技术、新工艺成本壁垒不断提高，一个企业往往难以独立拥有所有的核心技术资源，这就需要大力借助外部资源提升技术开发能力。如，诺基亚在 8 个国家拥有制造基地，却在 11 个国家设有研发中心，这些大量离岸的研发中心就是跨国公司充分利用东道国技术资源，强化自身核心能力的表现。又如，爱立信将生产和供应两个环节外包，主要基于 3 个方面的原因：一是成本因素。瑞典工人最低月工资为 1.3 万瑞士克朗，而一些亚洲国家工资水平不足瑞典的 1/10。二是发挥公司专长。即为了把有限的资源强化在产品研发、设计等擅长的领域，而将相对薄弱的生产和供应环节外包。三是缩小核心团队规模。通过外包解决经济不景气时企业规模裁员问题。这些显然是企业保持核心竞争力的需要。

2. 企业通过外包构建核心能力的重要标志是核心业务外包。通常来看，企业业务流程大致分为 3 类：一是具有后台管理性质的业务，如：IT、人力资源、金融和财务、设施管理等，这一部分业务最适合外包。二是运营业务，如：物流、客户服务等，这一部分可以根据企业决策需要进行外包。三是具有核心竞争力的关键业务，如：核心技术研发、设计，市场营销等，这一部分通常不实施外包。但是，随着消费市场的日益发达，产品生命周期缩短，消费者的个性化需求不断提高，要求企业提供的产品越来越柔性化。因此，为了迅速提高市场开发能力，企业开始将核心业务外包给专业公司。Christina Eiston（2005）对医疗行业外包分析认为，公司规模已经不是企业外包的决定因素，不仅小公司在寻求研发外包，而且"像 Avail 这样的大公司也在开发外包产品"。过去大的医疗器械公司往往外包非核心业务，而近年来，越来越多的大公司将专业知识领域外包（Ex-pertise）作为一种缩短产品生命周期的竞争方式。有规模的公司都在尝试用更少的人员去开发更多的产品。因此，公司的利润增长更多地依靠外包获得。

3. 外包核心业务成为发展中国家构建企业核心能力的重要手段。发展中国家由于在许多领域的核心关键技术、设计十分薄弱，往往采取向发达国家外包，然后购买其知识产权方式取得所有权。如中国的汽车、机械、航空以及电子产品等行业的许多核心设计技术都是通过这种方式获得的。此外，外包具有改善发展中国家体制弊端，完善竞争机制的作用。一个计划如果在企业内部实现，往往受内部官僚机构的影响，外包则充分利用外部机构，可以减少内部机构的摩擦影响，降低企业制度成本。根据上述分析判断，未来时期，发展中国家向发达国家发包的规模将逐步扩大。

（五）离岸服务外包交易方式和业务模式不断创新

1. 离岸外包交易方式不断拓展。从交易方式上看，离岸服务外包已经由传统的"一对一"向"一对多"的外包发展，由传统的"在岸—离岸"向在岸和离岸混合模式发展。服务外包使跨国公司如同一个枝繁叶茂的参天大树，而承接企业则像大树上的枝杈，越来越多，越分越细。传统的外包方式大多限于甲、乙双方之间，即乙企业承接甲企业产品，负责生产加工、服务，向甲公司交货。由于承接商规模不断扩大、渠道增多，大规模的总承包商更多地进行转包和分包，即乙承接甲公司业务，乙将业务转包给丙公司，由丙公司为甲方生产，如此繁衍，外包业务链条不断扩展。为了减少地域差异，降低风险和管理成本，跨国公司许多外包业务采取通过海外子公司转包给东道国的本土公司或其他公司的方式完成，形成了混合模式，这一模式将为国内服务外包企业创造更多的市场机遇。

2. 服务外包模式不断创新。从服务发包商与承包商之间的关系上看，已经逐渐成为新型的合作伙伴关系，很多承包商已经成为跨国公司全球价值链上的重要组成部分。从业务提供方式上看，服务外包供应商已经从个体承接向联合承接转变。供应商之间由互为竞争对手，向建立企业联盟、合资合作、虚拟组织等协作模式发展，共同提供外包服务。从服务方式上看，外包服务已经由单纯的项目外包发展到离岸共享中心、全球交付、现场服务、ITO 和 BPO 捆绑服务等模式拓展（图6）。随着信息技术升级，越来越多的 IT 服务提供商将向业务流程服务领域渗透，为客户提供整合服务。如软件即服务（SaaS）、平台即服务（PaaS）、基础设施即服务（IaaS）等模块化服务。

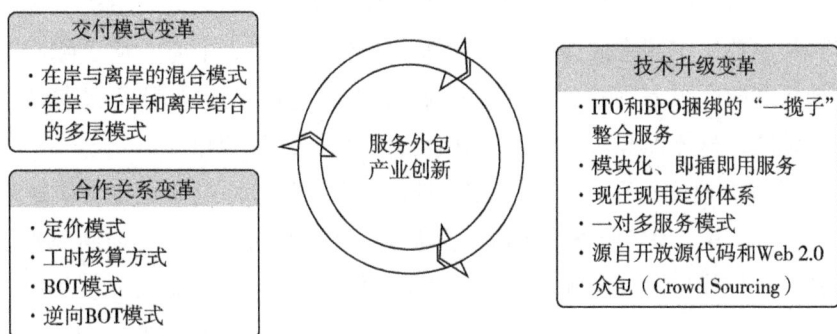

图 6　服务外包产业模式的创新

资料来源:《中国服务外包发展报告 2009》

（原载《国际贸易》2011 年第 9 期）

我国服务外包产业的地位及发展思路

如何认识我国服务外包产业在全球的地位

我国已经成为全球第二大离岸外包目的地国家。根据麦肯锡研究，金融危机之后，跨国公司后台、研发等业务呈现出由欧美向亚太、中东欧等地区加速转移趋势，中国将成为全球承接服务外包的第二大中心。从国际服务业转移趋势和国内服务业的发展趋势来判断，"十二五"是中国服务外包产业实现跨越发展、整体提升，创造国际竞争新优势的关键时期。

1. 从发展速度上看，"十一五"期间，我国服务外包产业年均增速超过100%。2010年，承接服务外包协议金额达274.1亿美元，执行金额198亿美元；其中离岸外包协议金额198.3亿美元，执行金额144.5亿美元。目前，全国服务外包企业从业人员232多万人，大学生占75%，服务外包企业超过1万家。到2015年，我国承接离岸业务执行额年均增幅在40%左右的水平。

2. 从国际服务业转移上看，近10年来，跨国公司的生产性服务业向中国离岸越来越多。主要包括：金融、物流、研发、设计、咨询、软件信息技术、文化创意等服务业。目前，全球服务外包总量为8000多亿美元，离岸为1000亿美元左右。根据联合国贸发会的预测，未来几年全球服务外包市场每年将以30%—40%的速度增长。这为我国服务外包产业发展提供了历史机遇。

3. 从接包市场多元化的趋势上看，我国优势更加突出。当前，全球服务外包市场主要集中在北美、西欧和日本，美国是全球服务外包的首发地和最大客户，约占外包支出的2/3，欧洲和日本约占1/3。印度仍是最大的接包国家，占全球ITO（信息技术外包）与BPO（业务流程外包）市场份额的40%以上。但是，跨国公司出于自身经济安全和分散风险的考虑，已经开始重视对其他发展中国家的发包，与爱尔兰、巴西、俄罗斯、菲律宾等国家相比，我国的接包优势是明显的。

4. 从国内环境来看，"十二五"时期，产业结构调整加快，尤其是进入了服务业加速发展的时期；国际化水平进一步提高；高等教育、职业教育规模持续扩大，人力资源、成本优势持续保持，目前我国服务外包就业人员工资水平一般在2000—3000元；通信基础设施建设、宜居环境日益改善；东部与中西部差别逐步缩小。这些都为我国服务外包发展创造了客观条件。

5. 从服务外包产业发展环境上看，国家制定了"十二五"国际服务外包发展规划，标志着服务外包产业已经上升到国家战略层面，全国21个服务外包示范城市，沿海地区、部分有条件的中西部地区都把发展服务外包产业列入了当地"十二五"规划，并做了专项规划。

6. 从国内服务外包市场上看，跨国公司服务业继续向中国转移，国内政府、企业服务业分离加速等因素，都促使国内服务外包市场扩大。

促进我国服务外包发展的思路

"十二五"时期，应切实提高对服务外包产业的认识，加强科学规划，合理布局。在整体发展思路上，以ITO为基础积极向BPO和KPO（知识流程外包）延伸；以东部沿海地区为基础向中西部地区加快扩展；以示范城市为基础带动全国服务外包发展；以国家示范园区为依托加快服务外包产业聚集和规模发展；发挥服务外包领军企业作用带动中小企业发展；以国内企业为重点积极推进服务外包企业结构调整；以美日欧市场为主体积极开拓新兴市场，推进发包市场多元化。

1. 加快发展重点领域形成一批高端服务外包产业集群。从近年全球和国内服务外包业务市场变化情况来看，ITO规模将继续扩大，BPO和KPO增速都将快于ITO，知识密集型的高端服务外包环节机会将增加。为此，应以ITO为主，加快发展BPO和KPO业务。BPO：应着力发展金融服务外包、物流服务外包、商务服务等领域。KPO：应着力发展动漫、游戏、演出、影视等文化创意服务外包，研发和工业设计服务外包，教育和培训服务外包，医药研发服务外包等领域。

2. 优化区域布局，推动服务外包区域协调发展。目前，我国服务外包产业主要聚集在东部沿海和大城市。长三角、环渤海、珠三角和中西部地区分别占64%、22%、5%和9%。

为此，一要继续发挥东部沿海城市的龙头作用，提高服务外包产业全球竞争力。要发挥长三角、环渤海、珠三角地区已经形成的服务外包产业聚集优势。尤其是北京、上海、南京、苏州、无锡、杭州、大连、深圳、天津等城市，具有高端人才聚集、国际化程度高、接包能力强、服务业基础较好、总部经济集中等优势。应提高在金融、航运、物流采购、研发设计、信息服务、文化创意、商务服务等服务外包领域的国际竞争力。着力吸引具有总部功能和高端的服务外包产业，通过发展国际服务外包改善我国在全球生产网络中的布局，提升全球价值链中的分工地位。北京、上海以及大连、深圳应考虑打造全球或区域服务外包交易中心，提高全球接单能力，为中西部和其他地区提供国际渠道。

二要把推进中西部城市服务外包发展作为提高内陆地区开放型经济水平的重要突破口。目前，中西部地区交通通信基础设施、产业体系不断完善，宜居条件改善、人才聚集效应增强，开放水平显著提高，成本具有明显优势，已经具备了发展服务外包的条件，尤其在建立交付中心方面具有优势。要发挥西安、成都、武汉、合肥、重庆、南昌、长沙、大庆等示范城市的作用率先发展。在基础设施建设、财政税收、企业资质认定标准等方面给予更加优惠的政策，增强承接能力。

三要加快形成一线城市和二三线城市之间的分工合作体系，带动中小城市服务外包发展。近年来，由于北京、上海、深圳等一线城市成本上升，许多服务外包企业将总部设立在一线城市，而将交付中心转移到二三线城市和中西部城市，二线城市已经逐步成为服务外包的重点城市。"一线城市接单，二三线城市交付"的模式和分工格局正在逐步形成。这一分工格局有利于发挥大城市的辐射带动作用，促进中小城市发展服务外包。要继续深化这一模式，鼓励大型服务外包企业在中小城市设立交付中心，力争为二三线城市提供发展机遇。

3. 加快建立服务外包人才培养体系。目前，服务外包企业普遍反映人才短缺，尤其是复合型的中高端人才短缺，已经成为制约我国服务外包产业的瓶颈。为此，应建立高校、服务外包企业、培训机构、行业协会共同协作的服务外包人才培养体系。

近期对合肥、苏州等地的调研发现存在以下问题：一是由于高校的课程设置受教育部规定制约，很难根据服务外包市场需求开设课程，因此，大学生毕业通常不能直接进入服务外包企业工作。二是目前承担服务外包人才输送的主要是职业技术学院、国内培训机构，层次较低，这些机构不具备培育高端人才的条件。三是培训机构资金困难比较突出。

为此，一要考虑给高校在课程设置上一定的自主权，让他们能够根据市场需要、就业需要创新课程设置。二要加强产学研合作。鼓励高校在企业、园区建立学生实训基地，实现零距离就业。三要推广学分互换机制。四要加强岗位培训。可给予企业一定财政补贴。五要鼓励发展服务外包培训机构。六要建立人才公共服务平台，国家要认定一批平台，为企业培训各类高级服务外包人才服务。七要积极引进领军人才，积极吸引海外留学人员归国创业。

4. 促进离岸与在岸服务外包联动发展。目前，我国在岸外包市场潜力很大。一方面，许多跨国公司业务首先离岸给在华子公司，然后通过在华公司转包、分包给本土公司；另一方面，随着服务业专业化分工发展，国内政府、企业的服务外包量越来越大，这些都推动了在岸外包的发展。离岸与在岸服务外包具有互补优势。鼓励国内企业承接在岸业务，有利于企业积累经验、扩大规模，延伸和拓宽境外业务渠道，为承接离岸业务创造条件。同时，发挥外资企业的国际人才、技术、标准、渠道等优势承接在岸业务，也有利于提升国内服务业质量。

5. 积极培育服务外包品牌企业。2009 年，我国服务外包企业平均规模为172 人，软件外包行业利润率平均只有 10% 左右，印度则高达 40% 左右。由于缺乏品牌企业，我们缺乏从欧美发包商手中接一手单的能力，服务外包产业价值链主要集中在中低端。为此，应鼓励企业进行国际并购、战略性重组、扩大规模，实现业务和人才资源逐步集中，培育一批具有国际影响力的大型骨干企业，以大企业为龙头，通过分包、转包等方式，带动上下游中小企业发展。财政资金应支持服务外包企业的国外广告、海外参展等品牌营销活动，加大海外宣传力度，打造中国服务外包品牌。

6. 发挥示范城市的引领作用。21 个示范城市是我国服务外包产业增长的主要动力，带动效应、辐射效应、聚集效应都十分明显。截至 2009 年，21 个示范城市服务外包离岸执行金额占全国的 95%，企业家数占 78%，服务外包就业人数占 77%。2010 年，全国共新增服务外包企业 3756 家，其中有 2625 家分布在示范城市。多数城市形成特色产业，也积累了经验。在产业带动方面，应进一步增强示范城市的辐射能力，利用示范城市的聚集效应带动潜力城市的发展，使产业链向周边地区延伸。在政策创新上，要继续发挥示范城市的先行先试优势，为全国服务外包发展探索经验。

7. 发挥外资优势和外溢效应。跨国公司是我国离岸服务外包的先行者和主要推动力量。要鼓励外资软件信息技术、研发、设计、金融、物流采购、咨询等服务业扩大对我国投资。充分利用跨国公司的渠道、产业链扩大国际服务外包规模，充分发挥跨国公司先进技术、先进管理模式的技术外溢出效应，带动本土服务外包企业成长。尤其要鼓励跨国公司向本土服务外包企业分包和转包业务。

8. 积极开拓新兴市场。要鼓励国内服务外包企业设立海外机构、开展国际并购，提高组合全球资源能力和水平。目前，除继续巩固扩大欧、美、日、中国香港等主要发包方市场外，还要积极开拓新兴服务市场，尤其是东盟、非洲、拉美等新兴市场，政府和企业都有迫切的服务需求，我们的技术有优势，人力成本比印度低，要抢占市场先机，为逐步构建多元化的服务外包市场格局奠定基础。

加强服务外包产业政策支持

1. 应针对服务外包产业特点完善和创新优惠政策。服务外包产业政策很优惠，但大量服务外包企业享受不到。说明政策目标还不明确，针对性不够强。目前，发展服务外包产业对国家经济结构调整中的主要作用是解决大学生就业，提高生产性服务业的规模、质量和国际化水平，这个产业处于发展初期阶段，主要矛盾是解决上规模、上层次的问题。

但目前，存在对服务外包企业认定标准过高、不切实际的问题。如技术先进型服务企业的认定标准，实际上是高技术企业和离岸服务外包双重条件的叠加。企业要满足高技术企业的要求，同时还要达到50%的离岸业务。现在全国只认定了800家左右，大多数企业达不到要求。从示范城市的情况来看，离岸业务只占20%—30%。许多BPO企业，如金融后台服务、数据处理、呼叫中心、人力资源管理等，这类企业目前数量很大，但由于技术先进性、离岸业务标准都达不到要求，即便有一定的规模也享受不到税收优惠政策。还有一些企业虽然拥有发明专利，符合高技术企业标准，但离岸业务标准满足不了，也享受不了优惠政策。因此，应下调离岸标准，从服务外包企业的实际出发制定促进政策。

2. 产业政策适用范围应由示范城市向全国覆盖。目前，越来越多的省市有热情，也有条件发展服务外包产业，但不是示范城市，所以享受不到优惠政策，这是不公平的，也不利于全国服务外包产业发展。

3. 用于人才培训、服务平台等方面的财政投入要加大。目前，服务外包的人才培训主要靠培训机构完成，但培训机构资金短缺的问题比较严重，学生学费负担较重。目前国家对培训机构的补贴政策是每个学生补贴500元，应加大补贴力度。此外，服务外包企业以中小企业为主，面临融资难、缺乏接包信息渠道等问题，应加大这方面平台建设投入。

4. 对中西部实行差异化政策。中西部城市发展服务外包的基础还很薄弱，可以在准入门槛、离岸标准、税收等方面进一步放宽政策。

（原载《中国发展观察》2011 年 8 月）

服务外包：特点及发展趋势

商务服务外包的含义及分类

从广义上说，商务服务外包就是将企业、政府的商务服务活动外包给专业化服务提供商。商务服务外包涉及范围广、涵盖领域多。目前各国对商务服务的界定及涵盖范围并没有统一的划分方法，在统计口径上也存在明显的差异性。根据 WTO 服务贸易总协议，商务服务业位列于服务贸易的 12 个分类之一，是商业活动中的服务交换活动；具体分类包括专业性服务、计算机及相关服务、研究与开发服务、不动产服务、设备租赁服务、展览管理等其他服务。根据我国《国民经济行业分类及代码》，商务服务业主要有：1. 企业管理服务，包括企业管理、机构投资与资产管理、其他企业管理服务；2. 法律服务，包括律师及相关的法律服务、公证服务、其他法律服务；3. 咨询与调查，包括会计、审计及税务服务、市场调查、社会经济咨询、其他专业咨询；4. 广告业；5. 知识产权服务；6. 职业中介服务；7. 市场管理；8. 旅行社；9. 其他商务服务，包括会议及展览、包装、保安、办公等服务。

综合上述分类标准，结合目前全球服务外包产业的总体分类，商务服务外包主要包括企业管理、法律服务、咨询与调查、中介服务、教育培训、人力资源管理、客户服务等 BPO 业务领域。

全球商务服务外包发展现状与特点

1. 商务服务外包已经成为 BPO 业务的主要增长点。根据 IDC 统计，2009年，客户关怀、财务和会计、人力资源、培训等服务外包都呈现出不同程度的增长，市场规模分别为 586.84 亿美元、258.78 亿美元、183.51 亿美元和 67.7 亿美元，分别相当于 2007 年的 1.06 倍、1.11 倍、1.14 倍和 1.07 倍。

客户关怀外包市场占比为 52.3%，财务与会计外包为 23.1%，人力资源外包为 16.4%。据 IDC 统计，2007—2008 年，全球财务与会计、人力资源服务外包市场总额增长率分别为 11.7% 和 12.4%。虽然受到金融危机的影响，但与其他服务外包相比影响较小。根据巴塞尔银监管理委员会、国际证监会组织等相关国际组织（2005）对各种公司及组织外包活动调查并公布了《第五次行业外包年度索引》，其结果是，行政管理服务外包占比 47%，其余分别为：财务 20%、人力资源外包 19%、客服中心 15%。

2. 北美、欧洲和日本仍然是商务服务外包的主要发包地区。从地域分布区域看，全球商务服务外包市场主要集中在欧美地区。2008 年美洲市场比重占 55.3%，是全球最大的市场；欧洲、中东、非洲区域占 30.6%；亚太地区占 14.1%，增长最快。总体上，全球商务服务外包市场主要由美国和欧洲推动。如，美国大部分企业为了降低服务成本，将原来由企业内部负责的人力资源、财务、客户服务等业务外包给专门服务机构。据 IDC 统计，美国业务流程外包已占全球业务流程外包的 63% 左右。Frost & Sullivan 在 2011 年发布的一项分析表明，2010 年欧洲呼叫中心外包市场实现收入 183.49 亿美元，到 2017 年，欧洲呼叫中心外包市场的收入有望达到 225 亿美元。根据《中国服务贸易发展报告 2009》中的 IMF 统计数据，2008 年会计和咨询国际服务贸易主要集中在欧洲市场。在统计的 26 个国家和地区中出口总额 35.1 亿美元，进口额 26 亿美元。其中，前 20 位国家进口 25.9 亿美元，占 99.6%，出口 35 亿美元，占 99.7%，主要为欧洲国家。

3. 承接国仍然以发展中国家为主。最初，欧美等发达国家主要从成本因素、地域因素考虑，普遍采用近岸外包方式，随着经济发展环境改变，以及通信信息技术快速发展，商务服务外包逐渐向印度、中国等新兴市场转移。这种离岸的趋势已经成为商务服务外包发展中的一个明显特征。其中亚洲承接国约占 45%，印度、中国、菲律宾、韩国、俄罗斯等是跨国企业投资的重点。据印度软件和服务公司协会统计，2007 年，印度法律服务离岸外包收入达 2.25 亿美元。一些地区的商务服务外包已经逐步从业务离散型向长期合约型发展，服务外包管理水平逐渐向跨国公司接轨。

4. 规模化经营能力提高。如世界上最大的律师事务所 Clifford Chance 将一些文字处理工作离岸外包，与 Integreon 签订合同由该公司为其提供支持服务。Integreon 公司将担当起该律师事务所的后台办公室的角色，同时提供会计服务和 IT 服务。商务服务外包企业通过并购重组等手段逐步实现企业规模化经营，在国外设立分支机构，提高经营能力。2008 年，WPP 公司收购市场研究公司 TNS（Taylor Nelson Sofres），发展了多种广告和营销服务业务，成为全球最大的营销服务广告集团，在中国已经建立了 139 个分公司及办事处。2008 年，印度 TCS 和 Wipro 分别以 5 亿美元、1.3 亿美元购买花旗的 BPO 和技术部门，通过收购兼并快速提高近岸服务能力。2008 年，软通动力收购美国 Akona Consulting，强化了技术咨询业务领域的经营能力。2011 年，英国外包服务供应商 Capita 以 6500 万英镑收购了竞争对手 Ventura，增强了客户管理业务的竞争实力。

中国承接国际商务服务外包的现状与主要特点

1. 我国承接国际商务服务外包发展速度较快。2010 年，我国咨询服务出口额为 228 亿美元，比上年增长 22.6%；其他商务服务出口额达到 356 亿美元，增长 44.1%，高于服务贸易的总体增长水平。2006—2010 年，服务出口额增长率为 86.1%，咨询、广告宣传、其他商业服务 3 个领域的服务出口平均增长率为 126%。

人力资源服务、财务、咨询与调查、法律服务、企业管理等服务外包增长显著，客户关怀、呼叫中心等外包领域迅速扩展。我国咨询服务出口额从 2006 年的 78.3 亿美元增长到 2010 年的 228 亿美元，年平均增长 32.5%。另据 IMF 统计，2007 年，在世界 43 个国家和地区广告、市场调研、民意测验服务出口中，中国位列第五名占 8.6%。在法律服务外包方面，截至 2008 年，共有来自 20 个国家的 166 家律师事务所在中国设立代表处，其中，北京、上海和广东分别占总数的 39.7%，53.6% 和 2.9%，国内约有 13 家事务所在境外设立分支机构，有 40 多家会计师事务所已经承接境外业务。随着企业生产经营中的法律问题凸显，法律服务外包作为一种特殊形式的商业服务活动产生并迅速发展。

2. 商务服务发包方主要来自中国香港、美国、欧洲、日本等国家和地区。根据中国服务贸易统计显示，咨询服务外包主要集中在中国香港、美国和欧盟这 3 个国家和地区，总计占咨询服务出口总额的 70% 以上。其他商业服务外包主要面向中国香港、美国和欧盟，3 个地区占其他商业服务出口总额的

2/3。根据商务部统计，按照离岸合同执行价值计算，日本和美国是两个最大的离岸市场，分别占2008年收入的20.7%和19.4%，其次是中国香港和中国台湾。

3. 商务服务外包承接业务范围迅速扩展。目前商务服务外包已经拓展到企业管理、法律服务、咨询和调查、知识产权服务、中介服务、市场管理、保安服务、办公服务、财税管理、职业招聘、客户管理、数据处理等不同领域，并在这些领域逐步形成了市场细化，产业链不断延伸。如，人力资源服务外包已涉及企业内部所有人事业务，包括人力资源规划、制度设计与创新、流程整合、员工满意度调查、薪资调查及方案设计、劳动仲裁、员工关系、企业文化设计、管理咨询、人事外包、数据处理服务、信息调查服务等方面。财务和会计服务外包已经涉及企业海外上市投融资审计、企业境外分支机构延伸审计、跨国公司中国区的审计分包、管理咨询、税务服务、会计外包、中外准则转换、境外工程承包相关鉴证和咨询等各个方面（表1）。

表1　2006—2010年我国商务服务贸易出口分项目表　　单位：亿美元

项目 \ 年份	2006		2007		2008		2009		2010	
	金额	占比%	金额	占比%	金额	占比%	金额	占比%	金额	占比%
咨询	78	8.5	116	9.5	181	12.3	186	14.3	228	13.3
广告、宣传	14	1.5	19	1.6	22	1.5	23	1.8	29	1.7
其经商业服务	197	21.4	269	22.0	260	17.7	247	19.1	356	20.8
服务贸易出口总额	920		1222		1471		1295		1712	

数据来源：2006—2010年《中国国际收支平衡表》，遵循WTO有关服务

4. 外资企业在商务服务外包中占据明显优势。外资在企业规模、专业水平、国际认证资质、综合管理水平、知名度等方面均强于内资企业。在投资咨询、财务和会计等领域，绝大部分市场都被摩根士丹利资产服务咨询（中国）有限公司、菲利普莫里斯（中国）企业管理有限公司，以及普华永道、德勤、毕马威、麦肯锡等外资企业所占领。中国注册会计师协会发布"2010年度会计师事务所综合评价前百家信息"显示，全球四大著名会计师事务所在中国的分支机构，2009年的收入达913042万元，占前100家总收入的

44.3%。其中普华永道中天 257843 万元，德勤华永 237025 万元，毕马威华振 22110 万元，安永华明 196064 万元，分别占行业前 100 家收入的 12.5%，11.5%，10.8%，9.5%。普华永道中天 2009 年总收入是排名第五的中瑞岳华的近 3 倍。

5. 本土公司以中小企业和低端服务为主。从企业规模上看，本土商务服务外包以中小型居多。由数据中华统计，除外资、中外合资企业外，企业管理服务规模在 200 人以下的企业占 91.2%；职业中介企业共 21207 家，规模在 200 人以下的企业为 19532 家，占 92.1%；咨询与调查行业，500 人以下规模的企业 204816 家，占 90%；法律服务行业规模在 100 人以下的企业为 20810 家，占 97.4%；知识产权服务业规模在 200 人以下的企业占到 99%。

从服务价值链上看，一些本土商务服务企业还没有形成自己的优势领域，专业化服务水平与国际企业存在明显差距，只能承接附加值较低的中低端服务业务。埃森哲（2009）指出，"日本最普遍的外包模式是一种层级结构，承包商把一个项目外包给一个总承包商。总承包商完成一些前端流程后，将其中部分外包给第一级供应商，部分外包给第二级供应商，依次持续到第三级、第四级和第五级供应商。来自日本的服务提供商占据了总承包商位置，中国的服务提供商只能接触到第三级甚至第四级工作。"

6. 商务服务外包企业主要集中在一线城市。我国商务服务外包提供商主要集中在北京、上海、广州等一线城市。在中国服务外包发展报告（2009）示范城市服务外包代表企业介绍中，共有 92 家企业从事商务服务外包业务，咨询服务的企业占到 46.7%，呼叫中心及数据中心管理等服务占 30.5%，培训、人力资源管理企业占 10.9%，企业管理外包业务公司占 11.9%。咨询服务企业中北京占到 13.9%，呼叫中心及数据中心管理服务企业中上海已占 21.4%，企业管理服务外包企业广州占 18.1%。

在规模为 500—1000 人的咨询服务企业中北京占 6.9%，上海占 6.5%，广州占 5.4%。呼叫中心及数据中心管理服务外包规模在 500—1000 人的企业中，上海占 17.9%，广州占 10.7%。而大连、成都、济南、合肥等城市商务服务外包企业多数为中小型企业。企业区域分布较集中，2008 年北京、上海两座城市租赁与商务服务业企业数均在 4 万家以上，广州 1.9 万家左右，深圳、天津、成都、西安、杭州等城市企业都在 1 万家以下。

7. 人才供应与专业化服务水平存在较大差距。总体上看，我国商务服务业人才供应不足。尽管在此领域汇集了一定规模的高素质人才，但由于国内高等教育、职业教育比较薄弱，培养的人才技能不够全面、人才结构不够合理。同时，许多外资机构凭借丰厚的薪资待遇引进国内高端人才，导致内外资企业的人才竞争较为激烈。

主要趋势

总体上看，我国商务服务外包已经初具规模，具备了良好的发展环境和条件，未来具有较高的成长性、巨大的市场需求和发展潜力。

1. 国际国内商务服务外包市场需求旺盛。从主要行业来看，企业管理、人力资源服务、法律服务、咨询、财务与会计管理、客户关怀等外包领域都将获得较快发展。一方面，随着我国信息技术及管理信息化水平的提高，硬件设备、数据库及信息系统不断完善，云计算、信息服务平台等新技术的推广应用，将为商务服务外包提供良好的技术条件；另一方面，未来时期，国际国内商务服务外包市场需求将加快释放。

从国际层面上看，全球服务化趋势将继续发展，跨国公司产业分工将继续推动商务服务外包的全球布局。尽管受经济危机冲击，发包企业外包计划减少或推迟，但长期来看，企业将更加重视成本控制，专注核心业务，通过专业化分工的方式提高效率、降低成本、减少风险，为此，将会有越来越多的商务服务业务外包。以日本为例，由于其老龄化、少子化、人口负增长等因素造成的劳动力不断减少，离岸外包成为日本企业获取海外人力资源的必由路径。同时，全球经济发展将促使各国政府间、企业间、各类组织间的联系增多，各类商务活动增加，对专业化服务的需求加大，将会大大推动商务服务外包发展。这些都为我国承接国际商务服务外包创造了市场空间。

从国内层面上看，一方面，跨国公司在华投资继续保持增长，尤其是服务业投资。2010年我国实际利用外商直接投资1057.35亿美元，增长17.4%；新设立外商投资企业27406家，增长16.9%。其中，租赁和商务服务业实际利用外商直接投资71.3亿美元，增长17.3%；企业3418家，增长19.3%。另一方面，随着中国经济保持高速增长，国内企业市场化、组织化、专业化、国际化水平不断提高，必将带动各类商务服务外包增加。据埃森哲研究（2009），2008年国有企业和民营企业主导的国内市场急剧增长，成为最大的外包项目来源，占总收入的47%。"潜在买家对外包业务的认识和了解得到稳步改善，超过3/4的受访者熟悉或深入了解外包。超过一半的受访企业目前正在外包或计划外包其部分业务。本土买家更有可能考虑外包信息服务，如财务和运营服务。"

2. 一线城市和区域中心城市仍然是商务服务外包发展的主要区域。我国商务服务企业主要集中在大城市，这为发展商务服务外包奠定了有利基础（表2）。上海2008年租赁和商务服务业占第三产业的50.9%。在全球50大咨询公司中，已有35家进入北京，其中，德勤、安永、普华永道、毕马威等全球"四大"都在北京设立了机构。同时，商务服务外包企业逐步向二线城市布局，中国大的离岸外包服务商开始在西安、重庆、武汉、大连、杭州等二线城市设立分公司或开发中心等。

表2 示范城市商务服务外包代表企业分类数目

人员规模	服务范围	总计	北京	上海	广州	天津
100—500人	咨询	31	3	—	—	7
	培训、人力资源管理	4	—	1	—	1
	企业管理	6	—	1	—	1
	呼叫中心、数据中心管理	15	—	—	3	2
500—1000人	咨询	12	3	—	—	—
	培训、人力资源管理	6	—	—	—	—
	企业管理	5	—	1	2	—
	呼叫中心、数据中心管理	13	—	5	3	—
100—500人	咨询	31	3	—	—	7
	培训、人力资源管理	4	—	1	—	1
	企业管理	6	—	1	—	1
	呼叫中心、数据中心管理	15	—	—	3	2
500—1000人	咨询	12	3	—	—	—
	培训、人力资源管理	6	—	—	—	—
	企业管理	5	—	1	2	—
	呼叫中心、数据中心管理	13	—	5	3	—

3. 较大规模的就业队伍和教育资源储备将为我国商务服务外包提供人才保障。这些领域的高素质人才资源成为我国承接国际商务服务外包的重要优势之一。到 2009 年，中国租赁和商务服务业就业人员数约为 290.5 万人，比 2008 年增加 15.8 万人，增长 5.8%；其中，北京居全国之首为 72.9 万人，广东 28.5 万人，上海 18 万人。到 2008 年，中国律师行业从业人数为 21.6701 万人，财务会计行业执业注册会计师达到 8.5 万人，会计师事务所 7200 多家。

目前，全国 22 所高等院校开设了注册会计师专业方向。2008 年管理学专业毕业生中本科 356015 人，专科 632050 人，研究生 39114 人；法学类专业高校毕业生数共计 208000 人，本科 116100 人，专科 91900 人；法学研究生共计 23849 人，其中博士 1843 人，硕士 22006 人。2009 年，我国普通高校研究生毕业生数为 371273 人，其中管理学研究生占 8.52%，法学研究生占 5.84%。

（原载《中国科技投资》2011 年第 10 期）

中国医药研发服务外包的发展及趋势

医药研发外包（CRO）于 20 世纪 70 年代后期在美国兴起，80 年代以后在美国、欧洲和日本迅速发展。由于新药研发耗资大、周期长、风险高，同时，伴随着美国医疗保障制度越来越完善及对于药物安全问题越来越重视，新药研发更加复杂、周期更长、费用更高。在这种情况下，许多医药企业与有实力的 CRO 公司建立战略性伙伴关系，将新药研发的某些环节外包，联合外部力量进行联合攻关，以分散风险。

一、医药研发外包的定义及范围

医药研发外包（CRO）是一种为各类医药企业提供新药临床研究等服务，并以之作为盈利模式的专业组织。最初，CRO 提供的服务主要集中在临床试验方面，目前业务范围已经向化学结构分析、化合物活性筛选、药理学、毒理学、药物配方、试验设计、药物发现、临床前沿研究、药物基因组学、I—Ⅲ期临床研究、药物代谢研究、药物安全性研究、研究者和试验单位的选择、监查、稽查、数据管理与分析、药物申报注册、信息学、临床文件和政策法规咨询等诸多方面扩展。

二、医药研发外包全球发展现状及趋势

（一）全球医药研发外包的发展现状

1. 全球医药研发增长态势强劲。根据 Frost & Sullivan 报告，在全球生物医药产业中，CRO 承担了近 1/3 的新药开发组织工作，在所有的Ⅱ期和Ⅲ期临床试验中，有 CRO 参与的占 2/3。CRO 服务的全球市场以每年 20%—25% 的速度增加。1999 年全球 CRO 业务额为 76 亿美元，到 2005 年为 163 亿美元，

2010 年增加到 360 亿美元，复合增长率大约为 13.8%。临床试验外包业务将在企业研发预算中占有越来越重的份额。据 Reuters Business Insights 分析，2006 年医药企业的内部研发费用为 680 亿美元，CRO 临床试验项目费用为 190 亿美元，到 2010 年分别上升为 910 亿美元和 360 亿美元，CRO 临床试验费用在过去 5 年内几乎翻了一番。未来 3 年，医药研发年投入增速将放缓为 9.6%，CRO 将达到 16.3%。

2. 美国占 CRO 一半以上市场份额且发展成熟。2007 年，美国有 300 多家 CRO 公司，市场占有率达到 65%，如世界排名前列的昆泰（Quintiles）、科文斯（Covance）等，这些公司约占全球 CRO 的 40%。美国 CRO 产业比较成熟，能够提供早期药物发现、临床前研究、各期临床试验、药物基因组学、信息学、政策法规咨询、生产和包装、市场推广、产品发布和销售支持、药物经济学、商业咨询及药效追踪等一系列服务。

3. 欧洲和日本 CRO 市场具有较好的成长性。欧洲医药研发仅次于美国，列全球第 2 位。欧洲约有 150 多个 CRO 公司，2007 年全球市场占有率为 23%，2010 年上升为 29%。日本 CRO 产业起步于 20 世纪 90 年代初，1997 年日本以国际化为标准的新 GCP 颁布，厚生省（卫生部）对临床实施规范和数据质量要求上升，促使了日本医药研发服务外包的发展。日本医药研发外包以每年 30%—40% 的速度成长，EPS、CMIC 等前 3 家 CRO 龙头企业占据了日本 CRO 业务 50% 的市场份额。

4. 印度等发展中国家具有较大的承接优势。印度人力资源的费用只相当于美国的 1/7，凭借人力成本和语言优势，在 CRO 市场中占有一席之地，2005 年市场份额达到 1.2 亿美元。印度拥有 61 家经美国 FDA 批准的制药厂，是除美国以外最多的国家。印度目前已经从 CRO 产业链的低端向产业链的高端转移，在基因测序、DNA 文库构建、新型农作物品种的遗传学研究和生物信息学方面前景看好。

（二）全球医药研发服务外包发展趋势

1. 市场规模和业务范围迅速扩展。2002 年，世界生物医药研发外包市场规模为 100 亿美元，2005 年增长到 163 亿美元，2010 年增加到 360 亿美元。2005 年全球制药行业研发活动外包的比例为 24.7%，也就是说，约 1/4 的研发工作选择外包方式。到 2010 年，外包研发支出占研发总费用比重提高到

40%左右。生物医药研发外包业务正扩展到临床试验之外的更加广泛的领域。如药物研发、临床前研究、药物经济学、药物基因学、药物安全性评价、Ⅰ—Ⅳ期临床试验、数据管理与分析、信息学、政策法规咨询、产品注册、生产和包装等。大型 CRO 公司的服务也在增加。

2. 向亚洲国家转移的势头加快。近年来，一个新药的全球平均研发成本由过去的 5 亿美元上升到 12 亿美元，且成本不断上涨，由此带动了医药研发服务外包的不断扩展。发展中国家具有人力成本低廉、相关人才密集、病患者资源库丰富等有利条件，国际大型的 CRO 公司都加快步伐将新药开发中的非核心业务脱离出来转移到印度、中国、巴西等发展中国家。中国医药研发人力资源成本约为美国的 1/10，而印度的人力资源成本是美国的1/7。

3. 医药研发外包联盟（CROSA）趋势更加明显。由于单个医药研发外包企业技术及信息、服务范围比较有限，特别是面对难度大、涉及范围广的病症难以应对，医药研发外包联盟可以把具有高质量服务能力及研发能力的机构联合起来，解决世界性的医疗疾病，所以这类世界性的联盟越来越多。

4. CRO 企业市场并购重组高潮迭起。2009 年 11 月，世界前三大 CRO 组织之一的 PPD 公司先后收购了依格斯医疗科技公司和保诺科技。PPD 公司的强项是后期临床试验，保诺的优势是药物研发前期的一体化开发，依格斯在临床试验上占优，并购后 PPD 不仅增强了研发能力，而且成为目前在华运营的最大跨国临床研究机构。

5. 医药研发离岸外包成为跨国医药公司最重要的创新模式。国际生物医药产业已不局限于将公司非核心研发业务进行离岸外包，而是在控制新药核心知识产权的前提下，开展多种形式的研发业务离岸外包模式。如，美国诺华（NOAR – TIS）公司与世界范围的 CRO 公司开展从药物发现到临床试验等全面的研发合作，将新药研发实现外部化；辉瑞（PFIZER）公司实施战略性紧密型研发外包模式，将化学服务业务整体外包给俄罗斯的 Chem Bridge 公司，实行新药研发的部分外部化。此外，跨国医药公司在新兴市场国家建立离岸全球研发中心，实现医药研发外包的内部化。

三、我国医药研发外包的发展现状、问题及趋势

（一）我国医药研发外包的发展现状

1. 医药研发外包总体增长迅速。2011 年，我国医药研发（临床前和临床研究）外包服务市场规模将达到 123 亿美元。2006 年临床前研究市场规模为 25 亿美元，2011 年将达到 51 亿美元左右，2006—2011 年的复合增长率约为 15.7%；2006 年临床研究市场规模为 34 亿美元，2011 年将达到 72 亿美元左右，2006—2011 年的复合增长率约为 15.8%（表1）。

表 1　中国医药研发外包增长情况　　　　　　单位：十亿美元

中国 CRO 产业规模预计	临床前研究	临床研究
2006	2.46	3.43
2007	2.83	3.96
2008	3.27	4.58
2009	3.79	5.31
2010	4.39	6.16
2011	5.11	7.15

资料来源：PhRMA，Frost & Sullivan

2. 医药研发外包企业数量和业务范围不断扩大。在国际 CRO 企业的带动，以及我国鼓励新药研发政策的大环境下，医药研发外包得到了迅速发展。1996 年，MDS Pharma Service 在中国设立了第一家 CRO 企业从事药物临床试验业务。随后，其他跨国 CRO 开始陆续在中国设立分支机构。

目前，我国从事 CRO 业务的各类机构主要集中在京、沪两地。北京医药研发外包企业数超过 200 家，集中在中关村生命科学园，业务量达 20 亿元，占了中国市场份额的 25%。上海医药研发外包企业数超过 300 家，主要集中在张江药谷，业务量达 28 亿元，占了中国市场份额的 30%。

从企业性质划分来看，第一类是昆泰、科文斯等跨国企业在中国的分支机构。第二类是合资型企业。如，Kendlewits，Ever Progressing Systems（EPS）

等，服务对象主要是小型跨国企业及一些大型本土企业。第三类是本土企业。如，依格斯（北京）医疗科技有限公司、上海药明康德新药开发有限公司、杭州泰格医药科技有限公司等，这类企业约有 200 家，服务对象为中国本土企业，服务内容包括改变剂型、仿制药研究以及临床研究等。

从医药研发外包企业承担的业务范围来看，第一类是从事临床前研究的 CRO 企业。这类企业主要从事与新药研发有关的化学、临床前的药理学及毒理学实验等内容。第二类是从事临床试验的 CRO 企业。第三类是从事新药研发咨询。当前国内的 CRO 机构中从事这类业务的占绝大多数。

3. 医药研发外包专业性人才优势和成本优势突出。我国大量高素质、低成本的人力资源将成为欧美医药企业青睐的主要因素。据统计，2006 年，我国在化学制药和生物制药领域的毕业生分别达 3.9 万人次和 2.2 万人次，2006—2009 年复合增长率为 12%。其次，伴随着中国 CRO 行业的快速发展，大量的海外人才及中国留学生不断向国内流动，对我国医药研发外包能力提升发挥了关键性作用，中关村、张江、泰州等国家生物产业基地的许多医药研发外包企业是留学生创办的。此外，较低的人力成本提高了我国医药研发外包的国际竞争力。在国际医药研发成本中，1/2 以上的费用是人力成本的花费。与发达国家相比，我国聘请研发人员、临床工作人员和招募受试者的费用都较低。据 Quintiles 分析，在中国及亚洲其他一些国家进行临床试验比西方国家节约近 30% 的费用。

4. 医药研发园区和产业基地集聚示范效应初步显现。"十一五"期间，国家发展改革委等部委选择了产业基础好、创新能力强的地区加快国家生物产业基地建设，认定了 12 个国家生物产业基地、10 个生物产业领域的国家高新技术产业基地。据不完全统计，目前全国有各类医药产业园区 100 多个，分布在北京、上海、江苏、广东、吉林、四川、湖南、湖北等 25 个省市。通过 10 多年的发展，中国部分医药园区形成了集群效应，吸引了一批留学生回国创业，对加速科技成果转化发挥了重要的作用。中关村生命科学园、张江生物医药基地、泰州医药高新区、本溪生物医药产业基地等呈现蓬勃发展态势。

（二）中国医药研发外包面临的主要问题

目前，中国医药研发外包仍然存在企业规模较小、业务范围狭窄、外包层次较低、同质化现象比较严重、行业缺乏国际通行标准，以及企业发展的外部环境不规范、法律法规不健全等问题，这些都影响了中国承接国际医药研发外包业务。

在服务范围上，发达国家 CRO 企业比较成熟，具有庞大的国际资源网络和信息网络，能提供全产业链的服务，服务范围涵盖了新药研发到市场销售的全过程。而国内 CRO 公司业务范围及服务内容比较单一。在企业规模和价值链上，中国 CRO 企业大多为中小型企业，以新药研发咨询、新药申请报批以及新药注册代理为主。大多处于药物研发价值链的下游领域，目前的新药研发主要停留在改剂型、改规格、改包装、改变给药途径等简单的、低水平阶段。在制度环境上，其一是国内实行的资质认证及质量标准体系与国际通行的标准不统一。这是国内 CRO 企业承接离岸医药研发外包的主要制约因素。虽然我国大力推进 GMP、GCP 等质量体系建设，但与西方发达国家的质量体系相比仍然有很大的差距。其二是知识产权保护上制度的不健全。这是跨国制药企业之所以不愿意将新药发现等方面的业务外包给国内 CRO 公司的一个重要原因。

（三）中国医药研发外包发展的主要趋势

生物产业是国家"十二五"时期的战略性新兴产业和高技术领域的支柱产业，随着这一战略目标的实施，政策支持体系将继续完善。同时，医药研发市场规模扩大，企业竞争力增强，这些都将为中国医药研发外包发展壮大带来黄金机遇期。

1. 国内外市场规模持续扩大。首先，随着中国人力资源优势、技术能力提升、设备条件改善、政策环境完善等因素出现，国际大型制药企业将新药研发业务持续向中国转移。温德尔·巴尔说过，跨国公司希望进入中国迅速扩大的医疗保健市场，并分享其庞大的研发外包人才库。其次，随着中国的医疗体制改革，医疗保障水平、保障能力、保障层次的不断提高，农村医疗保障体系的全面覆盖，城市高消费群体对医疗保障的需求层次提高，将使国内医药研发需求持续扩大。这既为本土 CRO 企业带来了发展机遇，又为外资 CRO 企业开拓中国市场提供了机遇。最后，国内外医药企业研发投入普遍提高将直接为医药研发外包市场带来增长效应。随着全球疑难病症增多，医药市场竞争加剧，制药企业研发经费投入普遍提高。国际制药企业的研发费用投入一般占销售收入的 15%—20%。目前，中国企业不足 5%，有的甚至不到 1%，还有很大的增长空间。随着国内制药企业实施自主创新战略，以及国家《药品注册管理办法》等政策支持因素，也将更好应对国际竞争压力，带动国内企业医药研发投入有所上升。

2. 医药研发外包行业集中度、专业化及综合化水平大幅提高。目前，中国医药研发外包业务主要集中在具有一定规模的企业。如上海药明康德、开拓者化学、美迪西、先导化学、辉源生物科技（原华大天源）等企业都有相应的外单。从技术市场登记的合作分析中可以看出，药明康德承接的研发外包业务占到上海研发外包业务总量的 50% 左右，在专业化上体现出较强的优势。其次，是美迪西、开拓者化学、睿智化学等几家企业。中国本土 CRO 企业经过十余年的发展，业务领域专业化和综合化趋势较为明显。

3. 战略联盟将成为我国医药研发企业提高国际竞争力的主要模式。随着全球医药研发外包对承接方的专业化及一站式服务的要求加强，纵向一体化战略正成为 CRO 行业拓展业务范围，提升盈利能力，提高竞争力的主要手段。目前，中关村、张江高科技园区已经逐渐形成了中国生物技术外包联盟（ABO）、中关村 CRO 联盟、浦东新区生物医药研发外包服务联盟、生物医药研发外包工作委员会等 CRO 的联盟，并逐渐发展成为中国 CRO 的中坚力量。中国生物技术外包服务联盟（ABO）整合自 16 家外包机构，通过品牌共享和营销协作的形式，提供从新药研发、临床前研究、临床试验到登记和签约生产的"一站式合作研究服务"，使联盟整体经营收入翻了一倍。

4. 欧美和日本等发达国家仍是中国医药研发服务外包的主要来源地。目前，中国医药研发外包主要来自发达国家市场。北京医药研发外包企业主要承接美国、丹麦、瑞典、日本和韩国业务。上海医药研发外包企业则主要承接美国、日本、英国、中国香港、瑞典、法国业务。

四、政策建议

第一，加强产业政策扶持，不断完善和优化发展环境。应针对医药研发外包行业特点继续完善减免税政策、人才引进和培训政策、融资政策、知识产权保护政策等相关优惠政策。

第二，注重服务体系建设，为中国 CRO 企业承接国际业务创造条件。要重视各类医药研发外包平台、行业组织及中介机构建设，为企业承接各种国际新药研发业务提供帮助。组建国家医药研发外包服务中心、产业联盟等机构，推介我国医药研发外包企业，提高承接大宗国际业务能力；创办国家医药研发外包专刊、网站等加强宣传和信息交流，增强国内相关机构对 CRO 的认知度。

第三，积极推动国内医药研发外包企业通过兼并重组、企业联盟等形成发展壮大，形成龙头企业，整合产业链。

第四，实现 CRO 企业与新药研发企业的良性互动。近年来，医药研发外包已成为提高生物医药企业创新能力和建立外部知识产权网络的重要手段。CRO 行业的成长对于推动中国新药研发的自主创新能力和专业化分工水平，提高中国医药行业整体竞争力发挥了重要作用。

第五，加强各类生物医药产业基地、园区建设，继续提高医药研发外包的聚集效应。

第六，逐步建立与国际接轨的资质认证及质量标准体系。

（原载《中国经贸导刊》2011 年第 18 期）

我国软件与信息服务外包的发展及趋势分析

进入 21 世纪以来，以信息技术为主导的科技创新和科技进步成为主要特征。以软件、网络通信、微电子、计算机为主的信息技术的蓬勃发展不但催生和推动了全球服务外包产业，也使得服务业日益突破传统的范畴并具有了跨越地理空间的可交易性，并形成了以软件信息技术服务外包为代表的产业转移浪潮，同时也使信息技术由硬件主导型向软件和信息服务主导型发展。本文研究的软件与信息服务外包是指组织将基于软件、信息技术和网络的非核心业务，以购买服务的方式交由专业信息技术服务提供商承担，主要包括以软件为主的信息技术外包和部分基于信息技术的业务流程外包。

一、全球软件与信息服务外包的发展趋势

（一）总体规模与市场前景

2009 年，全球软件与信息服务外包产业规模 4240 亿美元，其中 ITO 为 2680 亿美元，占 63.2%；BPO 为 1560 亿美元，占 36.8%。与 2008 年相比，虽然整体规模减少近 300 亿美元，全年增速为 -5.9%，但金融危机后，随着北美和欧洲重点垂直行业外包交易市场好转，以及新兴经济体外包需求的不断增长，带动了全球软件与信息服务外包回升。

国际金融危机给软件与信息服务外包产业带来了新的机遇。据 2011 年 5 月 Gartner 报告，2010 年全球终端用户 IT 服务开支为 7930 亿美元，较 2009 年（7690 亿美元）增长 3%；2010 年全球企业软件支出比 2009 年增长 8.5%，为 2450 亿美元。根据 IDC 数据显示，未来一段时间内全球的 IT 服务市场规模将呈现逐年增长的强劲势头（图 1），2013 年全球 IT 服务市场规模将达到 6946.36 亿美元，是 2010 年的近 1.15 倍。据 NASSCOM 分析，2020 年整个产业规模将达到 1.5 万亿美元，80% 将来自新的产业领域。

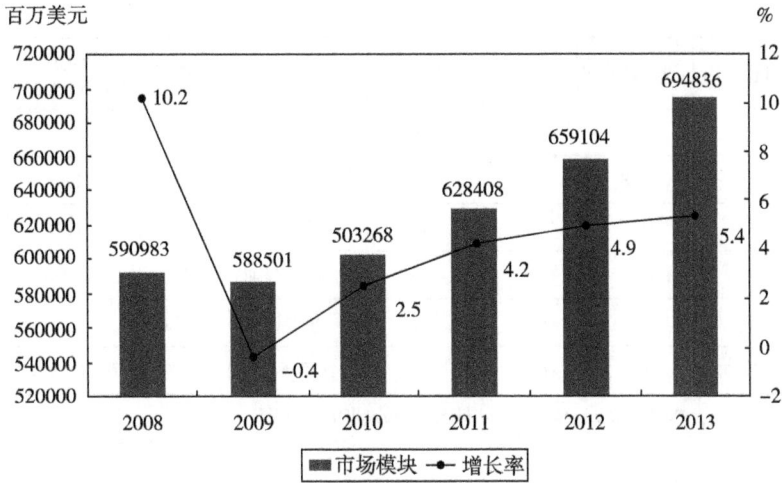

图1 2008—2013年全球IT服务市场规模和增长率

数据来源：国际数据公司（IDC）

（二）软件和信息服务外包市场呈现多元化趋势

目前，全球软件和信息服务外包市场主要集中在北美、西欧、日本、亚太和拉美地区。其中，美国服务外包市场较为成熟，亚太地区保持强劲增长，成为全球IT服务外包业务增长最快的区域之一。

表1 2008年计算机和信息服务主要进出口国家贸易

出口国	出口额	占15国出口总额比	同期变化	进口国	进口额	占15国进口总额比	同期变化
欧盟27	108399	58.3	20	欧盟27	50116	55.5	13
印度	36041	19.1	—	美国	16139	17.9	13
美国	12599	6.8	8	日本	3979	4.4	10
以色列	6852	3.7	18	印度	3419	3.8	−2
中国	6252	3.4	44	中国	3165	3.5	43
加拿大	4882	2.6	6	巴西	2781	3.1	23
挪威	1953	1.0	73	加拿大	2526	2.8	1
俄罗斯	1644	0.9	50	挪威	1780	2.0	6
澳大利亚	1418	0.8	10	俄罗斯	1424	1.6	49

续表

出口国	出口额	占15国出口总额比	同期变化	进口国	进口额	占15国进口总额比	同期变化
新加坡	1334	0.7	32	澳大利亚	1313	1.5	6
菲律宾	1148	0.6	276	新加坡	916	1.0	39
马来西亚	1025	0.6	30	马来西亚	896	1.0	37
日本	946	0.5	−2	印度尼西亚	713	0.8	5
阿根廷	897	0.5	37	韩国	571	0.6	5
哥斯达黎加	694	0.4	39	中国香港	512	0.6	21

数据来源：根据 *International Trade Statistics 2010* 整理

从2008年全球计算机和信息服务贸易前15个国家和地区的市场份额情况可以看出（表1）。目前，软件和信息服务外包的主要发包国仍集中在美国、西欧、日本和韩国等发达国家，这些市场较为成熟，增长平稳。从进口国家来看，除欧盟经济体外，美国是最大的进口国，也是最大的发包国家，其次是日本。此外，印度、中国、巴西、加拿大、挪威、俄罗斯以及东南亚等经济体也快速发展。可以看出，除北美、西欧和日本外，这些一直被认为是接包的国家和地区，也有着很大的发包市场。随着这些国家信息化进程的加快、客户管理外包能力的不断提高以及企业对成本节约、业务优化和创新的需求不断提高，外包需求将不断增加，发包规模也将呈现不断上升的趋势。

目前，接包国仍主要集中在发展中国家。由于这些国家拥有较丰富的知识型人力资源、较低的人力成本，在承接软件外包上具备较大优势。从出口国家来看，除欧盟经济体外，印度是最大的出口国，也是最大的接包国家，其次是以色列、中国、加拿大、俄罗斯等国家。

未来时期，承接国家市场竞争日趋激烈。随着越来越多的国家和地区将服务外包行业确定为国家发展的战略重点，许多国家和地区已经认识到该行业潜在的巨大市场及对经济发展的作用，都大力支持发展软件与信息服务外包。各国均具备独特的价值定位和优势。如，爱尔兰、东欧与发包方具有地域接近性；印度、中国、菲律宾拥有大量低成本人才；澳大利亚等拥有发语言文化及基础设施方面的优势等。

（三）发包企业将进一步释放市场需求

大型跨国公司在 IT 服务外包业务量上的增长促进了国际 IT 服务外包全球化的步伐（表2）。近年来，软件和信息服务外包不仅局限于发达国家和一些大型跨国公司，众多发展中国家和一些中小企业甚至个人，为了降低成本和提升竞争力，也将部分非核心业务外包出去，从而外包市场的范围不断扩大。

表2　2005 年、2006 年世界前八名 IT 服务外包商的外包额度

公司名称	2005（SM）	2006（SM）	年增长率%
IBM	17.124	19.309	12.8
EDS	15.016	15.467	3.0
ADP	6.167	7.100	14.9
CSC	6.000	6.700	11.7
Accenture	3.782	5.059	33.8
Fujitsu	4.544	5.030	10.7
Capgemini	2.416	2.913	20.6
First Data Corp	2.250	2.475	10.0

数据来源：魏鹏，浅析 IT 战略外包服务市场，商业文化（学术版）［J］. 2008（01），399

金融危机后促使企业进一步削减成本。EquaTerra 对 200 多家企业的一个最新调查显示，四成以上的 IT 企业为了降低成本，减少了对软硬件开发的投资，增加了业务外包力度，尤其是离岸业务发展迅速，半数以上的欧美公司将更多的服务外包到海外。

（四）外包业务管理模式不断创新

从市场业务结构来看，全球软件与信息服务外包业务正逐渐从"最基础的技术层面的外包业务"转向"较高层次的服务流程外包业务"。从业务方式来看，随着业务范围逐渐扩展，发包商倾向于将 ITO 和 BPO 业务捆绑，以满足企业自身技术和业务的需求。服务外包商与承接商之间形成了新型的战略协作伙伴关系。这一关系的建立使得以前提供单一服务的接包商转变为提供包括应用程序、风险管理、金融分析、研究开发等在内的高科技含量、高附加值、全流程的外包业务。

二、我国软件与信息服务外包的现状和趋势

（一）我国软件与信息服务外包发展的现状

近年来，我国软件与信息服务外包已经从全球产业驱动、跨国公司和"海归"创业推动，向本土市场驱动、民营资本推动转变。本土服务外包企业迅速成长，企业规模和影响力都在不断扩大，已经成为我国软件与信息服务外包产业的中坚力量。

1. 增长势头强劲。我国软件与信息服务外包在国际金融危机的不利影响下，依然保持了较快发展，显现出了强大的生命力和广阔的前景。2009 年，主营业务收入达到 2033.8 亿元，同比增长 29.7%。2010 年突破 2750 亿元，同比增长 35.2%，比 2009 年高出 5.5 个百分点，相当于 2007 年的 2.48 倍（图2）。

亿元人民币

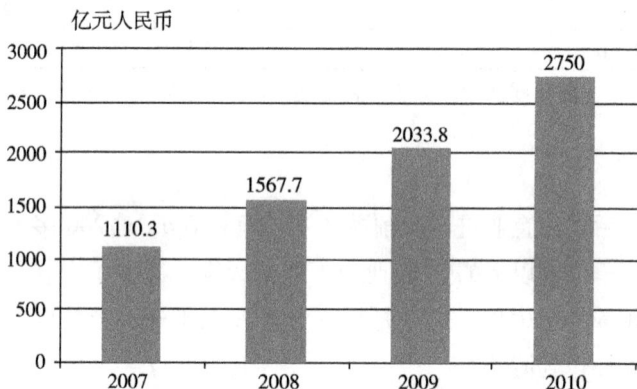

图2 2007—2010 年中国软件与信息服务外包产业规模

数据来源：CSIP

2. 吸纳就业能力增强。2010 年，我国软件与信息服务外包从业人员超过 73 万人，同比增长约 32.7%，相当于 2007 年的 2.43 倍（图3）。人才队伍不断扩大的同时，整体素质和水平也得到了进一步的提高。随着中央和地方政府对服务外包人才优惠政策的出台和落实，越来越多的高技术人才加入软件外包行业，同时良好的产业发展环境也吸引了众多的海外优秀人才回国创业。

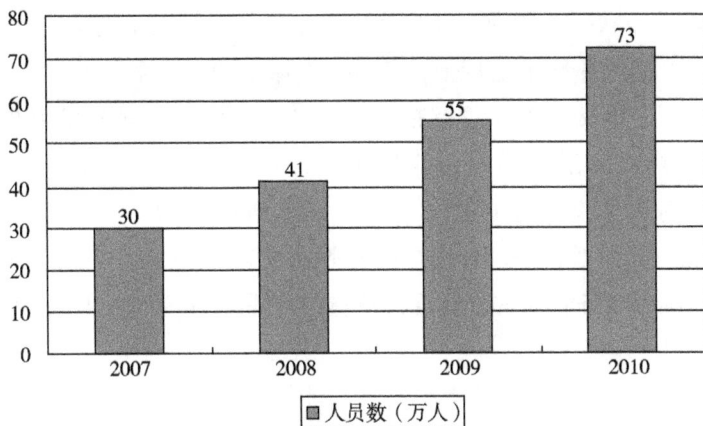

图3　2007—2010 年中国软件与信息服务外包从业人员数量
数据来源：CSIP

3. 业务结构调整逐步高端化。2010 年，我国软件与信息服务外包 ITO 为
1550 亿元，占 56.4%，同比增长 31.6%，是 2007 年（660.3 亿元）的 2.35
倍；BPO 为 1200 亿元，占比 43.6%，同比增长 40.1%，是 2007 年（450 亿
元）的 2.67 倍（图4）。软件与信息服务外包从单一的系统集成服务逐步向
产业链的前后端延伸扩展，基本形成了信息技术咨询服务、软件设计与开发
服务、信息系统集成服务、数据处理和运营服务全产业链发展格局。

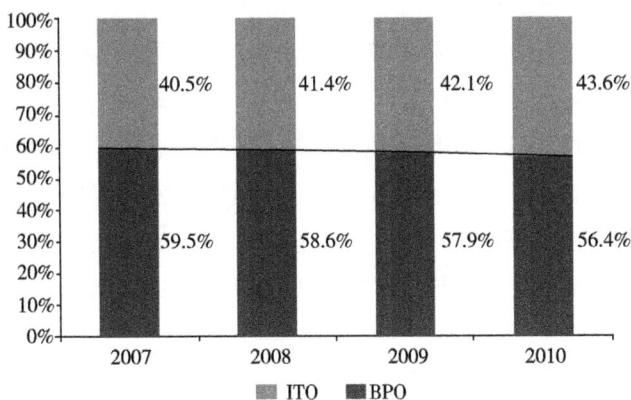

图4　2007—2010 年中国软件与信息服务外包 ITO/BPO 业务
数据来源：CSIP

4. 市场分布状况。我国软件与信息服务外包以国内市场为主，国际市场的业务量在全球业务比重呈现上升趋势。金融危机后，我国出台一系列扩大内需、刺激国内消费的经济振兴措施，再加上稳定的宏观经济发展环境等，推动了国内软件与信息服务外包业务进一步发展。2009 年，我国软件与信息服务外包国内业务收入为 1749.6 亿元，同比增长 31.2%；国际业务收入为 41.6 亿美元，同比增长 21.8%，国内业务收入增长率高出国际业务收入近 10 个百分点。国内业务收入占产业规模总量的比重达到 86%，同比上升 0.9 个百分点。

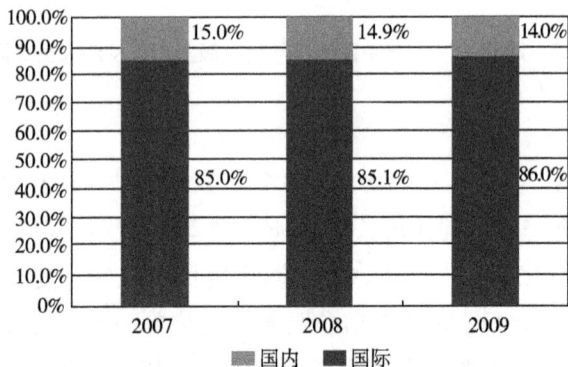

图 5　2007—2009 中国软件与信息服务外包国内/国际业务结构
数据来源：CSIP

我国软件与信息服务外包集聚效应显著，形成了环渤海、长三角、珠三角、中西部和东北五大区域产业集群。2009 年我国软件与信息服务外包国内业务中，29.9% 的发包来自华东地区，25.9% 的发包来自华南地区，18.3% 的发包来自华北地区，三个地区的发包量占全国总发包量的 74.1%（图 6）。同时，以 11 个国家软件产业基地、6 个国家软件出口基地为代表的软件产业园区，集聚效应日益突出、园区模式不断创新、园区服务逐步完善，为我国软件与信息服务外包产业提供了良好的发展载体。

国际业务主要集中在日本和美国。由于日本在地理上距离我国较近成为我国最大的国际发包来源地，我国也是日本最大的承接地。2009 年我国软件与信息服务外包的国际业务中的 38.1% 来自日本，26.2% 的业务来自美国，

6.6% 的业务来自欧洲。

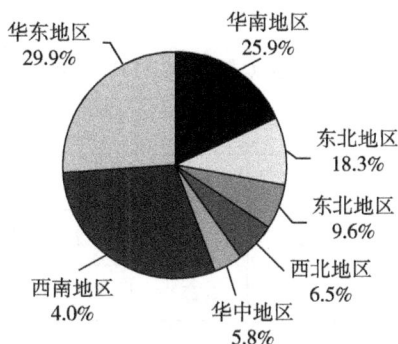

图6 2009 年中国软件与信息服务外包国内业务分布

数据来源：CSIP

5. 企业实力逐步增强。2010 年，全国软件与信息服务外包企业约 5900 家，同比增长约为 25.5%，相当于 2007 年的 1.97 倍（图7）。形成了一大批规模迅速扩张、交付能力不断增强、竞争优势持续提升的优秀企业。

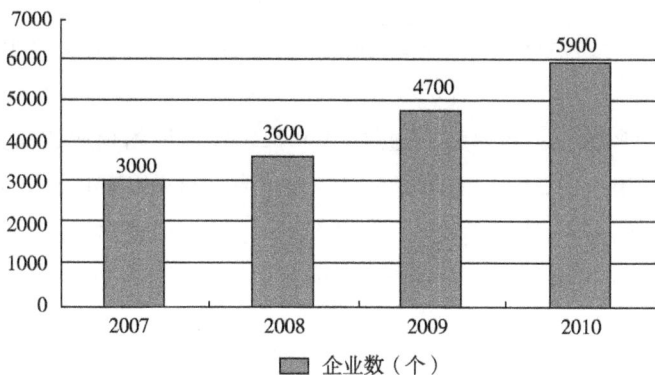

图7 2007—2010 年中国软件与信息服务外包企业数量

数据来源：CSIP

在国家政策的大力支持下，我国软件与信息服务外包涌现出一批具有国际竞争力和影响力的龙头企业。出现了东软、文思、软通动力等数家超过万人的外包企业，东软、浙大网新等多家企业的营业收入超过 10 亿元。企业在市场开拓、服务交付、技术创新等方面的能力也迅速得到提高。截至 2010 年 9 月，我国通过 CMM/CMMI 认证的企业总数为 1475 家，仅次于美国，是印度的 2.6 倍。

表 3　2009 年部分国家或地区 CMM/CMMI 认证情况

国家和地区	认证总数	5 级	4 级	3 级	2 级	1 级
美国	1719	149	23	683	611	30
中国	1475	51	44	1213	142	1
印度	576	197	25	320	19	
日本	324	17	16	146	88	19
西班牙	198	5	3	61	117	1
法国	183	2	1	56	108	4
韩国	176	8	19	78	59	1
巴西	167	11	1	62	89	1
中国台湾	147	2	3	58	81	1
美国	118	4	1	36	52	3

资料来源：http://www.sei.cmu.edu/cmmi/casestudies/profiles/pdfs/upload/2010SepCMMI.pdf

从表 3 可以看出，虽然我国通过 CMM/CMMI 认证的企业数在全球排名第 2 位，但主要集中在 3 级，而印度企业通过 5 级 CMM/CMMI 认证的企业达到 197 家，比美国多 48 家，是我国的近 4 倍（表 3）。反映出我国总体竞争力与美国和印度企业相比差距较大。

（二）我国软件与信息服务外包发展的主要趋势

1. 离岸外包逐渐向高层次、多元化发展。未来时期，我国离岸软件服务外包市场的发展将持续增长。据 IDC 报告，2010 年我国离岸软件开发市场达 33.57 亿美元，同比增长 21.6%，预计未来 5 年将以 24.2% 的复合增长率快速攀升（图 8）。

（百万美元）

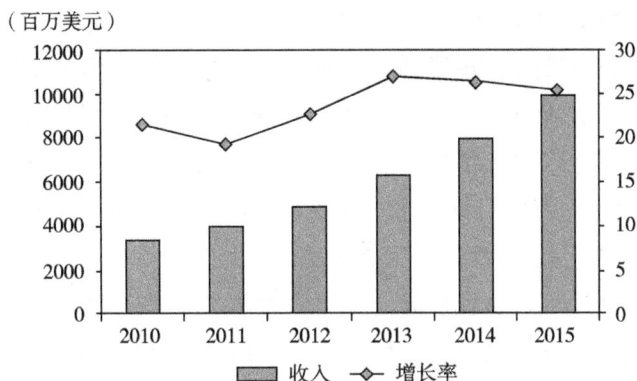

图 8　我国离岸软件开发市场规模（2010—2015 年）

数据来源：IDC 中国离岸软件开发市场 2011—2015 市场分析及预测

随着全球离岸服务外包业务正逐渐由 ITO 向 BPO 和 KPO 扩展，我国未来 ITO 与 BPO 业务市场都将呈现出迅速的增长。2004—2009 年，全球 ITO 市场年均复合增长率为 6.9%，而同期 BPO 市场年均复合增长率达到 9.1%。根据 IDC 报告，2006—2010 年，业务流程外包将由 48% 上升到 51%，而 IT 服务外包由 52% 下降到 49%。

从区域构成来看，我国离岸服务外包主要来源于北美、西欧和日本。IDC 发布的《中国离岸软件开发市场 2011—2015 市场分析及预测》认为，由于欧美的外包业务模式相对成熟，发包业务范围较广、价格较高，国内服务商应积极整合资源，加强欧美市场的投入。未来我国离岸市场将从以日韩为主的亚洲市场逐步向欧美市场扩展。

2. 在岸外包市场将不断扩大。国内外包市场一直在我国软件与信息服务外包中占有绝对优势，近几年国内市场比重都超过 80%。金融危机后，伴随着国家政策层面上更加注重扩大内需、调整结构，各类产业振兴规划的实施，信息技术在传统产业、战略性新兴产业、现代服务业等领域中得到广泛应用，除大型企业、政府继续释放信息服务外包需求外，中小企业和个人市场也得到不断发掘和快速增长。同时，新技术的服务模式和交付模式的创新，将使在岸外包市场潜力在“十二五”时期得到进一步释放。

3. 产业间企业整合并购趋势明显。随着我国企业快速壮大，国际并购越来越多。2009 年 7 月，文思收购总部位于中国香港的东柏集团（TP Corpora-

tion Limited）旗下 CRM 业务，此次收购将增强文思的专业能力，加强文思的客户管理解决方案能力，能够更好地满足电信运营商、产品供应商以及其他行业客户的需求。2009 年 10 月，东软（欧洲）有限公司与 Sesca Group Oy 签订股份购买协议，收购其拥有从事高端智能手机软件开发业务的 Sesca Mobile Software Oy、Almitas Oy 和 SescaTechnologies Srl 3 家子公司的 100% 股份，通过收购东软获得 200 名 10 年以上智能手机软件研发经验的手机软件设计人员，并建立了与诺基亚等芬兰客户的合作。从而使东软在嵌入式软件开发，尤其是智能手机软件开发领域形成在岸、近岸、离岸的开发体系和格局，在高端智能手机和移动终端设备软件的开发、设计及市场能力等方面获得大幅提升。

4. 业务交付模式创新多样化。近年来，我国在两化融合、三网融合、"3C"融合的不断推动下，极大促进了国内的政府外包、电信外包、金融外包、制造业外包等市场需求，这些新的技术需求都与软件信息技术紧密结合，最终必将为软件与信息服务外包产业带来巨大的市场空间和业务模式的创新。据 IDC 报告，2010 年以后，越来越多的组织，特别是中小企业将采用 SaaS（软件即服务）、PaaS（平台即服务）模式，通过云计算交付各种服务，以期降低成本。3G 市场的快速发展，物联网、云计算等应用的不断成熟，不仅为软件与信息服务外包创新了服务交付模式，同时也带来了新技术和新业务，将催生大量的软件与信息服务外包需求。

从业务的提供来看，单纯的离岸模式已逐渐被在岸与离岸的混合模式所取代，越来越多的业务出现了在岸—近岸—离岸相结合的模式。服务提供商之间通过建立联盟、合资合作、虚拟组织等形式共同合作提供外包服务，外包服务也由单纯的项目外包拓展到离岸开发中心和全球交付的方式。

三、我国软件与信息服务外包存在的问题

（一）企业规模较小，缺乏核心竞争力

根据工业和信息化部软件与集成电路促进中心（CSIP）的企业调研报告显示，我国的软件与信息服务外包企业大部分是成立时间较短的中小企业，市场占有率和人才队伍规模普遍较小。据调查显示，目前，我国排名前十位的信息技术服务企业合计只能达到约 20% 的市场占有率，而印度的前十大企

业却囊括了 45% 的市场份额；从员工数量来看，671 家调研企业中，65% 的企业员工数在 100 人以下，30% 的企业员工人数在 100—500 人，500 人以上的企业仅占 5%。自主研发投资不足，主要以跟踪和模仿为主，缺乏核心竞争力；大多数企业人员不够稳定，流动性大；且绝大多数处于地区性服务商和区域性服务商的阶段，缺乏建设自己的交付中心的能力和实力。

（二）业务较低端，服务品质待升级

我国软件与信息服务外包企业承接的国外项目大多属于低端业务。如简单的软件编码和测试、基础网络和系统集成服务工作。而在高端的 IT 咨询、应用系统外包服务和业务流程外包服务方面，国内多数软件与信息服务外包企业能力明显不足，尚不能提供高水平的服务。目前，国内除极少数大型 IT 服务外包企业能获得具有较高附加值的 IT 服务外包项目外，绝大多数中小 IT 服务外包企业所承接的项目多是合同额不大、利润率低的小项目。

（三）人才结构不合理，人才培养与管理较弱

一是我国软件与信息服务人才结构呈橄榄形，位于产业上层的软件架构师、系统设计师与项目管理人才，以及属于产业基础的软件蓝领短缺，而处于金字塔中层的系统工程师相对过剩。二是缺乏复合型人才。由于我国是非英语国家，除少量归国留学生外，技术管理人员的外语水平普遍不高，与印度、菲律宾等东南亚国家相比呈现弱势，国内众多外包企业特别缺乏兼具语言和技术或管理能力的复合型人才。三是企业人才管理机制比较落后。软件外包相对年轻人比较单调枯燥，没有工作调剂机制，尤其是从事信息技术、软件设计、程序开发的工作人员，经常日夜加班。

（四）市场规范化滞后，尚未形成行业标准

外包服务质量的监控不到位，履行合同不严格，规模化的软件开发缺乏通行的标准和规范。当前，电子政务及其他行业信息化的标准还十分缺乏，很多行业的信息化本身没有统一的规范和行业标准，外包企业各有规范和标准，导致软件开发工作无章可循。

（五）相关法律和政策配套措施有待完善

目前，我国服务外包的法制环境还不完善，尤其是信息安全、知识产权立法、知识产权保护政策和相关配套措施不够完善，对触犯信息安全行为处罚较轻。如法律对员工泄露机密只能追究民事责任而不追究刑事责任，对模仿抄袭行为处罚力度小，社会上盗用出卖企业和个人信息、盗版软件等现象比较普遍，这些都影响了我国的国际形象，也影响了发包国的发包意愿。

四、对策建议

我国软件与信息服务外包下一轮增长的策略将不仅仅建立于成本领先和人力资源的低成本上，而是提高创新能力和高附加值服务。因此，应致力于企业核心能力的建设，注重打造品牌；加大开发国际市场力度，提升全球交付能力；把握跨国并购浪潮，提高国际资源整合能力，向价值链高端攀升；同时，要加强人才队伍的建设和培养。

第一，积极扩大国内市场。应充分利用我国信息化加快发展的有利条件，鼓励政府、企业外包信息技术服务，为我国软件与信息服务外包提供强大的内需市场，为服务外包企业做大做强，承接国际外包，参与国际竞争奠定坚实基础。应认真研究制定培育国内软件与信息服务外包市场的政策措施。通过政府采购加大对信息技术服务企业的扶持力度，鼓励金融、电信、制造业等重点行业企业采购国内企业提供的软件与信息技术服务。推广总承包、分包、转包等模式。

第二，着力培育企业核心能力。随着信息技术不断创新，客户需求多样化发展，增强创新能力成为企业成长壮大的核心动力。同时，人民币汇率升值的风险，也使单纯依靠劳动力成本优势难以持续。这要求企业提高创新能力，提高管理水平，提升专业化程度。同时，加强软件与信息服务企业的服务质量体系和诚信体系建设，开展企业诚信等级认定工作。

第三，建立与国际接轨的行业标准。加强标准化对行业管理、产业发展的支撑作用，加快推进软件与信息服务的标准化工作。遵循国际外包管理的标准，制定完善的软件与信息服务外包企业承接能力标准，包括：技术水平、知识产权保护层级、人才标准等。鼓励国内企业通过 CMM/CMMI 等国际认证。

第四，实施品牌战略。着力培育具有国际影响力的软件与信息服务外包品牌企业。目前，我国已经逐步产生了有国际影响力的软件外包企业。如，外包专业化国际联合会（IAOP）评选的 2010 年全球外包 100 强中，东软集团、海辉软件、浙大网新、文思、中软国际、软通动力、浪潮软件等中国企业入选，这些龙头企业的发展壮大为我国承接国际业务、树立国家品牌、引领软件与信息服务外包整体服务能力的提升具有重要意义。

第五，完善相关法律法规。要加强信息安全、知识产权保护，进一步完善保护知识产权法规体系，为软件与信息服务外包创造良好的法制环境。

（原载《时代经贸》2011 年第 9 期）

把发展服务外包作为中西部
开放型经济发展的突破口

——关于中西部五城市国际服务
外包产业发展的调研

2010 年 10 月 18—26 日，由商务部中国服务外包中心组织的国家"十二五"服务外包产业规划起草组，先后对合肥、武汉、西安、重庆、成都 5 个国家服务外包示范城市进行调研。随着中西部地区交通通信等基础设施不断完善，产业体系不断健全，生态宜居条件明显改善，人才聚集效应不断增强，要素成本较东部地区具有明显优势，产业转移和升级步伐明显加快，对外开放水平显著提高，同时加速了服务外包产业发展和聚集。

一、服务外包产业发展的主要特点

（一）服务外包产业发展势头强劲

成都市已经形成以信息技术服务外包为主，覆盖研发、工业设计、市场营销、人力资源、财务会计等业务流程的服务外包产业体系。2010 年成都市服务外包离岸执行金额 2 亿美元，同比增长 100% 以上，其中 ITO 占 90% 以上，服务外包从业人员 7 万人，各类服务外包企业 600 家。形成了以天府高新区为龙头，锦江、青羊、金牛、武侯、成华、都江堰等服务外包特色园区共同发展的格局。高新区聚集了全市 70% 以上的服务外包企业。

西安市已经形成了以研发服务外包为主，跨国公司和国内大企业为龙头，ITO 和 BPO 共同发展的服务外包产业格局。2010 年离岸服务外包业务总额 2.92 亿美元，同比增长 30.11%，软件和服务外包企业突破 1000 家，从业人员突破9万人。西安软件园聚集了全市90%的软件和服务外包企业。

武汉市已经逐步成为在嵌入式软件和空间信息技术、信息安全、制造业信息化等应用软件领域的国家级服务外包产业基地。2010年离岸外包执行金额1.08亿美元，软件及服务外包企业550多家，从业人员5万人，新增就业人数1.86万人。基本形成了以武汉光谷软件园为龙头的发展格局。武汉光谷软件园聚集服务外包企业60多家，从业人员约2万人，其中本土服务外包企业占70%。

重庆市已经逐步形成以软件服务外包为主，包括工程设计、电子商务、动漫、金融等服务外包产业领域。2009年服务外包离岸执行金额4219万美元，同比增长21倍。2010年达到1.05亿美元，同比增长147%，服务外包企业300多家，从业人员5万人。逐步形成了以两江新区北部新区为龙头，渝中、西永微、永川、北碚等服务外包园区共同发展的格局，北部新区聚集了全市60%的服务外包企业。

合肥市在软件研发、数据处理、动漫网游、呼叫中心、人力资源管理、金融后台服务等服务外包领域呈现出良好的发展势头。2010年，服务外包离岸执行金额为8800万美元，服务外包企业217家，从业人员3.74万人。基本形成了高新区、经济技术开发区、安徽服务外包产业园、滨湖新区4个专业化服务外包园区。

（二）人才优势、成本优势和环境优势已经显现

5个城市在人才资源、成本和环境等方面都体现出不同程度的优势。西安拥有高等院校42所，在校大学生60万人左右，每年服务外包相关专业大学生毕业3万人。西安软件、研发等人才储备优势突出，有各类工程技术人员近40万人，其中软件、通信、计算机等专业人才8万人。服务外包企业人均月工资水平为3000元。成都拥有电子科技大学等数十所高校，各类专业技术人才60多万人，为软件信息技术外包提供了强大的人才储备。成都市普通职工的平均人力成本在全国20个服务外包示范城市处于中游水平，同一线城市相比低30%—40%，土地和租金成本相比一线城市处于较低水平。合肥有59所高校，在校生48万人，服务外包企业人均工资水平2300元左右。武汉市拥有高校55所，在校生达70多万人。重庆市有高等院校56所，在校生达45万人左右。

（三）政策服务环境明显改善

对于国家政策给予的服务外包培训补贴、服务平台建设等资金支持，多数地方政府都给予了不同程度的配套资金支持。合肥市政府相继出台了《关于促进服务外包产业发展的实施意见》，完善了地方服务外包政策体系，有效提升了服务外包产业发展环境。武汉市为服务外包企业开拓国际市场，以及培训机构、企业的国际认证等提供资金支持。成都市对于服务外包企业的设立及发展提供了优惠的税收政策及资金扶持。成都维纳软件反映，政府通过减免营业税，为企业海外拓展业务提供补贴，在人才培训上为企业和咨询机构互相交流搭建平台等服务增强了企业发展后劲。重庆海关反映，重庆充分利用口岸优势，吸引了国际大公司入驻。

（四）服务外包培训体系逐步形成

2008 年，武汉软件协会开展"万名软件人才培养工程"，与华中科技大学软件学院合作培养高端软件外包人才，同时与民办培训学校合作培养中低端服务外包人才。西安已经建设了多层次、分领域的人才动态信息库，基本覆盖了园区重点企业，平均每周为企业发布招聘信息 40 多条。目前，西安共有各类服务外包培训机构 33 家，加上雄厚的高校资源，将成为我国西部地区和全国服务外包的人才培训基地。成都有 24 家服务外包人才培训机构，到2010 年共培养服务外包人才 11 万人，每年从地方财政中安排不低于 1500 万元的服务外包产业人才培训配套资金。

在培训模式方面，合肥、武汉采用企业与高校进行学分置换的模式，即学生在大学四年级去服务外包企业进行实训，毕业后直接去有关企业工作，既满足了企业用人需要，又缩短了人才培育的时间和成本，这一模式为我国服务外包人才培养提供了经验和示范。

在社会培训方面，安徽省服务外包培训中心与全省 80% 的高校合作从事ITO、BPO 培训，师资大都来自企业一线的项目经理。安徽服务外包产业园设立的服务外包培训学院成立以来，进行为期 3—9 个月的培训，共输送了 3000多名服务外包人才。目前，合肥市有培训机构 20 家，2010 年培训人员8000 人。

（五）逐步成为国际服务外包交付中心

"一线城市接单，二三线城市交付"的产业分工格局已经形成，对于带动中西部城市服务外包发展具有较大促进作用。如，武汉惠普公司总部设在上海，主要从事研发、设计、软件测试、云计算等服务外包，离岸业务为100%。武汉传神公司是一家专业翻译外包公司，总部设在北京，2010 年 9 月，公司的交付业务从中关村转移到武汉光谷软件园。重庆环球数码动画公司总部设在中国香港，将高端研发放在深圳，大量交付业务转移到重庆北部新区，成为西南地区最大的动画制作基地。华为公司将总部设在深圳，主要从事核心技术研发，在西安高新区设立了 1 万人的研发中心从事海量产品的研发。

二、服务外包产业存在的主要问题

（一）企业层面的问题

一是企业实力偏弱。服务外包企业普遍规模较小，缺乏龙头企业，行业经验不足，大部分缺乏长远战略，增殖业务不多。据调查，西安 100 人以下的企业占 47%，100—350 人的企业占 42.8%，500 人以上的企业仅占 10.6%，2000 年成立的企业占 86.4%，服务外包企业新人多，少于 3 年工作经验的占 2/3，民营企业占 62.1%。二是企业劳动生产率较低。西安服务外包企业平均劳动生产率为 16855 美元/人，相当于制造业的 6 倍。但与印度相比（64123 美元/人）相差 3 倍左右。三是成本上升压力加大。人力成本提高、汇率上升、行业竞争激烈等因素，都挤压了服务外包产业的上升空间。四是融资难问题。服务外包企业都是轻资产企业，普遍融资难、上市难。

（二）政策层面的问题

1. 服务外包企业资质认定离岸比例过高。国家政策要求服务外包企业离岸业务占 50% 才可以享受相关优惠政策。通过对 5 个城市的调查了解到，目前这些城市主要是在岸业务，平均离岸业务的比例均不足 30%。其主要途径：通过在华跨国公司承接外包业务；通过一线城市总部发包业务。尽管国家服务外包扶持政策优惠，但多数服务外包企业很难享受到。一些企业为了拿到国家优惠政策往往仅上报离岸业务，在岸业务少报或基本不报，导致整个行业漏统漏报现象普遍存在。

2. 人才培养任务十分艰巨。如何创新服务外包人才培养机制和模式，如何使服务外包人才在中西部留下来，服务外包人才如何与市场对接，等等，这些都是迫切问题。企业普遍反映，目前，教育与市场需求差别太大，还没有形成校企合作机制，院校很难把握企业需要的人才标准。高校教材知识普遍滞后，学生知识陈旧，语言不熟练，尤其是高端人才太少、人才断层问题严重，企业只能接中低端业务。学校设置课程欠缺，动漫设计与游戏制作等大量需要的专业人才供给不上。目前，我国只有10%的大学毕业生能够顺利进入服务外包企业。

在合作建立人才培养模式方面，本科院校制度比较死板，学生必须毕业才能参与培训，很难合作培训，学生不愿花钱花时间再接受培训，与高职类院校合作反而比较顺畅。合肥科大恒星反映，企业培养一名服务外包人才通常需要花3年时间，加上大学4年，一名比较成熟的人才需要培养7年，但很多人培养出来就被挖走了。目前，高级开发员、程序员行业流失比较普遍，如果国家没有人才鼓励政策，服务外包将很难做大。武钢软件反映，本土服务外包企业面临的人才问题更加突出。由于武汉地处中部，成本优势明显，吸引了IBM、HP、Intel等国际公司，这些公司的待遇和条件普遍好于本土企业，人才很容易流失到跨国公司。合肥科大讯飞反映，真正愿意留在合肥的软件人才不太多，尤其是软件开发人才稳定性较差。西安企业反映，有经验的中低端员工落户较难。

3. 服务外包产业政策体系有待完善。第一，技术先进型服务企业认定标准过高。尽管国家服务外包政策很优惠，但由于企业资格认定门槛过高，绝大多数企业无法享受这些政策。由于技术先进型服务企业既强调高技术，又强调较高的离岸业务标准，绝大多数服务外包企业无法达到要求。到2010年5个城市认定的技术先进性服务企业，成都53家，西安25家，武汉7家，重庆5家，合肥21家。武汉科技局反映，一些企业虽然技术国内领先，但没有离岸服务，所以不能评定为技术先进型企业。

第二，服务外包统计问题突出。一是服务外包没有纳入国家统计体系。统计部门反映，调查难度很大，企业参与积极性不高。二是存在漏统现象。

安徽企业反映，服务外包业务交付多数通过互联网完成，没有实物载体，海关要求企业把业务项目刻成光盘递交申报才能予以认可，并享受相关优惠政策，但许多企业业务交付后没有报关，所以无法纳入统计。三是由于业务接单和交付不在同一个城市，造成统计与实际情况不符，这对于中西部城市在统计数据上影响较大，而且难以享受相应政策。

第三，对于国际服务外包的认定问题。中西部服务外包企业主要承接在华跨国公司业务或转包业务，许多企业反映，他们虽然承接的是国际业务，但与跨国公司在华公司签订合同，使用人民币结算，都不能被统计为离岸业务，企业也无法享受优惠政策。

第四，政府服务效率有待提高。安徽联发科公司反映，企业从海关进口设备很麻烦，时间长，进口设备增值税抵扣流程复杂，希望简化审批流程。

三、政策措施建议

服务外包产业是未来我国开放型经济发展的重要引擎，国际化程度高，吸纳大学生就业能力强，有利于促进城市服务业整体水平提高。为此，应针对我国经济的发展实际切实推进，把服务外包产业作为推动中西部城市开放型经济发展的突破口。

（一）实行服务外包区域差别政策

建议对中西部地区实行倾斜政策。在企业资格认定上，降低离岸业务比例，根据5个城市的反映，离岸业务比例的标准设定在30%（或绝对额50万美元）为宜。应进一步加大对中西部地区的基础设施建设投资，在引进人才、企业融资、税收优惠、财政补贴等方面应给予倾斜，以鼓励跨国公司到中西部地区投资，鼓励东部地区企业在中西部地区设立交付中心。

（二）建立服务外包人才培养体系

"十二五"时期，应逐步形成高、中、低端各类服务外包人才全面发展的格局，尤其要加强高端人才培育，应从国家层面在服务外包课程专业建设上提供支持和引导，制定服务外包人才培训规划和标准，加大对在职员工培训的补贴费用。建立政府、高校、企业、行业协会、培训机构一体化的服务外包人才培养体系，尤其要加强对培训机构的扶持，加大财政补贴力度，鼓励吸引外资培训机构进入国内培育市场，扶持国内培训机构做大做强，形成品牌。为培训机构在师资队伍建设提供帮助。形成高校与培训机构、企业的稳定合作机制，积极推广学分互换机制，完善学生在培训机构的入学贷款制度，鼓励企业为学生实习提供便利。

（三）不断完善服务外包政策体系

一是建立科学的服务外包统计体系。"十二五"时期，应将服务外包纳入国民经济统计体系，积极探索以地域为单位的统计模式，建立与服务贸易形式相适应的统计系统。二是创新融资政策。政府通过设立服务外包产业基金、中小企业担保公司等方式为服务外包企业融资创造条件，积极探索"中小企业集合债券融资"等融资方式，支持有条件的服务外包企业上市融资。三是简化行政服务流程，实行一站式服务，提高政府服务效率。

（四）继续发挥跨国公司的示范带动作用

与本土企业相比，跨国公司在服务外包业务上经验成熟，国际渠道通畅，技术水平普遍较高。应积极发挥跨国公司的作用，带动本土企业成长。一是鼓励在华跨国公司向本土企业发包。支持跨国公司通过与国内公司合资合作等方式发包给本土企业，培养国内企业接包能力。二是鼓励在华跨国公司承接国内服务外包业务。目前，跨国公司服务外包企业基本从事离岸业务。我国的成本优势和巨大的潜在市场是吸引外资的主要因素，许多在华跨国公司希望承接在岸业务。为此，在政府采购上，要坚持内外资平等原则。鼓励外资服务外包企业在金融、电信、保险、制造业等领域发展。三是鼓励在华跨国公司发挥技术优势，培养当地人才。武汉、西安等城市在这方面都取得了一定经验。

（五）积极培育国内服务外包市场

应鼓励国内大企业和政府向企业发包。加快释放国内服务外包市场潜力对于迅速扩大我国服务外包企业规模，提高竞争力具有重要作用。目前，我国大企业、政府的大量服务业务内置，既增加了成本，又不利于推动服务专业化。为此，应通过鼓励国内企业和政府发包，培育国内服务外包市场，形成市场的良性循环。

（六）支持服务外包企业走出去

政府应加大财政补贴力度，支持服务外包企业在境外开办推荐会，参加重大国际会展活动，提高我国服务外包品牌知名度，培养龙头服务外包企业。支持本土企业收购国外公司，重点收购国外的一些渠道丰富的外包企业，拓展国际市场渠道，扩大全球规模。

（原载《中国经贸导刊》2011 年第 6 期）

我国金融服务外包发展现状及趋势

根据 2005 年由巴塞尔银行监管委员会（BCBS）、国际证监会组织（IOSCO）、国际保险监督官协会（IAIS）及国际清算银行（BIS）组织联合论坛上发表的《金融服务外包》（Outsourcing in Financial Services）报告，将金融业务外包定义为"受监管实体持续地利用外包服务商（为集团内的附属实体或集团以外的实体）来完成以前由自身承担的业务活动。金融服务外包可以是将某项业务（或业务的一部分）从受监管实体转交给服务商操作，或由服务商进一步转移给另一服务商（称为转包）"。金融服务外包通常是金融后台服务外包。金融后台服务则指与金融机构直接经营活动相对分离，并为前台业务提供支撑的功能模块和业务部门，如数据中心、清算中心、银行卡中心、研发中心、呼叫中心、灾备中心、培训中心、档案管理中心、客服中心等。金融后台服务支持体系具有科技含量高、人才密集、吸纳就业量大、技术保障能力强等特点，日渐成为金融机构创新发展的重要支撑。金融危机之后，银行、保险、证券、基金等金融机构的辅助性后台业务，如数据处理、资金清算、应用开发、银行卡业务、呼叫服务等成为新的外包热点。其实质在于，金融企业为了降低成本，将资源集中于相对优势领域，重组价值链、优化资源配置、增强核心竞争力，增强持续发展能力①。我国金融服务外包开始 20 世纪 90 年代，近年来进入高速发展时期，增长速度快、市场潜力大、

---

① 金融服务外包主要分为：（1）信息技术外包（ITO），指金融机构将其 IT 系统的全部或部分外包给专业信息技术服务公司，以长期合同的方式委托信息技术服务商向金融机构提供部分或全部的信息功能。主要包括：软件研发、信息系统开发和维护、信息技术设备维护、网络构建、网络管理、数据中心营运、备份和灾难恢复、信息技术培训、通信支持等。（2）业务流程外包（BPO），指金融机构将商务流程中的部分或全部非核心流程业务委托专业服务提供商操作，从而提高业务流程自动化的能力，降低金融机构运营成本。主要包括：会计服务、票据服务、银行卡业务、人力资源管理、呼叫中心、定损理赔、后勤保障等。（3）知识流程外包（KPO），指金融机构将金融后台服务外包的高端服务，涉及专业技能的知识密集型业务流程外包。主要包括：金融研发、金融咨询等。

吸纳就业能力强，是提高金融服务信息化、专业化、标准化、国际化的重要途径。

一、我国金融服务外包市场空间巨大

（一）我国金融服务外包未来增速将超过全球水平

与印度相比，虽然我国金融服务外包处于发展的初级阶段，但未来潜力十分巨大。随着我国金融业对外开放的深化，金融业竞争日益加剧，都将带来金融外包的发展。毕马威调查报告显示，预计未来五年，我国服务外包市场将保持约26%的年复合增长率。麦肯锡研究显示，我国BPO市场规模超过200亿元，增长速度超过20%，国内金融BPO市场以超过23%的速度成长（表1）。

表1 2011—2016我国金融服务外包情况　　　　单位：百万美元

年　份	2011	2012	2013	2014	2015	2016
我国金融服务外包ITO	3506.1	4036.4	4545.3	5120.0	5800.7	6584.3
我国金融服务外包BPO	803.4	964.6	1126.7	1328.4	1580.5	1887.8

数据来源：IDC

表2 2011—2016全球金融服务外包情况　　　　单位：10亿美元

年　份	2011	2012	2013	2014	2015	2016
全球银行服务外包ITO	62.7	65.9	69.8	74.0	78.6	—
全球金融服务外包BPO	21.3	22.3	23.7	25	26.8	28.7

数据来源：IDC

2012年我国金融服务外包ITO和BPO分别比2011增长15%和20%，预计2016年将分别达到65.84亿美元和18.88亿美元，分别相当于2011年的1.88倍和2.35倍（表1）。2012年全球银行外包ITO和金融外包BPO分别比2011年增长5%和0.47%，预计2015年分别达到786亿美元和268亿美元，分别相当于 2011 年的 1.25 倍和 1.26 倍（表2）。

（二）我国金融业快速成长将释放大量后台服务

目前，我国拥有金融资产 8.1 万亿，规模超过其他新兴经济体。2011 年我国金融机构 4293 家，其中，银行 3800 家、保险公司 152 家、证券公司 341 家。2006—2008 年，我国金融业营业收入复合增长率超过 30%，我国银行业收入年复合增长率 36%，高于美国银行业（同期美国银行业年复合增长率 -1.5%）。为了降低成本，很多金融机构都在寻求专业服务外包。根据海辉软件资料显示，企业如选择外包服务，通常可节省 30%—65% 的成本开支和管理成本。

（三）金融业前后台业务分离趋势为金融外包发展创造需求

当前，我国金融业呈现出核心业务和非核心业务、前台业务和后台业务、标准流程业务和非标准流程业务加快分离的趋势，原有自主运营的产业链正逐渐向专业化方向发展。国内金融机构开始更多关注自身核心业务的发展创新和整体经营效益的提升，逐步形成了金融机构专注核心能力、服务供应商提供其他专业服务的金融产业链生态环境。以数据中心、清算中心、银行卡中心、研发中心为主的金融后台服务与金融机构前台经营分离，正成为金融业未来发展的趋势。

（四）技术创新和金融创新为金融外包发展创造条件

IT 技术、互联网技术的空前发展，尤其是以云计算为代表的新一代信息技术为服务外包提供了新的增长空间，使金融业务打破了空间、地域的限制，为金融机构在全球范围内实施服务外包提供了技术基础。金融业信息化的广泛应用，金融机构信息系统、流程改进等，为金融服务外包提供了越来越多的市场机遇。此外，基于移动通信服务和 3G 服务也将为金融外包带来新的机会，如工、农、中、建等银行都开通了手机银行。用户可以通过手机查询银行卡的账户、信用卡账单、还款、转账、买基金、电话缴费等服务，这些新的业务增长点为外包业务创造了新的需求。同时，随着客户对新产品、新服务需求的不断增长，推动了金融机构的产品和渠道创新，加速了金融机构外包的进程。

二、我国金融服务外包发包市场状况

（一）我国金融服务外包以境内发包商为主

近年来，境内金融外包市场逐步成熟，发包主体涵盖了银行、保险、证券、财务公司、信托等金融业各个领域，其中主要集中在银行业和保险业。（表3）。显示了一些金融机构外包项目的情况。

表3　部分国内金融机构外包项目

编号	金融机构	外包项目	服务供应商
1	国家开发银行	核心 IT 系统集成	文思信息
		系统集成与开发	神州数码
2	中国光大银行	应用软件开发及维护	软通动力
		IT 咨询	
3	招商银行	系统开发、升级及维护	文思信息
4	中国民生银行	银行卡业务	银联数据
5	中国人寿	文档影像数据处理	浙大网新
6	中意人寿	寿险理赔解决方案	华道数据
7	安邦保险	电子商务平台建设	软通动力
8	英大信托	系统开发及实施、IT 规划	软通动力

资料来源：根据相关外包服务供应商网站的信息整理而得

（二）银行业发包状况

从我国银行的不同类型看，股份制商业银行占据较大的后台服务外包比例，其次是国家开发银行和四大国有银行。从外包业务类型看，银行外包业务主要集中在 ITO 和 BPO 领域，KPO 涉及范围还比较窄。银行 ITO 业务主要包括软件开发、银行信息系统管理、系统备份、灾难恢复、应用系统开发和维护等；银行 BPO 业务主要涉及信用卡外包、财务外包、人力资源外包、后勤保障外包、呼叫中心外包等。银行 KPO 业务目前主要包括数据信息分析、研发外包等。

（三）保险业发包状况

我国保险业务增长速度较快，未来将成为全球最大的保险市场，将会释放巨大的外包需求。目前保险业外包以 ITO 为主，BPO、KPO 业务将伴随着保险业的迅速发展而得到广泛应用。保险业的 ITO 主要集中在保单出单系统、财务系统、风险管理系统等 ITO 系统的建设规划。保险 BPO 业务主要包括新契约录入、保单打印、保单送达、定损、理赔等非核心业务，核保等核心业务并未选择外包。保险 KPO 业务主要涵盖保险精算、保费调整等。

（四）证券业发包状况

伴随证券业的快速发展和证券市场的激烈竞争，中小证券公司为了降低成本、提高服务质量，会选择将越来越多的后台业务外包给专业服务供应商来处理，证券业外包将是未来金融服务外包的一个发展趋势。现阶段，我国证券业外包主要涉及 ITO 和 BPO，KPO 业务较少，具体内容包括，集中交易系统等软件系统的开发和维护、呼叫中心、结算、各类增值服务以及业务培训、证券托管服务等外包。

三、我国金融服务外包接包市场状况

（一）承接金融服务外包以在岸为主，离岸为辅

1. 在岸市场占主导地位。目前国内金融服务提供商的服务对象主要是国内客户，这与印度外包市场高度依赖海外市场的发展模式完全不同。2010 年金融 BPO 市场规模在岸与离岸之比为 10∶1，国内金融业 IT 合同有 86% 是本地发包商。在前 20 家国内金融服务提供商中，只有 6—7 家公司以离岸外包为主，其余绝大部分主要承接国内金融机构后台业务（表 4）。

表4　2010 年我国服务外包企业最佳实践前 20 强

排名	企业名称	业务类型
1	文思信息技术有限公司	在岸、离岸相当
2	东软集团股份有限公司	离岸为主
3	海辉软件（国际）集团	离岸为主
4	软通动力信息技术（集团）有限公司	在岸、离岸相当
5	浙大网新科技股份有限公司	离岸为主
6	东南融通	在岸为主
7	药明康德新药开发有限公司	离岸为主
8	华道数据	在岸为主
9	大连华信计算机技术股份有限公司	离岸为主
10	中软国际有限公司	在岸为主
11	索迪斯	在岸为主
12	浪潮集团有限公司	在岸为主
13	新宇软件（苏州工业园区）有限公司	在岸为主
14	北京立思辰科技股份有限公司	在岸为主
15	成都颠峰软件有限公司	在岸为主
16	北京华盛天成科技股份有限公司	在岸为主
17	大展集团	离岸为主
18	信雅达系统工程股份有限公司	在岸为主
19	中讯软件集团股份有限公司	离岸为主
20	大庆市华拓数码科技有限公司	在岸为主

数据来源：中国外包网

目前，我国金融外包支出约占金融业运营总支出的 0.53%，而美国为

1.86%，因此，在岸金融外包还有很大市场空间。随着国内金融机构关注核心业务的创新发展和整体经营效益的提升，越来越多地尝试外包。此外，与国际金融机构相比，国内金融机构信息化起点低，在金融业务流程方面仍存在人才、经验和技能缺口，也更多地采用与服务提供商的战略协作方式，这些都加快释放国内金融机构的外包需求。

2. 离岸市场逐步开拓。随着我国金融业对外开放步伐加快，跨国公司金融机构转移速度加快，以及国内金融服务供应商能力的提升，未来时期，金融外包离岸业务规模将逐渐扩大。目前，我国金融服务离岸发包市场主要集中于日本、北美、西欧等发达地区市场，日本和美国是我国两个最大的离岸市场，其次是中国香港和中国台湾。目前日本离岸业务的80%左右是我国企业承接的。国内较具代表性的服务外包企业中，软通动力的日韩业务占65%，欧美业务占35%；大展集团的日本业务占1/3，其后依次为北美、欧洲和我国；东软对日外包业务占90%，欧美业务占10%左右。

（二）金融服务外包业务结构以 ITO 为主，逐步向 BPO、KPO 延伸

表5　2010—2012 年我国银行业 IT 应用细分产品投资规模

产品类别	年　份		
	2010	2011	2012
硬件投资规模（亿元）	314.9	335.5	345.1
增长率（%）	8.3	6.5	2.9
软件投资规模（亿元）	78.5	90.4	106.3
增长率（%）	15.4	15.2	17.6
服务投资规模（亿元）	275.1	348.2	440.4
增长率（%）	34.6	26.6	26.5

数据来源：赛迪顾问

从业务类型来看，金融 ITO 市场规模最大，业务范围最广，已遍及整个金融业；金融 BPO 发展速度较快，规模仅次于 ITO；金融 KPO 将成为新的增长领域。从表5可以看出，2010—2012 年，我国银行业软件和服务投资规模合计分别为：353.6 亿元、438.6 亿元、546.7 亿元，均高于硬件投资。从图1

可以看出，2010—2012 年我国银行业 IT 应用市场结构中，服务、软件市场所占比重为：52.9%、56.7%、61.3%，高于硬件市场。

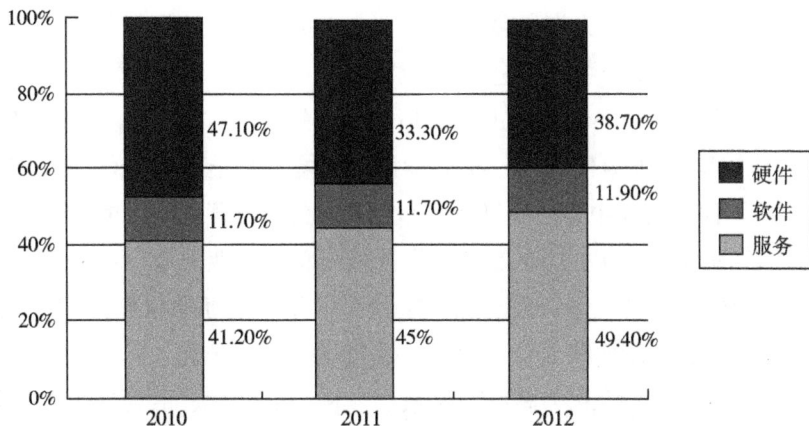

图 1　2010—2012 年我国银行业 IT 应用市场结构

数据来源：赛迪顾问

（三）我国金融服务外包企业发展状况

1. 金融服务外包企业呈现金字塔结构。目前，我国金融服务外包企业主要有 3 种类型：(1)国际金融服务外包公司，如埃森哲、HP、IBM、FDC、TCS、凯捷、Unisys、Infosys、Wipro、塔塔、萨蒂扬等；(2)本土金融服务外包公司，如万国数据、华道数据、银联数据、文思创新、浙大网新、东软、博彦科技、中软国际、海辉软件、软通动力、东南融通、中讯软件等；(3)国内外金融机构的自建中心。由此形成了金字塔型结构，最上端以国际巨头为主，中间层次则以我国本土企业为主，第三层次则是以众多的中小型国内企业为主。

2. 跨国金融服务外包企业示范效应明显。随着外资银行、保险、证券等金融机构进入我国速度加快，将带来国际服务提供商的跟进。跨国服务提供商通常具有很强的业务流程咨询能力、IT 系统实施能力，外包项目以涵盖复杂环节的整体流程外包为主，发包商与接包商形成了长期稳固的战略合作关系。跨国服务提供商带来了成熟的外包运营模式和管理理念，对本土服务商产生示范效应，提升了整体服务质量。2003 年 11 月，我国光大银行将管理会计系统的开发外包给联想 IT 服务，引进全球 ERP 市场占比最高的 SAP 公司产品，功能包括总账、应收应付、资产管理、成本中心会计、内部订单、利润中心会计、薪资管理等，实现了财务流程标准化和成本管理。2004年初，光大银行又将信用卡外包给美国第一资讯公司，服务内容包括：信用卡机具维护、市场营销策划、个人资信调查、制卡、人员招聘、培训考核、透支催收等，开创了国内信用卡系统外包开发的先河。

3. 本土金融服务外包企业市场开拓能力增强。一方面，以文思创新、软通动力、博朗软件等为代表的一批企业国际市场开拓能力明显增强。文思创新2011年第四季度大中华区主营业务净营收占公司总营业收入的46.5%；来自美国、欧洲和日本的主营业务净营收占公司总主营业务净营收比例分别为36%、12.6%和3.3%。软通动力国内业务占55%，海外业务占45%左右。他们依靠同欧美等跨国IT企业的合作，获得了产品本地化、软件测试等离岸业务，从而获得更多的欧美离岸外包机会。从企业文化、语言能力、服务交付标准等各个方面，他们还积极同欧美市场对接，正获得越来越多的欧美金融机构认可。从市场前景来看，美国企业有倾向多国外包的动机，为我国供应商进军欧美市场提供了机遇。另一方面，以华道数据、万国数据等为代表的一批企业，通过专注国内市场不断充实自身的竞争优势。这类供应商长期同国内金融机构保持良好合作，建立了牢固的地位与影响力。在发展国内市场的同时，逐渐开拓海外市场，支撑企业新的成长。万国数据是国内起步最早、规模最大的数据中心专业化服务公司，是我国灾难恢复服务外包的领军企业。目前，已经在北京、上海、广州、深圳、成都等地运营管理多个数据中心，开创了国内银行、证券、保险外包服务先例。2007年，万国数据将市场扩展到港澳、日韩、欧美等国家和地区，发展离岸数据中心业务。

表6　2010年国内部分外包服务接包商对比

		中软国际	海辉软件	文思创新	软通动力
区域覆盖	我国 VS 海外	69% VS 31%	13% VS 87%	45% VS 55%	56% VS 44%
行业覆盖	政府	√			√
	金融	√	√	√	√
	电信	√	√	√	√
	商业流通	√	√	√	

		中软国际	海辉软件	文思创新	软通动力
区域覆盖	我国 VS 海外	69% VS 31%	13% VS 87%	45% VS 55%	56% VS 44%
产品覆盖	咨询	√	√	√	
	解决方案	√	√	√	√
	IT 服务	√	√	√	√
	BPO	√			√
收入规模	收入（百万美元）	242	146.6	211.6	197
	员工数	10940	5521	11044	9285
	人均收入（美元）	22121	26553	19160	21217

4. 金融外包价值链不断攀升。我国金融外包企业逐渐拓展价值链高端业务。如中讯软件公司通过长期承接日本大和证券等金融机构的外包业务，由简单编码逐步扩展到需求分析、概要设计、系统维护领域，并形成了面向银行、保险、证券等行业性的解决方案。从表6可以看出，一些金融服务提供商已经逐步通过服务创新提高附加值，主要表现在拥有更先进的服务理念、更多元化的服务模式、更强的交付能力，以及提供更高附加值的咨询业务。从技术等级来看，目前国内共有1719家软件与外包企业获得CMM/CMMI认证，仅次于美国，是印度获得认证企业总数的2.6倍。

四、我国金融服务外包区域布局状况

近年来，国内各大银行、国际金融机构越来越多地设立后台服务中心，促进了金融外包快速发展。全国有17个城市提出建设金融后台服务中心，其中北京、上海、杭州、苏州、深圳、广州、大连、成都、西安、武汉、天津、济南、南京、重庆等城市发展较快，并逐步形成特色。北京、上海以承接高端金融业务和研究为主；大连、深圳、广州主要承接日、韩等国和我国香港的金融服务外包；天津、杭州、南京以承接国内金融服务外包为主；成都、重庆、西安、武汉、长沙、济南、昆山等城市具有明显的成本优势。这些地区的发展经验是，政府政策大力支持，通过建设金融服务外包园区或基地，引进和培育金融外包企业，培养金融外包人才，推动金融外包快速发展。

五、我国金融服务外包存在的主要问题

（一）企业规模小、竞争力弱

目前，我国在金融服务外包方面落后印度5—10年，主要在金融服务外包提供商的人员规模、营业规模等方面。

从人员规模来看，我国服务外包企业平均人员规模200人左右，超过1000人的企业仅220家，占企业总数的2.5%，最大的东软集团拥有员工1.6万名。而IBM、HP、埃森哲等公司可达到上万人、几十万人的规模，如IBM拥有20万名员工。印度软件外包企业3000多家，从业人员50多万人，其中前10家服务外包企业人员规模在1万人以上，Infosys拥有员工数量超过12万人。

从营业收入来看，2010年度评选的我国服务外包企业最佳实践50强中，服务外包企业最高营业收入不超过50亿元；而IBM、HP等营业收入均超过200亿美元。排名靠前的印度金融ITO外包企业年营业收入为30亿—40亿美元，Infosys、Wipro等年收入超过50亿美元[①]。

从2010年东软集团、文思创新、中软国际、浙大网新和海隆软件等国内领先软件外包企业与印度软件外包龙头企业Infosys的收入比较可看出，营业收入差距较大（图2）。

图2 Infosys与我国软件外包领先企业收入比较

① 数据来源：中国外包网，2010年我国服务外包企业最佳实践五十强白皮书。

（二）以承接低端业务为主

总体上看，国内金融服务外包供应商目前尚不具备承接高技术含量外包业务的能力，大多业务处于价值链低端，金融 ITO 主要涉及软件开发与维护、硬件远程支持、应用外包等业务。目前承接的金融 ITO 业务主要包括：设备管理、应用系统开发、软件开发设计、灾备中心建设等业务；BPO 业务主要包括：后勤服务、人力资源服务、数据中心、财务中心、呼叫中心等，多数业务技术含量低、附加值较小。

（三）提供服务能力较低

从能力上来看，美国金融服务提供商主要体现在对金融买家业务转型提供战略性咨询服务等高端业务；从业务范围来看，美国金融服务提供商基本能够提供全业务的外包支持。而我国金融外包企业组织和管理尚不成熟。在服务模式上，服务提供商被动地接受任务和提供服务；在交付能力上，提供商往往不能为金融机构提供全面业务范围的外包服务，尚不具备为金融买家业务提供咨询和支持的能力，还没有出现提供全方位业务范围的金融外包提供商。此外，当前金融业尚缺乏对外包服务商进行综合管理的制度和供应商评级体系，无法有效对外包商的技术实力、经营状况、社会信誉等因素进行综合评定。

（四）金融服务外包人才缺乏

随着金融外包的发展加快，人才匮乏已经成为制约金融服务外包发展的瓶颈。人才总量存在较大缺口，尤其是缺乏精通外语、外包行业规则，拥有丰富金融知识、计算机技能的专业性高端人才。一些金融服务外包企业受限于自身规模，不得不放弃一些较大的外包项目。

六、政策建议

大力发展金融服务外包，对于做大做强金融业、提高我国金融业国际竞争力、扩大白领就业，具有重要意义。应充分利用国家服务外包有关政策，加大地方配套资金和财政支持力度。

第一，促进在岸与离岸业务融合发展。利用我国金融业的巨大市场优势，鼓励金融机构分离服务业务、扩大在岸市场、积累经验、扩大规模、延伸和拓宽境外业务渠道。支持外资金融机构发包国内企业，鼓励外资金融服务提供商承接国内业务。第二，加强金融服务外包园区（基地）建设。在税收、土地、房租、用电等方面给予优惠政策，完善公共设施配套，加强园区信息服务、融资担保、教育培训、市场交易、知识产权等服务平台建设。加大对平台的财政投入和减免税政策支持。发挥行业协会、产业联盟的作用，扩大承接离岸金融业务的规模。第三，加快培育金融服务外包品牌企业。积极引进金融外包跨国企业、企业总部，发挥其业务渠道、产业链、先进技术、先进管理模式等优势，鼓励分包、转包业务，带动本土金融外包企业发展。鼓励大型金融企业外包业务，设立业务交付中心等，鼓励金融外包龙头企业、骨干企业海外上市。第四，建立完善金融外包监管制度。建立金融服务提供商的资格审查和信用评级制度，通过综合财务资信状况、技术能力、管理成熟度、资源规模和对行业的熟悉程度及创新能力等方面来选择和评估服务商。金融机构采购管理和项目管理部门要逐渐提高服务战略组合能力和资源整合能力，提高外包管理成熟度。第五，加强金融服务外包人才培训和引进。充分利用金融机构、金融学院等教育资源，引进国外培训机构，加强国际交流，注重培养具有较强国际沟通能力、研究能力、运营能力的中高端复合型人才。

参考文献

1. 宫冠英. 金融后台服务外包产业发展现状及对策探讨 [J]. 商业时代，2011（06）.

2. 张淼淼. 北京金融后台服务区建设发展现状与对策分析 [J]. 时代金融，2010（04）.

3. 王晓红，李皓. 中国服务外包产业发展报告（2012—2013）[M]. 社会科学文献出版社，2013.

4. 李庭辉. 加快我国金融服务外包发展的思考 [J]. 新金融，2011（07）.

（原载《全球化》2013 年第 3 期）

融入全球价值链：推动服务外包转型升级[*]

20 世纪末以来，全球一体化生产服务体系逐渐形成，全球经济已经进入以服务为主导的全球价值链。自此，经济全球化经历了从贸易全球化到生产全球化、金融全球化、研发全球化和服务全球化 5 个发展阶段。服务外包不仅是服务全球化的重要标志，而且是跨国公司全球价值链分解、协作、重构的重要载体，同时，也是企业优化重组全球价值链、配置全球资源、提高国际竞争力的战略选择。随着全球价值链深度发展，服务外包产业规模、范围都在迅速扩展，为发展中国家承接国际服务外包，参与全球价值链分工、分享新的全球化红利创造了有利条件，同时，也为我国全面提高服务业国际化水平创造了历史机遇。

一、全球服务外包发展现状及趋势

（一）全球服务外包发展的主要特点

1. 全球服务外包增速平缓。受金融危机后全球经济增速放缓的影响，服务外包产业增速趋于平缓，但云计算、大数据、移动互联和社交网络等第三平台技术的迅速发展和广泛应用，成为服务外包增长的重要驱动因素，服务外包市场规模仍继续扩大。据 IDC 数据显示，2013 年全球 IT 服务、业务流程外包（BPO）两大项服务支出合计约 10187.1 亿美元，较 2012 年增长 4.8%。其中，全球 ITO 服务支出 6838.7 亿美元，较 2012 年增长 4.2%，占全球 ITO 技术及相关服务支出的 67.1%；BPO 支出 3348.3 亿美元，较 2012 年增长 6%，占 32.9%。2013 年全球离岸服务外包总支出为 1684.9 亿美元，较 2012 年增长 17.9%，到 2016 年将达到 2687.7 亿美元。

---

[*] 本文为《服务外包蓝皮书——中国服务外包产业发展报告·2013 年》总报告。

2. 发包国、承接国的合作性和竞争性增强。从发包国来看，全球服务外包发包方仍然以发达国家为主。金融危机后，发达国家贸易保护主义、就业回流的趋势都影响了发包规模增长。美国仍是最主要的发包国，2013 年支出达到 1054.8 亿美元，占全球总量的 62.6%。其次，"众包模式"已经被各主要发包国家广泛采用。从接包国来看，印度、中国仍是主要承接国；承接国发展中国家数量迅速增加，凭借着人力成本优势和地缘优势，马来西亚、墨西哥、越南、菲律宾等国家都有很好的表现，已经给印度、中国带来较大挑战；承接国竞争呈现差异化特点，多数承接国根据自身产业成熟度、语言优势和国际品牌进行清晰的产业定位，在本国政府的大力扶持下，展现出差异化的国际竞争优势。

（二）印度、爱尔兰、俄罗斯等主要接包国的特点

1. 印度。印度目前仍然是全球最大的离岸目的地，2012 年占全球 ITO（信息技术外包）市场 61%，BPO（业务流程外包）、KPO（知识流程外包）市场 35% 的份额。印度服务外包产业呈现持续增长态势，其主要原因：一是印度具有较高素质、低成本的人力资源，其较发达的高等教育、技术教育是促进服务外包产业发展的重要因素。二是印度保护知识产权的法律体系比较健全，政府根据形势发展对相关法律及时进行调整和修订。印度的版权法被认为是世界上最严格、最接近国际惯例的版权法之一。三是印度政府加快软件园区、出口加工区、经济特区等园区建设，注重发挥行业协会作用。这些都促进了服务外包产业发展。此外，印度所处的时区优势 ［印度处于东四区（GMT +4.5），这使它能够正好和美国互补，形成一个完整的 24×7 的服务］，这是美国很多公司选择在印度设立呼叫中心的一个重要原因。金融危机以来，印度服务外包产业凸显了脆弱性。一是服务外包市场过于狭窄，美国、英国占印度外包出口市场的 80% 左右；二是劳动力成本上升；三是来自其他国家的竞争增强。为此，印度外包企业正在不断探索开辟新型商业模式，并把业务转向国内二三线城市，继续保持全球服务外包首选地的地位。

2. 爱尔兰。软件和服务外包产业在爱尔兰的经济发展中发挥了重要作用。目前欧洲市场 43% 的计算机、60% 的配套软件都是爱尔兰生产的。爱尔兰有"欧洲软件之都""新硅谷""软件王国""欧洲高科技中心"等称誉，形成了以软件业为龙头，电子、计算机等高新科技产业为支柱的产业结构。爱尔兰

服务外包产业快速发展，其主要原因：一是大力吸引外资，香农开发区已经成为爱尔兰最大的 FDI 聚集地，也是全球最重要的服务外包基地之一；二是劳动力成本相对较低，且教育水平高；三是充分利用地缘、文化优势。爱尔兰是英语国家又是欧盟成员国，欧盟成员国公民在爱尔兰享有务工自由，劳动力流动便捷。此外，爱尔兰法律环境完善，在知识产权、专利等方面沿袭欧洲惯例。

3. 俄罗斯。俄罗斯服务外包近几年逐步发展起来。据 IDC 预测，2013 年俄罗斯 ITO 市场规模达到 348 亿美元，比 2012 年增长 7%。在俄提供 ITO 软件相关服务的公司主要分为三大类：第一类是系统集成商；第二类是企业主要为客户提供软件开发服务；第三类是跨国公司研发中心和科学研究机构出口额，约占软件出口总量的 15%。俄罗斯服务外包产业发展具有近岸外包、人力资本、高级别业务模式、持续改善的营商环境等方面的优势。俄罗斯已经正式成为世贸组织的第 156 个成员国，将在国际投资与贸易方面更积极地向国际通行规则靠拢。在知识产权保护方面，俄罗斯的版权法为软件、影像、音乐和视频等提供保护，并可扩展到其他版权法的保护对象。从服务外包产业发展前景看，俄罗斯处于不断上升过程中。一是俄罗斯服务外包产业的重点在一些高端领域，这使它能够避免与印度和东南亚的发展中国家之间开展直接竞争，打造自身的特色优势；二是靠近欧洲目标市场，有利于欧洲客户开展对俄外包业务。

二、中国服务外包产业发展现状、问题及趋势

（一）中国服务外包产业发展的主要特点

1. 服务外包产业规模呈现快速增长。2013 年中国共签订承接服务外包合同 167424 份，合同金额 954.9 亿美元，同比增长 55.8%；执行金额 638.5 亿美元，同比增长 37.1%。其中，承接国际服务外包合同金额 623.4 亿美元，同比增长 42.2%；执行金额 454.1 亿美元，同比增长 35%。

2. 吸纳大学生就业能力继续增强。全国服务外包从业人员进一步增加。2013 年，中国服务外包产业新增从业人员 106.5 万人。截至 2013 年底，中国共有服务外包从业人员 536.1 万人，其中大学含大专以上学历 355.9 万人，占

从业人员总数 66.4%。

3. 服务外包业务结构继续优化。知识流程外包（KPO）业务增长迅速。2013 年，信息技术外包（ITO）、业务流程外包（BPO）和知识流程外包（KPO）承接国际服务外包合同金额分别为 311.7 亿美元、97.2 亿美元和 214.5 亿美元，同比分别增长 36.8%、25.8% 和 60.8%。

4. 服务外包企业转型升级步伐加快。2012 年全国服务外包企业总数达到 21159 家，共新增服务外包企业 4220 家，比上年增长 24.9%；截至 2013 年底，全国共有服务外包企业 24818 家，企业规模逐步扩大，企业在业务模式转型、技术升级等方面特点明显。2012 年企业获得各项国际认证 991 个，截至 2012 年底企业累计获得各项国际认证 4679 个。

5. 示范城市集聚示范效应更加突出。示范城市发展成绩突出。2012 年示范城市新增企业 2481 家，新增从业人员 70.8 万人，其中新增受训人数 19.2 万人；新增认证数量达 994 个，其中 3 项国际认证数量 552 个。全国 21 个示范城市全年服务外包合同执行金额为 417.2 亿美元，占全国总额的 89.6%；其中承接离岸外包合同执行金额达 305 亿美元，占全国总量的 90.7%。非示范城市发展积极性提高。截至 2012 年底，宁波、青岛、沈阳、长春、郑州、洛阳、马鞍山、昆明、乌鲁木齐、福州、芜湖 11 个非示范城市共有服务外包企业 1407 家，从业人员 28.6 万人，分别占全国的 6.7%；认证数量达 721 个，占全国的 7.2%，其中 3 项国际认证数量 368 个，占全国的 7.9%；累计合同签约金额为 80.2 亿美元，合同执行金额达 43.9 亿美元。

6. 发包国家以美欧为主，日韩业务拓展较快。美国、欧盟、中国香港和日本是购买国际服务的主要发包市场，2013 年中国承接美国、欧盟、中国香港和日本的国际服务外包执行金额分别为 117.5 亿美元、71.4 亿美元、54 亿美元和 51.8 亿美元，占执行总额的 25.9%、15.7%、11.9% 和 11.4%。

7. 国内服务外包市场潜力不断释放。近两年来，央企、政府都已经出现了大量的服务外包需求，成为驱动中国服务外包产业发展的巨大内需市场，在岸服务外包将有着更广阔的发展空间。随着经济改革和结构调整的推进，中国大型企业和公共服务机构将逐步释放出更多的服务需求，中国国内市场服务需求潜力要远远大于印度国内市场的服务需求，对中国服务外包产业而言，未来在岸外包市场增长空间也将大于国际市场的增长空间。

（二）主要地区服务外包产业发展

1. 北京服务外包产业的发展。2012 年北京离岸服务外包收入达 35.6 亿美元，较 2011 年增长 45.3%；离岸外包市场份额前十的国家和地区依次为美国、日本、爱尔兰、芬兰、荷兰、新加坡、韩国、中国香港、英属维尔京群岛和德国。欧洲离岸市场的份额已经达到 35.8%，超过了美国。2012 年业务结构中，ITO 执行额为 25.2 亿美元，同比增长 40%，在离岸外包执行金额中，ITO 占 70.9%；BPO 执行额为 6.9 亿美元，同比增长 130%，占 19.3%；KPO 执行金额为 3.5 亿美元，较 2011 年持平，占 9.8%。

从企业竞争力来看，服务外包企业强强联合，大规模企业合并和海外并购不断深化、高端知识流程外包进一步向纵深发展，大量外包企业通过整体解决方案和借助新兴技术实现高端化转型，这些已经成为北京服务外包产业发展的新特点。如文思信息技术有限公司与海辉软件（国际）集团公司合并后成为中国最大的离岸 IT 服务供应商，营收突破 5 亿美元、人员规模超过两万人。2012 年 8 月，博彦科技股份有限公司收购美国 Achievo Corporation 的 6 家全资子公司 100% 的股权。Achievo 为全球信息技术服务外包和解决方案的领先供应商，其服务交付中心均通过了世界级的标准评估，并购为博彦科技带来的战略转型将体现在新的业务模式、灵活的产品组合、垂直解决方案应用等方面，在提升与客户间的战略创造性方面意义重大。

从产业聚集来看，服务外包龙头企业在规模化、高端化、国际化方面成效显著。北京已形成以示范区为核心、各具特色、协调发展的格局。2012 年 6 个示范区的离岸服务外包执行额为 30.7 亿美元，占全市总额的 86.3%，截至 2012 年底，示范区共有 252 家服务外包企业，占全市总量的 88.4%；收入规模在千万美元以上的服务外包企业有 58 家，占全市千万美元以上企业总数的 92.1%。

2. 上海服务外包产业的发展。2012 年上海服务外包合同金额 51.98 亿美元，同比增长 10.9%；实际离岸执行金额为 27.62 亿美元，增长 21.7%。2012 年 ITO、BPO 和 KPO 分别占 66.7%、11% 和 22.3%。截至 2012 年底，全市服务外包企业从业人员 23.34 万人，其中大专以上学历人员占 85.9%。2012 年发包地前五位的国家和地区为美国、日本、新加坡、荷兰和中国香港，业务占比分别为 38.7%、15.2%、6.6%、6.4% 和 5.8%。

上海服务外包产业呈现以下特点。

一是产业集聚能力增强。目前全市有 5 个服务外包示范区和 12 个服务外包专业园区；还有 11 个软件出口（创新）园区和 22 家"市软件和信息技术服务出口重点企业"。5 个服务外包示范区集中了全市 79.5% 的执行金额。

二是企业数量持续增加。截至 2012 年底，全市共有服务外包企业 1246 家，比上年新增 132 家。有服务外包重点企业 122 家，283 家技术先进型服务企业。埃森哲、汇丰和花旗等世界 500 强企业纷纷在沪设立亚太或全球数据处理中心。

三是全球资源配置能力增强。上海作为国际服务外包中心城市，不单是离岸业务的承接地，而且是以跨国公司为载体、服务功能齐全的国际服务资源综合配置中心。既突出集服务接包、发包、转包、分包等业务为主的核心功能，又体现集信息发布、项目洽谈、业务交流、研究培训等服务为内容的拓展功能。未来发展重点将是软件开发、研发设计、金融服务、航运物流等高端创新性外包产业。

3. 济南服务外包产业发展。济南市 2012 年承接离岸服务外包合同金额 10.72 亿美元，离岸执行金额 8.22 亿美元，同比分别增长 78.5% 和 83%。全市 ITO 离岸执行金额 3.3 亿美元，同比增长 71.2%；BPO、KPO 离岸执行金额同比分别增长 198% 和 78.5%。全市承接外包来源地达 132 个国家和地区，日本、印度是最主要的离岸业务来源地，占全市总额的 30.1% 和 14%。服务外包从业人员 6.5 万人。

济南服务外包产业呈现以下特点。

一是服务外包园区专业特色突出。齐鲁软件园是"中国软件名城"和"国家信息通信国际创新园"的核心产业园区。重点发展软件与信息服务、网络通信、集成电路设计与制造、高端数字装备研发类产业。济南创新谷着力打造研发孵化中心区、嵌入式软件和数字装备产业区、信息通信与物联网产业区及服务外包和文化创意产业区 4 个特色产业区，将建设"高校 + 孵化器 + 研发基地 + 产业基地"的产业体系。济南药谷集国家创新药物孵化基地、国家综合性新药研发技术平台、济南生物医药产业园"三位一体"，将培植起千亿级生物医药产业和医药研发外包产业集群。

二是品牌企业集聚效应增强。济南现有服务外包企业 350 家，其中千人以上企业 15 家。跨国公司相继在济南市设立研发机构或发包中心，其中 NEC

软件（济南）有限公司已经成为 NEC 软件在华发包中心，年发包量 3000 多万美元，接包企业达 40 多家。济南市已培育出一批成长性好的特色骨干外包企业，浪潮集团多次入选中国十大服务外包领军企业。

三是完善公共技术支撑平台建设。济南市投资 2 亿元建成了集开发测试、数据存储等多功能的云计算平台；投资 6 亿元建成国家超级计算机济南中心平台，是全国首批 4 个千万亿次超级计算中心之一。

四是建立人才培养支撑体系。采用"订单式培养"模式，校企共建服务外包专业，构建技术实训、职业素养、语言实训等服务体系等。2012 年全市新增服务外包从业人员 7000 多人，主要集中在金融保险外包、医药研发外包、对日外包、动漫外包、通信外包等领域。

五是加强知识产权和信息安全保护。济南作为全国首批"知识产权保护示范城市"之一，制定了《济南市知识产权战略纲要》，成立了中国（济南）知识产权维权援助中心，开通了"12330"知识产权维权援助与举报投诉热线。各服务外包示范园区成立了知识产权保护办公室，设立知识产权保护基金。

4. 大连服务外包产业发展。2013 年大连软件和信息技术服务业销售收入 1380 亿元，增长 35%；出口 43 亿美元，增长 26%；从业人员 19 万人，增长 20%。东软、华信、海辉位列中国软件出口企业 20 强前三位。到 2015 年，大连软件和信息技术服务业预计将实现销售收入 2500 亿元，年复合增长率超过 34%；实现出口 65 亿美元，年复合增长率将近 25%；从业人员达到 28 万人，年均增长超过 20%。

大连软件和信息技术服务外包呈现以下特点。

一是研发创新能力和孵化能力迅速提高。2012 年全市投入研发经费总额 54.4 亿元，同比增长 47.4%，增速超过上年 30 多个百分点，研发强度达到 5.3%，25.4% 的软件企业设有独立研发机构，34% 的企业有研发经费的支出。2012 年大连投入 1000 万元软件产业专项资金支持 40 多个自主创新项目，带动企业自有资金研发投入 1.3 亿元。大连高新区设立 10 亿元的投融资风险基金，2012 年实现销售收入 1145 亿元（其中软件和信息技术服务收入 826.5 亿元），成为国内首个软件和服务外包产业的千亿级产业集群。截至 2012 年，大连高新区拥有各类专业孵化器 10 个，形成集综合孵化、专业孵化和二级孵化于一体的特色孵化体系，孵化成功率 80% 以上，规模和孵化能力走在全国孵化器前列。

二是产业载体建设加快步伐。旅顺南路软件产业带已形成"一带多园"的格局，聚集了全市近80%的企业，形成了特色企业集群。目前大连已建设10个软件产业公共技术服务平台，为产业高端化、规模化提供了重要支撑。

三是形成了人才培训体系。大连东软信息学院、大连理工大学软件学院等院校，新设立了物联网工程、移动云计算等服务外包相关专业，不断满足产业对相应专业人才的需求。

5. 合肥服务外包产业发展。2012年合肥服务外包接包合同签约金额10.7亿美元，同比增长76.5%；执行金额6.9亿美元，同比增长79.2%；其中，离岸合同签约金额5.1亿美元，同比增长68.8%；执行金额3.9亿美元，同比增长63.9%。目前全市已有近60家企业承接离岸外包业务，业务来源地遍布亚、欧、美、非等39个国家和地区。

合肥服务外包产业呈现以下特点。

一是企业实力显著增强。2012年千人以上规模企业达到11家，执行金额超1000万美元的企业有21家。科大国创、合肥凯捷进入商务部重点联系企业，易商数码等4家企业入选中国服务外包成长型企业百强榜，科大讯飞等4家企业境内上市，联合包裹、亚微信息等28家企业获得技术先进型服务企业认定，世界500强企业和国内百强服务外包企业在合肥设立的服务外包公司达15家。

二是结构均衡协调发展。2012年ITO、BPO、KPO占比分别为32.4%、33.7%、33.9%。服务外包产业结构呈现由低端向高端转化的趋向，其中以工业设计为主要内容的KPO业务占到33.4%，较上年提高7%。电子商务、供应链管理、金融后台、呼叫中心、服务共享等领域的外包成为推动产业发展新的增长引擎。

三是高度重视人才培养。合肥编制和制定了《合肥市中长期人才发展规划纲要（2010—2020年)》《合肥市引进创新创业领军人才暂行办法》等文件，组织实施"百名创新创业领军人才引进工程"，创建中组部国家海外高层次人才创新创业基地等。同时，加强合肥服务外包人才培训基地建设，2012年、2013年人才培训资金投入分别为2426.8万元、1781万元。

四是外溢效应显著。服务外包促进了产业分工，提升了产业竞争力。合肥正着力打造新型平板显示及电子信息、光伏及新能源、家用电器、装备制造、汽车和零部件、食品和农产品加工 6 个千亿元级产业。服务外包企业积极承接工业企业剥离的非核心业务，促进了产业链条的分工、整合和优化。

6. 西安服务外包产业发展。西安市连续多年入围全球前 100 强服务外包产业承接地，2012 年荣获中国服务外包城市投资满意度第二名。2012 年承接国际服务外包合同金额 5.45 亿美元，同比增长 40.46%；执行金额 4.84 亿美元，同比增长 45.43%。服务外包从业人员 12 万人。已初步形成了以西安高新区软件园为核心的"一核六区"七大服务外包示范园区。

西安服务外包产业呈现以下特点。

一是企业国际化程度高。目前西安有服务外包和涉及服务外包企业 1400 多家，有 22 家"世界 500 强企业"、10 家"IAOP 全球服务外包百强企业"、7 家"中国服务外包领军企业"。目前 IBM、Intel、Microsoft、华为、中兴等近百家国际知名公司进驻西安，许多国内行业龙头企业在西安设立了研发中心或分支机构。

二是形成了若干服务外包优势领域。西安成为国际知名的通信软件研发及解决方案提供与服务基地、国际知名的离散控制解决方案（DCS）提供与技术服务基地、稳定的对日软件外包基地，并正在形成中国金融软件研发及解决方案提供与服务基地、新兴数据分析处理与呼叫中心基地、对欧美软件外包基地。

三是业务向高附加值领域发展，离岸市场呈现多元化。2012 年 KPO 占 34.63%，高出全国水平 6.23 个百分点。2012 年离岸业务占 64%，涉及 48 个国家和地区，其中北美市场占 21.17%，日本市场占 9.77%，欧洲市场占 6.17%，其他地区占 62.89%，新加坡、中国香港、韩国业务增长较快。

四是创新人才培养模式。西安市逐步形成了高校、培训机构、企业、政府"四位一体"的人才服务模式。西安交通大学、西安电子科技大学、西北工业大学和西北大学形成了"3＋1"国家级示范性软件学院，西安服务外包学院为服务外包产业提供了大量高层次、应用型、复合式技术人才和管理人才。2012 年社会培训机构培养服务外包人才超过 24000 人。

7. 苏州服务外包产业发展。2012 年苏州服务外包合同金额 55.96 亿美元，离岸执行金额 30.54 亿美元，同比分别增长 56.8% 和 51.9%，列全省第 3 位和第 2 位。全市已认定的省级服务外包人才培训基地 11 个，市级服务外包人才培养培训基地 49 个。截至 2012 年底，全市通过 CMM/CMMI 3 级以上认证的服务外包企业 92 家，其中 6 家企业通过了 CMMI 5 级认证，通过

ISO 27001国际认证企业136家，认定技术先进型服务企业累计133家。方正国际获评2012中国服务外包十大领军企业，新宇软件等4家企业入选"2012年中国服务外包成长型企业"。

苏州服务外包产业呈现以下特点。

一是加大政策支持和投入力度。市级财政逐步增加在服务外包人才培养、载体建设等方面的扶持。高新区安排了不低于1亿元的服务外包发展专项资金，2012年区内企业累计获得的国家、省、市、区各级服务外包资金总数近3000万元。昆山市级财政每年安排1亿元专项资金，2012年服务外包集聚区及47家符合条件的服务外包企业争取政策及地方配套资金累计4937.31万元。苏州工业园区已投资十多亿元相继建设十多个服务外包公共平台，每年投入超过千万元培养和引进服务外包产业所需的实用型专业人才。

二是服务外包逐渐从低端向高端发展。苏州服务外包已形成软件开发、动漫创意、工业设计、生物医药、金融数据处理和现代物流六大服务外包产业集群。苏州工业园区现有服务外包企业超过1000家，从业人员约5.5万人，KPO业务产值占比超过50%，引进了三星半导体（中国）研究开发有限公司、强生亚太财务共享中心、IBM全球交付中心等优质项目；培育及引进新宇软件、萨瑟兰全球服务公司等11家全球服务外包百强企业；已入驻的凌志软件、方正国际、万国数据等逐步成长为总部或职能性总部。

三是离岸外包发展迅速。美国、欧洲、日本、中国台湾、中国香港和新加坡成为苏州市六大发包来源区。苏州工业园区6成左右的离岸业务来自美国、中国台湾、日本和中国香港，离岸收入超过100万美元的服务外包企业67家，其中离岸收入超过1000万美元的企业10家。

8. 成都服务外包产业发展。2012年成都市服务外包离岸合同签约金额达9.86亿美元，离岸执行金额约7.28亿美元，同比增长分别约为61.17%、56.22%。2013年离岸合同额和执行额同比增长30%以上。在"2012年度中国服务外包城市投资吸引力评估"中，成都分获"2012年中国服务外包城市投资满意度排名"第一和"2012年中国服务外包城市投资吸引力综合排名"第二。全市服务外包从业人员18.08万人，大学以上学历占70%。

成都服务外包产业呈现以下特点。

一是优质企业集群化发展。全球服务外包前10强的埃森哲、IBM、维布络以及全球服务外包前100强中的21家落户成都；超过40家跨国公司在成都设立了全球交付中心、共享服务中心或研发中心；中国服务外包10大领军企业中有6家在成都设立了分支机构；成都有9家企业进入"2012年度中国服务外包100强"，5家企业进入"2013年度中国服务外包100强"。全市通过CMMI 3以上认证的企业86家，通过ISO 27001认证的企业31家，通过ISO 20000认证的企业13家，经认定的技术先进性服务企业60家。成都服务外包企业自主创新能力逐步增强，在金融外包、动漫游戏外包、设计外包、生物医药外包等KPO领域发展迅速。截至2012年，成都共聚集金融服务外包企业约70家；高新区内移动互联网企业数量超过400家，同比增长近1倍；生物医药外包领域集聚了药物委托研发、委托试验及测试，医疗器械委托研发及技术服务支持等企业。

二是离岸市场多元化发展。2013年成都服务外包企业承接离岸业务的发包国家及地区已由2009年底的35个增加到63个，增幅达到80%。2012年来自美国的业务约占成都离岸服务外包合同金额的35.82%，欧洲市场占10.39%，日韩市场占7.60%，亚洲（不含日韩、中国港澳台、印度）地区的外包业务约占20.65%，非洲占15.18%，成为离岸业务的新兴目标市场。从发包来源国和地区的执行总额来看，居前五位的分别为美国、土库曼斯坦、中国澳门、日本、沙特阿拉伯，其中沙特阿拉伯同比增长3.5倍，增幅在前5名中位列第一；来自港澳台服务外包合同执行额达到0.82亿美元，占全市执行总额的15.7%，其中中国澳门、中国台湾同比增长达到1.3倍和2倍。

三是服务外包人才培训体系已经形成。成都拥有高等院校50所，在校学生61.7万人，年毕业人数15.6万人，主要集中在软件开发、通信技术研发、游戏动漫、工程设计等领域，占比为67.32%。其中，2012年应届IT类相关专业毕业生为6.58万人。按照不同分类：技术类人员占81.61%，职能管理类占2.99%，其他类占15.40%；英语占67%，日语占11%，韩语占9%，三种语言占全部语言人才的近90%。

9. 浙江省服务外包产业发展。浙江省离岸服务外包合同执行额2009—2012年年均增长超过40%，从业人数达52万人。2012年浙江省承接服务外包合同签约额60.84亿美元，执行额为52.43亿美元，同比增长71.23%。其中，离岸合同执行额为36.96亿美元，同比增长42.63%。2012年离岸服务外包中，ITO合同接包执行金额占总执行金额的67.87%、BPO占6.14%、KPO占25.99%；在来源地中，美国占38.3%、日本占11.41%、中国香港占

7.52%、芬兰占4.98%；第5位至第8位分别为德国、韩国、英国、印度。

10. 山东省服务外包产业发展。2012年，全省承接离岸服务外包来源地的149个国家和地区中，有33个国家和地区执行额超过千万美元，对日韩和美加业务分别占全省29.5%和12.9%。2012年全省新增服务外包从业人员1.5万人。全省人才保障能力大幅提升，省级服务外包人才培训机构有108家通过审核认定，有22所大学开设了服务外包专业，年招生计划达到4000人。山东承接国际服务外包具有较强的信息基础设施优势和成本优势、产业优势。济南、青岛等12个无线城市试点累计完成无线宽带网络投资500亿元，规模居全国首位。与北京、上海、深圳等城市相比，山东大中城市在房屋、土地租金、人力成本等综合商务成本方面具有较强竞争力。胶东半岛城市群已经拥有电子信息产业、海洋科技产业等一批优势产业，较多企业具备了借助品牌优势由"制造商"向"服务商"转型的条件，尤其是青岛有较多跨国公司投资设立地区总部，与欧美、日韩、港台等国家和地区的经济合作日益密切，较高的经济国际化水平和产业优势为发展服务外包奠定了坚实基础。

（四）存在的主要问题

1. 基础设施投入不足。一是服务外包公共服务平台建设需要进一步加强。随着移动互联、大数据等新技术的应用和智慧城市建设对服务外包发展的推动，要求加快相应公共服务平台的建设。但目前公共技术服务平台建设投入不足，难以资源共享等问题突出。如，大连现有互联网带宽、网络技术支撑平台、云计算、电子商务、移动互联等平台已经不能满足企业自主创新和发展网络产业的要求；软件和信息技术服务业在研发投入强度方面低于全国平均，导致在创新方面存在新技术、新模式储备不足、后续发展乏力等问题。二是服务外包园区建设存在配套设施不完善、载体空间不足等问题。如目前成都共认定了9个服务外包示范园区，但这些园区的产业环境配套及公共服务都有待完善。

2. 服务外包企业竞争力不够强。各地服务外包企业普遍存在规模小、开拓市场能力差、接包能力较弱、效益偏低、缺乏大企业支撑和龙头企业的引领等问题。据苏州400多家服务外包企业调查数据显示，2012年苏州服务外包企业户均从业人员153人、人均营业额仅45.6万元，营业收入利润率（毛利率）为5.5%，主营业务成本水平70.3%。2012年成都企业规模大都在500

人以内，超千人服务外包企业仅有 10 余家，尚无一家超过 2000 人。

3. 企业面临成本上升、利润下降的挑战。企业普遍反映，成本过快增长加重了企业负担。2012 年大连软件和信息技术服务业工资上涨 15%，人工成本、办公成本、税负等增长导致不少企业经营困难。2012 年上海职工年平均工资为 56300 元（同期全国城镇单位在岗职工平均工资为 47593 元）；上海企业为员工缴纳的社会保险费、其他福利费也远远高于全国平均水平；2012 年上海房价收入比达 11.7①，居全国 35 个大中城市第 4 位，房地产价格高还导致办公场所租金偏高，尤其是中心城区商务成本的不断提升，已经成为制约服务外包企业发展的因素之一。

4. 中高端人才缺乏制约着服务外包产业成长。服务外包产业普遍存在基础性人才相对较充足、中高端专业技能人才相对缺乏、人力资源结构不合理、高校专业人才培养数量不足、校企合作缺乏有效对接、人才吸引力不强等问题。据上海的调查，服务外包企业对项目管理人才、技术人才、市场开拓和营销人才等需求较大。截至 2012 年末，上海市高校培养服务外包相关专业人才近 8 万人，但这些高端人才仍严重不足，目前上海在高端人才引进、税收政策等方面依然存在障碍，人才吸引力减弱。合肥的软件信息类、语言类、管理类高端人才大多流向北京、上海、广州、南京、武汉、深圳等大城市。浙江省服务外包人才的结构性问题较为突出，主要表现在，人才区域分布严重不平衡及中高端人才匮乏。服务外包从业人员有 70% 集中在杭州；在从业人员中，基础操作型人才较多，而复合型中高端人才，尤其是领军人才缺乏。高端人才短缺一直是困扰大连服务外包产业创新和提升的瓶颈，2012 年呈现出人才从结构性短缺向全面短缺蔓延的趋势。中高端及部分专业型人才匮乏，也造成人力资源成本过快增长。

5. 服务外包产业政策存在的突出问题。它对于服务外包企业开拓国际市场政策配套扶持相对滞后，鼓励服务外包企业发展的相关配套政策落实较慢，系统性和协调性不足，缺乏对技术创新、人才、投融资的鼓励措施等。

---

① 房价收入比是指房屋总价与居民家庭年收入的比值。房价收入比 = 住宅价格/居民有效购买力 =（住宅销售单位面积价格 × 城镇人均住宅建筑面积）/城镇居民年人均可支配收入。

（五）中国服务外包产业的主要发展趋势

中国服务外包产业仍有巨大的发展空间。从国际市场看，全球服务外包市场将继续保持增长态势；美国、欧洲、日本、韩国、中国香港等传统发包市场仍继续占主导地位，来自东南亚、拉美等外包业务有望增加。从国内市场看，在岸服务外包将有着更广阔的发展空间，成为新的增长点。从服务外包细分行业看，ITO已进入稳步增长阶段，占55%左右；KPO随着国内企业自主创新需求的提升和服务外包企业知识储备与服务能力的提升，占比有望突破30%；我国金融服务外包市场空间巨大，未来增速将超过全球水平；智慧城市、电子商务等领域将成为中国服务外包产业发展的新亮点；发展原创动漫将成为中国动漫业的方向，动漫外包将从单一内容外包向整体模块化外包方式转变；战略联盟将成为我国医药研发企业提高国际竞争力的重要模式。

三、促进中国服务外包产业发展的思路

在全球价值链主导的生产服务一体化条件下，各国产业的关联性、互动性、协同性正在日益增强，也为各国服务外包产业发展提供了客观条件。应在这一视角下，进一步认识、思考和制定中国服务外包的发展路径。着力通过服务外包转型升级打造中国经济升级版；通过改革创新服务业的发展理念、经营模式、管理流程等提升服务外包产业竞争力；通过上海等自由贸易区建设探索服务外包发展的新模式、新增长点。实现在岸外包与离岸外包共同发展，东中西部互动发展，全产业链、全价值链一体化发展的目标。为此，提出以下对策建议。

第一，继续优化服务外包产业发展的政策环境。近10年来，国家陆续出台了包括财税、人才培训、大学生就业、特殊工时、海关监管、电信服务、金融支持、知识产权保护、投资促进等20多项国际服务外包产业支持政策，各级政府的服务意识不断增强，为促进服务外包产业发展创造了良好环境。应继续完善创新政策支持力度，扩大政策覆盖面。尤其要加强人才培养引进、服务平台建设、知识产权保护等方面的政策支持；加大扶持服务外包企业海外并购、海外投资等方面的政策力度。

第二，加快建立服务外包人才服务体系。扎实推进服务外包人才培养工

程，推进企业和高校之间的合作，建设创新创业型和实用技能型相结合的人才培训基地，推动服务外包人才高端化；完善培训机制，鼓励开展岗前培训、委托培训、定制培训等模式，充分发挥各地服务外包人才培训基地、培训学院等平台作用，着力开展适应国际服务业要求、熟练掌握外语的实用型服务人才培训。完善高端人才引进政策，探索创新海外技术和管理人才引进机制、激励机制和环境。

第三，加快培育服务外包品牌企业。支持服务外包企业技术创新，服务外包企业技术研发可纳入国家科技项目扶持计划；支持鼓励服务外包企业开展国际资质认证、信息安全、知识产权保护、融资担保等工作；鼓励企业海外并购，给予服务外包企业自有外汇支配权。加快培育一批技术先进、成长性强的龙头企业，形成品牌效应。

第四，促进在岸与离岸业务融合发展。利用国内巨大的市场优势，积极培育服务外包在岸市场，鼓励生产企业分离服务业务，实现由"大而全"或"小而全"的自我服务向培育专业化服务供应商转型，将承接离岸外包与推动在岸外包、培育高端服务运营商结合起来，推动服务外包产业发展壮大。

第五，加强服务外包园区建设。重点应放在提升园区的载体综合功能，在税收、土地、房租、用电等方面给予一定优惠政策，完善公共服务配套设施，加强园区信息服务、融资担保、教育培训、市场交易、知识产权等平台建设，加大对平台的财政投入和减免税政策支持。

（原载《全球化》2014 年第 3 期）

服务外包：推动产业转型升级与创新发展

"十二五"以来，我国服务外包产业取得快速发展。2015年，我国承接离岸外包合同金额872.9亿美元、执行金额646.4亿美元，分别同比增长2.15%和15.6%。服务外包不仅规模上快速增长，而且质量效益也显著提升，在推动产业结构转型升级、驱动创新发展、提升国际化经营能力、构建全球价值链、促进区域经济平衡发展、促进高端群体就业等方面都发挥出重要作用。

服务外包产业迅速发展

我国服务外包产业近几年来呈现出以下特点。

一是服务外包结构优化，价值链向中高端延伸。2014年，ITO、BPO、KPO三大业务执行额分别占比55.2%、14.9%、33.4%。ITO离岸执行额293.5亿美元，增长18.3%，以软件外包为主；BPO离岸执行额79亿美元，增长24.5%，研发设计、医药研发是主要领域。

二是国际市场开拓能力增强，"一带一路"沿线国家成为新增长点。我国服务外包市场已经呈现多元化趋势，从传统市场拓展至东南亚、大洋洲、中东、拉美和非洲等近200个国家和地区。2014年，美国、欧盟、中国香港、日本是主要发包市场，执行额分别占比22.9%、14.9%、13.3%、10.9%，执行额合计346.5亿美元，占62%；2014年，承接"一带一路"沿线国家服务外包合同金额和执行金额同比分别增长25.2%和36.3%，均远高于总体增速。2015年1—10月，合同金额125.4亿美元、执行金额80.8亿美元，同比分别增长40.1%和10.3%。

三是推动中西部开放型经济发展。我国服务外包产业主要集中在东部地区和示范城市，2014年，东部城市执行额占比86.2%，江苏、广东、上海、浙江、山东位居前列；但西部增速明显加快，增长 24.3%；西安、重庆分别增长 43.9%、31.6%，位居城市前列。

四是服务外包企业创新转型、技术升级明显加快。2014 年，全国共新增服务外包企业 3309 家，截至 2014 年，服务外包企业总数达到 28127 家。2014 年，新增企业认证数量 1390 个，其中新增 13 项国际认证数量 1389 个，增长 16.7%。截至 2014 年，企业认证数量累计 12870 个，其中 13 项国际认证 7283 个。

五是示范城市和园区集聚示范效应更加突出。2014 年，21 个示范城市执行额 711.9 亿美元，增长 27.9%，占比 87.5%；其中离岸执行额 497.1 亿美元，占比 88.9%。示范城市更注重差异化竞争、产业融合、区域联动、交流合作。2014 年，全国服务外包园区 290 个，有 220 个分布在示范城市，成为企业、人才、创新、平台集聚的载体。

六是吸纳大学生就业和人才培养能力增强。截至 2014 年，我国服务外包从业人员达 607.2 万人，其中大学以上学历 404.7 万人，占从业人员总数 66.7%。2014 年，服务外包培训后就业人数 11.7 万人，累计受训后就业人数 157.9 万人。

解决问题刻不容缓

我国服务外包产业仍存在着一些问题。

首先，公共服务平台建设需要加强。随着移动互联、大数据、云计算等新技术的应用和智慧城市建设的推动，目前公共技术服务平台建设投入不足，难以资源共享等问题突出。信息平台、技术平台、培训平台、交易平台、融资平台等都需要完善。

其次，服务外包企业竞争力不强。中小企业为主、开拓市场能力差、接包能力弱、效益低、缺乏大企业支撑和龙头企业的引领已经成为主要制约因素。2014 年，全国合同额超过 5 亿美元的企业 8 家，超过 1 亿美元 126 家，占比仅为 27.5%。

再次，成本过快增长加重了企业负担。大连软件信息技术服务业工资上涨 15%，人工成本、办公成本、税负等增长导致不少企业经营困难。此外，中高端人才缺乏，尤其是高端专业技术人才、管理人才相对缺乏，存在人力资源结构不合理，高校专业人才培养数量不足，校企合作缺乏有效对接，人才吸引力不强等问题。

实施创新驱动　推进人才培养

我国服务外包产业具有很大发展潜力和空间。从离岸市场看，全球服务外包市场将继续保持增长态势，美国、欧洲、日本、韩国、中国香港等传统发包市场仍继续占主导地位，来自东南亚、拉美等外包业务有望增加；从在岸市场看，发展空间更为广阔，大数据、云计算、物联网、移动互联网将产生大量外包业务；智慧城市、电子商务等领域将成为新亮点；政府外包加速释放，从细分行业看，ITO 已进入稳步增长阶段；同时，在服务型制造、服务专业化、研发全球化趋势，以及国内供给侧结构性改革、创新驱动战略的双轮驱动下，BPO 和 KPO 业务将产生大规模需求，加速发展态势。

下一步的发展思路，首先要实施创新驱动，加快供给侧结构性改革。通过创新服务模式、创新经营模式、创新管理流程等提升服务供给质量，向优质服务提供商转变。重点要支持服务外包企业研发创新，国家在重大项目招标上要给服务外包企业平等机会；要大力发展众包、众创、众筹、众扶等新兴服务模式，鼓励大众创业、万众创新。

其次，需要推进服务外包人才培养工程。加强高校培养，开设服务外包专业；推进校企合作，建设创新创业型和实用技能型相结合的人才培训基地，推动人才高端化；完善培训机制，鼓励开展岗前培训、委托培训、定制培训等模式，充分发挥各地服务外包人才培训基地、培训学院等平台作用；完善高端人才引进政策，探索创新海外技术和管理人才引进机制、激励机制和环境。

此外，还需要加快培育服务外包品牌企业。支持服务外包企业技术创新，服务外包企业技术研发可纳入国家科技项目扶持计划；支持鼓励服务外包企业开展国际资质认证、信息安全、知识产权保护、融资担保等工作。加快培育一批技术先进、成长性强的龙头企业，形成品牌效应。加快体制机制创新，优化营商环境。放宽服务业市场准入，探索服务贸易体制创新，尤其要加强人才培养引进、平台建设、知识产权保护、企业海外并购等方面的政策支持力度。同时，构建在岸与离岸共同发展、东中西部互动发展、全产业链和全价值链一体化发展的产业生态体系。利用国内巨大的市场优势积极培育在岸市场，鼓励生产企业分离服务业务，培育专业化服务供应商，将承接离岸外包与推动在岸外包、培育高端服务运营商结合起来，推动服务外包产业发展壮大。

最后，要加强服务外包园区建设，提升园区的综合功能，完善公共服务设施配套，加强信息服务、融资担保、教育培训、市场交易、知识产权等平台建设。

（原载《中国战略新兴产业》2016 年第 16 期）

推动服务外包价值链向高端跃升

2017年4月18日商务部等5部门印发了《国际服务外包产业发展"十三五"规划》（以下简称《规划》），这是我国服务外包产业发展的顶层设计，它的颁布实施对于指导服务外包产业持续健康发展、不断提升国际竞争力具有重大战略意义。

服务外包成为推动服务全球化和全球价值链攀升的主要动力

服务外包作为基于互联网信息技术产生的新兴业态在全球蓬勃发展，并成为推动服务全球化和服务贸易增长的主要引擎，尤其成为发展中国家和新兴经济体深度参与国际分工、融入全球价值链、实现产业跨越发展的重要路径。

1. 加速全球服务要素自由流动和资源优化配置。服务外包通过互联网信息技术使服务的生产和消费在地理空间上进行分离并产生跨境流动，由此打破了传统服务业要素配置的空间地域限制，扩大了全球信息、研发、设计、物流、金融和人力资源等服务的生产消费规模，增强了区域间、产业间和市场间的相互渗透、相互融合与相互依存关系，提高了全球服务贸易效率，丰富了服务贸易业态多样性，增加了各国参与全球化的机会。

2. 推动价值链分解重构与产业生态链体系优化。服务外包通过专业化分工加速形成了共生、共创、共享和共赢的全球服务网络体系。跨国公司作为发包方成为构建全球价值链的主导者并引领产业发展，同时在价值链上各个环节集聚着各国服务提供商，这些接包企业在产业链上寻求自身定位，从而形成了高中低端并存、互利共赢的全球服务业生态体系，推动了以服务业为主导的全球价值链向纵深发展，促进了全球产业和市场深度融合。

3. 为发展中国家快速实现产业升级提供历史机遇。服务外包通过发包与接包企业的长期契约、紧密合作关系，加速了资源要素和创新要素在发达国家与发展中国家之间的双向流动，为发展中国家参与全球高端价值链分工创造了条件，尤其扩大了高技术岗位就业和新兴产业规模，从而为打破传统升级路径、实现跨越发展提供了可能。实践证明，印度、爱尔兰等国家通过承接国际软件外包，加快了经济社会的信息化、服务化和国际化进程，由此改变了从农业化到工业化再到服务经济的升级路径。

4. 推动创新全球化和创新效率大幅提升。发包企业通过组合全球研发设计资源、优化创新链体系，大幅缩短了新产品和新技术的开发周期。尤其是"众包"推动"众创"，这一新的范式提高了大众对创新的贡献度和参与度，形成了开放融合、共创分享的社会化创新体系。当前，跨国公司为保持其在全球创新中的引领地位，不断将研发设计外包给发展中国家，从而大大提高了创新速度，由于众包更能够节省长期雇佣成本、防范风险，因此其已经成为广泛应用的创新模式。

我国服务外包产业综合实力显著提升

"十二五"以来，我国通过创新体制机制和不断完善促进政策，加强对服务外包产业的顶层设计、科学规划和合理布局，使我国服务外包产业在规模实力、国际化水平、人才素质、创新能力和区域协调等方面都有显著提升。

1. 产业规模快速增长，价值链不断向高端延伸。2016 年我国承接离岸外包执行金额 4884.5 亿元，相当于 2011 年的 2.95 倍，年均增长达 24.2%；其中信息技术外包、业务流程外包、知识流程外包执行额占比分别为 46.9%、16.6% 和 36.5%。研发、设计、咨询和创意等知识流程外包后来居上，已经成为增长的主要驱动力；金融服务、人力资源和呼叫中心等业务流程外包服务领域也日益丰富。

2. 企业实力不断提升，吸纳就业能力增强。截至 2016 年，我国服务外包企业达 3.9 万家，企业认证数量累计 1.6 万个，其中 13 项国际认证 1.04 万个。2015 年服务外包执行金额超 1 亿美元的企业达 126 家，离岸执行金额超 1 亿美元的企业达 86 家。外包企业已经成为解决国内高端人才就业、提升人才素质的主要渠道。截至 2016 年全行业从业人员 855.7 万人，其中大学就业 551.3 万人，相当于 2011 年的 2.5 倍，占比 64.4%；累计培训就业人数 216

万人。

3. 市场多元化布局逐步形成，"一带一路"沿线国家成为增长亮点。我国承接国际外包已经从美日欧传统市场拓展到东南亚、大洋洲、中东、拉美和非洲等近 200 个国家和地区，尤其是"一带一路"建设有力拓展了发展中国家市场空间。2016 年我国承接美国、欧盟、日本和中国香港四大传统市场服务外包执行额合计 3085.9 亿元，占比 63.2%，比 2011 年下降 6.8 个百分点；承接"一带一路"沿线国家服务外包执行额 841 亿元，同比增长 6.6%。

4. 示范城市引领作用突出，服务外包园区集聚能力日益增强。我国已经形成以示范城市为主体、以园区为载体的服务外包产业格局。2016 年 31 个示范城市完成服务外包执行额 6931.5 亿元，占全国总量的 93.9%；其中离岸外包执行额 4563.7 亿元，占全国总量的 93.4%。目前，服务外包示范城市之间更加注重差异化发展、协调联动与交流合作。全国服务外包园区超过 290 个，已经成为集聚服务外包企业、人才和创新资源的重要平台。

5. 东部地区辐射带动能力提升，推动了中西部开放型经济发展。服务外包产业主要集中在东部地区，2016 年东、中、西部服务外包执行额分别占比为 87%、8.4% 和 4.6%。近年来，中西部城市由于基础设施改善、要素成本低和人力资源丰富等优势，不断吸引服务外包企业集聚。东部与中西部城市之间已经形成了明确的分工关系和融合发展态势。如一些总部位于北京、上海的外包企业纷纷在中西部城市设立交付中心，形成了"一线接单，二三线交付"的产业链布局，有效带动了中西部服务外包发展。

制约服务外包产业的发展瓶颈

当前，我国服务外包产业发展仍面临着一些制约因素，影响了企业可持续发展能力和国际竞争力的提升。

第一，企业综合成本不断上升。近年来，人力成本及办公、融资和土地等成本快速上升，导致许多外包企业不堪重负，严重影响了企业创新能力和市场竞争力。

第二，承接业务主要位于价值链中低端。由于服务外包以中小企业为主、规模效益低及创新投入不足，导致高端服务供给能力较弱、市场开拓能力不强。

第三，服务平台建设不足。由于技术研发、信息服务、市场交易和大数据等平台建设投入不够，导致难以实现资源共享。

第四，高端人才供给不足。高精尖人才培养渠道狭窄，企业待遇不高对人才吸引力较弱。

提升服务外包产业竞争力的主要思路

《规划》科学制定了到 2020 年我国服务外包产业的发展目标，并提出了"推进创新驱动、优化产业结构、推进区域协同发展、优化国际市场布局、培育壮大市场主体、强化复合型人才培养、提高标准化水平"的重点任务，从而明确了我国服务外包发展的战略思路。

1. 以创新驱动为引领，推动服务外包价值链向高端跃升。着力提高软件研发、集成电路设计和云计算等信息技术外包的整体解决方案和系统集成能力；拓展金融、供应链管理和电子商务平台等业务流程外包的价值增值空间；扩大数据分析、工业设计、管理咨询和文化创意等知识流程外包的规模效益。鼓励外包企业加大创新投入，在技术研发、交付模式、业务流程和经营管理等方面创新变革，支持有条件的外包企业参与国家重大科技招标项目，提升系统设计、整体解决方案等高端服务能力。加强服务外包园区大数据、云计算等创新平台、创客空间的建设，推动众包、众创和众筹等社会创新模式。强化服务外包标准体系建设，在重点领域制定一批具有国际领先水平的标准，提高主导权和话语权。

2. 以提高企业国际竞争力为导向，构建协同发展、互利共赢、竞争有序的服务外包企业生态。注重发挥领军企业在接包、品牌、创新、标准和网络渠道等方面的优势，带动中小外包企业参与国际竞争，打造我国服务外包整体品牌。支持服务外包企业通过国内企业重组快速壮大规模，通过开展国际并购获取关键技术、高端人才和品牌渠道等战略资源，提升核心竞争优势。同时，注重发挥外资企业优势，加强吸引跨国公司的信息技术、研发设计、物流供应链管理、财务结算和专业咨询等服务机构，鼓励在华跨国公司向内资企业外包服务。政府应进一步放宽市场准入，提升出口退税效率，降低税费及房租、水电和土地价格，切实降低企业综合成本。同时加大在技术研发、引进人才、国际资质认证和培训教育等方面的财政补贴力度。

3. 以专业化、国际化和高端化为目标，加快服务外包人才体系建设。注重发挥高等教育的基础性和支撑性作用，支持 985、211 院校设置服务外包相关专业。建立创新创业和技能人才培养相结合的培训机制，发挥服务外包企业、培训基地和培训学院的作用，共同推动岗前培训、岗位培训、委托培训、定制培训和线上线下培训等多样化模式。不断完善国际化高端人才的引进政策和激励机制。

4. 以在岸促离岸为抓手，推动国际国内服务外包市场融合发展。金融危机之后，由于国际市场大幅萎缩，一批外包企业将重点转移到在岸业务，增强了规模效益和实力，由此带动了国际业务的发展。我国在岸市场规模巨大，为夯实服务外包企业基础、做大做强产业提供了有利条件。随着《中国制造2025》战略推进，网络智能制造、服务型制造、绿色制造的发展将释放大量的软件与信息服务市场需求；数字化和信息化在政府、医疗和教育等部门的广泛应用也将产生大量外包服务。应引导支持外包企业服务国内市场，培育一批专业化、品牌化的优质服务供应商，为承接离岸外包奠定有利基础。

5. 以"一带一路"建设为契机，形成发达国家与发展中国家双向拓展的全球市场战略布局。"一带一路"倡议为我国服务外包企业拓展国际空间，推动中国标准和品牌"走出去"提供了重要机遇。应在继续保持传统发包市场主导地位的同时，稳步开拓"一带一路"市场。利用基础设施互联互通、产能合作与装备合作重大项目，带动研发设计、信息技术、供应链管理、广告创意和金融等服务外包。利用沿线自贸区政策优势，强化境外经贸合作区、产业园区等平台载体的服务配套功能，不断扩大服务外包规模。

（原载《中国国情国力》2017 年第 10 期）

服务外包示范城市推动区域
服务业开放发展的研究

改革开放 40 多年来，我国服务外包产业从无到有、从点到面、从小到大，规模不断扩大、领域逐步拓宽、区域范围不断拓展，逐渐形成了较为完善的产业生态体系，为推动我国服务业深度融入全球服务业分工体系，以高水平开放促进和提升服务业的国际化水平，助推我国迈向服务经济时代发挥了重要作用。服务外包示范城市是我国服务外包产业发展的主要载体。我国服务外包产业的发展战略和路径一直是以服务外包示范城市为引领，因此，服务外包产业发展与示范城市的主导引领作用密不可分。将示范城市在体制机制、开放路径、服务模式、管理模式等方面的先行先试探索和示范效应，在全国层面进行复制推广，并不断扩大示范城市的数量。目前，各具特色的 31 个服务外包示范城市分布在东中西部不同的区域，为带动区域服务外包产业发展和服务业开放发挥了重要作用。

一、服务外包示范城市的发展进程

按照规模发展和推动作用来衡量划分，我国服务外包示范城市发展大致可以分为 3 个阶段。

（一）第一阶段：服务外包示范城市初具规模（2006—2008 年）

2006 年，国家在"十一五"规划中首次将发展服务外包产业列入国家规划，提出加快转变对外贸易增长方式，建设若干服务外包基地，有序承接国际服务业转移。2006 年 10 月 13 日，商务部发布《商务发展第十一个五年规划纲要》，这是首次将服务贸易和承接国际服务外包纳入发展重点，并首次提出将"服务外包基地"作为重点发展对象，由此开启了我国服务外包示范城市发展的先河。2006 年 10 月 16 日，商务部下发《关于实施服务外包"千百十工程"的通知》，提出"十一五"期间在全国选择一批中心城市作为开展承接离岸服务外包业务的基地城市，在宏观政策、规划设计、人才培训、招商引资、综合协调等方面给予支持，并通过专项扶持基金支持基地城市在公共信息平台建设、人力资源培养、基础设施和投资环境等方面的建设。目标是在五年内建设 10 个具有一定国际竞争力的服务外包基地城市，推动 100 家世界著名跨国公司将服务外包业务转移到中国，并培育 1000 家取得国际资质的大中型服务外包企业，商务部服务外包基地城市认定工作全面展开。2006 年 10 月 23 日，商务部、信息产业部和科技部认定成都、上海、深圳、西安、大连 5 个城市为首批"中国服务外包基地城市"；12 月 25 日将北京、天津、南京、杭州、武汉、济南 6 个城市认定为第二批"中国服务外包基地城市"；2007 年和 2008 年又增列了合肥、长沙、广州、重庆、哈尔滨 5 个城市。截至 2008 年底，"中国服务外包基地城市"共有 16 个。

（二）第二阶段：服务外包示范城市快速发展（2009—2015 年）

2009 年中央经济工作会议提出"保增长、扩内需、调结构"的经济发展目标，提出要转变经济贸易发展方式，优化出口结构，大力承接国际服务外包，推动区域协调发展，扩大高校毕业生就业。2009 年 1 月，国务院办公厅下发了《关于促进服务外包产业发展问题的复函》，将 16 个服务外包基地城市加上南昌、苏州、大庆、无锡共 20 个城市确定为中国服务外包示范城市。2010 年初增列厦门市为第 21 个示范城市，继续在示范城市实行税收优惠、财政资金支持、实用人才培训、特殊劳动工时、金融支持、知识产权和信息保护等鼓励和支持措施，促进服务外包产业发展，以推进产业结构调整、转变外贸发展方式、增加高校毕业生就业机会。国家"十二五"规划中明确提出，要"大力发展服务外包，建设若干服务外包基地"，进一步促进了服务外包示范城市的发展。这一时期服务外包示范城市得到快速发展，服务外包产业规模上了一个大的台阶，成为推动当地服务业开放的主要引擎、服务贸易发展的主要动力以及扩大大学生就业的主要渠道，有效带动了当地产业结构转型升级和业态创新。

政策引领是这一时期我国服务外包产业发展的重要特征，国家和地方密集出台了一系列促进服务外包产业发展的政策措施（表 1）。

表1 近年我国促进服务外包产业发展的政策措施

时间	政策措施
2009 年	1. 国务院办公厅《关于促进服务外包产业发展问题的复函》（国办函〔2009〕9 号） 2. 商务部、工信部《关于境内企业承接服务外包业务信息保护的若干规定》（商务部、工业和信息化部 2009 年第 13 号令） 3. 人力资源社会保障部《关于服务外包企业实行特殊工时制度有关问题的通知》（人社部发〔2009〕36 号） 4. 海关总署、商务部《关于开展国际服务外包业务进口货物保税监管试点工作的通知》（署加函〔2009〕435 号） 5. 中国人民银行、商务部、银监会、证监会、保监会、外汇局《关于金融支持服务外包产业发展的若干意见》（银发〔2009〕284 号） 6. 工业和信息化部《关于支持服务外包示范城市国际通信发展的指导意见》（2009 年 3 月 21 日）
2010 年	1. 国务院办公厅《关于鼓励服务外包产业加快发展的复函》（国办函〔2010〕69 号） 2. 财政部、国家税务总局、商务部《关于示范城市离岸服务外包业务免征营业税的通知》（财税〔2010〕64 号） 3. 工信部《关于鼓励服务外包产业加快发展及简化外资经营离岸呼叫中心业务试点审批程序的通知》（工信部通字〔2010〕50 号） 4. 商务部办公厅《关于支持和鼓励服务外包企业海外并购的若干意见》（商合发〔2010〕358 号） 5. 银监会《银行业金融机构外包风险管理指引》（银监发〔2010〕44 号） 6. 海关总署、商务部《关于全面推广实施国际服务外包业务进口货物保税监管模式的通知》（署加函〔2010〕39 号） 7. 人力资源和社会保障部、商务部《关于进一步做好促进服务外包产业发展有关工作的通知》（人社部发〔2010〕56 号）
2011 年	国务院《关于印发进一步鼓励软件产业和集成电路产业发展若干政策的通知》（国发〔2011〕4 号）
2013 年	1. 国务院办公厅《关于政府向社会力量购买服务的指导意见》（国办发〔2013〕96 号） 2. 国务院办公厅《关于进一步促进服务外包产业发展的复函》（国办函〔2013〕33 号）
2014 年	1. 国务院《关于促进服务外包产业加快发展的意见》（国发〔2014〕67 号） 2. 国务院《关于加快发展生产性服务业促进产业结构调整升级的指导意见》（国发〔2014〕26 号） 3. 财政部、国家税务总局、商务部、科技部、国家发展改革委《关于完善技术先进型服务企业有关企业所得税政策问题的通知》（财税〔2014〕59 号）

这一时期，各示范城市根据本地区的发展状况，加大对服务外包产业的扶持力度，在体制机制及促进政策上日趋完善。

2009 年，上海市发布了《关于促进本市服务外包产业发展的实施意见》。在财税政策方面，对符合条件的技术先进型服务企业减免税费，对重点企业、服务外包公共信息、技术、培训等服务平台的建设、企业国际资质认证、品牌建设等给予资金扶持；在人才保障方面，对录用新员工的企业和培训外包人才的培训机构给予相应的培训支持。对符合人才引进条件的人员在户籍、居住证申领、居留许可证出入境等方面给予便利。服务外包人才创业可享受融资担保、场地扶持和培训补贴。对符合条件的企业实行综合工时制；通过金融创新、支持企业资产重组、收购兼并和上市、保险、简化外汇业务手续等加强对服务外包企业的金融支持。此外，在检验检疫通关管理监管、前置审批和工商登记便利、知识产权保护、基础设施建设等方面予以保障。

2011 年，南京市发布了《关于加速推进南京国际服务外包产业发展的实施意见》，对"十二五"期间南京市国际服务外包产业设定发展目标，构建了完善的政策措施保障体系。在财税政策方面，市、区县及园区总投入不低于50 亿元，用于服务外包产业基础设施建设和兑现各级服务外包产业扶持政策。对经过政府评定的服务外包载体平台给予资助。对符合认定条件的境内外知名外包企业落户，实行税收减免、优先安排项目用地等。资助企业参加展会和推介活动，奖励企业开展品牌建设，分档奖励骨干型企业，对申请国际资质认证的企业给予认证维护费用等。在人才保障方面，分档奖励经认定的国际服务外包人才培训机构，奖励具有示范效应、年度培养国际服务外包专业技术人才达到一定规模的公共服务外包人才培训平台。在金融服务方面，鼓励外包企业加强和银行、金融机构的合作，开展服务外包合同质押贷款、股权融资，鼓励企业采用互保、综合授信等方式获得信贷、金融支持。市级创业投资引导资金优先支持具备一定发展潜力、高成长性的国际服务外包企业的发展。此外，在知识产权和信息安全保护、企业营商环境方面均出台了配套法律法规。

（三）第三阶段：服务外包示范城市规模继续扩大和质量不断提升时期（2016 年至今）

2016 年 5 月，商务部发布《关于新增中国服务外包示范城市的通知》，根据全国各城市服务外包产业发展的情况并结合区域布局，统筹考虑东中西部服务外包发展，对服务外包示范城市有序扩容。新增了青岛、宁波、沈阳、长春、南通、镇江、福州（含平潭综合实验区）、南宁、乌鲁木齐、郑州等10 个具有发展潜力的示范城市，引导市场资源继续向示范城市集聚。截至2016 年，全国服务外包示范城市已经发展到 31 个，初步形成了东中西部各具特色、竞争有序的发展局面。"十三五"时期，我国经济发展进入新常态，供给侧结构性改革深入推进，示范城市作为我国服务外包产业制度创新和政策创新的高地，继续发挥先行先试示范带动作用，通过经验复制和政策推广带动全国服务外包产业发展。

表 2　我国服务外包示范城市发展情况

认定时间	示范城市（基地城市）
2006 年 10 月	成都、上海、深圳、西安、大连
2006 年 12 月	北京、天津、南京、杭州、武汉、济南
2007 年 10 月	长沙
2007 年 12 月	合肥
2008 年 7 月	广州、重庆、哈尔滨
2009 年 1 月	北京、天津、上海、重庆、广州、深圳、武汉、大连、南京、成都、济南、西安、哈尔滨、杭州、合肥、长沙、南昌、苏州、大庆、无锡
2010 年 2 月	厦门
2016 年 5 月	沈阳、长春、南通、镇江、福州（含平潭综合实验区）、南宁、乌鲁木齐、青岛、宁波、郑州

自"千百十工程"实施以来，服务外包示范城市及所在省、市积极落实国家关于促进产业发展的一系列鼓励和支持政策，并结合自身发展实际，制定服务外包产业发展规划和政策措施。商务部 2016 年对 31 个服务外包示范城市的评估结果显示，目前多数城市已经出台了金融、创新、知识产权保护等政策措施，在公共信息平台建设、人才培养、引资引智等方面成效显著。在内外部市场需求不断释放和政策支持体系日趋完善的背景下，示范城市加快发展建设，对推动我国服务业对外开放的引领作用不断增强，成为推动我国服务业高质量发展和高水平对外开放的重要窗口。2016 年，31 个示范城市承接服务外包执行额高达 999.2 亿美元，其中离岸服务外包执行额 657.9 亿美元，占全国市场的比重分别为 93.8% 和 93.4%，与 2015 年扩容前的 21 个示范城市相比，比重分别提高了 9.4 个百分点和 6.6 个百分点。在国家和地方对示范城市各项优惠支持政策措施促进下，新增的 10 个示范城市合同执行额 102.1 亿美元，占 31 个示范城市执行总额的 10.2%，部分城市如南宁和南通，增速达 91% 和 38%。

2017 年商务部等 5 部委下发《国际服务外包产业发展"十三五"规划》，提出要"充分发挥服务外包示范城市的带动引领作用，开展体制机制创新，形成制度创新和政策创新的高地"，并做好示范城市的经验复制和政策推广，由此推动服务外包示范城市不断创新，向高质量发展。

二、服务外包示范城市的主要发展特征

（一）产业规模高速扩张，业务结构不断优化

2010—2017 年示范城市承接的服务外包执行额、离岸服务外包执行额以超过 30% 的年均增速增长。其中，服务外包执行额由 185.4 亿美元增长至 1154.3 亿美元，7 年间扩大了 5.3 倍；离岸外包执行额由 135.4 亿美元增长至 730.1 亿美元，7 年间扩大了 4.4 倍。从市场主体规模看，2010—2017 年示范城市累计新增服务外包企业 1.9 万家，新增从业人员 453.9 万人，2017 年全国占比分别为 59.0% 和 64.3%（图 1）。说明我国以示范城市为载体的服务外包产业国际竞争力在增强。

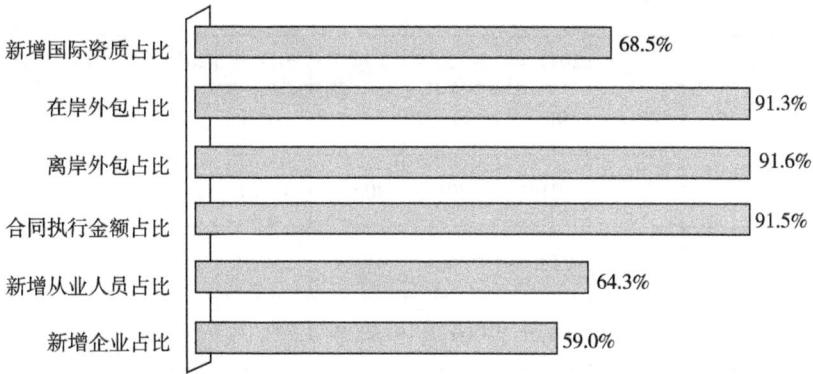

图1　2017年示范城市服务外包业务全国占比

数据来源：商务部服贸司

表3　2010—2017年我国服务外包示范城市产业发展状况

单位：万人、亿美元、项

年　份	2010年	2011年	2012年	2013年	2014年	2015年	2016年	2017年
示范城市个数	21	21	21	21	21	21	31	31
示范城市新增外包企业数	2625	2702	2541	2325	2200	1437	3226	2462
全国新增外包企业数	3756.0	4233.0	4220.0	3599.0	3309.0	5644.0	5506.0	4173.0
示范城市占比（%）	69.9	63.8	60.2	64.6	66.5	25.5	58.6	59.0
示范城市新增外包从业人员	54.3	66.5	71.5	56.6	49.4	24.2	84.2	47.2
全国新增外包从业人员	78.1	85.4	110.7	106.5	71.1	127.7	121.2	73.4
示范城市占比（%）	69.5	77.9	64.6	53.1	69.5	19.0	69.5	64.3
示范城市外包合同执行金额	185.4	294.4	417.2	556.9	711.9	816.3	999.2	1154.3
全国外包合同执行金额	198	323.9	465.7	638.5	813.4	966.9	1064.6	1261.4

年　份	2010 年	2011 年	2012 年	2013 年	2014 年	2015 年	2016 年	2017 年
示范城市占比（％）	93.6	90.9	89.6	87.2	87.5	84.4	93.9	91.5
示范城市离岸外包	135.4	219	305	402.9	497.1	561.2	657.9	730.1
全国离岸外包	144.5	238.4	336.4	454.1	559.2	646.4	704.1	796.7
示范城市占比（％）	93.7	91.9	90.7	88.7	88.9	86.8	93.4	91.6
示范城市在岸外包	47.9	74.5	112.2	154	214.8	255.2	340.9	424.2
全国在岸外包	53.5	85.5	129.3	184.4	254.2	320.5	360.5	464.7
示范城市占比（％）	89.5	87.1	86.8	83.5	84.5	79.6	94.6	91.3
示范城市 ITO	86.3	126.6	171.4	221.9	267.2	288.7	315.8	344.3
全国 ITO	91.7	138.7	188.7	248	293.5	316.9	330.5	364.2
示范城市占比（％）	94.1	91.3	90.8	89.5	91.0	91.1	95.6	94.5
示范城市 BPO	27.2	34.8	46.8	55.5	69.3	78.4	105.3	120.1
全国 BPO	29.3	38.2	52	63.5	79	91.7	116.6	129.3
示范城市占比（％）	92.8	91.1	90.0	87.4	87.7	85.5	90.3	92.9
示范城市 KPO	19.2	57.6	86.8	125.5	160.6	194.1	236.8	265.7
全国 KPO	20.2	61.5	95.6	142.6	186.7	237.8	257.1	303.3
示范城市占比（％）	95.0	93.7	90.8	88.0	86.0	81.6	92.1	87.6
示范城市新增国际资质	683.0	532.0	552.0	706.0	881.0	468.0	927.0	892.0
全国新增国际资质	1065.0	878.0	991.0	1190.0	1389.0	1491.0	1643.0	1303.0
示范城市占比（％）	64.1	60.6	55.7	59.3	63.4	31.4	56.4	68.5

数据来源：商务部服贸司

引领服务外包产业转型升级和创新发展是示范城市的重要使命。示范城市通过创新服务平台、培育引进创新创业人才、推广新技术应用等措施，带领我国服务外包产业加速创新发展，实现由依靠人力低成本竞争的优势向依靠知识技术竞争的优势转变，服务外包业务结构高端化呈现良好发展态势。从三大领域来看，信息技术外包（ITO）、业务流程外包（BPO）、知识流程外包（KPO）业务份额由 2010 年的 65∶21∶14 调整为 2017 年的 46∶16∶38（表3）。在 ITO 业务内部，与大数据物联网、移动互联和云计算相关的高技术和高附加值业务比重也在提升（图2）。同时，外包产业内 ITO、BPO 和 KPO 的业务融合进一步带动了数字化、智能化的高技术含量和高附加值的综合性外包业务比重提升。

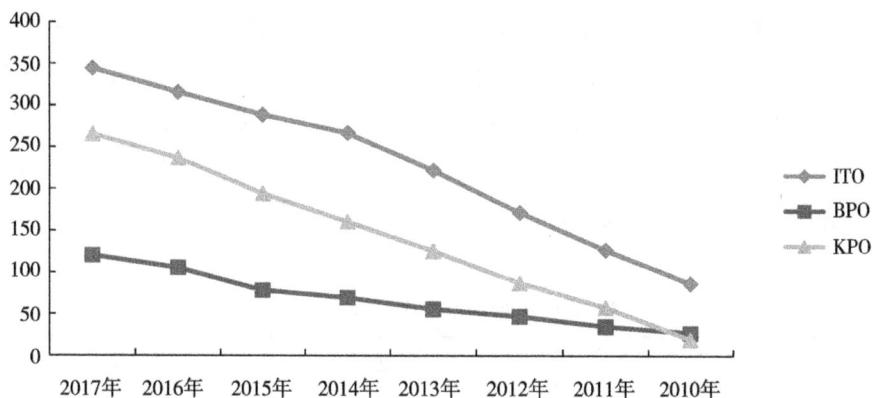

图2　2010—2017 年示范城市 ITO、BPO、KPO 比重变化情况
数据来源：据商务部服贸司有关数据整理计算

（二）错位竞争和差异化发展态势更加鲜明，分工体系逐步建立

以示范城市为核心的服务外包政策体系，不断促进服务外包产业加速集聚扩张。在市场机制的作用及国家和地方政策的引导下，示范城市服务外包产业由低水平重复建设、无序竞争到差异化发展、错位竞争，各示范城市立足产业基础与资源优势，加强对特色产业的发展引导，走差异化发展道路，产业定位不断明晰，在各自特色业务领域成为全国性或区域性的中心城市，对区域内服务外包带动效应逐步显现，并形成了以示范城市为中心，周边城

市为辅助的区域分工协作体系。如北京服务业基础雄厚，总部经济发达，产业和人才的高端化、国际化优势在全国突出，重点打造信息技术、研发设计、客户服务与财务共享中心；上海在云计算、大数据、移动互联网和医药研发服务方面领先全国；杭州专注向通信服务、物联网研发、金融服务外包等领域拓展；苏州在工业设计和工程技术方面形成了较强竞争力；大连重点打造亚太软件和服务创新中心，形成了应用软件开发、共享中心、产品研发等特色领域；哈尔滨重点发展工业研发、云计算、动漫等领域服务外包；大庆是示范城市中依靠服务外包产业实现资源转型的典型城市，经过多年发展，已经形成了石油石化软件与外包服务、金融外包服务等多业态竞相发展的态势，并推动产业规模持续壮大。

服务外包城市群的集聚效应十分突出。如长三角地区形成了以上海、南京、苏州、杭州、无锡为中心，全国规模最大、集聚程度最高的服务外包城市群。宁波、镇江、南通、徐州也形成了高速发展态势。以示范城市为中心，形成了周边城市共同发展的区域服务外包产业生态系统。如北京市的辐射效应带动了石家庄、保定、唐山等河北省周边城市服务外包的发展。通过上海的辐射，苏州、昆山形成了以金融服务外包为特色的发展布局。

表4　我国示范城市的服务外包特色领域

示范城市	特色领域
上海	云计算、大数据、移动互联网、医药研发服务
深圳	嵌入式软件系统、大型行业（电信、金融、制造业）应用软件与服务、IC设计、互联网服务业与软件出口外包
大连	保税研发测试中心全国首创、对日外包服务发展基础雄厚
济南	交通运输业、零售和批发、能源、信息服务业以及制造业等领域
西安	嵌入式应用软件开发、面向装备制造、能源、医疗等领域的行业应用解决方案、工程和技术研究、技术转让、工业设计行业应用软件的研发以及数据分析
哈尔滨	工业研发、云计算、动漫等领域服务外包
杭州	通信服务、物联网研发和金融服务外包

续表

示范城市	特色领域
合肥	软件研发、软件技术服务、集成电路设计、信息系统运维、电商平台服务、IT咨询服务、IT解决方案、检验检测外包服务、工业设计外包
苏州	跨国公司共享中心、工业设计、软件研发、生物医药研发、信息技术服务、供应链管理服务、信息运维
大庆	金融服务外包和石油石化技术外包
厦门	互联网营销推广服务、数据处理服务、供应链管理服务、采购外包服务、软件研发外包及运维
沈阳	工业软件研发、云计算、物联网、电子商务、文化创意、移动位置服务等
长春	软件研发、汽车电子、金融证券、政府服务、电力设计、水利水电设计、汽车焊装夹具等方面的工业设计
南通	软件研发、软件技术服务、电子商务平台服务、医疗服务、财务与会计审计服务相关的专业技术服务、工业设计和工程技术外包
镇江	船舶设计、船舶控制、智慧物流、电气检测、集成电路测试、医药检测、视光学等第三方检验检测外包服务
宁波	服务港口经济，发展物流供应链管理、国际航运服务、跨境电商平台服务、工业设计
福州	软件研发、信息系统运维、集成电路及电子电路设计
乌鲁木齐	面向中西亚地区的小语种多语言软件研发、安防技术服务、动漫网游设计、信息系统维护、电子商务公共平台服务

资料来源：商务部中国服务外包研究中心：《中国服务外包发展报告2017》

（三）以园区集聚服务外包企业，不断提升产业发展能力

示范城市对服务外包产业的集聚和示范引领作用主要是通过服务外包园区来实现的。在示范城市内，各类园区高度集聚资源、人才、技术、政策等创新要素，在集聚服务外包企业、承接服务外包业务、创新服务外包模式、集成服务外包政策等方面具有重要作用。目前在一线示范城市，服务外包园区实现了80%—90%以上的服务外包业务收入。大量外包企业通过入驻园区，享受政策、人才、信息、技术等平台资源优势，这些企业通过集聚高端生产要素，在商业模式和技术领域不断引领创新，推动所在城市和地区服务业的发展，反哺地方经济。

表5　我国部分示范城市服务外包园区发展概况

示范城市	园区概况
北京	5个服务外包示范区：海淀区、昌平区、朝阳区、大兴区和经济技术开发区；典型园区：中关村软件园 中关村软件园是中关村国家自主创新示范区中的新一代信息技术产业高端专业化园区。截止到2017年底，园区集聚了联想（全球）总部、百度、网易北京研发中心、腾讯（北京）总部、新浪总部、滴滴总部、亚信科技、科大讯飞、华胜天成、文思海辉、博彦科技、软通动力、中科大洋、启明星辰、中核能源、广联达等逾600家国内外知名IT企业总部和全球研发中心，总部经济达80%以上，在园从业软件工程师达7.3万人，拥有"千百十工程"企业28家、国家规划布局重点软件企业28家、跨国公司研发总部7家、上市企业（含分支机构）59家、中国软件百强企业15家、收入过亿企业66家。2017年，园区企业总产值达到2094.4亿元，总利润194.3亿元，创历史新高
上海	5个服务外包示范区：浦东新区、长宁区、新静安区、黄浦区和漕河泾新兴技术开发区；12个专业园区；典型园区：浦东软件园、张江生物医药基地 浦东软件园：2016年，拥有企业1594家，总产值超过660亿元，浦软孵化器新引进项目78个，融资企业数和融资额均创历史新高 张江生物医药基地：集聚了一批国内外知名的CRO企业，提供药物产品开发、临床前试验、临床试验、药物注册申请与信息咨询等，几乎涵盖药物研发全过程。产品服务面涉及肿瘤药物、代谢病药物等多个重点研究领域，是国内CRO企业群体发展最成熟、业务覆盖范围最完整的区域之一
哈尔滨	8个服务外包园区；典型园区：中国云谷 中国云谷集聚企业300余家，签约投资亿元以上重点项目13项，协议投资额310亿元，初步形成了云数据中心、电子商务、大数据与计算应用四大板块
苏州	1个国家级示范基地：苏州工业园区；2个升级示范城市：昆山市和太仓市；9个省级示范区；典型园区：苏州国际科技园 苏州国际科技园是中国科技企业孵化器、国家软件产业基地、国家动画产业基地、国家海外高层次人才创新创业基地、中国欧美软件出口工程试点基地、中国留学人员苏州创业中心、服务外包示范基地以及苏州市云计算产业基地。集聚了云计算、软件开发、集成电路设计、数码娱乐和行业应用等高新科技特色产业集群
杭州	2个国家级服务外包示范区：杭州高新技术产业开发区、杭州经济技术开发区；9个省级服务外包示范园区 国家级服务外包示范园区：2016年，两个示范园区离岸服务外包执行额38.8亿美元，占杭州离岸执行额的66.1%，涉及信息与软件、物联网、互联网、云计算、生物医药、金融服务、文化创意设计等行业

示范城市	园区概况
广州	3 个服务外包示范区：南沙经济开发区、黄花岗科技园、天河软件园；1 个省级示范；典型园区：天河软件园 天河软件园：园区集聚了 1800 多家软件和信息服务业企业，高新技术企业 613 家，主营业务收入超千万元以上企业超过 650 家，超亿元以上企业超 170 家。园区聚集了总部企业 28 家，境内外上市企业（含新三板挂牌企业）累计 63 家，2017 年完成软件业务收入 1540 亿元
济南	10 个服务外包园区；典型园区：齐鲁软件园 齐鲁软件园：截止到 2016 年底，园区集聚企业 2300 家，实现软件和信息服务业收入 1281 亿元，服务外包离岸执行额 4 亿美元，入园企业中，规模以上企业达 350 家，服务外包企业 319 家，外包从业人员 7.5 万人
合肥	6 个省级以上服务外包示范园区；典型园区：合肥高新区 合肥高新区是安徽省最大的高新技术产业化基地。重点开展软件研发、信息技术、动漫及网游设计研发、检验检测等服务外包业务
天津	3 个服务外包示范园区（开发区、保税区和高新区）和 6 个外包园区；典型园区：天津经济技术开发区 天津经济技术开发区的业务主要集中在软件开发、研发设计、信息安全、商务流程、金融后台、人力资源、医药研发等外包领域，境外业务主要来自日本、德国和美国
大连	10 个软件服务外包园区；典型园区：大连软件园 大连软件园：目前已经集聚中外软件企业近 800 家，世界 500 强企业 48 家，2016 年软件产值近 700 亿元。园区企业主要从事应用软件开发和外包、业务流程外包和资源共享中心、嵌入式软件开发和外包、产品研发中心、工业设计等信息技术、ITO 服务
大庆	5 个服务外包专业园区；典型园区：大庆服务外包产业园 大庆服务外包产业园：园区入驻企业 750 家，外包企业 450 家，从业人员 2.1 万人；2011—2014 年，连续 4 次被国家工信部、中国软件与信息服务外包产业联盟评为最具发展潜力园区和智慧园区。园区重点发展石油石化外包服务、金融外包服务、云服务、物联网及嵌入式系统、创意服务、电子商务等服务外包行业领域。2016 年，园区企业实现收入超百亿元，其中外包类收入超 50 亿元

资料来源：商务部中国服务外包研究中心：《中国服务外包发展报告 2016》《中国服务外包发展报告 2017》

　　园区集聚产生的规模效应，有效提升了区域内服务业的整体竞争力。各示范城市不仅形成了一批特色产业高地和特色产业集群，而且培育了一批具有较强竞争能力和龙头作用的服务外包领军企业。如我国服务外包领军企业东软、文思海辉、软通动力、微创软件等，以及历年服务外包百家成长型企业，绝大部分孵化、成长和壮大于示范城市。与此同时，越来越多的跨国公司和龙头企业总部选择在示范城市的外包园区落户。以北京中关村软件园为例，目前已有400多家IT企业总部和全球研发中心集聚，总部经济超过80%。

（四）政策不断创新，政策集成效应显著

"十三五"时期，国际国内环境发生复杂深刻的变化，国际市场需求萎缩，国内经济增长趋缓，我国经济发展进入新常态，供给侧结构性改革深入推进。在新的发展背景下，服务外包产业成为服务业结构优化和开放的重要推动力。国家和地方高度重视服务外包产业发展，密集出台各项改革措施和创新举措，示范城市作为我国服务外包产业的政策创新高地，在政策合力的作用下，政策集成效应显著。

各示范城市积极探索推动服务外包产业发展的体制机制、开放路径、服务模式、财税政策、服务便利化政策措施。并结合本地实际从"一带一路""中国制造2025""创新创业""互联网＋""大数据"等政策背景下谋划推动服务外包产业发展。

在机制上，发展基础好的中心城市通过区域合作联动、协同发展机制辐射带动周边。如江苏省服务外包产业的"一带一群"布局，以南京、苏州、无锡3个国家级服务外包示范城市为核心，形成以KPO为主要发展方向的"苏南国际服务外包产业带"和以知识流程、业务流程外包共同发展的"江苏沿江服务外包示范城市集群"。再如经济技术协同发展战略深入推进过程中形成的两市一省产业分工协作机制。

在落实国家产业支持政策的同时，各示范城市结合地方实际在财税、金融、便利化等方面完善配套措施。杭州先行先试主动探索创新政策体系。在创新试点试验区争取主管部门对跨境电商平台服务外包、互联网金融服务外包等重点领域实行特殊审批。提升通关便利化水平，创新海关检验检疫监管模式，对承接国际服务外包业务所需的样机、试剂、样本等简化审批程序。构建政府数据开放、政府信息保护、知识产权保护等方面法律体系，完善政府信息资源公共服务平台功能，扩大公共数据资源的开放。积极研究制定杭州互联网＋服务外包、电子商务服务等标准体系，展开信息服务质量、信息服务安全、数据开发与共享等方面的标准研究工作。江苏省昆山花桥经济开发区主导制定的《金融外包服务规范》是我国首个金融外包领域省级地方标准。对推进花桥和江苏省金融外包产业发展发挥了重要作用。福州市鼓励金融机构创新适应服务外包产业特点的金融产品和服务。在自贸区福州片区积极进行两岸金融合作的金融改革创新，搭建对台金融服务专业化平台，14家区内银行率先开启台资台企信用查询系统，片区内金融机构通过台湾地区信用报告查询系统，在大陆率先开展台企台胞在台湾地区信用记录查询业务。马尾区启动了全国首个跨境电商同业联合担保改革试点，减轻企业通关担保压力，提升资金周转效率。

（五）示范城市服务外包产业竞争力显著提升

2016年商务部对31个服务外包示范城市的发展状况开展了综合评价工作。综合评价共涉及5个一级指标、20个二级指标和57个三级指标（各级指标设定情况）（表6）。从产业发展状况、基础设施建设情况、人力资源、要素成本和政策因素5个方面进行综合评价。

评价结果表明，示范城市各具不同产业发展优势，产业竞争力提升显著。南京、苏州、上海、无锡、广州、杭州、北京等城市在产业规模、企业规模及技术先进性等方面表现突出，雄厚的产业基础为这些城市释放集聚效应，进一步吸引优质企业和优质业务集聚，以及推动产业向中高端发展创造了条件。上海、济南、天津在吸纳和培养外包人才方面各具特色。比如，上海留学人员和外籍员工数量庞大；济南依托高校培养大量外包专业毕业生，为服务外包企业提供人才保障；天津的服务外包培训机构数量多。据统计，仅2015年，通过天津大学软件学院、中软卓越、服务外包培训中心、东软睿道等服务外包培训机构培训人员就高达3万余人次。从基础设施建设环境来看，北京、上海、广州、深圳等东部城市陆续开展了智慧城市建设，重视互联网及移动互联网等基础设施建设，能够满足服务外包企业跨境交付的网络条件。从要素成本看，中西部城市的综合要素成本优势明显。较低的用工、用电、电信、住房成本，对产业梯度转移形成一定吸引力。以成都为例，企业运营成本低于东部沿海地区，又较其他中西部城市对人才更具吸引力，已经成为西部地区的外包产业中心城市。在政策措施方面，多数城市都已出台金融、创新、信息保护等相关支持鼓励政策。越是产业发达地区，政策扶持力度越大、越完善，且政策与时俱进，匹配本地资源特色，适应当地产业发展阶段。值得一提的是，以青岛为代表的新增示范城市竞争力提升迅速。商务部数据显示，

2012—2016 年，青岛离岸服务外包执行额年均增长 34.8%，服务外包企业由 390 家发展到 1000 余家，吸纳就业人数由 7.2 万人增加到 23 万余人。雄厚的产业基础和强劲的发展势头使青岛连续 4 年成为中国服务外包最具潜力的城市。

表6　示范城市服务外包产业竞争力评价指标

一级指标	二级指标	三级指标
（一）产业发展情况	1. 服务外包企业	1.1 服务外包企业；1.2 有离岸业务的服务外包企业；1.3 新增服务外包企业；1.4 高技术服务业企业；1.5 技术先进型服务企业；1.6 年营业额 500 万美元及以上的企业数；1.7 从业人员 500 人以上的企业数
	2. 业务规模	2.1 承接国际服务外包合同执行金额；2.2 承接在岸服务外包合同执行金额；2.3 高技术服务业产业收入
	3. 税收情况	3.1 服务外包企业实缴税额
	4. 企业资质	4.1 通过国际资质认证企业；4.2 企业通过的国际资质认证数量
	5. 服务外包园区	5.1 开展服务外包业务的专业园区；5.2 园区服务外包收入占城市服务外包收入的比重
（二）基础设施状况	6. 信息技术基础设施水平	6.1 互联网宽带接入用户；6.2 移动互联网用户
	7. 电力设施水平	7.1 用户年平均停电时间
	8. 交通运输水平	8.1 民航客运量；8.2 铁路客运量
	9. 公共服务水平	9.1 公共服务平台数量
（三）人才培养培训与就业	10. 就业情况	10.1 服务外包企业从业人员；10.2 服务外包企业新增就业人员；10.3 新增大学生就业人员；10.4 新增经培训后就业人员；10.5 留学归国人员；10.6 外籍员工；10.7 高校服务外包相关专业毕业生
	11. 培训/实训情况	11.1 服务外包培训机构；11.2 服务外包培训机构培训/实训人员
	12. 人才储备情况	12.1 大学生实习基地；12.2 服务外包企业接纳实习大学生；12.3 高校毕业生见习基地；12.4 服务外包企业接纳见习高校毕业生；12.5 高等院校数量；12.6 高校毕业生数量

续表

一级指标	二级指标	三级指标
（四）要素成本	13. 用工成本	13.1 城镇单位在岗职工平均工资；13.2 社会保险交纳金额
	14. 商务成本	14.1 电信费用；14.2 用电平均价格；14.3 商品房平均销售价格
（五）政策措施	15. 财政政策	15.1 中央财政资金实际拨付金额；15.2 地方财政资金实际拨付金额；15.3 中央财政资金支持培训人数；15.4 政府部门购买专业服务金额
	16. 金融政策	16.1 出台扶持服务外包企业投融资政策；16.2 出台扶持服务外包企业融资担保补助政策
	17. 支持创新政策	17.1 出台鼓励和引导企业研发创新政策；17.2 出台鼓励高校毕业生创业政策
	18. 税收优惠	18.1 企业享受税收优惠金额；18.2 增值税免税销售额；18.3 企业所得税优惠金额；18.4 按15%低税率减免所得税金额；18.5 职工教育经费税前扣除比例超过2.5%的企业数量；18.6 职工教育经费税前扣除比例超过2.5%的企业职工教育经费税前扣除总额
	19. 知识产权保护	19.1 知识产权司法案件结案率；19.2 知识产权保护地方性法规
	20. 信息安全保护	20.1 出台互联网信息安全/商业数据保密相关的地方性政策法规

资料来源：商务部

按照表6的评价指标体系，对各指标进行无量纲化处理，将综合得分的平均值调整为100分。其中，"产业发展情况"的平均值为40分，"基础设施状况"的平均值为15分，"人才培养培训与就业"的平均值为20分，"要素成本"的平均值为10分，"政策措施"的平均值为15分。综合得分高于100分，说明产业总体发展高于平均水平；反之，综合得分低于100分，说明产业总体发展低于平均水平。

按照综合评价得分情况进行排序，可以将31个示范城市竞争力状况分为3个层次。第一层次得分高于100分，按照得分高低分别是南京、上海、广州、苏州、无锡、北京、杭州、深圳、济南、青岛、重庆、武汉、成都和南昌14个城市；第二层次得分在60—100分之间，分别是天津、宁波、大连、郑州、合肥、长沙、厦门、西安、南通和哈尔滨 10 个城市；第三层次得分低于 60 分，分别是沈阳、镇江、南宁、福州、长春、大庆和乌鲁木齐 7 个城市。

从总体看，原 21 个示范城市由于有较长时间的政策和资源优势叠加，综合得分普遍高于新增示范城市。在第一层次的 14 个城市中，仅有青岛为新增示范城市。从地区分布看，东部地区示范城市的综合实力明显高于中西部地区，中部和西部地区的水平差异不大。按照平均水平排序，18 个东部地区示范城市综合实力最强（115.9 分），8 个中部地区示范城市次之（79 分），5 个西部地区示范城市最低（75.9 分）。

表 7　各示范城市综合排名情况

层次	城　市	得分
第一层次	南京、上海、广州、苏州、无锡、北京、杭州、深圳、济南、青岛、重庆、武汉、成都、南昌	>100 分
第二层次	天津、宁波、大连、郑州、合肥、长沙、厦门、西安、南通、哈尔滨	60~100 分
第三层次	沈阳、镇江、南宁、福州、长春、大庆、乌鲁木齐	<60 分

资料来源：根据商务部评估结果整理

三、示范城市对于推动服务业开放发展的作用

（一）推动当地经济结构转型升级

一是示范城市服务外包产业快速增长对于推动当地现代服务业发展的作用不断增强。服务外包的专业化生产模式促进专业化分工，可以最大限度地提高分工效率和劳动生产率，实现规模经济效应，促进以制造业为主的经济向服务经济升级，推动经济增长方式向集约化、专业化、信息化和国际化发展。据测算，2015 年我国服务外包产业拉动国内生产总值（GDP）0.56 个百分点，产业规模占服务业增加值比重 7.1%，对服务业增长的贡献约为 13.6%。2017 年，示范城市占我国服务外包产业的 92%，因此是我国服务业开放发展和结构调整的重要助推力量。

二是示范城市服务外包产业发展有力推动了当地产业结构转型。示范城市的产业基础各不相同，如大庆是典型的资源型城市，昆山则以加工贸易为主。随着原有发展模式所依靠的发展动能释放殆尽，服务外包产业逐渐成为这些地区推动产业结构优化升级和经济发展的新动能。

大庆以石油工业闻名，通过产业结构调整，积极发展服务外包产业，成为资源型城市实现可持续发展的标杆。自 2009 年被确定为国家服务外包示范城市，发展至今，大庆的服务外包产业已经初具规模，2017 年外包执行金额 17.74 亿美元，其中离岸金额 15.17 亿美元，从业人员 8.43 万人。形成了以大庆服务外包产业园（国家服务外包产业示范基地）、大庆软件园（国家火炬计划软件产业基地）、电子商务产业园（国家电子商务示范基地）、油化技术服务产业园（以大庆油田设计院为核心）等专业园区为载体的产业集群。

从产业发展特色看，大庆服务外包产业已形成油化技术服务（油田公司、国际工程公司、石油管理局）、金融外包服务（华拓数码、大庆京北方、51 信用卡）、软件及云服务（金桥信息、恒通电子、华创软件、中环电控等）、物联网及嵌入式系统（三维科技、英辰软件、华美科技、紫金桥、锦华联、百米马、明达维尔等）、创意设计服务（大宇宙、标准设计院、美图建筑等）、休闲娱乐设计研发服务（思特传媒、纳奇网络等）和电子商务（大庆卓创、仓买聚宝网、黑龙江网库等）等业务板块。其中油化技术服务和金融服务外包叫响全国，形成鲜明特色，华拓数码和京北方占据了国内金融服务外包领域 85% 以上的市场份额。目前，大庆离岸业务涉及石油工程领域的技术服务外包、软件出口、住宅建筑设计服务、采购外包服务等领域。服务地区主要分布在日本、伊拉克、伊朗、沙特阿拉伯、苏丹、南苏丹、蒙古国、哈萨克斯坦、土库曼斯坦等国家。

三是示范城市服务外包发展促进了当地制造服务化、传统服务现代化的升级步伐。党的十八大以后，国家陆续出台了"创新创业""互联网＋""中国制造 2025""大数据"等配套政策密集落地。尤其是在"中国制造 2025"战略的推动下，制造业的结构升级对生产性服务的需求大幅增长，服务业和制造业创新融合发展，带动了服务业的增长与升级。

示范城市作为中国服务外包产业高地，集聚了人流、物流、资金流和信息流等先发优势，借助国家战略叠加效应产生的红利，正在迎来全方位提升的发展机遇，同时也带动了当地传统制造业和传统服务业转型。如长春是中国的汽车城，在制造业服务化发展过程中依托服务外包产业，促进汽车制造业向研发、服务两端延伸，着力提升生产制造环节的智能化和科技化水平。经过几年的发展，初步形成了以吉林大学、中国第一汽车集团公司技术中心、启明信息等高校和科研单位为技术支撑，以嵌入式软件开发为核心，以汽车电子控制及车载电子为主导产品，通过与欧洲、日本等服务外包企业的合作，打造出在全国具有带动作用的汽车电子产业集群，被科技部列为"创新型产业集群"试点。"互联网＋"战略实施以后，各示范城市服务外包市场潜力得到进一步释放，服务外包业务门类和领域急速扩张，尤其是在岸市场在"互联网＋"的驱动下高速发展，未来前景广阔、整体"强大优"的企业均与"互联网＋"高度关联。据统计，目前杭州市服务外包企业涉"互联网＋"占比超过70%。镇江利用"互联网＋物流＋工业"的理念，首创了中国无车无船主承运人的货物运输场内交易电商新模式，覆盖全国31个省区市，在全国各地发展地区代理性质的会员管理单位800多家。2016年，发展车船和货方会员数、在线交易货运量同比增长双超20倍，交易货值超600亿元。

（二）辐射带动区域服务经济发展

各示范城市之间区域合作联动、协同发展，对区域经济的辐射带动作用不断增强。主要有以下4种模式。

一是区域内产业规划联动模式。在区域内，各省市政府积极引导省内服务外包城市加强合作。如江苏省提出要建设服务外包产业"一带一群"发展布局，辐射带动其他地区的服务外包产业。以南京、苏州、无锡3个国家级服务外包示范城市为核心，发挥上述3个城市与常州、镇江的协调联动，形成以KPO为主要发展方向的"苏南国际服务外包产业带"，以及与南通、泰州等城市的协调联动，形成以知识流程、业务流程外包共同发展的"江苏沿江服务外包示范城市集群"。

二是区域之间产业分工协作模式。随着国家区域协调发展战略的有序推进，一些示范城市开始谋划区域间服务外包产业的整体发展布局。比如，随着京津冀协同发展战略的深入推进，两市一省的外包产业布局各有侧重。京津作为离岸外包主要承接地，积极承接跨国公司的发包业务。同时，北京为了疏解非首都功能，逐步向河北省有序转移服务外包产业，形成了与河北省的垂直分工关系，由此带动河北省服务外包产业跨越式发展。2014年5月，中关村海淀园秦皇岛分园成立。这是海淀园在全国建立的首家分园，也是河北省对接京津的首个综合性高科技园区。目前中国北京（海淀）留学人员创业园秦皇岛分园、北京市科学技术研究院秦皇岛高新技术产业园等园区已经相继开园。园区重点围绕节能环保、电子信息（大数据）、服务外包、生物医药等产业，与海淀园展开深度对接合作。自开园以来，累计引进项目 100 多个。秦皇岛千方信息科技有限公司、秦皇岛铭软科技有限公司、秦皇岛华安保信息有限公司等，以及 e 谷创想空间、海淀创业园秦皇岛分园项目已落地运营。

三是资源整合与共建共享模式。依托第三方公共平台、产业联盟，在示范城市间实现公共服务联动、创新孵化环境联动，形成发展合力。例如，合肥与上海漕河泾新兴技术开发区合作共建创新创业园，在科技企业孵化、资本运作、专业人才培训、技术溢出、营造创业氛围等多方面开展合作，为服务外包企业和机构提供全方位、一体化、立体式的专业服务，加速外包产业的有效融合转移。

四是比较优势联动。示范城市在服务外包细分领域各有擅长，通过城市间合作，依托各自比较优势，带动区域内整体产业提质增效。例如，长江中游城市群，跨越湖北、湖南、江西三省，是以武汉城市圈、环长株潭城市群、环鄱阳湖城市群为主体形成的特大城市群，依托武汉、长沙、南昌 3 个示范城市在研发、文化创意、工程设计等外包领域的不同特色，集中各自优势资源深耕细分领域，并依托各自比较优势进行协作。

（三）优化服务业区域布局，促进服务业均衡发展

长期以来，我国服务业发展的资本、技术、政策、人力资源等在东部地区主要城市群集聚，向中西部欠发达地区流动性较低，导致区域间服务业发展水平存在巨大差距。2015 年 1 月，商务部牵头的 9 部委发布《国务院关于促进服务外包产业加快发展的意见》，根据服务外包产业集聚区布局，统筹考虑东中西部城市产业发展，对服务外包示范城市进行扩容，中西部城市增加至 13 个，在东西部间开始重新优化配置服务业发展资源，促进一线城市提升创新能力和产业附加值，推动劳动密集型业务向二三线城市转移。许多位于东部的外包企业为降低综合成本，在北上广深等一线城市只保留区域总部、营销机构及高端研发与设计中心，而将离岸交付基地、后援支撑平台转移到西安、成都、武汉等示范城市。示范城市作为中西部地区服务业发展的政策

和资源高地，成为有序承接服务业区域间梯度转移的第一梯队。目前，文思海辉已经在成都、长沙、潍坊、大连、青岛、无锡、西安、武汉、东莞等中西部和二三线城市设立分支机构、交付中心或研发基地，软通动力将成都、西安、武汉、南京作为大西南地区、黄河流域、华中地区和长三角地区的区域性软件开发与技术服务基地，博彦科技选择西安、成都、武汉、苏州等地作为国内区域性交付中心。

（四）促进大学生就业，提升服务业国际化人才素质

示范城市对吸纳就业、人才培养的引领效应显著。截止到 2016 年，31 个示范城市累计吸纳就业 596 万人，全国占比均超过 70%。示范城市是我国服务业中高端人才的主要培养基地，在专业人才培养方面积累了丰富经验，建立了包括企业、园区、培训机构、行业协会、高等院校等载体在内的多层次、多渠道的服务外包人才培养体系。据统计，目前全国示范城市已经汇集了 1000 多个服务外包专业培训机构及大批专业师资力量，建立了超过 10000 个大学生实习基地和高校毕业生见习基地，由此带动的相关培训和教育人数，对高水平就业的示范和外溢效应显著。截止到 2016 年底，示范城市外包行业中大学（含大专）以上学历从业者 429 万人，占从业人员总数 72%。据统计，2016 年，上海和天津服务外包企业吸纳的大专及以上学历从业人员占比分别高达 87.5% 和 78.2%。天津大学软件学院、中软卓越、服务外包培训中心、东软睿道等一批服务外包培训机构全年培训新入职和在岗人员 1.2 万人，超过 1/4 的学员培训后在服务外包企业就业。服务外包从业人员平均工资 13.8 万元，是制造业从业人员平均工资的 1.9 倍。

（五）推动服务业高水平对外开放

1. 有效拉动当地开放型经济规模增长。2010—2017 年，示范城市承接的离岸服务外包执行额由 135.4 亿美元增长至 730.1 亿美元，以 25% 的年均增速迅速扩张，8 年间扩大了 4.4 倍，离岸服务外包占服务出口的比重由 7.6% 提升至 32%，对服务出口的拉动效应明显（图 3）。

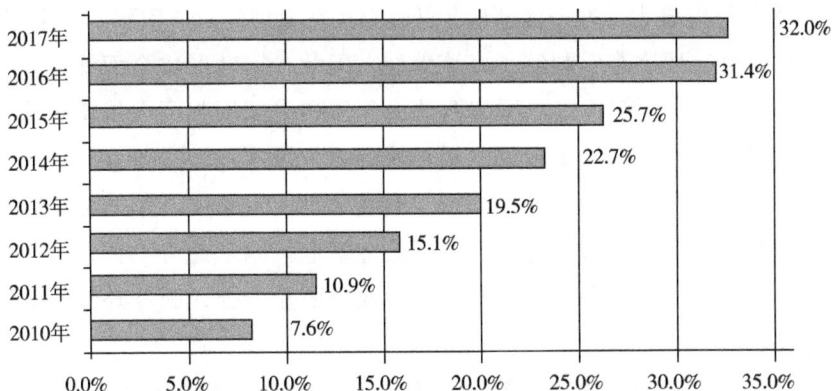

图3　2010—2017年示范城市离岸外包占我国服务出口的比重

数据来源：据商务部服贸司相关数据计算

2. 推动服务业"引进来"和"走出去"紧密结合。示范城市通过服务外包产业推动了当地的国际合作、对外投资、国际并购、利用外资发展，进一步扩大了服务领域的国际合作空间。一是通过开展国际论坛、国际交流等方式，不断扩大招商引资的"朋友圈"。二是不断创新服务外包合作模式。除了跨境交付模式之外，一些有条件的城市鼓励企业"走出去"，全球配置资源、优化市场布局、做大做强。一些服务外包领军企业加快设立海外研发中心和海外交付中心，以便优化利用在岸、近岸、离岸等综合优势，实现多级交付、高质量服务的能力，与发包市场形成更紧密的合作关系。如博彦科技在中国、美国、日本、印度、加拿大、新加坡6个国家设有30余家分支机构、研发基地或交付中心；软通动力在全球61个城市设有120余个分支机构和33个交付中心；微创软件在全球设有13个交付中心，交付网络涵盖亚洲、北美以及欧洲等国家和地区。三是服务外包企业跨境并购能力逐步增强。2016年中科创达以6400万欧元收购总部设在芬兰赫尔辛基的智能车载交互技术公司Right-ware，进入欧洲市场。此外，越来越多的跨国公司被示范城市的产业资源吸引，北京、大连、天津、上海等示范城市已经成为跨国公司集聚地。以大连为例，目前已有90余家全球500强企业在大连从事软件开发和服务外包业务，全球前十大ITO和BPO服务提供商中，有6家在大连开展外包业务。戴尔、毕博、爱立信、埃森哲、索尼、安永、花旗等20多家跨国公司将大连作为地区服务总部。

3. 服务外包成为助推中西部地区开放型经济发展的重要引擎。长期以来，中西部地区由于开放滞后制约了经济发展，因此，推动形成全面开放新格局的重点和难点在中西部地区。国家西部大开发和中部崛起两大战略的深入推进，中西部城市的基础设施建设水平加快提升，成本优势、要素优势和区位优势逐渐显现，为承接服务外包创造了有利条件。近年来，中西部城市的服务外包产业呈现出高速增长态势，尤其是金融危机以来逆势上扬，服务外包产业规模逐步壮大，实力明显提升，集聚效应明显增强，服务外包产业体系逐步形成。

成都形成了以 ITO 为主，覆盖研发、工业设计、市场营销、人力资源、财务会计等业务流程的服务外包产业体系。2016 年，离岸外包执行金额 14.9 亿美元，同比增长 7.2%。领军企业规模效应显著，离岸执行金额超过 1000 万美元以上的企业 20 家，累计离岸服务外包执行金额占全市离岸服务外包执行总额的 82.5%。ITO、BPO 和 KPO 占离岸外包执行金额的比重分别为 69.5%、6.6% 和 23.9%。以数据分析、工业设计、检验检测、医药和生物技术研发等为主的 KPO 业务比重逐渐增大，占比接近 1/3。

西安形成以研发服务外包为主，跨国公司和国内大企业为龙头，ITO 和 KPO 共同发展的服务外包产业格局。2016 年，服务外包合同执行金额 10.6 亿美元，同比增长 28.2%。高技术、高附加值的 ITO 和 KPO 业务占比达 96.4%。形成了以西安高新区为龙头，航空基地、经济技术开发区、浐灞生态区、碑林动漫产业园等服务外包示范园区共同发展的格局。

武汉逐步成为嵌入式软件和空间信息技术、信息安全、制造业信息化等应用软件领域的国家级服务外包产业基地。2016 年离岸合同签约额 7.19 亿美元，同比增长 20.4%，服务外包企业 514 家，从业人员规模 17.7 万人。形成了以光谷软件园和武汉软件新城等专业园区为核心，以光谷金融港、光谷生物城、光谷创意产业基地、地球空间信息产业基地、未来科技城、大学科技园等高新技术产业基地为依托，着力打造服务外包产业示范园区，集聚全市80% 左右的服务外包产业集群。

重庆市逐步形成了以软件服务外包为主，包括工程设计、电子商务、动漫、金融等的服务外包产业领域。2016 年离岸外包执行额 21.3 亿美元，同比增长 4%。商务部对 31 个服务外包示范城市综合评价中，重庆排名第 11 位，居中西部首位。

合肥形成了以软件研发、呼叫中心、金融外包服务、动漫网游设计、数据分析处理等 5 大领域为特色的服务外包产业集群。2016 年离岸外包执行金额 2.1 亿美元，共有服务外包企业 458 家，从业人员 16.8 万人。合肥现有 6 个省级服务外包示范区和 15 个市级示范园区，聚集了全市 80% 以上的服务外包企业和 90% 以上的外包业务。

4. "一带一路"倡议为推动中西部地区服务外包发展提供了机遇。"一带一路"倡议覆盖了我国中西部的大部分地区，推动广大中西部地区由原先的"开放末梢"变成"开放前沿"，为中西部地区提高服务业对外开放水平、促进经济结构调整、推动开放型经济发展提供了契机。随着互联互通工程建设的加速推进，中亚、西亚等地区将释放大量工业技术服务、信息化解决方案、专业服务需求，中西部城市将优先获得潜在市场和目标客户。目前，中西部服务外包基地和示范城市已经开始与"一带一路"沿线国家展开服务外包合作。例如，成都是我国与南亚服务外包产业合作的重要窗口城市，不少印度服务业巨头在成都建立了服务基地。西安在促进我国与中亚、中东欧乃至西欧跨国服务外包合作方面日益发挥积极作用。2014 年美国 Amidi 集团等跨国公司与西安高新区签约，将西安作为基地进行区域布局，以利用"一带一路"建设机遇，加强与中亚地区的经济合作。

参考文献

1. 王晓红. 中国服务外包：跨越发展与整体提升［M］. 太原：山西经济出版社，2012.

2. 商务部中国服务外包研究中心. 中国服务外包发展报告 2016［R］. 北京：中华人民共和国商务部，2017.

3. 商务部中国服务外包研究中心. 中国服务外包发展报告 2017［R］. 北京：中华人民共和国商务部，2018.

4. 王晓红，张素龙，李庭辉. 中国服务外包产业发展报告 2016—2017［M］. 北京：人民出版社，2018.

（原载《全球化》2018 年第 9 期）

我国服务外包产业的转型升级与创新发展[*]

服务外包是以互联网信息技术为支撑的新兴服务业态，涵盖信息技术外包（ITO）、业务流程外包（BPO）、知识流程外包（KPO）三大领域，具有科技含量高、国际化程度高、增长空间大、产业带动力强、吸纳大学生就业空间广阔、资源消耗低、环境友好性强等特点，成为近年来世界各国鼓励发展的产业。随着全球数字经济和服务经济的快速发展，国际服务外包已经成为推动服务全球化与价值链攀升的重要动力，也是新兴服务贸易发展的主要方式。其重要作用主要体现在：加速服务要素全球流动，促进服务资源优化配置；加速全球价值链分解、重构与优化，促进全球产业生态体系形成；优化全球创新链布局，推动创新全球化；推动后发国家产业升级，实现经济跨越发展等诸多方面。① 本世纪以来，我国开始承接以服务业为重点的新一轮国际产业转移，已经成为全球离岸服务外包第二大目的地。从发展阶段来看，"十一五"是我国服务外包产业的形成期和高速增长期，2006 年由商务部牵头组织实施促进服务外包产业发展的"千百十工程"②，开启了我国服务外包产业快速发展的历史进程。"十二五"则是我国服务外包产业实现量质齐升并形成国际竞争力的时期。2012 年 12 月，《中国国际服务外包产业发展规划纲要（2011—2015）》发布，标志着我国服务外包产业被正式纳入国家战略。在这一时期，我国服务外包产业加快提高创新能力和综合实力，在促进服务贸易发展和新动能成长，提升服务业国际化、信息化、专业化水平，推

---

　　* 本文系国家社会科学基金重大项目"扩大我国服务业对外开放的路径与战略研究"（14ZDA084）的研究成果。

　　① 王晓红，于倩. 全球经济治理视野的服务外包产业转型［J］. 改革，2016（04）.

　　② 《商务部关于实施服务外包"千百十工程"的通知》（商资发［2006］556 号）指出："十一五"期间，在全国建设 10 个具有一定国际竞争力的服务外包基地城市，推动 100 家世界著名跨国公司将其服务外包业务转移到中国，培育 1000 家取得国际资质的大中型服务外包企业，创造有利条件，全方位承接国际（离岸）服务外包业务，并不断提升服务价值，实现 2010 年服务外包出口额在 2005 年基础上翻两番。

动价值链迈向中高端以及促进区域开放型经济平衡发展等方面都发挥了重要带动作用。"十三五"是我国服务外包产业实现高质量发展、向全球价值链高端攀升并形成国际竞争新优势的战略机遇期。全球经济复苏进程不断加快、创新全球化趋势不断增强，数字经济引领的全球新产业革命正在加速发展，大数据、云计算、物联网、移动互联、人工智能、区块链等新一代信息技术和数字技术不断涌现和扩大应用，为我国服务外包产业转型升级与创新发展提供了宏观环境和技术支撑。但也必须看到，世界各国争相发展服务外包产业将导致全球市场竞争更加激烈，逆全球化思潮和保护主义有所增强，欧美等发达国家迫于促进就业的压力可能继续限制本国服务业离岸，国际汇率波动、金融动荡有所加剧以及国内综合成本上升等因素，都对我国服务外包产业发展带来压力和挑战。为此，必须扎实推进供给侧结构性改革，加快服务外包技术创新、服务模式创新和体制机制创新，推动服务外包标准化、数字化、智能化和融合化发展，构建在岸与离岸互动发展、东中西部融合发展、内外资企业共同发展的服务外包产业发展新格局。

一、"十二五"以来我国服务外包产业发展的主要特点

（一）服务外包规模集聚壮大，成为推动新兴服务贸易增长的主要动力

1. 服务外包产业保持高位增长。"十二五"期间，受全球经济低速增长的影响，我国服务外包产业呈现波动性增长，但总体保持了强劲稳健的高位增长态势。2011—2015 年，我国服务外包执行金额从 323.9 亿美元增长到 966.9 亿美元，相当于 2010 年的 4.9 倍；离岸服务外包执行金额从 238.3 亿美元增长到 646.4 亿美元，相当于 2010 年的 4.5 倍。其中，2011 年我国服务外包执行金额、离岸服务外包执行金额同比增长分别高达 63.59% 和 64.91%，是增速最高的年份。

"十三五"以来，我国服务外包产业仍继续保持两位数增长。2016 年，我国服务外包执行金额为 1064.6 亿美元，同比增长 10.11%，相当于 2009 年的 7.7 倍。其中，离岸服务外包执行金额为 704.1 亿美元，同比增长 8.94%，相当于 2009 年的 6.9 倍。2017 年，我国服务外包执行金额为 1261.4 亿美元，同比增长 18.48%。其中，离岸服务外包执行金额为 796.7 亿美元，同比增长 13.15%（表 1、图 1、图 2）。

表1 2011—2017 年我国服务外包产业发展情况　　　　　单位：亿美元

年 份	服务外包			离岸服务外包		
	执行金额	增速（%）	全球占比（%）	执行金额	增速（%）	全球占比（%）
2011	323.9	63.59	23.2	238.3	64.91	23.2
2012	465.7	43.78	27.6	336.4	41.17	27.6
2013	638.5	37.11	27.0	454.1	34.99	27.0
2014	813.4	27.39	30.6	559.2	23.14	30.2
2015	966.9	18.87	32.3	646.4	15.59	32.3
2016	1064.6	10.11	33.0	704.1	8.94	32.9
2017	1261.4	18.48	—	796.7	13.15	—

数据来源：中国商务部

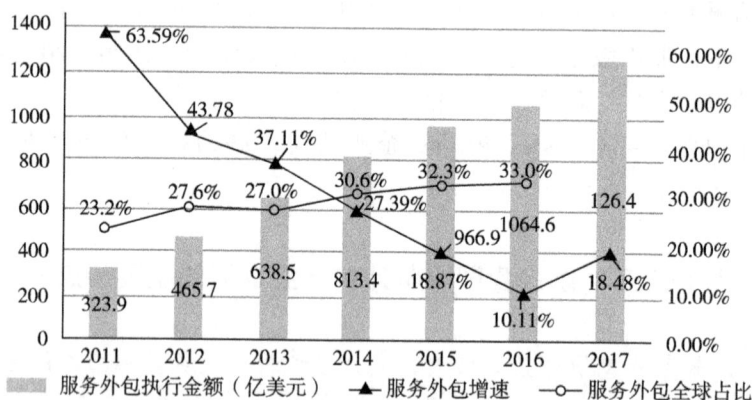

图1 2011—2017 年我国服务外包产业发展情况

数据来源：中国商务部

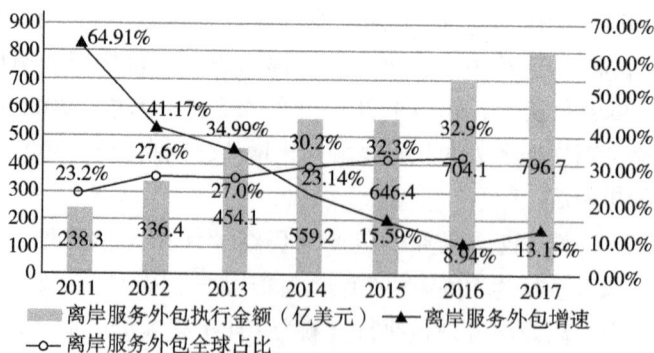

图2 2011—2017 年我国离岸服务外包产业发展情况

数据来源：中国商务部

2. 服务外包对服务贸易增长的贡献度明显提升。国际服务外包已经成为推动我国服务贸易发展的新引擎和新动能。目前，新兴服务贸易通过服务外包方式出口占 70%。从占比来看，2011—2016 年我国服务外包的全球占比由 23.2% 提高到 33%，上升了近 10 个百分点。2016 年，我国离岸服务外包占服务出口总额的比重达到 25%，较 2010 年提高了 7.3 个百分点；2017 年，我国离岸服务外包占服务出口总额的比重上升到 35% 左右，较上年增长了 10 个百分点。从增速来看，2011—2015 年我国服务进出口总额平均增速为 12.3%，低于同期离岸服务外包执行金额平均增速约 23.7 个百分点。其中，2011 年我国服务进出口总额同比增长 20.8%，低于当年离岸服务外包执行金额增长率 44.11 个百分点。2017 年我国服务进出口总额同比增长 5.15%，低于当年离岸服务外包执行金额增长率 8 个百分点（图 3）。

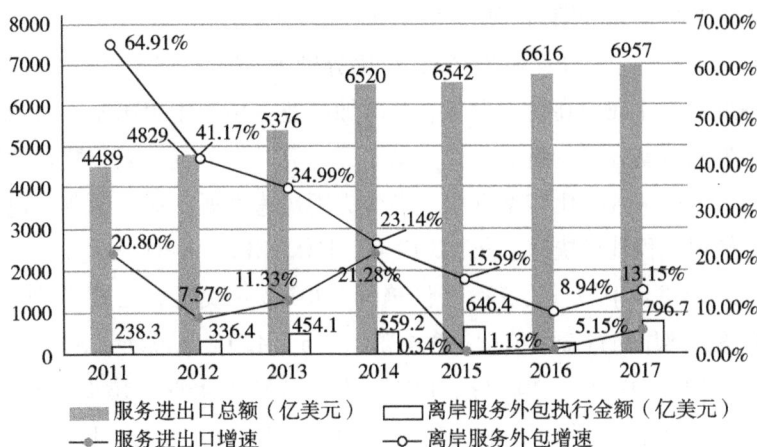

图 3　2011—2017 年我国服务进出口总额及增速、离岸服务外包执行金额及增速
数据来源：中国商务部

（二）服务外包产业结构明显优化，价值链呈现向高端跃升态势

1. 三大业务领域发展更加均衡，知识流程外包成为主要增长引擎。从信息技术外包（ITO）、业务流程外包（BPO）、知识流程外包（KPO）三大业务领域的结构变化可以看出，"十二五"以来中国服务外包产业已经进入结构调整时期并取得明显成效。

"十二五"时期，ITO始终占主体地位，但占比逐年下降，KPO逐步成为增长引擎。2001—2005年我国离岸软件外包服务市场年复合增长率高达52.1%，2006—2011年下降到38%左右。2011—2015年，我国ITO、BPO、KPO的离岸服务外包执行金额占比由58.2%、16%、25.8%调整为49%、14.2%、36.8%。2015年，ITO占比较2008年下降了19.4个百分点，KPO占比较2010年上升了22.8个百分点。2011—2015年，KPO执行金额平均增长率达40.71%，其中，2011年KPO离岸服务外包执行金额61.5亿美元，同比增长高达215.1%。2015年，我国承接ITO、BPO、KPO的离岸服务外包执行金额分别为316.8亿美元、91.7亿美元和237.8亿美元，同比分别增长7.9%、16.1%和27.4%。

"十三五"以来，KPO继续成为服务外包增长的重要推动力。2016年，ITO、BPO、KPO三大业务领域执行金额分别为531.5亿美元、195.1亿美元、338亿美元，同比增长分别为7.8%、19.3%、8.9%，占比分别为50%、18%、32%；离岸执行金额分别为330.5亿美元、116.6亿美元、257.1亿美元，同比增长分别为4.3%、27.2%和8.1%，占比分别为47%、17%、36%。2017年，我国服务外包产业在向高技术含量、高附加值业务拓展中迈出坚实步伐，成为新常态下外贸转型升级的有力支撑。基于云计算、大数据、人工智能的服务外包交付模式变革、数字化转型升级、平台应用快速发展，促进服务外包产业结构优化，知识流程外包快速上升。2017年，ITO、BPO、KPO三大业务领域执行金额分别为618.5亿美元、235.7亿美元、407.2亿美元，占比分别为49%、19%、32%；离岸执行金额分别为364.2亿美元、129.3亿美元、303.3亿美元，同比增长分别为10.2%、10.9%、18%，占比分别为46%、16%、38%。KPO快速增长的主要原因是知识产权、管理咨询、数据分析、工业设计、医药研发等领域发展较快。2017年，我国企业承接国际IT解决方案业务同比增长367.1%，全年承接国际电子商务平台、互联网营销推广、数据分析外包服务执行金额同比增长分别为226.4%、73.8%、51.9%（图4）。

三大业务领域的结构调整可以清晰地反映出KPO的拉动作用。这一时期的服务外包增长主要来自研发设计、文化创意等知识密集型服务业的驱动。KPO带动整个服务外包产业价值链向高端延伸和拓展，反映出我国产业创新能力不断增强，尤其是知识密集型服务业的国际竞争力不断提升。

2. 高附加值业务增长较快，结构升级效应明显。随着我国服务外包企业创新能力和服务能力不断提升，承接高端增值业务日益扩大，推动了价值链

	2011	2012	2013	2014	2015	2016	2017
KPO离岸执行金额	61.5	95.6	142.6	186.7	237.8	257.1	303.3
BPO离岸执行金额	38.2	52	63.5	79	91.7	116.6	129.3
ITO离岸执行金额	138.7	188.7	248	293.5	316.8	330.5	364.2

▨ ITO离岸执行金额　▨ BPO离岸执行金额　■ KPO离岸执行金额

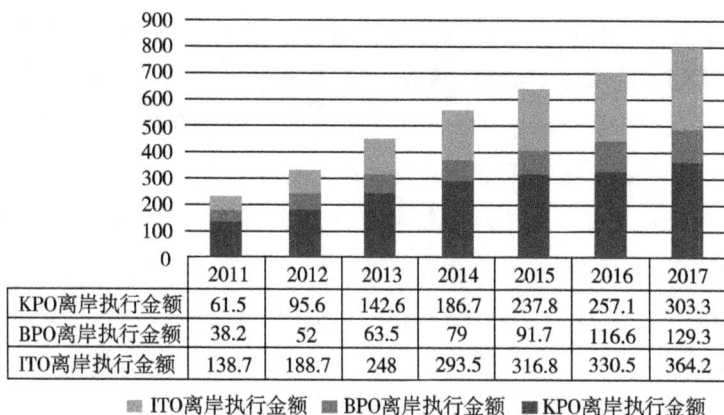

图 4　2011—2017 年我国离岸 ITO、BPO、KPO 发展情况（单位：亿美元）

数据来源：中国商务部

向研发设计、数据分析和挖掘、整体解决方案、系统设计服务等高端业务领域发展。

从 ITO 的内部结构来看，软件研发及开发服务占主导地位，然后是软件技术服务、集成电路和电子电路设计、电子商务平台等领域，反映出由于 ITO 领域的研发设计能力不断增强，促进了外包价值链向知识密集型和高附加值领域的拓展。同时，服务型制造、电子商务等新业态的发展，也推动了 ITO 价值链的拓展。2017 年，我国 ITO 离岸执行金额为 364.2 亿美元，其中，软件研发服务外包执行金额为 243.4 亿美元，占比为 66.8%。

从 BPO 的内部结构来看，其涵盖的服务领域日益宽广，尤其是在推动传统企业向数字化、网络化的业务流程、管理模式重构中发挥了重要作用。金融服务、人力资源、供应链管理等外包领域都表现出较好发展势头，反映出服务专业化分工不断深化带来业务外包领域增多，也体现出我国服务外包人力资源的丰富多样性特征在全球服务外包市场竞争中的巨大潜力。同时，从主要领域的增长变化中可以看出，企业为了适应数字经济的产业变革加快了流程再造和管理，不断释放数字化转型后的专业服务需求。2017 年，我国 BPO 离岸执行金额为 129.3 亿美元，其中，内部管理、业务运营、供应链管理三大项外包服务执行金额分别为 7 亿美元、66.6 亿美元、54.7 亿美元，占比分别为 5.4%、51.5%、42.3%。

从 KPO 的内部结构来看，产品研发、工业设计、工程技术、医药和生物技术研发、知识产权研究、数据分析等高技术服务发展较快，尤其是研发设计外包成为增长的主要驱动力。KPO 快速增长主要来自三方面的推力：一是研发创新全球化趋势扩大了 KPO 的市场需求；二是物联网、云计算、大数据、人工智能、区块链、生物医学等新技术革命的蓬勃发展推动了全球 KPO 业务成长；三是服务外包企业技术创新和服务模式创新能力不断增强，尤其是加快应用大数据、云计算、人工智能、区块链等新技术，提高了高端业务承接能力。2017 年，我国 KPO 离岸执行金额为 303.3 亿美元，其中，商务服务、技术服务、研发服务三大领域外包执行金额分别为 19.5 亿美元、190.3 亿美元、91.1 亿美元，占比分别为 6.4%、62.7%、30.0%（表2）。

表2　2017 年我国承接离岸服务外包按出口方式分类情况　单位：亿美元

合同类别	合同份数	同比增速（%）	协议金额	同比增速（%）	执行金额	同比增速（%）
总计	159218	26.9	1112.1	16.7	796.8	13.2
信息技术外包（ITO）	55177	15.5	553.6	23.7	364.2	10.2
软件研发服务外包	40866	13.3	394.0	29.0	243.4	6.7
信息技术服务外包	7604	33.9	83.9	-4.2	68.8	16.5
运营和维护服务外包	6700	11.7	75.3	39.9	51.5	21.3
业务流程外包（BPO）	16925	-5.1	175.0	2.0	129.3	10.9
内部管理服务外包	829	-11.2	10.5	20.0	7.0	10.7
业务运营服务外包	5767	-30.5	89.9	-7.1	66.6	17.7
供应链管理服务外包	10308	20.1	73.2	13.0	54.7	5.0
知识流程外包（KPO）	87116	45.6	383.5	15.0	303.3	18.0
商务服务外包	5738	36.8	28.0	64.2	19.5	44.2
技术服务外包	59007	50.1	241.3	10.5	190.3	17.2
研发服务外包	22328	36.9	113.0	17.5	91.1	20.1

数据来源：中国商务部

（三）服务外包企业实力增强，技术创新能力和国际化水平显著提高

1. 服务外包企业数量较快增长，大中型企业实力明显增强。"十二五"以来，各地扶优扶强的政策导向加速服务外包市场向优势企业集中，促进了服务外包企业通过并购重组等方式实现规模快速扩张和实力提升。2011—2015 年，我国累计新增服务外包企业近 1.7 万家，其中 2011 年新增企业增长率高达 33.2%。大中型企业实力明显增强，2010 年、2011 年、2015 年承接离岸服务外包执行金额超 1 亿美元的企业分别为 15 家、22 家、86 家。2014 年，100 人及以下的企业占比由过去的近 70% 下降为 43.8%，有 9 家企业入选全球服务外包 100 强。截至 2016 年，我国服务外包企业 39277 家，相当于 2010 年的 3 倍左右，其中，2016 年新增服务外包企业 5506 家（图 5）。

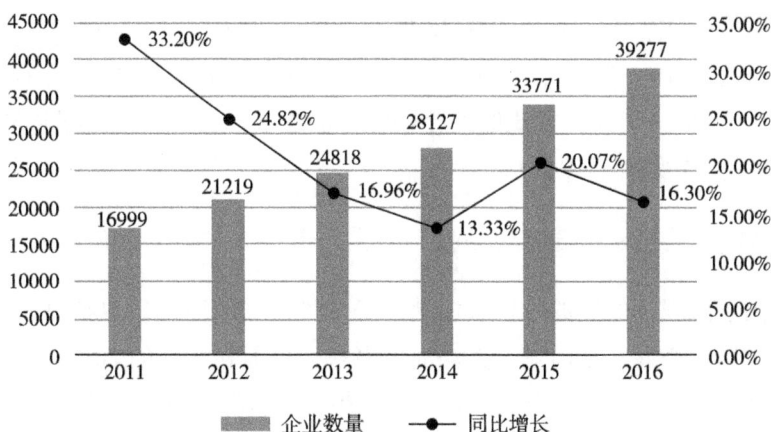

图 5　2011—2016 年我国服务外包企业数量增长情况

数据来源：中国商务部

2. 民营企业成为服务外包产业发展的主力军。我国服务外包最早发源于外资企业，2010 年之后已经形成了内资主导的发展格局。2010 年，内资和外资企业数量占比分别为 69.3% 和 30.7%，其中，民营、合资、外商独资和国有企业在服务外包产业中的占比分别为 54.3%、6.3%、24.4% 和 15%，反映出民企比国企具有更大的活力与发展潜力。2017 年，全国内资、港澳台和外资企业协议金额分别为 684.8 亿美元、130.8 亿美元和 305.2 亿美元，占比分

别为 61.1% 、11.7% 和 27.2% ；执行金额分别为 463.1 亿美元、91.1 亿美元和 248.1 亿美元，占比分别为 57.7% 、11.4% 和 30.9% 。[①]

3. 服务外包标准化、国际化水平及技术创新能力、综合服务能力明显提升。近年来，服务外包企业不断加大基础技术研发投入和数字化转型力度，通过国际并购重组不断获取核心技术，逐步由成本驱动向创新驱动转变，由提供单一技术服务向提供综合服务转变，由承接单一项目向与发包方建立长期战略合作关系转变。一方面是企业获得国际资质认证、技术先进型企业认定数量较快增长。截至 2016 年，我国服务外包企业认证数量为 16006 个，相当于 2010 年的 5.7 倍；13 项国际认证数量为 10417 个，相当于 2014 年的 1.4 倍。其中，2016 年新增企业认证数量 1803 个、13 项国际认证数量 1643 个。另一方面是软件著作权登记数量明显增长，说明软件信息技术企业技术创新能力增强。"十二五"时期，我国软件著作权增长率保持在 30% 左右。2011 年全国软件著作权登记量为 109342 件，相当于 2006 年（21495 件）的 5 倍多；2015 年达到 292360 件，相当于 2011 年的 2.7 倍、2006 年的 13.6 倍；2016 年达到 40.8 万件，同比增长近 40% ，也是 2010 年以来增长最快的一年；2017 年已经突破 70 万件。[②]

（四）形成以发达国家（地区）为主、面向全球的多元化市场布局

中国承接服务外包的主要来源地已经从美国、欧盟、日本和中国香港四大传统市场，拓展到东南亚、大洋洲、中东、拉美和非洲的 201 个国家和地区，尤其是"一带一路"建设拓展了发展中国家市场空间。

1. 四大传统发包市场比重有所下降。美国、欧盟、日本和中国香港一直是中国的主要发包市场。2011 年，中国承接上述四地服务外包执行金额占离岸服务外包执行金额总量的 68.9% ；2016 年，中国承接上述四地服务外包执行金额合计 444.9 亿美元，同比增长 11.7% ，占比 63.3% 。从四大发包市场来看，中国承接美国外包业务执行金额由 2012 年的 89.4 亿美元增长到 2017 年的 170.3 亿美元，占比由 2012 年的 26.6% 下降到 2017 年的 21.4% ；承接日本外包业务执行金额由 2012 年的 48.3 亿美元增长到 2017 年的 69 亿美元，

①　数据来源：中国商务部。
②　数据来源：中国商务部、国家知识产权局。

占比由 2012 年的 14.4% 下降到 2017 年的 8.7%；承接欧盟外包业务执行金额由 2012 年的 54.6 亿美元增长到 2017 年的 129 亿美元，占比一直保持在 15%—16% 左右，较为稳定；承接中国香港外包业务执行金额由 2012 年的 33.9 亿美元增长到 2017 年的 123.1 亿美元，占比由 2012 年的 10.1% 上升到 2017 年的 15.5%。可以看出，香港作为内地企业承接国际外包业务的主要来源地正在发挥越来越大的作用，欧盟作为主要来源地具有较大增长潜力（表 3）。

表 3 2012—2017 年我国承接四大市场服务外包执行金额及占比情况

单位：亿美元

	2012 年		2013 年		2014 年		2015 年		2016 年		2017 年	
	执行金额	占比（%）	执行金额	占比（%）	执行金额	占比（%）	执行金额	占比（%）	执行金额	占比（%）	执行金额	占比（%）
美国	89.4	26.6	117.5	25.9	128.0	22.9	150.6	23.3	154.3	21.9	170.3	21.4
欧盟	54.6	16.2	71.4	15.7	83.4	14.9	98.0	15.2	116.0	16.6	129.0	16.2
日本	48.3	14.4	54.0	11.9	60.7	10.9	54.8	8.48	57.8	8.2	69.0	8.7
中国香港	33.9	10.1	51.8	11.4	74.2	13.3	95.0	14.7	116.8	16.6	123.1	15.5

数据来源：中国商务部

2. 来自欧盟和其他发达经济体的外包业务增速明显加快。2017 年，中国承接离岸服务外包执行金额前 10 位的国家和地区依次为美国 170.31 亿美元、欧盟（28 国）129 亿美元、中国香港 123.11 亿美元、日本 69 亿美元、新加坡 45.1 亿美元、中国台湾 36.01 亿美元、韩国 34.38 亿美元、德国 27.38 亿美元、英国 21.13 亿美元、荷兰 13.76 亿美元，增长最快的前 5 位依次为印度 40.99%、瑞典 34.9%、英国 28.86%、新加坡 21.22%、日本 19.44%（表 4）。

表 4 2017 年我国承接离岸服务外包执行金额前 15 位的国家（地区）

单位：亿美元

国家（地区）	协议金额	同比增长（%）	执行金额	同比增长（%）
美国	205.75	-13.73	170.31	10.38
欧盟（28 国）	168.64	10.59	129.00	11.19

国家（地区）	协议金额	同比增长（%）	执行金额	同比增长（%）
中国香港	151.61	7.22	123.11	5.45
日本	78.22	7.96	69.00	19.44
新加坡	57.01	9.78	45.10	21.22
中国台湾	42.40	7.72	36.01	16.82
韩国	45.66	2.82	34.38	-4.62
德国	35.96	10.17	27.38	-4.98
英国	22.85	-3.45	21.13	28.86
荷兰	18.00	2.70	13.76	-13.25
印度	18.07	67.19	12.07	40.99
法国	14.01	25.58	11.20	16.73
瑞士	14.65	7.19	10.56	0.86
瑞典	16.07	257.98	9.51	34.90
爱尔兰	14.65	1.67	8.92	17.58

数据来源：中国商务部

3. "一带一路"沿线新兴市场成为服务外包增长的新引擎。"一带一路"建设实施以来，我国服务外包的国际市场空间得到进一步扩展，在推动中国技术、设计、标准和服务"走出去"中发挥了重要支撑作用。2013 年，我国承接"一带一路"沿线服务外包执行金额为 72.2 亿美元；2014 年，执行金额为 98.4 亿美元，同比增长 36.3%，高于整体增速 13.2 个百分点。2015 年，我国承接"一带一路"沿线服务外包合同金额为 178.3 亿美元，同比增长 42.6%，高于整体增速 20.5 个百分点；执行金额为 121.5 亿美元，同比增长 23.5%，高于整体增速 4.5 个百分点。2016 年，我国承接"一带一路"沿线服务外包合同金额为 161.46 亿美元，占离岸合同总额的 16.9%；执行金额为 121.23 亿美元，占离岸执行总额的 17.2%。2017 年，我国承接"一带一路"沿线服务外包合同金额为 312.5 亿美元、执行金额为 152.7 亿美元，分别相当于 2013 年的 3.1 倍和 2.1 倍。以上数据说明"一带一路"沿线服务外包的市场潜力正在加速释放。

从沿线主要区域来看，我国与"一带一路"沿线国家和地区在服务外包领域合作主要集中在新加坡、印度、伊拉克、马来西亚、印度尼西亚、俄罗斯、越南、泰国、巴基斯坦、沙特阿拉伯等 10 个国家。2016 年，我国承接上述 10 国的服务外包执行金额为 89.2 亿美元，占比达 73.6%。其中，承接伊拉克的服务外包执行金额增长最快，增长率达 67.5%。就地区而言，东南亚 11 国是主要发包地，其中新加坡、马来西亚、印度尼西亚是主要发包国。2015 年，我国承接东南亚国家服务外包合同金额为 89.9 亿美元、执行金额为 63.2 亿美元，同比分别增长 30.6% 和 17.3%，占比分别为 50.4% 和 52.0%。2016 年，来自东南亚 11 国的服务外包执行金额为 23.5 亿美元，占比 54.2%。随着我国与东南亚国家的海陆空网互联互通、国际产能合作不断推进，市场基础不断成熟，尤其受华人文化圈和地缘优势的影响，该区域具有持续增长的空间。接下来是西亚、南亚地区。西亚的主要发包国是沙特阿拉伯、伊拉克等国家，印度、巴基斯坦等是南亚的主要发包国。2015 年，我国承接西亚国家服务外包合同金额为 43.5 亿美元、执行金额为 25.2 亿美元，同比分别增长 113% 和 61.5%；承接南亚地区国家服务外包合同金额为 22.8 亿美元、执行金额为 17.85 亿美元，同比分别增长 40.1% 和 35.4%。随着我国与西亚和南亚地区在基础设施、交通运输、港口、能源、装备、信息通信等领域的投资合作日益广泛，这两大地区将会更多地释放信息技术、工程技术、专业服务等外包需求。此外，俄罗斯、蒙古、中亚、中东欧地区与我国服务外包合作逐渐增多。2016 年，我国承接中东欧 16 国服务外包执行金额增长率达 26.3%，是增长最快的区域（图 6）。

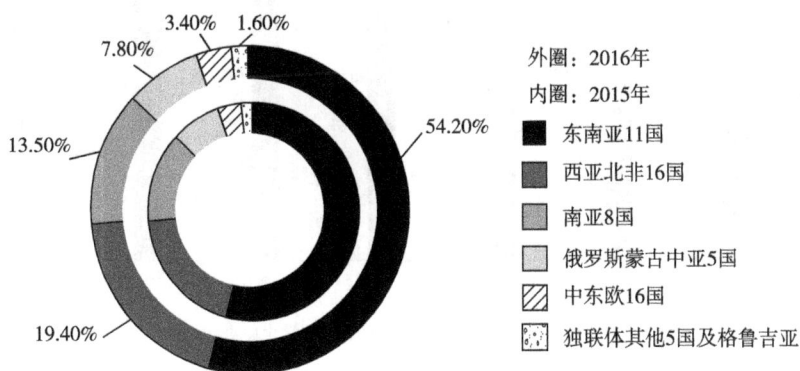

图 6 2016 年"一带一路"沿线国家（地区）服务外包执行金额占比情况

数据来源：中国商务部

（五）吸纳高端人才就业能力增强，人才素质不断提升

1. 人才结构以大学生为主，不断向高端化发展。2011—2015 年，我国服务外包产业就业人数年均增长率为 26.13%，其中，2015 年服务外包产业新增从业人员 127.5 万人，吸纳就业总数 734.7 万人，同比增长 21%，相当于 2011 年的 2.3 倍。2016 年，新增从业人员 121 万人，同比增长 16.47%。虽然从业人员增长呈现波动状态，但保持了较高增速，说明这一新兴服务业活力旺盛。截至 2016 年，全国服务外包从业人员为 855.7 万人。尤其是服务外包产业由北京、上海、广州、深圳等一线城市向二三线城市转移，河北、河南、湖北、江西等省份新增就业人员数量增幅较大。

大学生始终是服务外包吸纳就业的主体。2011—2015 年，全行业大学生就业人数从 223.2 万人增加到 471.6 万人，占服务外包就业总人数比重平均为 67% 左右。2016 年，服务外包产业新增大学（含大专）以上学历就业人数 79.7 万人，占新增从业人数的 65.9%；全行业吸纳大学生就业 551.3 万人，相当于 2011 年的 2.5 倍，占比 64.43%。2015 年、2016 年大学生就业人数占比较 2014 年下降 2 个百分点左右，研究生就业比重有所上升（图 7）。

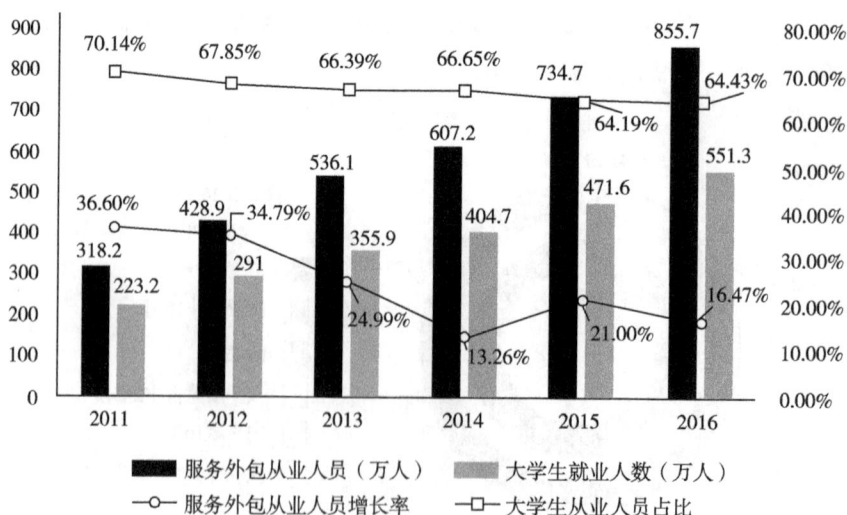

图 7 2011—2016 年我国服务外包从业人员情况

数据来源：中国商务部

2. 服务外包培训规模不断扩大，并形成了以外包企业、培训机构、职业学院为主体的人才培训体系。2011—2015 年，我国服务外包受训人员数量从 103 万人增加到 191.2 万人；其中，2015 年服务外包业新增受训人数 33.3 万人，同比增长 21.1%。截至 2016 年，累计受训人数总规模达 216 万人。服务外包园区、大型服务外包企业作为主要人才培训基地，依托政府支持和优惠政策，加强与高校合作，积极创新人才培养模式，开设嵌入式软件、数字媒体技术、现代物流、动漫设计与制作、通信网络与设计等专业课程，将高校的人才资源、学科优势和企业实践相结合，有效提高了在校大学生的能力培养水平（图 8）。

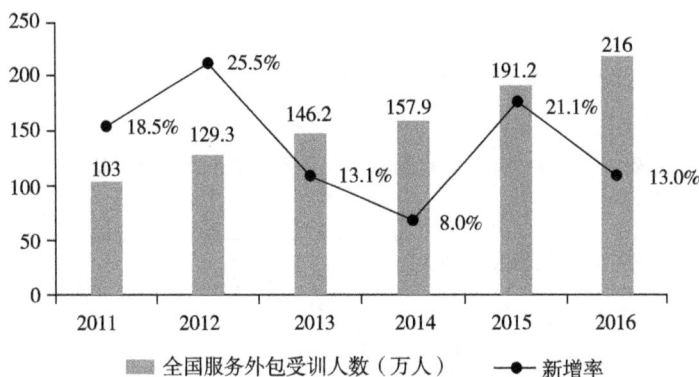

图 8　2011—2016 年我国服务外包受训人员情况

数据来源：中国商务部

（六）示范城市引领带动作用突出，在服务外包产业中一直保持主体地位

2009 年，21 个示范城市在全国服务外包离岸业务中的占比为 87.39%，近几年来基本保持这一水平。2015 年，21 个示范城市离岸服务外包执行金额为 561.2 亿美元，相当于 2010 年的 4.1 倍，全国占比 86.8%。截至 2015 年，21 个服务外包示范城市共聚集服务外包企业 20920 家，相当于 2009 年（7013 家）的 2.98 倍，全国占比 61.94%，较 2009 年（78.36%）下降了 16.42%。服务外包产业在全国普及率不断提高是导致示范城市比重下降的主要因素。截至 2015 年，21 个服务外包示范城市累计认证数量达 9356 个，获得 13 项国际认证 5354 个，分别占全国总量的 60.4%、61%；从业人员 443.7 万人，全

国占比为 60.39%。

2016 年，全国服务外包示范城市增加到 31 个①，完成服务外包执行金额 999.2 亿美元，全国占比为 93.9%；离岸服务外包执行金额 657.9 亿美元，全国占比为 93.4%。其中，南京、无锡、苏州等前 10 位示范城市服务外包执行金额共计 747.9 亿美元、离岸服务外包执行金额共计 519.4 亿美元，占示范城市的比重分别达 74.85% 和 78.95%，说明服务外包产业主要集中在上述 10 个城市。2016 年，新增的 10 个示范城市服务外包执行金额为 102.1 亿美元，占示范城市规模的 10.2%；离岸服务外包执行金额约 61 亿美元，同比增长 32.2%，高于示范城市和全国平均增速，成为服务外包产业新的增长极。2017 年，示范城市承接的服务外包执行金额为 1154.3 亿美元，离岸服务外包执行金额为 730.1 亿美元，全国占比分别为 91.5% 和 91.6%。以上数据说明示范城市的服务外包产业国际竞争力增强（表 5、图 9、图 10）。

表5　2010—2017 年我国服务外包示范城市产业发展状况

单位：万人、亿美元、项

	2010 年	2011 年	2012 年	2013 年	2014 年	2015 年	2016 年	2017 年
示范城市个数	21	21	21	21	21	21	31	31
示范城市新增服务外包企业数	2625	2702	2541	2325	2200	1437	3226	2462
全国新增服务外包企业数	3756	4233	4220	3599	3309	5644	5506	4173
示范城市占比	69.9%	63.8%	60.2%	64.6%	66.5%	25.5%	58.6%	59.0%
示范城市新增服务外包从业人员	54.3	66.5	71.5	56.6	49.4	24.2	84.2	47.2
全国新增服务外包从业人员	78.1	85.4	110.7	106.5	71.1	127.7	121.2	73.4

---

① 根据 2016 年发布的《商务部发展改革委教育部科技部工业和信息化部财政部人力资源社会保障部税务总局外汇局关于新增中国服务外包示范城市的通知》（商服贸函〔2016〕208 号），沈阳市、长春市、南通市、镇江市、宁波市、福州市（含平潭综合实验区）、青岛市、郑州市、南宁市和乌鲁木齐市等 10 个城市入选中国服务外包示范城市。

续表

	2010 年	2011 年	2012 年	2013 年	2014 年	2015 年	2016 年	2017 年
示范城市占比	69.5%	77.9%	64.6%	53.1%	69.5%	19.0%	69.5%	64.3%
示范城市服务外包执行金额	185.4	294.4	417.2	556.9	711.9	816.3	999.2	1154.3
全国服务外包执行金额	198	323.9	465.7	638.5	813.4	966.9	1064.6	1261.4
示范城市占比	93.6%	90.9%	89.6%	87.2%	87.5%	84.4%	93.9%	91.5%
示范城市离岸服务外包执行金额	135.4	219.0	305.0	402.9	497.1	561.2	657.9	730.1
全国离岸服务外包执行金额	144.5	238.4	336.4	454.1	559.2	646.4	704.1	796.7
示范城市占比	93.7%	91.9%	90.7%	88.7%	88.9%	86.8%	93.4%	91.6%
示范城市在岸服务外包执行金额	47.9	74.5	112.2	154	214.8	255.2	340.9	424.2
全国在岸服务外包执行金额	53.5	85.5	129.3	184.4	254.2	320.5	360.5	464.746
示范城市占比	89.5%	87.1%	86.8%	83.5%	84.5%	79.6%	94.6%	91.3%
示范城市 ITO	86.3	126.6	171.4	221.9	267.2	288.7	315.8	344.3
全国 ITO	91.7	138.7	188.7	248	293.5	316.9	330.5	364.2
示范城市占比	94.1%	91.3%	90.8%	89.5%	91.0%	91.1%	95.6%	94.5%
示范城市 BPO	27.2	34.8	46.8	55.5	69.3	78.4	105.3	120.1
全国 BPO	29.3	38.2	52	63.5	79.0	91.7	116.6	129.3
示范城市占比	92.8%	91.1%	90.0%	87.4%	87.7%	85.5%	90.3%	92.9%
示范城市 KPO	19.2	57.6	86.8	125.5	160.6	194.1	236.8	265.7
全国 KPO	20.2	61.5	95.6	142.6	186.7	237.8	257.1	303.3
示范城市占比	95.0%	93.7%	90.8%	88.0%	86.0%	81.6%	92.1%	87.6%

	2010 年	2011 年	2012 年	2013 年	2014 年	2015 年	2016 年	2017 年
示范城市新增国际资质	683	532	552	706	881	468	927	892
全国新增国际资质	1065	878	991	1190	1389	1491	1643	1303
示范城市占比	64.1%	60.6%	55.7%	59.3%	63.4%	31.4%	56.4%	68.5%

数据来源：中国商务部

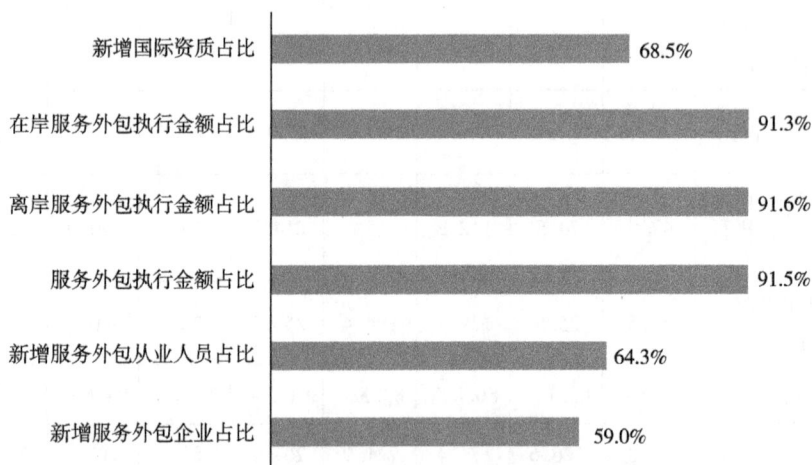

图 9　2017 年我国示范城市服务外包业务的全国占比

数据来源：中国商务部

（七）东部地区辐射能力增强，区域发展更加协调融合

1. 服务外包产业主要分布在东部沿海城市。"十一五"时期末，长三角、环渤海、珠三角城市的服务外包占全国总量的 91.5% 左右，中西部城市仅占 8.5% 左右。尤其是长三角地区具有明显优势，形成了以上海、南京、苏州、杭州、无锡 5 个示范城市为主要聚集区、辐射带动周边地区发展的格局。"十二五"以来，中西部城市由于基础设施不断完善，人力、土地、资源等要素成本较低，且科技人力资源较为丰富，不断吸引国内外服务外包企业加速转

移和集聚。2016 年，东部地区服务外包执行金额和离岸服务外包执行金额分别占全国比重的 85.5% 和 87.3%；中西部地区服务外包执行金额和离岸服务外包执行金额分别占比 14.5% 和 12.7%，其中西部地区新增服务外包企业数量和服务外包执行金额分别增长 181.3% 和 23.6%。[①] 成都、重庆、武汉、西安、合肥对跨国公司的吸引力越来越明显，已经成为有一定影响力的国际服务外包交付中心。

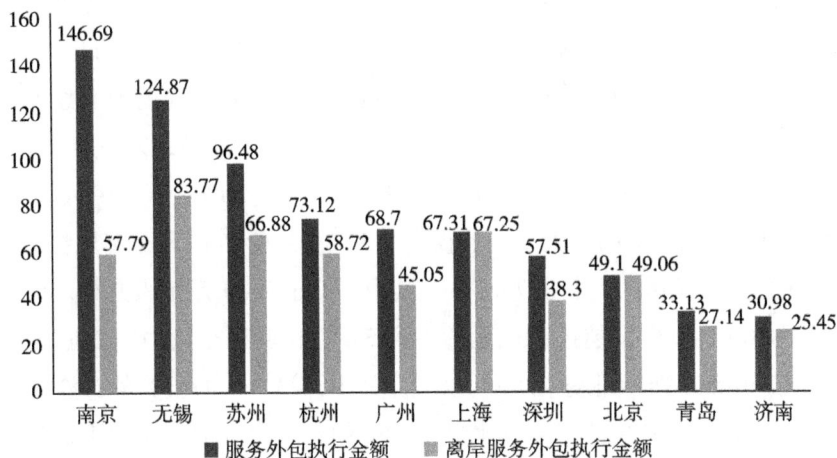

图 10 2016 年我国前 10 位服务外包示范城市的业务情况（单位：亿美元）
数据来源：中国商务部

2. 东部与中西部城市之间已经形成了明显的分工关系和融合发展的态势。由于成本因素和产业发展布局的因素，导致一些总部位于北京、上海的服务外包企业加快在中西部城市设立交付中心，加速东中西部产业链融合，形成了"一线接单，二三线交付"的产业链布局，促进了中西部地区根据当地资源禀赋参与价值链分工，带动了中西部服务外包发展，从而提升了中西部开放型经济水平。京津冀协同发展战略、长江经济带发展战略、粤港澳大湾区发展战略等战略的有效实施，提高了北京、上海、南京、深圳、广州等中心城市的服务外包产业辐射能力。例如，北京受疏解非首都功能的影响，将服务外包企业迁移到周边和其他地区，由此带动其他地区发展。

---

① 数据来源：中国商务部。

二、当前我国服务外包产业面临的主要问题

（一）服务外包企业国际竞争力仍较薄弱

1. 服务外包企业仍以中小规模为主，综合效益、国际化程度有待提升。目前，中小企业占我国服务外包企业总数的99%。2016年7月普华永道发布的"全球软件百强企业"报告显示，全球软件重点企业美国占比达75%，排名前20的软件企业有15家是美国企业；然后是欧洲、加拿大和日本企业，占比22%；中国企业仅有东软集团1家入围。根据笔者参加的课题组问卷调研结果，① 从人员规模来看，企业人数在1000人以下的占72.9%；1000人以上的大型企业占比不足1/3，其中特大型企业（5000—10000人）仅占17.1%，10000人以上的超大型企业仅占2.9%。从营业收入规模来看，年收入低于1亿元人民币的企业占75.7%，其中，低于5000万元的占64.3%；高于1亿元的占24.3%，超过5亿元的不到5%。在调研企业中，有近60%的企业承接离岸服务外包业务在50%以下，其中，43.9%的服务外包企业离岸率低于30%；服务外包离岸率占比超过50%的企业仅占41%。以上数据说明我国服务外包企业多数以国内业务为主，国际化能力还有待大幅提高。目前，我国服务外包企业在国外设立交付中心、参与国际并购数量都较少。

2. 承接服务外包业务主要位于价值链中低端，高端服务供给能力较弱。我国多数企业缺乏整体解决方案、系统服务和集成能力。有调查表明，我国只有22%的服务外包企业实施了六西格玛管理、60%的服务外包企业采用了ISO标准，反映出我国服务外包企业在业务标准化程度方面还存在较大差距。

3. 自主创新能力较弱、创新投入不足。我国服务外包企业的技术研发投入仅占4%，制约了企业技术创新能力的提升。服务外包企业难以享受国家重大招标项目政策和参与国家重大科研项目。尤其是一些服务外包企业通过海外并购在境外上市后成为国际企业、有了所谓"国际背景"之后，在涉及系统集成、信息安全等国家项目时通常被排斥在外，从而影响了这类企业开拓

---

① 课题组共向北京、上海、合肥、成都4个示范城市的100家服务外包企业发放了调研问卷，回收有效问卷69份。

国内服务外包市场。

（二）成本过快增长导致企业负担过重，国际服务外包吸引力有所弱化，促使离岸服务外包向越南、菲律宾、马来西亚等东南亚国家转移

近年来，我国服务外包企业的人力成本及融资、土地、资金、交通、通信、水电、税收等要素成本全面快速上升。人力成本在服务外包企业总成本中一般占 60%—70% 左右。企业工资水平年均增幅达 10% 左右，加上 44% 的"五险一金"缴费，总体上使中国企业成本高出印度 20%—25% 左右。① 据调查，2016 年，一些软件企业人员工资总额增长 15.3%，人均工资增长 8%；在全国软件开发者中，平均月薪 1 万元以上者占 45%，较 2015 年上升 12%，月薪 2 万元以上者占比增长 67%。2010 年以来，我国服务外包企业逐渐由北京、上海、广州、深圳等一线城市向西安、武汉、成都等二三线城市转移，但目前二三线城市的成本优势也逐渐减弱。这些因素都将导致离岸服务外包向越南、菲律宾、马来西亚等东南亚国家转移。综合成本上升导致许多服务外包企业不堪重负、惨淡经营，虽然营业收入增长，但利润呈下滑态势，严重影响了企业的创新能力和市场竞争力。

（三）中高端人才供给严重不足是困扰服务外包产业发展的主要瓶颈

中高端人才缺口较大严重影响了企业承接国际服务外包能力，尤其是承接高端价值链业务的竞争力，这一问题长期未能很好解决。根据中国服务外包研究中心的调查，有 40% 的企业认为难以吸引高端人才，38% 的企业认为难以招到中端人才，尤其缺少具备丰富垂直行业知识和商务运营经验、较强技术开发管理能力、较高外语水平的高端专业技术和管理人才。高精尖人才培养渠道狭窄、企业待遇不高对人才吸引力较弱等都是重要原因。根据笔者参加的课题组问卷调研结果，有 81% 的服务外包企业研究人员占比低于10%，仅有 20% 左右的企业研究人员占比高于 10%，说明目前服务外包企业研发人才匮乏，这严重影响了企业的创新能力和承接高端业务能力。

---

① 中国服务外包研究中心调查数据。

（四）公共服务体系建设比较薄弱是影响企业参与国际竞争的重要因素

目前，全国服务外包平台建设投入不足，技术研发、信息服务、市场交易、大数据、云计算等平台建设不完善，导致资源难以实现共享；行业协会在国际市场中缺乏影响力，导致我国在国际市场推介服务外包企业、树立服务外包品牌缺乏力度；行业标准制定不完善，服务外包企业的服务标准、服务质量和服务水平参差不齐，在承接离岸业务时不利于"抱团"获得海外订单。此外，知识产权服务体系还不够健全、知识产权保护力度不足、信息安全环境较差也是制约国际发包商继续扩大在中国业务的因素。

三、推动我国服务外包产业转型升级与创新发展的主要思路

第一，以创新驱动为引领，推动服务外包价值链向高端跃升。以大数据、物联网、云计算、人工智能为引领的数字经济快速发展将不断引发产业变革，加速催生各种新业态和新模式，也推动了传统产业数字化转型的步伐，为服务外包产业向价值链高端发展提供了空间。为此，一要抓住重点领域精准发力。在 ITO 领域，应着力提高软件研发、集成电路设计、云计算等信息技术外包的整体解决方案和系统集成能力；在 BPO 领域，应着力拓展金融、供应链管理、电子商务平台等业务流程外包的价值增值空间；在 KPO 领域，应着力扩大数据分析、工业设计、工程技术、管理咨询、医药和生物技术研发、文化创意等知识流程外包的规模效益。二要鼓励服务外包企业加大创新投入，在技术研发、交付模式、业务流程、经营管理等方面进行创新变革。支持有条件的服务外包企业参与国家重大科技招标项目，提升系统设计、整体解决方案等高端服务能力。鼓励银行、证券、基金、创投等金融机构为服务外包企业研发提供多样化金融产品，解决融资难问题。鼓励各地设立服务外包产业基金，加大对服务外包企业的研发支持力度；鼓励、规范互联网金融贷款及众筹等社会融资模式，为社会创新提供资金支持。三要加强服务外包园区的创新能力建设。发挥好服务外包园区的企业集聚功能和产业示范带动作用，加强园区互联网、大数据、云计算、人工智能等创新平台、创客空间的建设，推动众包、众创等社会创新模式，加强园区孵化器建设。四要强化服务外包标准体系建设。一方面，应积极对接美国、欧洲、日本等发达国家（地区）

标准，提高外包服务的质量；另一方面，应在我国具有比较优势的重点领域制定一批具有国际领先水平的标准，增强主导权和话语权。

第二，以提高企业国际竞争力为导向，构建协同发展、互利共赢、竞争有序的服务外包企业生态。一是注重发挥领军企业在接包、品牌、创新、标准、网络渠道等方面的优势，带动中小服务外包企业参与国际竞争，打造中国服务外包整体品牌，逐步建立大型服务外包企业向中小服务外包企业分包协作机制。支持服务外包企业通过国内企业重组快速壮大规模，开展国际并购获取关键技术、高端人才、品牌渠道等战略资源，提升核心竞争优势。二是继续发挥外资企业优势。应不断扩大服务业开放，进一步放宽市场准入，吸引跨国公司的信息技术、研发设计、医疗健康、教育培训、物流供应链管理、财务结算、专业咨询等服务机构进入我国提供高品质服务，同时向本土服务企业发包。三是进一步优化营商环境。降低税费及房租、水电、土地价格，切实降低企业综合成本。同时，加大在技术研发、引进人才、国际资质认证、培训教育等方面的财政补贴力度。

第三，以专业化、国际化、高端化为目标，加快服务外包人才体系建设。一是注重发挥高等教育的基础性和支撑性作用，支持985、211院校设置服务外包相关专业，尤其要针对新技术、新业态的发展不断扩大学科领域，针对"一带一路"沿线国家服务外包的需要不断扩大相关国家语言人才的培养。加强高校与企业的密切协作，建立产学研合作的长效机制。二是建立创新创业与技能人才培养相结合的培训机制，发挥服务外包企业、培训基地、培训学院的作用，共同推动岗前培训、岗位培训、委托培训、定制培训、线上线下培训等多样化培训模式。三是不断完善国际化高端人才的引进政策和激励机制。

第四，以在岸促离岸为抓手，推动国际国内服务外包市场融合发展。全球金融危机之后，由于国际市场大幅萎缩，一批服务外包企业将重点转移到在岸业务，增强了规模效益和实力。我国在岸市场规模巨大，对于服务外包企业夯实基础、做大做强提供了有利条件。随着"中国制造2025"发展战略的不断推进，网络智能制造、服务型制造、绿色制造的发展将释放大量的软件与信息服务市场需求；而随着数字化和信息化在政府、医疗、教育、科研等部门的广泛应用，电子商务、电子政务加快发展，也将产生大量外包服务。此外，随着国内服务经济主导的产业结构不断升级，服务市场专业化趋势也将使外包领域越来越细分、越来越丰富。应引导、鼓励服务外包企业服务国内市场，培育一批专业化、品牌化的优质服务供应商，为承接离岸服务外包奠定有利基础。

第五，以"一带一路"建设为契机，形成发达国家与发展中国家双向拓展的全球市场战略布局。目前，多数"一带一路"沿线国家处于工业化和信息化初期阶段，对于服务外包产生了大量需求。加快"一带一路"沿线服务外包市场布局，不仅是我国拓展国际市场空间，推动中国技术、标准和品牌"走出去"的需要，也是减少对美国市场过度依赖、有效应对其不确定性的重要途径。应在继续保持传统发包市场主导地位的同时，稳步开拓"一带一路"市场。利用基础设施互联互通、产能合作、装备合作、金融合作的重大项目，带动研发设计、信息技术、物流供应链管理、广告创意、金融等服务外包。利用沿线自贸区政策优势，通过提高境外经贸合作区等平台的服务配套水平，不断扩大服务外包规模。同时，积极与沿线国家建立货币互换制度，扩大使用人民币结算范围，以有效防范因汇率大幅波动带来的金融风险。

（原载《中国社会科学院研究生院学报》2019 年第 1 期）

数字贸易 篇

中国数字贸易发展：现状、挑战及思路

导言

随着信息通信技术广泛应用和数字经济强势崛起，全球数字贸易蓬勃发展并成为贸易业态创新的源动力和增长新引擎。数字贸易是以数字技术为手段、数据为核心生产要素、数字化平台为载体、数字服务为主体、数字化交付为主要特征的贸易新业态，通过数据链促进产业链、供应链、创新链加速优化整合，提升价值链增值水平。

目前，学界关于数字贸易的定义内涵有广义（宽口径）与狭义（窄口径）之分，广义之说横跨货物贸易和服务贸易，狭义之说仅为服务贸易范畴，下面是 4 种具有代表性的定义。其一，世界贸易组织（WTO）于 1998 年发布的《电子商务工作计划》用电子商务替代数字贸易，将其定义为"通过电子方式生产、分销、营销、销售或交付货物和服务"。① 其二，经合组织（OECD）、WTO、国际货币基金组织（IMF）于 2020 年发布《数字贸易测度手册》（Handbook on Measuring Digital Trade），② 将其定义为"所有以数字方式订购和以数字方式交付的国际贸易"，按照交易性质将数字贸易分成三个部分。即：数字订购贸易，指"以计算机网络来专门为接受或下单的方法而进行的一种货物或服务的国际交易"；数字交付贸易，指"使用专门的计算机网络以电子格式远程交付的国际交易"；③ 数字中介平台赋能贸易，指"为买卖

---

① WTO. Work Progranme on Electronie Commerce ［EB/OL］. Https：// www. wto. org/ english/tratop - e/ecom_e/ wkprog_e. Htm, 1998.

② 也可译为《衡量数字贸易的手册》。

③ OECD、WTO、IMF. 数字贸易测度手册, 赛博安全 ［R/OL］. (2022 - 07 - 17), htps：/baija-hao. baidu. com/s? id = 1672460009303851532 &wfr = spider&for = pce.

双方提供交易平台和中介服务的行为"。① 其三，美国是最早对数字贸易进行定义的国家并先后经过三次修订。② 最近一次是 2017 年美国贸易代表办公室（USTR）发布《数字贸易的主要障碍》，认为数字贸易不仅包括个人消费品在互联网上的销售及在线服务提供，还包括实现全球价值链的数据流、实现智能制造的服务及其他平台和应用。从这一分类可以看出数字贸易的核心是服务贸易属性。其四，我国将数字贸易归类于服务贸易。2019 年 11 月 19 日在中共中央、国务院出台的《关于推进贸易高质量发展的指导意见》中第一次写人"数字贸易"这一概念。商务部服贸司将其定义为"以数据为生产要素、数字服务为核心、数字交付为特征"，并初步划分为：数字技术贸易、数字产品贸易、数字服务贸易、数据贸易四大类。③ 其中，数字技术贸易包括：软件、通信、大数据、人工智能、云计算、区块链、工业互联网等数字技术的跨境贸易；数字产品贸易包括：数字游戏、数字出版、数字影视、数字动漫、数字广告、数字音乐等数字内容产品的跨境贸易；数字服务贸易包括：跨境电商平台服务，以及金融、保险、教育、医疗、知识产权等线上交付的服务；数据贸易则指数据跨境流动形成的贸易。

本文对于数字贸易的分析框架采用第 4 种定义。笔者认为，服务属性是数字贸易的基本属性；数字服务贸易是数字贸易的核心圈层，体现其核心价值。因此，数字贸易主要涵盖信息通信技术、金融保险、知识产权、文化娱乐、其他商业服务等可数字化交付的知识密集型服务贸易领域，是产业创新、结构升级、畅通内外循环的重要支撑。数字贸易将加速全球资金、技术、人才、知识、数据等要素流动，不断拓展服务可贸易边界并扩大规模经济和范围经济效应，通过各类数字化的研发、生产、贸易和服务平台

---

① 方元欣. 对我国数字贸易发展情况的探索性分析——基于 OECD—WTO 概念框架与指标体系 [J]. 海关与经贸研究，2020，41（04）.

② 2013 年 7 月美国国际贸易委员会（USITC）在《美国和全球经济中的数字贸易Ⅱ》中初次提出数字贸易的概念，即通过互联网传输而实现产品和服务的国内商业和国际贸易活动，并将数字贸易划分为数字交付的内容、社交媒体、搜索引擎和其他数字产品与服务等四大类。2014 年 8 月 USITC 在《美国与全球经济中的数字贸易Ⅱ》中将货物纳人数字贸易交易标的，强调数字贸易是由数字技术实现的贸易，并解释为互联网技术在订购、生产及交付产品和服务中发挥关键作用的贸易活动。

③ 中华人民共和国商务部. 中国数字贸易发展报告 2020 [R]. 北京：中华人民共和国商务部，2018.

促进全球产业链、供应链和创新链稳定发展，推动创新效率提升、技术扩散与开放合作，促进科技、医疗、文化、体育、教育等优质服务资源全球共享。因此，数字贸易不仅为贸易高质量发展提供创新动力，也是中国与世界各国科技人文交流的重要载体，将为构建新发展格局提供重要战略支撑。

一、"十三五"时期中国数字贸易取得跨越发展

随着中国网络数字技术快速发展，应用场景不断丰富，知识密集型服务业成为增长引擎，服务贸易开放水平持续提高，各类开放平台不断壮大，为数字贸易创新发展创造了良好环境。"十三五"时期以来，中国数字贸易规模迅速成长，占服务贸易比重快速提升，尤其是在新冠肺炎疫情背景下逆势上扬。更为亮眼的是，随着产业、贸易、企业数字化转型成为全球发展趋势，5G、云计算、大数据、人工智能、区块链等新一代数字技术有了广阔丰富的应用场景，新一代数字技术服务出口呈现高速增长态势。

（一）数字贸易成为服务贸易顺差的主要贡献者

根据联合国贸易和发展会议（UNCTAD）利用可数字化交付服务贸易测度数字贸易的方法，[①] 中国数字贸易额由 2015 年的 2000 亿美元增至 2020 年的 2947.6 亿美元，增长 47.4%；数字贸易占服务贸易比重由 30.6% 增至 44.5%（表 1、图 1）。除 2017 年外，其余年份数字贸易出口额均大于进口额。可以说明 3 方面的问题：一是数字贸易对减少服务贸易逆差做出重要贡献；二是数字贸易为提升服务贸易竞争力发挥了重要作用；三是中国数字贸易国际竞争力日益增强（图 2）。尤其是新冠肺炎疫情发生后，传统服务贸易严重受挫、大幅下滑，数字贸易逆势而上成为服务贸易增长的主引擎。2020年可数字化交付的服务贸易额同比增长 8.3%，占当年服务进出口总额的44.5%，较 2015 年提升 13.9 个百分点；其中，服务出口额为 1551.5 亿美元，增长 7.9%，占服务出口总额的 55.3%，较 2015 年提升 12.8 个百分点。

---

① 根据联 UNCTAD 表述，可数字化交付服务贸易包括：保险服务，金融服务，电信、计算机和信息服务，知识产权使用费，个人、文化和娱乐服务，以及其他商业服务。

表 1   "十三五"时期我国数字贸易规模、增速及占比

单位：亿美元、%

	2015 年	2016 年	2017 年	2018 年	2019 年	2020 年
服务贸易总额	6542.0	6616.0	6957.0	7919.0	7850.0	6617.0
可数字化交付服务贸易	2000.0	2092.0	2079.5	2561.8	2722.1	2947.6
其中出口	1137.3	1121.5	1025.7	1321.4	1437.5	1551.5
进口	862.7	970.5	1053.8	1240.4	1284.6	1396.1
可数字化增速	—	4.6	-0.6	23.2	6.3	8.3
可数字化总额占比	30.6	31.6	29.9	32.4	34.7	44.5

数据来源：中国商务部

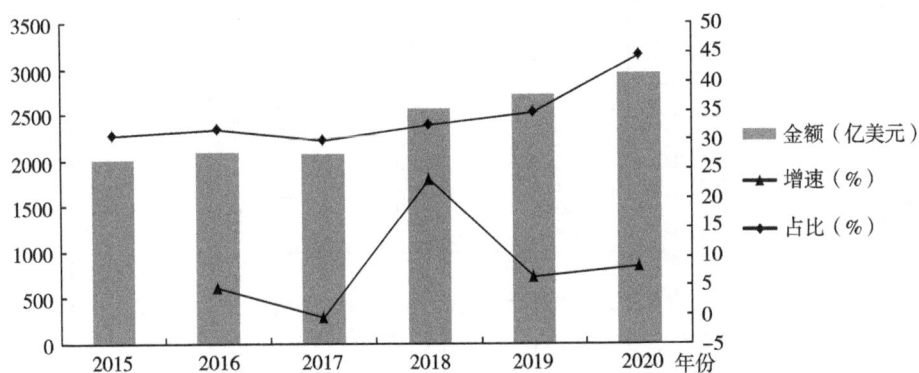

图 1   "十三五"时期我国数学贸易规模、增速及占比

数据来源：中国商务部

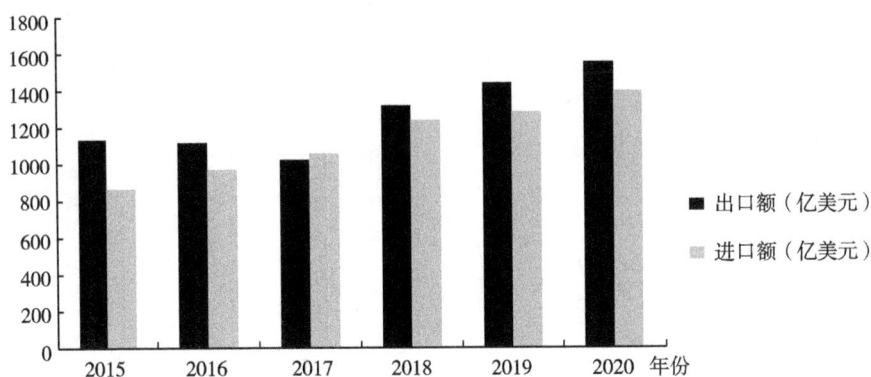

图 2   "十三五"时期我国数字贸易出口额与进口额

数据来源：中国商务部

表 2　2018—2020 年中国数字服务进出口额、增速

单位：亿美元，%

年度 数字服务类别	2018			2019			2020		
金额及增速	出口金额	同比	进口金额	出口金额	同比	进口金额	出口金额	同比	进口金额	同比
可数字化服务贸易（总额）	1321.4	28.8	1240.4	17.7	1437.5	4.5	1284.6	3.6	1551.5	7.9	1396.1	8.68
保险服务	49.2	21.7	118.8	14.1	47.8	−2.9	107.8	−9.3	53.8	12.5	123.4	14.6
金融服务	34.8	−5.8	21.2	31.2	39.1	12.3	24.7	16.4	41.8	7.0	31.7	28.6
电信、计算机和信息服务	470.6	69.5	237.7	24.0	538.6	14.5	269.0	13.2	607.7	12.8	329.7	22.6
其中：电信服务	21.0	17.8	15.8	−12.5								
计算机和信息服务	449.6	73.0	221.9	27.7								
知识产权使用费	55.6	16.8	355.9	24.6	66.5	19.6	343.8	−3.4	86.8	30.5	376.3	9.5
其中：研发成果使用费	5.3	−18.5	161.8	13.3								
视听及相关产品许可费	1.3	7.1	30.3	37.5								
个人、文化和娱乐服务	12.1	59.8	33.9	23.2	12.0	−1.3	40.8	20.2	13.2	9.8	30.1	−26.3
其他商业服务	699.0	13.6	472.8	10.3	733.5	4.9	498.5	5.4	748.2	2.0	504.9	1.3
其中：技术	174.3	16.8	126.8	10.2								
专业和管理咨询服务	338.3	8.7	180.8	11.7								
研发成果转让费及委托研发	93.0	16.6	70.6	23.9								

数据来源：中国商务部

表3 2020年中国服务进出口额、增速

单位：亿美元，%

服务类别	进出口		出口		进口		贸易差额		
	金额	同比	金额	同比	金额	同比	当期	上年同期	逆差减少
总额	6617.2	-15.7	2806.3	-1.0	3810.9	-24.0	-1004.6	-2178.0	1173.4
运输	1512.8	0.2	566.0	23.0	946.8	-9.7	-380.8	-588.4	207.6
旅行	1477.7	-48.3	165.5	-52.0	1312.3	-47.7	-1146.8	-2165.9	1019.1
建筑	332.8	-10.7	251.3	-10.2	81.5	-12.3	169.8	187.1	-17.3
保险服务	177.2	13.9	53.8	12.5	123.4	14.6	-69.7	-60.0	-9.7
金融服务	73.6	15.4	41.8	7.0	31.7	28.6	10.1	14.4	-4.3
电信、计算机和信息服务	937.3	16.1	607.7	12.8	329.7	22.6	278.0	269.6	8.4
知识产权使用费	463.1	12.9	86.8	30.5	376.3	9.5	-289.5	-277.2	-12.2
个人、文化和娱乐服务	43.2	-18.1	13.2	9.8	30.1	-26.3	-16.9	-28.8	11.9
维护和维修服务	110.2	-20.4	76.6	-24.7	33.6	-8.2	43.0	65.2	-22.2
加工服务	175.3	-11.9	170.3	-13.0	5.0	60.2	165.3	192.7	-27.4
其他商业服务	1253.1	1.7	748.2	2.0	504.9	1.3	243.3	235.1	8.3
政府服务	60.7	15.3	25.1	62.4	35.6	-4.3	-10.5	-21.8	11.2

数据来源：中国商务部

（二）重点领域数字贸易出口保持强劲发展态势

按照上述第 4 种划分方法，对中国数字贸易出口进行分析。

1. 新一代数字技术服务出口快速发展。中国软件、社交媒体、搜索引擎、通信、云计算、卫星定位等信息技术服务出口总体保持高速增长。尤其是新一代数字技术服务出口增速迅猛，2020 年集成电路和电子电路设计、信息技术解决方案、网络与信息安全服务出口执行额分别增长 38.3%、63.3%、309.7%，云计算、人工智能服务出口执行额分别增长 35% 和 234.5%。

第一，软件出口竞争力持续提升。2015—2020 年中国软件出口由 333.9 亿美元增至 469.6 亿美元，增长 40.6%（图 3）；软件外包笔合同执行额由平均 64 万美元增至 67 万美元；业务收入由 42848 亿元增至 81616 亿元，增长 90.5%；人均创造业务收入由 74.6 万元增至 115.8 万元，增长 55.2%。2020 年软件出口国家（地区）达 220 个。笔合同额扩大、人均创收提高、接包市场拓展，都说明中国软件业整体实力和国际竞争力不断提升，出口价值链持续攀升。

第二，云服务国际市场份额逐步扩大。市场调研机构 Synery Research Group 的数据显示，阿里云在东南亚、非洲国家迅速拓展市场，全球云服务居第 4 位，[①] 阿里、百度、腾讯在全球云服务市场份额合计占 12% 以上。2020 年 1 月，腾讯云多项服务和新加坡数据中心站点获得新加坡多层云安全最高等级认证，在全球开放 25 个地理区域、运营 53 个可用区，上线了华盛顿、硅谷、法兰克福、首尔、孟买、曼谷、莫斯科、东京等大区。

第三，区块链技术国际合作空间不断拓展。随着"一带一路"建设深入推进，中国与马来西亚、印度尼西亚、哈萨克斯坦、新加坡等沿线国家加强区块链技术在跨境贸易、数字货币、资格认证等方面的应用，国际合作项目取得积极进展（表 4）。

---

① 前 3 位分别为亚马逊、微软、谷歌，分别占全球云服务市场份额的 33%、18%、9%。

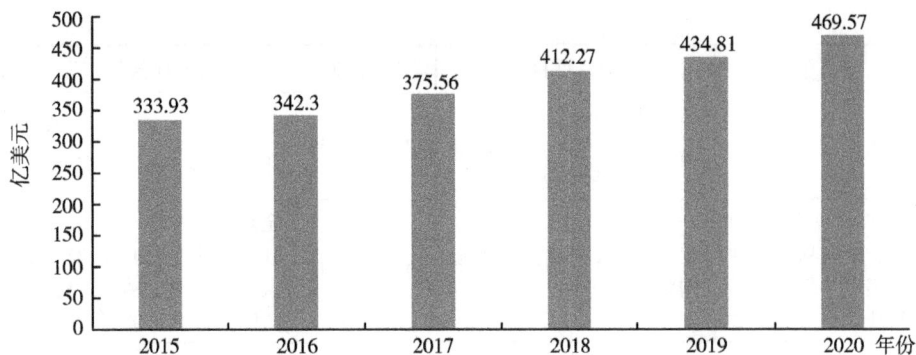

图3　"十三五"时期我国软件出口规模

数据来源：中国商务部

表4　2019—2020年部分区块链国际合作项目

企业	合作项目	合作时间	合作伙伴
欧克云链控股	签署区块链技术服务协议	2019年6月	美国信托公司Prime Trust
平安金融壹账通	区块链技术驱动金融科技平台	2019年7月	泰国、马来西亚、印尼、菲律宾
中国丝路集团	利用区块链技术为跨境电子商务搭建存证、举证平台	2019年7月	联合国贸发会议
工商银行四川分行	全国首个基于多式联运"一制"的跨境区块链平台	2019年10月	俄罗斯、意大利等
迅雷链	搭建泰国教育学历标准认证链Certory	2019年12月	泰国那黎宣大学
火币集团	共建基于区块链的新一代金融基础设施合作意向书	2019年12月	马来西亚、印尼、哈萨克斯坦、新加坡等国家
奥科云链控股	业务覆盖180多个国家和地区，服务全球5000多个用户，输出区块链技术解决方案	—	美国、欧洲、南美、韩国、日本、越南等10多个国家地区

续表

企业	合作项目	合作时间	合作伙伴
中粮集团	在瑞士日内瓦共同成立基于区块链技术的数字化农业国际贸易公司	2020 年 4 月	ADM、邦吉、嘉吉、路易达孚集团、嘉能可农业等
中国国家信息中心、中国移动、中国银联、北京红枣科技	全球性公共基础设施网络	2020 年 4 月	全球共有 128 个城市节点部署国家信息中心发布的区块链服务网络 BSN，涵盖除南极洲外的六大洲。

资料来源：作者根据相关资料整理

第四，卫星导航与位置服务技术创新与全球服务能力显著提升。中国专利申请居世界第一，尤其是 2020 年 7 月北斗三号全球卫星导航系统正式开通，标志着中国已经形成完整、自主的北斗产业链，卫星导航服务进入全球化、产业化时期。北斗卫星导航系统全球服务能力不断增强，与全球 137 个国家签订合作协议，相关产品和服务输出 120 多个国家，为"一带一路"沿线 30 多个国家和地区亿级以上用户提供服务。

第五，搜索引擎技术加快拓展国际化版图。百度地图先后上线了东亚、东北亚、欧洲的 32 个国家，南美洲的 13 个国家的区域业务。截至 2020 年，百度地图已服务 60 多个国家和地区，成为海外出行的重要工具。

2. 数字产品出口国际竞争力显著增强。中国数字娱乐、数字传媒、数字学习、数字出版等数字内容产品领域出口实力明显增强，成为向世界进行文化传播与交流的重要载体。

第一，网络游戏国际市场份额与自主研发水平同步提升。SuperData 公布的《2020 年全球游戏年度报告》显示，全球数字游戏市场总收人 1399 亿美元，增长 12%。其中，中国网络游戏市场营收占比为 32%，居世界首位；美国占比为 29%，居第二；日本占比为 15%，居第三。据中国音数协游戏工委数据，2015—2020 年中国自主研发的网络游戏海外销售收入由 53.1 亿美元增至 154.5 亿美元，年均增长 23.8%，覆盖 100 多个国家和地区（图 4）。美国、日本、韩国是中国自主研发游戏的前三大市场，占比分别为 27.6%、23.9%、8.8%，三国合计达 60.3%。据 App Annie 发布的全球发行商 52 强榜，2020 年中国上榜发行商 15 家，列第二位，其中腾讯连续 5 年居首位。

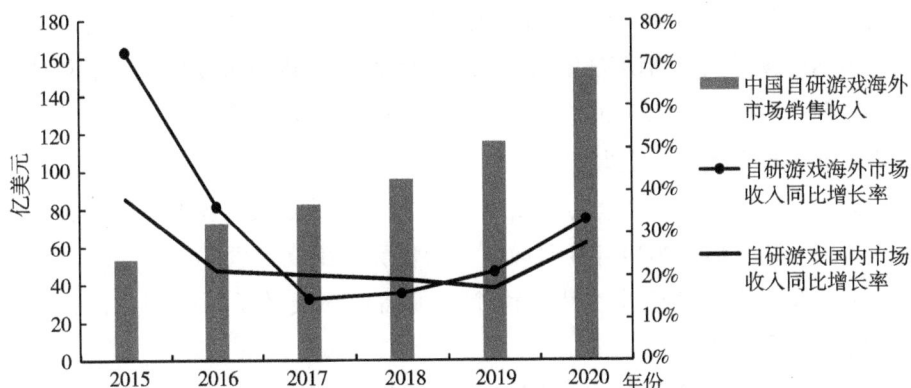

图4 2015—2020年中国自研网络游戏的年度海外销售收入

数据来源：中国音数协游戏工委

第二，微信、短视频等社交媒体国际影响力显著提升。全球活跃用户数前8名的社交媒体中国占3席。2019年全球手机APP下载量抖音排名全球第2，抖音海外版（TikTok）的75个语种产品覆盖超过150个国家和地区。抖音、快手海外版在日本、美国、俄罗斯、土耳其、印尼、泰国等地广受欢迎。抖音全资收购北美知名的短视频社区与音乐短视频平台，创新内容分发的算法，成为2018年全球最受欢迎的应用程序。

第三，数字影视和数字出版加快"走出去"步伐。截至2020年，中国电视剧已出口200多个国家和地区，影响力和地位逐步提升。受2020年新冠肺炎疫情影响，海外读者对数字阅读的需求明显增加，对中国数字出版产品的采购力度显著增强。据艾瑞咨询《2020年中国网络文学出海研究报告》显示，中国两家网络文学头部企业阅文集团和掌阅科技海外市场拓展迅速，阅文集团的"Webnovel"平台2020年访问用户量达5400万，掌阅科技通过"iReader"平台提供多种语言版本，服务覆盖40个国家地区。

3. 数字服务出口竞争力增强。第一，跨境电商平台服务能力快速提升。2020年中国跨境电商实现货物进出口1.69万亿元，增长31.1%。随着跨境电商不断转型升级，形成了融货物贸易和服务贸易于一体的B2B全链路新一代跨境电商范式，出现了阿里、京东等一批有国际影响力的全链路跨境电商企业，并在国际规则制定中拥有一定话语权。

第二，中医药服务出口快速发展。中国振兴中医药发展推动了中医药服务出口，尤其是新冠肺炎疫情中医药诊疗方案获得国际高度认可，促进了中医药国际市场需求不断增长，[①] 中医药机构积极参与国际抗疫合作，不断扩展"互联网＋中医药"服务模式，建设"全球抗疫中医药服务平台"提供海外远程服务，合作区城覆盖 150 个国家地区。

第三，远程教育传播能力不断增强。中国不断深化与各国人文交流，推动教育国际化发展。2020 年 4 月教育部向世界推出高等教育出版社的"爱课程"和清华大学的"学堂在线"两个中国高校在线教学国际平台，已上线 700 余门优质课程。

第四，数字支付国际市场加快拓展。到 2020 年中国移动支付交易规模连续三年居全球首位。2019 年支付宝全球用户超 10 亿，保持 20% 的增长，目前 54 个国家和地区可以使用支付宝消费。微信支付覆盖 60 个国家和地区，支持 16 种不同货币直接结算。

4. 数据贸易发展潜力巨大。中国数据资源丰富、跨境流动规模大。日经新闻网数据显示，2019 年中国数据跨境流动量约为 1.11 亿 Mbps，占全球数据跨境流动量的 23%。[②] 随着数据确权、隐私保护、知识产权保护、数据跨境自由流动等数字贸易规则和治理体系不断完善，数据贸易发展将有更大潜力和市场空间。

（三）离岸服务外包成为数字贸易出口的主要方式

中国离岸服务外包占可数字化服务出口的 68%，成为数字贸易出口的主要方式。2016—2020 年，中国离岸服务外包执行额从 704.1 亿美元增至 1057.8 亿美元，年均增长 10.7%。2020 年受疫情冲击，服务贸易整体下滑，服务外包逆势增长达 9.2%，带动服务出口提升 3.8 个百分点。2016—2020 年，信息技术外包（ITO）、业务流程外包（BPO）、知识流程外包（KPO）三大领域占比由 46.9%、16.6%、36.5% 调整为 43.9%、16.1%、40.0%。研发、工业设计、数据分析挖掘、整体解决方案、检验检测、电商平台等高附加值业务持续增长（图 5）。

---

① 中华人民共和国商务部. 中国服务贸易发展报告 2020［R］. 北京：中华人民共和国商务部，2021.

② 中华人民共和国商务部. 中国服务贸易发展报告 2020［R］. 北京：中华人民共和国商务部，2021.

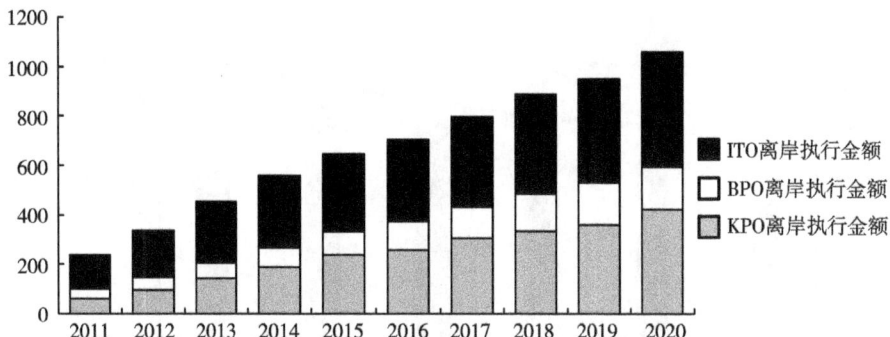

图5 2011—2020年我国离岸ITO、BPO、KPO执行额（亿美元）

资料来源：中国商务部

（四）数字贸易发展基础更加夯实

中国数字贸易发展具备良好的基础条件。一是数字经济体量巨大，为数字贸易发展奠定了坚实产业基础。2020年中国数字经济规模39.2万亿元，占GDP比重达38.6%。[①] 二是数字基础设施位居世界先进水平，为数字贸易发展提供了技术支持。截至2020年中国4G基站数量575万个，已开通5G基站超过71.8万个，全国光缆线路总长度5169万公里;[②] 国际出口带宽11511397Mbps；光纤宽带接入用户4.54亿户，占固定互联网宽带接入用户的93.9%。[③] 三是产业体系较完备，为数字技术提供了丰富应用场景，有利于催生新业态新模式成长。中国拥有联合国产业分类中的全部工业门类，制造业整体国际竞争力较强，且农业、服务业规模庞大。四是数字消费需求巨大，为数字贸易发展提供了规模化市场。截至2020年，中国网民9.89亿人，全球占比20%左右，互联网普及率达70.4%。[④]

---

① 中国信息通信研究院.中国数字经济发展白皮书，2021年4月.

② 工业和信息化部.2020年通信业统计公报，2021年1月25日.

③ 中国互联网络信息中心.第47次中国互联网络发展状况统计报告，2021年2月.

④ 中国互联网络信息中心.第47次中国互联网络发展状况统计报告，2021年2月.

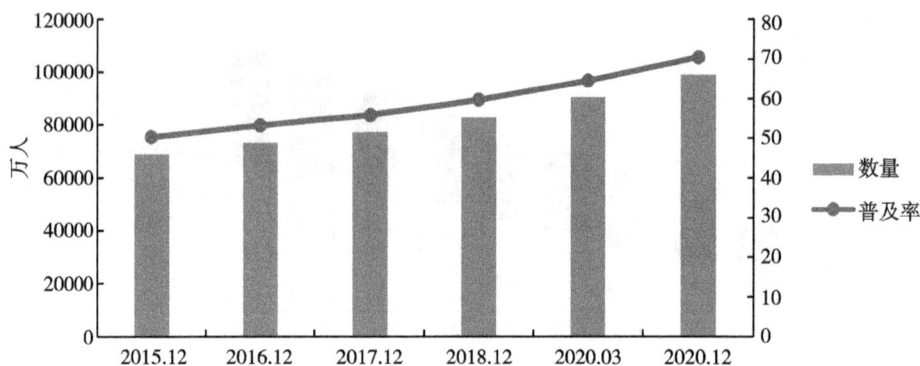

图6 "十三五"时期我国互联网普及率和网民规模

数据来源：中国互联网络信息中心 2021 年 2 月发布的第 47 次《中国互联网络发展状况统计报告》

（五）数字企业规模实力和创新能力显著提升

中国涌现出华为、阿里、腾讯、百度等世界级信息通信技术和平台服务企业，其中华为 5G 专利全球排名第一，占比达 20％。北斗卫星导航系统全球组网技术居全球领先水平。2020 年全球大数据、云计算、人工智能相关专利申请量 5 万多项，中国占比近 20％。UNCTAD 发布的《2019 年数字经济发展报告》将腾讯、阿里列入全球 7 大 "超级平台"。在福布斯 2019 全球数字经济 100 强排行榜中，中国上榜企业 14 家，位列第二。据 Statista 统计，2020 年全球头部社交媒体前 10 位中有 5 家中国企业。

表5 近年全球市值最高的十家互联网公司　　　　　单位：亿美元

年度 公司名称	2014	2015	2016	2017	2018	2019	2020
苹果	4506	4370	4916	7299	6905	12488	18300
微软	3163	3881	4466	6282	7592	11868	15200
亚马逊	1554	3385	3756	5857	7523	9255	14800
Alphabet	3571	5162	5324	7117	7044	9094	9930
Facebook	2223	2982	3278	5027	3735	5847	7194

年度 公司名称	2014	2015	2016	2017	2018	2019	2020
阿里巴巴	2812	2199	2376	4665	3709	5739	7370
腾讯	1374	1867	2328	4996	3872	4632	6387
Salesforee	540	713	623	930	1246	1480	2209
Adobe	—	—	—	—	1085	1582	2282
PayPal	未上市			864	—	—	2150
Netflix	—	—	—	847	1180	1427	—
Booking	467	522	600	—	—	—	—
百度	786	652	567	—	—	—	—
总市值	20996	25733	28234	43884	43891	63412	85822
中国占比（%）	23.7	18.3	18.7	22.0	17.3	16.4	16.0

数据来源：腾讯研究院根据雪球数据整理，2020年9月21日

注：未标明市值表示当时未进入前十；2020年数据截至2020年9月

二、"十四五"时期中国数字贸易发展的机遇与挑战

（一）中国数字贸易发展面临的主要机遇

1. 产业数字化发展空间广阔。产业数字化深入推进将为中国数字贸易发展奠定坚实基础。近年来，大数据、云计算、人工智能、区块链等新一代数字技术加快应用，中国产业数字化正步入发展快车道，出现了智慧港口、智慧电网、智慧工厂、智慧教育、智慧医疗等一批示范行业。"十四五"规划明确提出"推进产业数字化转型""推动数据赋能全产业链协同转型""深入推进服务业数字化转型""加快发展智慧农业"等一系列重大任务。工信部等十部委联合发布的《5G应用"扬帆"行动计划（2021—2023年）》提出目标：到2023年实现5G在大型工业企业渗透率超过35%，5G物联网终端用户数年均增长率超200%。

2. 新冠肺炎疫情期间国内大市场优势增强。新冠肺炎疫情以来，大量面对面的传统服务活动移到线上，推动了数字经济强势崛起。网络购物、直播

带货、线上办公、数字娱乐、远程医疗、远程教育、云上会议、数字政务等新业态新模式快速发展，社交媒体、线上影院、短视频等数字服务载体蓬勃发展。截至 2020 年，中国网络视频用户达 9.27 亿、网络支付用户 8.54 亿、网络购物用户 7.82 亿、网络直播用户 6.17 亿、网络游戏用户 5.18 亿，分别占整体网民的 93.7%、86.4%、79.1%、62.4%、52.4%；远程办公用户 3.46 亿、在线医疗用户 2.15 亿、在线教育用户 3.42 亿，分别占整体网民的 34.9%、21.7%、34.6%。企业微信服务用户数由 2019 年的 6000 万增至 2020 年的 4 亿。爱奇艺、芒果 TV 和腾讯视频会员数量分别环比增长 1079%、708% 和 319%。疫情改变了人们的消费方式、生活方式和工作方式，推动服务数字化水平提升，不断为 5G、大数据、人工智能、区块链等数字技术提供新的应用场景，从而为数字贸易企业提供了强大国内市场。

3. 全球数字贸易保持强劲增长态势。全球数字经济强势崛起有力促进了数字贸易发展，贸易数字化转型促进了全球贸易结构和贸易格局深度调整和重塑，数字技术产业深度融合将不断涌现数字贸易新业态新模式，提高货物贸易数字化水平，扩展服务贸易数字化边界。据 UNCTAD 提供的数据显示，过去十年，全球可数字化交付的服务出口额年均增速达 7%—8%，2020 年全球可数字化交付的服务出口占比达 63.6%。WTO《2020 年世界贸易报告》认为，新冠肺炎疫情加速了电子商务和数字化创新，各成员正在积极推进数字化转型升级。据 OECD 数据，2020 年新冠肺炎疫情推动了全球互联网使用和访问量大幅增长，很多互联网运营商流量增长均达 60% 以上。尤其是 SG、大数据、云计算、人工智能、区块链等新一代信息技术的应用推广大幅提升了全球服务贸易数字化水平。全球数字贸易发展将为中国提供巨大的国际市场机遇。

4. "数字丝路"建设将释放"一带一路"沿线市场巨大潜力。"一带一路"沿线国家数字鸿沟巨大、信息技术比较滞后，具有发展数字贸易的广阔市场；同时，随着沿线国家信息基础设施不断完善，也为数字贸易提供了硬件支持。2020 年中国承接"一带一路"沿线国家离岸外包执行额为 1360.6 亿元，增长 8.9%，总量占比 18.7%。目前中国已与 170 多个国家和国际组织签署 200 多份共建"一带一路"合作文件，随着《区域全面经济伙伴关系协定》（RCEP）落地以及中国与沿线自贸区网络不断扩大，必将扩大数字经济合作机遇。建设"数字丝路"将有效提升沿线国家特别是发展中国家的数字基础设施水平，缩小数字鸿沟，促进企业数字化转型和产业数字化融合发展，从面为中国数字企业开辟新的国际市场。

（二）中国数字贸易发展面临的主要挑战

1. 国内层面：数字贸易发展面临制约因素突出。中国服务贸易数字化水平明显低于全球平均水平，更低于美国、欧盟、英国等发达经济体的水平，数字贸易发展面临诸多制约因素。一是中国数字企业国际竞争力与美国仍存在较大差距。根据 UNCTAD 数据，在全球 70 个最大数字平中，美国和中国分别占据市值的第一、二位，美国占 68%，中国仅占 22%。中国在十大互联网公司市值中占比由 2017 年的 22% 下滑至 16%，美国则由 78% 上升至 84%。二是关键核心技术自给率低，基础软件、核心元器件、高端芯片主要依赖进口；中美两国在半导体、操作系统、云计算等底层技术和核心技术方面的差距更是显著。三是大数据、人工智能、云计算等新一代数字技术人才短缺，高级技术人才和领军人才严重匮乏。到 2025 年中国大数据、人工智能、云计算的人才缺口将达 230 万人、500 万人和 150 万人。四是综合成本上开导致承接国际服务外包竞争力减弱，中国人力、土地、融资、税收等综合成本上升，加速信息技术外包向成本更低的南亚、东南亚国家和地区转移。目前中国一个软件中高级工程师的成本是印度、越南、菲律宾的 2 倍左右，办公房租成本是印度的 2 倍。五是知识密集型服务贸易开放不足，在市场准入、自然人流动、数据本地化方面限制措施较多，已经成为制约数字贸易发展的重要障碍。六是统计体系不完善，中国尚未建立数字贸易统计制度，无法做到应统尽统，存在"家底不清"问题。

2. 国际层面：面临数字贸易规则和治理挑战严峻。一是由发达国家主导、区域自贸协定引领的数字贸易规则积极推进。数字贸易是各国争夺未来国际贸易竞争的制高点和规则制定主导权的焦点，已经成为国际经贸规则博弈的新赛道。当前，美国、欧盟、日本等发达经济体不断出台国家战略、完善立法、强化国际战略同盟，尤其是通过区城、双边、专项协定等方式制定数字贸易规则，并在全球发挥主导作用。如，《全面与进步跨太平洋伙伴关系协定》（CPTPP）、《美墨加协定》（USMCA）、《日欧经济伙伴关系协定》（Japan—EU EPA）等高标准自贸协定都将数字贸易规则作为重点议题，并体现了高度自由开放的趋势。二是全球数字治理体系和数字贸易规则呈现碎片化状态。由于 WTO 改革停滞不前，区城、双边和专项协定在其中发挥主要作用，导致全球缺乏统一的数字贸易规则标准和完善的数字治理体系。由于发达国家与发展中国家在数字经济发展阶段、制度体系、文化理念等方面的差异性，在数据跨境自由流动、数据本地化存储、源代码保护、数字税征收、平台竞争与责任、人工智能伦理、网络数据安全等方面的主张均存在明显不同，导致全球数字治理陷入无序状态。数字治理碎片化可能加剧数字鸿沟和贸易失衡，影响全球数字经济包容性发展。三是网络数据安全问题日益凸显。当前，个人数据泄露、黑客攻击、侵袭工业体系数据系统等安全事件频发，成为影响数字贸易发展的突出障碍。世界卫生组织报告显示，2020 年上半年对其网络攻击数量同比增长 500%。与此同时，一些国家将网络数据安全泛化导致保护主义、单边主义愈演愈烈。这些重大问题对于中国参与国际数字贸易规则制定、数字企业"走出去"以及统筹数字贸易开放发展与安全都带来重大挑战。

三、"十四五"时期中国数字贸易发展的主要思路

中国高度重视发展数字贸易，不断完善顶层设计、促进政策和规则体系建设。2021 年 9 月 2 日在中国国际服务贸易交易会上，习近平主席宣布设立数字贸易示范区，标志着中国数字贸易进入制度创新和高水平开放、高质量发展阶段。"十四五"时期，中国将立足新发展阶段，贯彻新发展理念，构建以国内大循环为主体、国内国际双循环相互促进的新发展格局，着力推动规则、规制、管理、标准等制度型开放，尤其是疫情防控推动数字经济强势崛起，数字产业化和产业数字化加速推进，数字贸易发展将迎来重要战略机遇期，将在推动贸易高质量发展和构建新发展格局中发挥重要作用。

（一）以数字技术创新为牵引夯实数字经济产业基础

数字贸易竞争力取决于数字经济产业竞争力，而数字经济产业竞争力则取决于数字技术创新能力。

第一，构建既自主可控又开放合作的数字技术创新链。一是发挥新型举国体制和国家科技力量优势，突破高端芯片、基础软件、底层架构等关键核心技术瓶颈，加强数字技术领城国家规划、科技专项和标准制定。二是培育具有国际竞争力的数字化平台企业，以平台为依托构建自主可控的数字经济

创新生态，不断完善产业链、稳定供应链、强化创新链，促进国际国内创新资源对接，开展面向全球的众包、分包研发设计服务，构建数据开放共享机制和数据驱动创新的发展模式。三是营造开放、包容、合作的创新环境。通过加大财税支持力度，实施研发设备进口零关税等优惠政策，支持数字企业加大研发投入。积极吸引外资研发机构，确保享受与内资同等待遇，公平参与市场竞争。四是完善知识产权保护法律体系。加大对软件著作权、数字技术专利、数字版权、数字商标权、商业秘密等保护力度。引导数字企业加强知识产权全球布局。

第二，依托数字技术促进新业态新模式成长壮大。5G、云计算、大数据、人工智能、区块链等新一代数字技术将全方位赋能服务贸易，为金融、保险、文化、教育、体育、医疗、研发、设计、咨询等服务提供更加丰富多元的数字化交付模式；数字技术和数字化平台加快向旅游、运输、建筑、加工维修等传统服务贸易渗透，不断催生新业态和新模式。同时，大力发展跨境电商平台将带动货物贸易数字化水平显著提升。

第三，推动产业、贸易和企业数字化转型。数字化转型将为数字贸易创新模式和扩大规模提供广阔市场，要加速5G、大数据、云计算、人工智能、区块链等数字技术与制造、采矿、服务、农业及医疗、文化、教育、体育、政府等公共服务部门融合渗透，不断提升数字产业化和产业数字化水平。扩大与制造业相关的信息技术、研发设计、知识产权等数字服务进口，支撑技术创新和价值链升级。依托货物贸易带动相关的金融、保险、结算、电子商务、供应链管理等数字服务出口，提升贸易价值链增值水平。发挥平台企业的数据资源整合优势面向传统企业提供信息、数据和供应链服务。支持制造企业建立数字化、智能化、网络化的制造系统和实时跟踪服务系统，发展远程维修维护和数据服务。

（二）以制度型开放为引领推动数字贸易高水平开放

随着数字贸易成为贸易增长的新动力，数字贸易规则成为国际经贸规则创新变革中最活跃的领域，尤其是区域、诸边、双边等自贸协定都将数字贸易规则纳入其中，以 CPTPP、Japan—EU EPA、USMCA 为代表的高标准自贸协定及《数字经济伙伴关系协定》（DEPA）等专项协定都从更加开放、自由、便利、公平、安全等方面对数字贸易提出了高标准要求，这些都将成为构建全球数字贸易规则的遵循。为此，我们迫切需要顺应发展大势，通过高水平开放和深层次改革促进数字贸易健康发展。

第一，继续缩减外资市场准入负面清单着力提升知识密集型服务业开放水平。有序推进电信、云服务、互联网等数字技术及金融、保险、研发、医疗、教育、文化、咨询等服务业开放，提高知识密集型服务业外资水平，吸引跨国公司设立高岸数据中心、结算中心、研发中心等。

第二，依托多双边自贸协定积极参与数字贸易国际规则制定。这是中国在未来全球贸易竞争格局中赢得主动权和话语权的关键，也将对参与全球数字治理产生重大影响。一是通过实施自贸区提升战略，尤其是通过推动 RCEP 数字贸易规则实施、对接 CPTPP 和 DEPA 规则以及推动中欧投资协定服务业开放，不断完善我国数字贸易规则治理体系，提高数字贸易开放水平。二是注重加强与欧盟、日本、美国等发达经济体协调，凝聚共识，形成最大公约数，通过双边、区域自贸协定加强市场相融、规则对接和标准互认，共同推动 WTO 改革。三是通过"一带一路"数字经济合作，与相关国家共建数字贸易规则体系。

第三，发挥开放平台在探索数字贸易国际规则中的先行先试作用。积极推进自贸试验区、海南自由港、服务贸易创新发展试点、服务外包示范城市、数字服务出口基地等数字贸易开放平台建设，尤其要对标 CPTPP 规则推动互联网开放、数据跨境自由流动、数据知识产权保护、个人隐私保护、数字产品非歧视待遇、电子认证和电子签名、网络数据安全、国际监管等规则先行先试，探索跨境服务贸易负面清单管理制度。开敞压力测试不仅为中国参与数字贸易国际规则谈判积累经验，而且充分释放开放平台的发展活力，在中国数字贸易增长中发挥主引擎作用。

（三）有机统筹开放发展与安全

网络空间是数字贸易流通的载体，数据成为核心战略资源和关键生产要素。因此，网络、数据既是全球数字治理的重点，也是各国战略竞争与合作的新高地。要树立底线思维，坚持开放发展与安全并重的原则，把网络数据安全放在国家安全的重要战略位置。

第一，完善数字治理规则体系。一是有机统筹数据开发利用、保护和安全的关系，保护涉及国家安全、公共安全、经济安全和社会稳定的重要数据及个人信息安全。[①] 在《网络安全法》《数据安全法》《个人信息保护法》等已有法律框架基础上进一步完善相关细则，为数字贸易创新发展提供法制保障。二是加快完善数据安全评级、隐私保护、分级分类管理、跨境传输的相关法律、规范和标准体系，为数据跨境自由流动提供安全保障；加快完善数据资源确权、交易和使用等相关制度，为未来构建国际化数据产业链提供规制基础。三是健全平台治理规则，构建政府监管和平台自治相结合的综合治理体系。数字化平台是构建数字经济产业生态的核心组织，也是推动数字贸易发展的中坚力量。尤其是大型平台崛起不仅带来新的商业模式，也给传统的反垄断监管方式带来前所未有挑战。江小涓（2021）研究认为，大型平台聚集大量生产者、消费者产生海量交易，构建起局部市场；网络数字技术带来了自发秩序、制度秩序之外的技术秩序；平台具有不可替代的技术优势，便产生以技术秩序为模式的平台自治。因此，要发挥平台依托数据、算力、算法的技术优势在局部市场中的治理作用，使之成为数字治理的重要部分。

第二，推进网络数据安全国际合作。以中国提出的（全球数据安全倡议》[②] 为抓手，积极推动全球网络数字治理合作与规则建设。立足与各国"共同构建和平、安全、开放、合作、有序的网络空间命运共同体"[③]，积极维护全球数字贸易供应链体系的安全和稳定。探索建立与相关国家跨境数据流动合作的白名单制度。在数据安全、数据监管、数字货币、数字税、数据知识产权等国际规则、技术标准方面加强国际协调合作机制建设，在打击网络黑客攻击、窃取数据等方面加强国际合作。同时应该看到，数字贸易已经成为中美战略竞争的关键领城，应针对美国对中国数字企业打压、数据长臂管辖等行为加强反制措施。

（四）以建设"数字丝路"为重心拓展数字贸易国际合作新空间

中国高度重视数字经济国际合作，致力于推动全球数字经济健康发展。2021 年中国申请加入 DEDA，充分展现了积极参与数字经济国际合作及相关规则建设、致力于对接高水平国际规则扩大开放的愿景和决心。要重点提高

---

① 中国政府网：《全球数据安全倡议》，2020 年 9 月 8 日。
② 中国政府网：《全球数据安全倡议》，2020 年 9 月 8 日。
③ 中国政府网：《全球数据安全倡议》，2020 年 9 月 8 日。

与"一带一路"相关国家的数字经济合作水平，尤其要依托中国的数字技术和服务优势深耕东南亚、南亚等市场。一是推动云服务、搜索引擎、位置服务等信息技术服务出口，推动沿线国家的新型数字基础设施建设，提高数字技术改造传统产业能力，帮助发展中国家消除"数字鸿沟"。二是依托"一带一路"沿线的广阔市场需求，促进动漫游戏、数字传媒、数字出版、远程教育、远程医疗等数字产品和服务出口，发展数据储存加工、研发设计、远程维修等服务外包，扩大移动支付和数字货币合作。三是加强与相关国家的数字贸易规则、标准对接，完善"一带一路"相关国家信息、法律、预警和保险体系建设，防范企业"走出去"风险。

参考文献

1. 江小涓，黄颖轩. 数字时代的市场秩序、市场监管与平台治理［J］. 经济研究，2021，56（12）.

2. 王晓红. 以数字贸易激活外贸发展新引擎［J］. 经济日报（理论版），2021 年 7 月 19 日.

3. 王晓红. 以平台为重心做强数字经济产业体系［J］. 经济日报（理论版，2022 年 1 月 13 日.

4. 王晓红，谢兰兰. 新发展格局下数字经济发展战略研究［J］. 开放导报，2021（04）.

5. 张琦、陈红娜、罗雨泽. 数字贸易国际规则：走向趋势与构建路径［J］. 全球化，2022（01）.

6. 中国商务部服贸司.《中国数字贸易发展报告 2020》.

（原载《全球化》2022 年第 2 期）

"十三五"时期中国数字服务贸易发展及"十四五"展望

一、中国数字服务贸易的发展现状

"十三五"时期，随着数字技术与服务贸易加速融合，国家对数字服务贸易促进政策力度加大，数字服务贸易保持高速增长，规模逐渐扩大，新业态新模式正在服务贸易创新发展中发挥引领作用。

（一）中国数字服务贸易总体呈现良好增长态势

"十三五"时期，中国服务贸易的可数字化交付程度不断提高，数字服务贸易占服务贸易比重明显提高。据商务部数据测算，2015—2019 年中国可数字化交付服务贸易①规模从 2000 亿美元增长到 2722 亿美元，占服务贸易总额的比重从 31% 增长到 35%；数字服务贸易总体保持了较高增速，其中 2018 年增速达 23.2%；2019 年增速为 6.3%，高于服务贸易总体增速（－1.4%）7.7 个百分点。根据联合国贸易和发展会议（UNCTAD）的数据，2016—2018 年中国数字化交付服务出口总额从 933 亿美元增长到 1314 亿美元，在服务出口总额的占比从 44.5% 提高到 49.3%，且 2019 年这一比重已提高到 50.7%（图 1、图 2）。

---

① 可数字化交付服务贸易包括保险、金融、知识产权使用费、电信计算机和信息、个人文化和娱乐服务和其他商业服务。

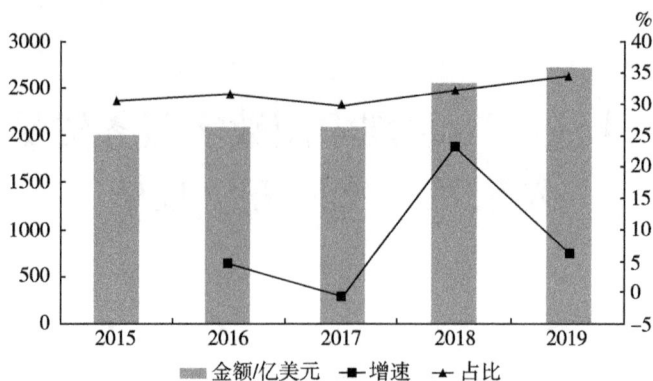

图 1　中国数字服务贸易金额、增速与占比

数据来源：中国商务部

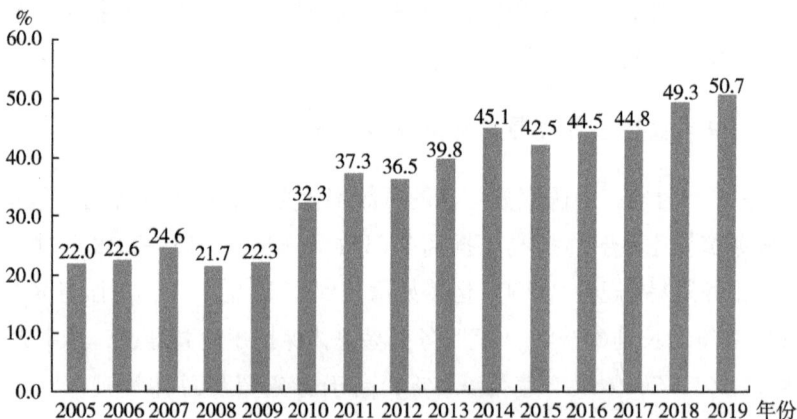

图 2　中国可数字化服务出口占服务贸易总额比重①

数据来源：联合国贸易和发展会议（UNCTAD）、中国商务部

（二）数字服务贸易新业态新模式快速发展

1. 软件出口竞争力不断提升

第一，软件出口保持中高速增长。2019 年中国软件出口执行额 434.81 亿美元，同比增长 5.47%，较 2016 年增长 1.27 倍；协议金额 604.08 亿美元，同比增长 7.70%，较 2016 年增长 1.30 倍；合同数 57945 个，同比下降

———————————

① 据 UNCTAD 相关信息，数字传输贸易主要包括采用数字技术交易的保险、金融、知识产权使用费、电信计算机和信息、视听及其他服务。

6.33%，说明单笔合同执行额有所上升（表1、图3）。

表1　2010—2019年中国软件和信息技术服务业出口规模与增速

年　份	执行金额/亿美元	同比增长（%）	协议金额/亿美元	同比增长（%）	合同数/个	同比增长（%）
2010	97.30	34.01	126.20	24.42	39044	27.17
2011	143.39	47.36	190.68	51.09	46159	18.22
2012	194.16	35.40	234.20	22.82	53887	16.74
2013	253.56	30.59	320.71	36.94	52683	-2.23
2014	300.57	18.51	377.15	17.55	52265	-0.81
2015	333.93	11.10	425.78	12.89	52173	-0.18
2016	342.30	2.51	464.89	9.19	52790	1.18
2017	375.56	9.72	571.82	23.00	59943	13.55
2018	412.27	9.80	560.89	-1.90	59867	-0.13
2019	434.81	5.47	604.08	7.70	57945	-6.33

数据来源：中国商务部服务贸易和商贸服务业司

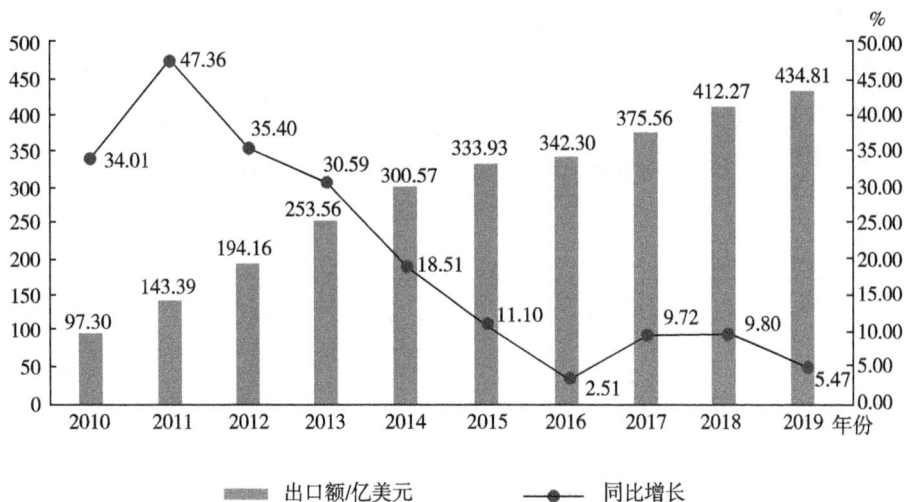

图3　2010—2019年中国软件和信息技术服务业出口规模与增速

　　第二，民营企业成为软件出口的主力军。2019年内资企业出口执行金额占比达51.88%，较2016年提升3.9个百分点，其中国有企业仅占2.49%；港澳台资企业占比由 2016 年 11.39% 下降至 2019 年的 9.16%；外商投资企业占比由 2016 年的 40.57% 下降至 2019 年的 39.00%（表 2）。根据中国工业和信息化部发布的《2019 年软件和信息技术服务业统计公报》，2019 年全国软件和信息技术服务业从业人数为 673 万人，比上年末增加 28 万人，同比增长 4.7%。

表 2　2019 年软件出口按企业性质分类情况

企业性质	协议金额/万美元	占比（%）	执行金额/万美元	占比（%）
全国	6040832.00	100.00	4348133.00	100.00
内资企业	2837134.00	46.97	2255697.00	51.88
国有企业	134359.10	2.22	108305.70	2.49
集体企业	1518591.00	25.14	1267445.00	29.15
联营企业	656.83	0.01	657.15	0.02
股份有限公司	782402.20	12.95	575513.20	13.24
私营企业	387192.40	6.41	292544.30	6.73
其他企业	13933.47	0.23	11231.48	0.26
港、澳、台商投资企业	52571.30	8.71	398385.20	9.16
合资经营企业（港或澳、台资）	52066.41	0.86	32829.99	0.76
港、澳、台商独资经营企业	465734.20	7.71	358531.90	8.25
港、澳、台商投资股份有限公司	4066.66	0.07	3078.15	0.07
其他港、澳、台商投资企业	4004.11	0.07	3945.16	0.09
外商投资企业	2680382.00	44.37	1695761.00	39.00
中外合资经营企业	306437.40	5.07	210927.30	4.85
中外合作经营企业	2186.58	0.04	594.44	0.01
外资企业	2134900.00	35.34	1320911.00	30.38
外商投资股份有限公司	172326.90	2.85	141528.10	3.25
其他外商投资企业	64531.62	1.07	21800.80	0.50

数据来源：中国商务部服务贸易和商贸服务业司

第三，软件出口市场日益广阔。2019 年中国软件出口前十位的国家和地区分别为美国、欧盟（28 国）、中国香港、日本、韩国、新加坡、中国台湾、德国、英国和爱尔兰，执行金额合计占比为 90.4%（表3）。在中美贸易摩擦的影响下，中国对美国软件出口的协议金额、执行金额仍分别增长 24.26%、2.53%，位居第一，说明双边市场供应链的相互依赖性很强。2019 年除新加坡执行金额为 -3.17% 之外，其他国家和地区均表现出正增长，其中爱尔兰增长 34.06%。此外，2019 年中国对"一带一路"沿线国家和地区的软件出口执行金额达 69.3 亿美元，占比由 2012 年的 13.8% 提高至 15.9%。

表3　2019 年中国软件出口目的地前十位国家和地区

国家（地区）	合同数	同比增长（%）	协议金额/万美元	同比增长（%）	执行金额/万美元	同比增长（%）
全球	57945	-6.33	6040831.61	7.70	4348133.17	5.47
美国	7057	-11.04	1296567.30	24.26	944270.72	2.53
欧盟（28 国）	8222	-6.27	116745.36	3.67	723225.46	5.10
中国香港	8204	16.20	915288.45	38.02	698178.25	24.46
日本	13590	-8.25	64663.16	11.68	570481.30	19.84
韩国	2412	2.73	351788.47	-30.71	243949.60	0.35
新加坡	1693	-8.78	543355.84	5.67	223273.49	-3.17
中国台湾	2201	-10.64	207320.02	15.95	178244.82	16.19
德国	1723	-6.21	198461.91	-10.02	153934.34	1.09
英国	1417	-5.85	126861.85	1.63	112726.68	3.95
爱尔兰	173	5.49	128538.75	-47.71	81234.83	34.06

数据来源：中国商务部服务贸易和商贸服务业司

第四，新一代信息技术开发应用服务外包大幅增长。2019 年中国软件出口仍以信息技术外包（ITO）为主，执行金额占比达 98.16%，同比增长 6.36%；软件产品执行金额占比为 1.84%，且下降 27.10%（表4）。值得关注的是，2019 年云计算、人工智能、区块链等新一代信息技术开发应用服务外包执行金额同比增长 154.53%，合同数、协议金额分别增长 3309.38%、201.39%，说明中国在新一代信息技术服务外包领域具有较大发展潜力。

表4 2019年中国软件出口按照出口方式统计的出口额

合同类别	合同数	同比增长（％）	协议金额/万美元	同比增长（％）	执行金额/万美元	同比增长（％）
总计	57945	−6.33	6040831.61	7.704	348133.17	5.47
信息技术外包（ITO）	54208	−5.60	5886944.03	8.02	4268214.94	6.36
信息技术研发服务	46637	−8.85	4767666.20	11.31	3435943.25	−0.14
运营和维护服务	6480	4.16	969773.86	−13.46	713154.67	36.24
新一代信息技术开发应用服务	1091	3309.38	137752.35	201.39	115294.92	154.53
软件产品	373	−15.76	153887.58	−3.22	79918.23	−27.10
系统软件	576	−40.74	12866.62	−52.81	10673.42	−48.74
应用软件	3141	−8.05	140678.67	20.64	67852.91	−17.71
支撑软件	20	−58.33	342.29	−97.74	1391.91	−78.05

数据来源：中国商务部服务贸易和商贸服务业司

2. 离岸服务外包成为生产性服务出口的主要动力

第一，国际服务外包价值链继续向高端发展。2019年中国企业承接离岸服务外包合同额1389.1亿美元，执行额968.9亿美元，同比分别增长15.4%和9.3%，较2016年分别增长45.8%和37.6%。其中，承接离岸信息技术外包（ITO）执行额2894.3亿元，同比增长9%，占离岸业务执行额的44.1%；承接离岸业务流程外包（BPO）执行额1183.9亿元，同比增长30.4%，占离岸业务执行额的18.1%；承接离岸知识流程外包（KPO）执行额2477.6亿元，同比增长7.6%，占离岸业务执行额的37.8%。以医药和生物技术研发服务、检验检测服务、互联网营销推广服务、电子商务平台服务等为代表的高端生产性服务外包业务快速增长，同比分别增长15.3%、20.5%、37.1%和53.2%；同时，众包、云外包、平台分包等新模式推动服务外包加快转型升级。此外，2019年中国承接国外云计算服务外包协议金额8645万美元，执行金额6548万美元。

第二，美国、欧盟传统市场和"一带一路"新兴市场均有明显增长。2019年中国企业承接美国服务外包业务执行额为1325.8亿元，同比增长10.3%，较上年提升5.6个百分点；承接欧盟服务外包执行额1111.9亿元，同比增长 17.6%，较上年提升 10.7 个百分点；承接"一带一路"沿线国家离岸服务外包执行额 1249.5 亿元，同比增长 12.4%，较上年提升 4.4 个百分点。此外，美国、欧盟和中国香港作为前三大发包市场，合计占发包总额的 54.5%。

第三，非服务外包示范城市加快增长。随着服务外包产业促进政策向全国推广，业务正向三四线城市加快转移。2019 年非服务外包示范城市承接离岸服务外包执行金额 978.3 亿元，同比增长 37%，占全国的 15%，占比较 2018 年提升 3 个百分点。从区域看，长三角区域承接离岸服务外包执行额 3246.6 亿元，约占全国一半。粤港澳大湾区、京津冀区域和东北三省离岸服务外包执行额分别为 824 亿元、642.7 亿元和 246.2 亿元，同比分别增长 4.9%、26.3% 和 10.8%，占全国的比重分别为 12.6%、9.8% 和 3.8%。

第四，吸纳大学生就业能力不断增强。2019 年中国服务外包产业新增从业人员 103 万人，其中大学（含大专）以上学历 60.6 万人。2019 年中国服务外包产业从业人员共 1172 万人，其中大学（含大专）以上学历 750.1 万人，占从业人员总数的 64%，对稳定大学生就业发挥了重要作用。

3. 卫星导航与位置服务国际化不断加快。近年来，国内卫星导航专利申请量快速增长，截至 2019 年专利申请累计 7 万件，位居全球第一。北斗系统作为全球卫星导航系统四大核心供应商之一，坚持开放合作、资源共享的发展思路，务实开展国际交流与合作。2019 年北斗系统相关产品和服务已输出到 100 余个国家，其中在"一带一路"沿线 30 个国家和地区落地。基于北斗的土地确权、精准农业、数字施工、车辆船舶监管、智慧港口解决方案在东盟、南亚、东欧、西亚、非洲等得到成功应用。2020 年 6 月第 55 颗北斗系统导航卫星成功发射，标志着北斗三号系统全球服务星座部署完成，系统服务性能和用户体验全面提升，世界各地均可享受到北斗系统服务。未来，北斗系统将持续提升服务性能、扩展服务功能，进一步提升全球定位导航授时和区域短报文通信服务能力，并提供星基增强、地基增强、精密单点定位、全球短报文通信和国际搜救等服务。北斗系统是中国贡献给世界的公共服务产品，有力促进了全球卫星导航事业蓬勃发展，为服务全球、造福人类贡献了中国智慧。

表5 2020 年北斗系统计划提供的服务类型

全球范围	中国及周边地区
定位导航授时	星基增强
全球短报文通信	地基增强
国际搜救	精密单点定位
	区域短报文通信

数据来源：中国卫星导航系统管理办公室发布的《北斗卫星导航系统发展报告 4.0 版》

4. 数字内容服务出口能力增强。目前中国已经成为名副其实的游戏出口大国。据中国音数协游戏工委（GPC）和国际数据公司（IDC）联合发布的《2019 年中国游戏产业报告》，2019 年中国自主研发游戏海外市场实际销售收入达 115.9 亿美元，增长 21.0%。2019 年中国自主研发游戏海外市场销售收入地区中，来自美、日、韩市场的收入占比分别为 30.9%、22.4% 和 14.3%，三国合计占比达到 67.5%。此外，东南亚、俄罗斯、中东等地区都取得不同程度突破，实现了"多点开花"。中国自主研发的游戏海外影响力和市场地位都有不同程度提升。体量各异的游戏公司不断拓宽渠道以不同方式逐鹿海外，拥有资本优势的通过并购快速拓展海外市场，研发能力突出的借助优秀游戏产品打入海外市场。多数中、小游戏企业则与成熟的海外发行企业合作，还有部分企业为海外市场定制开发游戏。除角色扮演、策略类和多人竞技类游戏获得海外用户追捧外，音舞类、经营类、多人在线战术竞技类等不同类型产品也在海外市场暂露头角。相当数量自主研发游戏在全球上百个不同地区的下载榜和畅销榜步入前列，呈现出多品类、多区域、广覆盖的良好态势。

5. 社交媒体加速国际化深耕细作。社交媒体是目前世界最强大的网络工具之一，We Are Social 与 Hootsuite 联合发布的 2019 年第 4 季度《全球数字报告》指出，全球社媒用户数量达近 37 亿人。中国社交媒体不断加速海外市场业务拓展，构建全球社交媒体平台网络，尤其是短视频社交媒体的海外业务突飞猛进。此外，该报告还指出，2019 年第 3 季度全球手机 APP 下载量抖音排名第 3，仅次于飞书信（Facebook Messenger）和脸书（Facebook）。截至 2019 年第 1 季度，抖音海外版 Tik Tok 的 75 个语种产品已经覆盖全球超过 150 个国家和地区，全球下载量超过 10 亿人次。在面向全球市场的产品设计、投融资策略、本土化运营等方面，TikTok 为探讨中国社交媒体国际化发展提供了宝贵的实践经验。

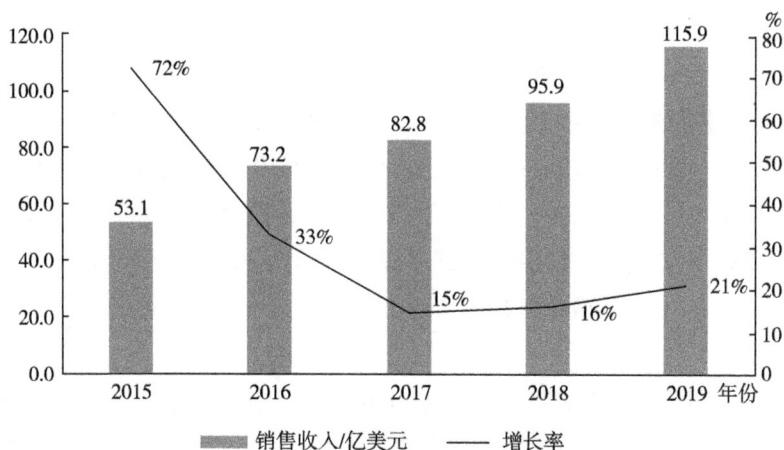

图4　中国自主研发游戏海外市场实际销售收入及增长率

数据来源：中国音数协游戏工委（GPC）和国际数据公司（IDC）发布的《2019 年中国游戏产业报告》

（三）数字服务贸易政策不断创新

中国不断创新数字服务贸易发展政策。《国务院关于同意开展服务贸易创新发展试点的批复（国函〔2016〕40 号）》提出，积极探索信息化背景下服务贸易发展新模式，依托大数据、物联网、移动互联网、云计算等新技术推动服务贸易模式创新，打造服务贸易新型网络平台。《国务院关于同意深化服务贸易创新发展试点的批复（国函〔2018〕79 号）》提出，探索推进服务贸易数字化，运用数字技术提升服务可贸易性，推动数字内容服务贸易新业态、新模式快速发展。推动以数字技术为支撑、高端服务为先导的"服务＋"整体出口。2019 年 11 月，《中共中央　国务院关于推进贸易高质量发展的指导意见》提出加快数字贸易发展。2020 年 4 月，商务部会同网络安全和信息化委员会办公室、工业和信息化部联合发布公告，认定中关村软件园等 12 个园区为国家数字服务出口基地，目标是通过建立一批以数字服务出口为导向、具有较强带动作用的基地，培育数字服务新业态、新模式，打造数字贸易发展先行区。

（四）存在的主要问题

第一，数字服务贸易规模与数字经济大国地位不相称。从全球服务贸易结构看，信息技术服务、知识产权使用费、文化娱乐、保险、金融、技术服务、其他商务服务等可数字化服务出口占比50%以上，美国、英国达60%以上，均高于中国水平。按统一口径初步估算，2019年美国可数字化交付的服务出口额达4956.3亿美元，是中国的3.4倍。2019年美国知识产权使用费出口额达1287.5亿美元，是中国的19倍。根据美国经济分析局（US Bureau of Economic Analysis）的数据，2017年美国软件出口99 570亿美元，是中国的265倍。

第二，高附加值数字服务出口能力不足。目前形成了以美国、欧洲、印度、日本、中国等为主的国际软件产业分工体系，全球软件产业链的核心—操作系统、中间件和数据库都是美国企业所主导。在全球"数据价值链"中，价值和数据主要集中在少数几个全球性平台和领先的跨国公司手中。2019年中国云技术、人工智能、区块链技术等新一代信息技术开发应用服务仅占ITO的2.7%，软件产品出口仅占1.84%。

第三，数字服务企业国际化水平仍有差距。与谷歌（Google）、脸书（Facebook）、苹果（Apple）、亚马逊（Amazon）等跨国公司相比，中国数字服务企业的海外营收占比小，在"走出去"过程中面临很大挑战。百度作为全球最大的中文搜索引擎，自2008年起试图推进全球化搜索业务以扩大国际版图，先后推出日语、阿拉伯语（埃及版）、葡萄牙语（巴西版）、泰语（泰国版）搜索主页，但由于多种原因这些国外搜索均已关闭，国际化之路出现挫折。

表6　全球软件市场竞争格局

产业链领域	主导国家/地区
产业链上游	美国掌握全球软件产业的核心技术、标准体系及产品市场，大部分操作系统、数据库等基础平台软件企业均位于美国

产业链领域	主导国家/地区
中间件	集中在爱尔兰、印度、日本、以色列、新加坡等国家和地区。其中，子模块开发以印度、爱尔兰为达标，独立的嵌入式软件以日本实力强
应用软件	集中在德国、中国、菲律宾等国家和地区。其中，欧洲在应用软件领域厚积薄发，增势强劲；中国发展势头强劲

资料来源：华经情报网：《2019 年全球及中国软件行业市场现状与竞争格局分析》

二、"十四五"中国数字服务贸易的发展环境

（一）国际环境的主要机遇与挑战

1. 主要机遇

第一，全球数字技术发展日新月异。大数据、云服务、人工智能、区块链等新一代数字技术正在加快推广应用，数据的加工、存储、传输等技术突飞猛进，其规模效率正在呈指数级扩张，产品数字化能力持续提升。量子计算将使人类的计算能力实现新的飞跃，存储能力与计算能力的结合将引发生产方式的巨大变革。尤其是 5G 使数据传输速度迅速提升，高频、大容量、低延时、万物互联成为主要特征，数据传输速度可提高百倍，将使服务贸易对空间的突破能力越来越强。

第二，全球数字经济快速发展。全球互联网流量从 1992 年每天约 100GB 增长到现在每秒超过 45000GB，到 2022 年预计将达到每秒 150700GB。数字技术不仅催生新业态新模式，而且促进数字与制造业不断融合，使传统服务向数字化转型。2021 年全球数字经济规模预计将达到 45 万亿美元，占全球经济的 50%。据美国高德纳（Gartner）咨询公司估算，全球云计算市场规模将由 2019 年的 2278 亿美元增长到 2022 年的 3546 亿美元。UNCTAD 预计，互联网广告收入占全球广告收入的比重将从 2017 年的 38% 增长到 2023 年的 60%。据 IDC 调查，到 2020 年超过一半的全球 2000 强企业中，来自信息化产品和服务的营收增幅将是产品/服务组合盈余增幅的两倍。

第三，全球数字贸易加快发展。世界正在进入数字经济时代，为数字服

务贸易发展奠定了基础。UNCTAD 数据显示，2005 年全球数字传输服务贸易（International Trade in Digitally—Deliverable Services）出口规模为 1.2 万亿美元，到 2018 年快速增长至 2.9 万亿美元，年均增速达 7%，在全球服务贸易占比从 2005 年的 44.4% 提高到 2018 年的 50% 左右（图 5）。

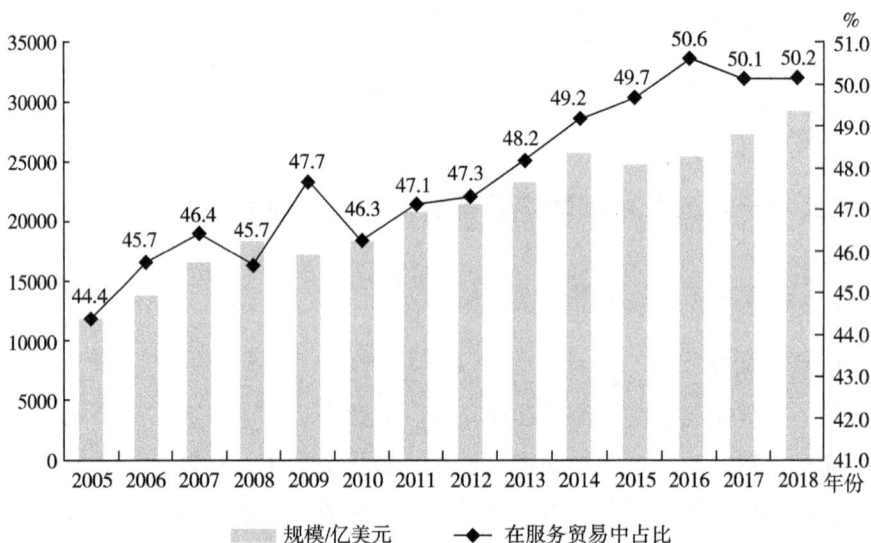

图 5　全球数字传输贸易规模（单向）与在全球服务贸易中占比的变化情况

第四，"一带一路"市场日益广阔。"一带一路"沿线国家数字鸿沟巨大，网络信息通信基础设施建设和信息技术服务外包都具有广泛合作空间。随着沿线国家信息基础设施互联互通及国际合作不断深化，数字服务贸易将趋于上升。截至 2019 年，中国已与 137 国家、30 个国际组织签署了 199 份共建"一带一路"合作文件。尤其是东盟国家劳动适龄人口约 4.38 亿，网民数居世界第三，互联网零售和第三方移动支付方式都有较大发展空间。中国的移动支付软件、打车软件及跨境电商软件在中亚、东南亚市场的影响力迅速提升。由于东南亚地区文化相近，也是中国数字传媒、数字学习、数字动漫、数字出版等领域的主要出口市场。

第五，数字贸易国际合作日益深化。在世界贸易组织（WTO）框架下，各国已就电子签名、无纸化贸易、透明度、电子传输免关税等相关内容形成共识，一些协定文本如《服务贸易协定》（GATS）、《信息技术协定》

（ITA）、《与贸易有关的知识产权协议》（TRIPS）、《全球电子商务宣言》
（DGEC）、《国际服务贸易协定》（TISA）也界定了部分相关规则。在多边
和双边协议中关于数字服务贸易的内容逐渐增加，尤其是近年来签署的高
标准自贸协定把数字贸易国际合作推向更深层次。《欧盟—日本经济伙伴关
系协定》（EU‑Japan EPA）、《美墨加协定》（USMCA）、《跨太平洋伙伴关
系协定》（CPTPP）等大型区域贸易协定，美国和欧盟的双边经贸协定中均
包括数字服务贸易的相关内容（表7、图6）。在20国集团（G20）、亚太
经济合作组织（APEC）、经济合作与发展组织（OECD）等国际合作机制
中，各国也围绕数字服务贸易的相关规则进行了讨论。截至2018年，已有
75个区域贸易协定涵盖数字贸易的相关规定，占向世贸组织通报的所有区
域贸易协定的27%。

表7　与数字服务贸易有关的 WTO 规则

关于数字服务贸易的有关方面	主要包括内容	相关规则
内容	数字娱乐（电影、音乐、游戏、电视服务、电子书等）	GATS、TRIPS
	电信服务（互联网接入、邮件等）	GATS、GATS 电信附件和基础电信协议
	金融与支付服务	GATS、GATS 金融附件
	其他（社交媒体、数据存储和处理、云计算等）	GATS、TRIPS、GATT、TFA（《贸易便利化协定》）、ITA
技术	域名、IP 地址、软件、互联网协议	TRIPS、TBT（《技术性贸易壁垒协议》）
基础设施	光纤、卫星、无线网	TBT、GATT、ITA、GATS 电信附件和基础电信协议
	互联网交换点	TBT
	终端设备（计算机、智能手机等）	TBT、TRIPS、GATT、TFA、ITA

资料来源：根据 OECD 报告整理

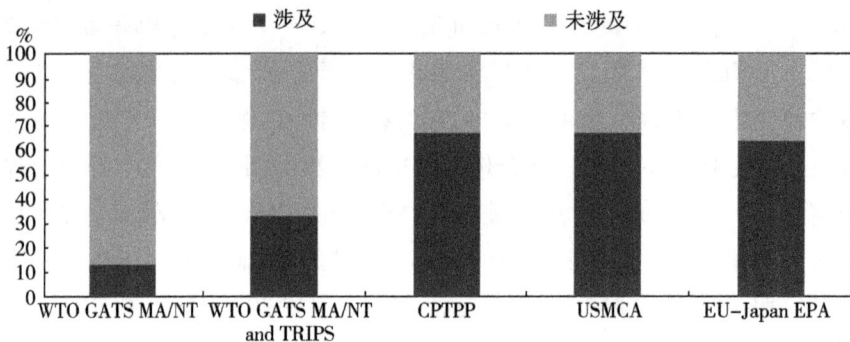

图6　各大型贸易协定涉及数字贸易战略的措施比例

2. 主要挑战

第一，保护主义增强。由于发达国家和发展中国家数字贸易发展水平差异较大。在目前全球尚缺乏统一规则的前提下，以国家安全等为由的数字贸易限制性措施不断增多（图7），主要体现在跨境数据自由流动限制、数据本地化存储、数字服务市场准入与国民待遇等方面。美国为了维护在数字贸易领域的优势地位动用发布评估报告、WTO条款和301调查等手段不断挑起贸易摩擦，新兴经济体和发展中国家为增强防御能力通常以维护网络和数据安全为着眼点，实施数据本地化或限制性数据跨境流动政策。例如，印度、印度尼西亚、南非拒绝在《大阪数字经济宣言》签字，俄罗斯、印度、巴西等国主张数据存储本地化；印度政府要求公司须将部分IT基础设施放在境内，禁止支付数据出境；巴西于2018年出台《通用数据保护法》，对数据跨境流动提出新要求；土耳其禁止个人数据跨境自由流动。

第二，美日欧正在主导高标准数字贸易规则。2018年以来签署的《美墨加协定》（USMCA）、《欧盟—日本经济伙伴关系协定》（EU‑Japan EPA）、《美日数字贸易协定》（U. S.‑Japan Digital Trade Agreement）、《全面与进步跨太平洋伙伴关系协定》（CPTPP）等自由贸易协定，集中体现了发达经济体在数字贸易领域主导的规则，如减少国际数据传输和数据本地化政策的不确定性、严格保护知识产权等。当前推动数字服务贸易规则的主要力量是美国和欧盟。"美式模板"的核心是推动国际数字服务市场的自由和开放，主要关切数字服务市场准入、非歧视性待遇、跨境数据自由流动、数据非强制性本地化存储、源代码保护等内容，如USMCA不仅重申对数字产品免征关税与禁止歧视性措施，还包括确保数字跨境流动、取消数据存储地点要求、限制政府要求披露原代码与算法的权力等内容。"欧式模板"在认同跨境数据自由流动、数字服务市场开放的同时更加注重隐私保护，2018 年欧盟正式实施的《一般数据保护条例》（GDPR）体现了这些主张。

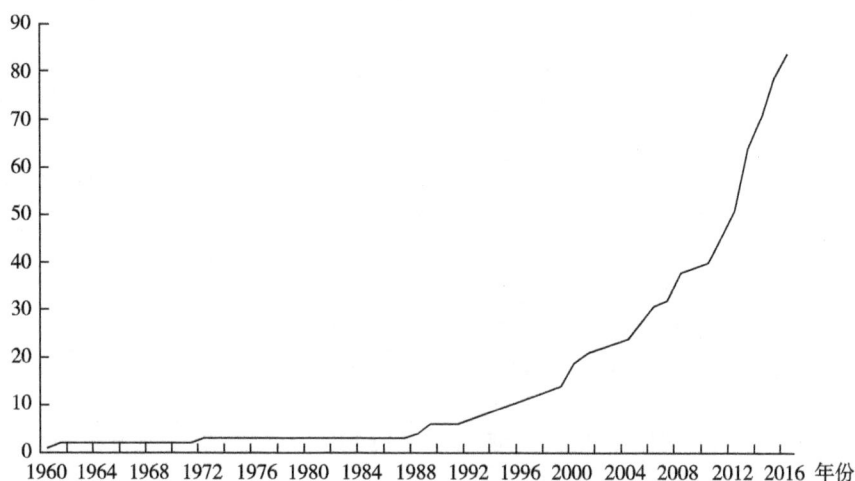

图 7　全球数字贸易限制性措施数量

资料来源：欧洲国际政治经济中心（European Center For International Political Economy，ECIPE）发布的数字贸易限制指数（Digitaltrade Restrictiveness Index）

　　第三，征收数字税的国家呈扩大趋势将导致数字企业税赋增加。数字服务贸易正深刻改变全球贸易形态和格局并调整国际利益分配。由于数字企业可以利用互联网进行跨境营业活动，对现有税收管辖权遵循常设机构原则形成巨大挑战，税基侵蚀和利润转移（BEPS）问题突出，带来数字服务贸易征税规则之争。欧盟国家成为数字服务税的主要推进方。欧盟委员会于 2018 年 3 月率先提出"数字税"草案，拟对全球营业收入超过 7.5 亿欧元、在欧盟营业收入达 5000 万欧元的大型互联网企业征税。2019 年 7 月法国总统马克龙签署"数字服务税法案"，要求在法国提供广告服务、向广告公司销售用户数据、提供中介服务的数字企业需按应税收入的 3% 缴纳数字服务税。英国、西班牙、奥地利、意大利、日本、新西兰、澳大利亚等国也已出台或正在考虑出台各种形式的数字服务税。美国则认为，数字服务税是一种针对美国企业的歧视性税收，坚持在 OECD 框架内就数字服务税问题开展多边谈判。

表 8　主要国家数字服务税情况

国家/地区	数字服务税征税方式
欧盟	对全球营业收入超过 7.5 亿欧元、在欧盟营业收入达到 5000 万欧元的大型互联网企业征税（暂停）
法国	数字企业（无论在法国是否有商业存在）需按应税收入的 3% 缴纳数字服务税，但应税业务在全球营收不到 7.5 亿欧元，或在法营业收入不到 2500 万欧元的数字企业可予以免征
英国	对全球收入超过 5 亿英镑、英国境内收入超过 2500 万英镑的企业提供的部分数字服务收入征收 2% 的数字服务税
西班牙	对全球收入超过 7.5 亿欧元、在西班牙的应税收入超过 300 万欧元的企业的某些数字服务收入征收 3% 的税
奥地利	对全球营业收入超过 7.5 亿欧元的互联网企业征收 5% 的数字服务税
意大利	全球营业收入超过 5 亿欧元且至少 5000 万欧元在意大利境内取得，税率拟为 6%
冰岛	对数字服务的相关供应商实行增值税规则，除电子书外的所有数字服务均按 22.5% 的税率征收增值税
日本	2015 年 10 月开始向数字企业征税，税率为 8%，年度起征点为 1000 万日元
新西兰	2016 年 10 月开始向 12 个月内销售达到 6 万新元的数字销售商征收 15% 的消费税
澳大利亚	商品和服务税（GST）的适用范围扩大到进口的数字产品和其他服务的跨境供应
南非	对教育、游戏、电子书等数字服务征收 14% 的增值税

（二）中国的主要优势与制约因素

1. 主要优势

第一，数字基础设施居世界先进水平。中国互联网、物联网、无线宽带、移动终端、超级计算等技术和设施水平位居世界前列，5G 等重要技术领域和互联网商业模式世界领先。中国已经建成全球规模最大的信息通信网络，4G 基站数量占全球 50% 以上，已经开通 5G 基站 11.3 万个。2019 年 6 月 5G 商用牌照的发放拉开了中国规模化应用序幕。截至 2019 年 6 月，互联网普及率达 61.2%，光纤入户达 90% 以上；IPv6 地址数量为 50286 块/32，跃居全球第一位，IPv6 活跃用户数达 1.3 亿（图 8）。目前中国国际光缆已通达 70 多个国家和地区，基本建成面向新欧亚大陆桥、中亚、俄蒙、东南亚和南亚等全球重点国家的信息高速通道。

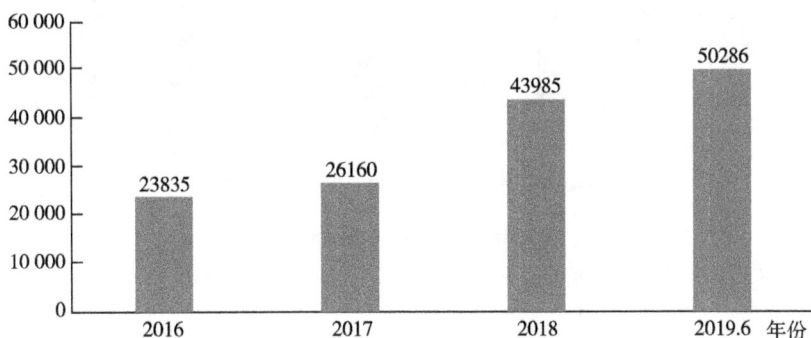

图 8　中国 IPv6 地址数量（单位：块/32）

数据来源：国家互联网信息办公室（CNNIC）第 44 次《中国互联网络发展状况统计报告》

第二，数字经济新业态不断壮大。数字技术与产业加速融合不断催生出新业态新模式。截至 2019 年 6 月，中国网络视频用户规模达 7.59 亿，较上年增长 3391 万，占网民总数的 88.8%。在线教育用户规模达 2.32 亿，较上年增长 3122 万，占网民总数的 27.2%。搜索引擎用户规模达 6.95 亿。此外，电子书、在线阅读等日益受到资本追逐，数字支付的普及率大大提高。数字化不断向农村农业渗入，形成"互联网 + 农业"的淘宝村模式。

第三，数字消费市场强大。中国庞大的互联网用户为新商业模式快速实现规模经济创造了条件。截至 2019 年 6 月，中国网民规模已达 8.54 亿，较上年增长 2598 万；手机网民规模达 8.47 亿，较上年增长 2984 万，网民使用手机上网的比例达 99.1%。与 5 年前相比，移动宽带平均下载速率提升约 6 倍，手机上网流量资费水平降幅超 90%。用户月均使用移动流量达 7.2GB，为全球平均水平的 1.2 倍；移动互联网接入流量消费达 553.9 亿 GB，同比增长 107.3%（图 9）。

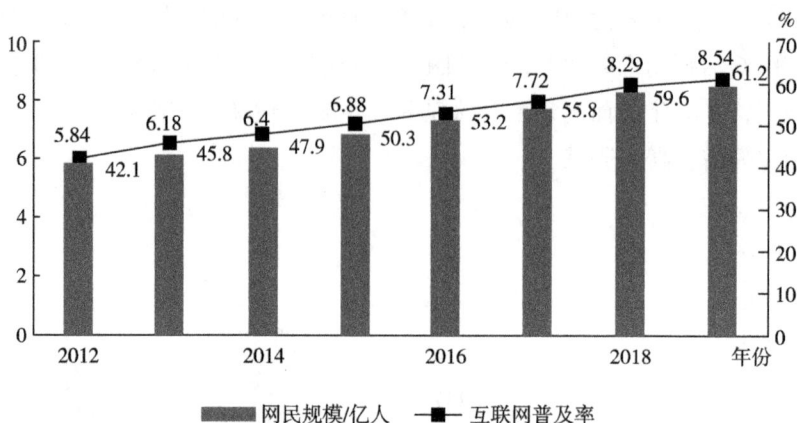

图9 中国网民规模和互联网普及率

数据来源：国家互联网信息办公室（CNNIC）第44次《中国互联网络发展状况统计报告》

第四，数字技术企业实力增强。据麦肯锡报告，中国已是全球领先的数字技术投资与应用大国，孕育了世界1/3的"独角兽"公司。百度、阿里巴巴、腾讯（合称BAT）建立的数字化生态圈不断拓展延伸，对推动国内数字产业发展的贡献尤为显著。中国内地企业有9家入围《2019福布斯全球数字经济100强榜》，其中阿里跻身全球前十。截至2020年2月，腾讯在全球主要国家和地区的专利申请数量超过3.7万件、授权超过1.3万件，PCT国际申请超过4800件，国内申请数量超过2.5万件、授权数量超过1万件。越来越多的数字技术企业通过并购、商业模式拓展、技术供应等方式扩展全球业务。华为经过20年的筹划布局已形成了海外多个运营中心和研发中心。

第五，拥有数字化的雄厚产业基础。中国工业经济规模居全球首位，成为世界唯一拥有联合国产业分类中所列全部工业门类的国家，完整的工业体系为工业互联网、智能制造、网络化等新模式发展提供了巨大空间。同时，经济服务化趋势进一步加强，2019年服务业占比达53.9%，同样为数字技术提供了广阔用武之地。农业现代化也为数字技术的应用提供了机遇。

2. 主要制约因素

第一，技术创新能力与美国、欧盟相比存在较大差距。在软件领域，中国基础软件、开发工具软件严重依赖国外，企业风险不断上升。其主要原因：一是数字经济领域中知识产权保护力度不到位；二是数字技术基础层面的原始创新相对落后，创新主要集中于用户商业模式且采取模仿外国的跟随型方式；三是较高的数字贸易壁垒导致数字服务领域竞争不充分。中国在数据全球流动方面与发达国家相比差距明显，数据全球性连接方面仅居于第 38 位，远远落后于美国、德国、英国、法国、日本等。

第二，数字服务贸易非关税壁垒较为严重。据欧洲国际政治经济中心（ECIPE）于 2018 年 4 月发布的《数字贸易限制指数》报告，该智库依据其提出的数字贸易限制指数（DTRI），对全球 64 个国家和地区的数字贸易开放度进行评估，认为中国的贸易限制指数最高。据 OECD 测算，2018 年中国服务业总体限制程度不仅高于 OECD 成员国，甚至高于南非、巴西，仅比俄罗斯、印度的限制程度略低。据相关研究，基于 OECD 数字服务贸易限制指数（DSTRI）数据库分析，当前中国在电信基础设施连通性、跨境电子交易监管、跨境支付体系兼容性及知识产权保护等方面仍存在瓶颈。

第三，城乡之间和区域之间数字鸿沟仍然较大。广大农村尤其是老少边穷地区宽带网络的普及率不高。截至 2019 年 6 月，中国农村网民规模 2.25 亿，占网民整体的 26.3%；城镇网民规模为 6.30 亿，占网民整体的 73.7%。据中国电子信息产业发展研究院《2019 年中国数字经济发展指数》报告，全国数字经济发展呈现从东部沿海向西部内陆逐渐降低的趋势。以胡焕庸线为界，根据省会城市进行划分，东南各省份的数字经济总指数为 887.7，占全国总指数的 89.5%，西北各省份的数字经济加总指数为 104.4，仅为东南各省份加总指数的 11.8%，占全国加总指数的 10.5%。西北各省份平均指数为 17.4，低于全国平均指数 32.0。各省份在数据中心指数、5G 试点城市数量指数、IPv6 比例指数 3 个新型数字基础设施指标上存在一定差距。

第四，参与数字贸易国际治理话语权较弱。中国虽然在 WTO 提交了关于数字贸易规则的中国议案，努力推动多边数字贸易规则的协商和讨论，由于国内数字贸易法律法规制定相对滞后，并且在将国内标准上升为国际规则方面存在很多困难，导致了在数字贸易国际治理中话语权较弱的局面。

三、"十四五"中国数字服务贸易的发展趋势及思路

（一）中国数字服务贸易的发展趋势

第一，数字服务贸易规模将继续壮大。根据 IDC 发布的《数字化世界——从边缘到核心》和《2025 年中国将拥有全球最大的数据圈》白皮书，2018—2025 年中国数据总量的年平均增速为 30%，产生数据量由 2018 年 7.6ZB 增长到 2025 年的 48.6ZB，占全球 27.8%，超过美国的 30.6ZB 居全球首位。2020 年中国推出包括 5G 基站、大数据中心、人工智能和工业互联网在内的"新型基础设施建设"计划。技术赋能和高度联通时代服务业的发展和对外开放不断推进，将加快形成中国服务贸易的国际竞争新优势。2020 年新冠肺炎疫情防控凸显了网络办公、网络教育、网络医疗、网络娱乐等互联网新业态新模式的优势与效率，未来必将迎来数字经济的新一轮大发展，为数字服务贸易奠定更坚实的产业基础。同时，数字科技创新和应用推广将催生新业态新模式不断涌现，服务业内涵和形式更加丰富、分工更加细化。云外包、直播电商、微信、抖音等新模式不断涌现为数字服务贸易注入新活力。此外，数字技术与越来越多的垂直领域深度融合，以数字技术为支撑、高端服务为先导的"服务＋"整体出口将成为中国服务贸易发展的新引擎。

第二，信息技术服务出口将保持良好态势。一是软件与信息技术出口继续保持增长。中国软件出口促进政策红利不断释放，软件和信息技术服务将继续加快与制造业融合，软件"赋能、赋值、赋智"成为引领未来产业智能化的重要力量，开源软件持续引领信息技术创新。"一带一路"信息基础设施互联互通建设将促进对沿线国家和地区的软件出口成为新增长极。二是云服务将持续高速增长。中国公有云服务商规模和实力在全球仅次于美国，据美国协同研究机构（Synergy Research Group）的研究，阿里巴巴、腾讯、中国电信、金山云 4 家服务商已占全球前十大公有云 IaaS 服务商中的 4 席。根据中国信息通信研究院（CAICT）数据，中国公有云市场规模未来增速有望保持在 30% 以上，2021 年将达 903 亿美元。三是社交媒体与搜索引擎海外市场潜力巨大。We Are Social 和 Hootsuite 2019 年共同发布的《全球数字报告》显示，在活跃用户数量排名前 8 位的社交媒体中，中国的微信、QQ 和 Qzone 已

占 3 席。短视频、直播、通信等领域的海外业务突飞猛进。四是卫星导航定位服务出口有望实现跨越增长。北斗导航系统已全面建成，相关产品输出到 100 余个国家，为用户提供了多样化的选择和更好的应用体验。北斗"融技术、融网络、融终端、融数据"的全面发展，正在与新一代通信、区块链、人工智能等新技术和交通运输、农林牧渔、电力能源等传统领域加速融合，形成"北斗＋"的新业态。此外，区块链出口前景看好。中国的区块链技术逐渐"走出去"，在俄罗斯、泰国、菲律宾、柬埔寨等国推介发展模式。2018—2019 年中国企业与 10 多个国家及国际组织共同推进超过 10 个区块链技术合作，在金融、环保、医疗领域引进区块链应用技术。

第三，数字内容出口能力继续增强。网络游戏、网络动漫、数字音乐和网络文学及其他数字内容行业贸易投资规模将保持较强增长活力。数字传媒、数字学习、数字动漫、数字出版等领域出口市场主要集中在东南亚地区。随着"一带一路"建设的推进，在东南亚和东北亚地区的市场规模将继续扩大。艾瑞咨询（iResearch）预测，到 2021 年中国网络视频市场规模将突破 2000 亿元。据埃信华迈（HISMarkit）统计，到 2023 年云游戏市场规模将达到 25 亿美元。

（二）促进中国数字服务贸易的主要思路

第一，增强数字技术与产业、贸易的融合能力。推动数字技术与实体经济深度融合，既是推动产业升级和实现高质量发展的重要举措，也是促进数字服务贸易发展的基本方略。要加快建设"数字中国"，推动数字政务、电子商务、智慧城市建设，以及工业互联网、云服务、智能制造、智慧农业等新模式发展。重点扩大与制造业相关的信息技术、研发设计等数字服务进口，增强对制造业创新和价值链升级的支撑能力，同时带动远程维修、研发设计、软件和信息技术服务、知识产权、金融等数字服务出口，提升产业综合竞争力。发挥中国货物贸易的规模优势，带动与货物贸易相关的金融、保险、结算、电子商务、供应链管理等数字服务出口，提升国际贸易价值链整体增值水平。充分利用大数据、云计算、人工智能、区块链等数字技术提升货物贸易效率，扩大数字服务贸易规模。依托国内强大的消费市场，扩大数字教育、数字娱乐、数字医疗、数字出版等领域贸易规模。以"一带一路"沿线为重点建设"数字丝绸之路"，提高数字基础设施联通水平，构建现代化网络信息服务系统，提升产业合作数字化水平。

第二，推动数字贸易新业态新模式发展。完善数字知识产权保护体系，建立数据资源确权制度，加大对专利、数字版权、数字内容产品及个人隐私等保护力度。营造有利于"双创"的包容性制度创新环境，激发社会创新活力和潜力，不断完善企业为主体、产学研相结合的开放合作创新生态，坚持市场主导、数据开放的原则，形成数据驱动型创新发展模式。加快构建自主可控的大数据产业链、供应链、价值链和创新链生态系统。加强数字服务贸易孵化基地建设，鼓励有条件的地区利用云计算、大数据等信息技术，通过众包、众筹模式开展创业创新，提供培训、投资、咨询、转化等一体化服务。通过"互联网＋""数据＋"，实现线上线下融合发展，提升教育、医疗、艺术表演、安保、咨询等领域的远程服务能力。

第三，推动服务贸易企业数字化转型。随着数字经济的发展，数字资产已经凸显其重要经济价值成为企业的核心资产。要支持企业提高网络化、智能化水平，利用数字技术提升运营效率，通过优化流程提升客户体验，不断强化核心业务，提升经营管理水平。着重推进数字化创新，借助数字技术加速产品与服务创新，探索新的市场需求、开创新的商业模式、孵化新的业务项目。鼓励企业将更多资源投入到技术平台开发及云计算、人工智能、区块链等新技术应用中，提升云计算的应用功能，加快"云原生"布局。推进流程自动化改造，建立健全中台体系，提升企业的运营效率和创新能力。发展数字化服务外包，鼓励缺乏专业数字技术团队的企业寻求第三方专业机构帮助企业进行数字化转型。促进企业与客户之间实现无缝衔接，培育闭环的数字生态系统。

第四，提升数字服务贸易自由化和便利化水平。在维护国家信息安全、经济安全的前提下，坚持"对外开放大门越开越大"的原则，继续缩减服务业市场准入负面清单，减少影响信息技术、研发设计、金融保险、商务服务、文化等领域外资进入的限制性壁垒。加强在自贸试验区、海南自由港、服务贸易创新试点等区域探索促进数据跨境自由流动、数据知识产权保护、个人隐私保护等国际规则标准，探索跨境服务贸易负面清单管理制度。积极推进世界海关组织（WCO）合作，探索数字服务贸易国际监管标准。加快智慧海关建设，整合与共享海关服务与数据资源，提升数字化、智能化水平。适度延长外国人员工作签证期限，为数字服务贸易企业人员往来提供便利。

第五,推动数字服务贸易规则标准制定。立足中国在信息技术服务、数字内容服务和国际服务外包领域的优势,结合已有高标准服务贸易协定,提出数字服务贸易的中国主张与方案。积极与欧盟、美国、日本等发达经济体在数字服务贸易规则制定方面协调立场、凝聚共识,形成最大公约数。推动区域、双边自由贸易谈判中数字服务贸易规则建设,加强与主要贸易伙伴的规则标准互认。以"一带一路"为重点,推进数字服务贸易的标准体系建设。

第六,加强数字服务贸易国际合作机制。各种贸易协定和倡议终将为更广泛的多边合作和整合全球技术体系铺平道路。应加强与各国政府部门、相关国际专业组织、跨国企业的技术合作机制建设,尤其要发挥中国5G信息通信技术的领先优势,积极探索建立全球性的互操作系统。如果一个互操作系统允许数据在经过欧盟GDPR和CBPR认证的经济体之间自由流动,并符合经合组织的指导方针、G20原则、APEC的CBPR、CPTPP和USMCA条款,那么它将平衡跨境数据流动、安全和隐私以创建由各国量身定制的互操作政策,避免分散或排斥其他国家或监管体系。促进跨境数据流动的便利化,降低不同国家系统间切换和连接成本,最大限度地共享全球数据资源。加强知识产权保护的国际合作。

第七,完善数字服务贸易政策促进体系。借鉴国际经验完善数字服务贸易企业税收政策,合理确定税收标准、征税方法和监管制度,加大出口退税力度,加强对中小企业、初创企业予以融资支持,降低房租、用电等成本,切实减轻企业负担,培育壮大市场主体。完善出口信用保险体系,降低企业对"一带一路"投资风险。支持数字企业申请海外专利,加快知识产权国际布局。加强数字服务出口示范基地建设,积极探索新业态新模式。

参考文献

1. 中华人民共和国商务部. 中国数字贸易与软件出口发展报告 2017 [R]. 北京:中华人民共和国商务部,2018.

2. 中华人民共和国商务部. 中国数字服务贸易发展报告 2018 [R/OL]. (2019 - 10 - 08)[2020 - 01 - 10]. http://coi. mofcom. gov. cn /article/y/gnxw/201910/201910002901732. shtml.

3. 中华人民共和国商务部. 中国数字服务贸易发展报告 2019 [R]. 北京:中华人民共和国商务部,2020.

4. 张鑫. 2019 年全球及中国软件行业市场现状与竞争格局分析，行业呈现五大发展趋势［EB/OL］.（2019 - 07 - 29）［2019 - 10 - 20］. https：//www. huaon. com/story/451472.

5. 杨陈. 中国—东盟博览会主题确定：共建"一带一路"共兴数字经济［EB/OL］.（2020 - 03 - 20）［2020 - 06 - 10］. https：//www. yidaiyilu. gov. cn/xwzx/dfdt/120526. htm.

6. Gonzalez J L, Ferencz J. Digital trade and market openness［Z］. OECD Trade Policy Papers No. 217，2018.

7. 中华人民共和国国家互联网信息办公室. 第 44 次《中国互联网络发展状况统计报告》（全文）［EB/OL］.（2019 - 08 - 30）［2020 - 06 - 10］. http：//www. cac. gov. cn/2019 - 08/30/c_1124939590. htm.

8. 夏杰长. 加快弥补短板发展数字贸易［N］. 经济日报，2019 - 01 - 16（12）.

9. 陈秀英，刘胜. 数字化时代中国服务贸易开放的壁垒评估及优化路径［J］. 上海经济，2019（6）.

10. 李钢，张琦. 对我国发展数字贸易的思考［J］. 国际经济合作，2020（1）.

（原载《首都经济贸易大学学报》（双月刊）2020 年第 6 期）

新发展格局下数字经济发展战略研究

一、数字经济成为拉动我国经济增长的主引擎

数字经济是以使用数字化的知识和信息作为关键生产要素、以现代信息网络作为重要载体、以信息通信技术（ICT）的有效使用作为效率提升和经济结构优化的重要推动力的一系列经济活动①。从广义角度看，依托数字技术衍生的经济形态都可纳入数字经济范畴，大致分为 3 个层次：第一层是核心层，包括研发、生产和制造信息通信技术（ICT）的部门，是数字经济的技术基础；第二层是由数字技术创造的新经济形态，如数字服务、平台经济等；第三层是被"数字化"的各种经济活动，主要是传统产业数字化转型。平台是数字经济的核心组织，是大量离散市场要素集聚整合的关键环节和数字经济活动的重要依托，通过与参与者共享信息、利用大数据进行低成本、高效率的供需匹配、交易撮合，将生产和消费、产品和服务有机结合。平台规模越大集聚整合的市场要素越多，用户规模越大对市场主体的降本增效作用越显著。数字经济是我国实现"弯道超车"重塑国际经济竞争新优势的关键领域，在构建国内大循环为主体、国内国际双循环相互促进的新发展格局中具有重要战略作用。随着互联网、物联网、工业互联网、云计算、大数据、人工智能、区块链等网络数字技术快速创新，并加速在各行业不断渗透和广泛应用，推动了生产方式、消费方式、生活方式、政府治理方式和公共服务提供方式等颠覆性创新和深刻变革，也为我国在数字经济时代重构信息化、数字化、智能化的产业链、供应链和创新链体系，提高全球价值链分工层次，重塑国际竞争新优势创造了有利条件。新冠肺炎疫情防控加速了全球数字经济强势崛起，也为我国在数字经济时代实现"弯道超车"创造了历史机遇。应把构

---

① G20 杭州峰会．二十国集团数字经济发展与合作倡议 2016［R/OL］．http：//www.g20chn.org/hywj/dncgwj/201609/t20160920_3474.html.

筑数字经济新优势作为高质量发展的重要抓手，在核心关键技术、新型数字基础设施、数字产业化、产业数字化、数字经济监管治理、数据要素市场培育、数字经济国际合作等方面系统推进数字经济强国战略。发挥超大规模市场优势和完备的产业链优势，打造具有国际竞争力的数字产业链、供应链和创新链体系，通过数字赋能推动产业结构升级，提高国内大循环质量，畅通国内国际双循环，加快构建新发展格局。

（一）数字经济在减缓经济下行、稳增长中发挥重要作用

一是数字经济增速高于 GDP 水平。根据中国信通院相关数据，2005—2019 年我国数字经济增加值由 2.6 万亿元增长到 35.8 万亿元，占 GDP 比重由 14.2% 提升至 36.2%。按可比口径计算，2019 年我国数字经济名义增长 15.6%，高于同期 GDP 名义增速 7.85 个百分点；高于同期第一产业增速 6.8 个百分点、第二产业 9.79 个百分点、第三产业 6.54 个百分点。2005—2019 年我国数字经济规模增长 12.7 倍，年复合增长率 20.6%，而同期 GDP 增长 4.3 倍，年复合增长率 12.6%。数字经济在我国经济中贡献度显著提升，2014—2019 年保持在 50% 以上，2019 年高达 67.7%。

二是数字产业化实现量质齐增。中国信通院数据显示，2011—2019 年我国数字产业增加值由 2.96 万亿元增至 7.1 万亿元，年均增速 11.56%，占 GDP 比重由 6.3% 提高至 7.2%。数字产业价值链层次不断提升，电信业和电子信息制造业占比由 2011 年的 70% 下降至 40% 左右，软件业和互联网行业占比由 30% 上升至 60% 左右。

三是产业数字化水平快速提升。信息通信业快速发展有力支撑了我国的传统产业数字化转型。中国信通院数据显示，2011—2019 年我国产业数字化增加值由 6.53 万亿元增加至 28.8 万亿元，年均增速高达 20.38%，GDP 占比由 13.9% 上升至 29%。

四是数字经济有效对冲了新冠肺炎疫情对经济增长的负面影响。2020 年数字经济展现出强大的抗击疫情冲击能力和发展韧性，并在精准防控、物资保障、生活保障、复工复产等抗击新冠肺炎疫情环节发挥了关键作用。实现了数字技术创新和应用场景融合双轮驱动，生产和消费的数字化边界快速拓展，大数据实现供需精准匹配有效提高了经济大循环水平和质量。由于数字经济保持高速增长有效对冲了经济下行压力，我国经济实现"V"形反转，

以 2.3% 的优异成绩成为 2020 年全球唯一实现正增长的主要经济体，且数字经济始终保持高速增长。2020 年信息传输、软件和信息技术服务业增加值增长 16.9%，居各行业领先水平；高技术制造业增加值增长 7.1%，高于同期规上工业增速 4.3 个百分点。在整体制造业投资下降的情况下，高技术制造业投资增速达 11.5%，特别是 5G、工业互联网等新型基础设施加速建设，加快推动传统产业转型步伐。2020 年全国网上零售额达 11.76 万亿元，同比增长 10.9%，其中实物商品网上零售额达 9.76 万亿元，同比增长 14.8%，占社会消费品零售总额的比重接近 1/4。

（二）新业态新模式的大规模应用，推动数字经济强势崛起

新冠肺炎疫情防控急剧扩大了新业态新模式的应用场景，加速推动了在线办公、在线教育、在线医疗、网络购物、网络金融、数字娱乐等新业态新模式的大规模应用，推动数字经济强势崛起。

其一，在线办公。2019 年我国远程办公人数仅 530 万人，2020 年增加至 3.46 亿人，占整体网民的 34.9%。越来越多的企业开始建立远程办公机制，远程办公模式逐渐为企业常态化应用，2020 年下半年的增长率高达 73.6%。疫情助推云视频会议井喷式增长，也促进了远程办公软件的规模化应用，如腾讯会议、钉钉等。各级政府、学术机构、企业等大多采用网络视频会议，用户使用数量是上年的 10 倍。服贸会、进博会及各种国际峰会、论坛等均采用线上线下结合方式进行。据统计，企业微信服务用户数量由 2019 年的 6000 万人增至 2020 年的 4 亿人，同期钉钉的企业使用数量超过 1700 万家。

其二，在线教育。2019 年我国在线教育用户规模仅 2.61 亿人，2020 年增加至 3.42 亿人，增长 31%。疫情加速了教育信息化进程。疫情期间，我国全日制在线教育平台新增数量超过 100 个，截至 2020 年 2 月，全国 30 多个省、300 多个城市的学校加入阿里钉钉在线学堂，约覆盖全国 5000 万学生；中国大学慕课平台对接近 1200 所高校、近 7000 名老师的慕课教学服务，开通课程 9000 门。截至 2020 年 11 月，全国中小学联网率达 99.7%，2020 年 1—10 月在线教育企业新增 8.2 万家。

其三，在线医疗。2020 年，我国在线医疗用户规模达 2.15 亿，占整体网民的 21.7%。平安好医生、阿里健康和好大夫等平台诊疗咨询量同比增长 20 倍，处方量增长近 10 倍。疫情期间在线问诊成为重要的诊治手段。截至 2020 年 10

月，全国有 900 多家互联网医院，550 多家二级以上医院可以提供线上服务。

其四，网络购物。截至 2020 年 12 月，我国网络购物用户规模达 7.82 亿人，较 2020 年 3 月增长 7215 万人，占整体网民的 79.1%。截至 2020 年 12 月，网上外卖用户规模达 4.19 亿人，较 2020 年 3 月增长 2103 万人，占整体网民的 42.3%。

其五，数字娱乐。截至 2020 年，我国网络游戏用户规模达 5.18 亿人，占整体网民的 52.4%；网络游戏市场销售收入 2786.87 亿元，增长 20.71%。2020 年移动游戏市场销售收入 2096.76 亿元，增长 32.61%，占游戏市场整体收入比重达 75.24%。网络直播用户规模 6.17 亿人，占整体网民的 62.4%；网络视频用户规模 9.27 亿人，占整体网民的 93.7%。

其六，网络金融。截至 2020 年，我国网络支付用户规模 8.54 亿人，占整体网民的 86.4%。艾媒咨询预测，疫情加速了消费服务线上化，驱动移动支付场景的拓展及用户移动支付习惯的强化，未来移动支付交易规模将在用户规模及支付频率上升的驱动下持续增长。支付宝数据显示，2019 年 6 月—2020 年 6 月期间，通过支付宝平台完成的总支付交易规模达 118 万亿元，其中国际总支付交易规模达 6219 亿元。新冠肺炎疫情出现加速了金融业线上对线下业务的替代，银行、证券、保险纷纷推出线上服务。证监会数据显示，其间通过互联网渠道进行的证券交易超过 95%。

其七，社交媒体。截至 2020 年，微博月活用户增量 5.21 亿人，日活用户 2.25 亿人，微信月活用户达 9 亿人；我国 31 个省（区、市）均已开通政务机构微博，各级政府共开通政务头条号 82958 个，开通政务抖音号 26098 个。

（三）数字企业呈现出较好的成长性

"2020 年中国新经济企业 500 强"评价结果显示，500 强企业普遍实现高增长，营收年均增速达 79.6%。分行业看，与数字技术融合程度越高，企业的成长速度越快。如占比最高的先进制造业企业（占比 51.2%）年均增速达 99%；依托互联网进行消费场景模式创新的新型生活性服务活动年均增速高达 106%。其次，民营企业成为数字经济发展的主力。500 强企业中民营企业有 426 家，占比高达 85%，榜单前 50 名中的 80% 为民营企业。此外，许多数字企业在短时间内能够进行大规模扩张且业务内容丰富精细，如新网银行 2017 年成立仅一年业务范围就覆盖全国近 310 个大中城市，客服数量超过

1600 万。

二、数字经济是构建新发展格局的关键突破口

数字经济以平台为核心组织，利用数据、算力和算法，有效组合国际国内要素资源，促进供给侧与需求侧精准对接，提高供需适配性，从而形成需求牵引供给、供给创造需求的动态平衡。通过构建数智化的产业链、供应链和创新链形成数字产业生态，提高内循环质量，打通内循环和外循环堵点，形成畅通的双循环系统。

（一）数字经济不断释放新的市场潜力

1. 数字经济新业态新模式创造大量新需求。随着数字技术不断向生产和消费领域渗透，促进生产和消费边界不断拓展，在线教育、无人接触、直播带货、网络文娱等新业态、新模式正在被消费者普遍采用并不断释放消费潜力。疫情催生了大量"无人接触"的数字经济消费新场景，服务型机器人、无人超市、AR 试衣、无人机配送等场景逐步转化为商业应用。汽车 4S 店、房地产开发商和房产中介升级线上服务，推出 VR 看房看车服务等；从日用品、农产品到产业、老字号、非遗产品、文化旅游产品等各类直播带货场景大量出现。以抖音为代表的新兴网络文娱用户规模和消费黏性同步提高，2020 年抖音日活用户达 6 亿人，同比增长 50%。后疫情时代，数字化生存逻辑将对未来消费模式产生深远影响。淘宝、京东改变了购物模式，支付宝、微信改变了支付模式，滴滴出行、共享单车改变了出行模式，美团、饿了么改变了用餐模式，等等。消费者日益习惯在数字空间进行消费、娱乐、社交等活动，这些都将不断拓展更加丰富多元的数字消费新空间，创造新经济的增长点。

2. 平台经济带来显著的长尾市场效应。平台突破了时空限制，使商品储存、流通、展示的场地和渠道足够宽广，销售成本大幅下降，尤其使小众需求、销量不高的产品扩大市场份额，与主流产品市场份额相当甚至更大，即众多小市场汇聚可产生与主流相匹敌的市场能量。数字化平台为长尾市场创造了盈利空间，众多中小微企业能够拓展市场宽度和挖掘市场深度，在不断细分领域中找到生存空间。2020 年微信小程序实物商品交易增长 154%，其

中商家成交额（GMV）增长 255%，快消品、零售渠道、时尚品牌通过小程序分别增长 490%、254% 和 216%。2020 年企业微信连接用户数超 4 亿人，活跃用户数超 1.3 亿人。

（二）数字企业成为自主创新的重要引领者

1. 数字企业正在引领我国自主创新的发展方向。近年来，数字企业在创新投入、创新能力和创新组织方式上不断突破，技术创新、产品创新、服务创新、商业模式创新加速发展。2020 中国新型创新企业榜单公布的前 50 名新型创新企业均为数字企业，涵盖数字化新基建、新型互联网企业、新兴半导体等领域，覆盖 AI 服务商、文娱、新零售、网络安全、物联网、在线教育、云计算、机器人、智能家居、金融科技、区块链、智能驾驶、新能源汽车等诸多行业领域，越来越多的新兴行业通过数字技术创新呈现出持续成长势头。

2. 技术出口反映出数字企业自主创新能力不断提升。2019 年我国技术出口前十大行业占我国技术出口金额的比重高达 79.06%（表 1），这十大行业都具有较高的数字化程度，除信息通信技术（ICT）制造业和服务业外，其他行业都是率先进行数字化转型的传统行业，如交通运输设备制造业、专用设备制造业、通用设备制造业、医药制造业、电气机械及器材制造业等，表明数字企业已经成为我国自主创新的主体。

3. 数字化平台通过"蒲公英效应"，实现新技术扩散和产业化。平台具有新技术转化为通用技术的能力，从而成为培育新技术、新产业、新业态和新模式的载体。如华为公司携手全球技术伙伴在 AI、云计算、5G 等领域联合创新。目前华为云技术合作伙伴有 2000 多家，有 2500 多个伙伴在鲲鹏、昇腾等 10 个技术方向通过 5000 多次技术认证，其中通过鲲鹏认证的 1100 多家主要是基于鲲鹏的应用软件企业，鲲鹏社区开发者已超过 200 万人。华为还利用全球 40 多个开放实验室开放了 ICT 底层技术，立足打造 5G + 智慧场景等数字生态。微信小程序开放了官方组件、官方 UI 素材及开放接口能力，打通了超过 12 亿用户的通道，已有超过 200 万开发者加入微信小程序开发，覆盖 200 多个行业，日活用户超过 4 亿人。

（三）数字企业成为贸易创新的重要载体

随着云计算、大数据、人工智能等数字技术广泛运用于跨境贸易的各环节，贸易数字化进程不断加快，驱动跨境电商不断转型升级。以阿里巴巴国际站为代表的一批跨境电商平台企业不断拓展功能，创新外贸业态和模式，由平台实现跨境货物贸易逐步向外贸综合服务领域延伸，形成了货物贸易和服务贸易全链条融合发展的新一代跨境电商范式，也称为"数字化新外贸"。这一模式以全链路跨境贸易平台为核心，形成衔接生产商、供应商、批发商、分销商、零售商、消费者、物流、金融、信息机构及政府监管部门的生态系统，不仅包括跨境商品流通，还包括与之相关联的物流、金融、信息、支付、结算、征信、财税等配套服务，高效透明的通关、收汇、退税外贸综合服务，以及信息化、数字化、智能化的新型监管方式和新的国际规则体系。通过一站式跨境供应链服务体系，真正形成了跨境 B2B 交易从商机到履约的闭环，买卖双方可以在全链路跨境贸易平台完成担保交易（图1、图2）。

跨境电商成为拉动对外贸易增长的新动力。2015—2019 年通过海关跨境电商管理平台的进出口总额增长 4.17 倍，年均复合增长率 50.79%；2017—2019 年出口规模增长 1.8 倍，年均复合增长率 67.49%；进口规模年均复合增长率 27.37%。海关统计数据显示，2020 年我国跨境电商进出口 1.69 万亿元，增长 31.1%。其中，出口 1.12 万亿元，增长 40.1%；进口 0.57 万亿元，增长 16.5%；通过海关跨境电商管理平台验放进出口清单达 24.5 亿票，增长 63.3%。随着我国跨境电商平台综合服务能力增强，数字化新外贸等新型贸易方式促进国内国际双循环战略发展的作用将进一步加强。

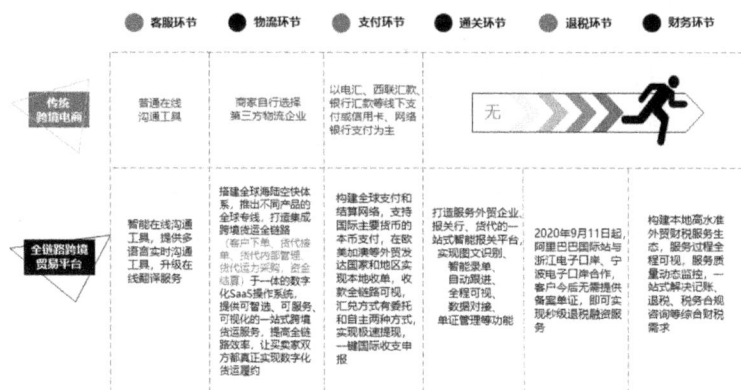

图 1 全链路跨境贸易平台与传统跨境电商的对比

资料来源：阿里巴巴国际站提供

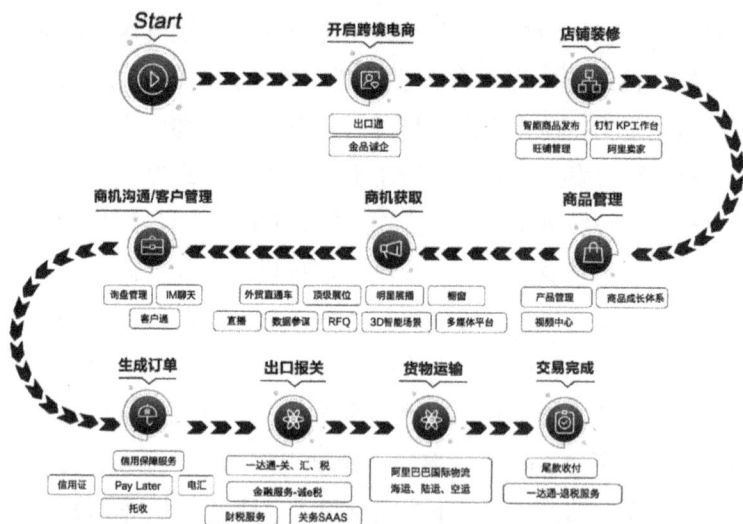

图 2　数字化新外贸实现路径

资料来源：阿里巴巴国际站提供

表 1　2019 年我国前十大技术出口行业　　　　　　单位：项、亿美元

行　业	合同数	合同金额	技术费	金额占比
全部合计	7360	352.01	314.34	100%
前十大行业合计	4405	278.29	246.93	79.06%
交通运输设备制造业	1564	97.93	97.88	27.82%
通信设备、计算机及其他 电子设备制造业	777	54.12	53.88	15.38%
电力、热力的生产和供应业	56	35.42	6.70	10.06%
化学原料及化学制品制造业	350	19.85	19.30	5.64%
专用设备制造业	387	18.38	18.30	5.22%
通用设备制造业	386	12.87	12.78	3.66%
医药制造业	187	11.58	11.57	3.29%
电气机械及器材制造业	220	10.00	8.42	2.84%
软件业	274	9.51	9.48	2.70%
计算机服务业	204	8.63	8.62	2.45%

数据来源：商务部服贸司

（四）超大规模平台具有数字基础设施和公共产品属性

1. 超大规模平台已经成为重要的数字基础设施。首先，云计算、大数据、人工智能、区块链及衍生的大量关键核心数字技术由平台研发，逐渐发展为通用性技术，并作为数字基础设施对企业、政府等部门提供。如阿里云、腾讯云、百度云、华为云等为企业和政府提供云服务器、云数据库、云存储等服务。其次，超大规模平台提供了大量具有公共产品属性的服务。这些服务已经超越了商业范畴为全社会所用，并增加了社会福利。如在线支付平台，交易频率最高的移动支付平台是微信，2020 年用户使用微信支付的比例为92.7%。交易金额规模最大的是支付宝，截至 2020 年 6 月 30 日支付宝月活用户高达 7.11 亿元。这些大规模在线支付平台已经成为我国金融基础设施体系的一部分，向社会提供普惠金融服务。又如视频会议平台（腾讯会议、网易云会议等）、在线教育平台（钉钉）搭建的网络平台承担了面向社会和教育行业的公共服务，平台开发的微信等即时通信工具、电子邮箱等已成为公众和企业的主流通信手段。再次，平台聚集的数据资源为优化社会公共服务提供重要支撑。在撮合交易过程中，平台沉淀了海量数据资源，可以发挥服务社会生产生活的效能。如百度地图的慧眼平台、出行云平台、交通云平台推动交通数据交换共享，为政府改善城市交通、用户提高出行效率提供数据支持。

2. 数字化平台具有公共服务平台属性。在新冠肺炎疫情防控过程中，平台企业发挥了不可替代的作用。如在疫情防控方面，工信部借助全国 16 亿手机用户数据迅速采集到全国人流动向信息，基于大数据技术实现了新冠肺炎疫情实时大数据采集体系、新冠肺炎确诊患者相同行程查询工具、湖北籍游客定点酒店查询、发热门诊地图等。腾讯发布的"全国发热门诊地图"覆盖357 个城市，可查询发热门诊医院 11637 家，1960 家医疗救治定点医院。发热门诊地图累计访问过亿人次，调用次数超过 10 亿次。在物资保障方面，数字化平台通过供需匹配有效解决了防疫物资信息不对称。如腾讯看点上线"全国口罩预约购买信息查询"工具，聚合全国 107 个城市的口罩预约购买平台信息，实时显示当日开放平台数量、售卖平台、开售时间、口罩类别、限购次数等具体信息。数字化物流平台通过运力整合、配送调度等方式保障了抗疫物资运输。如京东物流发挥供应链物流能力和技术优势，积极进行内外部物资统筹、公铁空运力整合等资源对接，全国七大区域联动，保证应急物资合理统筹、有序运输、及时送达。疫情期间，采用"无接触配送"的订单占整体单量的80%以上。在线教育渗透率短时间大幅提升。如中国大学MOOC平台为全国受疫情影响延期开学的高校提供免费服务，企鹅辅导、有道、好未来、猿辅导等在线教育公司免费开放在线授课平台，满足用户的学习需求。疫情期间使用腾讯课堂在线学习的师生人数较同期增长近128倍。在线问诊平台有效解决了线下医疗资源紧张的问题，腾讯健康、阿里健康、平安好医生等多个平台开展线上义诊和名医直播。复工复产方面，远程办公、线上招聘、远程会议等无接触办公管理模式普遍应用，腾讯会议、钉钉、华为云Welink、金山办公、二六三等企业都提供了免费不限时视频会议服务。

（五）数字企业成为创造就业的重要载体

就业是扩大内需和提高需求侧质量、畅通国内大循环的基础。数字经济是我国吸纳新增就业的重要渠道。随着数字产业化领域业务范围迅速拓展，传统产业加速数字化转型，派生出大量新职业需求，创造了大批新增就业，并推动实现从固定就业到弹性就业、从传统就业到新兴就业、从雇用就业到灵活就业、从专业型就业到复合型就业转型的发展转变。2019年和2020年人力资源和社会保障部先后发布了两批共29种新职业，其中与数字经济相关的职业比例超过75%。国家信息中心发布的《中国共享经济发展报告2020》显示，2019年我国以新就业形态出现的平台企业员工达623万人，同比增长4.2%，平台带动的就业人数约7800万人，同比增长4%。据中国人民大学统计，我国游戏、电竞、直播、网络文学4个数字文化行业吸纳全职就业约1145万人。数字经济为不同层次群体提供了更加自主和多元的就业机会。中国信通院发布的《中国数字经济就业发展白皮书》通过对国内主流招聘平台的数字经济就业招聘数据分析了数字经济对就业劳动力需求情况。结果显示，数字经济就业岗位对不同教育背景的劳动力均有强劲需求，低中高学历总体占比比较平衡。如在高端就业中，本科及以上学历占比37.8%，专科占比27.8%，高中及中专占比5.5%。在各种岗位的全职就业招聘中，14.7%的招聘条目不要求学历，为不同层次和技能水平劳动者提供了更多就业机会。特别是部分低教育水平劳动者有了接触前沿技术和优质工作岗位的机会，提升了就业公平度。数字经济对就业的贡献还体现在其较高的薪资水平上，2018年数字经济就业岗位的平均月薪达7057元，高于同期规上企业平均工资

（5696 元/月）23.9%。

三、我国数字经济发展的突出短板

（一）原始创新能力较薄弱，关键核心技术受制于人

总体上看，我国数字产业的自主创新短板仍然突出。

1. 基础研究较弱。我国数字经济发展更多体现为强调量的增长，对质的提升关注度不足。由于我国数字产业的发展优势在消费侧，企业技术开发也主要集中于应用端。如抖音、微信等社交应用和各大购物平台开发的算法规则，京东自主研发的无人仓调度算法应用入围全球运筹和管理科学界的最高奖项 2021 年弗兰兹·厄德曼（Franz Edelman）奖名单，这些都体现了较高的应用创新能力。相比之下，关键基础领域自主创新能力比较薄弱，研发投入占研发总投入的比重长期徘徊在 5% 左右，与世界主要创新型国家 15%—20% 的差距较大。

2. 关键核心技术受制于人。我国在核心元器件、高端芯片、集成电路、基础软件、数据处理分析、可视化呈现等核心技术方面自主知识产权严重不足，大量依赖进口，95% 的高端专用芯片需要进口。据统计，2017—2019 年我国知识产权进口额占技术进口额的比重分别为 65.63%、68.46% 和60.32%，贸易逆差额分别高达 182.46 亿美元、182.71 亿美元和 175.84 亿美元，成为技术贸易逆差的最大来源。核心技术高度依赖发达国家导致经贸摩擦频发，反过来又增加了我国引进关键核心技术和前沿技术的困难和成本。

3. 高端创新人才匮乏。我国拥有世界上规模最大的科技人才资源，但人才供给结构呈现明显断层，高尖端核心技术人才、工程师及领军型人才结构性失衡严重。由于数字经济发展迅速，相关职业教育培训能力短时间内难以满足需求，数字经济领域高端技术人才储备不足。以大数据专业为例，2016年教育部新增"数据科学与大数据技术"专业，2017—2019 年高校数据科学与大数据技术专业新增备案数量依次为 32 所、250 所和 196 所。赛迪研究院数据显示，到 2018 年我国大陆地区大数据核心人才缺口达 60 万人以上，到2025 年大数据人才缺口将继续扩大至 230 万人。2020 年 7 月人社部中国就业培训技术指导中心联合阿里钉钉发布的《新职业在线学习平台发展报告》显

示，到 2025 年我国人工智能人才需求规模将达 500 万人、云计算工程技术人员将近 150 万人。智联招聘发布的《2020 年新基建产业人才发展报告》显示，到 2019 年我国新基建核心技术人才缺口将达 417 万人。除了专业人才外，具有经济、管理、法律、产业政策等多学科知识，同时具备实践能力和管理技术的复合型创新人才也是我国数字经济发展的短板。陈煜波等 2020 年对全球 31 个重要创新城市（地区）所有领英用户中近 4000 万数字人才分析发现，中国数字人才在 ICT 行业的比例高于欧美发达国家，而欧美发达国家的数字人才在传统行业比例高于中国。同时，中国数字人才的主要技能集中在数字技能方面，而欧美发达国家的数字人才除了拥有数字技能外还拥有丰富的行业技能和商业技能，如医疗管理、房地产、建筑工程、制药、教育管理等。

（二）数字化发展二元鸿沟突出

1. 城乡数字化发展差异显著。第 47 次《中国互联网络发展状况统计报告》数据显示，截至 2020 年我国网民总量达 9.89 亿人，其中城镇网民 6.8 亿人，占比 68.7%，互联网普及率 79.8%；农村网民 3.09 亿人，占比和互联网普及率分别为 31.3% 和 55.9%。从职业分布看，农林牧渔从业人口的网民数量占比仅为 8.0%。造成农村居民网络应用程度低的主要原因是受教育程度低。其次，网络使用成本也是重要原因，据统计，月收入 1000 元以下的网民群体占比仅为 15.3%，而这部分人口主要集中于农村地区。因此，面向农村地区的数字化普及和渗透的重点是提升农村网民的数字技能水平，加大数字惠农政策力度等。

2. 年龄鸿沟与数字化矛盾凸显。人口老龄化与数字化的矛盾不断凸显。在我国网民的年龄结构中，50—59 岁网民占比 15.1%，60 岁以上网民占比 11.2%，二者加总仅为 26.3%。较低的数字技能应用水平叠加数字化应用场景快速拓展，以及公共服务类网站及移动互联网应用（APP）无障碍化普及率较低，这些因素限制了中老年群体对数字经济的参与程度，在数字化进程中不断被边缘化，老龄人口面临着日常生活被嵌入数字化技术无所适从的困境，如在线出行、在线支付、在线就医等。因此，提高数字化转型中的适老化水平，应成为我国数字经济包容性和普惠性发展的重要内容。

（三）数字经济综合实力不强

我国数字经济规模仅次于美国，位居世界第二位，但发展质量仍有较大不足。

1. 我国数字经济总体规模偏低。从整体规模看，我国 GDP 和数字经济均居世界第二位，2019 年我国数字经济规模 5.2 万亿美元，占 GDP（14.36 万亿美元）比重 36.2%，与第一名还有较大差距。

2. 我国数字经济企业的实力仍较落后。根据《福布斯》数据，2019 年我国上榜全球数字经济百强企业的数量居世界第二位仅 14 家。在互联网平台方面，根据联合国贸易和发展会议（UNCTAD）数据，全球 70 个最大数字平台中，中国仅占 22%。根据 CB Insights 数据，2020 年 9 月，中国拥有"独角兽"企业的数量仅占 24.7%。

3. 我国数字经济发展速度减缓。根据腾讯研究院的统计，2014—2020 年 9 月，按年度市值排名，我国进入全球前十名的互联网公司由 3 家减少为 2 家。从市值规模看，我国在十大互联网公司市值中所占比例呈下降趋势，从 2017 年的 22% 持续下滑至目前的 16%。从代表公司看，苹果公司市值在 2014 年低于我国当时最大的 3 家公司（阿里巴巴、腾讯、百度）之和，现在则超过我国最大的 6 家公司（阿里巴巴、腾讯、美团、京东、拼多多、网易）之和。亚马逊的市值在 2014 年远低于阿里巴巴，现在则相当于我国最大的 3 家公司之和。同时，我国互联网公司收入增速优势也在减弱。2014 年我国 4 家主要互联网公司（阿里巴巴、腾讯、百度和京东）的收入平均增速至 2019 年在逐年降低。

（四）工业互联网发展滞后，存在"单腿跳"现象

与国际平均水平及发达国家水平相比，目前数字技术对我国各产业的渗透率仍然较低。我国数字经济发展主要由消费驱动，产业互联网发展比较滞后，存在"一条腿长、一条腿短"的现象。我国是全世界唯一拥有联合国产业分类中所列全部工业门类的国家，已经建成门类齐全、独立完整的现代工业体系，工业规模居全球首位。但目前我国的数字经济仍由消费驱动，产业互联网则刚起步。中国信通院数据显示，2019 年我国服务业和工业数字经济渗透率（37.8% 和 19.5%）远低于发达经济体（46.7% 和 33.0%），并低于

全球平均水平（39.4%和23.5%）。

（五）监管创新不足，不能适应数字经济快速发展的要求

由于我国监管理念和相关制度滞后于数字经济发展实践，造成平台经济市场不公平竞争和发展不规范，平台垄断和金融风险，平台对实体经济侵蚀，以及消费陷阱、欺诈、个人信息泄露等问题日益突出，严重影响了数字经济健康发展。同时，数字技术创新活跃、快速迭代，对层出不穷的新业态新模式还没有形成适应数字经济规律的监管方式，既存在监管的真空地带，又存在过度监管等问题。这些对于新经济发展将带来不利影响。

一是监管缺失。在互联网金融领域尤为突出，由于缺乏监管和相关规则，导致行业野蛮生长，P2P爆仓、高杠杆率、高利贷、金融诈骗等问题不断出现，金融风险加剧。此外，由于新技术更新迭代快，应用场景扩展迅速，导致许多领域没有主管部门。如对无人货运应用的监管存在主管部门不清、政策不明等问题，难以落地运营，应用场景探索极为有限。二是多头监管。数字企业的跨行业、跨领域经营往往面临多政府部门的监管要求，政策相互掣肘。如互联网银行，目前国家相关政策仍处于试行阶段，对开设实体网点有一定限制。由于一类远程账户未放开，当前互联网银行的远程开户仍限于二、三类账户，在支付额度和使用场景等方面限制较多，吸收公众存款困难。但国家出于审慎监管原则，又要求来自互联网银行贷款中必须有一定比例来自存款，这些相互掣肘的政策影响其发展。三是过度监管。对数字经济的过度限制和监管可能有损企业的创新活动并产生连锁负面反应。因此，把握适度监管和发展之间的平衡十分重要。

（六）数据开放共享严重不足，导致数据有效开发利用水平不高

由于数据标准不统一、权责关系不明晰、共享机制不明确、法律保障不健全等原因，政府部门和企业沉淀的海量数据资源如何开放共享和有效利用一直存在较大障碍。从政府部门看，由于多头管理、跨部门协同障碍以及对数据安全的担忧，导致跨行政部门、政府与企业之间数据共享渠道不畅通，制约了政府应对突发事件的服务效率、协同管理能力和应急响应能力。从企业方面看，由于数据的所有权、使用权、管理权、交易权等没有明确的法律保障，已经对企业经营和消费者隐私保护造成较大影响。因此，推动平台企

业在法律法规框架下，实现数据互联互通、开放共享已经成为亟待解决的问题。

四、新发展格局下推动数字经济高质量发展的政策建议

要加强我国数字经济发展的顶层设计，以促进数字企业的技术创新、业态创新和模式创新为重点，发挥超大规模市场优势不断扩大数字技术应用场景，尤其要在产业互联网主导的"下半场"中取得主动，实现消费互联网和产业互联网双轮驱动的发展格局。发挥跨境电商平台在贸易创新发展中的作用，打通国内外两个市场、实现两个循环相互促进。同时，建设分工协作的区域数字经济体系，探索彰显特色优势的发展路径，推进产业链供应链协同发展，结合国家重大区域战略打造数字经济高地。加强数字经济国际合作，为我国数字企业国际化发展营造良好环境。构建与数字经济发展相适应的创新政策体系和监管模式，全面统筹数字经济开放、发展与安全。

（一）以突破关键技术瓶颈为重点提升技术创新能力

第一，发挥新型举国体制优势，强化国家战略科技力量，加强关键核心技术攻关。一要发挥国家科研机构、高校在基础研究中的作用，提高原始创新能力，勇闯"无人区"，实现"从0到1"的突破。二要发挥华为、腾讯、阿里、百度等龙头企业的引领作用，注重核心关键技术研发，加强基础研究，系统布局前沿共性技术攻关，突破芯片、底层架构等关键核心技术瓶颈，夯实底层技术根基，打造以"5G＋人工智能＋云计算"为基础的研发应用平台，为企业开展产业链协同创新提供良好环境。在数字技术领域的国家重大战略规划、科技专项、技术标准等方面提高平台企业参与度，推动大科学装置等国家基础科学研究资源向平台企业开放。鼓励平台企业加大研发投入，对于企业内设研发机构同等享受税收、补贴、人才等国家相关优惠政策。三要夯实产学研用相结合的技术创新体系。加快政府管理职能转变，在技术创新的制度供给方面积极探索，要更加注重市场机制作用和创新要素的市场化配置，注重发挥各类企业的主体作用。畅通企业与高校、科研机构、用户的协同创新机制，推动大中小微企业的创新链协同发展，完善各类技术交流合作平台，加强各类产业创新联盟建设。

第二，实施数字经济人才计划。一方面，要大力吸引海外创新型领军人才。鼓励各地政府加大吸引留学人员、海外华人华侨回国创新创业，吸引各国高精尖人才来华工作力度。通过实施人才计划，加大科研经费补贴、工资薪酬、个税减让、股票期权激励等力度，在住房安置、子女上学、户籍、出入境便利等方面加大政策支持，为他们安居乐业创造良好的条件。将人才引进与事业发展有机结合，使人才不仅引得来，更要留得住，让他们创新有空间、创业有平台、发展有天地，造就一批站在世界科技前沿的海外领军人才队伍。另一方面，要积极增加高等院校、职业学院等专业学科设置，扩大招生规模。同时要发挥社会培训机构、龙头企业的力量，大力开展职业培训、岗位培训，加快改变新一代信息技术人才短缺的困境。

第三，加强开放创新合作。构建有活力、有创新力的开放创新制度环境，强化国际技术交流与研发合作。积极探索与欧盟、日本、英国、美国等发达经济体的技术合作新机制，以产业链、供应链为依托布局创新链，构建互利共赢的开放创新合作体系。从引进—模仿—学习的单向传统模式，向共创、共享、共赢的双向交互创新模式转变。鼓励华为等企业开放底层技术，支持数字技术开源社区等创新联合体发展，完善开源知识产权和法律体系，鼓励企业开放软件源代码、硬件设计和应用服务。

（二）发挥我国大市场优势扩大数字技术应用场景

第一，加快推动数字产业化进程。重点培育壮大人工智能、大数据、区块链、云计算、网络安全等新兴数字产业，提升通信设备、核心电子元器件、关键软件等产业水平。构建基于5G的应用场景和产业生态，在智能交通、智慧物流、智慧能源、智慧医疗等重点领域开展试点示范。鼓励企业开放搜索、电商、社交等数据，发展第三方大数据服务业。促进平台经济的健康发展。

第二，继续拓展数字技术在消费领域的应用场景。疫情后消费者日益习惯在数字空间进行消费、娱乐和社交，为不断拓展多元、新型的数字消费场景奠定了基础。因此，消费互联网经济未来仍有广阔前景，应支持消费领域平台企业挖掘市场潜力，增加优质产品和服务供给；为消费者实现数字化生活方式提供高效连接，创造和普及消费新场景，培育消费新行为和新需求。同时，加快发展线下"向上"融合和线上"向下"拓展的双向消费形态，多层次释放我国大市场的消费潜力。聚焦教育、医疗、养老、抚幼、就业、文体、助残等重点领域，提供智慧便捷的公共服务。推进学校、医院、养老院等公共服务机构数字化转型，推进线上线下服务深度融合，积极发展在线课堂、互联网医院、智慧图书馆等，对接基层、边远和欠发达地区，扩大优质公共服务资源辐射覆盖范围。推动购物消费、居家生活、旅游休闲、交通出行等各类场景数字化，推进智慧社区建设，提高社区生活服务、社区治理及公共服务的数字化水平，打造新型数字生活。要大力开发老年人、残疾人共享数字生活的新模式。

第三，通过推动传统产业数字化转型扩大产业互联网应用场景。实施"上云用数赋智"行动，推动数据赋能全产业链协同转型，加速用工业互联网平台改造提升传统产业和发展先进制造业。企业数字化转型的难点和痛点主要包括信息不对称、产业数据开放程度低、数字化转型成本高等，应加速构建线上线下跨界融合的新产业生态体系，尤其要发挥超大规模平台的优势，利用大数据搭建数字企业与传统企业精准对接的平台，构建平台数据开放共享的有效机制，为促进传统企业技术创新提供基础支撑。加快政府产业数据开放，使数字企业精准了解产业发展的痛点，为产业数字化转型提供招商、资金的精准对接。鼓励重点行业和区域建设工业互联网平台和数字化转型促进中心，深化研发设计、生产制造、经营管理、市场服务等环节的数字化应用，培育发展个性定制、柔性制造等新模式，加快产业园区数字化改造。深入推进服务业数字化转型，培育众包设计、智慧物流、新零售等新增长点。加快发展智慧农业，推进农业生产经营和管理服务数字化改造。

第四，加快推动智慧城市和数字乡村等新型数字基础设施建设。将物联网感知设施、通信系统等纳入公共基础设施统一规划建设，推进市政公用设施、建筑等物联网应用和智能化改造。构建城市数据资源体系，推进城市数据大脑建设。加快推进数字化乡村建设，构建面向农业农村的综合信息服务体系。

（三）发挥跨境电商平台在数字化新外贸中的作用

第一，推动跨境电商转型升级和创新发展。跨境电商是贸易数字化的重要推动力量和畅通"双循环"的重要载体。要顺应贸易数字化发展新趋势，把发展跨境电商平台放在贸易高质量发展的重要一环。鼓励电商不断创新数字技术应用、创新商业模式和服务模式，引导跨境电商由单一的商品贸易向货物贸易＋服务贸易的新一代全链路跨境电商模式转型升级。尤其要发挥超大规模平台的综合服务功能和创新引领作用，支持跨境电商平台构建网络化、数字化、智能化的国际供应链体系，大力发展海外仓，建设国际物流枢纽，完善国际物流网络体系，为我国企业海外发展提供物流供应链服务。

第二，以制度型开放促进跨境电商持续发展。将跨境电商平台的规则、规制、管理、标准等制度创新作为跨境电商综试区、自贸试验区、自由贸易港等开放平台推动制度型开放的重要内容，加强与高标准国际规则对接，促进 RCEP 加快实施，推动中欧投资协定落地，同时，为我国加入 CPTPP 的相关规则标准对接做准备。发挥我国跨境电商的先发优势，把握国际规则制定的话语权和主动权。

（四）探索与数字经济发展相适应的促进政策和监管方式

第一，为数字企业创造公平竞争环境和产业发展环境。确立竞争政策的基础性地位是激发微观主体创新创业活力的关键。探索数字经济负面清单管理模式，破除行业和地域准入壁垒，使各类市场主体依法平等进入。清理和调整不适应数字经济发展的行政许可、商事登记等事项及相关制度，建立容错机制，促进新业态、新模式加快成长。尤其要为民营企业和外资企业创造公平竞争环境，消除在参与 5G 等新基建投资、重大科技项目招标采购等方面的限制，财政补贴要一视同仁。通过各种试点示范区建设，不断形成可复制推广的创新模式和发展路径。加快企业数字化转型的公共服务平台建设，鼓励行业主管部门牵头建立工业互联网应用实验平台，探索不同应用场景的实现，将有市场前景的成功模式向行业推广。增加技术研发和技术改造补贴，用于支持企业数字化改造升级，应对数字技术更迭快、市场竞争激烈等挑战。健全数据产权交易机制，培育规范的数据交易平台和市场主体，发展数据资产评估、登记结算、交易撮合、争议仲裁等市场运营体系。

第二，加强完善数字经济监管体系。加快完善平台经济法律法规，强化平台企业数据安全责任，维护好用户数据权益及隐私权。实现事前事中事后全链条监管，加强反垄断监管，将互联网金融活动全部纳入金融监管，及时弥补规则空白和漏洞。加强平台各市场主体权益保护，督促平台企业承担商品质量、食品安全保障等责任。创新监管方式，尤其要运用大数据、云计算、区块链等技术手段，建立以信用为核心的市场监管机制，提升政府监管效能。

第三，坚持包容审慎监管和分类监管的原则。我国数字经济蓬勃发展的一个重要原因是，政府以开放包容的态度对待业态创新。数字经济市场监管应以保护和促进创新为目标，对于新技术、新业态、新模式本着保护和鼓励的原则进行监管。特别是平台创新会形成业态多元化，更应持审慎保护的监管态度。随着新一代数字技术加快发展，数字经济新业态、新模式层出不穷，具有丰富性、多元性等特征，应探索针对不同类型数字行业进行分类监管。

（五）加强数字经济治理国际合作

数字治理合作已经成为全球数字经济合作的重要议题。我国应积极参与全球数字治理和 WTO、G20、APEC 等框架下的有关数字经济议题谈判与协商，形成系统的中国主张。对接高水平国际经贸规则，着重在跨境数据流动、平台治理、隐私保护、知识产权保护及数字税、数字货币等国际规则和数字技术标准制定方面加强双边、区域、多边合作，力争与主要贸易伙伴达成共识。推动 RCEP 实施、中欧投资协定谈判落地，积极加入 CPTPP，在更多双边、区域和多边自由贸易区谈判中纳入电子商务议题，加强与相关国家的数字监管和数据安全合作。推进网络空间国际交流合作。

（六）全面统筹数字经济开放发展与安全

随着全球数字技术和数字经济加速发展，数据成为核心要素，维护数字主权、数据安全和国家发展利益，已经成为各国数字经济发展面临的共同问题。为此，一要统筹数据开发利用、隐私保护和公共安全，加快建立数据资源产权、交易流通、跨境传输和安全保护等基础制度和标准规范。加强涉及国家利益、商业秘密、个人隐私的数据保护，加快推进数据安全、个人信息保护等领域立法，完善数据分类分级保护制度，加强数据安全评估，推动数据跨境安全有序流动。二要加强网络安全保护。加强重要领域数据资源、重要网络和信息系统安全保障，加强网络安全风险评估和审查。加强网络安全基础设施建设，强化跨领域网络安全信息共享和协同。三要推动全球网络安全保障合作机制建设。构建打击网络犯罪的国际协调合作机制。

参考文献

1. 中华人民共和国国民经济和社会发展第十四个五年规划和 2035 年远景

目标纲要［R］. 2021.

2. 王晓红，谢兰兰，郭霞. 论我国技术贸易的发展创新［J］. 开放导报，2021（01）.

3. 黄奇帆. 对加快构建完整的内需体系，形成国内国际双循环相互促进新格局的思考和建议［J］. 中国经济周刊，2020（14）.

4. 王文成. 创新型人才不足的应对思路［J］. 人民论坛，2019（20）.

5. 陈煜波. 数字经济转型需补上"跨界"人才短板［N/OL］. 中国日报，2021 - 01 - 29. https：//article. xuexi. cn/articles/index. html？art_id = 1503 1184616502986827&source = share&study_style_id = feeds_default&share_to = wx_single&study_share_enable = 1.

6. 王涛. 数字经济引发新一轮市场变革［N］. 经济参考报，2020 - 08 - 04.

7. 许宪春，张钟文，关会娟. 中国新经济：作用、特征与挑战［J］. 财贸经济，2020，41（01）.

8. 中央网信办信息化发展局. 中国数字乡村发展报告（2020 年）［R］. 2020.

9. 国家信息中心. 中国共享经济发展报告（2020）［R］. 2020.

10. 中国互联网络信息中心（CNNIC）. 第 47 次《中国互联网络发展状况统计报告》［R］. 2021.

11. 中国信通院. 中国数字经济发展白皮书（2020 年）［R］. 2020.

12. 中国信通院. 中国数字经济就业发展研究报告：新形态、新模式、新趋势［R］. 2020.

13. 中国信通院. 全球数字经济新图景（2020 年）——大变局下的可持续发展新动能［R］. 2020.

14. 赛迪研究院. 一文了解"2021 年中国数字经济发展趋势"［N/OL］. 澎湃新闻，2021 - 02 - 25. https：//www. thepaper. cn/newsDetail_forward_11468558.

15. 世界银行. Digital Innovation in East Asia：Restrictive Data Policies Matter？［R］. 2021.

（原载《开放导报》2021 年第 4 期）

基于全链路跨境电商的数字化新外贸研究

——以阿里巴巴国际站为例

2019 年 11 月 19 日中共中央、国务院发布《关于推进贸易高质量发展的指导意见》提出，要"提升贸易数字化水平""形成以数据驱动为核心、以平台为支撑、以商产融合为主线的数字化、网络化、智能化发展模式"。"十三五"时期以来，中国数字技术蓬勃发展加速了贸易数字化进程和新业态、新模式成长，以跨境电商为代表的数字化新外贸正在成为外贸业态创新中最具活力的部分和外贸增长的新引擎。2020 年以来，新冠肺炎疫情大流行严重冲击全球产业链、供应链体系，加之贸易保护主义和逆全球化盛行使全球贸易遭遇重创，但疫情加速了数字经济强势崛起和数字化与外贸深度融合，促进数字化新外贸成长壮大。数字化新外贸有效推动了贸易效率提升和成本降低，成为"稳外贸"的重要支撑。跨境电商平台通过整合生态链上的制造商和服务提供商，利用数据、算力和算法实现与国际市场需求精准对接，对于境外客户需求挖掘、海外营销推广、跨境支付、外销产品设计研发、境外产品售后服务、跨境供应链管理服务等具有重要作用。因此，数字化新外贸能够有效实现国际国内市场联通、供需匹配和企业降本增效，对于构建以国内大循环为主体、国内国际双循环相互促进的新发展格局具有重要战略意义。

一、数字化新外贸概念及特征

（一）数字化新外贸的概念及内涵

近年来，云计算、大数据、人工智能等数字技术广泛运用于跨境贸易的各环节，驱动跨境电商不断转型升级。以阿里巴巴国际站为代表的一批跨境电商平台不断拓展功能，由平台撮合跨境买家与卖家达成货物贸易逐步向外贸服务领域延伸，形成平台整合资源提供跨境货物贸易和服务贸易全链条融合发展的新模式，我们称之为"数字化新外贸"。即：以全链路跨境电商平台为核心，衔接生产商、销售商（批发商、分销商、零售商等）、服务提供商（物流服务、金融服务、信息服务等）及消费者的生态系统。数字化新外贸不仅包括跨境商品流通，还包括与之相关联的物流、金融、信息、支付、结算、征信、财税等配套服务，高效透明的通关、收汇、退税外贸综合服务，以及信息化、数据化、智能化的新型监管方式和新的国际规则体系。

阿里巴巴国际站创建了全链路跨境电商企业对企业（B2B）模式，即新一代跨境电商范式。从表1可以看出阿里巴巴国际站全链路跨境电商平台与传统跨境电商在客服、物流、支付、通关、退税和财务等环节的差异，前者通过一站式跨境供应链服务体系能够实现网站和跨境交易履约服务的结合，形成跨境 B2B 交易从商机到履约的闭环，买卖双方可以在全链路跨境电商平台完成担保交易。

表1　阿里巴巴国际站与传统跨境电商的对比

	阿里巴巴国际站	传统跨境电商
客服环节	使用智能在线沟通，提供多语言实时沟通工具、在线翻译服务	使用邮件、电话、微信/WhatsApp 等沟通工具
物流环节	搭建全球"海陆空快"[1]体系，推出不同产品的全球专线，打造集成跨境货运全链路（客户下单、货代接单、货代内部管理、货代运力采购、资金结算）于一体的数字化软件即服务（SaaS）操作系统，提供可智选、可服务、可视化的一站式跨境货运服务，提高全链路效率，让买卖双方都实现数字化货运履约	商家自行选择第三方物流企业
支付环节	构建全球支付和结算网络，支持美元、欧元、英镑、日元、加拿大元、澳大利亚元、新西兰元、墨西哥元等国际主要货币的本币支付，在欧美加澳等发达国家实现本地收单，收款全链路可视，为客户提供委托汇兑、自主汇兑两种方式，通过全球支付创新（GPI）服务实现资金全链路可视，并提供极速提现服务，客户可一键完成国际收支申报	以电汇、西联汇款、银行汇款等线下支付或信用卡、网络银行支付为主

续表

	阿里巴巴国际站	传统跨境电商
通关环节	打造服务外贸企业、报关行、货代的一站式智能报关平台，实现图文识别、智能录单、自动跟进、全程可视、数据对接、单证管理等功能	
退税环节	2020年9月11日起，与浙江电子口岸、宁波电子口岸合作，客户无须提供备案单证，即可实现秒级退税融资服务[2]	不提供相关服务
财务环节	构建本地高水准外贸财税服务生态，服务过程全程可视，服务质量动态监控，一站式解决记账、退税、税务合规咨询等综合财税需求	

资料来源：作者根据相关资料整理而得

注：1. "海陆空快"包括：海运，涵盖海运整柜、拼箱、船东直采、货代 SaaS 等；陆运，全国7个大区，覆盖28个港口，近26000条线路；空运，与全球优质空运服务商合作，覆盖170个国家和地区；快递，支持全球200多个国家和地区，50多个仓库服务。

2. "出口退税融资"是创新信用融资产品，报关出境时符合国家退税标准的商品提前支付退税款的一种融资服务

（二）数字化新外贸的主要特征

一是数字化特征。交易标的包括商品、服务以及信息数据等，且交易全流程高度数字化。二是平台化特征。全链路跨境电商平台是协调和配置资源的基本经济组织，不仅是汇聚各方数据的中枢，更是实现价值创造的核心，大幅降低了产品和服务进入海外市场的贸易成本。三是普惠化特征。数字化新外贸大幅降低了国际贸易门槛，中小企业、个体商户都可以通过全链路跨境电商平台面向全球消费者，在传统贸易中处于弱势地位的群体能够积极参与并从中获利。四是个性化特征。基于人工智能、大数据、云计算等数字技术，全链路跨境电商平台为买卖双方提供智能化的精准营销、交易履约和信用资产等服务，根据消费者的个性化需求提供定制化服务成为提升竞争力的关键。五是生态化特征。平台与企业遵循共同的契约精神、共享数据资源、共创价值，形成互利共赢的生态体系。六是全球化特征。由数字技术搭建的全球网络空间将来自各国的产品和服务内容面向全球市场提供，推动生产全球化、消费全球化、服务全球化、投资全球化不断加速。

（三）数字化新外贸的产业链

数字化新外贸的产业链是一个以跨境电商平台为核心的全产业链生态系统，主要包含跨境电商平台企业、制造企业及其上下游供应商、贸易商、采购商、物流公司、报关行、第三方支付公司、金融机构、代运营公司、财税服务提供商等市场主体，分别参与"货物流、资金流、信息流和商流"等多个环节（图1）。在该系统中，全链路跨境电商平台将一系列从事外贸活动的上下游企业或紧密联系的生产企业、服务提供商、用户聚集起来，组成一个共享资源、共创价值的生态网络系统。

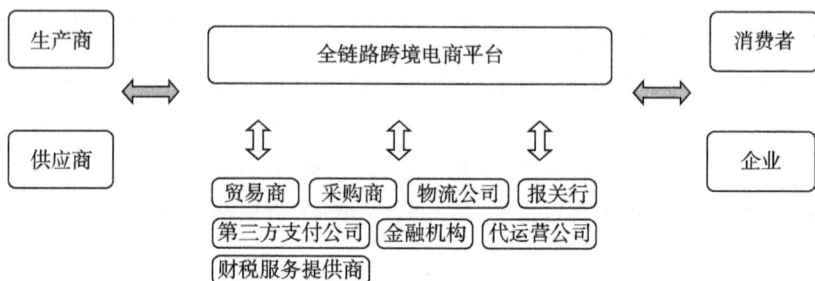

图1 数字化新外贸产业链

1. 跨境电商平台。全链路跨境电商平台是数字化新外贸的核心和产业链经济活动的依托，平台集聚各类贸易主体，是集成商品展示、询盘问价、商品交易、支付结算、物流安排、报关通关、金融征信、数据分析等服务功能的综合性平台。生产商、服务商可以在平台上与消费者直接对接，改变了商品生产流通方式，大幅缩减了中间环节，商品流通效率、流通成本和消费者体验度均较传统国际贸易获得较大改善。

2. 生产制造商和供应商。跨境电商平台依托大数据、云计算、人工智能等数字技术聚合买方需求，并将这些需求数据反馈给制造商。制造商和供应商可以通过数据改变产品结构、调整产品功能、合理安排库存，使供给端和需求端更有效对接，使生产制造更加柔性，更具即时响应、订单生产、预测生产能力，产品更加多样化和个性化。随着数字技术与制造业融合，制造向智能化发展，工业大数据、工业物联网、数字工厂、工业大脑等新的技术和模式不断被应用，从研发设计、制造生产、运营管理都将实现智能化改造，来自跨境电商平台的采购数据可以帮助制造商和供应商实现更高效率的产品结构调整，更快捷地满足市场需求变化。

3. 服务提供商。数字化新外贸中的服务提供商指在全链路跨境电商平台上，提供虚拟展示、通关报关、支付结算、金融信贷、国际物流、企业托管、财税代理等全部服务的主体。这些企业嵌入跨境电商平台，通过与生产商、贸易商乃至采购商的合作互动及时获取相关贸易信息，并结合自身功能提供相关服务。如，在采购商品时，采购商可以自主选择物流服务商、支付结算方式；商品在进出口报关时可通过跨境电商平台选择适宜的报关服务商；金融机构在决定是否给商家贷款或个人消费信贷时，可通过商家外贸行为评估风险；生产商和供应商在研判未来市场变化、制定生产销售策略时，可以借助贸易大数据进行市场分析等等。总之，通过全链路跨境电商平台，市场服务主体可以提供多种类型优质便利的专业服务，可使生产商和贸易商更加专注于生产和销售。

二、全球数字化新外贸的发展

（一）全球数字化新外贸发展的推动因素

近年来，全球数字化新外贸快速发展，这一现象的产生可以从供给侧和需求侧两个层面来分析。

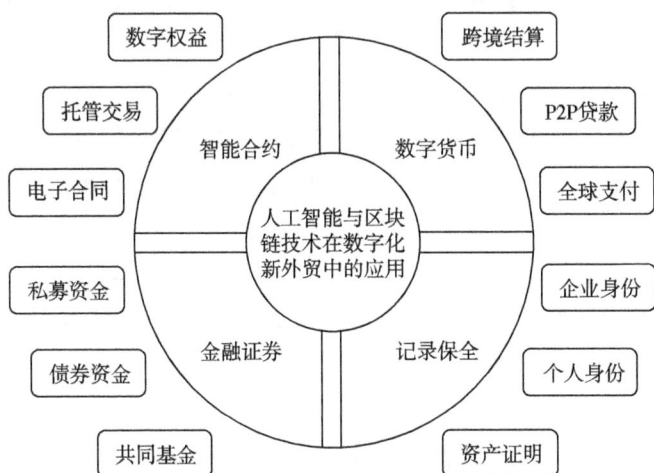

图2　人工智能与区块链技术在数字化新外贸中的应用

从供给侧看，网络数字技术与传统贸易相结合创造了贸易新业态，带来了数字化新外贸的兴起，形成了基于电商平台的 B2B、B2C（企业对消费者）、C2C（个人对个人）等贸易新模式。数字技术不但深刻改变了国际贸易，也广泛应用在与贸易相关的物流仓储、支付结算、融资贷款、报关通关、收汇结汇、广告营销等各个领域，大数据、云计算、人工智能、区块链乃至虚拟现实、量子计算、人机互动等技术的不断创新突破正在不断提升数字化新外贸的服务能力与水平。

从需求侧看，随着国际产业分工愈加精细，对国际供应链的敏捷性和快速响应能力提出了更高要求，刺激和催生了数字技术在国际贸易中的应用（图2）。基于数字通信和传输技术，上下游企业可以实现无缝实时的信息互换和共享；基于智能优化算法，可以更加高效而低成本地组织物流；基于大数据征信技术，融资结算可以更加高效而安全；基于数据的高效采集、清洗和分析技术，生产企业和贸易商可以更加精准地投放广告、拓展市场空间。数字技术在国际贸易全流程、全链条的广泛应用场景和广阔前景，加速了国际贸易与数字技术融合，并促使由单一货物贸易的传统跨境电商向"货物贸易＋服务贸易"的全链路跨境电商转型升级，推动数字化新外贸加快发展。

（二）全球数字化新外贸的发展现状

1. 全球数字化新外贸市场规模高速增长。近年来，全球跨境电商呈爆发性增长态势。据麦肯锡数据（图3），2016年全球跨境电商交易总额仅4000亿美元，预计2021年达到1.25万亿美元，年均增速高达25.6%，并将保持较高增速。同时，数字化配套服务不断提升，相关数字服务的市场规模也在大幅拓展。以数字支付为例，Worldpay数据显示，2016年全球电子商务支付主要依靠信用卡，占全球电子商务支付方式的29%；但目前电子钱包已取代信用卡成为全球电子商务最主要的支付方式，2019年全球电子钱包在电子商务交易中的使用量占比达到42%，2021年预计占比高达46%。

2. 亚太地区是数字化新外贸最重要市场。从全球跨境电商市场分布看，亚太、北美和西欧是全球最主要的数字化新外贸市场（图4）。据Statista数据，2020年亚太地区跨境电商市场交易额约4500亿美元，约占全球跨境电商市场规模的53.6%；西欧为1430亿美元，约占18.9%；北美为1090亿美元，约占14.4%；拉丁美洲为470亿美元，约占6.2%；中东欧为320亿美元，约

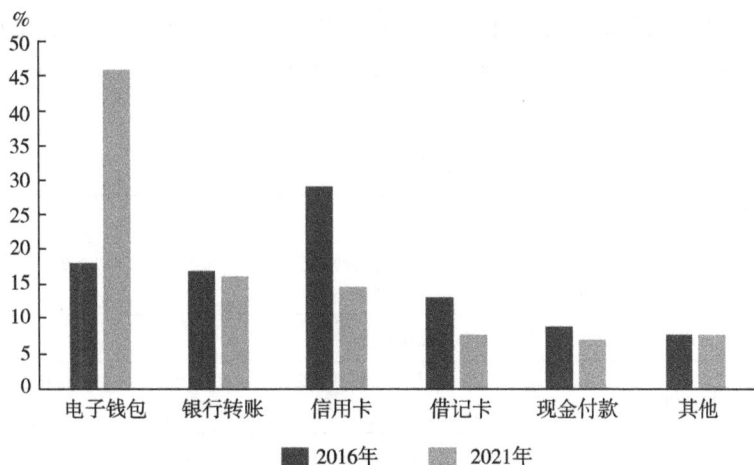

图3 主要支付方式占全球电子商务支付方式的比重

数据来源：Worldpay

占 4.2%；中东及非洲为 210 亿美元，约占 2.7%。中国是亚太地区最主要市场，到 2035 年跨境电商有望占中国进出口贸易总额的 50%。

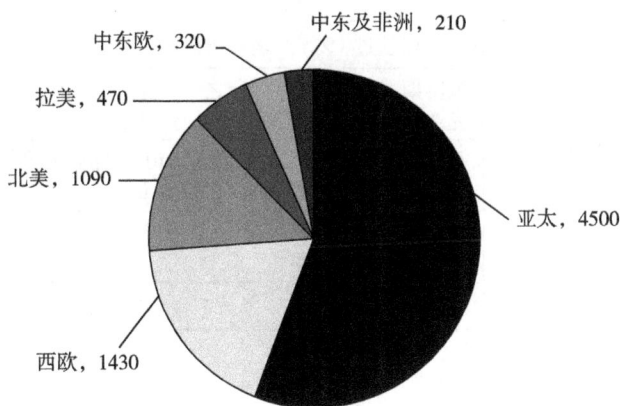

图4 2020 年全球主要地区跨境电商市场规模分布（亿美元）

数据来源：Statista

3. B2B 成为数字化新外贸的主流模式。跨境电商包括 B2B、B2C、C2C 等多种模式，但 B2B 是主流形态。据联合国贸发会数据，当前全球电子商务销售额中 B2B 约占 83%、B2C 约占 16%，如表 2 所示为 B2B 模式的全球主要电商平台。B2B 模式将大幅提升贸易数字化水平，促进全球产业链、供应链体系发展，也将促进跨境电商监管治理规范化和现代化。

表 2　全球主要数字化新外贸平台（B2B 模式）

国家	平台名称	特点
中国	Alibaba. com	2600 万活跃企业采购商，覆盖全球 200 余个国家和地区，近 6000 个产品类别
美国	Amazon Business	亚马逊的 B2B 业务
沙特	TradeKey. com	主打亚洲市场，特别是印度、中国大陆、巴基斯坦、中国台湾、马来西亚和孟加拉国等国家及地区
韩国	EC Plaza	网站会员数量已经超过 100 万，拥有超过 400 万个供应商
新加坡	Global Sources	大量中国大陆、台湾和香港的制造商、供应商和分销商集聚在该平台
美国	Thomasnet. com	拥有 67000 个工业类别以及 65 万个分销商、制造商和服务公司，每月超过 180 万访问量，主要销售工程和制造类商品
韩国	EC21. com	拥有 100 万买家，每月超过 60 万次询盘，目前有 EC21 中国站、EC21 韩国站和 EC21 全球站 3 个站点，持 8 种不同语言
美国	Global Spec	美国主流 B2B 平台，面向北美和亚洲市场，主要提供工业部件、机械以及相关服务
美国	Joor	与全球超过 15.5 万名零售商和 1500 个品牌合作
俄罗斯	Tiu. ru	俄罗斯最大的 B2B 平台之一，主要目标市场为俄罗斯、乌克兰、乌斯别克斯坦、中国等亚欧国家
俄罗斯	FIS. ru	月访问者 100 万，平台共有 310 万件商品和服务，有 21.4 万家公司供货，覆盖 1400 个城市
印度	IndiaMART	印度最大的 B2B 交易平台，拥有超过 3500 万买家，400 万供应商和 4300 种产品
印度	Tradeindia	有 290 万注册会员，平台汇集各类产品约 2250 种

资料来源：作者根据相关资料整理而得

三、中国数字化新外贸的发展

（一）中国数字化新外贸的主要发展阶段

根据跨境电商模式的变化，中国数字化新外贸大致可分为 4 个时期。

第一阶段，萌芽期（1999—2003 年），是中国数字化新外贸的试水阶段。

1999 年中国最大的外贸信息黄页平台阿里巴巴（即阿里巴巴国际站，Alibaba. com）的成立是该阶段的标志性事件。该阶段电商平台商业模式的主要特点是以展示为目的，交易和支付等其他环节仍在线下完成。

第二阶段，1.0 阶段（2004—2012 年），是中国数字化新外贸的探索发展时期。该阶段商业模式的主要特征是电商平台依靠现代信息技术，通过服务、资源整合有效打通上下游供应链和服务链，将线下交易、支付、物流等流程数字化，实现数字技术与外贸业务流程的初步融合，推动供应链扁平化和虚拟化，压缩了供应链周期，提升了企业盈利能力。

第三阶段，2.0 阶段（2013—2017 年），是数字化新外贸的爆发期。2013 年电子商务法立法进程启动，国务院出台支持跨境电商的"国六条"，启动全国首个跨境贸易电子商务试点平台。全产业链在线化、移动化，带动数字化新外贸高速发展和生态系统不断完善。此阶段跨境电商呈现出大型工厂上线、企业类买家成规模、中大额订单比例提升、移动用户量激增和全产业链服务在线化等典型特征，商业模式由 C2C、B2C 向 B2B、M2B（生产商对经销商）模式转变。

第四阶段，3.0 阶段（2018 年至今），数字化新外贸生态趋于完善。2018 年 8 月《中华人民共和国电子商务法》发布，支持跨境电商综合试验区在数字化新外贸技术标准、业务流程、监管模式和信息化建设等方面先行先试。构建全球支付结算金融、数字化关务、数智化物流三大跨境供应链体系，提供全链路、一站式智能解决方案是现阶段商业模式的显著特征。数字化新外贸借助云计算和大数据技术，实现精准营销解决了跨境电商发展中存在的"订单荒"问题，借助人工智能和区块链技术解决了"履约难"问题。

（二）中国数字化新外贸的产业链、供应链发展

数字化新外贸开启了中国对外贸易的新模式、新途径和新动力，在规模、产品类别和覆盖国家等方面都呈现快速增长态势。海关统计数据显示，2019 年中国跨境电商规模占进出口贸易的比重为 33.29%，2020 年跨境电商进出口 1.69 万亿元，增长 31.1%。其中，出口 1.12 万亿元，增长 40.1%；进口 0.57 万亿元，增长 16.5%。从出口产品类别看，除 3C 电子产品、服装、家居用品、鞋履箱包和母婴产品等消费品外，汽车、装备、中间品等产品的全球网络销售进一步拓展。从进口产品类别看，除化妆品、粮油食品和日用品等消费品外，通信器材等中间品进口额增长较快。此外，跨境电商平台出口

由珠三角、长三角不断向内陆延伸。珠三角地区借助人力资源丰富、产业门类齐全、外贸基础强大等优势，孕育了中国最大规模的跨境电商出口群体；长三角作为中国制造业集聚地，出口规模也保持较快增速。数字化新外贸在打通国际国内产业链和供应链中发挥了重要作用。

1. 数字化新外贸重塑制造业产业链。制造企业是数字化新外贸的主要参与者，涉及产业和相关产品种类众多，这些产业企业之间存在着上下游关联，在数字化新外贸生态系统中占据不同的生态位，上游企业为下游企业提供生产所必须的原材料或者半成品，下游企业生产的部分衍生物或废物可供上游企业使用，互为卖家和买家，彼此之间和谐共存、合作共赢。随着现代信息技术快速发展，企业组织方式和市场需求正在发生变化。从生产制造环节来看，传统制造企业为了及时适应客户的个性化需求纷纷实施数字化转型战略，向数字化、网络化和智能化方向发展，以工业互联网推动制造业与信息化深度融合，使生产成本降低、生产效率提高，并解决产能过剩、物流成本高、供需不匹配等问题。从制造企业采购行为来看，货期长、批量大、金额大的传统模式将被短周期、小批量、碎片化取而代之，跨境电商平台提供的专业沟通、交易、结算、支付和物流等服务将为其提供支撑，有效解决制造商在国际采购中的金融、物流、专业人才等短缺问题。从外贸方式来看，传统外贸模式下制造企业要将产品卖给最终消费者，通常需经过出口商—进口商—批发商—零售商4个环节才能实现。而数字化新外贸模式下，跨境平台可以有机整合上述环节，为制造业企业提供一站式服务，缩短了贸易服务链。

2. 数字化新外贸平台的运营模式。按照数字化新外贸的运营模式，可将其分为以跨境B2B为主和跨境B2C为辅的模式。B2B模式是跨境电商中最具发展潜力、最有能力形成规模和国际竞争力的电子商务模式。B2B模式下，平台企业将供需双方汇聚到一起通过发布供需信息，方便买卖双方通过平台自主选择交易对象，并通过在线支付或结算系统完成交易，又可以细分为出口B2B和进口B2B两种模式。出口B2B主要有4种模式：以阿里巴巴国际站①为代表的"批发贸易＋外贸服务的平台模式"，以敦煌网为代表的"批发

① 2016年起，阿里巴巴国际站从一个展示商品的撮合网站转变成拥有支付、交易、结算的全链路跨境贸易平台，买卖双方在此平台可以完成担保交易。通过一站式的跨境供应链服务体系，阿里巴巴国际站真正实现网站和跨境交易履约服务的结合，做到跨境B2B交易从商机到履约的闭环。

兼零售的平台模式"，以环球易购为代表的"自采或 POP 兼营的全域零售平台模式"。进口 B2B 模式目前作用有限，也缺少大型平台。B2C 模式主要有以速卖通为代表的"海外直供模式"和以考拉为代表的"海外优选模式"。"海外直供模式"通过跨境电商平台将海外经销商与国内消费者直接联系起来，平台企业负责制定适合跨境电商进口交易的规则和消费流程，通过打造良好的购物体验，收取商家入驻费用和交易佣金。该模式主要建立在供需双方的丰富程度之上，一般要求海外企业具有零售资质和授权，并且能够提供完善的售后服务。商品一般是直接采用海外直邮方式运送到消费者手中，目前该模式在 B2C 中占据大部分市场份额。海外优选模式主要以自营型 B2C 为主，平台直接参与到货源的组织、物流仓储及销售过程。一般采取保税备货的模式，物流时效性较高，用户体验相对更好，但产品丰富度较低。

3. 数字化新外贸的服务体系。数字化新外贸服务体系由国内外的物流企业、第三方支付企业、金融机构、信息服务商、政府管理部门等构成。这些企业和机构在数字化新外贸生态中扮演着服务支持角色，其中交易服务维度的物流服务和支付服务尤为重要。

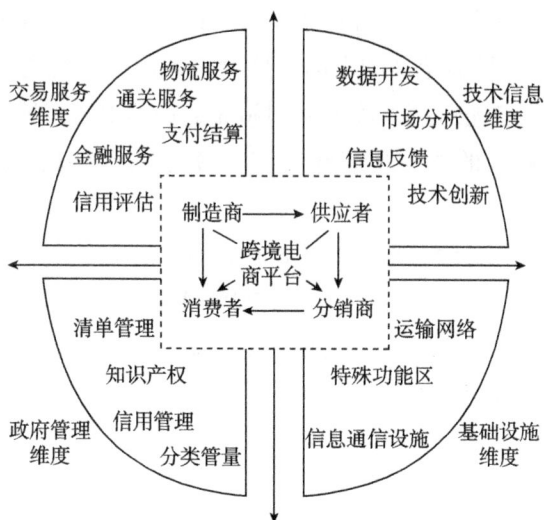

图 5　跨境电商服务体系

资料来源：程炜杰，姜丽丽．跨境电商生态圈构建的四个维度［J］．开放导报，2019，（06）

数字化新外贸的物流服务是指为跨境商品贸易提供的存储、运输、配送、装卸及仓内加工等一系列服务的总称。目前的物流运作方式主要有邮政小包、快递、空运、海运、复式联运、海外仓等模式。其中专线速递的服务包括：货物揽收、装卸打包、运输、在线追踪订单、清关和本地派送等。海运快船模式作为一种新形态的物流拼箱模式，整合了快递、传统拼箱、快船、超级快速交付服务（Super HDS）等物流模式的优势，"在成本不变或更低的基础上，让传统拼箱的门到门交货期缩短一半"。如中欧班列作为国际物流贸易的新通道，运行时间短、安全稳定、绿色环保，缩短了中国与欧洲国家之间的运输时间，对中欧贸易发展起到了极大的推动作用。中欧班列运营过程中，参与主体众多，主要包括中国和沿线国家的铁路公司、物流公司及进出口企业。国内目前典型的中欧班列运营平台企业有渝新欧（重庆）、郑州国际陆港、蓉欧国际（成都）、汉欧国际（武汉）、长安号（西安）、营满欧（满洲里）、义新欧（义乌）等。海外仓指境内外为跨境电商企业提供货物存放、加工、分拣、装卸、打包、返修服务的仓库，按其性质可以分为保税仓和普通仓，按地理位置可分为国内仓和海外仓。国内仓主要以跨境电商试点城市、跨境电商综试区的海关特殊监管区等为主要载体，主要应用于网购保税进口商品。海外仓主要分为电商平台自建仓库、第三方海外仓库和跨境电商卖家自建的海外仓库[1]，目前越来越多的跨境物流采用"跨境电商＋海外仓"的模式，即海外买家首先通过跨境电商网站完成产品的在线购买，然后利用卖家在全球范围内布局的本地化海外仓储、物流系统实现商品的及时运输和配送。

跨境电商第三方支付主要是指为 B2C 跨境电商交易全流程提供海外收单、资金跨境、结算分发等服务。跨境电商 B2B 目前支持汇款、信用证和托收等主流国际结算方式。从支付方式来看，支付服务主要分为本地电汇、跨境电汇和信用卡支付等多种支付方式，跨境电汇仍占据主导地位。

---

① 亚马逊和京东都是采用自建仓储体系模式，亚马逊在上海自贸区内建设了保税仓和物流中心，可以享受到更低的税率。天猫国际采用的是租用保税区仓库模式，海外品牌商根据阿里大数据分析提前向保税仓备货。阿里巴巴在跨境电商领域还注重与政府层面合作，与上海市松江区合作组建了跨境物流园区，与新加坡等国家邮政体系签约，菜鸟裹裹在西班牙、法国等多个国家建立了海外仓。

(三) 数字化新外贸的管理体制和商业模式演进

1. 数字化新外贸的管理体制演进。在制度供给层面，政府坚持鼓励创新、包容审慎监管的原则，不断完善跨境电商管理体系，以跨境电商综合试验区为平台，促进跨境电商快速健康发展。跨境电商政策以"先行先试"为抓手，以"梯度推进、辐射全国"为演化路径，以"支持性政策与规范性政策相辅相成"为基本特征。

2004—2012 年，政策以培育产业发展为主。2005 年国务院办公厅发布的《关于加快电子商务发展的若干意见》（国办发〔2005〕2 号）是国内第一个关于电子商务的政策性文件。该文件明确提出要实行体制创新，加快完善电子商务发展的政策环境，推广电子商务应用；在政策法规环境、支撑体系、推动电子商务应用、相关产业发展等方面提出了具体意见。各部委为落实这一政策相继发布了一系列政策措施。如，商务部发布《关于促进电子商务规范发展的意见》（商改发〔2007〕490 号），提出规范电子商务信息传播行为、交易行为、支付行为、商品配送行为，以及促进电子商务规范发展的保障措施等；国家发展改革委、商务部、人民银行、国家税务总局、国家工商总局发布《关于开展国家电子商务示范城市创建工作的指导意见》（发改高技〔2011〕463 号），决定联合开展"国家电子商务示范城市"创建活动。同时以首批跨境贸易电子商务服务试点城市为起点，从中央部门政策性试点和示范城市应用性试点的重点领域着手，推动电子商务的有关政策在局部地区取得突破性进展。

2013—2017 年，政策以激励为主。针对跨境电商的快速发展制度创新与时俱进，推动产业进一步发展壮大。2013 年 8 月国务院办公厅转发由商务部会同国家发展改革委等 9 部门共同研究制定的《关于实施支持跨境电子商务零售出口有关政策的意见》（国办发〔2013〕89 号，即"国六条"）。一方面，推出了针对性的支持政策。如建立电子商务出口新型海关监管模式并进行专项统计，建立电子商务出口检验监管模式，支持企业正常结收汇，实施适应电子商务出口的税收政策等。另一方面，加快跨境电商通关试点建设，加快电子口岸结汇、退税系统与大型电商平台的系统对接。各部委出台了相关政策，如海关总署发布公告，将直邮进出口和保税进出口赋予海关监管代码（"9610"和"1210"），实现"清单核放、汇总申报"的通关便利化。2015 年 3 月国务院发布《关于同意设立中国（杭州）跨境电子商务综合试验区的批复》（国函〔2015〕44号），同意试验区在跨境电商交易、支付、物流、通关、退税、结汇等环节的技术标准、业务流程、监管模式和信息化建设等方面先行先试，逐步形成一套适应和引领全球跨境电商发展的管理制度和规则，为推动全国跨境电商健康发展提供可复制推广的经验。

2018年至今，政策支持与规范并重。《中华人民共和国电子商务法》的制定和实施是中国跨境电商制度创新最重要的成果之一，内容涉及经营者的法律责任与义务、合同、争议解决、电子商务促进、法律责任等方面。具体创新之处体现在：一是在经营者法律责任与义务的界定方面，既规定了一般性电商经营者的法律责任与义务，也界定了电商平台经营者作为新型市场主体的法律地位、权利、责任与义务。二是确定了电商合同的特殊交易规则。三是强调了政府责任。如，规定政府必须将电子商务发展纳入国民经济和社会发展规划；明确维护电子商务交易安全、推动数据共享、坚持开放发展电子商务等。四是体现了对竞争秩序的规范和对中小电商经营者的规范。[①]《关于推进贸易高质量发展的指导意见》提出，推进跨境电子商务综合试验区建设，复制推广成熟经验做法；完善跨境电子商务零售进出口管理模式，优化通关作业流程，建立全口径海关统计制度。

跨境电子商务综合试验区（简称跨境电商综试区）成为制度创新的主要载体。自2015年以来，分5批共设105个跨境电商综试区。杭州是第一个跨境电商综试区，至今已向全国输送113条制度创新清单，其中"六体系两平台"政策体系已在全国普及。商务部等14部门发布《关于复制推广跨境电子商务综合试验区探索形成的成熟经验做法的函》（商贸函〔2017〕840号），将"六体系两平台"等成熟经验和做法向全国复制推广（表3）。六体系指信息共享、金融服务、智能物流、电子商务信用、统计监测和风险防控体系，提供了涵盖跨境电商全流程、各主体的管理和服务；两平台包括线上综合服务平台和线下产业园区平台，提供了综试区建设的软硬件条件。"六体系两平台"实现了政府与市场、部门与地方、线上与线下的有效结合，调动了各参与方积极性，催生了跨境电商生态圈。其他跨境综试区进一步拓展跨境电商制度创新体系。如，郑州综试区增加了跨境电商人才培养和企业孵化平台与

---

① 商务部. 中华人民共和国电子商务法专题［R/OL］. http：//www. mofcom. gov. cn/article/zt_dzswf/.

质量安全体系，形成了"三平台七体系"，还在"网购保税＋实体新零售""秒通关""E贸易"等方面进行探索。

表3 跨境电商综试区成熟经验及主要做法

序号	经验	主要做法
1	建设线上综合服务平台，打造信息枢纽	通过对接监管部门和各类市场主体，集成在线通关、物流、退免税、支付、融资、风控等多种功能，实现"一点接入、一站式服务、一平台汇总"
2	建设线下产业园区，实现协调发展	园区提供跨境电商全产业链服务，汇聚制造生产、电商平台、仓储物流、金融信保、风控服务等跨境电商各类企业，实现生产要素和产业集聚，促进跨境电商与制造业融合发展，推动传统产业提质增效、创新升级
3	发展海外仓推动B2B出口	通过地方财政配套中央外经贸发展资金支持海外仓建设，鼓励企业自建或租用海外仓，加强售后服务、现场展示等功能，拓展海外营销渠道
4	创新金融支持模式	各综试区开发融资、保险等金融产品，提升中小跨境电商企业交易能力
5	提升通关便利化水平	通过简化手续、创新检验检疫监管、提升出口退税效率、便利化外汇交易结算，极大地降低企业成本
6	创新检验检疫监管模式	
7	提升出口退税效率	
8	便利外汇交易结算	
9	建立统计监测体系	建立健全跨境电商统计监测体系，在三单标准、B2B认定等方面先行先试，依托数据建设综合数据处理中心
10	鼓励商业模式创新	坚持"发展中规范、规范中发展"原则，允许跨境电商企业在商业模式上大胆创新
11	打造跨境电商品牌	跨境电商通过智能推送、信息宣传等多种技术手段和商业模式，支持培育自主品牌，扩大优质产品出口，助力"中国制造"向"中国智造"转变
12	加强人才培育力度	加强政、校、企合作，跨境电商人才培养力度加大

资料来源：商务部等14部门《关于复制推广跨境电子商务综合试验区探索形成的成熟经验做法的函》（商贸函〔2017〕840号）

2. 数字化新外贸的通关监管模式创新。自 2014 年以来，海关为便利企业通关和统计，探索对跨境电子商务零售出口商品实行简化归类，不断增列监管代码，创新通关模式。

第一，"9610"模式，全称"跨境贸易电子商务"。适用于境内个人或电子商务企业通过电子商务交易平台实现交易，并采用"清单核放、汇总申报"模式办理通关手续的电子商务零售进出口商品（通过海关特殊监管区域或保税监管场所一线的电子商务零售进出口商品除外）。"9610"模式下的"清单核放、汇总申报"在很大程度上提升了跨境电商企业，尤其是跨境零售进出口企业的通关效率。

第二，"1210"模式，全称"保税跨境贸易电子商务"。适用于境内个人或电子商务企业在经海关认可的电子商务平台实现跨境交易，并通过海关特殊监管区域或保税监管场所进出的电子商务零售进出境商品。在"1210"进口模式下，跨境电商网站可以将尚未销售的货物整批发至国内的保税物流中心，再进行网上零售，未销售的不能出保税中心，也无须报关，还可直接退回国外。

第三，"1239"模式，全称"保税跨境贸易电子商务 A"。适用于境内电子商务企业通过海关特殊监管区域或保税物流中心（B 型）一线进境的跨境电子商务零售进口商品。

第四，"9710"和"9810"模式。自 2020 年 7 月 1 日起，在北京、天津等 10 个海关开展跨境电商 B2B 出口监管试点，增列海关监管方式代码"9710"，全称"跨境电子商务企业对企业直接出口"，适用于跨境电商 B2B 直接出口的货物。增列海关监管方式代码"9810"，全称"跨境电子商务出口海外仓"，适用于跨境电商出口海外仓的货物。自 2020 年 9 月 1 日起，增加上海、福州等 12 个直属海关。跨境电商 B2B 出口监管给予企业一次登记、一点对接、优先查验、简化申报、便捷转关、一体化通关、便利化退货等通关便利措施，全程通关无纸化，程序更精简便捷，大幅缩减了企业运营成本，有利于加快跨境电商新业态发展。

表4 跨境电商通关监管模式

海关监管方式代码	中文全称及简称	通关监管模式	适用的主要业务类型
9610	跨境贸易电子商务（电子商务）	跨境直购	B2C 一般出口；B2C 直购进口
1210	保税跨境贸易电子商务（保税电商）	保税备货	B2C 特殊监管区域出口；B2C 网购保税进口（用于免通关单的试点城市）
1239	保税跨境贸易电子商务 A（保税电商 A）		B2C 网购保税进口（用于需要提供通关单的非试点城市）
9710	跨境电子商务企业对企业直接出口（跨境电商 B2B 直接出口）	B2B 出口	B2B 直接出口
9810	跨境电子商务出口海外仓（跨境电商出口海外仓）		B2B 出口海外仓

四、阿里巴巴国际站——中国数字化新外贸的实践

（一）发展历程

寻找商机难、流通成本高、享受政策红利难、资金融通难和信用屏障高是跨境贸易面临的五大难题。阿里巴巴国际站从 1999 年成立至今，一直帮助中小外贸企业解决物流、支付、金融、关汇税、获客与增长等方面的难题，搭建沟通、交互、履约所需的底层基础设施。1999 年阿里巴巴国际站作为全球批发贸易市场正式上线，标志着我国跨境电商兴起；2001 年阿里巴巴国际站全球注册买家数超 100 万；2010 年阿里巴巴国际站收购一达通，开始提供关、汇、税等外贸综合服务；2015 年阿里巴巴国际站"信用保障服务"上线，作为全球跨境 B2B 中首个第三方交易担保体系，标志着跨境电商由信息撮合向线上交易发展，交易数据已基本实现全部沉淀；2017 年阿里巴巴国际站从信息撮合全面升级为"撮合＋履约"一体的数字化跨境贸易综合服务平台，跨境贸易步入成熟阶段；2020 年全球经济受新冠肺炎疫情冲击之下，阿里巴巴国际站先后投入 20 亿元"新外贸补贴"，助力传统外贸企业转型数字化新外贸。目前，阿里巴巴国际站从多元化贸易场景出发，立足中国 2000 个制造业产业集群，搭建政务、支付、物流、销服及商业 5 张大网，提供数字

化、差异化跨境贸易解决方案。未来 3 年阿里巴巴国际站将赋能全球 3000 万家中小企业，实现全面无纸化出口。

（二）构建畅通"双循环"的数字产业生态

阿里巴巴国际站基于生态化、智能化和数字化平台，创新大数据、云计算、人工智能、区块链等数字技术应用，推出了新一代数字化外贸操作系统，通过集合国际国内的制造商、服务提供商、消费者，有效连接了供给端和消费端，联通了国际国内市场，形成以电商平台为核心的数字产业生态链。该操作系统是以"数字化人、货、场"为内环、"数字化交易履约"为外环、"数字化信用资产"为链接纽带的新贸易操作系统，围绕资金流、货物流、订单流、信息流提供外贸履约相关的多种服务。如，为卖家提供信用保障服务、e 收汇服务、一达通通关/退税/外汇外贸综合服务、"海陆空快"国际物流服务、超级信用证、财税服务等，为海外买家提供 Pay Later①、"无忧赊"、验货等服务，覆盖贸易全链路的数据与服务超出了一般跨境电商平台的范围。

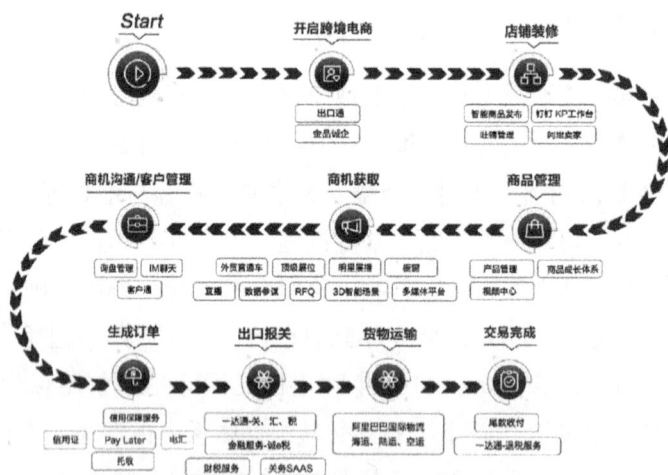

图 6 数字化新外贸实现路径

资料来源：阿里巴巴国际站

---

① 是买家在阿里巴巴国际站采购时可用的一种全新支付方式，目前已对美国区域的买家开放。买家使用 Pay Later 支付时，第三方金融机构将直接垫付资金给卖家。买家可获得最长 6 个月的贷款期，卖家可安全快速收款。

1. "数字化人、货、场"破解"订单荒"。数字化"人",利用交易主体标签展示技术,商家对客户信息进行结构化处理来定量或定性描述,精准展现用户画像,实现人的"可识别、可分析、可触达"。数字化"货",强调数字技术赋能传统产业,使更多中小企业将沉淀在国际站的消费端数据与生产端的设计、制造、管理等环节结合,实现生产端的精准分析和快速响应进一步满足个性化定制的需求。数字化"场",充分考量不同地域、文化背景下采购商的偏好和习惯,搭建具有行业特色的导购场景,通过类目导购、热品榜单、行业资讯、个性化推荐等差异化的营销方案吸引采购商。

通过"数字化人、货、场"以及B2B直播、短视频、3D逛展看厂等创新模式,把受疫情阻隔的"面对面"跨境交易变成了"屏对屏"。基于买卖家海量行为数据的机器算法学习,以实时最优人工智能算法(图文、语义、人机交互)促成陌生的买卖家之间"供需"碰撞,为商家提效。2020年6月8—28日阿里巴巴网交会举办超过8000场跨境直播,B2B直播商家的日均活跃买家数同比增长超过200%。

2. 数字化交易履约解决"履约难"。传统的外贸服务无法满足客户对高效、集约、低成本服务的需求。阿里巴巴国际站联合生态伙伴,搭建了全球支付结算金融、数字化关务、数智化物流等全链路数字化的跨境供应链服务体系,提供一站式的智能解决方案。在数字化支付结算方面,阿里巴巴国际站通过技术创新构建可靠、透明、高效、低成本的全球支付结算金融网络,本地化支付网络目前已覆盖67个国家和地区,支持26种主流贸易货币,可实现跨境资金一秒到账。在全球范围内阿里巴巴国际站与环球同业银行金融电讯协会(SWIFT)及银行合作,实现企业通过银行接入全球金融通信网络的云端数据库,令跨境汇款首次实现全程可视化、可实时追踪。在2020年度亚当·斯密奖亚洲区获奖名单中,阿里巴巴国际站独得最佳技术驱动、最佳数字安全解决方案两项大奖。在数智化物流方面,阿里巴巴国际站支持快递、海运、陆运、空运等多样化解决方案,覆盖200多个国家和地区;提供全天候在线查价下单,智能化操作系统结合客户需求,推荐优势线路服务,下单后全程轨迹可视,助力客户便捷发货,履约无忧。在数字化关务方面,阿里巴巴国际站联手阿里达摩院,基于人工智能和云端科技打造一站式智能报关平台,可降低60%的通关成本,"大数据引擎+智能识别"双倍提效80%,大数据模型智能预警纠控差错低至0.01%,商品秒级归类准确率高达98%,

与全国超过 2000 家报关行及货代共同推动贸易及通关便利和智能化，探索报关行业新业态，实现通关链路全程可视，线上交互协同。在出口退税方面，阿里巴巴国际站利用区块链技术与政府建立风控共建平台，将出口退税需要核实的环节进行秒级核验，退税核查时间可缩至"0 天"。

3. 数字化信用资产消除"信任难"。阿里巴巴国际站跨境贸易的全部流程，从交易达成到物流、报关、支付结算、汇兑、退税、金融等均可在线上完成，每个环节的数据都为商家沉淀独一无二的数字资产和信用名片。阿里巴巴国际站将信用保障服务与多种数字化工具有效链接，为具有优质信用的中小企业提供更优惠的支付条件、更快速的到账时间、更全面的物流途径以及免费享受更多流量资源和获取商机服务，使远隔重洋的买卖畅通且持久。2020 年 5 月，深圳市硕腾科技有限公司通过阿里巴巴国际站信保服务，在买卖双方未见面的情况下，便收获了价值 346 万美金的有史以来单笔最大海外订单。

（三）为"六稳""六保"注入新动能

第一，"稳出口"。新冠肺炎疫情期间，全球产业链、供应链出现"断链"，大多数线下展会被取消，阿里巴巴国际站帮助商家真正用数据做生意，让外贸和内贸一样简单，有效顶住了疫情冲击。2020 年阿里巴巴国际站实收交易额按美元计价同比增长 101%，进入 2021 年 1 月又实现"开门红"，当月国际站实收交易额同比增长 177%。

第二，"稳供应链"。稳定可靠的跨境供应链确保海外订单落地。疫情以来，阿里巴巴国际站率先承诺"保价保舱"，并首次举行跨境供应链服务大会，帮助商家最高减少 60% 的履约成本。在国际站整体买家市场中，欧美市场稳、新兴市场快，成为出口逆势增长的来源。2020 年平台交易额同比增长超出 100% 的国家和地区达 100 余个。其中，美国、英国、澳大利亚成为线上最大出口市场，东盟国家泰国亦进入前十市场排名。从国内看，深圳、广州、金华（含义乌）、东莞、宁波等 5 个城市的出口交易额均实现翻倍增长。

第三，"稳企业"。阿里巴巴国际站帮助 150 万国内中小外贸企业实现数字化转型，并首期设立 10 亿元"新外贸专项补贴"，国际站提供全链路一站式托管智能服务，为过去只通过展会获取海外订单的传统外贸企业提供半年的转型护航服务，帮助零跨境电商基础的企业以最快速度和最简单的方式

"跑"起来。2020 年 4 月,国际站"春雷计划"就以帮扶新商家为第一目标,截至目前已助力近万家外贸工厂数字化转型。2020 年 10 月国际站启动了"百亿生态投资基金"计划,加快完善数字化新外贸赛道,帮助所有中小企业开源提效,货通全球。随着"百亿生态投资基金"的启动,国际站还宣布再投资 10 亿元启动"春雷计划 2.0",通过全程成长护航服务、线上展会等形式,继续帮助传统企业和年轻创业者顺利步入新外贸赛道。

五、推动数字化新外贸发展的政策建议

数字化新外贸以普惠化、个性化、生态化和全球化的特征带来国际贸易模式的重大变革,必将成为未来贸易增长的重要支撑。后疫情时代,数字化新外贸在国际贸易中的地位进一步凸显,将深刻影响未来全球贸易发展格局,并将为中国加快构建以国内大循环为主体、国内国际双循环相互促进的新发展格局提供重要支撑。同时,中国积极推进新基建,5G、互联网、大数据、云计算、人工智能等数字技术的应用场景不断扩大,也将助力数字化新外贸发展。为此,提出以下建议。

第一,将数字化新外贸作为畅通双循环的重要渠道。以互联网、大数据、云计算、人工智能、区块链等网络数字技术为依托的数字化新外贸,是打通国内外市场、促进国内外要素流动、实现双循环相互促进的主要渠道。同时,对于实现传统产业的数字化升级改造和新业态、新模式的拓展,加快推进供给侧结构性改革具有重要作用。数字化新外贸的迅速发展也将为制造业与研发设计、信息技术、金融、物流、咨询、数据等服务业融合发展带来新的空间。为此,要把数字化新外贸放在贸易高质量发展的重要部分。

第二,以制度型开放推进数字化新外贸持续发展。应在巩固中国跨境电商优势地位的基础上持续推进制度创新,加强国际规则标准对接。在跨境电商综试区持续推进海关监管创新、金融服务开放和跨境数据安全有序流动等规则标准探索,培育区域产业链和产业集群,适时推进综试区由点及面,逐步覆盖全国。将跨境电商综试区与自贸试验区和自由贸易港等开放平台建设结合起来,为构建国际高标准自由贸易区网络做制度准备。

第三,加强跨境电商国际合作。积极参与全球数字治理和世界贸易组织(WTO)、二十国集团(G20)、亚太经合组织(APEC)等框架下的议题谈判,

在跨境电商国际规则体系方面形成中国主张。同时，在双边、区域、多边自由贸易区谈判中纳入电子商务议题，在跨境数据流动、平台数据治理、隐私保护、数字税和知识产权等方面加强协调，力争与主要贸易伙伴达成共识，推动跨境电商有关交易信息数据及执法结果的信息共享、监管互认和执法互助，使跨境电商相关企业的通关流程更加便利顺畅。

第四，支持数字化新外贸平台创新发展。要优化创新制度环境，鼓励平台企业增加研发投入，在技术创新、业态创新、模式创新中发挥引领作用。要提高平台企业的综合服务水平，依托平台数据为生态链企业提供精准的供需对接服务，创造市场需求。尤其要鼓励平台开放数据资源，为制造业企业、中小外贸企业及研发设计企业提供数据服务。同时，要探索与平台经济相适应的监管方式创新，严厉惩处平台垄断、野蛮生长、消费欺诈、低价倾销等不公平竞争行为。

参考文献

1. 王晓红，谢兰兰．我国数字贸易与软件出口的发展及展望［J］．开放导报，2019（05）.

2. 肖亮，柯彤萍．跨境电商综合试验区演化动力与创新实现机制研究［J］．商业经济与管理，2020（02）.

3. 李秋正，蒋励佳，潘妍．我国跨境电商通关监管生态系统演化创新的动力机制［J］．中国流通经济，2020，34（05）.

4. 中华人民共和国商务部服贸司．中国数字服务贸易发展报告2018［R］．北京：中华人民共和国商务部，2019.

5. 中华人民共和国商务部服贸司．中国数字贸易发展报告2019［R］．北京：中华人民共和国商务部，2020.

（原载《全球化》2021年第3期）

中国信息通信技术服务贸易发展及创新思路

当前，全球进入数字技术驱动和引领的技术创新时代，信息通信技术（ICT）已经成为一个国家经济社会发展的重要基础和产业、贸易竞争力的重要标志，也是各国抢占新一轮科技革命和产业革命制高点最为激烈的关键性领域，在各国都具有极其重要的战略地位。ICT 服务贸易是产业技术积累的重要来源和提升自主创新能力的重要基础。改革开放以来，我国 ICT 产业通过开展技术引进、积极利用外资、国际信息技术外包、对外直接投资等多种服务贸易方式，有效组合全球信息技术创新资源，ICT 服务贸易实现了从无到有、从小到大、从弱到强的跨越式发展，已经形成较强的国际竞争力，成为我国知识密集型服务贸易最大的顺差来源。随着全球数字经济蓬勃发展，ICT 服务贸易已经成为全球服务贸易发展的主导力量，也是推动贸易数字化发展的重要支撑。"十四五"时期，我国面临的全球科技竞争和挑战将更加严峻，尤其是受中美贸易摩擦、技术脱钩等因素的影响，ICT 服务贸易和产业发展将遭遇更多困难。但是，我国具有世界超大规模消费市场优势，ICT 产业已经具备雄厚的基础和技术先进性优势。我国实施新基建计划，加快新一代数字技术基础设施布局，将有利于把握新一轮信息技术革命的战略机遇，促进我国 ICT 服务贸易发展再上一个新台阶，在构建国内国际双循环新格局中发挥重大作用。

一、我国信息通信技术服务贸易的主要特点

现阶段我国 ICT 服务贸易主要呈现以下特点。

1. ICT 服务贸易高速增长，已成为全球第二大出口国。2005—2019 年我国 ICT 服务贸易年均增速达 22.81%，2019 年 ICT 服务进出口额 807.6 亿美元，占服务贸易总额比重为 10.3%。从出口层面看，2005—2019 年我国

ICT 服务出口保持年均 25.2% 的高速增长。2019 年 ICT 服务出口额 538.6 亿美元，是 2005 年（23.3 亿美元）的 23.1 倍，同比增长 14.5%，占我国服务出口额的比重由 2005 年的 3.0% 上升到 19%。2005 年我国 ICT 服务出口占全球的比重仅为 1.3%，低于印度（9.5%）、美国（6.5%）和德国（6.3%），2018 年占全球出口总额的比重达 8.3%，仅次于印度（10.2%），成为全球 ICT 服务第二大出口国。从进口层面看，2005—2019 年我国 ICT 服务进口增幅明显小于出口，年均增速 19.5%。2019 年 ICT 服务进口额达 269.0 亿美元，同比增长 13.2%，是 2005 年（22.2 亿美元）的 12.1 倍，占服务进口总额比重的 5.4%。我国 ICT 服务贸易一直保持顺差，也是知识密集型服务贸易的最大顺差项，2019 年顺差达 269.6 亿美元，是 2005 年（1.02 亿美元）的 264.3 倍，对于优化我国服务贸易结构和改善贸易平衡发挥了重要作用（表 1）。2020 年一季度，在受新冠肺炎疫情影响我国服务出口增速下降 7.3% 的情况下，ICT 服务出口仍逆势上扬，同比增长 10.9%。

表 1   2001—2019 年中国 ICT 服务进出口贸易额及占比变化   单位：亿美元

年度	出口额	进口额	贸易顺差	出口占全球 ICT 出口的比重（%）	出口在服务贸易中的占比（%）	进口在服务贸易中的占比（%）
2001	7.30	6.70	0.60	—	2.20	1.70
2002	11.90	16.00	-4.10	—	3.00	3.50
2003	17.40	14.70	2.70	—	3.80	2.70
2004	20.80	17.20	3.60	—	3.30	2.40
2005	23.30	22.20	1.02	1.33	2.80	2.65
2006	36.96	25.03	11.93	1.80	3.93	2.48
2007	55.19	32.90	22.30	2.20	4.40	2.55
2008	78.22	46.75	31.47	2.61	5.38	2.99
2009	77.10	44.42	32.68	2.68	6.29	3.04
2010	104.76	41.03	63.74	3.34	5.87	2.12

续表

年度	出口额	进口额	贸易顺差	出口占全球 ICT 出口的比重（%）	出口在服务贸易中的占比（%）	进口在服务贸易中的占比（%）
2011	139.08	50.35	88.74	3.78	6.92	2.03
2012	162.47	54.90	107.57	4.23	8.06	1.95
2013	170.98	76.24	94.74	4.14	8.26	2.31
2014	201.73	107.48	94.25	4.58	9.21	2.48
2015	257.84	112.30	145.54	5.83	11.79	2.58
2016	265.31	125.79	139.53	5.79	12.66	2.78
2017	277.67	191.76	85.91	5.61	12.17	4.10
2018	470.58	237.70	232.88	8.28	17.64	4.53
2019	538.60	269.00	269.60	—	22.26	5.36

数据来源：商务部、UNCTAD 数据库

2. 新一代信息技术服务贸易异军突起。我国 ICT 服务出口结构不断改善，基本形成了软件、集成电路、电商平台、云服务、人工智能、区块链等服务出口多元化格局，尤其是新一代信息技术服务贸易表现优异。2020 年一季度，在遭遇新冠肺炎疫情我国离岸服务外包增速下降 7.6% 的情况下，ITO 中的信息技术解决方案服务、云计算服务、电子商务平台服务等数字服务离岸执行额，同比分别增长 213.6%、16.2% 和 14.5%。2019 年以云计算、人工智能、区块链为代表的新一代信息技术开发应用出口执行金额达 11.5 亿美元，同比增长 154.53%（表 2）。Synergy 报告显示，我国云提供商拥有亚太地区公共云市场 40% 的份额，其中阿里云 2019 年营收 52 亿美元、增长 63.8%、全球市场份额占比 4.9%，在 Canalys 发布的 2019 年全球云市场排名中列第四位，仅次于亚马逊云（346 亿美元，占比 32.3%）、微软云（181 亿美元，占比 16.9%）、谷歌云（62 亿美元，占比 5.8%）。据中国支付清算协会统计，2018 年我国第三方跨境支付机构跨境互联网交易额超过 4900 亿元，同比增长 55%，预计到 2020 年第三方跨境支付行业规模将突破万亿元。移动应用数据和分析平台 App Annie 公布 2019 全球月活跃用户数前十名的 App 中，支付宝成为非社交类 App 第一名。2019 年支付宝的全球用户超过 10 亿，保持 20%

的增长，目前全球54个国家和地区可以使用支付宝消费。2019年微信支付覆盖60个国家和地区，支持16种不同货币直接结算。Synergy Research数据显示，截至2019年第三季度超大规模提供商（Hyperscale Providers）运营的大型数据中心504个，是2013年的3倍；美国仍占据主要云和互联网数据中心站点的近40%，其次是中国、日本、英国、德国和澳大利亚，合计占32%。2019年上半年全球区块链企业申请专利数量前十企业有7家来自中国，其中，阿里、中国平安分别以322件、274件专利排名第一、二位，前100名企业中我国占67%，美国占16%[①]。截至2019年，我国卫星导航专利申请量累计7万件，居全球第一位。其中，北斗系统作为全球卫星导航系统四大核心供应商之一，2019年相关产品和服务已输出100余个国家，其中"一带一路"沿线30个国家和地区。基于北斗的土地确权、精准农业、数字施工、车辆船舶监管、智慧港口解决方案等，已经在东盟、南亚、东欧、西亚、非洲地区得到应用，目前，我国已建成并开通北斗三号全球卫星导航系统，向全球提供服务。

表2　2019年中国软件出口分类情况　　　　　　　　单位：万美元

合同类别	合同数	同比（%）	协议金额	同比（%）	执行金额	同比（%）
总计	57945	-6.33	6040831.61	7.70	4348133.17	5.47
信息技术外包（ITO）	54208	-5.60	5886944.03	8.02	4268214.94	6.36
信息技术研发服务	46637	-8.85	4767666.20	11.31	3435943.25	-0.14
软件研发服务	36256	-7.34	3008950.17	-0.24	2293107.26	-9.23
集成电路和电子电路设计服务	5417	-5.15	646691.03	22.56	512314.88	7.70
测试服务	1664	6.80	388373.89	32.84	308429.62	71.32
电子商务平台服务	898	58.38	145242.39	76.01	107266.64	48.46

---

① 知识产权产业媒体IPRdaily与incoPat创新指数研究中心联合发布的"2019上半年全球区块链企业发明专利排行榜（Top100）"。

续表

合同类别	合同数	同比（%）	协议金额	同比（%）	执行金额	同比（%）
信息技术解决方案服务	1137	40.72	119531.68	158.78	55949.74	34.47
其他信息技术研发服务	1265	-62.68	458877.05	44.17	158875.10	9.67
运营和维护服务	6480	4.16	969773.86	-13.46	713154.67	36.24
信息技术运营和维护服务	5789	-1.16	914820.91	-2.41	673630.05	33.42
网络与信息安全服务	89	—	4044.06	—	3662.64	—
其他运营和维护服务	602	65.38	50908.88	-72.20	35861.99	93.17
新一代信息技术开发应用服务	1091	3309.38	137752.35	201.39	115294.92	154.53
云计算服务	56	75.00	8644.92	-81.09	6547.99	-85.54
人工智能服务	94	—	23988.71	—	7600.84	—
区块链技术服务	926	—	103759.01	—	100930.80	—
其他新一代信息技术开发应用服务	15	—	1359.72	—	215.28	—
软件产品	3737	-15.76	153887.58	-3.22	79918.23	-27.10
系统软件	576	-40.74	12866.62	-52.81	10673.42	-48.74
应用软件	3141	-8.05	140678.67	20.64	67852.91	-17.71
支撑软件	20	-58.33	342.29	-97.74	1391.91	-78.05

资料来源：商务部

3. ICT 企业国际竞争力大幅提升。我国已经涌现一批具有全球影响力的 ICT 服务企业。这些企业逐步由单纯的硬件设备制造商，向软硬件一体化的服务型制造商转型，尤其是软件企业不断拓展融合应用，加强产业链协作，整合上下游和跨领域资源，不断增强盈利能力和创新能力，对全行业的支撑和引领带动作用日益突出。2020 年 1 月，工信部发布的《2019 年中国软件业务收入前百家企业发展报告》显示，2018 年我国软件百强企业共完成业务收入

8212 亿元，增长 6.5%，其中 1/3 以上的企业收入增长超 20%。2019 软件百强企业 R&D 投入强度均超过 10%，研发人员合计 67 万人，占从业人员比重超过 60%，计算机软件著作权登记数量达 13 万件，同比增长 50% 以上。软件百强企业在工业互联网、大数据、云计算、人工智能、开源软件等新兴领域加速成长。如华为、阿里、浪潮、用友等企业纷纷建设工业互联网平台。软件业正加速与传统产业融合，传统企业的信息技术能力快速增长。如，此次排名前十的软件企业是：华为、阿里、百度、腾讯、中通、海尔、京东、中兴、浪潮、中软，其中海尔列第 6 位，标志着海尔正由传统制造业向数字化、智能化、服务型制造升级。此外，深圳大疆、大族激光也跻身前 30。随着云计算、大数据、AI 等技术逐步向制造业渗透，更多制造企业将拥有软件开发能力并逐步成为企业营收的重要来源。从企业性质看，内资企业已经超过外资企业，民营企业成为 ICT 服务出口的主力军。从 2016—2019 年我国软件出口看，2019 年内资企业软件出口执行额 225.57 亿美元，占比 51.88%，较 2016 年提升 3.9 个百分点，其中民营企业占比达 49.4%；外资企业软件出口执行额 169.58 亿美元，占比 39%，较 2016 年下降 1.6 个百分点，软件业由外资主导向内资主导的重大结构性变化，体现出通过长期承接离岸软件和信息技术外包，本土企业的技术能力不断提升，已经形成内生增长的产业发展格局（表3）。

表3　2016—2019 年我国软件出口按企业性质分类情况　　单位：亿美元

企业性质	2016 年		2017 年		2018 年		2019 年	
	执行金额	占比（%）	执行金额	占比（%）	执行金额	占比（%）	执行金额	占比（%）
全国	342.30	100.00	375.56	100.00	412.27	100.00	434.81	100.00
内资企业	164.43	48.04	229.75	61.18	250.06	60.65	225.57	51.88
港澳台投资企业	41.23	12.05	32.13	8.55	33.72	8.18	39.84	9.16
外商投资企业	138.86	40.57	112.63	29.99	142.77	34.63	169.58	39.00

数据来源：商务部

4. 传统市场和新兴市场共同拓展的新格局逐步形成。我国 ICT 服务贸易市场主要集中在美欧日发达经济体和周边区域，随着"一带一路"建设务实推进，沿线国家的新兴出口市场正在快速拓展。从软件出口市场看，2019 年我国软件出口前十位的国家和地区依次为：美国、欧盟（28 国）、中国香港、日本、韩国、新加坡、中国台湾、德国、英国和爱尔兰，执行额合计占比达90.4%，尤其是在中美贸易摩擦的影响下，我国对美软件出口执行金额仍列第一位，说明双边供应链的相互依赖性较强。2019 年我国对"一带一路"国家软件出口额 70.38 亿美元，占比 16.2%。从离岸服务外包市场看，美国、欧盟传统市场和"一带一路"新兴市场均保持较高增长。2019 年，作为前三大发包市场，美国、欧盟、中国香港合计占发包总额的 54.5%。我国企业承接美国和欧盟服务外包的执行额，分别为1325.8 亿元和1111.9 亿元，同比分别增长 10.3% 和 17.6%，承接"一带一路"沿线国家离岸服务外包执行额1249.5 亿元，同比增长 12.4%（表4）。

表4　2017—2019 年我国软件出口目的地前十位国家和地区　　单位：亿美元

排名	2017 年			2018 年			2019 年		
	国家（地区）	执行金额	同比增长（%）	国家（地区）	执行金额	同比增长（%）	国家（地区）	执行金额	同比增长（%）
1	美国	88.42	6.25	美国	92.09	4.15	美国	94.43	2.53
2	欧盟（28 国）	59.60	16.17	欧盟（28 国）	68.810	15.47	欧盟（28 国）	72.32	5.10
3	中国香港	44.30	-4.78	中国香港	56.100	26.64	中国香港	69.82	24.46
4	日本	40.97	14.25	日本	47.600	16.20	日本	57.05	19.84
5	中国台湾	22.46	23.84	韩国	24.310	24.55	韩国	24.39	0.35
6	新加坡	21.93	11.07	新加坡	23.060	5.13	新加坡	22.33	-3.17
7	韩国	19.52	-19.75	中国台湾	15.340	-31.69	中国台湾	17.82	16.19
8	德国	12.05	-15.19	德国	15.230	26.41	德国	15.39	1.09
9	英国	10.07	36.00	英国	10.840	7.72	英国	11.27	3.95
10	芬兰	6.12	-2.09	印度	8.111	34.86	爱尔兰	8.12	34.06

数据来源：中国商务部

二、我国信息通信技术服务贸易面临的主要机遇与挑战

"十四五"时期，我国 ICT 服务贸易发展存在诸多有利因素，但也面临更

严峻的外部环境挑战和国内发展的制约因素。

（一）国际环境层面的机遇与挑战

1. 机遇

第一，全球ICT服务贸易快速增长，发展格局和竞争格局正在悄然变化。据联合国贸发会（UNCTAD）数据，2005—2018年全球ICT服务出口总额从1750亿美元增长到5682.5亿美元，年均增速达9.5%，高于全球服务贸易年均出口增速3.3个百分点，占全球服务贸易比重从2005年的6.6%增加到2018年的9.7%。从发展格局来看，全球ICT服务出口主要集中在欧洲、亚洲和北美洲，2018年三大地区的ICT服务出口占比分别为58.73%、30.56%、7.50%，出口总额占世界的89.91%。其中，欧洲持续保持ICT服务出口第一，2018年出口额达3337.3亿美元，占全球出口总额的58.73%，全球ICT服务出口额前30位国家和地区中欧洲占16席。亚太地区成为全球ICT服务贸易发展的主要驱动力。2011—2018年全球ICT服务出口年均增长率为6.4%，亚太、南美、欧洲、北美和非洲ICT服务出口年均增长率分别为9.82%、6.77%、5.70%、3.83%、1.48%。其中，我国年均增速高达19.02%，韩国、新加坡年均增速分别为16.67%、15.41%，东南亚地区的年均增速为10.22%。从这一变化可以看出，随着新兴经济体和发展中国家ICT产业的不断进步，尤其是以我国、印度为代表的发展中国家在全球ICT产业中日益崛起，持续缩小与发达国家的差距，我国在国际市场开拓、制定国际标准方面将获得更多机遇。

第二，数字经济继续引领全球经济增长、产业变革和创新加速，从而扩大ICT服务贸易发展空间。据麦肯锡预测，到2025年，数字技术形成的经济效益，将是下一代基因组产业的5倍以上、先进材料的10倍以上、可再生能源15倍以上。据华为测算，目前数字经济增速是全球GDP增速的2.5倍，预计到2025年全球数字经济规模将达23万亿美元，比2017年的12.9万亿美元（占GDP比重17.1%）增长近一倍。

信息通信技术创新已成为推动产业变革的重要动力。信息技术推动制造业和服务业加速融合，带动产品、企业和产业等多层面、多方位融合创新，显著提升制造业效率、管理精细化水平和高端装备产品附加值，形成以用户为中心的新型生产体系，促进了生产端与消费端无缝衔接，加快企业研发设计、生产管理、协同营销及众包、个性化定制、在线运维、供应链集成服务等新模式发展。

国际数据公司认为，到 2021 年全球 75% 的商业企业将使用人工智能。与此同时，云计算、大数据、人工智能、区块链等新一代信息技术向工业、服务业、农业领域大规模渗透，为创新活动提供巨大的空间，推动全球价值链革命进入知识创新全球化的新阶段。全球新冠肺炎疫情将带来数字经济的新一轮爆发式增长，ICT 在全球疫情防控中发挥重要支撑作用，尤其是电商平台、远程诊疗、远程办公、在线教育等新业态新模式的应用场景、规模效应急增，必将带来后疫情时代的 ICT 服务贸易规模增长和模式创新。

2. 挑战

第一，我国 ICT 服务贸易将面临与发达国家和发展中国家双重竞争的压力。目前，发达国家在全球 ICT 服务贸易中仍占主导地位，ICT 服务出口的 70% 左右集中在发达经济体，发展中经济体仅占 30% 左右。尤其是美国、欧盟为保持先发优势，加速在全球构建行业技术标准和贸易规则，以确立其垄断地位；同时为扩大本国就业、支持新技术发展，在 ICT 服务进出口方面实施了更加严格的限制措施。而印度在信息技术外包等方面已经具备规模、技术和人才等优势，菲律宾、越南、南非、墨西哥等国凭借成本优势，不断吸引全球信息技术外包业务，从而对于我国市场形成明显的竞争。

第二，各国针对 ICT 服务贸易的限制性措施增多。2008 年 11 月以来，美国共实施了 31 项保护主义措施，影响了超过 5 万亿美元的贸易额，其中 ICT 领域成为"重灾区"。2019 年以来，保护主义在实施方式、政策数量和扩散程度等方面愈发显著，尤其是美国单边采取不断加征关税、非关税壁垒、投资限制等措施，导致贸易投资摩擦频发，严重扰乱了全球 ICT 产业供应链和价值链体系。美国于 2019 年 5 月发布了《确保信息通信技术与服务供应链安全》的总统行政令，旨在禁止交易和使用可能对美国家安全、外交政策和经济构成威胁的外国信息通信技术和服务；2019 年 11 月美国商务部公布了该行政令的实施条例草案，以审查涉及"外国对手"的信息通信技术与服务（ICTS）的交易，并建立了审查相关交易的流程。此外，印度等发展中国家为保护本国数字产业，也纷纷出台限制数据跨境流动等保护主义措施。

第三，中美经贸摩擦具有的长期性和复杂性特征，将给我国 ICT 服务贸易带来更严峻的挑战。美国是我国信息技术引进和服务外包的主要伙伴国。

中美关系出现的转折性变化，美国对我国除发起贸易摩擦外，还出现了技术封锁和金融摩擦，特别是对我国信息通信等高科技企业的限制，ICT 产业可能遇到前所未有的挑战，尤其是"脱钩论"进一步阻碍双边价值链的合作。美国对华为、中兴的围堵成为中美贸易摩擦的焦点。受贸易摩擦影响，2019 年我国承接美国信息技术外包执行额仅增长 2.9%，低于日本和欧盟水平。新近签署的《中美经济贸易协议》中，美方对于知识产权保护提出了更严格的限制措施。

第四，与新冠肺炎疫情全球大流行伴生的全球经济、贸易和投资增速下滑，可能导致保护主义加剧。2020 年全球新冠肺炎疫情将带来国际分工格局和供应链的深度调整，也将使经济全球化进程受阻。今年 4 月 IMF 发布《世界经济展望报告》将 2020 年的全球经济增长预期调为 -3%。世贸组织发布《全球贸易数据与展望》报告，预计 2020 年全球商品贸易将下降 13%—32%。联合国贸发会发布报告，预计 2020—2021 年全球外国直接投资将下降 30%—40%。IMF 强调，此次疫情将使发达经济体及新兴市场和发展中经济体同时陷入衰退，是 20 世纪 30 年代大萧条以来首次出现的情况，预计 2020 年发达经济体增速为 -6.1%。发达经济体增速大幅下滑，无疑增加了贸易摩擦局势和政策不确定性，导致金融危机风险上升。

（二）国内发展的主要优势与制约因素

1. 主要优势

第一，ICT 产业的综合优势，为服务贸易发展奠定了基础。我国信息通信技术正处于系统创新和智能引领的重大变革期，大数据、云计算、人工智能、物联网、5G 等新技术持续突破，并与制造、能源、材料、生物、空间等技术交叉融合，新产品、新模式、新业态层出不穷。信息通信技术领域制造业服务化已成为重要发展趋势，越来越多的信息通信设备制造企业将服务作为获得市场竞争力的重要手段，从单纯提供产品和设备向提供全生命周期管理及系统解决方案转变。2018 年全国专利密集型产业增加值 10.7 万亿元，占 GDP 比重达 11.6%；其中，ICT 制造业增加值 2.2 万亿元，ICT 服务业增加值 1.9 万亿元。ICT 产业高速增长将驱动服务贸易进入新一轮增长期。尤其是新冠肺炎疫情期间互联网新业态新模式体现出较强的抗冲击能力，2020 年上半年我国信息传输、软件和信息技术服务业增加值同比增长 14.5%，实物商品网上零售额增长 14.3%。

第二，网络基础设施居世界先进水平，为 ICT 服务贸易发展提供强大技术支持。我国互联网、物联网、无线宽带、移动终端、超级计算等技术和设施水平已位居世界前列，5G 等重要技术领域和互联网商业模式世界领先。我国已建成全球规模最大的信息通信网络，4G 基站数量占全球 50% 以上，已经开通 5G 基站 11.3 万个，互联网经济占 GDP 比重接近 7%，超过世界平均水平。目前我国国际光缆已通达 70 多个国家和地区，基本建成面向新欧亚大陆桥、中亚、俄蒙、东南亚和南亚等全球重点国家的信息高速通道。

第三，自主创新能力显著提升，为增强 ICT 服务贸易竞争力提供了动力。世界知识产权组织（WIPO）发布的 2019 年《全球创新指数报告》显示，2019 年我国创新水平排名第 14 位，连续第 4 年保持上升势头。2018 年我国在芯片设计领域拥有 13% 的全球市场占有率，居世界第三。其中，华为海思营收增速达到 34.2%，增长率居全球十大芯片设计公司之首。根据普华永道思略特发布的"2017 全球创新企业 1000 强"榜单中，软件与互联网服务公司按照研发投入排名，前十强中国占 3 位。

第四，庞大的产业体系和消费市场，为 ICT 服务贸易提供了巨大国际化市场。我国具有世界最完备的制造业体系，服务业规模巨大，农业现代化潜力巨大，从而为世界各国先进信息技术提供了广阔的应用空间。近年来，我国不断推进信息技术与一二三产业加速融合，在推动产业数字化升级的同时，扩大信息技术的应用场景，物联网、大数据、云计算、人工智能等新一代信息技术的大规模应用正在颠覆传统的制造模式，给服务型制造带来崭新的空间。尤其是 5G 与产业深度融合，将推动智能制造、远程医疗、远程教育、智慧城市、智慧物流、电子商务等新业态新模式升级，并在智能终端、可穿戴设备、智能家居等方面创造出大量新的供给。据中国信通院预测，到 2025 年我国 5G 网络建设将带动超过 8 万亿元的信息消费。

2. 主要制约因素

第一，核心关键技术自给率低，产业发展受制于人。尽管我国 ICT 产业已经具备了较强的自主研发能力，但外源性技术供给仍是主要来源，尤其在核心部件、尖端技术、基础研究方面，如芯片、操作系统、底层操作系统等，仍与美欧发达国家存在较大差距。在半导体与集成电路领域我国 90% 依赖进口，2019 年集成电路进口额达 3055.5 亿美元。诸多核心集成电路，如服务器

MPU、个人电脑 MPU 等领域尚无法实现芯片自给，主要是产业链各核心环节缺少长期的研发投入与技术积累，这种不利局面将影响国家安全和高技术产业升级。

第二，综合成本上升、专业人才不足，承接国际服务外包竞争力减弱。我国人力、土地、融资、税收等综合成本上升，从而加速信息技术外包向成本更低的南亚、东南亚国家和地区转移。据测算，目前我国一个软件中高级工程师的成本约是印度、越南、菲律宾的 2 倍左右，办公房租成本约是印度的 2 倍。ICT 产业面临人才需求数量巨大与供给滞后、结构错位的矛盾突出，尤其在云计算、大数据、物联网、人工智能等新兴领域人才缺口严重。2018年《中国 ICT 人才生态白皮书》显示，2020 年新一代信息技术人才缺口达760 多万人，其中大数据人才需求 260 万人、云计算 210 万人、物联网 200 万人、人工智能 220 万人。高端专业化及应用型人才的短缺制约了行业研发和应用深化，影响了承接系统集成等高端业务的能力。随着新一代信息技术发展，ICT 的人才培养、供给和发展模式与传统 ICT 时代已经发生了重大变化，高校、企业、职业培训机构互动协同，形成可持续的人才供给生态是迫切任务。

第三，ICT 产业生态不完善，服务体系尚不健全。首先，龙头企业在构建产业生态圈、引领新技术变革等方面仍存在差距。由于骨干企业整合资源和带动产业链能力不足，生态链企业缺乏深度合作，中小企业生存环境困难，尚未形成良性发展的产业生态，制约了整体产业竞争力提升。其次，融资环境较差。我国 ICT 产业尚未形成较完善的风险投资和融资体系，尤其是对于软件和信息技术服务等轻资产企业的融资难问题长期没有得到解决，制约了创新创业发展。再次，扶持政策力度不足。我国在支持 ICT 产业创新发展的资金、人才、研发、知识产权等服务体系方面，与发达经济体还存在较大差距。尤其是随着新业态新模式的不断涌现，如何优化税收政策，发挥财政政策的引导作用，坚持审慎包容的市场监管原则，激发企业创新活力，已经成为面临的重要问题。

第四，ICT 服务贸易区域发展不平衡，中西部尚有很大提升空间。由于东部地区 ICI 产业发展早、开放度较高，遥遥领先于中西部，导致东部与中西部的 ICT 服务贸易发展差别较大。如，2019 年我国软件出口合同执行金额 10 万亿美元的 8 个省市中有 7 个来自东部，合同执行金额亿元以下的有 9 个省份均来自中西部，2019 年软件百强企业有 89 家集中在东部等。此外，中西部信息技术人才缺乏成为长期制约 ICT 产业发展的瓶颈。

三、推进我国信息通信技术服务贸易健康发展的创新思路

实施精准有效的服务贸易战略是以低成本获取全球先进信息技术，提升我国 ICT 创新能力的重要途径。为此，要注重发挥原始创新、集成创新、引进消化吸收再创新的综合作用，在加强自主研发的同时继续发挥技术进出口的重要作用，尤其要针对核心关键技术、前沿技术、未来技术等加强全球开放创新合作。

（一）围绕全球产业链、供应链、价值链布局创新链，构建合作共赢的开放创新体系

实践证明，市场是企业创新的不竭动力，全球产业链、供应链和价值链"你中有我，我中有你"的相互依存关系是国际分工的必然结果，开放合作创新是全球 ICT 产业发展的必然选择。我国正处于工业化、信息化、城镇化加速时期，拥有庞大的产业体系和近 14 亿人口的消费群体，为世界先进的信息技术提供了规模化应用的大市场，同时也为我国与美欧发达经济体在信息技术领域的创新合作，构建互利共赢的价值链，降低"脱钩"和"断链"风险提供了基础，因此，要继续发挥"市场换技术"的优势，提高开放合作创新水平。

一要继续发挥跨国公司的技术溢出效应。打造更佳营商环境，吸引全球 ICT 跨国公司的研发中心、设计中心、数据中心等落户，鼓励更多大数据、云计算、物联网、区块链等信息技术领域外商投资。鼓励外资参与国家 ICT 重大科研项目攻关，建立技术研发成果共享机制，加强知识产权保护，为跨国公司技术转移提供良好的制度环境。要加强与驻华代表团、商会及其他驻华机构的联络沟通，宣介我国投资环境、增信释疑。

二要构建多层次、多元化的国际创新合作平台。加强国家间和国际组织的 ICT 产业合作发展规划对接，特别要加强与欧盟、美国、日本等发达经济体在信息技术基础研究和新一代信息技术开发应用等方面的合作，加强专利、

规则、标准等领域合作，加强大学、研究机构、企业之间的科技合作和人员交流，建立双边和多边合作机制框架，积极参与区域和国际组织的技术交流活动，增强国际话语权。发挥 ICT 行业协会、信息技术产业联盟的平台作用，在国际合作研发、行业规则和标准制定方面发挥领导力，为我国 ICT 企业开拓海外市场创造更好的准入条件和运营环境。

三要完善国内企业技术开放合作创新体系。支持龙头企业承担核心关键技术研发，加大财税政策支持力度，引导企业增加研发投入，加强企业技术创新中心建设，重点培育一批创新实力强、技术优势明显、产业化程度高的 ICT 企业，鼓励企业进行全球知识产权布局和使用先进技术进行海外投资。建设面向中小企业的技术创新服务体系。加强科技园区、孵化器、众创空间的服务体系建设，依托高新技术企业孵化网络，扶持中小企业技术创新活动，加大减免房租、政府奖补力度。探索技术与金融结合的新途径，发挥政府引导资金、产业基金的引导性作用，带动风险投资、私募股权投资等社会资本进入信息技术领域。完善政府采购政策，推动新的信息技术研发应用。

（二）发挥新型举国体制优势，完善技术攻关体制，提高核心关键技术自主研发能力

ICT 领域的核心关键技术事关国家产业和经济发展与安全的命脉，也是决定 ICT 服务贸易竞争力的关键。从技术引进规律看，当企业技术能力提升到一个较高水平时，通过购买方式实现技术升级的效应相对减弱，一是可获得技术减少，二是由于技术竞争导致国外对新技术封锁的可能性增强。更重要的是，核心关键技术是企业的核心竞争力，大多数是"买不来的"。为此，一要强化财政投入保障机制。实施 ICT 领域重大科技项目和工程计划，抢占事关长远和全局的战略制高点。以国家重点实验室建设为抓手，以重大技术攻关为主线，强化前沿性、基础性数字技术创新能力，重点加大对芯片、系统软件、云计算、人工智能、区块链、物联网、移动通信、量子通信、卫星定位、5G 等核心关键技术的研发支持力度。高起点建设国际一流信息技术研发机构，加强省级以上技术研究中心建设，促进半导体和集成电路等核心技术的自主创新和应用推广。二要夯实信息技术创新基础。围绕数据科学理论体系、大数据计算系统等重大基础研究布局，促进产学研深度融合，加快构建

自主可控的大数据产业链、价值链和生态系统。三要完善成果转化支持政策。以政府为主导，建立 ICT 创新体系供需双方对接机制和深度合作机制，搭建 ICT 企业、行业和用户的平台，为信息技术在各行业渗透提供应用场景，实现技术与产业的"无缝连接"。

（三）以推动国际服务外包为重点，促进 ICT 服务出口，加速 ICT 企业技术积累

承接国际软件和信息技术外包，是提升我国 ICT 企业自主创新能力和扩大软件出口的主要途径之一，应进一步加大政策促进力度。一是促进信息技术离岸外包价值链升级。鼓励软件与信息技术企业加大研发投入，提高技术服务含量和附加值，承接整体解决方案等高端业务能力，加快软件企业数字化转型，推动云外包、众包等跨境服务和交付模式创新，支持软件企业通过合资、并购、设立海外分支机构等方式掌握国际前沿技术。二是不断拓展国际服务外包市场空间。一方面要继续稳固美欧日等发达经济体的信息技术外包市场，严格对发包企业的知识产权保护，提升软件质量认证的国际化标准能力建设，加强规则标准合作；另一方面要围绕"一带一路"建设积极拓展新兴市场，以基础设施互联互通、装备制造合作为牵引推动信息技术外包合作，带动运营服务、技术标准等全方位参与国际竞争。统筹规划全球海底光缆和跨境陆缆布局，建设"数字丝路"搭建与沿线国家和地区的信息技术合作平台。推动接包与发包并举，在技术出口的同时，输出标准、品牌和服务。三是推动全国服务外包示范城市、国家软件出口基地城市、国家数字服务出口示范基地等载体建设，针对 ICT 开放合作创新的机制、环境和模式，服务外包模式创新等方面先行先试并及时推广复制先进经验。四是充分挖掘中西部地区服务外包潜力。加强中西部网络数字基础设施建设，完善东部地区带动中西部发展的机制，提高中西部 ICT 产业和贸易水平。五是完善 ICT 服务出口政策。加强财税、融资及出口退税、贴息等政策支持力度，落实研发费用加计扣除和固定资产加速折旧政策，加强网络信息安全、基础通信网络等方面的投入。

（四）促进信息技术引进方式更加多元化

我国已经成为信息技术专利大国，尤其在 5G、人工智能、量子通信等领

域已经具有世界领先技术，一些企业已经拥有大量专利技术积累，为"技术换技术"提供了筹码。为此，一是要扩大专利交叉许可等技术进口方式的使用。专利交叉许可协议在发达国家企业之间广泛运用，其实现的基本前提是企业之间的技术处于基本对等状态，拥有彼此需要的重要专利技术。如腾讯与谷歌使用专利交叉许可协议，双方基本可以无偿使用对方专利。应引导更多掌握核心技术的企业使用这些方式获得国外技术资源，同时通过签署专利交叉许可协议获得更多的话语权。二是企业要实施专利网战略换取核心技术。专利网战略又称外围专利战略，是指企业围绕基本专利技术开发与之配套的外围技术以获取专利权的一种战略，企业在不具备研发核心技术和创立基本专利的条件时通常采取专利网战略，在对方的基本专利周围创立新的配套专利技术形成包围圈，迫使对方在实施基本专利时无法绕开外围专利技术，从而达到实施专利交叉许可的目的，以获取竞争对手的基本专利。三是要继续扩大合资、并购、参股、控股等开放合作创新方式获得核心关键技术，尤其要发挥民营企业在国际并购中的优势，以技术优势带动产业链整体"走出去"。

（五）进一步拓展信息技术引进市场来源

目前美国是我国的第一大技术贸易对象国，尤其在芯片、系统软件等核心关键技术方面我国具有高度依赖性，要继续深化双边产业链和供应链的相互依存关系，加强 ICT 领域的研发合作。但也必须看到，美国"脱钩"论和技术封锁的态势正在蔓延，应进一步拓展技术来源渠道。一是加强与欧盟、英国等欧洲经济体在 ICT 领域的创新合作，加强信息通信基础设施互联互通，建立国家高层对话机制，积极推动双边投资贸易协定，为加强与德国、法国、英国、意大利、芬兰、爱尔兰等国家的信息通信技术创新合作提供制度环境，加强 ICT 领域的产品、服务、标准、规则对接，深化 5G 领域的合作。二是加强与日本、韩国、印度、新加坡等亚洲区域的信息技术交流合作，在推动中日韩自贸区和《区域全面经济伙伴关系协定》（RCEP）的框架下建立创新合作长效机制。三是加强与俄罗斯、以色列的技术合作。

（六）完善信息技术人才培养和引进机制

要健全多渠道、多层次的人才培养体系，发挥学历教育、非学历教育、短期培训等多种渠道，探索信息技术专业人才培养的"产学研用"新模式，切实提升人才素质和专业能力。鼓励根据市场需求优化高等院校、职业院校的学科设置，探索企业、高校、科研院所、协会等产学研协作的人才培养机制，加快培育信息技术的基础研究和应用方面的紧缺人才，形成一批高层次、复合型、国际化、创新型与实用型相结合的多元化信息技术人才队伍。不断完善人才引进的配套政策，吸引海外留学人才、国外尖端人才，尤其是技术团队到国内创业发展，政府应为他们提供一定的奖补资金、融资担保、知识产权保护及安居乐业的环境。

参考文献

1. 江小涓等. 全球化中的科技资源重组与中国产业技术竞争力提升[M]. 北京：中国社会科学出版社，2004.

2. 王晓红，朱福林，柯建飞. 服务外包：推动中国服务业开放新引擎[M]. 广州：广东经济出版社，2019.

3. 王晓红，费娇艳，谢兰兰. 十四五服务贸易高质量发展思路[J]. 开放导报，2020，（02）.

4. 商务部. 中国数字贸易与软件出口发展报告2017[R]. 北京：中华人民共和国商务部，2018.

5. 商务部. 中国数字服务贸易发展报告2018、2019[R]. 北京：中华人民共和国商务部，2020.

（原载《开放导报》2022年第6期）

中国信息通信技术服务贸易发展与
创新能力提升的研究[*]

信息通信技术（ICT）产业是构建国家信息基础设施，提供网络和信息服务，全面支撑经济社会发展的战略性、基础性和先导性行业,^① 包括由原材料供应、信息通信设备制造、通信技术服务与开发、电信运营商及其他终端客户在内的完整产业链和供应链。当前，全球进入数字经济时代，ICT产业已经成为国民经济和社会发展的重要基础及产业贸易竞争力的重要标志，也是各国抢占新一轮科技革命和产业革命制高点竞争最激烈的关键性行业之一，在各国都具有重要战略地位。ICT产业是我国对外开放较早的产业。改革开放以来，我国ICT行业通过开展技术引进、承接国际服务外包、利用外资、对外直接投资等多种方式的服务贸易，高效组合全球信息技术创新资源，成为ICT产业技术积累的主要来源和自主创新的重要基础。由此可见，我国ICT产业实现从无到有、从小到大、从弱到强的跨越式发展，已经具备较强国际竞争力，其发展路径与技术贸易密不可分。研究这一行业，对于理解一个产业如何通过技术贸易获得外溢效应、提升自主创新能力具有典型意义。

　＊ 本文为中国科学技术协会课题《全球技术贸易的现状、发展前景及中国机遇》研究成果。课题组长：江小涓，全国人大常委、清华大学公共管理学院院长。

　① 工业和信息化部. 信息通信行业发展规划（2016—2020 年）［R］. 工业和信息化部网站，2016 年 12 月。

一、我国信息通信技术服务贸易发展的主要阶段

我国信息通信技术服务贸易发展大致可以分为以下 4 个阶段。

（一）以吸引跨国投资为主导的起步时期（20 世纪 90 年代初期至 2000 年）

20 世纪 80 年代，伴随着我国开启改革开放的伟大历史进程，全球 ICT 跨国公司不断扩大对华投资并通过引进技术、市场采购、设立研发中心、业务培训、外包服务等不同方式释放技术外溢效应，为我国 ICT 产业带来了先进技术和经营管理理念，加快了技术升级和产品迭代，并为服务贸易迅速起步奠定了重要基础。

1. 跨国公司成为我国 ICT 产业发展的主导力量。20 世纪 80—90 年代，全球主要 ICT 企业先后进入中国市场，如阿尔卡特、富士通、西门子、爱立信、北方电信、摩托罗拉、朗讯、诺基亚等。我国很快成为这些跨国公司的重要国际市场，2000 年摩托罗拉、爱立信、诺基亚在华业务分别占其全球业务量的 13%、13% 和 10%。[1] 2000 年我国电子及通信设备、计算机整机及外设领域实际利用外资额分别达 45.9 亿美元和 4 亿美元，移动电话和集成电路领域实际利用外资额分别达 2182 万美元和 9108 万美元。外资企业在我国 ICT 产业中占绝对主力，2000 年电子及通信设备外资企业占全部工业增加值比重达 65.39%。通过大力吸收跨国投资带动了我国 ICT 产业高速增长，1991—2000 年期间，我国电子及通信设备制造业的年均增速达 22.37%；截至 2000 年，电子及通信设备制造业累计设立外资企业 4440 家，实际利用外资额 265.36 亿美元，外资企业出口额约占整个行业的 80%。[2] 其中，外资企业的移动电话产量占比 77.45%，国内市场销售量占比 60.63%，出口量占比 98.98%。集成电路制造业累计设立外资企业 293 家，实际利用外资额 13.67 亿美元，外

---

[1] 江小涓等. 全球化中的科技资源重组与中国产业技术竞争力提升 [M]. 北京：中国社会科学出版社，2004。

[2] 商务部. 中国外商投资报告 2003 [R]. 商务部网站，2003.

资企业国内销售额占比 51.5%。[①]

2. 跨国公司在华研发中心不断释放技术创新动能。ICT 跨国公司在制造业投资的同时逐步设立研发机构，以满足针对我国市场新产品开发的需求。跨国公司在华研发机构有 3 个突出特征：一是在跨国公司全球研发体系中地位不断升级。起初主要进行应用研究直接服务于本土市场，通过科研和生产一体化增强市场竞争力，后期则兼顾全球战略布局，从事基础研发的数量逐渐增加。我国不仅为跨国公司生产提供了巨大市场，而且为其研发活动提供了丰富的智力资源，许多跨国公司将在华研发中心升级，为区域或全球市场提供新技术。如微软大中华区技术支持中心 1999 年升级为微软亚洲技术支持中心。二是技术创新成果丰硕。到 2000 年三资大中型电子及通信设备制造企业拥有发明专利 248 项，占比 20.44%，为我国 ICT 产业提供了关键技术支撑。[②] 如自 1995 年以来，微软在华研发中心为我国市场提供了中文版的 Windows 95、Office 95、Windows 98、Office 97、Windows NT 3.51 和 4.0 版本等一系列软件产品；英特尔技术发展（上海）有限公司完成近 100 项研发成果全部推向市场；朗讯中国贝尔实验室人均研究产出已经超过美国贝尔实验室。三是以本土科研人员为主。跨国公司在华设立的研发机构，除少量高级研究人员来自国外，大多数在国内招聘。在高薪和高福利吸引下，大批科研人员从国内科研机构、企业和大学加入跨国公司。如微软中国研究院的 60 位中国研究人员中，20 位研究员有海外留学背景，40 位副研究员大部分是中国各著名高校的博士。朗讯公司旗下贝尔实验室的 500 名科研人员中，96% 具有博士和硕士学位。[③] 此外，随着跨国公司 ICT 制造业转移对本土化设计服务的需求增加，跨国公司继续转移设计服务。1990—1999 年期间，世界 500 强在华设计机构约 15 家，涵盖了通信、IC、软件、计算机、视听产品、家电等领域。[④]

3. 跨国公司进行技术转移的主要方式。陈涛涛对 1999 年以前我国移动电话行业的研究表明，这一时期跨国公司的技术溢出以行业间溢出为主，本土

---

① 商务部. 中国外商投资报告 2003 [R]. 商务部网站，2003.
② 国家统计局，科技部. 中国科技统计年鉴 2001 [M]. 北京：中国统计出版社，2002.
③ 佚名. 综述：外资研发中心中国遍地开花 [M]. 北京：新浪网，2000 年 10 月 23 日.
④ 王晓红. 中国设计：服务外包与竞争力 [M]. 北京：人民出版社，2008.

企业通过与跨国公司发生上下游产业链关联，接触和学习生产、管理和技术知识。[①] 一是直接技术转让。通过合资合作的方式本土企业从跨国公司获得技术，合资企业在跨国母公司的技术支持下迅速实现量产能力。二是本地化采购。为跨国公司提供配套服务成为许多本土企业进入全球产业链的重要起点。为了使产品质量达到要求，跨国公司需要持续对本土配套企业进行经营管理理念和技术培训，帮助本土企业提高技术水平和管理能力。三是合作研发带动本土研发力量成长。跨国公司在华研发投资主要有设立独资研发机构，委托国内科研机构开发和联合开发 3 种形式。如摩托罗拉、诺基亚、朗讯、惠普等企业都与国内高校和研究机构建立了长期战略伙伴关系。四是人力资本外溢效应。跨国公司通过聘用本土员工、技术培训等方式为我国 ICT 产业培养了大批技术管理人才。许多在外资企业、研发机构工作的本土科研及管理人员日后"跳槽"，自己创立技术公司或加入本土企业。

4. 技术引进和技术外溢效应促进本土 ICT 企业迅速成长跨国公司在技术研发、规范、标准等方面具有显著示范作用，本土企业通过"干中学"和引进消化吸收再创新快速提升了技术创新能力。以"巨、大、中、华"[②] 为代表的我国 ICT 企业在与外资同步成长中逐渐发展壮大。20 世纪 90 年代中后期国内一批新锐企业，如北大方正、联想等效仿跨国公司设立了研发机构，形成自主创新能力。尤其是国内电子信息技术领域专利迅速增长，1997—2000 年国内企业专利申请量年增长率分别为 5.44%、13.11%、38.13%、43.02%，而同期国外企业专利申请量增长率分别为 23.52%、17.47%、5.65%、19.12%。[③] 据《中国科技统计年鉴 2001》显示，到 2000 年在大中型电子及通信设备制造企业中，39.68% 设有研发机构，63.92% 开展技术研发活动，技术人员占从业人员总数比重为 11.82%，其中科学家与工程师等高端技术人员占 67.45%，在所有行业中最高。

5. 积极利用外资和承接国际服务外包催生了我国软件业。一方面，外资

---

① 陈涛涛. 外商直接投资的行业内溢出效应 [M]. 北京：经济科学出版社，2004.

② 指巨龙、大唐、中兴、华为 4 家企业。

③ 信息产业部科学技术司. 2006 年信息技术领域专利态势分析报告 [J]. 电子知识产权，2016，(10).

在我国软件业成长初期发挥了重要作用。1998—2000 年，我国设立的外资软件企业从 159 家增至 1065 家，实际利用外资额从 5213 万美元增加到 3.6 亿美元。外资软件企业的技术优势主要集中在系统软件和支撑软件等高端领域，许多本土企业通过与外资企业合作，共同研发技术和承接项目，提升了业务能力和软件产品层次。如东软先后与日本阿尔派（Alpine）株式会社、东芝和飞利浦成立合资公司，海辉软件与日本 JBCC 株式会社组建 JBDK 株式会社等。另一方面，承接国际外包业务对于本土软件企业在技术、知识、渠道、品牌、管理等方面具有明显促进效应，使许多本土软件企业"淘到第一桶金"，由小规模、封闭式经营逐渐进入规模化、国际化发展阶段。如 20 世纪80 年代后期，中软与日本电气开展研发合作后逐步发展软件出口，2000 年出口额达 720 万美元。[①] 东软 1994 年与日本 ALPINE 株式会社合作，承接汽车辅助软件开发和车内主要软件开发。文思信息 1995 年成立之后，先后与国际商业机器（IBM）、微软建立长期合作关系，1998 年为惠普、甲骨文和硅图公司提供外包服务。博彦科技 1995 年成立之初就承接了微软 Windows 95 操作系统的本地化和测试项目，1998 年开始进行惠普的多语言测试项目等。进入 20 世纪 90 年代以来，我国软件产业保持每年 20% 以上的高速增长。2000 年软件业收入总额593 亿元：其中，国内软件产品销售额 238 亿元，软件服务收入 322 亿元，软件出口额 33 亿元。虽然在全球软件业中占比仅为 1.2%，但已经形成一个崭新的产业。2000 年我国从事软件研发和销售的企业约 5000 家，销售收入过亿元的软件企业约 60 家，其中 10 亿元以上 6 家。[②]

（二）吸引跨国投资与信息技术外包双引擎的高速成长时期（2001—2010 年）

这一阶段是我国 ICT 服务贸易成长最快的时期。我国加入 WTO 加快了电信业等服务业开放步伐，吸引了越来越多的世界 ICT 企业来华投资，外资研发机构数量和规模不断扩大，带动了我国本土 ICT 企业的规模和技术能力持

---

① 本刊专题组. 出口实迹—软件出口企业调查实录. 软件世界 ［J］. 2001，（11）.
② 佚名. 中国软件行业协会副理事长周锡令教授谈我国软件产业现状与发展 ［J］. 中国信息导报，2001，（12）.

续提升，推动 ICT 设备制造企业向技术服务型企业转变。与此同时，我国积极承接国际信息技术服务外包，促进了 ICT 服务贸易的快速发展。

1. ICT 服务贸易呈现高速成长且贸易顺差不断扩大。2001—2010 年我国 ICT 服务贸易额年均增速达 29.7%，2010 年 ICT 服务进出口额为 145.8 亿美元，是 2001 年的 10.4 倍。从出口看，2001—2010 年我国 ICT 服务出口年均增速为 34.4%，2010 年 ICT 服务出口额 104.8 亿美元，是 2001 年的 14.4 倍，占我国服务出口额的比重由 2001 年的 2.2% 上升至 5.9%。从进口看，2001—2010 年我国 ICT 服务进口年均增速 22.3%，2010 年 ICT 服务进口额为 41 亿美元，是 2001 年的 6.1 倍，占我国服务进口额的比重由 2001 年的 1.7% 上升至 2.1%。从进出口差额看，2001—2010 年期间，除 2002 年出现逆差外，其余年份均为顺差，2005 年之后贸易顺差逐年增加，2010 年贸易顺差达 63.7 亿美元，是 2001 年的 106.2 倍。这一时期，ICT 服务贸易的出口增速高于进口增速 12.1 个百分点，反映出我国 ICT 服务出口竞争力明显提升。

2. 外商投资仍是推动服务贸易发展的主要力量。第一，跨国公司对 ICT 领域投资保持继续增长。越来越多的跨国公司通过设立离岸中心或海外子公司向母公司或第三方提供服务。2006 年在我国软件与相关服务业中外商独资企业占 50% 以上，2010 年我国软件与相关服务业中的外资企业达 1846 家，其软件及服务收入达 2773 亿元，相当于 2006 年的 2.4 倍。[1] 截至 2001 年美国跨国公司在我国 ICT 产业的投资累计 105 亿美元，2001—2010 年美资对华 ICT 产业的直接投资额基本稳定在年均 16 亿美元左右，2010 年的直接投资总额为 164.9 亿美元。[2] 微软从 2003 年起先后与中软、创智、神州数码、浪潮等签约结成战略合作伙伴，大规模在我国市场布局。

第二，跨国公司在华研发机构技术水平继续提高。越来越多的跨国公司在华设立研发中心，且部分技术达到国际先进水平。如三星集团自 2000 年成立北京通信研究院之后，2005 年在南京、苏州和上海设立研发机构，不断扩大研发力量，研究人员超过 2000 人。三星公司的目标是将我国建成三星集团第二个全

---

① 数据来源：《中国电子信息产业年鉴（软件篇）2006》《中国电子信息产业年鉴（软件篇）2010》。

② 数据来源：荣鼎公司。

球研发基地，因而不断强化研发本土化以扩大中国市场，2010 年三星电子在我国的营业额达到 396 亿美元，占其全球市场份额的 29%。又如爱立信制定 2001—2005 年在华发展计划，着力从高科技投资、创造就业、增加出口及研发和人力资源 4 个领域提高投资。自 2000 年起爱立信在我国的研发投入以每年 30% 的速度增长。2002 年设立的爱立信中国研发总院逐步成为爱立信全球的研发中枢之一，2004 年爱立信将在中国研发的 3G/WCDMA 基站运往欧洲市场。

第三，与跨国公司合作促进本土企业成长。本土企业通过与外资企业合作获得了技术创新能力和国际市场网络，参与到全球产业分工之中。如浪潮、东软等软件公司与甲骨文、英特尔是合作伙伴。2006 年浙大网新与道富集团合作开拓欧美金融外包市场，道富集团通过合作获得网新恒宇公司 90% 的股权，网新则承接了道富集团一系列核心技术平台系统和外包订单业务。

3. 承接离岸信息技术外包推动软件出口大幅增长。2001 年以来，我国相继出台促进软件外包发展的一系列政策，① 2001—2010 年信息技术外包实现高速发展。2001—2005 年我国离岸软件外包市场年复合增长率达 52.1%，奠定了服务外包产业起步期的基础性和主导性地位，并形成了一批规模效应明显的软件园。2008—2010 年信息技术外包（ITO）在离岸服务外包执行额中占比平均为 65%。国内软件外包企业迅速成长，2001 年我国服务外包企业大多是一二百人的规模，经过 10 年左右发展，文思创新、博彦科技、中软国际和软通动力等一批领军企业已经达到万人规模，并陆续在纽交所、纳斯达克、港交所和国内上市。这些企业通过为微软、IBM、日电、富士通等跨国公司提供软件外包服务，搭建起国际桥梁，逐渐走进美国、日本和欧洲等市场。据工信部统计，2010 年我国软件外包企业约 5900 家，产业规模达 2750 亿元，

① 2000 年 6 月国务院颁布《鼓励软件产业和集成电路产业发展的若干政策》（国发〔2000〕18 号）（简称 18 号文件）；2001 年国家六部委出台《关于软件出口有关问题的通知》（简称 680 号文件）；2002 年 9 月国务院办公厅转发九部门联合制定的《振兴软件产业行动纲要（2002 年至 2005 年）》（简称 47 号文件）；2007 年 3 月国务院发布《关于加快发展服务业的若干意见》（国发〔2007〕7 号），文件将承接国际服务外包作为扩大服务贸易的重点。其他相关文件还有：《关于加快发展服务业若干政策措施的实施意见》（国办发〔2008〕11 号），《关于促进服务外包产业发展问题的复函》（国办函〔2009〕9 号），《关于鼓励服务外包产业加快发展的复函》（国办函〔2010〕69 号）等。国家部委相关政策有：财政部发布的《关于支持承接国际服务外包业务发展相关财税政策的意见》（财企〔2008〕32 号），2006 年商务部组织实施"千百十工程"等。

其中国际业务收入为2381.2亿元。截至2010年服务外包企业共获得六类国际资质认证达2810个。2001年在软件能力成熟度模型（CMM）认证中，全国仅有近20家企业通过CMM2以上的认证。截至2010年，全国通过CMM3级以上评估的企业已达700多家。① 承接国际信息技术服务外包带动了我国软件出口呈现爆发式增长。根据商务部数据，2010年我国软件出口额达到97.3亿美元，是2003年的19460倍，2003—2010年期间年均增长310%。

4. 我国ICT企业对外直接投资快速起步。随着我国ICT企业规模实力和创新能力不断提升，通过对外直接投资、国际并购和境外上市等方式加快"走出去"步伐。2010年我国信息传输、计算机服务和软件业对外直接投资5.06亿美元，是2003年的56.2倍，2003—2010年的年均增速为78%，高出同期全国对外直接投资总额平均增速20个百分点。2010年我国软件企业有11家在境外上市，融资金额13.17亿美元，有8起跨境并购。中国移动、中国电信、中国联通等大型基础电信运营商通过在海外设立分公司、研发中心及跨国收购等方式"走出去"，在美国、日本、韩国、新加坡等国家和地区拥有电信相关的运营牌照，通过并购和合资进入巴基斯坦、罗马尼亚、非洲等国家（地区）。腾讯、阿里巴巴、百度等企业积极进行海外扩张。如2008年263公司收购美国第三大网络电话运营商iTalk进军美国VoIP②市场，2009年阿里巴巴斥资3亿美元，打造"全球速卖通"平台。

5. 软件和信息技术服务业的规模和创新能力快速提升。2010年我国软件产业收入达13588亿元，是2001年的18.1倍；在世界软件业的占比达18%，较2001年增加16.5个百分点（图1）；从业人数由不到30万人增加到200多万人。2001—2010年我国计算机软件著作权登记数量由6948件增至81966件，年均增速达31.5%（图2）。信息技术领域专利持续积累扩大。根据国家知识产权局发布的数据，截至2010年6月，信息技术相关专利申请量111.8万件，占各工业行业③专利申请总量的35.8%；其中，信息技术领域发明、

---

① 具体为：60多家软件企业获得CMM5（含CMMI5）级别评估，40多家企业获得CMM4（含CMMI4）级别评估，600多家软件企业获得了CMM3（含CMMI3）级别以上评估。

② VoIP（Voice over Internet Protocol），即将模拟声音信号数字化，以数据封包的形式在IP网络上实时传递，简言之就是网络电话。

③ 指电子信息、装备制造、轻工、石化、钢铁、汽车、纺织、船舶和有色金属行业。

实用新型专利申请量分别为 76.6 万件和 35.2 万件，分别占各工业行业发明专利、实用新型申请总量的 45.4% 和 24.5%。信息技术领域发明专利申请比重达到 69%，高于各工业行业发明专利申请比重 15 个百分点，表明信息技术领域的创新活跃度和创新能力领先于其他行业。① 从 ICT 行业内部看，电信业一直是《专利合作条约》（PCT）中申请比例最大的行业，2010 年全球 PCT 专利申请前 10 名企业中，中兴、华为分列第二、第四位。

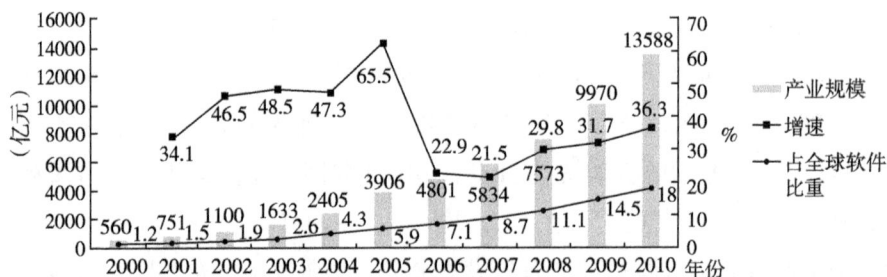

图 1　2000—2010 年我国软件产业规模、增速及占世界软件产业的比重

数据来源：《中国电子信息产业统计年鉴（软件篇）2010》《中国软件和信息技术服务业发展研究报告 2005—2006》《中国软件和信息技术服务业发展研究报告 2011》

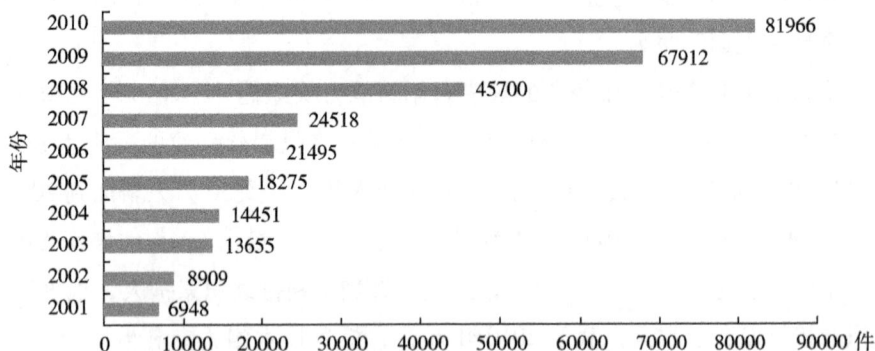

图 2　2001—2010 年我国计算机软件著作权登记数量（件）

数据来源：中国版权保护中心和国家版权局

---

① 工业和信息化部科技司. 2010 年信息技术领域专利态势分析报告［J］. 电子知识产权，2010，(12).

（三）规模实力增强与全面发展时期（2011—2015 年）

"十二五"时期，我国 ICT 服务贸易保持高速增长，规模化、创新化、国际化水平显著提升。全球信息技术革命深入发展为我国软件和信息技术服务业带来创新突破、应用深化、融合发展的战略机遇。同时，2011 年《国务院关于印发鼓励软件产业和集成电路产业发展若干政策的通知》的印发，为信息技术服务企业发展营造了有利环境。ICT 企业通过上市融资、国际并购等方式快速扩大规模并加快国际化发展，涌现出一批具有国际影响力的信息技术服务供应商。

1. ICT 服务贸易高速发展，成为我国知识密集型服务贸易的最大顺差项。2011—2015 年我国 ICT 服务贸易从 189.43 亿美元增加到 370.14 亿美元，年均增速 18.23%，占服务贸易总额比重由 4.22% 增长到 5.66%。从 ICT 服务出口看，2011—2015 年我国 ICT 服务出口额年均增速 16.69%，占全球比重由 3.78% 上升到 5.83%；2015 年 ICT 服务出口额为 257.84 亿美元，是 2005 年的 11.06 倍，在我国服务出口中的占比由 6.91% 上升到 11.79%。从 ICT 服务进口看，2011—2015 年我国 ICT 服务进口年均增速 22.21%，高于出口增速 5.52 个百分点。2015 年 ICT 服务进口额达 112.30 亿美元，是 2011 年的 2.23 倍，占服务进口总额比重为 2.58%。我国 ICT 服务贸易一直保持顺差，也是知识密集型服务贸易的最大顺差项，2015 年顺差达 145.54 亿美元，是 2011 年的 1.64 倍。

2. 软件出口规模实力明显提升，技术创新能力显著增强。第一，软件出口保持高速增长且具备较强内生增长动力。2011—2015 年我国软件出口年均增速达 23.53%，2015 年软件出口执行金额为 333.93 亿美元，相当于 2011 年的 2.33 倍。软件出口主体结构已经由外资企业主导向内资企业主导转变。2012—2015 年国有企业、民营企业软件出口执行金额合计占总额比重分别为 36.59%、37.12%、41.26%、71.29%。内资企业对软件出口的贡献度明显上升，标志着我国软件业发展已经形成内生增长主导模式。软件出口市场已经形成覆盖全球的多元化市场格局。2015 年我国软件出口全球 180 多个国家和地区，其中居前 10 位的分别为美国、日本、中国香港、新加坡、韩国、中国台湾、芬兰、英国、德国、瑞典。

第二，离岸信息技术外包保持高位增速且逐步向价值链高端攀升。我国软件出口始终以信息技术服务外包为主导。2011—2015 年信息技术外包出口执行金额从 138.7 亿美元增加到 316.8 亿美元，年均增长率为 22.94%，占软件出口的平均比重为 96.85%。这一时期的信息技术外包呈现出价值链、附加值明显提升的特点。2014 年在 ITO 离岸业务中，软件研发及开发服务执行金额占比最大为 41.0%，其余依次是软件技术服务、集成电路和电子电路设计，占比分别为 27.3%、11.5%，其中集成电路设计增速高达 100.8%。2015 年软件研发外包在 ITO 领域中占比上升为 68.8%，全年完成离岸合同执行金额 217.9 亿美元，在 ITO 离岸业务中占主导地位；其次是软件技术服务、集成电路和电子电路设计。

第三，信息技术企业的实力明显增强。2015 年我国软件前百家企业共实现软件业务收入 6005 亿元，占全行业收入的 14%，同比增长 13.1%；实现利润总额 1524 亿元，同比增长 48.2%。其中，百强企业中民营企业共有 55 家，软件业务收入占前百强的 60.7%。软件业务收入过百亿元的企业共有 7 家，其中京东尚科、科大讯飞、金山软件、华讯方舟、阿里云软件业务收入分别同比增长 79%、73%、69%、68%、63%。信息技术服务外包企业不断加大基础技术研发投入，加大数字化转型力度，通过国际并购、国内重组和上市融资不断获取核心技术，壮大规模实力，逐步由成本驱动向创新驱动转变，由提供单一技术服务向综合服务转变，由承接单一项目向与发包方长期战略合作关系转变。如东软、博彦科技、海隆软件、浙大网新等 10 家企业在 A 股上市，软通动力、文思信息技术、中软国际、海辉软件 4 家企业在中国香港和美国上市。这一时期软件外包业发生了多起并购案。如文思信息技术与海辉软件合并成为我国最大的离岸 IT 服务供应商，博彦科技收购美国大展集团旗下 6 家子公司等。通过并购重组企业扩大了国际市场份额，获得了研发团队和客户资源，进一步提高了企业的全球业务拓展能力。一批企业已经逐步从提供应用程序开发、测试业务等服务向提供解决方案等高端服务转型，并且通过并购方式设立海外分支机构，构建全球业务网络。

第四，技术创新能力和人才素质显著提升。一方面，企业外部研究与试验发展（R&D）经费支出增长。2011—2015 年 ICT 企业外部 R&D 经费支出由 35.14 亿元增加到 93.29 亿元，增长了 1.7 倍，年均增长率为 27.65%，在工业企业外部 R&D 经费支出中的占比从 9.88% 上升为 17.93%；同期，企业内部 R&D 经费支出从 941.05 亿元增加到 1611.68 亿元，年均增长率为 14.4%。我国计算机软件著作权登记数量 2015 年增长至 292360 件，是 2011 年的 2.67 倍，年均增速达 27.87%。通信设备、计算机及其他电子设备的专利申请量、发明专利申请量和有效发明专利量分别从 2011 年的 7189 件、40980 件和 62159 件增加到 2015 年的 100785 件、60533 件和 170387 件，年均增速分别为 93.5%、10.24% 和 28.67%。我国软件从业人数由 2010 年的 260.3 万人增加到 2015 年的 781.5 万人，年均增长 24.6%，成为吸纳就业增长率最高的行业之一，其中大专以上学历占 98%，30 岁以下从业人员占 78%。从就业分布的行业看，除 IT 领域占 35% 之外，制造、交通、教育、电信、金融等领域的软件从业人数占比超过 48%，反映出软件业与制造业、服务业的融合越来越强，对产业的带动作用增强。2015 年软件百强企业研发人员共 55 万人，占总人数比重达 54%。根据 2015 年国际数据公司（IDC）发布的《中国银行业 IT 解决方案市场 2015—2019 预测与分析》数据显示，美国软件开发人员数量在全球占比为 19.2%，中国、印度分别列第二、第三位，占 10.1%、9.8%。

3. ICT 行业对外投资大幅增长，利用外资保持稳定发展。随着我国 ICT 企业国际竞争力增强，一批有实力的软件企业加快"走出去"步伐。2015 年我国信息传输、计算机服务和软件业对外直接投资净额为 68.20 亿美元，较 2011 年增长 8.8 倍，较 2007 年增长 22.4 倍，2011—2015 年期间年均增长率为 72.16%，在全部对外投资额中占比由 1.04% 上升为 4.68%。企业在海外融资、并购、设立研发中心等活动明显增多。2015 年蚂蚁金服收购印度支付服务企业 One97 25% 的股权，同年阿里与蚂蚁金服投资印度电商 Paytm，成为其最大股东。中兴通讯、京东加快在俄罗斯、印尼、印度、巴西等"一带一路"沿线新兴市场布局。华为在印度、俄罗斯、土耳其分别设立了研发中心。

与此同时，ICT 服务业利用外资保持稳步发展。2011—2015 年我国信息传输、计算机服务和软件业实际利用外资金额从 26.99 亿美元增加到 38.36 亿美元，年均增速为 9.19%，远高于 2.14% 的同期整体增速，在我国实际利用外资总额中占比由 2.33% 上升为 3.04%。外资企业仍是 ICT 行业技术创新的重要力量。根据《工业企业科技活动统计年鉴—2016》数据显示，在全部外资工业企业中，计算机、通信和其他电子设备制造业的研发投入和产出最高，2015 年该领域研发人员全时当量 73607 人年、内部研发经费支出 2696888 万元、研发机构 875 个、专利申请数 17554 项，分别占当年全部外资工业企业的 22.4%、19.9%、14.0% 和 27.9%。值得关注的是，外资 ICT 企业发明专利申请占比高达 66.4%，高于内资 ICT 企业 58.4% 的占比。

（四）国际竞争力大幅提升的高质量发展时期（2016 年至今）

进入"十三五"以来，我国 ICT 服务贸易实现量质齐增，已经具备较强的国际竞争力。ICT 企业自主创新能力和国际市场开拓能力大幅跃升，涌现出华为、阿里、腾讯等一批世界领先的 ICT 企业，以及 5G、量子通信等为代表的国际领先技术。信息技术服务外包不断迈向价值链高端，软件出口市场日益多元化，规模实力显著提升。数字贸易新业态新模式蓬勃发展，新一代信息技术服务贸易成为推动发展的新引擎，"引进来"与"走出去"并重发展，组合全球技术资源的能力更加突出，全面发展的新格局基本形成。

1. ICT 服务贸易保持高速增长，已成为全球第二大出口国。2016—2019 年期间我国 ICT 服务贸易额由 391.1 亿美元增至 807.6 亿美元，年均增速达 27.34%，占服务贸易总额比重提升到 10.9%。从服务出口看，2016—2019 年 ICT 服务出口年均增速达 26.62%，占我国服务出口额的比重由 12.7% 上升到 22.3%；全球占比由 2016 年的 5.8% 增至 2018 年的 8.3%，仅次于印度（10.19%），成为全球 ICT 服务第二大出口国。2019 年 ICT 服务出口额 538.6 亿美元，是 2016 年的两倍。从服务进口看，2016—2019 年我国 ICT 服务进口年均增速高达 28.83%，反映出技术进口对产业结构升级的支撑作用更加突出。2019 年 ICT 服务进口额达 269.0 亿美元，是 2016 年的 2.1 倍，占我国服务进口总额的比重为 5.4%。从长周期看，我国 ICT 服务贸易基本保持着高速增长态势。2005—2019 年我国 ICT 服务贸易额增长了 17.7 倍，年均增速达 22.8%，其中出口额增长 22.1 倍，年均增速 25.1%；进口额增长 11.1 倍，年均增速 19.5%。ICT 服务贸易顺差是我国知识密集型服务贸易的最大顺差项，2019 年顺差达 269.6 亿美元，是 2016 年的近两倍，是 2005 年的 245 倍。由此表明，我国 ICT 服务贸易的国际竞争力有了大幅提升，对于优化我国服务贸易结构和改善贸易平衡发挥着重要作用（表 1、图 3）。2020 年第一季度在新冠疫情影响下，我国服务出口增速下降 7.3%，ICT 服务出口仍逆势上扬，同比增长 10.9%，体现出较强的抗冲击能力。

表 1　2001—2019 年我国 ICT 服务进出口贸易额及占比

（单位：亿美元,%）

年度	出口额	进口额	贸易顺差	出口占全球 ICT 出口的比重	出口在服务贸易中的占比	进口在服务贸易中的占比
2001	7.30	6.70	0.60	—	2.20	1.70
2002	11.90	16.00	-4.10	—	3.00	3.50
2003	17.40	14.70	2.70	—	3.80	2.70
2004	20.80	17.20	3.60	—	3.30	2.40
2005	23.30	22.20	1.10	1.33	2.80	2.65
2006	36.96	25.03	11.93	1.80	3.93	2.48
2007	55.19	32.90	22.30	2.20	4.40	2.55
2008	78.22	46.75	31.47	2.61	5.38	2.99
2009	77.10	44.42	32.68	2.68	6.29	3.04
2010	104.76	41.03	63.74	3.34	5.87	2.12
2011	139.08	50.35	88.74	3.78	6.92	2.03
2012	162.47	54.90	107.57	4.23	8.06	1.95
2013	170.98	76.24	94.74	4.14	8.26	2.31
2014	201.73	107.48	94.25	4.58	9.21	2.48
2015	257.84	112.30	145.54	5.83	11.79	2.58
2016	265.31	125.79	139.53	5.79	12.66	2.78
2017	277.67	191.76	85.91	5.61	12.17	4.10
2018	470.58	237.70	232.88	8.28	17.64	4.53
2019	538.60	269.00	269.60	—	22.26	5.36

数据来源：商务部、UNCTAD 数据库

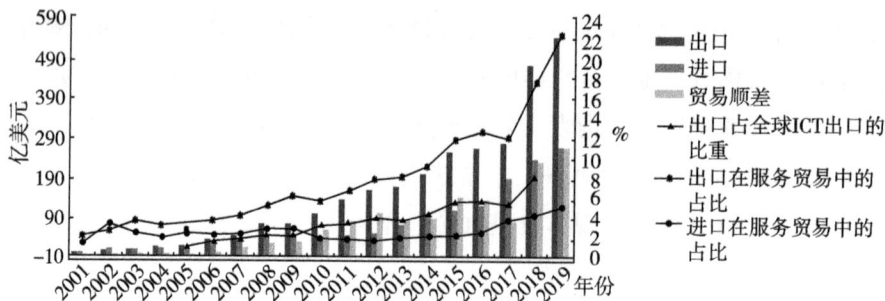

图 3　2001—2019 年我国 ICT 服务贸易发展情况

数据来源：商务部、UNCTAD 数据库

2. 软件出口整体规模实力明显增强。第一，软件业结构不断优化，出口价值链持续向高端跃升。2019 年我国软件出口全球 193 个国家和地区，除美国、欧盟、中国香港、日本等传统出口目的地外，对"一带一路"沿线等新兴市场出口规模和增速稳步提升。2019 年我国对沿线国家和地区的软件出口执行金额达 69.3 亿美元，占比由 2012 年的 13.8% 提高至 15.9%。2016—2019 年我国软件出口执行金额由 342.30 亿美元提高至 434.81 亿美元，年均增速 8.3%，仍是一个较高增速。尤其是结构不断向高端业务发展。2019 年信息技术外包出口执行金额为 426.82 亿美元，在软件出口中占比 98.16%，其中信息技术研发外包、运营和维护服务、新一代信息技术开发应用服务 3 项出口执行金额分别为 343.59 亿美元、71.32 亿美元和 11.53 亿美元，占信息技术外包总额比重分别为 80.5%、16.71% 和 2.70%。值得关注的是，人工智能、大数据、移动互联和云计算等新一代信息技术的发展正在推动我国信息技术服务外包企业加快转型升级，尽管该部分目前占比不高，但发展势头迅猛，2019 年同比增长 154.53%，合同数、协议金额分别增长 3309.38%、201.39%，将成为我国未来软件出口的重要增长点。在信息技术研发外包中，软件研发服务、集成电路和电子电路设计服务及测试服务占比较高，2019 年上述 3 项出口执行金额分别为 229.31 亿美元、51.23 亿美元和 30.84 亿美元，分别占信息技术研发外包的 66.74%、14.91% 和 8.98%。从长周期看，2003—2019 年我国软件出口年均增速为 104%，2019 年我国软件出口额分别是 2010 年和 2003 年的 4.47 倍和 86962 倍（图 4、表 2）。

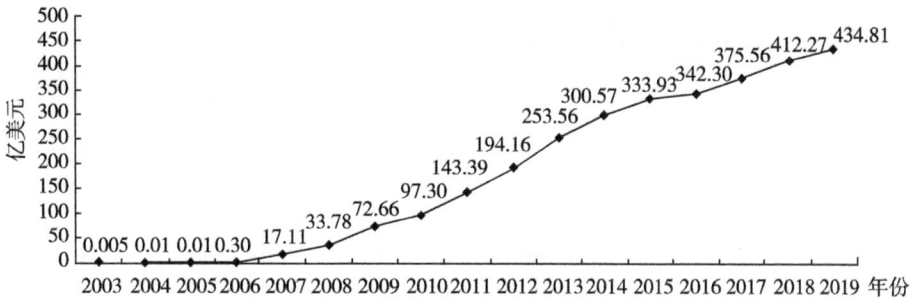

图4 2003—2019 年我国软件出口额

数据来源：商务部

表2 2019 年我国软件出口分类情况　　　　单位：万美元，%

合同类别	合同数	同比	协议金额	同比	执行金额	同比
总计	57945	−6.33	6040831.61	7.70	4348133.17	5.47
信息技术外包（ITO）	54208	−5.60	5886944.03	8.02	4268214.94	6.36
信息技术研发服务	46637	−8.85	4767666.20	11.31	3435943.25	−0.14
软件研发服务	36256	−7.34	3008950.17	−0.24	2293107.26	−9.23
集成电路和电子电路设计服务	5417	−5.15	646691.03	22.56	512314.88	7.70
测试服务	1664	6.80	388373.89	32.84	308429.62	71.32
电子商务平台服务	898	58.38	145242.39	76.01	107266.64	48.46
信息技术解决方案服务	1137	40.72	119531.68	158.78	55949.74	34.47
其他信息技术研发服务	1265	−62.68	458877.05	44.17	158875.10	9.67
运营和维护服务	6480	4.16	969773.86	−13.46	713154.67	36.24
信息技术运营和维护服务	5789	−1.16	914820.91	−2.41	673630.05	33.42
网络与信息安全服务	89	—	4044.06	—	3662.64	—
其他运营和维护服务	602	65.38	50908.88	−72.20	35861.99	93.17
新一代信息技术开发应用服务	1091	3309.38	137752.35	201.39	115294.92	154.53
云计算服务	56	75.00	8644.92	−81.09	6547.99	−85.54

合同类别	合同数	同比	协议金额	同比	执行金额	同比
人工智能服务	94	—	23988.71	—	7600.84	—
区块链技术服务	926	—	103759.01	—	100930.80	—
其他新一代信息技术 开发应用服务	15	—	1359.72	—	215.28	—
软件产品	3737	−15.76	153887.58	−3.22	79918.23	−27.10
系统软件	576	−40.74	12866.62	−52.81	10673.42	−48.74
应用软件	3141	−8.05	140678.67	20.64	67852.91	−17.71
支撑软件	20	−58.33	342.29	−97.74	1391.91	−78.05

数据来源：商务部

第二，内资企业保持主导地位，民营企业成为软件出口的主力军。2019年内资企业软件出口执行额 225.57 亿美元，占比 51.88%，较 2016 年提升3.8 个百分点。其中，民营企业占比达 49.4%；外资企业软件出口执行额169.58 亿美元，占比 39%，较 2016 年下降 1.6 个百分点。软件业出现由外资主导向内资主导的重大结构性变化，体现出通过长期承接离岸信息技术外包，本土企业的技术能力不断提升，已经形成内生增长的产业发展格局（表3）。

表3　2016—2019 年我国软件出口按企业性质分类情况　　单位：亿美元、%

企业性质	2016 年		2017 年		2018 年		2019 年	
	执行金额	占比	执行金额	占比	执行金额	占比	执行金额	占比
全国	342.30	100.00	375.56	100.00	412.27	100.00	434.81	100.00
内资企业	164.43	48.04	229.75	61.18	250.06	60.65	225.57	51.88
港澳台投资企业	41.23	12.05	32.13	8.55	33.72	8.18	39.84	9.16
外商投资企业	138.86	40.57	112.63	29.99	142.77	34.63	169.58	39.00

数据来源：商务部

第三，经济效益保持较快增长，创新能力显著提升。2016—2019 年全国软件业务收入从 48232 亿元增长到 71768 亿元，年均增长 14.2%；从业人数从 586 万增长到 2019 年的 673 万，年均增长 4.7%。2016—2019 年我国软件著作权登记量从 40.78 万件增加到 148.44 万件，年均增长高达 53.8%。其中，2019 年教育、医疗、物联网、信息安全等软件类别登记增幅均超过 35%，高于整体增速。5G 软件登记数量增长幅度达 681.88%，成为我国增长最快的软件类别之一。

3. 新一代信息技术服务贸易表现优异。我国 ICT 服务出口结构不断改善，基本形成了软件、集成电路、电商平台、云服务、人工智能、区块链等服务出口多元化格局。2020 年一季度在遭遇新冠疫情，我国离岸服务外包增速下降 7.6% 的情况下，ITO 中的信息技术解决方案服务、云计算服务、电子商务平台服务等数字服务离岸执行额同比分别增长 213.6%、16.2% 和 14.5%。Synergy 报告显示，我国云提供商拥有亚太地区公共云市场 40% 的份额，其中阿里云 2019 年营收 52 亿美元，增长 63.8%，全球市场份额占比 4.9%，在 Canalys 发布的 2019 年全球云市场排名中列第 4 位，仅次于亚马逊云、微软云、谷歌云。据中国支付清算协会统计，2018 年我国第三方跨境支付机构跨境互联网交易额超过 4900 亿元，同比增长 55%，预计到 2020 年第三方跨境支付行业规模将突破万亿元。移动应用数据和分析平台 App Annie 公布 2019 年全球月活跃用户数前 10 名的 App 中，支付宝成为非社交类 App 第一名。2019 年支付宝的全球用户超过 10 亿，目前全球 54 个国家和地区可以使用支付宝消费。2019 年微信支付覆盖 60 个国家和地区，支持 16 种不同货币直接结算。2019 上半年全球区块链企业申请专利数量前 10 名企业中有 7 家企业来自中国，其中，阿里、中国平安分别以 322 件、274 件专利排名第一、第二位，前 100 名企业中我国占 67%、美国占 16%。[①] 截至 2019 年我国卫星导航专利申请量累计 7 万件，居全球第一位。其中，北斗系统作为全球卫星导航系统四大核心供应商之一，相关产品和服务已输出到 120 余个国家和地区。基于北斗的土地确权、精准农业、数字施工、车辆船舶监管、智慧港口等解决方案，已经在东盟、南亚、东欧、西亚、非洲等地区得到应用。

4. ICT 企业的自主创新能力和全球影响力大幅提升。我国已经涌现出一批具有全球影响力和自主创新能力的 ICT 服务企业，这些企业逐步由单纯的硬件设备制造商向软硬件一体化的服务型制造商转型，尤其是软件企业不断拓

---

① 知识产权产业媒体 IPRdaily 与 incoPat 创新指数研究中心联合发布的"2019 上半年全球区块链企业发明专利排行榜（TOP100）"。

展融合应用，加强产业链协作，整合上下游和跨领域资源，对产业转型升级的支撑和带动作用日益突出。《财富》杂志发布的 2019 年世界 500 强排行榜中全球共有 55 家 ICT 企业上榜，中国与美国并列第一，各有 17 家企业上榜。[①] 2020 年 1 月工信部发布的《2019 年中国软件业务收入前百家企业发展报告》显示，2018 年我国软件百强企业共完成软件业务收入 8212 亿元，增长 6.5%，其中 1/3 以上的企业收入增长超 20%，华为、阿里、百度、腾讯、中通、海尔、京东、中兴、浪潮、中软排名前 10 位。2019 软件百强企业 R&D 投入强度均超过 10%，研发人员合计 67 万人，占从业人员比重超过 60%，计算机软件著作权登记数量达 13 万件，同比增长 50% 以上。大数据、云计算、人工智能、工业互联网、开源软件等新一代信息技术领域正在加速拓展。如华为、阿里、浪潮、用友等企业纷纷建设工业互联网平台。一方面，软件业正加速与传统产业融合；另一方面，制造企业的信息技术能力快速提升。如海尔、大疆、大族激光等以制造业为主的企业也跻身前 30 位，标志着这些制造企业已经向数字化、智能化的服务型制造升级。

5. ICT 服务业吸收外资与对外投资双向发展。在利用外资方面，我国拥有世界最大的信息技术消费市场，5G、人工智能、大数据、区块链、云计算、物联网的应用场景丰富。同时，我国不断完善外资准入前国民待遇加负面清单管理模式，持续优化法治化、市场化、国际化的营商环境，使 ICT 产业依旧成为外资青睐的主要领域。2018 年我国信息传输、软件和信息技术服务业实际利用外资 116.6 亿美元，占利用外资总额的 8.64%，相当于 2004 年的 12.7 倍，是我国服务业利用外资的第一大领域（表 4）。2020 年 4 月，罗兰贝格管理咨询公司与里昂商学院联合发布《中国 ICT 产业营商环境白皮书》显示，2018 年 ICT 外资企业在华投资总额 2570 亿美元，2004—2018 年 ICT 外资企业在华收入规模扩大 360% 以上，其中软件和信息技术服务业的年复合增长率达 23.7%，高于电子信息制造业 13.3 个百分点。苹果、英特尔、诺基亚 3 家企业在华收入近 5 年涨幅均超过 50%。

在对外投资方面。《2018 年度中国对外直接投资统计公报》显示，2018 年信息传输、软件和信息技术服务业对外投资 56.3 亿美元，居各行业第 5 位，同比增长 27.1%，占当年流量的 3.9%（表 4）；截至 2018 年该领域境外

---

① 中国企业含台湾地区企业。

企业 2393 家，占我国境外企业总数的 5.6%。华为、中兴、中国电信、中国移动等企业已经成为我国通信业对外投资的主力军。《中国对外投资发展报告 2019》显示，截至 2018 年中国电信在海外的投资存量达 13.72 亿美元，中国移动在"一带一路"国家和地区网络建设累计投资 98 亿港元。华为、中兴广泛参与全球信息基础设施建设，电信网络设备、IT 设备和解决方案及智能终端应用于全球 170 多个国家和地区，海外收入占比超过 50%，华为在全球设立研发中心超过 16 个。中国通信服务公司在 43 个国家和地区设立机构，在尼日利亚、坦桑尼亚、刚果（金）、沙特阿拉伯、缅甸等国家和地区拓展 20 多个总包项目，合同总额超 10 亿美元。阿里巴巴在全球推动世界电子贸易平台（eWTP）建设，促进普惠贸易发展，支持全球 80% 的小企业进入国际市场。

表4　我国信息传输、计算机服务和软件业实际利用外商

直接投资金额与对外直接投资净额及占比　　　单位：万美元,%

年度	实际利用外商直接投资金额	信息传输、计算机服务和软件业实际利用外商直接投资金额	占比	对外直接投资净额	信息传输、计算机服务和软件业对外直接投资净额	占比
2003	5350500	—	—	285465	883	0.31
2004	6063000	91609	1.51	549799	3050	0.55
2005	6032500	101454	1.68	1226117	1479	0.12
2006	6582100	107049	1.63	2116396	4802	0.23
2007	7476800	148524	1.99	2650609	30384	1.15
2008	9239500	277479	3.00	5590717	29875	0.53
2009	9003300	224694	2.50	5652899	27813	0.49
2010	10573500	248667	2.35	6881131	50612	0.74
2011	11601100	269918	2.33	7465404	77646	1.04
2012	11171600	335809	3.01	8780353	124014	1.41
2013	11758600	288056	2.45	10784371	140088	1.30

续表

年度	实际利用外商直接投资金额	信息传输、计算机服务和软件业实际利用外商直接投资金额	占比	对外直接投资净额	信息传输、计算机服务和软件业对外直接投资净额	占比
2014	11956200	275511	2.30	12311986	316965	2.57
2015	12626700	383556	3.04	14566715	682037	4.68
2016	12600100	844249	6.70	19614943	1866022	9.51
2017	13103500	2091861	15.96	15828830	443024	2.80
2018	13496589	1166127	8.64	14303731	563187	3.94

数据来源：相关年份《中国统计年鉴》

二、技术引进对于提升我国 ICT 自主创新能力和产业竞争力的作用

ICT 是我国技术引进最高的领域之一。据《中国科技年鉴》，2010—2018年我国信息传输、计算机服务和软件业的技术引进费排名除 2010 年、2011年、2016 年列第三位外，其余年份均列第二位。[①] 2009—2018 年我国计算机、通信和其他电子设备制造业技术引进费排名除 2009 年、2011 年列第三位外，其余均列第二位。[②] 以下从发明专利增长、出口竞争力两个维度进行衡量，说明技术引进对于促进 ICT 自主创新能力和产业竞争力的作用。

（一）技术引进对于促进 ICT 领域发明专利增长具有明显正向作用

第一，从通信设备、计算机及其他电子设备制造业看。2001—2018 年该领域发明专利申请量由 980 件增至 100216 件，年均增速为 31.29%；有效发

---

① 2010—2018 年我国信息传输、计算机服务和软件业技术引进金额分别是 12.71 亿美元（第三位）、11.64 亿美元（第三位）、11.57 亿美元（第二位）、27.16 亿美元（第二位）、18.37 亿美元（第二位）、14.8 亿美元（第二位）、10.12 亿美元（第三位）、10.26 亿美元（第二位）、16.15 亿美元（第二位）。

② 2009—2018 年我国计算机、通信和其他电子设备制造业技术引进费及排名分别是 54.57 亿元（第三位）、49.46 亿元（第二位）、54.91 亿元（第三位）、56.94 亿元（第二位）、37.21 亿元（第二位）、43.17 亿元（第二位）、57.73 亿元（第二位）、84.27 亿元（第二位）、48.48 亿元（第二位）、113.75 亿元（第二位）。

明专利量由 939 件增至 300369 件，年均增速达 40.40%。其中，2018 年的有效发明专利量相当于 2010 年的 7.3 倍、2001 年的近 320 倍。第二，从电信、广播电视卫星传输服务领域看。2001—2019 年该领域发明专利申请量由 1176 件增至 23620 件，年均增速为 18.1%；发明专利授权量由零增至 11521 件，2002—2019 年的平均增速达 73.3%。其中，2019 年的发明专利授权量相当于 2010 年的 1.7 倍、2002 年的 11521 倍。第三，从计算机软件领域看。2001—2019 年我国计算机软件著作权登记数量平均增速达 34.7%，2001 年仅为 6948 件，2010 年达 8.19 万件，2019 年增至 148.44 万件。2019 年的登记数量相当于 2010 年的 18.1 倍、2001 年的 213.6 倍（图 5）。第四，从计算机技术海外专利授权量看。2003—2018 年计算机技术的海外专利授权量由 27 件增至 3553 件，年均增速达 38.4%。2018 年计算机技术的海外专利授权量相当于 2010 年的 7 倍、2003 年的 131.6 倍（图 6）。

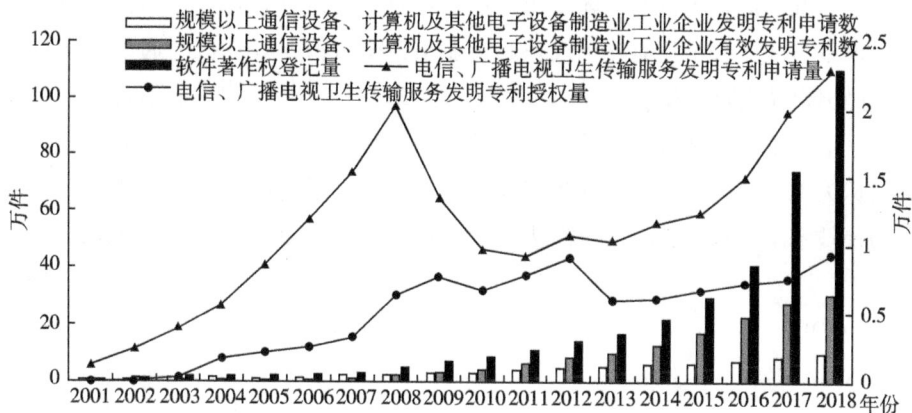

图 5 2001—2018 年我国 ICT 制造业和电信、广电卫星传输服务的发明专利数量与计算机软件著作权登记量

数据来源：发明专利申请及授权量来源于 INCOPAT 专利数据库，主要依据《国际专利分类与国民经济行业分类参照关系表（2018）》的分类方法检索分类。计算机软件著作权登记来源于中国版权保护中心和国家版权局

注：图 5 中左纵轴刻度：通信设备、计算机及其他电子设备制造业工业企业、软件著作权专利数量；右纵轴刻度：电信、广播电视卫星传输服务专利数量。

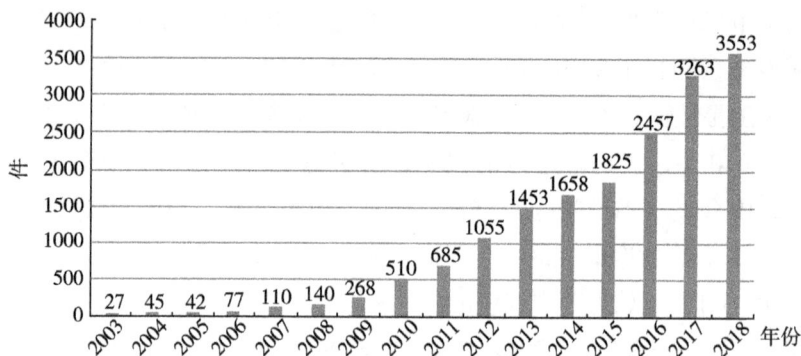

图6　2003—2018年我国计算机技术海外专利授权量年度变化

数据来源：世界知识产权组织（WIPO）

（二）技术引进对于促进ICT出口竞争力具有明显正向作用

出口交货值和出口额是体现出口产品竞争力的重要指标。这里分别以我国通信设备、计算机及其他电子设备制造业出口交货值，计算机与通信技术高技术产品出口额进行分析。从出口交货值看，2003—2019年我国通信设备、计算机及其他电子设备制造业企业出口交货值从8260.9亿元增至56053.8亿元，年均增速为12.71%（图7）。从出口额看，据海关总署统计，2019年我国计算机与通信技术高技术产品的出口额达4677.2亿美元，是2005年出口额的2.6倍。

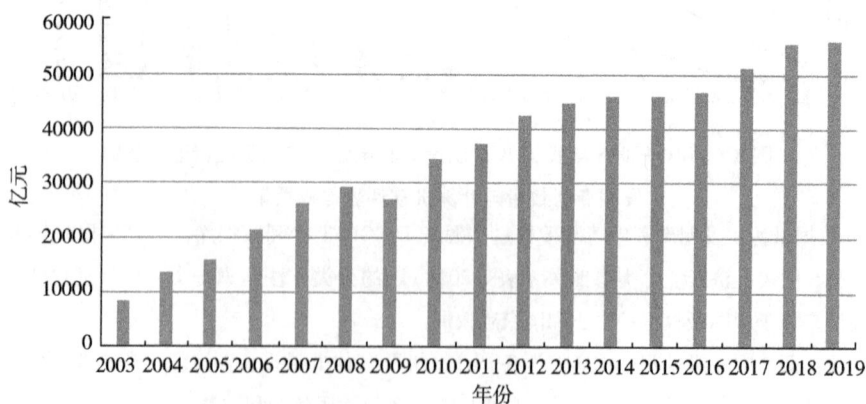

图7　2003—2019年我国通信设备、计算机及其他电子设备制造业出口交货值

数据来源：国家统计局

486

（三）体现我国 ICT 服务出口竞争力的 RCA 指数明显提升

显性比较优势指数（RCA 指数）被用来分析一国某种产品或服务在世界出口贸易中的竞争强度和专业化水平。其计算公式为：$RCA_{ij} = \dfrac{X_{ij}/X_i}{W_j/W}$。[①] 该方法剔除了国家总出口量、世界总出口量的波动对衡量产业国际竞争力的影响，很好地反映了一国某一产业出口能力与世界平均水平相比较体现出的相对优势，因而在进行国际竞争力的比较时被广泛采用。根据日本贸易振兴机构（JETRO）制定的商品或服务国际竞争力标准，当 RCA > 2.5 时，表示该国出口到国外的商品或服务有极强的国际竞争优势；当 1.25 < RCA < 2.5 时，表示具有较强的竞争优势；当 0.8 < RCA < 1.25 时，表示具有中等竞争优势；当 0 < RCA < 1 时，表示具有比较劣势；当 RCA < 0.8 时，表示不具备竞争优势。通过对中、德、印、日、美 5 国 2005—2018 年 ICT 服务贸易 RCA 指数分析可以发现，我国 ICT 服务贸易国际竞争力不断增强，并呈现稳定发展态势。2005—2012 年我国 ICT 服务贸易 RCA 指数均小于 1，不具有竞争力；2013—2014 年期间具有中等竞争优势；2015 年以来具有较强竞争优势。我国与印度在 ICT 服务贸易竞争力之间的差距不断缩小，印度 ICT 服务贸易 RCA 指数由 2005 年的 4.86 下降到 2018 年的 2.91，竞争力不断下降；同期我国 RCA 指数从 0.45 上升到 1.81，竞争力不断增强。此外，德国 RCA 指数保持在 1.05—1.27 之间，具有较强竞争力；美国 RCA 指数保持在 0.45 左右；日本低于 0.3，竞争优势最弱（表 5、图 8）。这里需要指出的是，RCA 指数仅仅反映了服务出口的作用，不能反映出服务进口的作用，因此仅从这一侧面衡量，还不能反映贸易竞争力的全部。

[①] 式中，RCA_{ij} 代表 i 国（地区）j 产品的显现性比较优势指数，X_{ij} 代表 i 国（地区）对世界市场出口 j 产品的出口额，X_i 代表 i 国（地区）对世界市场的总出口额，W_j 代表世界市场 j 产品的出口额，W 代表世界市场产品的总出口额。

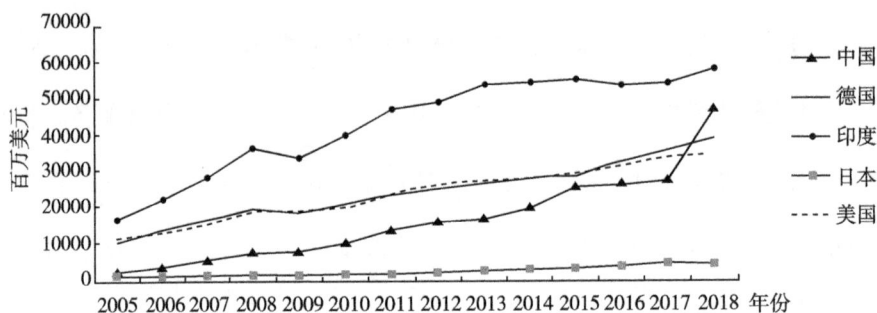

图8 2005—2018 年主要国家 ICT 服务贸易出口额

数据来源：UNCTAD 数据库

表5 2005—2018 年 5 国显性比较优势指数（RCA 指数）

年度	中国	德国	印度	日本	美国
2005	0.45	1.05	4.86	0.21	0.46
2006	0.57	1.08	4.65	0.18	0.45
2007	0.63	1.10	4.65	0.17	0.45
2008	0.72	1.07	4.60	0.14	0.47
2009	0.79	1.04	4.53	0.15	0.46
2010	0.73	1.16	4.26	0.16	0.44
2011	0.83	1.13	4.06	0.16	0.45
2012	0.95	1.18	3.95	0.19	0.47
2013	0.97	1.14	4.21	0.22	0.46
2014	1.09	1.10	4.07	0.22	0.44
2015	1.32	1.15	3.94	0.21	0.43
2016	1.39	1.26	3.63	0.23	0.45
2017	1.33	1.27	3.19	0.28	0.46
2018	1.81	1.20	2.91	0.23	0.43

数据来源：根据 UNCTAD 数据库数据计算而得

三、基于全国 160 家 ICT 服务贸易企业问卷调查分析的印证

本课题组于 2020 年 2—3 月期间开展了"关于 ICT 服务贸易的问卷调查"（以下简称问卷调查）。此次问卷调查共有 160 家 ICT 企业，分别来自于北京中关村软件园、南京雨花谷软件园、上海浦东软件园、深圳软件园、苏州工业园区软件园和天津滨海新区信息技术服务集聚区，上述 6 个园区均是我国具有较强影响力的软件园区，集聚了一批主要跨国公司和优秀的国内信息技术服务企业，具有较强的典型价值和行业代表意义。我们将问卷调查进行如下分类：按企业规模划分，大型企业 53 家，占 33%；中小微企业 107 家，占 67%。[①] 按企业营业收入划分，1 亿元以下的 69 家，占 43.1%；1 亿—10 亿元的 70 家，占 43.8%；10 亿—50 亿元的 14 家，占 8.6%；50 亿元以上的 7 家，占 4.4%。按企业人数划分，300 人以下的占 66.3%，300—1000 人的占 16.3%，1000 人以上的占 17.5%。按照所有制结构划分，共有外资企业 94 家，其中外商独资企业占 90.4%，[②] 中外合资合作企业占 9.6%；内资企业 66 家，其中民企占 86.4%，国企占 13.6%。综合以上指标可以看出，上述园区的 ICT 企业具有较高的劳动生产率。分析问卷调查可以看出，技术贸易对 ICT 产业提升技术创新能力的重要作用，其中承接国际服务外包是企业获得技术积累的重要渠道。

（一）承接离岸服务外包是提高创新能力的重要途径

1. 技术咨询和服务是企业技术出口的主要方式。问卷调查结果显示，技术咨询和技术服务出口占企业总数的 73.8%，计算机软件出口占 26.9%。由此可见，离岸软件和信息技术服务外包是 ICT 企业服务出口的主要来源。企业技术进口的总体比例并不高，其中以技术咨询和技术服务进口方式为主的

---

① 依照国家统计局大中小微型企业的相关划分标准，本次问卷调查将企业划分为大型和中小微型两类。其中，软件和信息技术服务业的大型企业，其营业收入和从业人员须同时满足≥1 亿元和≥300 人。本次问卷中有 38 家企业，其营业收入达到大型企业标准，即≥1 亿元，但人数未达到 300 人，即 <300 人，依照上述标准划入中小微企业中。

② 其中，来自美国、中国港澳台、日本、欧盟的企业占比分别为 36.5%、24.7%、16.5%、10.6%。

企业占比最高为23.8%（图9）。

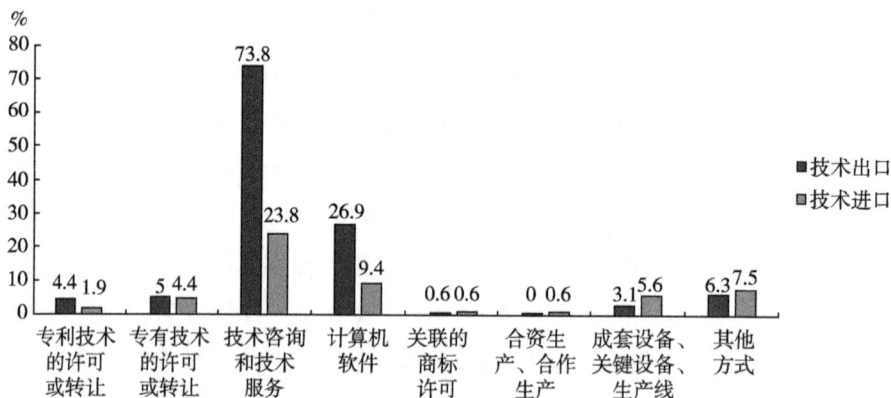

图9 企业技术贸易的主要方式

数据来源：根据课题组问卷调查整理而成

2. 承接国际服务外包对提升技术创新能力的影响最大。问卷调查显示，企业承接离岸软件和信息技术服务外包呈现出显著的外溢效应。主要体现在：技术创新能力提升、人才素质提升、产品交付模式创新、服务模式创新等方面。其中，承接离岸服务外包对促进企业的技术创新作用最为明显，占问卷企业的67%；其次是促进人才素质提升，占问卷企业的54.4%；此外，在交付能力、服务模式创新方面均有显著提升作用，分别占问卷企业的30.6%和13.8%。从问卷企业的类型看，大型企业比中小微企业的各项指标占比都高，表明外溢效应更加明显，说明我国许多大型软件和信息技术服务企业通过承接离岸服务外包增加了技术积累，提升了技术创新能力和人才素质（表6）。据问卷调查企业反映，承接国际服务外包获得技术外溢的途径主要体现在示范效应、人才效应、产业集聚效应等方面。一是国内企业在外包合同执行过程中通常要接受发包方的技术、规则、标准等方面的培训，本土企业在学习和与外国技术人员共同工作过程中快速掌握行业先进技术、知识、规则、标准和管理经验等，促进本土软件企业快速提高研发水平，融入全球 ICT 价值链体系。二是技术人员在跨国公司与国内企业之间频繁流动。据南京雨花谷软件园介绍，一个软件技术人员大概平均 3 年跳槽 1 次。尤其是早期一批技术管理人员从跨国公司跳槽创立本土软件企业，这些企业都成为我国 ICT 产业发展的主要力量。三是国际服务外包加速了软件园区的产业集聚，集聚效应不仅促进了同业竞争，也产生了示范作用，加速了技术扩散。

表6　承接离岸软件外包对企业创新能力的带动效应占比　　　　单位:%

类别	全部	大型企业	中小微企业	外资企业	内资企业
企业总数（个）	160.0	53.0	107.0	94.0	66.0
技术创新能力提升	61.9	66.0	59.8	62.8	60.6
人才素质提升	54.4	68.0	47.7	58.5	48.5
交付能力提升	30.6	41.5	25.2	35.1	24.2
交付模式创新	13.8	17.0	12.1	11.7	16.7
服务模式创新	30.6	41.5	25.2	27.7	34.8
其他	8.1	9.4	7.5	7.4	9.1

数据来源：根据课题组问卷调查整理

（二）技术进口同样对创新能力具有促进作用

问卷调查显示，技术进口对于ICT企业技术创新能力的积累具有重要作用。主要体现在：提升技术创新能力、提升人才素质，促进业态创新、服务模式创新、专利增长等方面。问卷企业中有31.3%认为技术进口对企业技术创新的作用明显，20%的企业认为对人才素质提升有明显作用，13.8%的企业认为对服务模式创新有提升作用。此外，还有部分企业认为促进了专利增加和业态创新。从问卷企业的类型看，大型企业比中小微企业在各项指标中的占比高，反映出技术进口对大型企业产生的外溢效应更加显著；内资企业在各项指标上都优于外资企业，反映出技术进口对于内资企业创新能力提升更加显著（表7）。

表7　技术进口对企业创新能力的带动作用占比　　　　单位:%

类别	全部	大型企业	中小微企业	外资企业	内资企业
企业总数（个）	160.0	53.0	107.0	94.0	66.0
技术创新能力提升	31.3	35.8	30.0	24.5	40.9
专利增加	3.8	5.7	2.8	1.1	7.6

续表

类别	全部	大型企业	中小微企业	外资企业	内资企业
人才素质提升	20.0	26.4	16.8	18.1	22.7
业态创新	6.3	9.4	4.7	4.3	9.1
服务模式创新	13.8	17.0	12.1	10.6	18.2
其他	7.5	13.7	4.7	7.4	7.6

数据来源：根据课题组问卷调查整理

四、结论与政策建议

上述研究证明，对外开放是提升我国 ICT 产业竞争力和技术创新能力的关键因素，证明了"开放促改革、促发展、促创新"。当前，由于美国对华战略调整导致中美大国博弈和战略竞争加速演变，其中技术脱钩是美国遏制我国崛起发展的核心战略意图，数字技术是美国对我国进行技术围堵的重点。面对日益复杂的国际形势，我们要以更高水平对外开放，在变局中开新局。随着数字技术引领的全球科技革命日新月异，在产业链高度融合、技术复杂性和研发强度大幅提升的背景下，开放合作是全球技术创新的必然趋势。因此，提高开放合作创新水平，既是有效应对美国技术封锁和围堵的战略选择，也是切实提高自主创新能力的必然要求。应以开放创新为引领重塑我国信息通信技术产业竞争新优势，营造开放的市场环境和竞争环境，引导企业积极开展多边技术合作，参与全球技术创新体系和规则变革，在新的全球数字技术体系和数字经济版图中赢得机遇。

（一）积极扩大数字技术领域开放

第一，放宽数字技术领域外资市场准入。回顾 20 世纪 80—90 年代，我国电信设备市场几乎全部集中于"八大金刚"①，以"巨、大、中、华"为代表的本土电信设备商刚起步就在家门口遭遇世界巨头的竞争。但我国并没有采取闭关锁国的政策，而是通过开放市场促进竞争，发挥跨国公司在研发、规范、标准、管理等方面的技术外溢和示范带动效应，本土企业通过"干中

---

① 即：爱立信、诺基亚、阿尔卡特、西门子、北电、朗讯、摩托罗拉、富士通。

学"和引进消化吸收快速提升了技术创新能力。因此，没有对外开放就不可能形成具有竞争力的信息通信技术产业，更不可能出现华为这样的世界级企业和5G这样的世界领先技术。当前，大力吸引全球数字技术领域跨国公司投资更为重要。一是有利于增强内外资产业链和供应链的相互依赖性，营造互利合作共赢关系，对于形成"双循环"新发展格局意义重大，尤其能够发挥跨国公司的粘合剂作用，最大限度地避免与美国等西方国家的技术脱钩。二是以平等开放原则为基础为我国数字技术企业"走出去"创造有利的市场环境，为企业开展对外投资、海外并购、境外研发及建设数据中心等生产经营活动铺平道路。三是继续引入竞争机制和学习效应。内资企业通过与外资企业的相互学习、交流和促进，有利于促进新技术、新业态、新模式加快成长，在技术标准、规范、规则等方面加快国际化步伐。

第二，发挥世界超大规模市场优势吸引全球新技术。我国具有"市场换技术"的显著优势，巨大的国内消费市场将为各国新的数字技术提供产业化和规模化应用的广阔空间，将成为孵化培育全球新技术的大市场。尤其是形成以国内大循环为主，国际国内双循环相互促进的新发展格局，将进一步释放内需潜力，促进消费结构升级，更加彰显国内市场优势，为吸引高技术跨国投资创造有利条件。要鼓励外资参与国家重大科技项目攻关，参与制造强国、数字中国、智慧城市等建设，坚持公平竞争原则，在项目招标、政府采购、研发补贴等方面给予外资企业同等待遇。鼓励外资企业与我国高校、科研院所、企业的研发合作模式创新，探索共创、共享、共赢的体制机制，鼓励合资、合作、交叉持股、专利交叉授权等开放创新模式。

第三，发挥外资在华研发中心的创新驱动作用。从ICT产业发展看，跨国公司在华的研发中心是我国技术创新的重要驱动力。这些研发中心不仅产生了大量专利技术，而且为我国培养了大批技术人才，对于提升我国信息通信技术创新具有重要带动作用。如到2019年三星公司在我国设立7家研发中心，研发投入达28亿元，研发人员达4000余人，发明专利授权量达1970个。目前，我国IT工程技术人才规模居世界前列，随着知识产权保护环境不断优化，将有条件吸引越来越多的外资研发中心落地。

（二）稳步推进海外并购、研发中心、科技园区等技术型对外投资

加强技术型对外投资能够有效组合国外先进技术资源、促进技术要素流

动。尤其是国际并购已经成为我国企业获得关键核心技术的重要途径。在核心技术研发周期长、风险高、投入大、直接购买困难增多等情况下，并购可以有效规避技术壁垒，使企业短期内掌握核心技术。据晨哨并购统计，2018年我国企业在科技、媒体和电信业（TMT）领域的海外先进技术并购数占比为15.65%。近年来，设立海外研发机构和科技园成为我国信息通信技术企业融入全球创新链，利用全球人才快速掌握前沿技术的重要渠道。华为、中兴、阿里、腾讯等企业分别在海外设立了研发中心。此外，华为公司在海外设立了36个全球联合创新中心，在全球范围内开展技术创新合作。上汽针对自动驾驶、网联汽车、大数据及软件技术等关键领域在以色列、泰国、印尼、英国、印度等设立创新中心和生产研发基地。建议对于企业设立海外研发中心给予适度财政补贴和税收优惠政策，支持企业用于购置研发设备，聘用海外科学家，在海外申请专利等。高度重视在"一带一路"布局5G、大数据、云计算等网络数字技术，在帮助沿线国家发展数字基础设施的同时，输出我国的技术、标准和规则。

（三）积极建立双边、多边和区域等多层次技术合作机制

当前，发达国家试图继续占据全球数字技术的主导地位，但新兴经济体和发展中国家的追赶势头加快。因此，数字技术既是各国竞争焦点，也是合作的重点领域，为我国更广泛地加强创新合作、拓展技术来源提供了空间。应积极与主要国家商签双边、多边和区域间的技术贸易投资合作协议，在推动自由贸易、投资协定中增加技术贸易、数字贸易等相关内容。重点加强与德国、法国、芬兰、意大利、英国等欧洲国家合作，加强与日本、韩国的区域合作，同时加强与印度、俄罗斯、以色列等国家的合作。一是基于平等原则，相互开放技术投资、技术贸易市场，构建共同研发、共享资源、共享成果、共创标准体系的技术合作新机制，形成标准互认、资质互认、规则互认的开放创新局面。二是建立促进数据跨境自由流动及有效监管的合作机制和政策对接机制。近期抖音、阿里等数字技术企业海外受挫与我国数字技术领域开放滞后有密切关系。因此，推动数据跨境自由流动已成为我国面对未来数字经济发展的当务之急。要在维护国家安全底线的前提下，尽快建立数据分类管理体制、跨境流动的监管机制，减少数据本地化限制。三是建立学术交流机制。建立科学家互访、技术人才互访、留学生互派等人才交流机制，

通过举办国际论坛等活动促进各国技术相互交流借鉴。

参考文献

1. 江小涓等. 全球化中的科技资源重组与中国产业技术竞争力提升[M]. 北京：中国社会科学出版社，2004.

2. 江小涓. 中国的外资经济[M]. 北京：中国人民大学出版社，2002.

3. 江小涓. 新中国对外开放 70 年[M]. 北京：人民出版社，2019.

4. 江小涓. 服务全球化的发展趋势和理论分析[J]. 经济研究，2008（02）.

5. 江小涓. 服务外包：合约形态变革及其理论蕴意——人力资本市场配置与劳务活动企业配置的统一[J]. 经济研究，2008（07）.

6. 江小涓. 跨国投资、市场结构与外商投资企业的竞争行为[J]. 经济研究，2002（09）.

7. 江小涓. 我国出口商品结构的决定因素和变化趋势[J]. 经济研究，2007（05）.

8. 王晓红、朱福林、柯建飞. 服务外包：推动中国服务业开放新引擎[M]. 广州：广东经济出版社，2019.

9. 王晓红. 中国设计：服务外包与竞争力[M]. 北京：人民出版社，2008.

10. 李蕊. 跨国公司在华研发投资与中国技术跨越式发展[M]. 北京：经济科学出版社，2004.

11. 陈涛涛. 外商直接投资的行业内溢出效应[M]. 北京：经济科学出版社，2004.

12. 赵晋平. 利用外资与中国经济增长[M]. 北京：人民出版社，2001.

13. 刘绍坚. 软件外包：技术外溢与能力提升[M]. 北京：人民出版社，2008.

14. 王洛林. 中国外商投资报告 2003—2004[M]. 北京：中国社会科学出版社，2004.

（原载《全球化》2020 年第 6 期）

中国软件出口的现状、趋势及
"十三五"战略思路

2010—2014 年期间，中国软件出口在全球经济增长低迷、国内要素成本上升的逆境下，仍保持了较高的增长态势。2015 年以来，虽然受整体经济贸易环境影响，软件出口开始进入增速放缓区间，但在产品结构、企业结构、区域结构及国际市场结构等方面仍保持优化态势。软件出口产业链继续向中高端攀升，新兴市场出口呈高速增长态势，软件企业自主创新能力不断增强，内资企业成为软件出口的主导力量，中西部地区出口潜能加快释放。"十三五"时期是中国经济通过创新跨越引领产业升级的关键时期，也是通过供给侧结构性改革加快结构性调整的关键时期，这将为软件产业发展提供前所未有的机遇，也将全面提升软件出口国际竞争力、抢占国际竞争制高点、实现软件贸易强国的战略目标，提供新动能。

一、中国软件出口现状及特点

（一）软件出口规模扩大，增速明显放缓

2010 年—2013 年期间中国软件出口平均增速达 37%，2014 年软件出口执行金额达到 300.57 亿美元，较 2013 年增长 18.5%，相当于 2010 年的 3 倍。2015 年受整体经济贸易环境影响，开始进入增速放缓区间，软件出口执行金额达到 333.93 亿美元，同比增长 11.1%；软件协议金额、合同数量分别同比增长 12.89% 和 -0.18%（表 1、图 1）。

表1　2010年—2015年中国软件出口规模与增速　　单位：亿美元

年　份	执行金额	同比增长（％）	协议金额	同比增长（％）	合同数（个）	同比增长（％）
2010	97.30	34.01	126.20	24.42	39044	27.17
2011	143.39	47.36	190.68	51.09	46159	18.22
2012	194.16	35.40	234.20	22.82	53887	16.74
2013	253.56	30.59	320.71	36.94	52683	−2.23
2014	300.57	18.51	377.15	17.55	52265	−0.81
2015	333.93	11.10	425.78	12.89	52173	−0.18

数据来源：商务部服务贸易司

注：全文软件出口金额均不包括嵌入式软件。

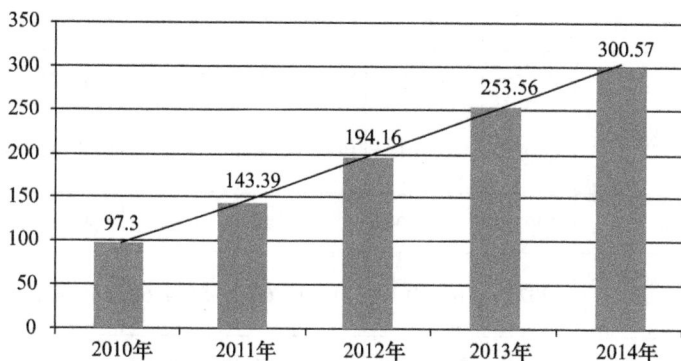

图1　2010—2014年中国软件出口额（执行金额，单位：亿美元）

数据来源：商务部服务贸易司

（二）软件出口结构不断升级，产业链向中高端攀升

从2013年、2014年和2015年来看，软件研发及开发服务、软件技术服务一直是中国软件出口的主力。2013年软件研发及开发服务为100.71亿美元，软件技术服务为65.92亿美元，同比增长分别为47.50%和10.23%，分别占出口执行总额的39.72%和26.00%。2013年信息系统运营和维护服务同比增长95.01%，增速最快；其次为应用软件，同比增长13.74%；系统软件和支撑软件有所下降。此外，2013年软件出口结构中增加了电子商务平台、测试平台等新兴服务门类，其中电子商务平台出口执行金额为1.03亿美元，占比

0.41%；测试平台出口执行金额为 6.24 亿美元，占比 2.46%（表 2、图 2）。

表 2　2013 年中国软件按出口方式出口状况　　　　　　单位：万美元

	合同数（个）	同比增长（%）	协议金额	同比增长（%）	执行金额	同比增长（%）
总计	52683	-2.23	3207159.56	36.94	2535601.64	30.59
软件产品	4744	26.68	90479.72	42.71	55737.52	2.11
系统软件	1777	206.91	10580.82	-32.52	8090.69	-34.93
支撑软件	52	36.84	883.14	-26.26	704.76	-19.89
应用软件	2915	-6.81	79015.76	69.85	46942.07	13.74
信息技术外包（ITO）	47939	-4.39	3116679.84	36.78	2479864.12	31.41
软件研发及外包	37629	1.22	2078843.75	31.54	1666371.06	30.10
软件研发及开发服务	22937	22.01	1219260.46	55.66	1007139.79	47.50
软件技术服务	14692	-20.04	859583.29	7.84	659231.27	10.23
信息技术研发服务外包	2075	103650.00	317410.67	435544.62	240248.35	382095.91
集成电路设计	1524	76100.00	207490.76	284680.07	167421.95	266241.00
提供电子商务平台	166	—	14263.74	—	10340.09	—
测试平台	385	—	95656.17	—	62486.31	—
信息系统运营维护外包	6981	-20.45	606021.87	28.15	453196.75	11.53
信息系统运营和维护服务	2961	96.22	265089.54	110.51	197768.90	95.01
基础信息技术服务	4020	-44.68	340932.33	-1.74	255427.84	-16.23
其他	1254	-70.06	114403.56	-49.23	120047.96	-39.93

数据来源：商务部服务贸易司

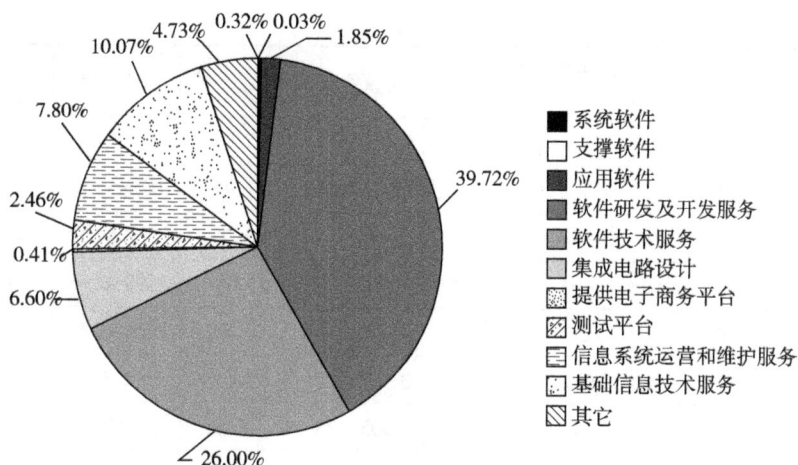

图2 2013年中国软件出口结构（执行金额，单位：%）

数据来源：商务部服务贸易司

2014年软件研发及开发服务金额为120.39亿美元，软件技术服务金额为79.99亿美元，同比增长分别为19.54%、21.35%，分别占出口总额的40.06%、26.61%。2014年软件产品出口执行金额7.08亿美元，同比增长27.18%，其中系统软件23.40亿美元，同比增长189.21%。此外，集成电路设计和测试平台均保持高速增长，其中集成电路设计出口执行金额为33.62亿美元，同比增长100.82%；测试平台服务2014年出口执行金额为11.76亿美元，同比增长88.36%（表3、图3）。

表3 2014年中国软件按出口方式出口状况　　　　　单位：万美元

	合同数（个）	同比增长（%）	协议金额	同比增长（%）	执行金额	同比增长（%）
总计	52265	-0.81	3771517.68	17.55	3005780.69	18.51
软件产品	3591	-24.30	123163.43	36.12	70889.52	27.18
系统软件	433	-75.63	54729.63	417.25	23399.40	189.21
支撑软件	29	-44.23	780.07	-11.67	534.53	-24.15
应用软件	3129	7.34	67653.72	-14.38	46955.58	0.03

续表

	合同数（个）	同比增长（%）	协议金额	同比增长（%）	执行金额	同比增长（%）
信息技术外包（ITO）	48674	1.52	3648354.26	17.01	2934891.17	18.32
软件研发及外包	38302	1.78	2530320.42	21.71	2003953.18	20.25
软件研发及开发服务	24808	8.14	1530966.70	25.55	1203987.09	19.54
软件技术服务	13494	−8.15	999353.72	16.26	799966.08	21.35
信息技术研发服务外包	4055	95.42	579112.99	82.45	466030.93	93.98
集成电路设计	2845	86.68	370140.35	78.39	336216.47	100.82
提供电子商务平台	317	90.96	13053.28	−8.49	12117.97	17.19
测试平台	893	131.95	195919.36	104.82	117696.49	88.36
信息系统运营维护外包	5971	−14.49	476166.10	−21.58	409648.63	−9.71
信息系统运营和维护服务	3442	16.21	280257.18	5.40	243092.03	22.85
基础信息技术服务	2529	−37.11	195908.92	−42.60	166556.60	−34.89
其他	346	−72.45	62754.76	−45.17	55258.43	−53.99

数据来源：商务部服务贸易司

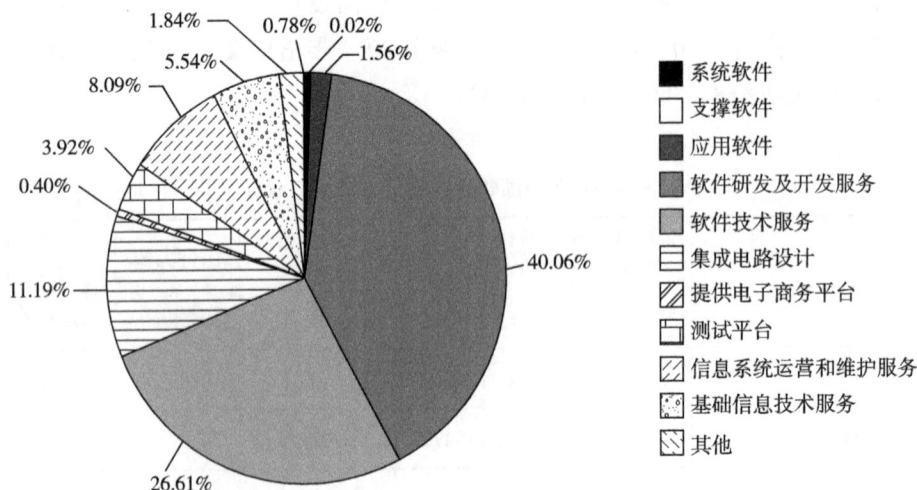

图3 2014年中国软件出口结构状况（执行金额，单位：%）

数据来源：商务部服务贸易司

2015 年中国软件出口仍然集中在软件研发及开发服务（占比 45.23%）和软件技术服务（占比 20.25%），同时，应用软件和系统软件也有了大幅增长。此外，2015 年软件出口结构中增加了信息技术（IT）咨询服务、IT 解决方案等领域（表4、图4）。

表4　2015 年中国软件按出口方式出口状况　　　　单位：万美元

合同类别	合同数（个）	同比增长（%）	协议金额	同比增长（%）	执行金额	同比增长（%）
总计	52173	−0.18	4257815.77	12.89	3339303.5	11.10
软件产品	4106	14.34	272755.92	121.46	170818.03	140.96
系统软件	443	2.31	36332.84	−33.61	33875.81	44.77
应用软件	3639	16.30	236003.66	248.84	136424.78	190.54
支撑软件	24	−17.24	419.42	−46.23	517.44	−3.20
信息技术外包（ITO）	48067	−1.25	3985059.85	9.23	3168485.47	7.96
软件研发外包	36837	−3.82	2738648.23	8.23	2179456.56	8.76
软件研发及开发服务	25841	4.16	1929968.34	26.06	1501684.77	24.73
软件技术服务	10929	−19.01	802336.86	−19.71	672403.91	−15.95
其他软件研发外包业务	67	—	6343.03	—	5367.88	—
信息技术服务外包	5380	32.68	766445.54	32.35	594979.23	27.67
集成电路和电子电路设计	3846	35.18	491613.61	32.82	418068.57	24.35
电子商务平台服务	253	−20.19	26474.32	102.82	19336.5	59.57
测试外包服务	859	−3.81	182968.39	−6.61	109669.53	−6.82
IT 咨询服务	66	—	8146.96	—	5967.24	—
IT 解决方案	132	—	11178.17	—	7526.15	—
其他信息技术服务外包业务	224	—	46064.09	—	34411.23	—
运营和维护服务	5760	−3.53	452465.42	−4.98	375170.28	−8.42
信息系统运营和维护服务	3815	10.84	301515.57	7.59	254287.97	4.61

合同类别	合同数（个）	同比增长（%）	协议金额	同比增长（%）	执行金额	同比增长（%）
基础信息技术运营和维护服务	1893	−25.15	148057.95	−24.43	118781.64	−28.68
其他运营和维护服务	52	—	2891.9	—	2100.68	—

数据来源：商务部服务贸易司

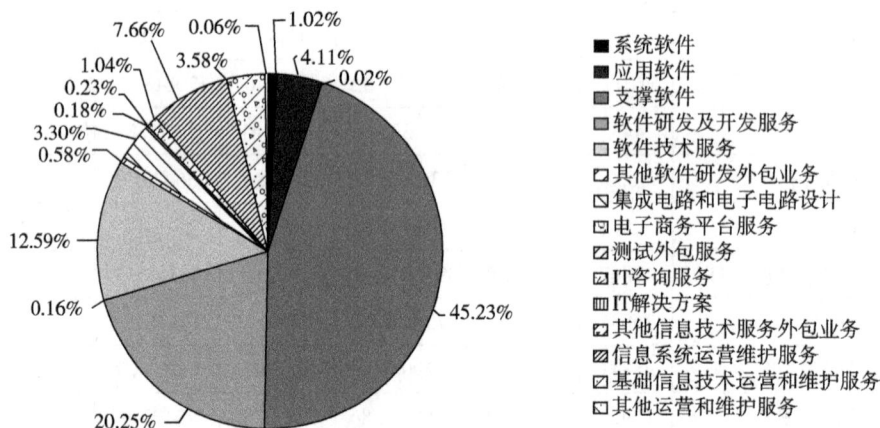

图4 2015年中国软件出口结构（执行金额，单位：%）

数据来源：商务部服务贸易司

随着新技术发展及新兴服务业态需求不断增长，中国软件出口结构得到调整和优化，创新日益活跃。2015年软件产品出口执行金额同比增长140.96%。2015年上半年新兴领域运营相关服务，包括在线软件的运营服务、平台的运营服务、基础设施的运营服务等在内的信息技术服务收入增长18.1%；电子商务平台服务，包括在线交易平台服务、在线交易支撑服务在内的信息技术支持服务收入增长了22.9%。

（三）软件出口区域仍集中在东部地区，中西部呈现强劲增长态势

从2013年、2014年、2015年来看，中国软件出口的重心始终在东部地区，并呈现占比扩大态势，中西部和东北部地区发展基本平稳，仍有很大的发展空间和潜力。

2013 年中国东部地区软件出口执行金额 213.26 亿美元，占 84.11%，其中山东、江苏、上海、天津同比增长超过 30%；2013 年西部地区执行金额 11.21 亿美元，占 4.42%，其中四川省增速较快，执行金额达 7.72 亿美元，同比增长 54.94%；重庆为 2.03 亿美元，同比增长 12.88%。2013 年中部地区执行金额 11.39 亿美元，占 4.49%，其中河南达 3.07 亿美元，同比增长 211.89%；湖南达 1.56 亿美元，同比增长 126.15%，河南、湖南成为全国增长最快的两个省份。2013 年东北地区执行金额 17.67 亿美元，占比 6.97%，其中辽宁达 15.77 亿美元，同比增长 2.86%；吉林增速较快，同比增长 44.73%（表 5、图 5）。

表 5　2013 年中国各省市软件出口情况　　　　　　　　单位：万美元

省（市）	合同数（个）	同比增长（%）	协议金额	同比增长（%）	执行金额	同比增长（%）
总计	52683	-2.23	3207159.56	36.94	2535601.64	30.59
江苏省	13899	8.88	968480.42	48.47	821794.58	47.00
上海市	3602	-15.01	425721.36	50.19	312097.30	41.82
北京市	4959	-22.81	388333.72	17.35	309650.95	19.14
浙江省	11194	3.84	337603.79	14.96	275012.19	12.68
广东省	1745	-29.35	266764.64	21.81	208285.04	12.43
辽宁省	5830	18.26	193499.08	14.58	157767.14	2.86
山东省	2771	-23.22	241555.67	112.19	150500.29	71.13
四川省	912	-26.09	107374.53	83.88	77259.89	54.94
江西省	769	36.59	42045.82	26.71	37542.84	25.15
天津市	976	-17.01	56145.50	101.58	37514.20	31.70
河南省	52	-14.75	30916.07	126.31	30742.68	211.89
重庆市	485	6.36	27763.49	20.76	20347.75	12.88
湖北省	436	-27.81	21814.21	20.17	17939.42	2.45
福建省	1220	24.87	19275.54	15.21	16389.66	8.43
湖南省	426	63.22	19559.69	111.73	15698.10	126.15
黑龙江省	529	-4.34	13899.43	-68.91	15473.95	-35.98

续表

省（市）	合同数（个）	同比增长（%）	协议金额	同比增长（%）	执行金额	同比增长（%）
陕西省	727	−5.34	19779.12	41.67	13226.79	0.86
安徽省	427	−30.00	16622.54	17.08	11985.07	−5.43
吉林省	122	37.08	5736.44	126.73	3540.11	44.73
河北省	1542	20.75	1756.96	−38.58	1450.17	−46.70
广西壮族自治区	20	33.33	1132.29	12.37	524.51	−11.63
新疆维吾尔自治区	11	—	609.96	—	290.71	—
云南省	4	0.00	288.00	14.29	288.00	44.00
内蒙古自治区	3	0.00	139.65	−19.47	139.65	−19.47
甘肃省	3	—	164.25	—	75.80	—
山西省	13	−31.58	64.88	−45.93	64.88	−45.93
新疆建设兵团	0	—	0.00	—	0.00	—
宁夏回族自治区	6	—	112.51	—	0.00	—
青海省	0	—	0.00	—	0.00	—
海南省	0	—	0.00	—	0.00	—
西藏自治区	0	—	0.00	—	0.00	—
贵州省	0	—	0.00	—	0.00	—

数据来源：商务部服务贸易司

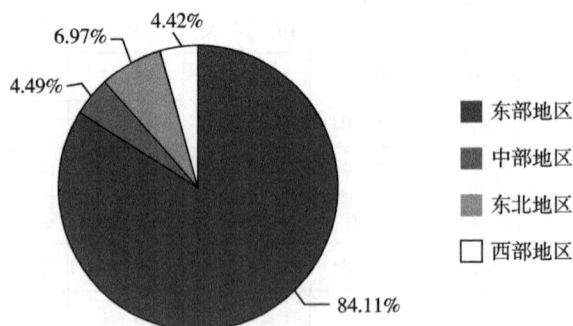

图5　2013年中国软件出口区域分布（执行金额，单位:%）

数据来源：商务部服务贸易司

2014 年东部软件出口执行金额 259.39 亿美元，占 86.30%，其中河北、福建、江苏、上海、广东、山东同比增长超过 20%，北京、天津、浙江同比增长分别为 11.68%、11.47%、17.59%。2014 年西部地区执行金额 14.62 亿美元，占 4.86%；其中陕西增速较快，执行金额达 3.09 亿美元，同比增长 126.69%。2014 年中部地区执行金额 7.49 亿美元，占 2.49%，其中安徽达 1.49 亿美元，同比增长 24.79%。2014 年东北地区执行金额 19.07 亿美元，占 6.34%，其中辽宁达 17.58 亿美元，同比增长 11.43%（表 6、图 6）。

表 6　2014 年中国各省市软件出口情况　　　　　单位：万美元

省（市）	合同数（个）	同比增长（%）	协议金额	同比增长（%）	执行金额	同比增长（%）
总计	52265	−0.81	3771517.68	17.55	3005780.69	18.51
江苏省	14439	3.89	1249968.20	29.06	1040555.82	26.62
上海市	4082	13.33	504998.57	18.62	384987.65	23.36
北京市	4095	−17.42	440046.72	13.32	345810.65	11.68
浙江省	10604	−5.27	421366.66	24.81	323399.02	17.59
广东省	1889	8.25	333878.48	25.16	251005.48	20.51
山东省	3184	14.90	205542.66	−14.91	180861.89	20.17
辽宁省	5034	−13.65	245292.46	26.77	175801.83	11.43
四川省	942	3.29	117852.36	9.76	92770.89	20.08
天津市	1247	27.77	41206.01	−26.61	41818.53	11.47
陕西省	1089	49.18	36784.67	81.89	30991.53	126.69
江西省	567	−26.27	28938.97	−31.17	26418.04	−29.63
福建省	1618	32.62	26533.04	37.65	23379.37	42.65
重庆市	442	−8.87	25366.44	−8.63	21592.05	6.12
湖北省	470	7.80	20675.86	−5.22	17869.58	−0.39
湖南省	630	47.89	24128.52	23.36	15111.24	−3.74
安徽省	228	−46.60	24781.68	49.08	14956.51	24.79
黑龙江省	375	−29.51	14037.28	−0.10	9356.64	−39.73
吉林省	143	16.26	5706.23	−12.83	5549.30	51.99

续表

省（市）	合同数（个）	同比增长（%）	协议金额	同比增长（%）	执行金额	同比增长（%）
河北省	998	−35.28	2209.48	25.76	2093.25	44.35
河南省	48	−7.69	915.02	−97.04	574.63	−98.13
云南省	4	0.00	305.06	5.92	305.00	5.90
广西壮族自治区	120	500.00	611.68	−45.98	258.17	−50.78
内蒙古自治区	3	0.00	188.01	34.63	188.01	34.63
宁夏回族自治区	0	−100.00	0.00	−100.00	81.51	—
山西省	6	−53.85	56.01	−13.67	29.57	−54.43
新疆维吾尔自治区	5	−54.55	47.33	−92.24	14.52	−95.01
海南省	0	—	0.00	—	0.00	—
新疆生产建设兵团	0	—	0.00	—	0.00	—
青海省	0	—	0.00	—	0.00	—
西藏自治区	0	—	0.00	—	0.00	—
贵州省	0	—	0.00	—	0.00	—
甘肃省	3	0.00	80.27	−51.13	0.00	−100.00

数据来源：商务部服务贸易司

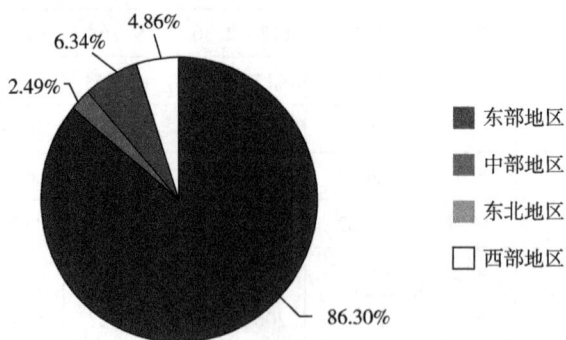

图6　2014年中国软件出口区域分布（执行金额，单位：%）

数据来源：商务部服务贸易司

2015年东部地区占中国软件出口的86.19%，其中江苏出口执行金额达118.95亿美元，同比增长14.32%。此外，河北、浙江、山东增速较快。西部地区占4.90%，主要集中在四川。中部地区占3.01%，其中江西达4.12亿美元，同比增长55.86%；湖南达2.3亿美元，同比增长52.45%。东北地区占5.90%，其中辽宁执行金额为17.25亿美元（表7、图7）。

表7 2015年中国各省市软件出口情况 单位：万美元

省（市）	合同数（个）	同比增长（%）	协议金额	同比增长（%）	执行金额	同比增长（%）
总计	52173	-0.18	4257815.77	12.89	3339303.50	11.10
江苏省	15125	4.75	1401452.27	12.12	1189530.84	14.32
浙江省	10884	2.64	456455.48	8.33	434346.51	34.31
上海市	4217	3.31	422034.14	-16.43	355217.96	-7.73
北京市	3680	-10.13	680977.43	54.75	316253.35	-8.55
广东省	2186	15.72	352888.13	5.69	298545.08	18.94
山东省	2629	-17.43	257059.51	25.06	230386.01	27.38
辽宁省	4760	-5.44	200179.96	-18.39	172462.48	-1.90
四川省	983	4.35	154258.51	30.89	113289.04	22.12
江西省	667	17.64	45082.10	55.78	41176.20	55.86
陕西省	876	-19.56	41564.15	12.99	28234.61	-8.90
天津市	1308	4.89	36698.81	-10.94	27240.58	-34.86
湖南省	468	-25.71	24964.29	3.46	23036.44	52.45
福建省	1678	3.71	26877.24	1.30	22376.66	-4.29
重庆市	482	9.05	22412.79	-11.64	21668.77	0.36
湖北省	759	61.49	24696.16	19.44	19912.82	11.43
黑龙江省	315	-16.00	23090.07	64.49	18358.53	96.21
安徽省	156	-31.58	72582.74	192.89	16288.00	8.90
吉林省	166	16.08	8273.52	44.99	6084.82	9.65
河北省	725	-27.35	5114.80	131.49	4130.44	97.32
云南省	5	25.00	264.85	-13.18	260.00	-14.75
河南省	72	50.00	526.84	-42.42	219.09	-61.87
广西壮族自治区	19	-84.17	202.59	-66.88	126.00	-51.20

省（市）	合同数（个）	同比增长（%）	协议金额	同比增长（%）	执行金额	同比增长（%）
内蒙古自治区	2	-33.33	75.98	-59.59	75.98	-59.59
山西省	6	0.00	31.27	-44.16	37.89	28.14
甘肃省	0	-100.00	0.00	-100.00	31.75	—
新疆维吾尔自治区	1	-80.00	5.36	-88.67	7.82	-46.15
海南省	4	—	46.80	—	5.85	—
青海省	0	—	0.00	—	0.00	—
新疆生产建设兵团	0	—	0.00	—	0.00	—
宁夏回族自治区	0	—	0.00	—	0.00	-100.00
贵州省	0	—	0.00	—	0.00	—
西藏自治区	0	—	0.00	—	0.00	—

数据来源：商务部服务贸易司

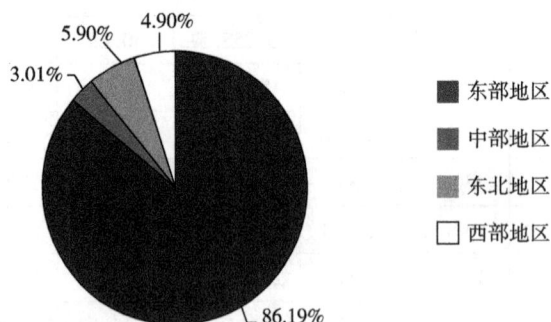

图 7 2015 年中国软件出口区域分布（执行金额，单位：%）

数据来源：商务部服务贸易司

（四）软件出口市场以美日欧为主，呈现多元化发展态势

2014 年美国、日本分别位居中国软件出口目的地国家第一、二位，出口美国的执行金额为 76.98 亿美元，同比增长 4.65%；出口日本的执行金额为 42.21 亿美元，同比增长 9.92%。主要出口地区亚洲保持了较快增长，2014 年出口中国香港、韩国、新加坡、中国台湾的执行金额分别为 30.92 亿美元、

18.43 亿美元、16.45 亿美元、13.42 亿美元，其中韩国、新加坡同比增长 35.91%、45.27%。此外，对欧洲出口也保持了大幅增长态势，出口德国、英国、俄罗斯的执行金额分别为 7.01 亿美元、6.07 亿美元、5.65 亿美元，同比分别增长 72.35%、48.85%、58.10%（表 8、图 8）。

表 8 2014 年中国软件出口主要市场 单位：万美元

国家（地区）	合同数（个）	同比增长（%）	协议金额	同比增长（%）	执行金额	同比增长（%）
全球	52265	−0.81	3771517.68	17.55	3005780.69	18.51
美国	6630	−1.53	971216.81	11.61	769814.72	4.65
日本	17098	−2.47	501215.47	13.47	422097.71	9.92
中国香港	6053	5.84	401824.80	28.58	309278.83	26.74
韩国	1524	−2.18	255804.89	35.49	184303.16	35.91
新加坡	1274	0.47	198341.00	47.95	164545.84	45.27
中国台湾	2468	−1.99	161241.11	13.80	134244.10	7.62
德国	1071	−0.56	72465.98	−16.47	70163.06	72.35
英国	1090	8.78	80568.80	8.18	60723.77	48.85
俄罗斯	571	1.06	66486.17	76.43	56546.38	58.10

数据来源：商务部服务贸易司

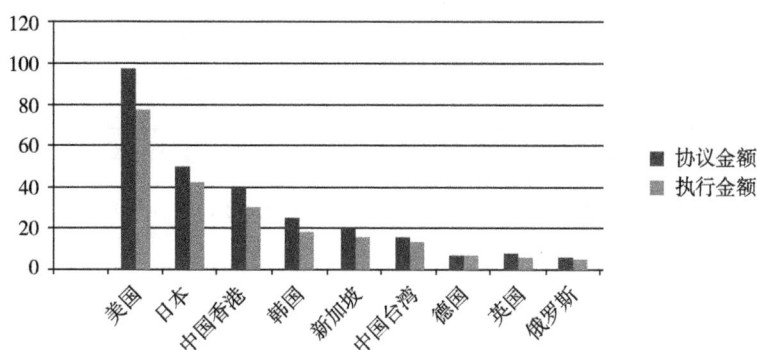

图 8 2014 年中国软件出口目的地（单位：亿美元）

数据来源：商务部服务贸易司

（五）软件出口企业以内资为主，国际化步伐加快

近年来，软件出口中内资企业已经成为主力。2012 年、2013 年、2014 年及 2015 年，内资企业软件出口执行金额占总额比重不断攀升，分别为 36.59%、37.12%、41.26%、64.08%（表 9、图 9）。说明内资企业对中国软件出口的贡献度明显上升。

表 9　2012—2015 年中国软件出口内资企业占比

年　份	占比（%）
2012	36.59
2013	37.12
2014	41.26
2015	64.08

数据来源：商务部服务贸易司

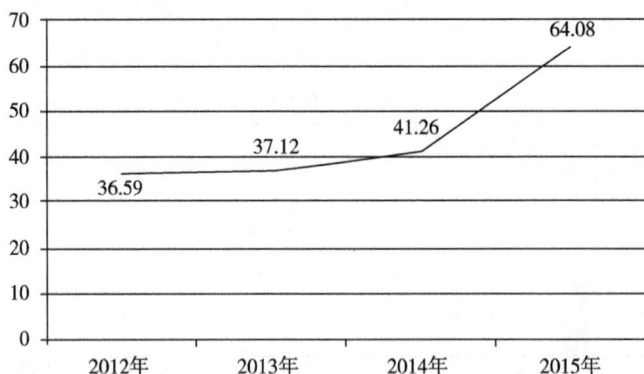

图 9　2012—2015 年中国软件出口内资企业占比（%）

数据来源：商务部服务贸易司

近几年，在保险、信息化等领域，中国软件出口企业实力不断增强，国际化步伐加快。在金融保险、医疗健康、地理信息等服务领域中的相关软件产品和咨询服务得到迅速发展，不仅在国内市场占据较高份额，在国际市场中也积极向价值链、产业链的高端攀升。2014 年软件出口额前 100 家企业实现软件出口 209 亿美元，同比增长 6.7%，国内单笔软件出口订单实现 1 亿欧

元。中国软件企业加快了全球化战略布局，海外并购迅速增长，一些软件企业在多个国家和地区设立了研发中心和产业基地。移动互联网、云计算、高端软件及服务的发展，有力促进了软件企业研发成果转化。如中科软科技股份有限公司将自主研发的基于云平台的保险核心业务系统进行国际化示范应用和产业化推广，目前在中国香港、中国台湾、日本、英国、新加坡等地广泛应用。

（六）人才素质不断提高，创新创业能力显著增强

软件企业已经成为知识型人才就业的重要渠道。2015 年中国新增服务外包从业人员 127.5 万人，其中大学毕业生 66.9 万人，约占 52.5%。根据工信部统计，2013 年中国软件和信息技术服务业从业人员 470 万人，其中软件研发人员达到 180 万人，占 38.29%。2015 年上半年中国软件和信息技术服务从业人员超过 540 万人，同比增长 8.3%。根据中国软件开发联盟（CSDN）2014 年中国软件开发者调查报告，在参与调研的从业人员中，男性大约占93.37%，其中 21—25 岁占 51.2%；26—30 岁占 31.53%；有 64.09% 的从业者拥有本科学历，15% 以上的从业者拥有硕士及以上学历。此外，30 岁以上年龄群体拥有创业意愿或已经开始创业的人数超过 40%，其中，拥有 10—15年工作经验的从业人员创业意愿最强。

（七）自主知识产权拥有量显著提升，众包、众创推动技术创新与服务模式创新

中国软件产业创新能力和应用水平不断提升，自主知识产权的拥有量明显增加。2014 年国内软件业专利数量达 19740 件，同比增长 5.95%；软件著作权登记 218783 件，同比增长 33%。近几年，软件服务模式创新加速，尤其是基于互联网、移动终端为主要技术载体的众包模式迅速发展，大大提高了创新效率。2015 年开源中国正式上线了第一期众包平台，初步实现作品和服务交易以及开发悬赏模块，这种方式主要通过前期积累的 200 万开发者资源进行软件众包。

"众创空间"对大众创业，万众创新具有重要促进作用。2015 年国务院印发的《关于发展众创空间推进大众创新创业的指导意见》中提出，到 2020

年将形成一批有效满足大众创新创业需求、具有较强专业化服务能力的众创空间等新型创业服务平台。中关村已出现车库咖啡、创客空间、36 氪、天使汇、云基地、创业家等十余家新型创业服务机构。上海浦东软件园于 2015 年 5 月正式发布"浦软创业＋"五年行动计划，将通过升级众创空间、建设在线孵化平台等方式，全面激发企业创新活力。

（八）出口基地城市、软件园区产业聚集效应日益突出

中国软件业出口已经形成以出口基地城市为中心、以园区为空间载体聚集发展的态势。北京、上海、大连、深圳、西安、天津、广州、南京、杭州、成都、济南等软件出口基地城市，充分利用软件园的优势条件，积极吸引优势企业、项目、资金、人才、市场等要素资源聚集，引领带动全国软件出口。根据工信部统计，2013 年出口基地城市的软件业务收入为 20874.28 亿元，占全国软件业务收入的 68.24%。

软件园区的基础设施、平台建设、服务体系日趋完善，产业集聚能力显著增强。2015 年工信部发布的中国软件和信息技术服务业竞争力报告，揭晓了获得 2014 年中国骨干软件园区前十强，分别是：上海浦东软件园、北京中关村软件园、成都天府软件园、西安软件园、江苏软件园、沈阳国际软件园、厦门软件园、大连软件园、南京软件谷、杭州东部软件园。如，中关村软件园设有知识产权登记中心、软件产品质量评测中心、软件企业评估与认证中心等。其中软件产品质量评测中心投资 1.35 亿元建设全国最大的"三库四平台"（包括软件工具库、开放源码库和软件构件库 3 个库，综合服务管理平台、软件质量管理平台、软件开发试验平台、软件测试平台 4 个平台），为软件企业的产品开发、质量管理等提供服务。成都天府软件园是国家软件出口创新基地，也是目前发展最快的专业软件园区之一；大连软件园是国家软件产业国际化示范城市核心基地，成为国内最具规模的服务外包产业基地和产学研一体的生态科技园区；南京软件谷是中国最大的通信软件产业研发基地，已入驻软件及系统集成企业 250 余家，其中全国软件百强企业 21 家，全国服务外包前 20 强企业 7 家。

二、中国软件出口存在的主要问题

(一) 出口产业链、价值链仍以中低端为主

目前美国仍控制系统软件等基础平台的开发研制及软件标准的制定。中国企业大多从事一般应用软件开发，只有少数从事高级应用类软件开发。根据商务部统计，2012年、2013年和2014年信息技术外包（ITO）占中国软件出口的比重分别为97.18%、97.80%和97.64%，2015年ITO比重为95.90%。系统软件、应用软件和支撑软件占比较小。目前美国在套装软件市场占据了大部分份额（图10），2013年全球套装软件市场规模为3671亿美元，美国占全球套装软件供给的68%。

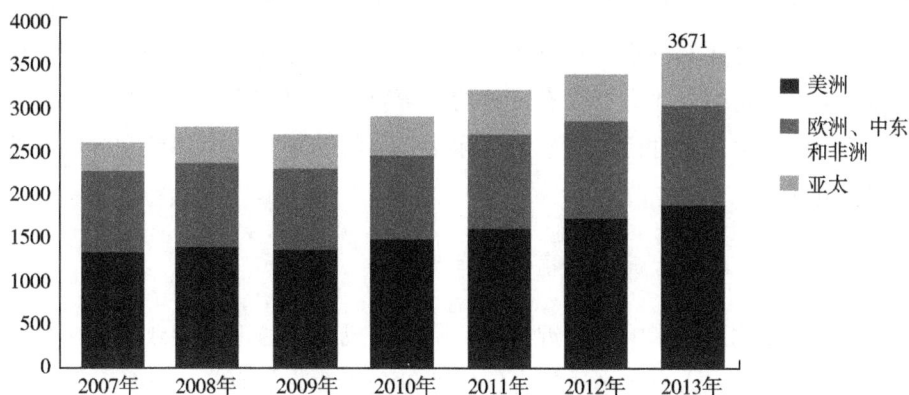

图10　2007—2013年全球套装软件市场增长趋势
资料来源：IDC；软件定义世界（SDX）微信公众号

(二) 自主创新能力仍然不足

多数企业缺乏持续创新的动力和意识。有些企业由于技术人员不足，仅习惯于引进技术，缺乏消化吸收的能力，导致企业在技术方面持续落后，在市场竞争方面长期处于弱势地位。目前中国高端软件主要依赖进口，如中国大型企业应用高端市场几乎被国外工控系统占领，国产控制系统难以进入重大工程的关键核心主体装备。

（三）软件企业规模小、竞争力弱

软件企业存在着小、散、弱的现象，管理水平低。目前国内软件企业超过70%的公司规模不到50人，且核心人才流失、人才流动性较强，多数软件出口企业对发包方的质量控制要求难以满足，对大型国际客户的吸引力很低，难以接到大订单和长期合作伙伴，缺乏抵抗风险的能力。近年来世界各国纷纷把软件产品视为服务贸易的重点，并设置一系列技术贸易壁垒，这尤其使中小型软件企业的生存面临危机。

（四）人才结构和区域分布不合理

中国软件人才结构呈现中间大、两端小的状况，高级科研人才、行业领军人才的高端人才严重缺乏，从事基础工作的人才也难以满足行业需求。软件人才主要集中在东部地区，中部、东北、西部地区相对匮乏。主要原因在于软件工程教育相对落后、体系还不够完善、缺乏有效的能力培训机制。软件出口企业的高端人才需要拥有良好的教育背景、语言和文化优势、能够及时了解前沿技术，同时还需要熟悉国际化企业的管理模式、熟练掌握国际标准和规范等。

（五）人力成本上升导致出口竞争力下降

除汇率变化因素影响外，近年来，劳动力成本快速上升导致软件出口企业利润明显下降，人力成本通常占软件外包企业营收的60%—70%，而软件外包企业年均员工流动率在30%左右。

三、"十三五"时期中国软件出口面临的形势和机遇

（一）传统市场有望保持稳定，"一带一路"建设将拓宽新兴市场发展空间

"十三五"时期，全球软件市场需求的基本格局将产生变化。美日欧三大传统市场随着金融危机复苏有望保持平稳。美国仍将是未来最大的软件发包国，欧洲、日本随着新一轮工业革命的发展也将在智能制造、金融保险、医

疗健康、企业管理、通信等领域日益扩大软件市场需求，为中国积极承接软件外包创造条件。目前中国软件企业通过加快技术创新以及派遣工程师上门服务、现场与远程结合等服务模式创新，提高了对美日欧国家软件出口的竞争力。

"一带一路"基础设施互联互通和"孟中印缅""中巴"等6条经济走廊加快建设，将为中国软件出口开拓更广阔的新兴市场。处于"一带一路"沿线的多数发展中国家和地区信息化程度较低、数字鸿沟巨大，对软件产品和服务存在巨大需求。根据国际数据公司（IDC）预计，"一带一路"建设未来十年总投资将超过50万亿元，由此带来的直接IT商机将超过5000亿元，这为有条件的软件企业"走出去"，向沿线国家输出人才、技术和服务，建立销售网络、扩大海外市场提供了条件。此外，随着非洲地区加快开放，南非、加纳、尼日利亚及东非沿海国家工业化进程加快，手机、互联网普及率逐步上升，使中国软件出口蕴含着巨大商机。

（二）以网络智能、共创分享为主导的新产业革命将为软件业创新发展带来机遇

"十三五"将是以智能制造引领新型制造业革命蓬勃发展的时期。德国"工业4.0"战略、美国工业互联网战略以及"中国制造2025"战略等，标志着传统制造业正在逐步向以绿色低碳、网络智能、超常融合、共创分享为主要特征的智能制造转型。网络化、信息化、数据化成为关键支撑将对软件业产生强大需求，带来市场机遇。目前中国正处于传统产业转型升级与高端新兴产业加速发展的过程中，"中国制造2025"战略实施的关键取决于软件业的发展，这些都将为提升中国软件业创新能力和国际竞争力创造市场机遇。

（三）新一代信息技术空前发展将为软件出口提供新动能

近年来，各国加快高速宽带、第四代移动通信（4G）网络、互联网协议第六版（IPv6）网络、云计算等信息基础设施建设，对软件与信息安全越来越重视，对软件产业大力扶持。"十三五"期间，中国网络建设累计投资将突破两万亿元规模，初步完成覆盖全国、高速、可靠、安全的信息基础设施网络，为软件业继续保持稳中向好的发展态势提供强有力的支撑。物联网、云

计算、大数据、移动互联网的迅速发展，将有利于推动中国软件企业的技术创新、服务模式创新和管理创新，使软件价值链由产品和服务延伸，从而提升软件出口综合竞争力。2014年中国物联网产业规模达5800亿元，同比增长18.46%。目前物联网应用已进入全面快速细分发展的新阶段，需要软件业和硬件业的深度协同，也为软件业提供了新的发展空间。根据高德纳咨询公司（Gartner）预计，到2016年基于云的安全服务市场产值将达42亿美元。大数据将成为各类软件企业争夺新兴市场主导权的重要领域。2015年国务院印发《促进大数据发展行动纲要》指出，要形成一批满足大数据应用需求的产品、系统、解决方案，并在大数据处理、分析、可视化软件和硬件支撑平台领域形成国际领先的龙头企业。随着移动互联网用户高速增长，移动操作系统逐步向跨平台、跨终端发展以及在生态系统、信息安全保障等方面要求越来越高，也为软件业技术创新提供了新动能。

（四）服务业态创新和传统产业升级将为软件业带来机遇

新兴服务业态通过信息技术加速产业融合，推动传统产业升级，不仅为软件业创造大量需求，而且为处于软件出口价值链低端的国家在全球产业结构深度调整之中提高参与度、重构价值链、加速产业链的细分化和专业化，推动向价值链高端攀升提供了机遇。"互联网＋"传统产业是产业升级的关键所在。在这一过程中，由于传统产业中信息化水平参差不齐，更加需要软件业针对传统产业提供弹性化、因地制宜的解决方案，向传统行业提供垂直化、精细化的服务。因此，也需要软件企业向价值链的高端转化，提供高附加值的服务内容。

四、"十三五"时期提升软件出口竞争力的战略思路

（一）加快供给侧结构性改革，提升软件业自主创新能力

首先，通过软件技术创新和服务模式创新，提高中国软件产品和服务出口的质量、标准和品牌影响力，适应国际市场需求，提升出口竞争力。应着力加大软件研发投入，重点加强核心关键技术、基础性研发的投入；着力提升软件创新设计能力，加强绿色设计、智能设计、网络设计的软件开发能力；

力争在数控机床、机械装备、航空航天航海、轨道交通、机器人、新能源汽车、医疗健康、金融、电子商务、消费电子、智能交通等重点产业领域，以及国家安全、公共服务、民生服务等领域的软件研发和出口能力有较大提升。

其次，积极完善投融资体系、创新融资模式。利用"互联网＋"构建开放创新融资平台。尤其要利用互联网金融和众创、众包、众筹、众扶等新的服务模式，促进提升中小微软件企业研发创新能力。发挥资本市场作用，完善创业投融资机制，为软件企业提供综合金融服务。形成创新活跃、开放合作、协同发展的软件产业创新生态。

（二）抓住共建"一带一路"机遇，形成出口市场多元化格局

一是保持美日欧三大主要出口市场稳步增长。目前，发展中美新型大国关系、中美双边投资协定（BIT）、中美自贸区等，均为对美软件出口创造了有利的市场环境。中国与欧盟的紧密合作、中日韩自贸区谈判等都标志着经贸关系的不断深化，有利于扩大软件外包市场。应鼓励有条件的软件企业到美国、欧洲、日本设立研发设计机构，尤其是通过并购当地软件企业获取核心技术、品牌和领军人才。

二是利用"一带一路"基础设施互联互通的战略机遇，扩大沿线国家软件产品和服务出口，加快新兴市场布局。要加强应用软件、软件本土化等产品开发以及软件外包服务，更好地适应当地市场、文化、语言、政策环境等需要。应加大伊斯兰、阿拉伯地区国家的市场开发力度，拓宽"孟中印缅""中巴"经济走廊市场空间。构建中巴信息走廊平台、扩大与孟加拉、缅甸的网络信息技术合作和软件外包，积极拓展与印度软件外包的合作空间。

（三）建立适应软件业需求的人才引进机制和人才培养体系

一是鼓励产学研相结合。推动高校、企业合作，通过项目实施进行人才培养，促进产教融合、协同创新。二是建立与国际接轨的教学科研体系。重点从个人能力、团队能力、交流能力、工程能力等多个层面培养复合型人才，以产业化中的问题为导向激励研究，加强基础与应用的结合。三是鼓励岗位培训。根据企业不同层次需求，制定长期性、实用性、前瞻性的培训计划，利用远程教育、线上线下相结合的模式扩大培训教育规模。四是建立引进领军人才的体制机制，放开国籍、户籍、出入境等限制，强化分配激励机制，

鼓励海外人才回流，吸引国际化管理人才。

（四）进一步完善知识产权保护等法制政策环境

完善知识产权保护体系是实施创新驱动战略的关键环节，对于促进软件业发展和软件外包尤为重要。应在《中华人民共和国著作权法》《中华人民共和国专利法》《计算机软件保护条例》等法律基础上，进一步扩大保护范围，力争建立与国际标准相接轨的知识产权保护体系。尤其要严厉打击惩处盗版、侵权行为，培育良好的信用环境和市场秩序。此外，应围绕建立良好的营商环境进一步优化政策环境，提高政府办事效率，简化软件出口流程和手续，确保企业及时享受到优惠政策。

（五）提高在国际规则标准制定中的主导权和话语权

要加强软件国际标准体系建设，在国际软件业的相关规则、标准制定方面掌握主导权和话语权。要加强对大数据、重点领域软件等标准的研制，建立安全软件的评测标准。

（原载《全球化》2016 年第 5 期）

中国软件出口：现状趋势与战略机遇[*]

一、导言

"软件定义"成为信息技术革命的新标志和新特征。软件是新一代信息技术产业的灵魂，也是引领科技创新、驱动经济转型升级，建设制造强国和网络强国的核心动力。软件出口是国家软件业竞争力和服务贸易竞争力的重要标志，也是"中国服务"品牌的重要组成部分。提高软件出口竞争力是构建外贸竞争新优势、打造外贸持续发展新动能的必然要求。

2015—2016 年，全球经济仍处于缓慢复苏状态。2016 年全球国内生产总值（GDP）增速为 3.1%，与 2015 年持平。全球治理重构、政局不稳、金融动荡、汇率波动，以及逆全球化思潮带来的贸易保护主义加剧等因素，都导致全球贸易增速处于艰难困境之中。2016 年全球货物贸易出口额为 15.96 万亿美元，同比下降 3.24%。全球服务贸易出口额 2015 年由正转负，同比下降 6.12%；2016 年服务贸易出口额 48077 亿美元，出现 0.4% 的微弱增长。2015 年全球软件信息技术产品贸易额约为 1.3 万亿美元，占全球贸易比重约 10%。全球软件业受全球经济复苏缓慢、企业投资乏力、市场需求疲弱、IT 深化转型等因素影响，遭遇压力。这些因素都给中国软件出口带来了严峻挑战。但是，通过推进供给侧结构性改革，实施创新驱动发展战略，有效调整软件出口政策，中国软件出口仍然取得了较好成绩。

总体而言，中国软件出口已经进入由高速增长转向中低速增长的拐点。但增长质量不断改善，对服务贸易发展的贡献度不断提高，出口结构不断优化，出口多元化格局日益丰富，尤其是"一带一路"沿线新兴市场加速拓展，软件出口基地和软件园区的产业集聚能力不断增强，软件企业自主创新能力

---

　* 本文为商务部课题《中国软件出口发展报告 2016》的总报告。

和国际竞争力持续提升。2017 年随着全球经济复苏进程加快，网络经济和数字经济蓬勃发展，在新产业革命和新一代信息技术驱动下新动能不断成长，传统动能与"互联网＋"紧密融合，都将为全球软件市场带来增长效应，也为中国软件出口提供新机遇。应把握有利时机顺势而为，加快供给侧结构性改革，提高软件企业自主创新能力，提升软件出口质量和综合效益，推动出口价值链迈向高端水平。

二、中国软件出口现状及主要特点

（一）软件出口由高速增长转向中低速增长，但整体规模实力明显增强

2015 年中国软件出口增速明显放缓，软件出口执行金额 333.93 亿美元，同比增长 11.10%，较 2014 年的 18.51% 下降 7.4 个百分点；协议金额 425.78 亿美元，同比增长 12.89%，较 2014 年的 17.55% 下降 4.7 个百分点；合同数量 52173 份，同比增长 -0.18%，较 2014 年的 -0.81% 微弱上升。

2016 年中国软件出口增速继续出现回落，执行金额 342.3 亿美元，同比增长 2.51%，较上年回落 8.6 个百分点；协议金额 464.89 亿美元，同比增长 9.19%，较上年回落 3.7 个百分点；合同数量 52790 份，同比增长 1.18%，较上年有所回升。尽管如此，中国软件出口实力明显提升。从 2010—2015 年整体来看，2015 年执行金额相当于 2010 年（97.3 亿美元）的 3.43 倍，平均增速为 29.50%；2015 年协议金额相当于 2010 年（126.2 亿美元）的 3.37 倍，平均增速为 27.62%；2015 年的合同数量相当于 2010 年（39044 份）的 1.34 倍，平均增速为 9.82%。说明业务大单逐渐增多，企业竞争力明显增强（表 1、图 1）。

表 1　2010—2016 年中国软件出口规模与增速　　　　单位：亿美元

年　份	执行金额	同比增长（％）	协议金额	同比增长（％）	合同数（个）	同比增长（％）
2010	97.30	34.01	126.20	24.42	39044	27.17
2011	143.39	47.36	190.68	51.09	46159	18.22

续表

年　份	执行金额	同比增长（％）	协议金额	同比增长（％）	合同数（个）	同比增长（％）
2012	194.16	35.40	234.20	22.82	53887	16.74
2013	253.56	30.59	320.71	36.94	52683	−2.23
2014	300.57	18.51	377.15	17.55	52265	−0.81
2015	333.93	11.10	425.78	12.89	52173	−0.18
2016	342.30	2.51	464.89	9.19	52790	1.18

数据来源：商务部服务贸易和商贸服务业司

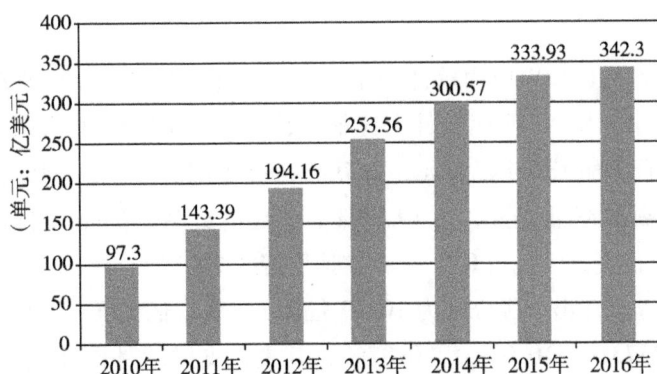

图1　2010—2016年中国软件出口规模

数据来源：商务部服务贸易和商贸服务业司

（二）软件出口结构呈现多元化发展，价值链不断向高端拓展

1. 信息技术外包（ITO）居主导地位，软件产品出口波动发展。软件出口主要包括软件产品和ITO两大类。ITO一直是软件出口的主要方式，软件产品出口仅占很少部分。2015年和2016年，ITO出口执行金额分别为316.85亿美元和330.48亿美元，占比分别为94.88%和96.55%，同比增长分别为7.96%和4.30%；软件产品出口执行金额分别为17.08亿美元和11.82亿美元，占比分别为5.12%和3.45%，较2013年、2014年均有所上升，同比增长分别为140.96%和−30.78%（图2）。

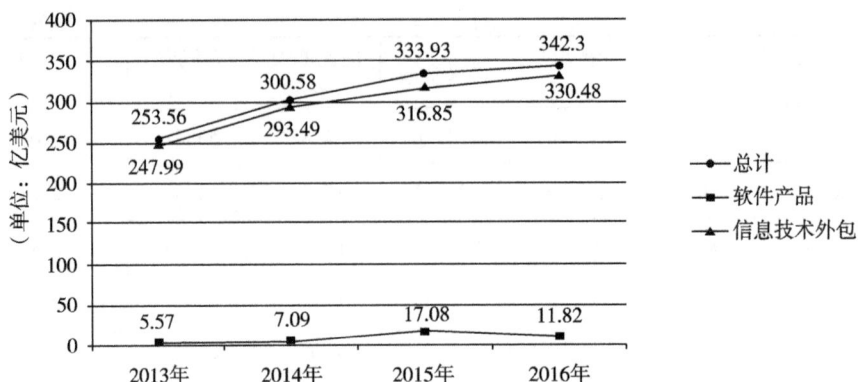

图 2　2013—2016 年中国软件出口分类

数据来源：商务部服务贸易和商贸服务业司

2. 软件产品出口以应用软件为主，系统软件和支撑软件呈波动发展。从软件产品出口结构看，应用软件占比最高，其次是系统软件。2015 年，应用软件出口执行金额 13.64 亿美元，占 79.86%，同比增长 190.54%；系统软件出口执行金额 3.39 亿美元，占 19.83%，同比增长 44.77%；支撑软件出口执行金额 0.05 亿美元，仅占 0.29%，增速下降 3.2%。2016 年，应用软件、系统软件和支撑软件出口额分别为 10.49 亿美元、1.2 亿美元、0.1 亿美元，占比分别为 88.73%、10.39% 和 0.87%；其中，支撑软件同比增长 99.93%，应用软件和系统软件同比分别下降 23.09% 和 63.72%（表 2）。

表 2　2014—2016 年软件产品的出口规模与增速　　　　单位：亿美元

合同类别	2014 年		2015 年		2016 年	
	执行金额	同比增长（%）	执行金额	同比增长（%）	执行金额	同比增长（%）
软件产品	7.090	27.18	17.080	140.96	11.820	−30.78
系统软件	2.340	189.21	3.390	44.77	1.230	−63.72
应用软件	4.700	0.03	13.640	190.54	10.490	−23.09
支撑软件	0.053	−24.15	0.052	−3.20	0.103	99.93

数据来源：商务部服务贸易和商贸服务业司

3. ITO 以软件研发外包为主，高端业务不断发展。2015 年，软件研发外包、信息技术服务外包、运营和维护服务 3 项出口执行金额分别为 217.9 亿美元、59.5 亿美元和 37.51 亿美元，占 ITO 总额比重分别为 68.79%、18.78% 和 11.84%；2016 年，3 项出口执行金额分别为 228 亿美元、59 亿美元和 42.5 亿美元，同比增长分别为 4.64%、－0.75% 和 13.23%，占 ITO 总额比重分别为 69.01%、17.87% 和 12.85%。在软件研发外包中，软件研发及开发服务、软件技术服务占比较高，2016 年出口执行金额分别为 161.2 亿美元、66.44 亿美元，同比增长 7.35%、－1.18%，分别占软件研发外包的 70.7%、29.13%。

其次，集成电路和电子电路设计继续占主导地位并保持较好发展态势。2015 年，集成电路和电子电路设计、电子商务平台服务、测试外包服务出口执行金额分别为 41.81 亿美元、1.93 亿美元和 10.97 亿美元，同比增长 24.35%、59.57% 和 －6.82%；2016 年，3 项均出现不同程度下降，出口执行金额分别为 40.19 亿美元、1.28 亿美元和 10.8 亿美元，同比增长分别为 －3.87%、－33.68% 和 －1.55%。

此外，其他新增 5 项软件出口也呈现总体增长态势，反映了多元化出口结构日益拓展。2016 年，IT 解决方案、其他信息技术服务外包及其他运营和维护服务 3 项类别执行金额分别为 0.80 亿美元、5.57 亿美元、0.91 亿美元，同比分别增长 6.15%、61.82%、335.52%（表3）。

表3　2014—2016 年中国软件 ITO 的出口规模与增速　　单位：亿美元

合同类别	2014 年		2015 年		2016 年	
	执行金额	同比增长（%）	执行金额	同比增长（%）	执行金额	同比增长（%）
ITO	293.49	18.32	316.85	7.96	330.48	4.30
软件研发外包	200.40	20.25	217.95	8.76	228.06	4.64
软件研发及开发服务	120.40	19.54	150.17	24.73	161.20	7.35
软件技术服务	78.00	21.35	67.24	－15.95	66.45	－1.18

续表

合同类别	2014 年		2015 年		2016 年	
	执行金额	同比增长（％）	执行金额	同比增长（％）	执行金额	同比增长（％）
其他软件研发外包业务			0.54	—	0.41	−23.60
信息技术服务外包	46.60	93.98	59.50	27.67	59.05	−0.75
集成电路和电子电路设计	33.62	100.82	41.80	24.35	40.19	−3.87
电子商务平台服务	1.21	17.19	1.93	59.57	1.28	−33.67
测试外包服务	11.77	88.36	10.97	−6.82	10.81	−1.46
IT 咨询服务			0.60	—	0.40	−32.42
IT 解决方案			0.75	—	0.80	6.15
其他信息技术服务外包业务			3.44		−5.57	61.82
运营和维护服务	40.96	−9.71	37.52	−8.42	42.48	13.23
信息系统运营和维护服务	24.31	22.85	25.43	4.61	31.19	22.66
基础信息技术运营和维护服务	16.66	−34.89	11.88	−28.68	10.37	−12.66
其他运营和维护服务			0.21	—	0.91	335.52

数据来源：商务部服务贸易和商贸服务业司

（三）东部地区继续成为增长主力，中西部逆势而上，东北地区有所下降

从软件出口区域分布来看，东部地区作为主力保持上扬态势。2015 年、2016 年，东部地区软件出口占比分别为 86.20%、87.40%；西部地区占比分别为 5%、5.70%，中部占比分别为 3%、3.20%，均有所上升；东北地区占比分别为 5.80%、3.70%，有所下降。由于东北经济总体处于困境，对于软件出口造成影响（图 3）。

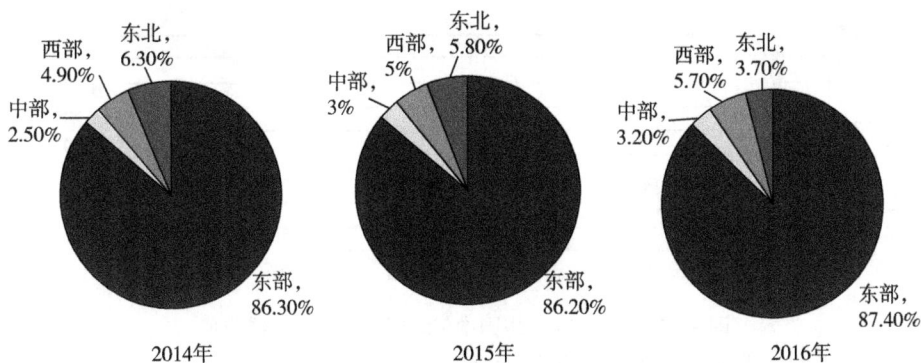

图3　2014—2016 年中国软件出口的区域分布

数据来源：商务部服务贸易和商贸服务业司

从东部地区内部看，2015—2016 年江苏、浙江、上海均列软件出口规模前 3 位。2015 年，这 3 个省市软件出口执行金额分别为 118.95 亿美元、43.43 亿美元、35.52 亿美元，同比增长分别为 14.32%、34.31%、−7.73%；2016 年，这 3 个省市出口执行额分别为 119.59 亿美元、49.86 亿美元、36.86 亿美元，同比增长 0.53%、14.80%、3.76%（图 4）。

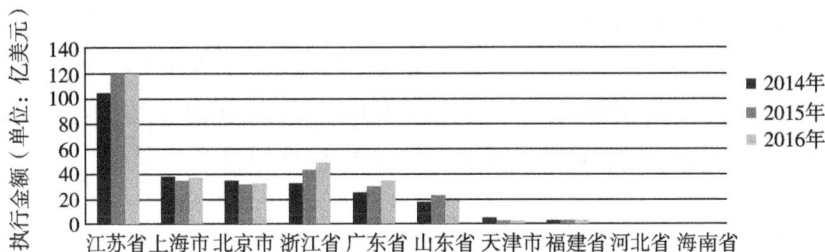

图4　2014—2016 年中国东部地区软件出口省域分布

数据来源：商务部服务贸易和商贸服务业司

从中部地区内部看，2015—2016 年江西、湖南、湖北均分别列软件出口规模前 3 位。2015 年，这 3 个省份软件出口执行金额分别为 4.12 亿美元、2.30 亿美元、1.99 亿美元，同比增长率分别为 55.86%、52.45%、11.43%；2016 年，这 3 个省份软件出口执行金额分别为 4.02 亿美元、3.08 亿美元、2.54 亿美元，其中江西呈现负增长，湖南和湖北的同比增长分别为 33.57%、27.78%（图 5）。

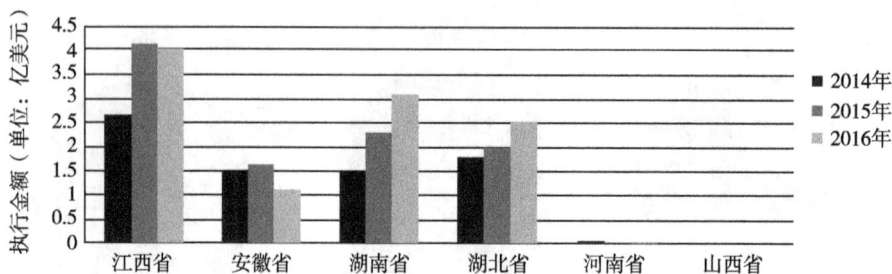

图5　2014—2016年中国中部地区软件出口省域分布

数据来源：商务部服务贸易和商贸服务业司

　　从西部地区内部看，2015—2016年四川、重庆、陕西列软件出口规模前3位，其中重庆表现尤其出色。2015年，这3个省市软件出口执行金额分别为11.33亿美元、2.82亿美元、2.17亿美元，其中四川、重庆分别增长22.12%、0.36%；2016年，这3个省市出口执行金额分别为12.61亿美元、4.03亿美元、2.84亿美元，同比增长分别为11.35%、85.8%、0.44%（图6）。说明西部地区仍具较大发展潜力。

　　从东北地区内部看，辽宁一直遥遥领先。2015年，辽宁、黑龙江、吉林软件出口执行金额分别为17.25亿美元、1.84亿美元、0.61亿美元，同比增速分别为−1.9%、96.21%、9.65%，其中黑龙江增速最高；2016年，这3个省份软件出口执行金额分别为11.74亿美元、0.37亿美元、0.67亿美元，同比增速分别为−31.92%、−79.84%、10.76%，仅吉林表现为正增长（图7）。

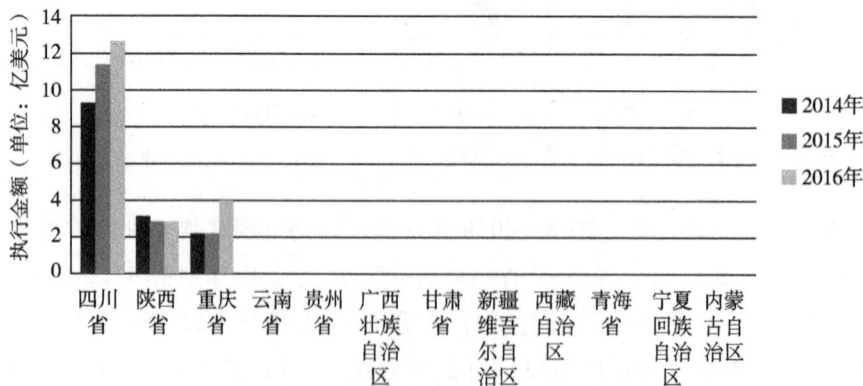

图6　2014—2016年中国西部地区软件出口省域分布

数据来源：商务部服务贸易和商贸服务业司

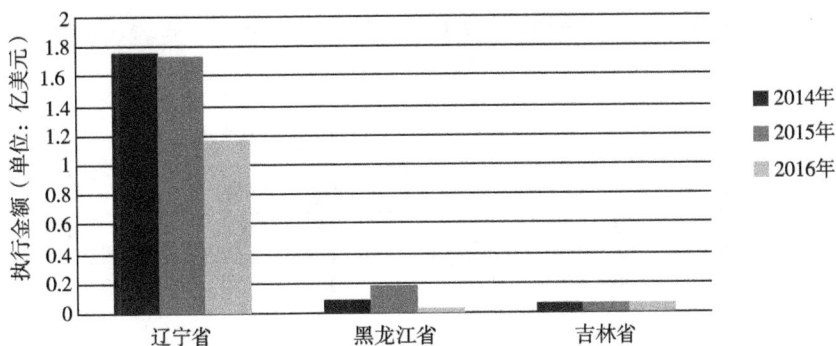

图7　2014—2016 年中国东北地区软件出口省域分布

数据来源：商务部服务贸易和商贸服务业司

（四）软件出口市场已经形成欧美日为主，面向全球的发展格局

2016 年，中国软件出口市场达 180 多个国家和地区。其中，居前 10 位的国家和地区分别为美国、中国香港、日本、韩国、新加坡、中国台湾、德国、英国、芬兰、瑞典。其中，德国市场增速最高达 137.71%；其次为瑞典、韩国、中国香港、英国，分别同比增长 29.58%、25.79%、19.66%、9.72%；同时，中国台湾、新加坡、美国、日本、芬兰分别同比下降 0.25%、3.93%、4.85%、10.08%、23.2%。说明欧盟市场潜力较大（表4）。

美日欧三大经济体占中国软件出口市场规模基本稳定在 50% 以上。2015 年、2016 年，对三大经济体共计出口执行金额分别为 170.50 亿美元、170.38 亿美元，占比分别为 51.06%、50%。美、日都表现出下滑态势，其中日本连续两年下降。2015 年、2016 年，对美国出口执行金额分别为 87.47 亿美元、83.22 亿美元，同比增速为 13.62%、-4.85%；对日本出口执行金额分别为 39.88 亿美元、35.86 亿美元，同比增速为 -5.51%、-10.08%；对欧盟软件出口则出现回升态势，出口执行金额分别为 43.15 亿美元、51.30 亿美元，同比增速为 -55.89%、18.9%（图8）。

中国香港、韩国、新加坡、中国台湾、德国、英国、芬兰、瑞典 8 个国家、地区在中国对全球出口市场中的占比由 2015 年的 33.75% 上升到 2016 年的 39%，保持了增长态势。2015 年、2016 年内地对中国香港的软件出口执行金额分别为 38.87 亿美元、46.52 亿美元，分别增长 25.69%、19.66%；中国对韩国的软件出口执行金额分别为 19.34 亿美元、24.32 亿美元，分别增长 4.92%、25.79%，增幅较大（表4）。

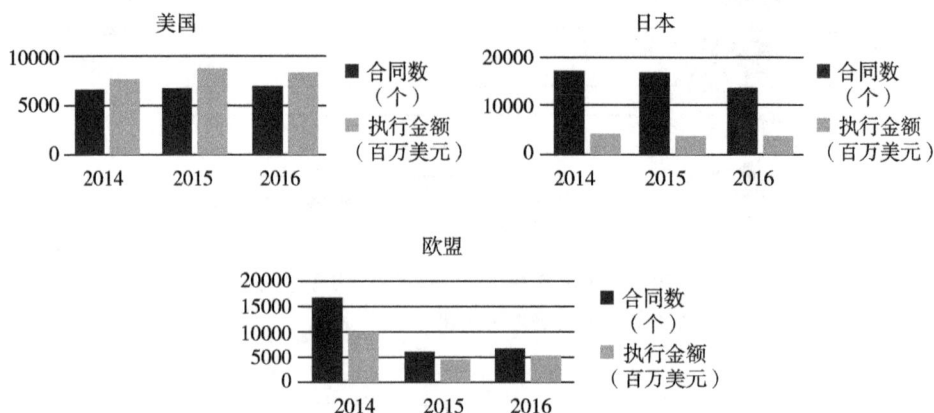

图 8　2014—2016 年中国软件出口美日欧的情况

数据来源：商务部服务贸易和商贸服务业司

表 4　2014—2016 年中国软件出口目的地主要国家（地区）规模及增速

单位：亿美元

国家（地区）	2014 年		2015 年		2016 年	
	执行金额	同比增长（%）	执行金额	同比增长（%）	执行金额	同比增长（%）
全球	300.58	18.51	333.93	11.10	342.30	2.51
美国	76.98	4.65	87.47	13.62	83.22	-4.85
中国香港	30.93	26.74	38.87	25.69	46.52	19.66
日本	42.21	9.92	39.88	-5.51	35.86	-10.08
韩国	18.43	35.91	19.34	4.92	24.32	25.79
新加坡	16.45	45.27	20.55	24.90	19.75	-3.93
中国台湾	13.42	7.62	18.18	35.43	18.13	-0.25
德国	7.02	72.35	5.98	-14.84	14.20	137.71
英国	6.07	48.85	6.75	11.10	7.40	9.72
芬兰	4.66	-25.67	8.13	74.39	6.25	-23.20
瑞典	3.83	107.99	3.60	-6.05	4.66	29.58

数据来源：商务部服务贸易和商贸服务业司

此外，"一带一路"沿线国家市场取得积极进展。随着基础设施互联互通和六大经济走廊加快建设，中国软件出口市场也正在积极布局拓展。目前，中国软件出口已经遍及除波黑和阿联酋以外的沿线 63 个国家和地区，2014—2016 年出口执行金额分别为 44.48 亿美元、54.64 亿美元和 48.75 亿美元，占总量比重分别为 14.8%、16.36% 和 14.24%（表5）。

表5　2014—2016 年中国软件出口"一带一路"沿线前 10 位国家（地区）的情况

单位：亿美元

国家（地区）	2014 年		2015 年		2016 年	
	合同数（个）	执行金额	合同数（个）	执行金额	合同数（个）	执行金额
总计	8598	44.48	8454	54.64	9436	48.75
新加坡	1274	16.45	1479	20.55	1483	19.75
印度	1480	4.71	1467	4.24	1598	3.91
俄罗斯	570	5.65	440	3.02	425	3.29
马来西亚	485	2.46	657	4.35	609	2.94
泰国	584	1.40	530	1.76	733	2.22
印度尼西亚	267	1.17	293	2.14	344	2.19
沙特阿拉伯	288	1.21	334	1.62	308	1.33
越南	291	1.23	276	1.21	297	1.33
捷克共和国	75	0.17	64	0.18	180	1.14
巴基斯坦	202	0.61	208	2.21	223	0.97
其他国家	3082	9.42	2706	13.36	3236	9.68

数据来源：商务部服务贸易和商贸服务业司

（五）软件出口企业结构呈现以内资为主导的多元发展态势

中国软件出口企业结构已经由外资企业主导向内资企业主导转变，内资企业成为出口的半壁江山。2016 年尽管下降至 48.04%，但仍是绝对主力。2016 年在内资企业中，集体企业占 34.09%、股份有限公司和私营企业共约占 9.35%；其次，外商投资企业占 40.57%，其中外商独资企业占 32.94%，中外合资企业占 5.73%；港澳台投资企业占 11.39% 左右（图 9）。

（六）以软件出口（创新）基地城市为核心、软件园区为载体的集聚效应日趋明显

中国软件出口已经形成以出口基地城市为中心辐射带动周边地区，以园区为空间载体聚集发展的态势。

1. 软件出口（创新）基地城市在全国软件出口中发挥主力军作用。2016 年，北京、上海、深圳、杭州、南京、大连、西安、天津、广州、成都和济南等 11 个基地城市软件出口额共计 217.57 亿美元，占全国软件出口总额的 63.6%；软件从业人员 132804 人，占比 34.3%；软件企业总数 1081 家，占比 21.4%。反映了上述 11 个城市软件企业的综合效益高于全国平均水平，引领带动作用明显（表 6）。在 11 个基地城市中，杭州、南京、上海列前 3 位，执行额分别为 41.7 亿美元、37.52 亿美元、36.85 亿美元，占全国比重分别为 12.18%、10.96%、10.77%，企业竞争实力明显提升；从业人数前 3 位的城市为广州、北京、南京，占全国比重分别为 8.11%、7.46%、7.45%；企业数量列前 3 位的城市为南京、上海、广州，占全国比重分别为 3.6%、3.23%、3.03%。

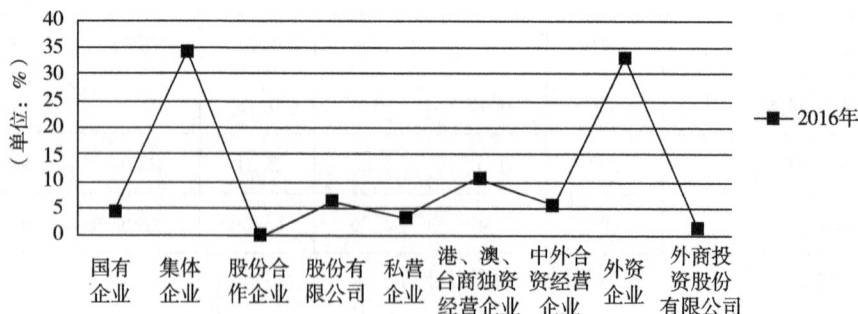

图 9　2016 年中国软件出口按企业性质分类占比

数据来源：商务部服务贸易和商贸服务业司

表6　2016年11个软件出口（创新）基地城市情况

	地区	执行总额（亿美元）	占比（%）	从业人数（人）	占比（%）	企业数（家）	占比（%）
	全国	342.30	100.00	386655	100.00	5053	100.00
1	杭州市	41.70	12.18	3411	0.88	56	1.11
2	南京市	37.53	10.96	28787	7.45	182	3.60
3	上海市	36.86	10.77	13074	3.38	163	3.23
4	北京市	32.37	9.46	28844	7.46	109	2.16
5	深圳市	26.93	7.87	9850	2.55	135	2.67
6	成都市	12.60	3.68	1787	0.46	68	1.35
7	大连市	11.15	3.26	5723	1.48	42	0.83
8	广州市	7.91	2.31	31376	8.11	153	3.03
9	济南市	4.89	1.43	4959	1.28	90	1.78
10	西安市	2.82	0.80	2326	0.60	46	0.91
11	天津市	2.81	0.82	2667	0.69	37	0.73
软件出口（创新）基地城市合计		217.57	63.60	132804	34.30	1081	21.40

资料来源：商务部服务贸易和商贸服务业司

2. 软件园区成为软件出口和软件业发展的主要载体。近年来，软件产业园积极吸引优势企业和创新要素，集聚能力日益增强。据不完全统计，目前全国共有软件园区200多家，成为全国软件出口的主要集聚区。2015年，国家火炬计划软件产业基地43个园区总收入23792亿元（软件收入17623亿元），占全国软件和信息技术服务业收入比重达41%，同比增长21.36%，高于全国平均增速4.76个百分点；其中，2015年园区软件产品收入为5054.6亿元，占全国的36%。2015年43家园区实现总出口额334.1253亿美元，其中软件出口额206.5627亿美元，增长15.85%，占全国软件出口总额的62%。

（七）软件企业自主创新能力增强，国际化竞争实力不断提升

2015年，全国软件著作登记量29.24万件，同比增长33.63%；2016年，全国软件著作登记量40.8万件，同比增长39.5%，首次突破40万件大关，

也是 2010 年以来增长最快的一年。截至 2016 年底，中国软件和信息技术服务企业累计获得开发能力成熟度模型（CMM）等国际资质认证 6750 项。基础软件创新发展取得新成效，产品质量和解决方案成熟度显著提升。软件企业加大技术研发投入力度、不断掌握核心技术，依托移动互联网和云服务进行服务模式创新，竞争力明显增强。部分重要行业领域取得突破，智能电网调度控制系统、大型枢纽机场行李分拣系统、千万吨级炼油控制系统等重大应用跨入世界先进行列；新兴领域创新活跃，一批骨干企业转型发展取得实质性进展，平台化、网络化、服务化的商业模式创新成效显著，涌现出社交网络、搜索引擎、位置服务等一批创新性产品和服务。

工信部发布的 2016 年中国软件业务收入前百家企业中，华为、中兴通讯、海尔分列第一、二、三位。其中，华为 2015 年软件业务收入增长 20.5%，2016 年研发投入达 630 亿元。2015 年软件前百家企业共完成软件业务收入 6005 亿元，同比增长 13.1%；共实现利润总额 1524 亿元，同比增长 48.2%。软件业务收入过百亿元的企业有 7 家，其中，京东尚科、科大讯飞、金山软件、华讯方舟、阿里云软件业务收入分别增长 79%、73%、69%、68%、63%。软件前百家企业中民营企业共 55 家，实现软件业务收入占前百家的 60.7%。一批有实力的软件企业加快"走出去"步伐，海外融资、并购、设立海外研发中心等活动明显增多。2015 年蚂蚁金服收购印度支付服务业者 One 97 Communications 25% 股权，同年阿里巴巴与蚂蚁金服投资印度电商 Paytm 成为最大股东，2016 年以 10 亿美元收购东南亚主流电商平台 Lazada；中兴通讯、京东正加快在俄罗斯、印尼、印度、巴西等"一带一路"沿线新兴市场布局；华为在印度、俄罗斯、土耳其分别设立了研发中心。

（八）人力资源结构以大学生为主，不断向知识化和高端化发展

中国软件企业从业队伍不断呈现知识化、年轻化、高端化趋势，为提升软件出口竞争力奠定了坚实基础。软件从业人员数量由 2010 年的 260.3 万增长到 2016 年的 855.7 万人，年均增长 38.1%，成为各产业吸纳就业增长率最高的产业之一。其中，大学（含大专）占 65%，成为中国向数字化社会转型的人才储备库和高校毕业生就业的主渠道。从业人员以 30 岁以下为主（占比约 80%），30 岁以上的开发者以高级工程师、架构师、技术专家等职位居多，40 岁以上的开发者主要从事架构设计岗位。从产业分布来看，除 IT 领域达 35%

占主要份额之外，制造、交通、教育、电信、金融等领域的软件从业人数占比超过48%，说明软件业与制造业、服务业的融合性越来越强。从软件人才的区域分布来看，南京、济南、成都、广州、深圳、上海、北京、杭州8个软件名城占60%以上。软件研发人才增长较快。2015年软件百强企业研发人员共55万人，总人数占比达54%。根据国际数据公司（IDC）报告显示，美国占世界软件开发人员19.2%，中国、印度分别列第二、三位，分别占10.1%、9.8%。

三、中国软件出口存在的主要问题及制约因素

（一）要素成本全面上升，削弱了软件企业国际竞争力

近年来，软件业人力成本及土地、资金、交通、通信、电力、税收等要素成本全面上升，已经成为影响软件出口企业竞争力的重要因素。2010年以来，软件服务外包业人力成本以每年不低于10%的速度递增。据调查，2016年一些软件企业人员工资总额增长15.3%。2016年全国软件开发者中，平均月薪1万元以上的开发者占45%，较上年上升12%；月薪2万元以上的开发者数量占比增长67%。如，博彦科技2015年营业收入17.2亿元，员工近8000人，其中薪酬总额11.9亿元，占营业收入的69%，远高于百度、阿里巴巴、腾讯等互联网企业。自2010年，软件服务外包业逐渐从北京、上海、深圳等一线城市向西安、武汉、成都等二三线城市转移。近年来二三线城市的人力、房租等成本上升较快，成本优势也逐渐减弱。

（二）软件企业创新投入不足，竞争力仍存在较大差距

中国软件出口产品附加值低、企业抗汇率风险能力差，易受国际经济环境的影响。由于大部分软件企业以服务外包为主，缺乏核心技术，绝大多数软件企业研发投入不足，没有设立研发机构，不能进行自主研发，重点领域知识产权缺乏积累，尤其缺乏面向垂直行业的咨询与解决方案的能力。根据2016年7月普华永道发布的"全球软件百强企业报告"，全球软件重点企业美国占75%，排名前20的企业有15家为美国企业；其次为欧洲、加拿大、日本，占22%；中国企业仅东软集团一家入围。中印相比也存在较大差距。2015年印度塔塔咨询服务公司（TCS）营业额达145亿美元，而我国43家火

炬软件计划产业基地园区 2015 年平均每家企业收入 6075 万元，多数为中小企业。

（三）软件人才缺口较大，人才结构性矛盾突出

目前，中国软件人才培养规模仍不能满足产业发展需要，缺乏领军型、复合型、高技能、国际化人才，这是制约中国软件出口和软件业发展的主要瓶颈。据统计，未来 5 年中国信息化人才需求量将达 1500 万—2000 万人，其中软件开发、网络工程、网络营销等人才缺口尤其突出。中国软件人才需求量以每年 20% 的速度递增，每年新增需求近百万人，Java 开发工程师、测试工程师、软件工程师、Android 开发工程师等 IT 人才缺口很大。软件业长期呈现中间人才多、"高精尖"和基础性人才缺乏的"橄榄型"结构。目前，全行业取得国际认证资格的软件人才较少。截至 2015 年，11 个重点软件出口园区中，仅中关村软件园获得国际软件工程师职业资格证书（CSDP）的人数占软件及相关信息服务企业人员比重为 7.5%，其他园区此项指标皆为零。由于院校毕业生多数不适应软件企业需求，软件企业和外包商大都设有自己的培训学校和基地，以完成就业上岗"最后一公里"。这一阶段的培训，企业需要投入 5%—8% 的经济成本和 6—18 个月的时间成本。同时，大部分院校仅开设英语课程，语种严重不足，语言成为对日本、欧洲外包业务的最大障碍。

四、中国软件出口市场前景与发展机遇

2017 年中国软件出口虽面临全球政治局势动荡、贸易增速低迷、贸易保护主义持续等挑战，但仍面临许多有利因素。智能制造、网络经济、数字经济加快发展，新产业、新技术、新模式、新业态不断涌现，将扩大全球软件市场需求。中国在"一带一路"倡议引领的新型全球化中将更加积极可为，全球治理话语权不断提升，为软件出口创造了有利条件。

（一）新技术、新业态、新模式成为推动全球软件业增长和创新的动力

1. 全球软件市场将保持增长态势。据高德纳咨询公司（Gartner）预测，2017 年全球 IT 与软件支出将增长 2.9%，其中数据中心系统支出 1770 亿美元，软件支出 3570 亿美元，IT 设备支出 6000 亿美元，IT 服务支出 9430 亿美

元，分别增长 2%、7.2%、0.4%、4.8%。预计 2017 年全球软件服务支出达10890 亿美元，同比增长 4.1%。以云计算、大数据和移动互联网为标志的新一轮信息技术革命正在开启服务外包的新时期。预计到 2020 年全球服务外包市场规模将达到 1.65 万亿—1.8 万亿美元，其中离岸服务外包规模约 4500 亿美元。从发展领域看，未来软件业的优势领域主要有数据库、支撑软件包、虚拟现实、WAP 技术、基于神经系统的多媒体应用、实时和对安全性要求高的软件，以及金融、财务软件和娱乐软件等。

2. 网络化、数字化、智能化成为产业转型升级的主要发展趋势。随着大数据、物联网、移动互联网、云计算等信息技术以及人工智能、3D 打印、虚拟现实/增强现实/混合现实（VR/AR/MR）、区块链等新技术加快应用，众创、众包、众筹等平台经济模式加快成长，云计算、物联网、移动互联网作为未来新经济的主要引擎将带动软件业发展。2016 年，全球移动互联网规模达 7000 亿美元左右。据相关机构预测，2017 年全球云计算行业规模将达 1070亿美元，年均增速 20% 以上；2020 年，全球物联网市场规模将突破 2630 亿美元。大数据的发展将带来金融风险管控、智能控制、社交营销和商业模式等方面的变革，围绕大数据的汇集挖掘、处理分析、开发存储等新的外包服务将保持增长。传统软件系统架构难以支撑大数据发展，需要建立以虚拟化、并行计算、分布式存储和自动化的云计算架构。智能制造发展将加速软件研发创新。当前，世界各国都在加大科技创新力度，推动 3D 打印、物联网、云计算、大数据、新能源、新材料等领域取得新突破。基于信息物理系统的智能制造在带动传统制造业转型升级的同时，也推动了软件业和制造业加速融合。个性化定制、数字制造、网络智能制造、软硬件融合等新的制造范式正在兴起；传统制造业正在朝着绿色低碳、网络智能、超常融合、共创分享的高端新型制造发展，围绕智能制造的软件产品和信息技术服务将呈现爆发式增长。

3. "软件即服务"成为软件企业商业模式创新的重要趋势。未来软件服务增长将快于软件产品增长，增值服务将成为软件企业收入的主要来源，软件企业在发展中更加注重服务模式创新。一些规模较大的软件公司由过去销售产品发展成与客户签订服务协议的方式，由一次性购买发展成年度订购的方式。依托云计算有效降低了软件服务提供商的服务成本，提高了服务效率，实现了交付模式创新。众包平台通过一对多的方式提高了服务规模效益。在合作模式上，发包商和服务提供商之间更加注重利润分享、共享风险回报等新的合作方式。

4. 软件产业链和价值链呈现融合化、高端化发展的趋势。在新产业革命和新技术革命驱动下，发包方更注重利用外包实现自身业务转型。提升创新能力和构建核心竞争力，需要外包企业提供更多具有创新性、高端化和集成化的服务，因而促进软件企业向解决方案提供商和综合服务提供商转型，导致软件产业向高技术含量、高附加值业务领域发展。ITO、业务流程外包（BPO）和知识流程外包（KPO）将越来越融合发展，KPO业务将保持较快增长。

（二）传统市场和新兴市场具有双向拓展空间

1. 美欧日传统市场有望保持稳步增长。美国作为全球最大软件发包国，发包规模占全球市场的55%以上，欧洲和日本分别占据第二、三位，市场份额分别为25%和10%以上。美国特朗普政府采取一系列优惠政策吸引全球投资，实施振兴制造业战略、加强基础设施建设等有利于扩大中国对美投资，同时带动软件产品和服务出口。扎实推进中美投资协定谈判（BIT）、深化探讨中美投资和贸易协定谈判（BITT），加强中美战略与经济对话等都将为我国软件出口便利化创造有利条件。"一带一路"建设将促进中国与欧盟、中东欧16国的经贸合作日益密切，随着《中欧合作2020战略规划》积极推进，中欧全面战略伙伴关系深入发展将为对欧软件出口创造有利环境。

2. "一带一路"沿线新兴市场前景广阔。"一带一路"沿线多数国家及地区信息化和工业化程度低于全球平均水平，网络覆盖率低、数字鸿沟巨大，为中国软件企业输出软件和信息技术服务、建立自主标准、扩大国际市场提供了机遇。随着海陆空网基础设施互联互通，网络数字信息共享水平不断提高。中哈、中吉、中塔、中巴国际跨境陆地光缆系统，亚欧信息高速公路等重大工程项目建设，为软件出口提供了技术支持。国际产能合作、装备合作不断发展也将带动软件出口市场发展。

3. 非洲地区工业化和信息化空间巨大。近年来，非洲开放水平日益提高，尤其是南非、加纳、纳米比亚、肯尼亚、乌干达、坦桑尼亚、赞比亚、埃塞俄比亚等国投资环境日益受到投资者好评。中国对非投资截至2015年已连续15年增速超过30%，为扩大对非软件出口提供了有利条件。

4. 全球自贸区网络不断扩大。截至 2016 年，中国已经签署 14 个自贸协定，涉及 22 个国家和地区。区域全面经济伙伴关系谈判（RCEP）、亚太自贸区战略等稳步推进。提高自贸区的使用效率，将扩大软件和信息技术服务贸易的市场空间。

（三）国内软件业加快发展，营商环境不断改善

2016 年，全国互联网和相关服务业、软件和信息技术服务业、数据处理和存储服务业、信息技术咨询服务业的营业收入分别增长 38.2%、20.8%、32.5%、18.0%，均实现了高速增长。"中国制造 2025"、"互联网＋"以及新兴业态发展，都将提高国内软件业创新能力，为软件出口打下坚实基础。根据科尔尼咨询公司（A. T. Kearney）发布的"全球离岸服务目的地指数排名"显示，2014 年印度、中国和马来西亚在财税吸引力、技术人才及商业环境方面综合实力居前 3 位。近年来，国家从税收和研发经费等方面不断加大对软件企业的扶持力度，更加注重鼓励本土企业的自主创新及国际化发展，为国内软件企业做大做强创造了有利政策环境。

五、促进中国软件出口的主要发展思路

（一）着力提高软件企业自主创新能力

创新能力是提高软件企业增值能力，推动价值链迈向高端的先决条件。应在政策环境上为提高软件企业的自主研发设计能力、制定自主标准、打造自主品牌创造条件，进一步扩大软件产品出口规模，提高 ITO 高端服务能力。一是增强软件业融合创新能力。利用智能制造带来的机遇，推动软件业与制造业、互联网、大数据、云计算、人工智能等融合发展，通过推动生产装备智能化、工艺流程改造、基础数据共享平台建设，加强绿色设计、智能设计、网络设计软件研发等，提高软件自主创新能力。推动软件业与平台经济、数字经济等新兴业态融合。二是引导企业增加研发设计创新投入。重点加强核心关键技术、基础性研发设计投入，注重发挥财税政策引导作用，加大对自主研发软件产品的财政补贴、税收优惠和风险补偿力度。三是引导软件企业加快服务模式创新。引导大企业向提供综合化服务、整体解决方案转型，提

高服务增值能力。四是鼓励国内软件企业通过并购重组、联盟合作等方式，加快形成创新能力强、有品牌影响力的软件领军企业。五是优化中小软件企业创新创业生态。鼓励外贸综合服务企业为中小软件企业提供综合服务，完善创业投融资机制和服务平台建设。加强重大创新项目支持力度，推动形成开放合作、协同创新的生态。

（二）加强软件强国人才体系建设

把创新型人才作为提升软件出口竞争力的关键。一是营造包容、宽容、兼容的创新环境，建立吸引软件人才和激发创造性的激励机制，健全绩效分配和股权激励机制。二是提高软件人才国际化水平。建立国家及地区国际软件人才库和人才信息平台，形成软件人才共享机制。鼓励海外人才回流，吸引留学生回国创新创业。积极参与国际软件企业和人才认证，在国际软件业的相关规则、标准制定方面提高话语权。三是引导高校设置适应企业需要的软件专业课程教学体系，培养高层次人才和复合型人才。大力发展职业院校，培养各类软件基础性人才，形成"金字塔"形的软件业人才结构。四是推动产学研用协同创新机制，鼓励大学生和研究生在校期间参与企业科研项目，鼓励软件企业接受大学生实习。

（三）积极拓展软件出口市场空间

一是寻求新一轮全球化机遇，挖掘美日欧传统出口市场潜力。在加快对美国基础设施建设、制造业、高新技术等领域投资的同时，扩大相关软件出口。加快制定欧盟地区软件出口战略，提高语言、标准、技术等服务能力，促进欧盟释放软件外包业务。鼓励中国软件企业在美国、日本、欧盟设立研发机构，提升本土软件开发能力和学习创新能力。二是推进"一带一路"沿线新兴市场布局，利用互联互通、产能合作、装备合作等项目扩大软件出口，推广使用自主研发设计、自主标准、自主品牌的软件产品，增强自主知识产权在"一带一路"建设中的扩散效应。推动建设中东欧、俄罗斯、东南亚、南亚、中亚等相关国家和区域的软件产业联盟，建立共商共建共享机制，加强共同研发和贸易合作。建设"一带一路"大数据平台，为企业提供相关国家信息服务，加强监测分析，强化风险预警机制。三是有步骤地实施走进非洲战略，发展对非软件外包业务。

（四）优化软件出口政策和营商环境

以深化供给侧结构性改革为主线，以降低企业综合成本，提高创新能力为重点，不断完善软件出口相关促进政策。注重发挥产业、科技、金融、财税、外汇等政策组合拳效应，提高软件产业政策的协调联动效应，从不同方面优化软件出口企业发展环境。鼓励大企业向中小软件企业分包业务。支持软件信息技术服务企业通过工程承包、对外投资等方式推动软件出口。进一步完善出口信用担保、出口保险体系，减少国际市场波动性给企业造成的损失。加强软件出口大数据建设，提高信息共享水平和服务企业能力。

参考文献

1. 杜振华，刘智颖. 打造软件出口强国的人才体系建设研究 ［J］. 全球化，2017（08）.

2. 刘志斌，祝琳. 欧洲软件业与贸易发展的现状、特点及趋势 ［J］. 全球化，2017（08）.

（原载《全球化》2017 年第 9 期）

把握数字经济机遇提升中国软件出口竞争力

引　言

当前，数字经济正在以信息技术的不断创新为引领、开放的平台为载体、数字化产品和服务为内容，快速渗透到研发、制造、物流、贸易、金融、管理等生产经营活动的全部过程，以及政府管理、社会创新和个人生活的各个方面，深刻影响着经济社会的变革。数字经济时代"计算、网络、数据、软件"无处不在。软件是支撑计算、网络和数据的基础，软件信息技术服务是构成数字经济的基础性产业，也是数字经济的灵魂。随着全球数字经济快速发展，数字贸易也将成为下一代的主要贸易方式。2013年7月美国国际贸易委员会提出了数字贸易这一概念，即通过互联网传输而实现的产品和服务的商业活动，主要划分为4类：数字内容、社会媒介、搜索引擎、其他数字产品和服务。2014年8月该机构在《美国与全球经济中的数字贸易》中又对数字贸易的定义进行了修正，将其定义为依赖互联网和互联网技术建立的国内贸易和国际贸易，其中互联网和互联网技术在订购、生产以及产品和服务的交付中发挥关键作用。数字贸易既包括数字化的产品或服务，也包括各种商品的电子商务。即，数字贸易既包括数字商品的贸易，也包括数字化的贸易方式，是以互联网为基础、以数字化方式对传统贸易的升级。数字化给商业发展模式带来了颠覆性的变革和重构，也使服务贸易的交易成本降低，交易领域更加丰富，区域范围大大拓展，成为数字经济时代贸易发展的重要驱动力。据麦肯锡的研究，数据流动对全球经济增长的贡献已经超过传统的跨国贸易和投资，支撑起包括商品、服务、资本、人才及其他几乎所有类型的全球化活动。目前，全球服务贸易中有50%以上已经实现数字化，超过12%的跨境实物贸易通过数字化平台实现。据测算，从2005—2014年通过互联网传输的全球数据流量增长了45倍，远远超过传统的国际商品贸易或金融资本流动的增长速度。软件贸易是数字贸易的重要组成部分，也是取决数字经济时代服务贸易竞争力的关键领域。大数据、云计算、人工智能、物联网、区块链、机器人流程自动化/智能流程自动化（RPA/IPA）、增强现实/虚拟现实/混合现实（AR/VR/MR）等新技术正在赋予软件业以新的内涵，为全球软件业的技术创新、服务模式创新、商业模式创新不断注入新动力。同时，也促使软件出口企业改变传统的贸易模式，加快数字贸易条件下的转型升级，推动技术创新和跨境交付模式创新。中国是数字经济大国，数字经济的空前发展必将为提升软件业的创新能力和出口竞争力带来深刻影响。

一、中国软件出口现状及主要特点

（一）软件出口增速回升，规模实力明显增强

近几年，中国软件出口进入波动趋缓增长时期，但实力明显提升。2017年，软件出口继续恢复中高速增长态势，软件出口执行金额 375.56 亿美元，相当于 2011 年的 2.6 倍；协议金额 571.82 亿美元，相当于 2011 年的 3 倍；合同数量 59943 个，相当于 2011 年的 1.3 倍（表 1、图 1）。

表 1　2011—2017 年我国软件出口规模与增速　　　　单位：亿美元

年　份	执行金额	同比增长（％）	协议金额	同比增长（％）	合同数	同比增长（％）
2011	143.39	47.36	190.68	51.09	46159	18.22
2012	194.16	35.40	234.20	22.82	53887	16.74
2013	253.56	30.59	320.71	36.94	52683	-2.23
2014	300.57	18.51	377.15	17.55	52265	-0.81
2015	333.93	11.10	425.78	12.89	52173	-0.18
2016	342.30	2.51	464.89	9.19	52790	1.18
2017	375.56	9.72	571.82	23.00	59943	13.55

数据来源：商务部服务贸易司

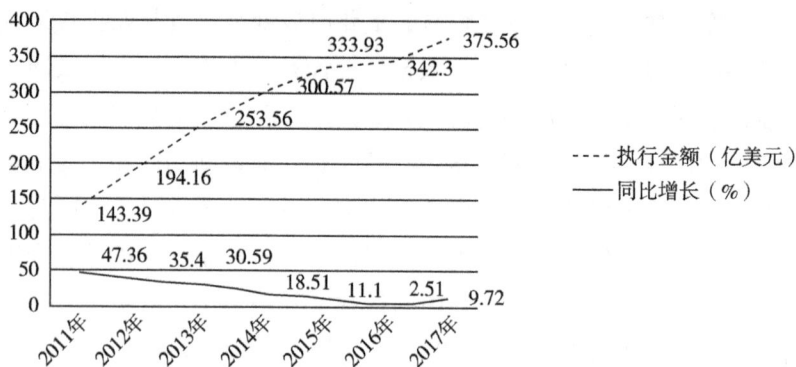

图1 2011—2017年我国软件出口规模

数据来源：商务部服务贸易司

（二）出口价值链持续向高端跃升，出口多元化格局逐渐形成

1. 软件出口以信息技术外包为主，软件产品降幅收窄。2017年信息技术外包出口执行金额364.20亿美元，同比增长10.21%，占总量的96.98%；软件产品出口执行金额11.35亿美元，占总量的3.02%，同比下降3.98%，降幅较上年（-30.78%）大幅收窄（图2）。

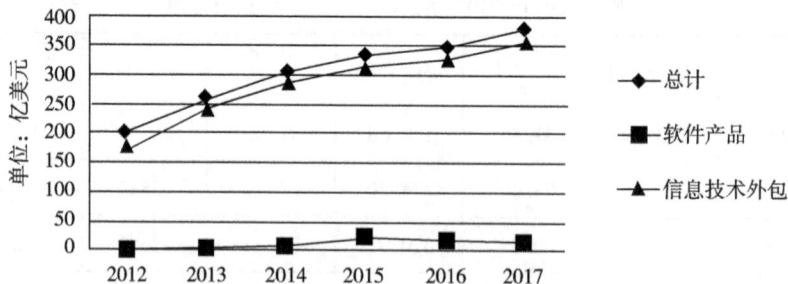

图2 2012—2017年软件出口结构趋势图

数据来源：商务部服务贸易司

2. 信息技术外包以软件研发外包为主，信息技术服务外包、运营和维护服务增长较快。2017年软件研发外包、信息技术服务外包、运营和维护3项出口执行金额分别为243.42亿美元、68.80亿美元、51.51亿美元，同比增长6.74%、16.51%、21.26%，分别占信息技术外包总额的66.84%、18.89%、

14.14%（表2）。

表2　2017 年信息技术外包出口规模与增速　　　　单位：亿美元

合同类别	合同数	同比增长（％）	协议金额	同比增长（％）	执行金额	同比增长（％）
总计	59943	13.55	571.82	23.00	375.56	9.72
信息技术外包（ITO）	55177	15.52	553.60	23.72	364.20	10.21
软件研发外包	40866	13.25	394.04	29.03	243.42	6.74
软件研发及开发服务	30720	17.48	310.13	37.65	170.35	5.68
软件技术服务	10012	2.22	83.52	4.97	72.69	9.39
其他软件研发外包业务	134	−3.60	3.82	−25.45	0.38	−7.62
信息技术服务外包	7604	33.94	83.92	−4.18	68.80	16.51
集成电路和电子电路设计	5579	39.44	46.48	−7.51	42.02	4.56
电子商务平台服务	297	40.09	4.76	159.35	4.19	226.44
测试外包服务	753	5.31	21.76	66.16	12.07	11.67
IT 咨询服务	124	4.20	0.64	−19.77	0.42	3.36
IT 解决方案	371	113.22	4.13	380.68	3.73	367.10
其他信息技术服务外包业务	480	5.26	6.14	−70.37	6.37	14.46
运营和维护服务	6700	11.74	75.28	39.89	51.51	21.26
信息系统运营和维护服务	5092	13.99	50.51	25.16	35.10	12.54
基础信息技术运营和维护服务	1161	−4.76	22.59	82.90	14.81	42.75
其他运营和维护服务	447	44.19	2.18	97.01	1.60	74.75

数据来源：商务部服务贸易司

3. 逐步形成了软件外包为主，集成电路、电子商务平台等多元化出口格局。在软件研发外包中，软件研发及开发服务、软件技术服务占比较高，2017 年这两项出口执行金额分别为 170.35 亿美元、72.69 亿美元，同比增长 5.68%、9.39%，分别占软件研发外包的 69.98% 和 29.86%。在信息技术服务外包中，集成电路和电子电路设计执行金额占61.08%，居主导地位，电子商务平台服务、IT解决方案呈现大幅增长，2017年这3项执行金额分别为42.02亿美元、4.19亿美元、3.73亿美元，同比增长4.56%、226.44%、367.10%。在运营和维护服务中，信息系统运营和维护服务执行金额占68.14%，其他运营和维护服务实现74.75%的增长。上述分析表明，我国软件出口企业向高端综合业务领域的拓展能力不断提高，尤其是跨境电商的国际领先优势带动了电商平台的高速增长。

4. 软件产品以应用软件为主，系统软件和支撑软件呈波动发展。2017年应用软件执行金额8.91亿美元，占软件产品出口总额的78.5%，同比下降15.11%，降幅较上年（−23.09%）大幅收窄；系统软件执行金额2.38亿美元，同比增长93.39%，较上年（−63.72%）呈现大幅回升；支撑软件执行金额0.07亿美元，同比下降−32.27，较上年（99.93%）出现大幅下滑（表3）。

表3　2016—2017年软件产品的出口规模与增速　　　　单位：亿美元

合同类别	2016 年		2017 年	
	执行金额	同比增长（%）	执行金额	同比增长（%）
总计	342.300	2.51	375.56	9.72
软件产品	11.820	−30.78	11.35	−3.98
系统软件	1.230	−63.72	2.38	93.39
应用软件	10.490	−23.09	8.91	−15.11
支撑软件	0.103	99.93	0.07	−32.27

数据来源：商务部服务贸易司

（三）东部地区继续保持主体地位，中西部和东北地区有所下滑

从软件出口区域分布来看，东部地区继续发挥主力军作用且保持微弱增长。2017年东部地区软件出口执行金额占比为87.94%，较上年增长0.54个百分点；中部、西部、东北地区占比分别为2.86%、5.56%、3.65%，比上年分别下降0.29、0.14、0.08个百分点（图3）。

在东部地区，2017年江苏、浙江、广东列软件出口规模前三位，执行金

额分别为 122.61 亿美元、51.34 亿美元、51.28 亿美元，同比分别增长 2.52%、2.96%、44.37%。其中，广东省增长较快，2014—2015 年执行金额列东部地区第 5 位，2016 年超过北京市列第 4 位，2017 年再次超过上海市列第 3 位。此外，山东省增幅最高达 47.13%（表 4）。

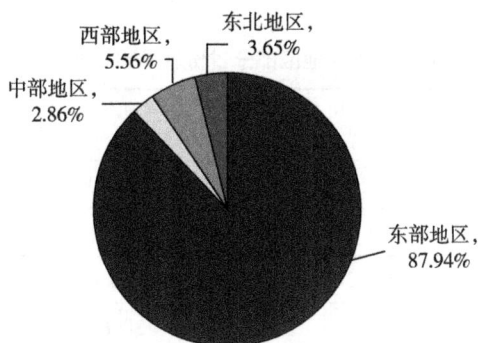

图 3 2017 年各区域软件出口执行金额占比

数据来源：商务部服务贸易司

表 4 2017 年东部地区软件出口规模及增速 单位：亿美元

省（市）	合同数	同比增长（%）	协议金额	同比增长（%）	执行金额	同比增长（%）
总计	59943	13.55	571.82	23.00	375.56	9.72
江苏省	18074	12.61	138.86	0.59	122.61	2.52
浙江省	16560	28.03	57.14	6.48	51.34	2.96
广东省	2316	−9.60	75.50	64.04	51.28	44.37
上海市	4065	−1.43	45.52	−0.61	36.91	0.16
北京市	3160	10.45	51.74	−39.06	33.41	3.23
山东省	2365	11.45	29.81	49.44	28.02	47.13
天津市	461	−12.36	3.46	−9.32	3.23	14.97
福建省	2442	27.85	4.61	52.39	3.17	19.39
河北省	423	109.41	110.59	13742.77	0.24	−20.28
海南省	36	20.00	0.08	−54.29	0.05	−72.15

数据来源：商务部服务贸易司

在中部地区，2017 年湖南、江西、湖北列软件出口规模前 3 位，执行金额分别为 3.56 亿美元、3.02 亿美元、2.74 亿美元，同比分别增长 15.59%、-24.87%、7.71%。除江西呈负增长外，湖南、湖北均保持较快增长，其中，湖南"十二五"以来首次跃居第一。此外，河南增速最高达 218.34%（表 5）。

表 5　2017 年中部地区部分省份软件出口规模及增速　　单位：亿美元

省（市）	合同数	同比增长（%）	协议金额	同比增长（%）	执行金额	同比增长（%）
总计	59943	13.55	571.82	23.00	375.56	9.72
湖南省	357	-32.13	4.27	15.44	3.56	15.59
江西省	499	-19.26	3.44	-20.69	3.02	-24.87
湖北省	1008	28.90	5.06	38.61	2.74	7.71
安徽省	152	44.76	1.54	-21.37	1.31	15.54
河南省	362	704.44	0.14	-4.26	0.11	218.34

数据来源：商务部服务贸易司

在西部地区，2017 年四川、重庆、陕西列软件出口规模前 3 位，3 个地区执行金额分别为 13.05 亿美元、4.03 亿美元、3.64 亿美元，同比分别增长 3.43%、0.16%、28.45%。此外，广西、新疆、贵州均呈现大幅增长，增速分别为 1090.92%、249.99%、217.02%。可以看出，西部地区具有较大增长潜力（表 6）。

表 6　2017 年西部地区部分省、市、自治区软件出口规模及增速

单位：亿美元

省（市）	合同数	同比增长（%）	协议金额	同比增长（%）	执行金额	同比增长（%）
总计	59943	13.55	571.82	23.00	375.56	9.72
四川省	751	-10.27	17.07	-12.84	13.05	3.43
重庆市	615	-13.14	4.22	-3.85	4.03	0.16
陕西省	1387	20.09	4.23	31.47	3.64	28.45

续表

省（市）	合同数	同比增长（％）	协议金额	同比增长（％）	执行金额	同比增长（％）
广西壮族自治区	16	14.29	0.07	90.91	0.075	1090.92
贵州省	4	−20.00	0.41	343.51	0.04	217.02
云南省	10	42.86	0.03	−12.15	0.02	−27.05

数据来源：商务部服务贸易司

在东北地区，辽宁软件出口规模继续保持领先优势，黑龙江则增速最高。2017 年辽宁、吉林、黑龙江软件出口执行金额分别为 12.58 亿美元、0.62 亿美元、0.48 亿美元，同比分别增长 7.18%、−7.34%、29.08%（表 7）。

表 7　2017 年东北地区软件出口规模及增速　　　　单位：亿美元

省（市）	合同数	同比增长（％）	协议金额	同比增长（％）	执行金额	同比增长（％）
总计	59943	13.55	571.82	23.00	375.56	9.72
辽宁省	4493	2.72	12.65	−51.68	12.58	7.18
吉林省	151	−8.48	0.69	−10.51	0.62	−7.34
黑龙江省	226	93.16	0.68	16.65	0.48	29.08

数据来源：商务部服务贸易司

（四）美欧日市场占主体，"一带一路"沿线出口快速增长

2017 年中国软件出口近 200 个国家和地区，其中居前 10 位的依次为：美国、中国香港、日本、中国台湾、新加坡、韩国、德国、英国、芬兰、印度，执行金额占总额的比重达 72.38%，较上年的前 10 位国家和地区的占比 76.05% 下降了 3.67 个百分点。对印度出口执行金额增速最高达 53.81%，首次进入前 10 位；其次为对英国、中国台湾、日本、新加坡、美国出口，分别同比增长 36%、23.84%、14.25%、11.07%、6.25%。此外，对芬兰、中国香港、德国、韩国出口分别同比下降 2.09%、4.78%、15.19%、19.75%（表 8）。

表8 2017年中国软件出口目的地前10位国家（地区）　　单位：亿美元

省（市）	合同数	同比增长（%）	协议金额	同比增长（%）	执行金额	同比增长（%）
全球	59943	13.55	571.82	23.00	375.56	9.72
美国	7785	10.28	101.30	−31.01	88.42	6.25
中国香港	7013	4.19	55.11	−0.77	44.30	−4.78
日本	14987	9.37	43.81	0.11	40.97	14.25
中国台湾	2948	14.71	25.47	12.58	22.46	23.84
新加坡	1656	11.67	25.88	−16.58	21.93	11.07
韩国	2069	10.52	28.77	−7.32	19.52	−19.75
德国	1790	10.70	17.47	12.79	12.05	−15.19
英国	1449	8.30	10.09	6.89	10.07	36.00
芬兰	136	18.26	10.29	−11.43	6.12	−2.09
印度	1622	1.50	10.66	137.45	6.01	53.81

数据来源：商务部服务贸易司

2017年中国对美国、欧盟（28国）、日本软件出口执行金额合计为189亿美元，占总量的50.32%，较上年增加0.32个百分点；中国对上述三大经济体软件出口依次分别为88.42亿美元、59.60亿美元、40.97亿美元，同比分别增长6.25%、16.17%、14.25%，均呈现出不同上升态势，其中日本在连续两年下滑后出现回升，欧盟则在2015年大幅下滑后连续两年稳步回升（图4）。

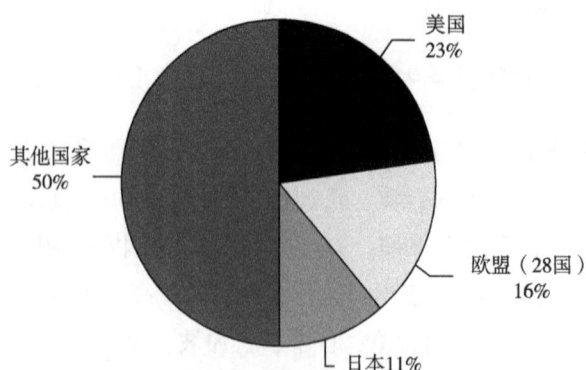

图4 2017年我国软件出口市场美欧日占比

数据来源：商务部服务贸易司

　　随着"一带一路"建设步伐加快，中国软件出口已经遍及除波黑以外的沿线70个国家（地区），2017年出口执行金额为87.43亿美元，同比增长79.34%，占总量比重为23.28%，比2016年增加9.04个百分点。中国对"一带一路"沿线国家软件出口前10位分别为新加坡、韩国、印度、沙特阿拉伯、阿拉伯联合酋长国、马来西亚、南非、泰国、俄罗斯、印度尼西亚（表9）。

表9　2017年中国软件出口"一带一路"沿线国家（地区）的情况

单位：亿美元

省（市）	合同数	同比增长（%）	协议金额	同比增长（%）	执行金额	同比增长（%）
总计	14314	—	224.51	—	87.43	—
新加坡	1656	11.67	25.88	−16.58	21.93	11.07
韩国	2069	10.52	28.77	−7.32	19.52	−19.75
印度	1622	1.50	10.66	137.45	6.01	53.81
沙特阿拉伯	253	−17.86	4.95	214.21	3.95	196.70
阿拉伯联合酋长国	338	24.72	3.16	248.23	3.05	360.98
马来西亚	791	29.89	113.43	2907.34	2.96	0.83
南非	288	7.87	3.03	90.65	2.84	139.19
泰国	1245	69.85	2.69	−8.04	2.560	15.45
俄罗斯	666	56.71	2.54	−27.72	2.430	−26.31
印度尼西亚	431	25.29	3.55	74.80	2.280	4.29
越南	430	44.78	3.23	102.58	1.950	46.54
巴基斯坦	357	60.09	3.65	224.61	1.910	96.51
土耳其	358	32.59	1.29	63.51	1.260	87.29
菲律宾	355	44.31	1.36	124.66	1.170	126.17
孟加拉国	158	3.27	0.89	−38.97	1.160	41.99
埃及	94	−3.09	0.69	2.90	0.950	258.95
科威特	82	−3.53	0.67	33.63	0.850	73.50
捷克共和国	220	22.22	0.94	−22.25	0.840	−25.81

省（市）	合同数	同比增长 （%）	协议金额	同比增长 （%）	执行金额	同比增长 （%）
缅甸	138	－32.35	2.41	302.39	0.820	34.49
伊朗	230	23.66	0.89	－3.36	0.780	17.78
其他国家	2533	—	9.91	—	8.218	—

数据来源：商务部服务贸易司

注：截至 2017 年底，"一带一路"沿线国家共有 72 个（包括中国），详见"中国一带一路网"，https：//www.yidaiyilu.gov.cn/info/iList.jsp? cat_id = 10037

（五）软件出口主体以内资企业主导，外资企业有所下降

在 2017 年中国软件出口企业中，内资企业执行金额 229.75 亿美元，占总量的 61.18%，较上年增加 13.14 个百分点，出口能力持续提升；外商投资企业、港澳台商投资企业执行金额分别为 112.63 亿美元、32.13 亿美元，分别占总额的 29.99%、8.55%，较上年分别下降 10.58、2.84 个百分点（图 5、表 10）。

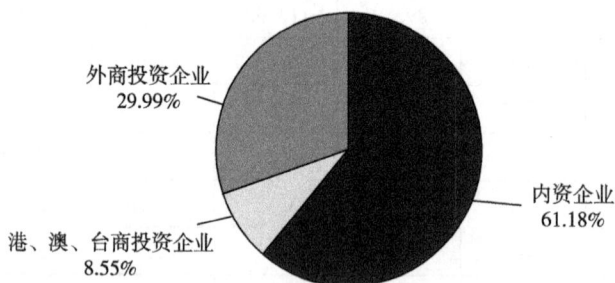

图 5　2017 年我国软件出口企业结构

数据来源：商务部服务贸易司

表 10　2017 年软件出口按企业性质分类情况　　　　单位：亿美元

企业性质	协议金额	占比（%）	执行金额	占比（%）
全国	571.82	100.00	375.56	100.00
内资企业	384.55	67.25	229.76	61.18

续表

企业性质	协议金额	占比（%）	执行金额	占比（%）
国有企业	19.83	3.47	17.00	4.53
集体企业	168.64	29.49	149.60	39.83
股份合作企业	0.01	0.00	0.01	0.00
联营企业	0.05	0.01	0.03	0.01
有限责任公司	0.00	0.00	0.00	0.00
股份有限公司	73.74	12.90	52.46	13.97
私营企业	120.79	21.12	9.18	2.44
其他企业	1.50	0.26	1.48	0.39
港、澳、台商投资企业	46.74	8.17	32.13	8.55
合资经营企业（港或澳、台资）	3.76	0.66	2.82	0.75
合作经营企业（港或澳、台资）	0.00	0.00	0.00	0.00
港、澳、台商独资经营企业	32.85	5.75	26.09	6.95
港、澳、台商投资股份有限公司	9.83	1.72	3.11	0.83
其他港、澳、台商投资企业	0.30	0.05	0.16	0.03
外商投资企业	139.94	24.47	112.63	29.99
中外合资经营企业	25.36	4.43	17.41	4.64
中外合作经营企业	0.34	0.06	0.27	0.07
外资企业	103.63	18.12	84.81	22.58
外商投资股份有限公司	9.36	1.64	9.12	2.43
其他外商投资企业	1.26	0.22	1.02	0.27

数据来源：商务部服务贸易司

（六）基地城市集聚引领作用显著，出口规模持续扩大

软件出口基地城市在全国软件出口中继续发挥主力军作用。2017年北京、上海、深圳、杭州、南京、大连、西安、天津、广州、成都和济南11个基地城市软件出口执行金额共计238.39亿美元，同比增长9.56%，占全国软件出口总额的63.5%。其中，杭州、深圳、南京列前3位，执行额分别为41.99亿美元、41.32亿美元、37.60亿美元，占全国比重分别为11.16%、

11.00%、10.01%，集聚引领作用显著；深圳、济南、西安增长速度最快，分别实现 53.42%、44.29%、28.52% 的增速（表 11）。

表 11　2017 年全国 11 个软件出口基地城市情况　　单位：亿美元

省（市）	合同数	同比增长（%）	协议金额	同比增长（%）	执行金额	同比增长（%）
总计	32180	12.08	298.61	-5.89	238.39	9.56
杭州市	9722	38.75	47.07	5.19	41.99	0.55
深圳市	1126	-36.35	58.53	66.60	41.32	53.42
南京市	5661	19.05	39.00	-1.96	37.60	0.20
上海市	4065	-1.43	45.52	-0.61	36.91	0.16
北京市	3160	10.45	51.74	-39.06	33.42	3.23
成都市	750	-10.29	17.05	-12.86	13.03	3.41
大连市	4129	1.47	11.68	-54.36	11.66	4.29
广州市	828	68.98	12.43	29.16	8.62	9.09
济南市	895	-20.66	7.92	53.11	7.05	44.29
天津市	461	-12.36	3.46	-9.32	3.23	14.97
西安市	1383	20.58	4.22	32.15	3.62	28.52

数据来源：商务部服务贸易司

（七）自主创新能力不断增强，企业综合效益明显提升

在创新驱动战略引领下，中国软件著作权登记量呈现跨越式增长，由 2011 年首次突破 10 万件到 2016 年突破 40 万件，2017 年突破 70 万件。2016 年全球信息技术发明专利申请量排名前 10 的机构中，中国占据 4 席，分别是国家电网、中兴、华为、联想。2006—2016 年中国软件著作权登记量以平均年 35% 以上的速度保持高速增长，2017 年增幅近 83%。2016 年大数据、VR 两类新技术领域的代表软件登记增速连续两年超过全国软件登记整体增长。2017 年工信部发布的中国软件业务收入前百家企业中，过 100 亿元的企业达 9 家；其中排名第一的华为技术有限公司，其软件业务收入突破 2000 亿元。2016 年软件百家企业共投入研发经费 1485 亿元，较上届增长 20.5%，超过收入增长 10.3 个百分点；研发强度（研发经费占主营业务收入比例）达

11.5%，较上届提高1.9个百分点，高于全行业4.3个百分点；参与研发的人员数占总从业人员数的48%，较上届增长10%。其次，百家企业中有40%的企业收入增长率超过20%。一是在云计算、大数据领域具有领先优势的企业增长突出，如阿里云、京东尚科、软件业务收入增长均超过150%，百度云增长达到90%；二是在新兴领域具有核心技术的企业也保持增长，如华讯方舟、大疆分别在移动宽带、无人机等领域占据优势，软件业务收入增速达73%和68%；三是深耕产业链上下游的企业，如小米移动、云中飞依托自有终端品牌提供移动端解决方案，分别增长55%和69%；四是抓住行业计算平台重构和智慧城市发展机遇的企业，如天源迪科和北明软件分别增长46%和101%。

二、中国软件出口存在的主要问题及挑战

第一，软件业仍处于全球价值链中低端的困境，基础软件、开发工具软件自主创新能力不足。从国内软件市场看，2016年中国软件市场规模2849.7亿元，其中应用软件占76.3%达2174.0亿元。从软件进出口结构看，中国软件产品出口份额很小且主要是应用软件，系统软件出口能力薄弱；从软件进口看，在高端软件、芯片方面的自主研发能力处于劣势，核心技术受制于人。在软件产品领域，中国面临着国外软件开发商的强力垄断，操作系统软件、数据库软件、集成电路设计工具EDA软件基本被国外软件企业垄断，如微软、SAP和甲骨文等；集成电路设计工具EDA软件由Cadence、Synopsys和Mentor 3家企业占据90%的市场份额。

第二，企业成本和风险不断上升，行业人才流失有所增长。一是企业在数字化转型中的管理成本提高。2016年软件百家企业管理费用增长14%，由于数字化对于软件企业的管理能力、技术能力、营销能力、研发能力等方面提出了更高更新的要求，企业组织结构和管理体系更加复杂化，导致软件企业管理成本有所上升。二是人力成本上涨尤为突出。2016年信息传输、软件和信息技术服务业平均工资为122478元，较上年增长9.3%，首次超过金融业列各行业榜首。2017年中国软件业从业人员近600万人，较上年增长3.4%；从业人员工资总额增长14.9%，人均工资增长11.2%。三是软件业"跳槽"的现象明显增多。近年来，大量软件业中高端人才流向互联网及其他新兴产业。

第三，大型软件企业的盈利能力、国际品牌影响力仍存在差距。2016年中国信息产业有16家上市公司进入全球上市公司2000强，加上华为公司（17家公司）共实现销售额4317亿美元、利润506亿美元；而美国信息产业进入2000强的企业有74家，实现销售额15821亿美元、利润2113亿美元。中国企业的利润仅为美国企业的24%。全球市值最高的前10家公司美国的互联网企业占5席，分别是苹果、谷歌、微软、亚马逊和脸书。

第四，软件知识产权保护场景面临重大变化。软件业是技术创新快速演变的行业。从中国近几年的知识产权案例来看，软件贸易中既有基于软件著作权的许可证或实物拷贝，又有信息技术外包（ITO）、商务流程外包（BPO）和集成电路（IC）设计服务贸易中的服务产品和嵌入式软件的实体产品，还有软件即服务（SaaS）模式为代表的云服务。随着全球数字贸易发展，知识产权特别是专利权，不断以非关税壁垒的形式频繁出现在货物贸易和服务贸易场景中，其中尤以美国国际贸易委员（ITC）发起的337调查为典型。337调查针对向美国市场出口的企业，一般以侵犯知识产权调查为主，涉及专利权、商标权、著作权和商业秘密，一旦被认定违反该条款，后果可能招致包括对物、对人的全面禁令。2017年美国对中国企业发起337调查24起，占发起调查总数的37.5%；其中，通信设备、计算机及其他电子设备等涉及软件业的企业和领域是调查重点，理由全部是专利侵权。2017年2月美国商会发布的《国际知识产权指数报告》，在专利、著作权、商标、商业秘密、市场准入和批准国际条约6个方面对全球45个经济体的知识产权保护情况进行了打分，中国排名第27（14.83分），与美国（32.62分，排名第1）、日本（31.29分，排名第4）相比，还存在不小差距。

第五，数字贸易规则将对中国软件出口带来新的挑战。云计算成为数字经济的基础设施，SaaS正在逐步取代传统软件进出口模式，通过流量收取服务费成为主要的收益方式。因此，数字贸易规则与壁垒，将对软件贸易产生重大影响。数字贸易主要依托互联网体现出自由化和开放性，同时具有虚拟化、可复制性、贸易方式复杂、监管难度大等特点。在规则方面与世界贸易组织（WTO）框架下的货物贸易、服务贸易产生冲突，使得现有WTO关税规则难以产生效力。数字贸易的快速发展，不仅带来了国际贸易规则的重构，也产生了不同形式的数字贸易壁垒。这些壁垒不仅包括针对电子产品的关税和配额，还包括数字本地化、跨境数据流动、知识产权侵权、国际合规性评估、网络安全风险等非关税壁垒。目前由于各国对数字贸易规则没有达成共识，全球还没有形成统一的数字贸易规则及争端解决机制，由此产生的"电子摩擦"（e‑friction）使传统的争端解决机制也面临挑战。

三、全球数字经济发展为软件产业提供了创新动力和市场空间

全球经济正在加快复苏进程，为软件贸易创造了有利的宏观环境。据国际货币基金组织（IMF）预测，2018 年、2019 年全球经济增速将达到 3.9%左右；其中发达经济体增速达 2.3% 和 2.2%，新兴市场和发展中经济体增速达 4.9% 和 5%。数字经济正在成为全球经济增长的新动能，随着各国智慧基础设施加快建设，传统产业加速向数字化转型升级，数字化的新产业、新业态、新模式加速成长，将不断释放出对软件市场的强大需求，为扩大全球软件贸易创造出巨大的市场机会。

第一，全球软件信息技术服务市场持续增长。据高德纳咨询公司（Gartner）研究，目前全球软件支出和软件出口增速均高于 IT 设备和 IT 服务。2016 年全球 IT 总支出 35360 亿美元；其中，数据中心系统支出 750 亿美元，同比增长 3%；软件支出和软件服务支出分别为 3260 亿美元和 9400 亿美元，同比增长 5.3% 和 3.1%。2017 年全球 IT 与软件支出增长 2.9%，其中软件支出 3570 亿美元，增速 7.2%。2005—2016 年全球通讯，计算机和信息服务出口总额由 2027 亿美元增长至 4080 亿美元，其中计算机服务增速最快，由 1184 亿美元增长至 3531 亿美元，增长 2 倍。[①] 2009—2016 年期间全球服务贸易通讯、计算机和信息服务平均增长率为 6.35%，超过总服务出口增速，也超过其他细分行业服务出口增长。

第二，云计算、大数据、人工智能的发展创造巨大的软件应用市场。融合于大数据、云计算和人工智能等先进技术的平台化软件是平台经济的关键支撑，主要体现在软件开发的平台化及基于云计算的平台化软件服务。平台化软件分为技术支撑型平台和应用实现型平台。技术支撑型平台的用户为软件开发人员，这类平台包括软件中间件、开发工具、应用服务器等。应用实现型平台的用户为终端用户，提供商不但负责平台的维护和升级，还要负责

---

① 根据 UNCTAD 统计数据，计算机服务包括软件和硬件两部分。

实现基于平台的上层应用。据 Gartner 分析，2017—2020 年全球公有云市场规模年均增速在 15% 以上，到 2020 年市场规模有望达到 3834 亿美元。据弗雷斯特研究公司（Forrester Research）预测，到 2020 年全球云计算业务支出将达到 1910 亿美元，相当于 2014 年的 2.65 倍。2016 年全球大数据市场规模达 580.3 亿美元，同比增长 26.0%，增速处于较高水平。2016 年全球人工智能市场规模 1937.8 亿美元，同比增长 14.6%，人工智能及其相关产业发展增速超过 35%，其增长动力主要源自智能化工业机器人、服务机器人的快速发展。2016 年全球大数据市场中的软件规模约 139.3 亿美元，全球人工智能市场中软件平台规模约 110 亿美元，两者约提供了软件市场规模的 7% 份额。在《MIT 科技评论》公布的 2017 年全球十大突破技术中人工智能领域的技术占 3 个，分别为强化学习、自动驾驶货车和刷脸支付。2017 年行业巨头纷纷通过开放基础技术平台、计算平台汇集产业资源，力图构建以企业大平台为中心的产业生态体系。

第三，信息安全推动网络安全服务市场迅速壮大。随着移动互联网的飞速发展，信息安全问题的重要性愈发凸显，小到每个人的隐私保护与财产安全，大到企业利益乃至国家战略，无不与网络空间安全紧密相关，网络空间已经成为继陆、海、空、外太空之后的"第五空间"，获得了各国高度的重视和大量的财力投入，基于网络安全的外包服务快速增长。2017—2018 年全球 IT 安全外包服务支出分别达 167 亿美元和 185 亿美元，增长 11%，到 2019 年全球企业对安全外包服务的支出将占安全软件和硬件产品总支出的 75%。

第四，产业互联网的发展成为全球软件市场持续扩大的重要动力。当前，互联网正由消费向产业发展，产业互联网时代正在到来。云计算、大数据、物联网和人工智能等新技术与传统产业结合，将不断优化生产流程和作业模式，提高生产效率和产品质量，带来传统产业的数字化转型和变革升级，既为传统产业发展注入新活力，也为软件市场发展增添动力。基于大数据、云计算、物联网、移动互联、人工智能、虚拟现实、区块链等新技术的产业互联网加速与制造业、金融、物流、零售与批发、房地产、交通等传统产业融合，推动智能制造、智慧金融、智慧物流、智慧零售、智能建筑、智慧交通的发展，使产业网络化连接、数字化转型、融合化发展成为主要特征。

四、国内数字经济发展为提升软件出口竞争力奠定了产业基础

第一，中国已经成为世界数字经济大国。党的十九大报告和"十三五"规划明确提出了建设网络强国、数字中国等国家战略，为建设世界数字经济强国提供了新动力。2017 年，中国数字经济总量达到 27.2 万亿元，占 GDP 比重达 32.9%。据波士顿咨询公司预测，到 2035 年中国整体数字经济规模近 16 万亿美元，数字经济渗透率 48%，就业达 4.15 亿。中国数字基础设施建设位于世界先进水平，2017 年全国互联网普及率达 55.8%，共有网民 7.72 亿人；截至 2017 年底全国光缆总长达 3747 万公里，比上年增长 23.2%，所有地市基本建成光网城市；截至 2017 年固定互联网宽带接入用户 3.26 亿户，移动电话用户总数 13.7 亿户。

第二，中国软件信息技术服务业实力显著增强。2017 年，全国软件和信息技术服务业完成软件业务收入 5.5 万亿元，比上年增长 13.9%，增速同比提高 0.8 个百分点。其中，信息技术服务收入 2.9 万亿元，同比增长 16.8%，增速高出全行业平均水平 2.9 个百分点，占全行业收入比重为 53.3%。尤其是面向行业应用、智能制造、信息安全等领域的应用软件、工业软件、信息安全服务、平台运营服务快速增长。2017 年中国云计算相关的运营服务（包括在线软件运营服务、平台运营服务、基础设施运营服务等在内的信息技术服务）收入超过 8000 亿元，较上年增长 16.5%；信息安全和工业软件产品收入均超过 1000 亿元，分别增长 14% 和 19.9%。产品智能化带动了嵌入式研发投入强度稳步提升。2016 年中国软件业研发投入 4545 亿元，占软件业务收入比重达 7.2%。2017 年对重点软件企业的监测显示，全年企业研发投入强度接近 11%。

第三，数字时代到来使软件产业成为当前和未来的投资热点。在信息大爆炸的时代，大数据产品是甄别信息、挖掘信息价值的重要工具。软件是大数据产品的基础，主要包括数据库、数据仓库、大数据分析与呈现工具等。2016 年中国大数据市场规模达 167.7 亿元，同比增长 34.3%；互联网、金融、电信三大行业是大数据 IT 产品的主要市场，其中互联网对大数据相关产品的投资达 60.9 亿元，占市场总额的 36.3%；金融业和电信业有着对海量数据资源与数据处理的需求，对大数据的投资规模分别为 32.2 亿元、30.4 亿元。

2017—2019 年中国大数据市场年复合增长率有望达到 32.6%，2019 年将达到 391.3 亿元。智慧城市建设步伐加快也将带动大数据市场的快速发展。目前以数据挖掘、统计分析、可视化为代表的软件产品成为大数据投资的重点，占比在 36% 左右。随着数据分级分类管理、大数据交易流通规则、监管机制和信息披露制度、流通审查和风险评估体系等不断完善，都将带动新的相关软件开发。

第四，人工智能产业的蓬勃发展推动软件技术加快创新和软硬件一体化。人工智能从产品结构上可分为智能硬件平台和应用软件平台，智能硬件平台主要包括智能工业机器人、服务机器人、智能无人设备等，应用软件平台则主要包括语义分析、机器视觉和语音识别等。软件是人工智能产品的灵魂与核心支撑，智能硬件平台离不开人工智能软件的支撑。人工智能产业的发展将推动软件技术的创新应用，带动硬件设备、内容制作、运营服务等全产业链发展。在中国的人工智能产业中，互联网业的人工智能应用市场占比最高达 20.4%，其次是金融领域 18.5%，安防交通领域为 15.3%。截至 2017 年 6 月，中国人工智能类创业公司超过 650 家，产业规模较上年同期增长 51.2%，投融资超过 430 项，主要投资方向有无人驾驶、智能硬件、语音交互等。2017 年百度正式发布了"Apollo"计划，并与北京汽车、一汽解放、奇瑞等汽车厂商达成深度战略合作，将提速智能汽车的产业化发展进程。随着智能家居、大数据、人脸识别等新技术应用逐步走向成熟，智慧城市、智能制造将驱动中国人工智能市场保持稳步增长，预计 2017—2019 年中国人工智能市场年复合增长率将达到 22.8%，2019 年人工智能市场规模将达到 439.2 亿元。

第五，新技术、新模式、新业态不断涌现推动软件业加速转型升级。智能制造、智慧城市、智慧政务、电子商务等推动了大数据、人工智能的市场应用，为制造、商贸、物流、电信、能源、金融、医疗、教育、汽车电子及政府等各个领域的信息化建设带来巨大的市场需求。平台经济作为互联网经济发展的一种主要模式，由平台服务商、生产和服务企业、消费者共同构成了网络协作体系。大数据、人工智能、平台经济的快速发展将颠覆传统软件业的生态系统，颠覆现有操作系统、数据库等基础软件模式，改变了软件的分发方式和功能定位。中国拥有全球最多的互联网用户，数据生成规模庞大、应用场景丰富，在大数据、人工智能、平台经济发展方面已居于全球领先地位，将成为软件产业扩大海外市场的重要支撑。

五、把握数字经济机遇，提高软件出口竞争力

（一）加快数字经济战略布局

金融危机之后，美国、欧盟、日本等发达经济体纷纷出台数字经济发展战略。美国制定了清晰的数字经济战略，加强网络基础设施建设，促进经济社会的数字化转型。2015 年欧盟提出"数字化单一市场战略"，要求创建有利于数字网络和服务繁荣发展的市场环境；2016 年公布了数字战略行动计划，要求建设有活力的一体化数字市场。2015 年 2 月英国政府出台《2015—2018 年数字经济战略》；2016 年 3 月德国联邦经济与能源部发布《德国数字化战略 2025》；日本先后提出《e‐Japan 战略》《u‐Japan 战略》和《i‐Japan 战略》。相比之下，中国数字经济在战略布局、发展环境、产业链、核心技术等方面都存在较大差距，应统筹布局国内数字经济发展战略，制定相关发展规划。

（二）加快核心技术自主创新，构建研技产融合的软件业生态体系

加快信息领域核心技术自主创新。针对系统软件、数据库软件、开发工具软件等核心技术短板，加大基础研究力度，集中大学、研究院所、企业的科研力量解决创新能力不强等"卡脖子"问题，推出自主知识产权的基础软件和核心工业软件，推动下游企业参与应用软件开发，逐步在政府部门、事业单位、国有企业和个人消费者中推广应用，不断构建研技产融合发展的产业生态。

一方面，提高软件对于各行业领域的渗透与融合。以智能制造为抓手，重点支持高端工业软件、新型工业 APP 等研发和应用，发展工业操作系统及工业大数据管理系统，提高工业软件产品的供给能力，强化软件支撑和定义制造的基础性作用。围绕农业生产、经营管理、市场流通等环节，支持相关应用软件、智能控制系统、产品质量安全追溯系统及农业大数据、涉农电子商务等发展；支持发展能源行业关键应用软件及解决方案；发展互联网金融相关软件产品、服务和解决方案；支持物流信息服务平台、智能仓储体系建设及物流装备嵌入式软件等研发应用，提升物流智能化水平；支持面向交通

的软件产品和系统研发，支撑智能交通建设。

另一方面，加强软件与大数据、云计算的融合发展。按照数据集中和共享的发展理念，打破体制机制障碍，打通数据孤岛，实现跨层级、跨地域、跨部门、跨领域的数据协同管理和服务。推动大数据融合应用，促进政府数据和企业数据融合。以构建基础软件平台为核心，逐步形成软件、硬件、应用和服务于一体，安全可靠的软件产业生态。以高端工业软件及系统为核心，建立覆盖研发设计、生产制造、经营管理等智能制造关键环节的工业云、工业大数据平台，形成软件驱动的制造业智能化发展体系。以智能终端操作系统、云操作系统等为核心，面向移动智能终端、智能家居、智能网联汽车等新兴领域构建产业体系。加快构建面向公众开放的人工智能研发与测试平台。如，促进终端与云端协同的人工智能云服务平台、新型多元智能传感器件与集成平台、大数据智能化服务平台等。

（三）提高软件知识产权创造和保护水平

第一，提高软件知识产权的识别判断能力。软件产品的知识产权主要是著作权，其次是专利权。其中软件著作权在软件产品贸易中主要以软件许可证的形式体现。嵌入式软件则存在两个知识产权场景，首先是实体产品研发阶段的嵌入式操作系统、开发工具和中间件的知识产权合规问题，然后是嵌入式应用开发完成后集成到实体产品中的整体知识产权保护问题。SaaS 模式下云服务软件的知识产权，则应关注部署在云端软件的知识产权保护，以及云服务软件界面背后的核心算法和数据处理方法。软件著作权的保护应简化注册程序，提高注册程序效率和便利度，让更多的软件产品能通过注册获得软件著作权登记。

第二，加快软件企业知识产权的海外布局。中国软件企业在知识产权海外布局方面的步伐仍然落后，对于应对以知识产权为主要手段的非关税壁垒极为不利。国内企业一方面应积极谋求知识产权特别是专利权的海外布局；另一方面要主动了解国际知识产权制度的差异，加强与目标市场国家知识产权服务机构的协调。同时，要加强互联网、电子商务、大数据等领域的知识产权保护规则研究，推动完善相关法律法规。

第三，积极构建标准有效应对软件知识产权壁垒。在软件贸易中，专利及以核心专利为主的技术标准，构成了高精尖产品出口贸易的主要非关税壁垒。要积极构建知识产权行业联盟，形成合力，推进优势领域核心专利构建行业技术标准，并注重行业应用的创新成果专利化，以行业力量将专利标准化，最终进入国际标准，在软件贸易中取得竞争力和优势地位。

（四）力争数字贸易规则制定中的主导权和话语权

全球新一轮贸易规则的重构主要取决于数字贸易规则，占据数字贸易规则的主导地位便掌握了未来服务贸易规则的话语权。目前美国、英国、日本数字经济占 GDP 比重分别为 59.2%、54.5%、45.9%，均高于中国水平。发达国家为了继续在全球软件市场中保持垄断地位，必将通过制定有利于自身发展的数字贸易规则。通过不断向外输出新的技术标准和贸易规则进一步扩大软件市场。因此，一方面是数字贸易这一新的贸易方式对传统贸易规则形成挑战；另一方面则是数字贸易规则对软件出口模式带来重大影响。应积极制定数字贸易规则和标准，有效应对数字贸易壁垒，建立争端解决机制。

一是利用中国互联网的巨大市场及跨境电商、软件外包等领域的国际领先优势，主动参与全球数字贸易规则的构建，把握和主导国际话语权，代表广大发展中国家利益，推动形成有利于自身发展的数字贸易规则。尤其要利用全球自贸区战略，加强在区域合作和双边协定中的贸易谈判，通过加强与"一带一路"相关国家合作，通过与美国、欧盟、日本等发达经济体的经贸谈判平台开展数字贸易规则的磋商，推进多边、区域数字贸易规则构建，为创建公平竞争的全球数字贸易环境发挥主导作用。二是加强对数字贸易摩擦的跟踪研究工作，推动建立数字贸易与电子商务领域内的争端解决机制，维护中国软件出口利益。三是提高对数据跨境流动、数字化软件产品与服务进出口的监管能力，建立预警监测机制，加强国内数字产品和服务的市场监管、规范企业经营行为。

参考文献

1. 中华人民共和国工业和信息化部. 2017 年（第 16 届）中国软件业务收入前百家企业发展报告［R］. 北京：工信部网站，2017.

2. 中商产业研究院. 2012—2016 年中国软件行业趋势及调研分析报告，2017.

3. 崔艳新，王拓. 数字贸易规则的最新发展趋势及我国应对策略［J］.

全球化，2018（03）.

4. 林笑跃，董庆伟，高小玉. 软件贸易中的知识产权问题［J］. 全球化，2018（05）.

5. 沈家文. 数字经济与软件业发展研究［J］. 全球化，2018（05）.

6. 沈玉良，李海英，李墨丝，弓永钦. 数字贸易发展趋势与中国的策略选择［J］. 全球化，2018（07）.

7. 隋秀峰，闫晓丽，王闯，王龙康. 大数据、人工智能与软件业发展机遇［J］. 全球化，2018（08）.

（原载《全球化》2018 年第 11 期）

我国数字贸易与软件出口的发展及展望[*]

数字贸易已经成为各国贸易市场和规则竞争的焦点。依托庞大的信息技术产业、制造业和消费市场，我国已成为全球数字经济大国，发挥优势、加快数字贸易发展将为建设经贸强国增添新的动力。软件贸易是数字贸易的重要组成部分，软件出口也是衡量一个国家数字服务出口竞争力的重要标志。大数据、云计算、人工智能、物联网、区块链等新技术正在赋予软件业以新的内涵，推动软件企业技术创新和跨境交付模式创新。我国数字经济的空前发展也将为提升软件业的创新能力和出口竞争力带来深刻影响。

一、数字贸易的基本概念、内涵及特征

一些国际组织对数字贸易的概念有明确界定。联合国和 WTO 等六大国际组织共同制定的《国际服务贸易统计手册》，将数字贸易分为有形商品和无形商品，并将其定义为通过线上订货的交易。WTO 在 1998 年通过的《电子商务工作计划》中，用电子商务替代数字贸易并将其定义为"通过电子方式生产、分销、营销、销售或交付货物和服务"。

美国是最早关注数字贸易并对其进行定义和出台规制措施的国家。2013年 7 月，美国国际贸易委员会（USITC）在《美国和全球经济中的数字贸易 Ⅰ》中初次提出数字贸易的概念，即通过互联网传输实现产品和服务的商业活动。2014 年 8 月，USITC 在《美国与全球经济中的数字贸易 Ⅱ》中将实体货物纳入数字贸易的交易标的中，强调数字贸易是由数字技术实现的贸易，将其解释为互联网和互联网技术在订购、生产以及递送产品和服务中发挥关键作用的国内商务和国际贸易活动。2017 年将数字贸易拓展为不仅包括个人

---

[*] 本文为商务部课题《中国数字服务贸易发展报告 2018》的总报告。

消费品在互联网上的销售以及在线服务的提供，还包括实现全球价值链的数据流、实现智能制造的服务以及无数其他平台和应用，并将数字贸易分为数字内容、社会媒介、搜索引擎和其他数字产品与服务四大类。

《2018年中国数字服务贸易发展报告》对于数字服务贸易进行了定义[①]，即数字服务是指"采用数字进行研发、设计、生产，并通过互联网和现代信息技术手段为用户交付的产品和服务"。数字服务出口包括软件、社交媒体、搜索引擎、通信、云计算、大数据、人工智能、区块链、物联网、卫星定位等信息技术服务出口，数字传媒、数字娱乐、数字学习、数字出版等数字内容服务出口，以及其他通过互联网交付的离岸外包服务。

综上所述，我们可以理解为，数字贸易是依托信息网络和数字技术，线上线下一体化，以平台集合消费者和生产者、供应商、中间商，实现数字产品与数字服务跨境交易的贸易形态。

数字贸易具有以下主要特征：一是虚拟化。生产过程中使用数字化知识与信息，交易在虚拟化的互联网平台上进行，数字产品与服务的传输即流通亦虚拟化；二是平台化。互联网平台是协调和配置资源的基本经济组织，平台化运营已经成为互联网企业的主要商业模式，在局部市场治理中具有显著优势，并能够以技术和信息为政府监管赋能并形成良性互动；三是集约化。数字贸易能够依托数字技术实现劳动力、资本、技术等生产要素的集约化投入，促进研发、设计、采购、生产、营销等各环节的集约化管理；四是普惠化。数字技术的广泛应用大大降低了贸易门槛，中小企业、个体商户和自然人都可以通过互联网平台面向全球消费者；五是个性化。根据消费者的个性化需求提供定制化产品与服务成为提升竞争力的关键；六是生态化。平台、商家、支付、物流等各方遵循共同的契约精神，共享数据资源、共创价值；七是服务全球化。借助数字技术搭建的全球网络空间，面向全球市场提供服务内容，且在全球效益递增几乎没有边界，使服务的供给方、消费方和相关生产要素成为服务业全球化的内在动力，促进服务生产全球化、消费全球化、投资全球化不断加速。

[①] 商务部课题：《中国数字服务贸易发展报告2018》。

二、全球数字贸易的发展现状及趋势

数字技术不断创新和广泛应用，带来了全球数字贸易的空前发展，并呈现出以下特点。

（一）全球数字贸易规模快速扩张

数字经济快速发展带动国际贸易方式的创新变革，数字贸易成为国际贸易发展的新趋势。目前全球 50% 以上的服务贸易已经实现数字化，超过 12% 的跨境货物贸易通过数字化平台实现。预计今后 10—15 年全球货物贸易、服务贸易分别呈 2%、15% 左右的增长，而数字贸易则呈 25% 左右的高速增长，20 年后世界贸易将形成 1/3 货物贸易、1/3 服务贸易、1/3 数字贸易的格局。

据 MGI 研究，跨境数据流呈爆炸性增长趋势。2005—2017 年跨境带宽使用量增长了 148 倍，即时和低成本的数字通信的产生降低交易成本并实现更多的贸易流量，数字平台、物流技术和数据处理技术的进步将继续降低跨境交易成本。此外，还有未纳入统计数据的免费数字服务的跨境流量，包括电子邮件、实时地图、视频会议和社交媒体。

各细分数字贸易领域规模扩张迅速。跨境电商作为重要的数字贸易方式正在快速发展。埃森哲测算，2014—2020 年全球跨境电商 B2C 将保持 27% 的年均增长。跨境电商消费人群将从 2016 年的 3 亿人增加到 2020 年的 9 亿人，占全球电商适龄消费人群的 1/3，年均增长可能会超过 21%。到 2030 年电子商务可能刺激约 1.3 万亿—2.1 万亿美元的增量贸易，使制成品贸易增加 6%—10%[①]。

数字化转型浪潮驱使越来越多的企业将业务从本地数据中心搬到云端，全球云计算市场规模迅速扩张。市场调研机构 Canalys《2018 年度全球云计算市场调研报告》显示，2018 年全球云计算市场总体规模超过 800 亿美元，同比增长 46.5%。以 AWS、Azure、Google 为代表的三大云服务提供商正在全球构建庞大的数据中心网络。Synergy 调研数据显示，2018 年全球超大规模数据中心达到 430 个，增幅 11%，还有 132 个大型数据中心处于规划或建设阶段。

---

① 麦肯锡. 转型中的全球化：贸易和价值链的未来，2019 年 1 月 22 日.

全球技术研究和咨询公司信息服务集团（ISG）统计，2018 年全球云市场表现显著优于传统服务外包市场。IaaS 增长 47% 达 158 亿美元，SaaS 增长 34% 达 60 亿美元；在传统服务领域，ITO 增长 4% 达 199 亿美元，BPO 下降 2% 为 60 亿美元。在社交媒体网络领域，2019 年 We Are Social 联合 Hootsuite 发布的《全球数字报告》显示，截至 2019 年第 2 季度，全球活跃社交媒体用户已达 35 亿人，其中 98% 为移动端用户。庞大的社交媒体规模正在催生全新的商业模式并逐渐成为最大的互联网用户市场，对企业品牌塑造、广告营销、电商交易带来不可估量的价值。在数字内容市场领域，据 Statista 预测，全球数字图书市场规模以 4.1% 的复合年均增长率（CAGR），到 2021 年规模达到 131.4 亿美元；全球数字图书用户到 2021 年将增加至 6.06 亿人。在数字广告市场领域，普华永道发布的报告显示，2017 年全球数字广告市场规模达 880 亿美元，其中移动广告占 56.7%。在数字娱乐领域，国际唱片业协会 IFPI 发布的《2019 年全球音乐产业报告》显示，数字音乐收入已经占全球音乐产业收入的 58.9%。

（二）美欧日等发达经济体仍是全球数字贸易的引领者

美国占据全球 36% 的 B2B 销售额，其后是英国（18%）、日本（14%）、中国（10%）。美国中小企业基于互联网的货物和服务出口增长率超过了总出口增长率。发达国家正在不遗余力地推动全球数字贸易规则，试图在数字贸易中继续抢占先机。目前美国数字经济全球占比约为 35%，1997—2017 年美国数字经济平均年增长率为 9.9%，比 GDP 增长率高 4 倍。近年来，欧盟致力于构建数字单一市场。欧洲数字经济全球占比为 25%，仅次于美国。目前利用 eBay 从事出口业务的欧盟公司出口范围平均达 27 个出口国。分地区来看，中欧数字贸易出口的国家和地区最多，北欧和西欧国家相对比较富裕，对电子商务的发展重视程度要比南欧和中欧弱。

（三）发展中国家和地区潜力较大

从中长期看，发展中经济体凭借巨大的市场空间和不断缩小的技术差距，具有发展数字贸易的巨大潜力。"一带一路"沿线国家跨境电子商务（B2B 出口）占全球比重为 12.5%。开放政策助力沿线国家数字贸易发展。2017 年 12 月，中国、埃及、老挝、沙特阿拉伯、塞尔维亚、泰国、土耳其和阿联酋等国代表共同发起《"一带一路"数字经济国际合作倡议》，从提高宽带质量、数字化转型、电子商务合作、互联网创业、中小企业发展、数字化培训、通信投资、数字包容性等多个方面为数字贸易跨国合作奠定了基础。印度推出了"数字印度"计划建设全国宽带网，并制定相关政策鼓励互联网公司上市；俄罗斯发布了《2024年前俄联邦发展国家目标和战略任务》，从立法和国际战略层面高度重视数字贸易发展；哈萨克斯坦发布了《哈萨克斯坦"第三个现代化建设"：全球竞争力》，提出了推动国家经济数字化发展，增强国家竞争力的主要任务。

（四）互联网基础设施不断改善，为数字贸易发展提供动力

TeleGeography报告显示，全球带宽从2011年约70兆位/秒（Tbps）增长到2015年的300兆位/秒，这种扩展带来了全球互联网流量从2007年的2000GB/s增长到2016年的26600GB/s，年均增长33%。截至2017年2月，共有428个现役海底电缆系统连接六大洲，许多海底电缆系统能够传输100Gbps的波长，提了了总传输能力。2018年GWI报告显示，全球智能手机拥有量超过PC/手提电脑，87%的网民都拥有一部智能手机，由此带动全球移动数据总量迅速增长。据统计，2016年69%的流量来自4G设备。5G将进一步提速移动互联网，更有力地促进全球数字贸易的增长。

（五）数字贸易规则成为未来全球贸易规则重构和竞争焦点

1. 数字贸易规则已经成为多边和双边贸易谈判的重要议题，也是构建高标准国际经贸规则的重要内容。据WTO统计，截至2018年8月生效并向WTO通报的286个区域贸易协定中，共有217份协定包括了与数字技术有关的条款。主要涉及市场准入、通信和数字监管框架、知识产权保护、电子政务管理、无纸化贸易等规则以及在数字技术和电子商务等方面的合作。

美、欧、日为代表的发达经济体，凭借技术领先优势主导全球数字贸易规则的方向，并在国内政策导向和国际谈判中坚持数字贸易开放原则。2019年G20大阪峰会日本提出基于信任的跨境数据流动，建立数据流通联盟在与会国间达成广泛共识，24个国家和地区在《大阪数字经济宣言》上签字，承诺致力于推动全球数据的自由流通并制定可靠规则。

2. 分化性数字贸易政策对各国间监管互认构成严峻挑战。在数字贸易呈

现战略性竞争的背景下，不少经济体正在追求分化性的数字贸易政策，主要体现在监管方法不同、适用的监管领域各异。发展中国家在数字经济政策、跨境数据流动规则等方面处于防御地位。如印度、印度尼西亚以及南非等国对全球电子商务谈判持反对意见，特别是对于跨境数据自由流动，均拒绝在《大阪数字经济宣言》签字。印度主张将数据存储本地化。

3. 多边规则滞后制约了全球数字服务贸易发展。总体来看，全球数字贸易规则制定滞后于发展实践。在多边层面，目前 WTO 并没有针对数字贸易出台专门规则，相关规则多散见于 WTO 框架下的一些协定文本及其附件。如《服务贸易总协定》（GATS）、《信息技术协定》（ITA）、《与贸易相关的知识产权协议》（TRIP）、《全球电子商务宣言》等。由于对数字技术发展变革缺乏预见性，且掣肘于多哈回合的谈判效率，上述多边数字贸易规则在文本设计和操作层面都面临新的挑战。

三、中国数字贸易发展现状及趋势

（一）中国数字贸易发展的主要特点

1. 数字贸易对经济增长的贡献日渐突出。我国数字经济规模巨大，为发展数字贸易奠定了强大的产业基础。我国数字经济增速已连续 3 年排名世界第一，2018 年数字经济规模超过 30 万亿人民币，稳居全球数字经济的第二大市场。据全球化智库（CCG）与韩礼士基金会（Hinrich Foundation）测算，2017 年我国数字出口约 2360 亿美元，成为第二大出口行业，到 2030 年这一数字将达到 7260 亿美元；数字贸易为我国创造了高达 4660 亿美元的经济效益，到 2030 年这一数字将进一步增长至 5.5 万亿美元。

2. 互联网企业全球竞争力大幅提升。根据联合国贸发会议统计，数字跨国公司总部最集中的区域是北美，达到 63 家，规模达 2.8 万亿美元，最具竞争力的公司包括苹果、谷歌、亚马逊、脸书、微软、甲骨文等。亚洲排第二位，共有 42 家数字跨国公司总部，总规模为 6700 亿美元，其中以我国的互联网企业为主，包括阿里巴巴、腾讯、百度、京东、小米等，我国总部的规模仅次于美国。

3. 离岸服务外包保持继续增长。我国是全球离岸服务外包第二大接包国。

2018 年我国企业承接离岸服务外包合同额 1203.8 亿美元，执行额 886.5 亿美元，同比分别增长 8.2% 和 11.3%。尤其是高端生产性服务外包业务增速加快，2018 年我国企业承接离岸信息技术外包（ITO）、业务流程外包（BPO）和知识流程外包（KPO）的执行额在离岸服务外包中的占比分别为 45.3%、17.3% 和 37.4%，其中研发服务、工程技术、检验检测等领域同比分别增长 15.5%、27.1% 和 74.5%。尤其是我国与"一带一路"沿线国家服务外包合作继续深化，2018 年承接沿线国家服务外包执行额在离岸服务外包中占比达 19%，其中承接东南亚国家服务外包同比增长 13.5%。

4. 跨境电商规模迅速扩张。我国电子商务发展规模居世界第一位，Statista 的数据显示，2018 年我国电子商务市场收入 6360.87 亿美元，高于美国（5045.82 亿美元）、英国、日本和德国，特别是跨境电商增速强劲，在货物贸易中的比重稳步提升。据艾瑞咨询、中投顾问等第三方机构预测，2018 年我国跨境电商交易总规模达 8.8 万亿元，到 2020 年有望达 12 万亿元。海关总署统计，2018 年我国跨境电商零售进出口总额 1347 亿元，其中进口额 785.8 亿元，出口额 561.2 亿元，分别较 2017 年增长 49.27%、38.86% 和 66.78%。除欧美发达国家市场外，"一带一路"倡议推动了我国跨境电商爆发式增长。京东大数据研究院《2019"一带一路"跨境电商消费报告》显示，通过跨境电商，中国商品已经成功销往俄罗斯、以色列、韩国、越南等 100 多个签署了共建"一带一路"合作文件的国家和地区。2018 年"一带一路"合作国家在京东使用跨境电商消费的订单量是 2016 年的 5.2 倍。同时，跨境电商也为沿线国家扩大向中国出口拓展了渠道。京东平台数据显示，2018 年我国自缅甸进口的商品消费额比 2016 年增长了 126 倍，自智利进口的商品消费额比 2016 年增长了 23.5 倍。

5. 在线出境游、网络游戏及跨境电子支付等市场快速发展。中国在线出境游市场交易规模 2018 年达到 11345 亿元，较 2017 年增长 36.92%。随着中国网络游戏自主研发能力迅速提升，海外游戏市场成为中国游戏企业重要的收入来源。《2018 年中国游戏产业报告》显示，2009—2018 年我国自主研发网络游戏海外市场实际销售收入由 1.1 亿美元迅速增长至 95.9 亿美元，10 年暴增 87 倍。中国游戏企业主要通过 3 条途径拓展海外销售渠道。一是与脸书、谷歌商店等多个海外渠道建立长期稳定的合作关系；二是通过与华为、小米等手机企业合作，在软件预装与应用商店内对产品推广；三是通过收购或自建平台的形式聚拢用户，如腾讯、三七互娱、游族网络等游戏企业已全面展开了海外平台的布局，拓宽"走出去"通道。

在跨境电商和跨境消费带动下，跨境电子支付保持高速增长。迄今我国政府共批准了 30 家第三方跨境外汇支付机构和 5 家跨境人民币支付机构，这些第三方支付机构正在积极布局海外市场。据中国支付清算协会数据显示，2017 年我国第三方支付机构跨境互联网支付总额接近 3200 亿元，同比增长70.9%。其中微信支付已在超过 49 个国家和地区合规接入，支持 16 种币种直接交易。2018 年微信跨境支付月均交易笔数同比增长 500%，月均交易金额同比增长 400%，服务商数量同比增长 300%，商户数量同比增长 700%。云计算、区块链等新技术和跨境电商规模扩张将进一步推动我国跨境支付发展。

（二）中国数字贸易发展存在的主要问题

总体来看，中国数字贸易尚处于起步发展阶段。一是数字贸易企业规模小，数字内容、社会媒介、搜索引擎等领域发展不平衡，产品质量和服务水平有待进一步提高。二是法律政策和监管手段不完善。涉及数字产品和服务的生产、交付、存储、使用、定价、监管、税收及交易合同签订、商业秘密、个人隐私权保护、版权保护、打击犯罪、内容审查等方面的相关基础立法尚不完善，相关标准规范发展滞后，跨境数据流动监测的手段不足。三是数字贸易统计体系不完善。目前还没有建立相应统计制度，更缺乏分类统计，造成对我国数字贸易发展的情况难以精准把握、科学施策。四是在参与数字贸易国际规则标准制定方面的话语权较弱。尤其是在数据跨境自由流动、市场准入、隐私保护、消费者权益维护、知识产权保护、争端解决机制等方面与高标准国际经贸规则还存在差距。

四、中国软件出口发展现状及趋势

（一）中国软件出口的主要特点

1. 软件出口增速趋于平稳。2018 年中国实现软件出口额 412.27 亿美元，同比增长 9.8%，增速趋于平稳；合同数量 59867 份，比 2017 年微弱下降0.13%；软件出口协议金额由 2017 年的 571.82 亿美元下降到 560.89 亿美元，降幅为 1.9%，是自 2010 年以来的首次下降，说明中美贸易摩擦对国际市场产生一定程度的影响（表 1、表 2）。

表 1　2010—2018 年中国软件出口规模与增速　　单位：亿美元

年　份	执行金额	同比增长（%）	协议金额	同比增长（%）	合同数	同比增长（%）
2010	97.30	34.01	126.20	24.42	39044	27.17
2011	143.39	47.36	190.68	51.09	46159	18.22
2012	194.16	35.4	234.20	22.82	53887	16.74
2013	253.56	30.59	320.71	36.94	52683	−2.23
2014	300.57	18.51	377.15	17.55	52265	−0.81
2015	333.93	11.10	425.78	12.89	52173	−0.18
2016	342.3	2.51	464.89	9.19	52790	1.18
2017	375.56	9.72	571.82	23.00	59943	13.55
2018	412.27	9.80	560.89	−1.90	59867	−0.13

数据来源：商务部服贸司

2. 信息技术外包结构继续优化

第一，软件产品出口下降，信息技术外包持续增长。2018 年软件产品出口执行金额 10.96 亿美元，仅占 2.66%，较 2017 年下降 3.45%。近年来，软件产品占软件出口比重逐年下降，2015—2018 年占比分别为 5.12%、3.45%、3.02% 和 2.66%。2018 年信息技术外包完成执行金额 401.31 亿美元，占比达97.34%，保持 10.2% 的增速（表 2）。

表 2　2018 年中国软件出口按出口方式分类　　单位：万美元

合同类别	合同数	同比增长（%）	协议金额	同比增长（%）	执行金额	同比增长（%）
总计	59867	−0.13	5608913.6	−1.9	4122701.1	9.8
软件产品	4436	−6.92	159007.8	−12.7	109619.9	−3.5
系统软件	972	37.87	27265.7	−24.2	20820.7	−12.4
应用软件	3416	−15.21	116613.1	−19.7	82459.2	−7.4

续表

合同类别	合同数	同比增长（%）	协议金额	同比增长（%）	执行金额	同比增长（%）
支撑软件	48	50.00	15129.1	1493.3	6339.9	804.9
信息技术外包（ITO）	55431	0.46	5449905.8	−1.6	4013081.2	10.2
软件研发外包	39250	−3.95	3056759.2	−22.4	2558982.7	5.1
信息技术服务外包	10015	31.71	1226560.3	46.2	881745.4	28.2
运营和维护服务	6148	−8.24	1120575.7	48.9	523468.6	1.6
云服务外包	13	—	45706.2	—	45296.9	—

数据来源：商务部服贸司

第二，从信息技术外包出口结构来看，软件研发外包占主导，信息技术服务外包保持高速增长。2018 年软件研发外包、信息技术服务外包、运营和维护服务外包的执行金额分别为 255.90 亿美元、88.17 亿美元、52.35 亿美元，占比分别为 64%、22%、13%，其中信息技术服务外包增速达 28.2%。

第三，云服务外包（简称云外包）成为新的增长点。2018 年云服务外包执行金额为 4.53 亿美元，在信息技术外包中占 1%。云服务通过标准化、模块化和流程化的云平台为客户提供即需即用的无缝服务，使服务商与用户、合作伙伴形成共生关系，一起实现价值的协同创造，从而实现服务效率和创新速度提升。据统计，2018 年中国与云计算相关的运营服务收入同比增长 21.4%，在信息技术服务中占比达 30.0%[①]。在全球市场，中国的公共云服务商规模和实力仅次于美国，Synergy 研究显示，2018 年美国拥有 40% 的全球超大规模数据中心，中国拥有阿里云、百度云、腾讯云等全球领先的公共云提供商。可以预见，云外包有望成为我国软件出口的新增长点。

3. 美欧日等主要出口市场总体保持稳定。2018 年中国软件出口 200 多个国家与地区，前 5 位的国家和地区包括：美国、欧盟 28 国、中国香港、日本和韩国，占整个软件出口额的 70.09%，其中欧盟、中国香港、日本、韩国、德国和印度均实现了两位数高速增长。

4. "一带一路"沿线成为中国软件出口最具发展潜力的区域。"一带一

---

① 工信部运行监测协调局.《2018 年软件和信息技术服务业统计公报解读》，2019 年 2 月 1 日.

路"沿线诸多国家是信息技术产业的洼地，巨大的数字鸿沟和市场前景为我国软件出口带来了新的增长空间。

第一，我国对沿线国家和地区出口增速高于同期整体增速。2012—2018年我国对全球软件出口执行金额从194.17亿美元增至412.27亿美元，合同数由52683项增至59867项，年均增速分别为16%和2%，同期对"一带一路"沿线国家出口执行金额由26.87亿美元增至69.71亿美元，合同数由8724项增至11814项，年均增速分别为22.71%和5%（表4）。

第二，我国在沿线国家和地区执行金额低于同期全球平均水平。2012—2018年我国在沿线国家和地区接单量全球占比由16.56%提高至19.73%，执行金额全球占比由13.84%提高至16.91%。2018年我国软件出口全球单位合同规模69万美元，沿线国家和地区为59万美元[①]，低于全球平均水平14个百分点（表3）。

表3　2018年中国软件出口目的地前10位国家（地区）　　单位：亿美元

国家（地区）	合同数	同比增长（%）	协议金额	同比增长（%）	执行金额	同比增长（%）
全球	59867	-0.13	560.89	-1.9	412.27	9.8
美国	7607	-2.29	104.34	3.0	92.09	4.2
欧盟（28国）	8489	2.08	98.08	20.3	68.81	15.5
中国香港	6770	-3.47	66.32	20.3	56.10	26.6
日本	14323	-4.43	57.90	32.2	47.60	16.2
韩国	2258	9.13	50.77	76.5	24.31	24.5
新加坡	1760	6.28	51.42	98.7	23.06	5.1
中国台湾	2398	-18.66	17.88	-29.8	15.34	-31.7
德国	1763	-1.51	22.06	26.2	15.23	26.4
英国	1446	-0.21	12.48	23.7	10.84	7.7
印度	1403	-13.50	10.93	2.5	8.11	34.9

数据来源：商务部服贸司

---

① 单位合同金额采用执行金额除以合同数进行计算。

第三，我国对沿线国家和地区的软件出口主要集中在东南亚地区。2018年我国软件出口东南亚地区 38.43 亿美元，占比 55%；其次是西亚和北非地区 11.89 亿美元、南亚地区 10.42 亿美元和独联体国家 4.65 亿美元，分别占17%、15% 和 7%。从具体国别分布看，执行金额前 5 位的国家分别是新加坡（23.06 亿美元）、印度（8.11 亿美元）、俄罗斯（3.34 亿美元）、马来西亚（3.17 亿美元）和印度尼西亚（2.90 亿美元），以上 5 国占我国对沿线国家和地区出口额的 58%，其中新加坡一国就占 33%。

第四，中国软件和互联网企业在沿线国家和地区的影响力越来越大。越来越多的中国软件企业将沿线国家和地区作为重点布局。国家信息中心发布的《"一带一路"大数据报告（2017）》显示，目前我国共有 5 家软件和互联网企业入围"一带一路"企业影响力排名前 50 名。金蝶集团、用友软件在新加坡建立了研发中心，金山在越南首发了英文版办公软件 KingSoft Office，360、金山与泰国 Asiasoft 进行业务合作，微信、茄子快传已经在东南亚市场占据了绝对优势。中国的移动支付软件、打车软件以及跨境电商软件在中亚、东南亚市场的影响力也在迅速提升。

5. 东部沿海地区继续发挥主力军作用。我国软件出口的区域分布没有发生明显变化，东部地区继续发挥主力作用。2018 年东部、西部、东北和中部地区出口执行金额占比分别为 88.21%、4.89%、3.50% 和 3.32%。执行金额在 10 亿美元以上的省市共计 8 个，分别是江苏、浙江、广东、上海、山东、北京、辽宁和四川。

在东部地区中，江苏、浙江和广东位列前三，执行金额分别为 128.15 亿美元、58.39 亿美元和 48.03 亿美元，同比增长 5.1%、13.7% 和 -6.3%。山东和福建增速最快，分别达 48.0% 和 47.1%，其中山东超过北京列第 5 位，福建超过天津列第 7 位。

中部 5 省出口规模列前 3 位的分别是江西、湖北和湖南，执行金额分别为 4.19 亿美元、4 亿美元和 3.84 亿美元，同比分别增长 38.8%、45.9% 和7.9%。西部地区四川、陕西和重庆列前 3 位，执行金额分别为 13.74 亿美元、3.74 亿美元和 2.6 亿美元，同比增长 9.8%、5.4% 和 2.6%。四川和陕西主要依托成都和西安两个中国软件出口（创新）基地城市的产业集聚和引领作用。东北地区辽宁出口规模继续保持绝对领先优势，2018 年软件出口额13.62 亿美元，增速 8.2%。吉林和黑龙江规模均不足亿美元，且出现了

18.4%和35.9%的下滑。

（二）数字经济新生态促进软件出口转型升级

我国已经初步形成了数字经济主导的新产业生态体系，从而促进了创新体系发展、产业结构升级、治理体系优化，并对数字服务贸易具有重要影响。数字经济发展进一步促进了高速宽带、无缝覆盖、智能适配的新一代信息网络技术发展，为数字服务贸易提供了技术保障。同时，数字经济与实体经济的广度和深度融合，推动新业态和新模式的不断涌现。

1. 数字经济对软件出口拉动效应显著。2018 年软件出口前 10 位的省市与数字经济总量前 10 位的省市①有 8 个重叠，具有明显的正相关性。从地区分布可以清晰看出自东向西梯次递减的态势，东部地区省市的数字经济发展和软件出口均表现较好，其中广东、江苏、上海、浙江 4 个省市的数字经济总量和软件出口总量居于前列，说明数字经济为软件产业发展提供了坚实的基础和丰富的融合应用场景。这些地区以 ICT 主导的产业结构和大力推进数字经济的政策导向都是拉动软件出口增长的重要因素（表4）。

表4　2018 年东部地区软件出口规模及增速　　　　单位：亿美元

省（市）	合同数	同比增长（%）	协议金额	同比增长（%）	执行金额	同比增长（%）
总计	59867	−0.13	560.89	−1.9	412.27	9.8
江苏	16990	−6.00	145.21	4.6	128.85	5.1
浙江	16046	−3.10	66.82	16.9	58.39	13.7
广东	2506	8.20	83.46	10.6	48.03	−6.3
上海	3771	−7.23	53.29	17.1	41.90	13.5
山东	2841	20.13	44.85	50.5	41.45	48.0
北京	2859	−9.53	65.35	26.3	35.90	7.4
福建	3355	37.39	6.08	31.9	4.66	47.1
天津	469	1.74	4.50	30.2	4.20	30.0

① 分别是广东省、江苏省、山东省、浙江省、上海市、北京市、福建省、湖北省、四川省和河南省。

续表

省（市）	合同数	同比增长（%）	协议金额	同比增长（%）	执行金额	同比增长（%）
河北	426	0.71	0.26	−99.8	0.23	−6.1
海南	24	−33.33	0.06	−21.7	0.06	23.1

数据来源：商务部服贸司

2. 数字技术创新引领软件出口转型升级。第一，数字技术创新力度不断加大。2017 年我国数字经济 R&D 经费支出达 12020.43 亿元，人均数字经济 R&D 经费支出达 864.73 元/人；其中软件和信息技术服务业研发投入达 5622 亿元，研发投入占软件业务收入的比重为 10.2%。从创新产出看，2018 年我国共完成计算机软件著作权登记 1104839 件，同比增长 48%，登记数量迈上百万量级台阶。普华永道报告显示[1]，2018 年全球创新 1000 强企业中，中国排名前 5 位的分别为阿里、腾讯、百度、携程和京东，其中阿里研发支出达 36 亿美元，研发强度 14.4%，全球排名 45 位。

第二，原创能力由跟跑为主转向多领域并跑和领跑。近年来，我国在机器强化学习技术、人脸识别技术等领域取得重要突破，这两项技术入选《麻省理工科技评论》[2]"2017 年全球十大突破性技术"榜单；2017 年 5 月世界首台光量子计算机在我国诞生，为人类在量子计算领域的进展打开了新的窗口。"神威·太湖之光"作为世界首台并行规模超过千万核、计算性能超每秒 10 亿亿次的超级计算机，已在众多科学及工程领域取得 100 多项应用成果，几乎涵盖了高性能研究的所有重要应用领域。在行业标准方面，移动通信代际升级实现了从"1G 空白、2G 跟随、3G 突破"到"4G 赶超、5G 引领"的重大跨越，使我国无线通信技术成为具有国际话语权和竞争力的高科技领域。

3. 数字经济快速推进软件行业融合应用新生态

第一，数据驱动软件行业发展动力变革。工业经济时代的标准化大规模生产主要依赖物质资本投入，而进入数字经济时代，数据成为新的动力。互联网、物联网、人工智能等技术让感知无处不在、连接无处不在、数据无处

---

① 普华永道发布的《2018 全球创新企业 1000 强》中选取的是全球研发支出最高的 1000 家上市公司。

② MIT Technology Review。

不在。在生产制造过程中，大量蕴含的隐性数据不断被采集、汇聚、加工，通过数据的流动，隐性知识得以显性化、自动化，能有效解决个性化定制生产带来的不确定性、多样性和复杂性问题。

第二，工业软件加速制造过程快速迭代。工业软件推动制造方式向实体制造与虚拟制造融合发展，实现研发、设计、仿真、试验、制造、服务在虚拟空间的仿真测试和生产，通过软件定义设计、产品、生产和管理等制造各环节，制造过程快速迭代、效率和质量显著提高，成本快速下降。

第三，平台推动分工方式由线性分工转向网络化协同。数字经济的产业分工协作模式以开放化平台为核心，一方面向下整合并开放硬件和开发资源，降低工业 App 的开发壁垒；另一方面不断汇聚工业企业，并撮合应用开发者和企业用户之间交互，构建一个网络化的分工协作生态，实现数据资源、制造资源、设计资源的高效利用。

（三）中国软件出口存在的主要问题

第一，软件出口企业面临的数字化转型任务艰巨。数字能力建设已经成为企业面临的主要挑战，绝大多数企业还没有适应数字经济快速发展的形势。埃森哲 2018 年发布的《中国企业数字转型指数》显示，在企业数字化转型进程中，仅有 7% 的企业突破业务转型困境成为"转型领军者"。

第二，软件出口的标准化体系和法律制度建设相对滞后。首先，面向工业软件、云计算、大数据、信息安全等领域的标准还比较欠缺，在软件和信息技术服务外包领域还没有建立标准化的系统平台。其次，与软件出口相关的法律制度尚不完善。目前涉及软件出口监管的规定散见于《中华人民共和国对外贸易法》《中华人民共和国海关法》《软件出口管理和统计办法》等不同的法律法规。随着中国软件创新能力不断提升，越来越多的自主知识产权软件产品需要保护。如加密软件及技术管制在各国出口管制条例中都有严格标准和申报程序，其中美国的《出口管制条例》（EAR）是最为复杂完善的法规之一。

第三，新一代信息技术对软件工程师的知识更新和专业转型提出了必然要求。据估算，未来的 20 年中约占总就业人口 76% 的劳动力会受到来自人工智能技术的冲击[①]。人工智能的应用将取代低端编码人员，夺走一部分软件外

---

① 清华大学中国科技政策研究中心. 2018 中国人工智能发展报告，2018 年 7 月。

包业务。因此，软件工程师需要加强新技能的学习，拓展国际化视野，向国际注册软件工程师发展。

此外，云服务成为数字贸易的关键基础设施。但海量存储的基础设施投入、"云平台"的异地存储和灾备、信息安全和知识产权保护等问题仍然突出。

五、促进数字贸易和软件出口发展的政策建议

（一）以建设"数字丝绸之路"为重点，拓展数字贸易市场新空间

"一带一路"沿线发展中国家存在巨大的数字服务需求，我国数字企业通过投资、承接服务外包、发展跨境电商等，提高沿线国家数字基础设施联通水平，构建现代化网络信息服务系统，扩大与沿线国家贸易规模，对于消除发展中国家的"数字鸿沟"和贸易不平衡，推动开放型世界经济和构建人类命运共同体具有重大战略意义。同时，在沿线国家使用我国的技术和标准，有利于我国构建代表发展中国家话语权的数字贸易规则，为软件信息技术企业拓展沿线国家市场创造有利条件。应借助已经形成的"六廊六路多国多港"的互联互通架构，以及与东盟、非盟、欧盟、欧亚经济联盟等参与经济体的战略对接，不断扩大软件出口新兴市场，同时输出技术、品牌、标准、服务。

（二）夯实数字贸易创新发展基础，提高技术供给能力

不断强化基础性研发设计和前沿性、基础性技术创新能力，重点加大对5G、人工智能、工业机器人、工业互联网等关键共性技术支持力度。围绕数据科学理论体系、大数据计算系统等重大基础研究进行布局，突破大数据核心技术。加快构建自主可控的大数据产业链、价值链和生态系统。鼓励基于数据的新业态、新模式发展，坚持数据开放、市场主导的原则，形成数据驱动型创新体系和发展模式。

（三）推动软件企业数字化转型，完善软件与产业融合渗透机制

发挥龙头企业的带动效应，引导软件企业逐步向综合化服务与整体解决方案转型。以推动制造业数字化转型为抓手，提升软件对制造和服务的渗透

力和支撑力，构筑合作共赢的数字产业生态。不断完善工业互联网基础设施，完善智能制造标准体系，打造智能制造平台，推出一批引领性强的试点示范项目和标杆企业，培育一批服务能力强的系统解决方案供应商。积极实施百万工业企业上云，百万工业互联网 App 培育等重点工程。深化工业大数据创新应用，引导工业企业数字化、网络化、智能化发展。

（四）推动双边和多边自由贸易协定，引导数字贸易规则制定

我国数字经济和数字贸易规模大、市场优势明显，为参与国际数字贸易规则制定赢得了话语权优势。应致力于建立统一、透明、公平的全球数字贸易规则框架，积极推动 WTO 多边体制改革和双边、多边 FTA。同时，加强关于数字贸易壁垒、知识产权保护、数字贸易统计、争端解决机制等问题的研究，以应对未来可能出现的"电子摩擦"。

（五）进一步优化数字贸易发展的支撑体系，不断完善数字贸易治理体系和监管机制

推动数字企业技术创新和技术服务能力提升，在财政金融政策上对数字企业加大研发投入给予支持。推进数字贸易相关领域的技术标准制定工作。发挥自由贸易试验区、服务贸易创新试点城市、服务外包示范城市的示范带动作用，加快推动数字服务贸易平台建设，在条件成熟地区探索数字服务贸易试点，不断复制推广发展数字服务贸易的新路径、新模式、新经验，加强在跨境数据流动等方面的探索。不断完善网络数字基础设施建设。

（六）推动个人数据保护立法，完善跨境数据流动的审核管理机制

加快与个人信息、电信、征信管理条例、互联网信息服务、数字签名等相关基础法律法规的制定修订工作，为数字贸易奠定基础法律框架体系，提高互联网预警监测能力。

参考文献

1. 江小涓. 网络时代的政府与市场：边界重组与秩序重构［J］. 比较，2019（101）.

2. 江小涓. 高度联通社会中的资源重组与服务业增长 ［J］. 经济研究，2017（3）.

3. 江小涓，罗立彬. 网络时代的服务全球化——新引擎、加速度和大国竞争力 ［J］. 中国社会科学，2019（2）.

4. 黄奇帆. 在长三角地区协同建设开放新高地 ［J］. 全球化，2019（2）.

5. 麦肯锡. 转型中的全球化：贸易和价值链的未来 ［R］. 2019 – 01 – 22.

6. 中国国际经济交流中心课题组. 商务部课题：中国数字服务贸易发展报告 2018 ［R］. 2019 – 06.

（原载《开放导报》2019 年第 5 期）

坚持开放合作提升数字技术创新能力

在产业链高度融合、技术复杂性和研发强度大幅提升的背景下，开放合作是全球技术创新的必然趋势，也是我国切实提高自主创新能力的必然要求。当前，数字技术已成为各国抢占新产业革命制高点的决定性因素，面对日益复杂的国际形势，我们需继续深化对外开放，在变局中开新局，提升数字技术创新能力。

开放包容是企业发展的关键成功因素

技术短期的先进性并不能保证长期的市场成功，在科研创新和走向市场的过程中能否形成具有开放包容性的广泛的多边合作生态系统，对企业发展起到关键影响。如 1998 年 3GPP (3rd Generation Partnership Project)① 和 3GPP2 几乎同时成立，前者基于欧洲 2G 移动通信制式 GSM，后者基于美国 2G 移动通信制式 CDMA，两个标准组织的管理机制、组织结构都非常类似，在技术初期，3GPP2 依靠 CDMA 相对于 GSM 大幅领先处于明显优势，但最终却是 3GPP 开发的 WCDMA 完胜 3GPP2 开发的 CDMA2000。这一结果产生的关键原因就在于 3GPP 的开放包容性完胜 3GPP2 的封闭排他性。

3GPP2 的问题主要体现在两个方面：一是以高通为首的美国公司牢牢把控了 3GPP2 的标准话语权，高通和其他北美 CDMA 设备商（Lucent、Nortel、Motorola 等）形成的利益团体对新参与者的技术方案基本采取排斥态度，美式的自主可控使 3GPP2 的标准不能完全反映整个产业的利益，标准制定过程的封闭性导致 3GPP2 质量下降，极大降低了全球运营商对 CDMA 设备的采购意

---

① 3GPP 的目标是实现由 2G 网络到 3G 网络的平滑过渡，保证未来技术的后向兼容性，支持轻松建网及系统间的漫游和兼容性。其职能：3GPP 主要是制定以 GSM 核心网为基础，UTRA（FDD 为 W – CDMA技术，TDD 为 TD – SCDMA 技术）为无线接口的第三代技术的规范。

愿。二是基于3GPP2标准获得的大量CDMA基本专利和芯片的绝对领先地位，高通公司设计了向全球CDMA设备商、终端厂商和运营商收取高额专利费的"专利保护伞"机制，将整个产业链利润总和的绝大部分收入囊中，这种独家垄断的利益分配机制让3GPP2产业链最终分崩离析。

欧洲发起的3GPP是开放包容的典范。3GPP严格遵循"基于共识"的决策原则和工作程序，听取所有成员的技术观点和利益诉求。虽然3GPP也设计了表决制度，但为避免在标准制定过程中牺牲少数意见公司的利益，几乎从不采用表决方式进行技术选择，而是采用充分协商、模拟表决等更加灵活的方式，这种开放性不仅没有让效率成为牺牲品，同时促成了3GPP标准的高质量。随着3GPP发展壮大，新成员越来越多，但它们都未受到歧视。

从最终结果看，3G时代WCDMA终端用户数的全球占比为80%左右，CDMA2000终端用户数全球占比不到20%。产业链的巨大优势延续到4G时代，造成3GPP2制定的4G标准UMB达不到足够的规模经济门槛直接没有进入商用，3GPP的4G标准LTE成为全球主流标准。

坚持开放合作提升技术创新能力的主要思路

最终赢得主导权的技术体系必然建立在面向全球、多边合作和公平竞争的创新机制基础上。因此，我国应以开放创新引领重塑技术和产业竞争新优势，营造开放的市场环境和竞争环境，引导企业积极开展多边合作，参与全球技术创新体系和规则变革，在新的全球数字技术体系和数字经济版图中赢得机遇。

1. 积极扩大数字技术领域开放

第一，放宽数字技术领域外资市场准入。ICT是开放发展的典型行业。20世纪80—90年代，我国电信设备市场几乎被爱立信、诺基亚、阿尔卡特、西门子、北电、朗讯、摩托罗拉及富士通"八大金刚"占领，以巨龙、大唐、中兴和华为为代表的本土电信设备商刚刚起步，且举步维艰。但国家并没有采取闭关锁国的政策，而是通过开放市场促进竞争，发挥跨国公司在研发、规范、标准和管理等方面的技术外溢和示范带动效应，鼓励本土企业通过"干中学"和引进消化吸收快速提升了技术创新能力。可以说，没有对外开放就不可能形成具有竞争力的信息通信技术产业，更不可能出现华为这样的世界级企业和5G这样的世界领先技术。当前，大力吸引全球数字技术领域跨国公司更为重要。一是有利于增强内外资产业链和供应链的相互依赖性，营造互利合作共赢关系，对于形成双循环新发展格局意义重大。二是以平等开放原则为基础为我国数字技术企业"走出去"创造有利的市场环境，为企业开展对外投资、海外并购、境外研发及建设数据中心等生产经营活动铺平道路。三是继续引入竞争机制和学习效应。内资企业与外资企业通过相互学习、交流，有利于促进新技术、新业态和新模式加快成长，在技术标准、规范和规则等方面加快国际化步伐。

第二，发挥世界超大规模市场优势吸引全球新技术。一是我国具有"市场换技术"的显著优势，巨大的国内消费市场将为各国新的数字技术提供产业化和规模化应用的广阔空间，成为孵化培育全球新技术的大市场。尤其是形成以国内大循环为主、国际国内双循环相互促进的新发展格局，将进一步释放内需潜力促进消费结构升级，更加彰显国内市场优势，为吸引高技术跨国投资创造有利条件。二是鼓励外资参与国家重大科技项目攻关，参与制造强国、数字中国和智慧城市等建设，在项目招标、政府采购和研发补贴等方面给予外资企业同等待遇。三是鼓励外资企业与我国高校、科研院所以及企业创新研发合作模式，探索共创、共享和共赢的体制机制，鼓励合资、合作、交叉持股和专利交叉授权等开放创新模式。

第三，发挥外资在华研发中心的创新驱动作用。从 ICT 产业发展历程看，跨国公司在华研发中心是我国技术创新的重要驱动力。1993—2000 年期间，摩托罗拉、微软、爱立信、朗讯、诺基亚和富士通等跨国公司进入我国之后均设立了研发中心，这些研发中心不仅产生了大量专利技术，而且为我国培养了大批专业技术人才，对于提升我国信息通信技术创新能力具有重要带动作用。截至 2019 年，三星公司在我国设立 7 家研发中心，研发投入达 28 亿元，研发人员达 4000 余人，发明专利授权量达 1970 个。目前，我国 IT 工程技术人才规模居世界前列，随着知识产权保护环境不断优化，必将吸引越来越多的外资研发中心落地。

2. 稳步推进海外并购、研发中心和科技园区等技术型对外投资。加强技术型对外投资能够有效组合国外先进技术资源、促进技术要素流动，国际并购已成为我国企业获得关键核心技术的重要途径。在核心技术研发周期长、风险高、投入大且直接购买困难增多等情况下，并购可以有效规避技术壁垒使企业短期内掌握核心技术。据晨哨并购统计，2018 年我国企业在 TMT（科技、媒体和电信业）领域的海外先进技术并购数占比为 15.65%。近年来，设立海外研发机构和科技园成为我国数字技术企业融入全球创新链，利用全球人才快速掌握前沿技术的重要渠道。如华为公司在海外设立了 16 个全球研发中心、36 个全球联合创新中心，在全球范围内开展技术创新合作。上汽集团针对自动驾驶、网联汽车、大数据及软件技术等关键领域在以色列、泰国、印度尼西亚、英国和印度等设立创新中心和生产研发基地。一是对于企业设立海外研发中心给予适度财政补贴和税收优惠，用于支持企业购置研发设备、聘用海外科学家、在海外申请专利等。二是高度重视在"一带一路"沿线国家和地区布局 5G、大数据和云计算等网络数字技术，在帮助其发展数字基础设施的同时，输出我国的技术、标准和规则。

3. 积极建立双边、多边和区域等多层次技术合作机制。当前，发达国家试图继续占据全球数字技术的主导地位，但新兴经济体和发展中国家的追赶势头加快，因此，数字技术既是各国竞争焦点也是合作的重点领域，这为我国更广泛地加强创新合作、拓展技术来源提供了空间。建议我国积极与主要国家商签双边、多边和区域间的技术贸易投资合作协议，在推动自由贸易、投资协定中增加技术贸易、数字贸易等相关内容。一是基于平等原则，相互开放技术投资、技术贸易市场，构建共同研发、共享资源、共享成果、共创标准体系的技术合作新机制，形成标准互认、资质互认和规则互认的开放创新局面。二是建立促进数据跨境自由流动及有效监管的合作机制和政策对接机制。在维护国家安全底线的前提下，尽快建立数据分类管理体制、跨境流动的监管机制，减少数据本地化限制。三是建立科学家互访、技术人才互访和留学生互派等人才交流机制，通过举办国际论坛等活动促进各国技术相互交流借鉴。

（原载《中国国情国力》2020 年第 11 期）

发挥数字化平台企业在构建
新发展格局中的战略作用

以平台企业为核心构建产业生态是数字经济组织方式的主要特征，也是我国建设数字化、智能化、国际化的产业链、供应链和创新链体系，构建以国内大循环为主体、国际国内双循环相互促进新发展格局的重要抓手。全球数字经济的竞争也是平台企业的竞争，尤其是超大规模平台已经成为各国在数字经济领域抗衡的决胜因素。因此，支持平台企业做大做强，构建平台引领的数字经济产业体系，健全适应平台经济发展的监管规则体系，营造创新开放、和谐共生的数字产业新生态，是我国参与全球数字经济竞争的重要保证。

一、平台企业在构建新发展格局中的重要地位

平台通过数据、算力、算法有效组合要素资源，促进供需精准对接，从而形成需求牵引供给、供给创造需求的动态平衡；通过构建数字化的产业链、供应链和创新链形成数字产业生态，对于提高国内大循环质量和畅通国际国内双循环发挥了重要载体作用。

（一）平台成为构建产业生态圈的重要载体

1. 平台是产业生态圈的组织者。平台能够有效整合制造商、供应商、服务商等离散要素资源，形成以数据为核心要素、网络协同、共创分享的产业分工模式，有效提升产业的资源配置能力、协同发展能力和服务支撑能力，形成携手上下游行业伙伴共创价值的产业生态。如华为长期立足构建与合作伙伴共享利益的产业生态圈，截至 2019 年业务合作伙伴超 28000 家，其中销售伙伴 22000 家、解决方案伙伴 1200 家、服务伙伴 4200 家、人才联盟伙伴

1000 家。平台为生态圈内的企业提供了发展空间，突破了单个企业依托自身资源对发展能力的束缚，降低了中小企业的采购和管理成本。尤其在推动传统企业数字化转型、制造业与服务业融合、数字经济和实体经济深度融合的进程中发挥着龙头带动作用。

2. 平台能有效解决供需适配性问题。平台不仅集合了商流、物流、资金流、数据流等要素，并通过大数据实现供给侧和需求侧的精准对接匹配，提升了供需两侧的信息对称性及产品和服务的适配性。制造企业可依据平台数据精准判断市场、合理安排产能，准确挖掘新的消费需求，并研发设计出具有市场前景的新产品和服务，准确掌握用户信用解决融资需求，从而构建了高效运营的供应链体系，促进上下游产业融合发展。

3. 平台创造了消费增长的"长尾市场"。平台使众多的中小微企业和销路不畅的产品在细分市场中找到空间。如 2020 年微信小程序实物商品交易增长 154%，其中商家成交额（GMV）增长 255%，快消品、零售渠道、时尚品牌通过小程序分别增长 490%、254% 和 216%。截至 2020 年企业微信连接用户数超 4 亿，活跃用户数超 1.3 亿。

（二）平台成为构建创新生态的重要引领者

1. 平台是构建产业创新链的核心组织。由于平台具有孕育新的通用技术能力，一项新技术往往是通过开放平台聚合了大量研发者和服务提供者，平台不断释放出技术开发、运营维护等市场需求，从而形成了技术创新生态圈，为新技术的规模化成长提供了土壤。如华为携手全球技术伙伴在 AI、云计算、5G 等领域联合创新。截至 2020 年华为云技术合作企业 2000 多家，2500 多家企业在鲲鹏、昇腾等 10 个技术方向通过 5000 多次技术认证，其中通过鲲鹏认证的 1100 多家主要是应用软件企业，华为云、鲲鹏、昇腾平台上的 ICT 开发者超过 200 万人。华为还利用全球 40 多个开放实验室开放了 ICT 底层技术，立足打造 5G＋智慧场景等数字生态。如微信小程序开放了官方组件、官方 UI 素材及开放接口能力，打通了超过 12 亿用户的通道，已有超过 200 万开发者加入微信小程序开发，覆盖 200 多个行业。

2. 平台有效实现制造商与研发设计机构协同创新。如橙色云工业产品协同研发平台集聚了 9000 多家制造商，25 万名海内外工程师、设计师和专家，仅用两年时间平台发布研发项目 8000 多个，研发成果 400 多项，获得国内外专利 30 多项。

3. 平台大数据成为制造企业提升新产品开发能力的重要依托。如山河智能公司通过接入阿里巴巴国际站的后台数据，发现 1.8 吨的微挖掘机在海外市场受欢迎，便在两个月内研发了微型挖掘机 - 17U，成为全球首款互联网专供挖掘机。

（三）平台成为创造普惠贸易的重要载体

跨境电商降低了国际贸易门槛，使高频次、小金额的跨境贸易迅速增长，推动国际贸易由大企业主导、大宗贸易模式向中小企业广泛参与，海量品种、碎片化的新模式转变。尤其在新冠肺炎疫情中跨境电商成为拉动外贸增长的新引擎，2020 年我国跨境电商进出口 1.69 万亿元，增长 31.1%；其中出口增长 40.1%，进口增长 16.5%。如阿里巴巴国际站的新一代跨境电商范式有效解决了中小外贸企业的痛点，打通了内外贸一体化的堵点。国际站通过拓展业务范围，形成了集货物贸易和服务贸易于一体的 B2B 全链条闭环模式，平台不仅提供跨境商品贸易，还提供相关的物流、金融、支付、结算、征信、财税、通关、收汇、退税等外贸综合服务以及数字化新型监管方式和国际规则体系，一站式跨境供应链服务体系形成了从商机到履约的闭环，外贸企业可以完成交易和服务的整个过程。新冠肺炎疫情暴发以来，国际站帮助 150 万家中小外贸企业实现数字化转型。

（四）超大规模平台具有数字基础设施的公共产品属性

超大规模平台已经成为公共服务产品的重要提供者。如微信支付、支付宝已经成为数字支付的主要工具。平台企业在此次疫情中也发挥了重要作用。新冠肺炎疫情发生后，多地果蔬肉蛋、工业原材料等生产生活物资流通受阻，平台通过整合运力、配送调度保障了抗疫物资运输。

（五）平台企业成为创造就业的重要载体

平台企业具有开放、共享和个性化的特点，就业门槛低、层次丰富、吸纳力强，并催生了大量自由职业群体，为不同文化程度、技能禀赋的劳动者提供了大量就业机会。国家信息中心发布的《中国共享经济发展报告（2020）》显示，2019 年平台带动的就业约 7800 万人，增长 4%；以新就业形态出现的员工达 623 万人，增长 4.2%。中国信通院发布的数据显示，2019 年由公众号、小程序、企业微信等构成的微信生态链共带动就业岗位 2963 万个，大部分都是自由职业。2019 年、2020 年人力资源和社会保障部先后发布了两批共 29 种新职业，超过 75% 与数字经济相关，其中游戏、电竞、直播、网络文学吸纳就业约 1145 万人。

二、存在的问题

（一）关键基础领域创新能力薄弱，创新型人才匮乏

我国基础研究投入仅占研发总投入比重的 5% 左右，与主要创新型国家 15%—20% 的差距较大。基础软件、核心元器件、高端芯片、集成电路等关键核心技术受制于人，95% 的高端芯片进口，在半导体、操作系统、云计算等底层技术方面与美国差距更是显著。数字领域技术人才缺口较大，尤其是高精尖技术人才、领军人才严重匮乏。赛迪研究院和人社部发布的报告显示，到 2025 年我国大数据、人工智能、云计算的人才缺口将分别达到 230 万人、500 万人和 150 万人。

（二）平台综合实力下降，与美国差距扩大

联合国贸发会（UNCTAD）的数据显示，在全球 70 个最大数字平台中，美国和中国分别占市值的前两位，美国占 68%，中国占 22%。根据 CBInsights 数据，2020 年 9 月美国和中国拥有独角兽企业的数量分别居前两位，美国占 48%，中国占 24.7%。2014 年以来年度市值始终保持在世界十大互联网公司之列的有 8 家，分别是苹果、微软、亚马逊、Alphabet、Facebook、Salesforce、阿里、腾讯。我国在十大互联网公司市值中占比由 2017 年的 22% 下滑至 2019 年的 16%，美国则由 78% 上升至 84%。

（三）产业互联网发展滞后，存在"一条腿长、一条腿短"现象

中国信通院数据显示，2019 年我国服务业和工业的数字经济渗透率分别为 37.8% 和 19.5%，低于发达经济体 46.7% 和 33.0% 的水平，且低于全球 39.4% 和 23.5% 的平均水平。美国是消费互联网和产业互联网双轮驱动，尤

其是云计算和企业服务成为新一轮增长的驱动力。

（四）平台数据开放共享不足，不能有效开发利用

由于在数据产权、知识产权保护、交易机制、共享机制、个人隐私保护等方面法制保障体系不健全，平台企业沉淀的海量数据资源在开放共享和有效利用方面一直存在较大障碍，对企业经营和消费者隐私保护造成了较大影响。

（五）平台监管滞后，不能适应快速发展需要

由于监管法律法规不健全，造成平台垄断、野蛮生长、损害实体经济利益以及消费欺诈、个人信息泄露等问题突出。如互联网金融领域由于缺乏监管和规则，导致 P2P 爆仓、高杠杆率、高利贷、金融诈骗等问题不断出现。同时，由于新技术应用场景迅速扩展导致监管部门缺位，如无人货运的应用由于主管部门不清难以运营。

三、政策建议

（一）增强平台企业自主创新能力

要切实发挥新型举国体制和国家战略科技力量的作用，突破芯片、底层架构等关键核心技术瓶颈。在数字技术领域的国家重大战略规划、科技专项、技术标准等方面提高平台企业参与度，推动大科学装置等国家基础科学研究资源向平台开放，鼓励平台企业加大研发投入，对于企业内设的研发机构同等享受税收、补贴、人才等优惠政策。

（二）实施数字人才战略

鼓励企业大力吸引海外创新型领军人才，加大吸引留学人员、海外华人华侨回国创业和各国高精尖人才来华工作力度。增加高等院校、职业学院等相关学科设置，扩大招生规模，发挥社会培训机构和平台企业的力量，大力开展职业培训，加快改变专业技术人才短缺的困境。

（三）不断扩大产业互联网应用场景

我国超大规模消费市场和完备的产业体系为培育具有世界竞争力的平台企业提供了市场基础，应提高平台企业与消费、产业及医疗、教育、文化、政府等公共服务部门的融合渗透能力，鼓励平台企业与传统产业深度融合，发挥其在推动产业数字化中的支撑作用和高效整合创新资源的优势，面向传统企业提供信息对接、开放数据资源、软硬件支持、供应链支撑等全链条服务，带动传统产业转型升级。

（四）构建平台数据开放共享的有效机制

平台沉淀的海量数据流是核心战略资源，如果能够开放共享将惠及产业、消费者、科研机构、监管部门，尤其是为促进技术创新、产业创新、消费模式创新、管理方式创新提供基础支撑。为此，应加快建立健全数据确权、交易、管理、使用、安全评级、个人隐私保护等相关法律制度，促进各行业依法共享平台数据资源，构建平台主导的数据产业链。

（五）加快完善平台监管体系

以推动平台规范经营、健康发展为着力点，不断完善反垄断、反不正当竞争等法律法规实施细则，明晰平台企业经营行为合规边界，对于侵害消费者权益和实体经济利益，影响市场公平竞争的做法加大处罚力度。加强平台自律，引导平台依托大数据手段不断提高治理水平，营造和谐共生、创新包容的健康产业生态。

（原载《中国国情国力》2021年第8期）

后　记

党的二十大明确指出，高质量发展是全面建设社会主义现代化国家的首要任务，要推动货物贸易优化升级，创新服务贸易发展机制，发展数字贸易，加快建设贸易强国。本书汇集了我长期以来从事国际贸易领域研究在国内期刊发表的论文。这些文章涵盖了货物贸易、服务贸易、数字贸易、服务外包等方面，有些是我承担国家部委课题转化的成果；有些是针对热点焦点问题，尤其是争议观点和模糊认识进行的研究；有些是对于相关国家政策的解读，在服务国家决策中发挥了积极作用。这些文章渗透了我对该领域理论研究、政策设计、应用实践等方面的一些思考和探索。我始终认为，作为一名智库学者，要心怀国之大者、坚持问题导向、服务中央决策、探索理论创新、深入调查研究。由于我水平有限，本书若有不足之处请同仁们批评指正。

第一部分为对外贸易篇。这部分研究了货物贸易和服务贸易发展的有关问题。如，《积极发展加工贸易，着力推动转型升级》主要针对当时关于要不要发展加工贸易这一存在较大争议的问题，我通过对江苏、浙江、广东等地区调研认为，发展加工贸易符合现阶段基本国情，在较长时间内仍是我国参与国际分工的主要形式，由此提出了发展加工贸易的思路，对于稳定加工贸易和促进其转型升级发挥了积极作用。又如，《当前我国外贸形势分析及对策建议》《我国外贸"十二五"发展回顾及"十三五"趋势分析》认为，我国外贸已经进入由高速增长向中低速增长转变、由注重总量规模向结构升级转变、由要素驱动向创新驱动转变的新阶段，应正确认识外贸形势的新变化。同时，针对建设贸易强国，从实施市场多元化战略、创新驱动战略、全球自贸区战略、扩大进口战略、拓展"一带一路"新兴市场、对外投资带动出口、大力发展服务贸易、推动加工贸易转型升级、深化外贸管理体制改革等方面提出对策建议。这些建议曾作为内参上报并得到国务院领导的肯定性批示，对于推动我国外贸战略与政策调整发挥了积极作用。再如《"十四五"服务贸易高质量发展思路》《"十四五"时期推动我国服务贸易创新发展的主要思路》是基于国家发改委课题《"十四五"时期服务业发展的思路》的转化成果。研究认为，我国服务贸易存在"三低一大"的短板，即占外贸比重低、数字化水平低、知识密集型服务贸易比重低、服务贸易逆差大。应着力"促增长、调结构、减逆差"，实施"出口倍增计划""数字赋能行动"，扩大知识密集型服务出口，强化创新驱动战略培育国际竞争新优势，以制度型开放为引领深化服务业体制机制创新和优化发展环境，以"一带一路"为引领统筹传统市场和新兴市场，促进区域服务贸易协调发展，增强协同发展能力提升综合效益，完善服务贸易政策促进体系，这些思路对于我国制定"十四五"服务业和服务贸易发展规划发挥了支撑作用。技术贸易可以大幅降低技术创新成本和风险，是我国成为技术创新大国的重要推动力。由于目前我国技术创新面临的外部不利因素增多，党中央审时度势提出自主创新战略，但这是否意味着我国要走"自己创新、封闭创新"的老路，技术贸易会无所作为？我在《论我国技术贸易的发展创新》一文中，通过选取2017—2019年中国技术进口前十大行业中8类制造业的出口交货值及高技术产品出口数据进行分析，证实了技术进口对提升产品出口竞争力的作用。并认为，我国技术贸易发展前景广阔，"市场换技术""技术换技术"将为扩大技术进口创造更多机会，开放合作创新将促进技术引进方式多元化，科技全球化格局调整将促进技术市场多元化，"一带一路"将成为技术出口新兴市场。

第二部分为服务外包篇。服务外包是21世纪以来全球服务业转移的重要特征，将为我国服务业和服务贸易发展提供重要机遇。但是，我国对于发展服务外包产业存在较大争议和模糊认识。一些观点认为服务外包就是服务业的加工贸易，缺乏技术含量，不应鼓励发展。服务外包究竟对于服务业和服务贸易创新与发展、促进大学生就业、带动区域产业结构升级等方面贡献和作用如何？我在这部分研究中作出了回应。这些文章分析了全球服务外包发展趋势，研究了我国服务外包的发展进程、发展特征、存在问题、政策思考等，对于推动服务外包产业发展发挥了积极作用。2010年我参加了由商务部牵头的《中国国际服务外包产业发展规划纲要（2011—2015）》（以下简称《规划》）研究及规划编制起草工作，这是我国第一个服务外包产业发展规划，我作为课题组的主要成员，在研究基础上撰写了《实现服务外包产业的跨越发展与整体提升》。文中认为，国际服务外包已经成为服务贸易增长的新引擎和提高开放型经济水平的重要突破口，并提出以一二线城市为重点向三线城市推进，以示范城市为核心带动周边城市发展，构建以区域中心城市、示范城市为主体，发挥潜力城市骨干作用，辐射带动、有序分工、差异化发展的服务外包集群和产业带，并提出培育国际服务外包人才、促进国际国内服务外包联动发展、建立与国际接轨的技术标准和统计体系等建议，上述观点在《规划》中得到采纳并在实践中得到应用。2010年10月我带领《规划》课题组对合肥、武汉、西安、重庆、成都等中西部服务外包示范城市进行调研，写下《把发展服务外包作为中西部开放型经济发展的突破口》。我认为，长期以来中西部开放型经济发展滞后，其中一个重要原因是交通不畅和高物流成本在发展货物贸易中较东部沿海处于劣势，服务外包则是基于互联网交付的数字贸易，突破了空间地理条件的制约瓶颈，将成为中西部发展开放型经济的新机遇。中西部城市基础设施不断完善、产业体系不断健全、宜居宜业环境不断改善且人力成本具有明显优势，发展服务外包产业将促进中西部对外开放、服务业发展和结构升级，尤其是通过建设外包交付中心形成与东部的产业链分工，构建东中西部融合的全产业链发展格局，这些思路对促进中西部发展服务外包产业发挥了积极作用。《我国服务外包的产业转型升级与创新发展》认为，服务外包对服务贸易增长贡献度提升，对服务业创新发挥了显著作用，处于价值链高端的知识流程外包成为增长引擎，吸纳高端人才就业水平增强。但仍面临成本过快增长、人才短缺、公共服务体系薄弱等瓶颈，应以创新驱动为引领推动服务外包价值链向高端跃升，构建协同发展、互利共赢、竞争有序的企业生态，加快专业化、国际化、高端化人才体系建设，以在岸促离岸推动国际国内市场融合，通过共建"一带一路"形成发达国家与发展中国家双向拓展的市场格局。

　　第三部分为数字贸易篇。近年来，我特别有幸作为课题组组长主持了商务部服贸司委托课题《中国软件出口发展报告2015》《中国软件出口发展报告2016》《中国服务贸易发展报告2017》《数字贸易和软件出口发展报告2017》《中国数字服务贸易发展报告2018》《中国数字贸易发展报告2019》《中国数字贸易发展报告2020》，在此我特别感谢商务部服贸司的信任，给我提供了学习机会和研究平台，从而使我有机会更多地了解到国家层面的政策设计，以及地方、行业和企业层面的实践及政策需求。这部分里许多文章是上述课题的成果转化，它展示了我国数字贸易的发展脉络，通过运用权威性的数据、文献和资料，站在全局性、系统性、前瞻性的视角，对我国数字贸易的发展特征、趋势及面临机遇、挑战进行分析研判，为推动数字贸易的理论研究、政策完善和行业发展发挥了影响力和引导力。如，由于目前数字贸易概念和统计边界尚未确定统一，造成各地概念认知和统计口径差异很大，从而对数字贸易的产业政策激励缺乏明确目标和重点。《中国数字贸易发展：现状、挑战及思路》在综合国际经典概念基础上创新性地提出了数字贸易的内涵和理论框架，并提出服务属性是数字贸易的核心属性，数字服务贸易是数字贸易的核心圈层，体现其核心价值，对于科学确定数字贸易统计框架、明晰产业政策方向具有参考价值。针对如何推动数字贸易高质量发展的问题，《中国数字贸易发展：现状、挑战及思路》《"十三五"时期中国数字服务贸易发展及"十四五"展望》《我国数字贸易与软件出口的发展及展望》认为，"十三五"期间，我国数字贸易取得跨越式发展，数字服务出口竞争力增强并成为服务贸易顺差的主要贡献者，数字贸易发展基础更加夯实，数字企业实力和创新能力显著提升，离岸服务外包成为主要出口方式，"十四五"期间，我国数字贸易发展空间广阔，但面临着国际环境及数字贸易和数字治理等国际规则方面的严峻挑战，要以数字技术为牵引夯实数字经济产业基础，以制度型开放为引领推动数字贸易高质量发展，以建设数字丝路为重心，完善全球市场布局、拓展国际合作空间，积极构建双边和多边数字经济伙伴关系协定，同时要有机统筹发展与安全，完善数字贸易促进政策体系、治理体系和监管机制，积极参与国际规则制定并增强话语权和引导力。《中国软件出口：现状趋势与战略机遇》《把握数字经济机遇，提升中国软件出口竞争力》《中国软件出口的现状、趋势及"十三五"战略思路》则集中展示了我国软件出口的发展态势，对于行业和企业发展具有重要参考价值。对外开放战略是我国数字产业和数字贸易由小到大、由弱到强参与国际竞争的法宝，开放创新是自主创新的重要依托。为了验证上述观点，我在《中国信息通信技术服务贸易发展与创新能力提升的研究》一文中，通过大量数据、文献研究，结合160家ICT服务贸易企业的问卷调查、访谈等调研结果，揭示了我国ICT产业成长、创新能力提升与对外开放、技术贸易之间的紧密联系，其中服务外包和技术进口是国内企业提升技术创新能力的重要渠道。这些研究证明了开放对于一个产业的创新、发展具有至关重要作用，从而为我国数字经济和数字贸易开放发展提供了支撑。《基于全链路跨境电商的数字化新外贸研究》则是通过解剖阿里巴巴国际站的案例总结了货物贸易与服务贸易相融合的全链路跨境电商新模式，认为这一模式在构建国内国际双循环新发展格局、助力中小外贸企业发展具有战略作用，对于推动跨境电商转型升级具有重要意义。

我要特别感谢全国人大常委会委员、中国行政管理学会会长江小涓教授，我对于服务外包、服务贸易、数字贸易、技术贸易等方面的研究都得益于她的指导，本书中收录的有多篇论文是参加她主持的课题形成的研究成果。自2006年起我参加江老师主持的课题《中国承接全球服务外包：延伸全球产业分工链及中国服务业的开放式发展》，便进入服务外包领域，2019—2021年我又先后参加了由她主持的国家发改委课题《"十四五"时期服务业发展的思路》，中国科协课题《全球技术贸易的现状、发展前景及中国机遇》《数字技术与我国服务贸易高质量发展研究》等，在研究期间，无论是研究思路、框架设计、观点提炼等她都给予悉心指导，每次都使我收获满满。她心怀国之大者，对新经济现象的敏锐洞察力、高屋建瓴的思想站位、独辟蹊径的研究思路、求真务实的学风与独树一帜的理论创建，都使我倍受感染和倍感珍惜。我还要感谢上海市政协原副主席、时任中国服务外包研究中心主任朱晓明先生，当时他作为《中国国际服务外包产业发展规划纲要（2011-2015）》课题组组长，给予我宝贵的机会和指导，为我后来深耕这个领域提供了条件。我还要感谢全国人大原副秘书长、时任中国产业发展促进会副会长姜云宝先生，2009年我参加由他领衔的调研组到江苏、浙江调研，当时全球金融危机对我国经济冲击很大，尤其是加工贸易企业，但江苏经济增速明显好于全国，究竟是什么原因？我们马不停蹄到南京、扬州、泰州、杭州、温州和苏州的工业园调研加工贸易和新兴产业的发展情况，通过调研对比，我们找到了答案，江苏之所以能够有效应对冲击，得益于服务外包等新兴产业发展得快、加工贸易转型升级提前布局谋篇。

本书中部分论文是我与同仁合作完成，他们是：谢兰兰、郭霞、费娇艳、柯建飞、夏友仁、孟丽君、梁瑞、李蕊、朱福林、李耀辉、王海、杨双慧、李玉梅、李珏，在此我对他们的辛勤付出表示衷心感谢。

时光抖去了往日的风尘，却无法抹去珍藏的记忆。2022年7月24日是我最悲痛的日子，父亲突然驾鹤西去。父亲一生从事测绘工作，足迹遍布祖国大江南北，军人出身的他有着健康的体魄和豪爽的性格，几乎很少得病。他一生钟爱自己的事业，最喜欢唱的歌是"是那山谷的风吹动了我们的红旗，是那狂暴的雨洗刷了我们的帐篷，我们有火焰般的热情，战胜了一切疲劳和寒冷……为祖国寻找出丰富的宝藏。"他曾多次和我念叨，希望把测绘兵的艰苦和荣光写成书。他一生为人正直、廉洁自律，在每一个单位都有很好的口碑，同事们都说他是一个真正的共产党人。他总教育我要爱学习、追求进步、踏实工作，每当他看到我发表文章都很高兴。我要感谢父亲，他不仅给了我生命，更给了我力量、勇气、知识和品格。如果我心里有一片天，那就是父亲，我想以此书告慰他的在天之灵，愿他在天堂看到能够高兴。

时光正悄悄翻开 2023 年新的篇章，春的脚步离我们越来越近。这是一个难过的冬季，也是一个充满希望的冬季。冰雪寒冷与疫情肆虐相汇合。现在，街上的人渐渐多了起来，仿佛离热闹、繁华、生机勃勃越来越近，挺过去就会迎来满园春色。我想，学术研究也是如此，就如同踏雪寻梅，当你仰望天空而又脚踏实地在寒冷的大地上行走，当你走了很久、很远，觉得很苦、很累的时候，终于看到了一树绽放的红梅，你会感到无比欣喜！当你继续往前走，前面迎接你的一定会是鲜花盛开的春天，你会觉得所有的辛勤与付出都值了！我想，这大概就是学术研究的境界吧。

作者于 2023 年 1 月 10 日